汽车技术创新与研发系列丛书

电动汽车 NVH 的设计与开发

黄显利　著

机械工业出版社
CHINA MACHINE PRESS

本书以电动汽车 NVH 设计开发为场景，在电动汽车 NVH 设计开发的不同阶段，都提供了简单明了的解决方案。从 NVH 问题的描述、NVH 问题的分析、产生 NVH 问题的根本原因到 NVH 问题的工程解决方案，本书都进行了详尽的描述，提供了一个百科全书式的参考平台。书中尽可能采用简洁明了的语言，辅以详细的解决方案，无论是电动汽车 NVH 设计开发新手还是资深工程师，或是 NVH 研究人员，都可以借助本书提供的详细论述与作者多年的工作经验总结，迅速地融入电动汽车 NVH 的设计与开发中，并能够解决实际的 NVH 问题。

图书在版编目（CIP）数据

电动汽车 NVH 的设计与开发/黄显利著. —北京：机械工业出版社，2020.6（2023.3 重印）

（汽车技术创新与研发系列丛书）

ISBN 978-7-111-65018-8

Ⅰ.①电…　Ⅱ.①黄…　Ⅲ.①电动汽车 – 振动控制②电动汽车 – 汽车噪声 – 噪声控制　Ⅳ.①U469.720.6

中国版本图书馆 CIP 数据核字（2020）第 039881 号

机械工业出版社（北京市百万庄大街 22 号　邮政编码 100037）
策划编辑：赵海青　责任编辑：赵海青　谢　元
责任校对：张　薇　责任印制：刘　媛
涿州市般润文化传播有限公司印刷
2023 年 3 月第 1 版第 2 次印刷
169mm×239mm·15.5 印张·2 插页·326 千字
标准书号：ISBN 978-7-111-65018-8
定价：129.00 元

电话服务　　　　　　　网络服务

客服电话：010-88361066　机　工　官　网：www.cmpbook.com
　　　　　010-88379833　机　工　官　博：weibo.com/cmp1952
　　　　　010-68326294　金　书　网：www.golden-book.com
封底无防伪标均为盗版　机工教育服务网：www.cmpedu.com

前言
PREFACE

在政府的大力支持与主导下，中国已经成为世界上最大的电动汽车生产国与销售国。在电动汽车设计方面，全世界的电动汽车主机厂面临的主要任务都是一样的，就是消除人们对电动汽车里程的焦虑。消除里程焦虑有两种技术路线。一种技术路线是研究新型电池技术，使电池能量密度增加一倍以上。目前，在电池能量密度的技术、构架、原理和材料取得革命性进展之前，人们越来越关注另一种技术路线，就是在整车设计上通过降低风阻系数、整车重量和辅助设备的电能消耗等，使电动汽车的续驶里程最大化。以中国博郡汽车公司为例，其设计的电动汽车车身采用了多种新型材料以降低自重，相比传统燃油汽车，减重达到20%~30%，风阻系数低至0.27，使电动汽车的新欧洲行驶循环（New European Driving Cycle，NEDC）综合工况续驶里程超过600km。

电动汽车的轻量化目标应该是在减轻车辆自重的情况下保持电动汽车的噪声、振动与声振粗糙度（Noise Vibration Harshness，NVH）性能至少不能低于传统燃油汽车。除此之外，电动汽车在没有发动机噪声覆盖效果的情况下，辅助设备的噪声与振动问题也凸显出来。而电动汽车电机与电气系统的噪声与振动特性又不同于传统燃油汽车，因此电动汽车的NVH问题是非常特殊的，是不同于传统汽车的，所以有必要对电动汽车的NVH问题进行深入研究，分析电动汽车NVH问题的特殊性，并提出"多快好省"的工程解决方案。

电动汽车NVH具有以下特点：

第一，电动汽车的加速度更大，特斯拉Model X仅用2.7s车速就可以达到96km/h。

第二，电动汽车中，电机的振动与噪声是单频的频率特性以及多阶次的空间谐波形式。

第三，电机的特性是转矩与功率在低转速时很大。

第四，交流三相感应电机是用逆变器进行调速的，逆变器也是一个噪声源。

第五，电机转速很高，驱动车辆需要进行减速，一般是用变速器实现的。

第六，电动汽车上的辅助设备（空调、风扇和冷却系统等）一般都是由电机驱动的，这些辅助设备的NVH特性以及对整车的NVH影响是很重要的一个问题。

第七，电池的引入使电动汽车的结构发生一些与 NVH 有关的变化。

第八，电池的低能量密度以及人们对续驶里程的焦虑，使得电动汽车产品规划人员与设计人员绞尽脑汁减少每一克多余的重量。这些轻量化措施在多数情况下是对噪声与振动不利的。

第九，混合动力电动汽车既有传统发动机的 NVH 问题，又有电动汽车的 NVH 问题，也有两者组合的问题。

第十，电动汽车与混合动力电动汽车的运行与辅助系统的控制策略对电动汽车 NVH 的影响是很大的。

第十一，不论是电机噪声还是辅助系统的噪声，一般是在没有噪声覆盖的声学环境下产生的，这是电动汽车声学的另一个特点。

第十二，驾乘人员一般认为电动汽车应该理所当然要比传统汽车安静，但实际上噪声的好坏不仅取决于噪声的幅值，还取决于噪声的频率特性以及人们对声音的心理感受。

第十三，混合动力电动汽车增程器的开启可以增加电池的电量，这是由控制系统自动完成的，而不是根据操作人员的意志完成的，因此增程器的噪声与驾乘人员操纵车辆的意愿无关。

最后一个，也是最重要的一个因素即电动汽车特有的振动与噪声特性，使驾乘人员对电动汽车的噪声更容易产生不愉悦的感受。驾乘人员对电动汽车 NVH 的感受是车辆 NVH 设计开发的市场驱动力，而每个人的驾驶习惯与驾驶方式都不一样，可以说有多少名驾驶人就有多少种驾驶方式。在各种情况下让驾乘人员对电动汽车 NVH 满意是开发者的终极目标。

编写本书的目的是为主机厂的 NVH 工程师提供设计开发的思路与实际解决方案，以提高电动汽车的 NVH 性能。为此，本书对电动汽车所具有的 NVH 问题进行了系统而全面的阐述，根据车辆 NVH 问题的分类及其所具有的 NVH 特点，针对电动汽车主要系统的 NVH 问题、电动汽车 NVH 特殊性以及 NVH 设计开发的特点进行了全面的论述，尽最大的努力争取做到一书在手，解决电动汽车 NVH 问题胸有成竹。

本书以电动汽车 NVH 设计开发为场景，在电动汽车 NVH 设计开发的不同阶段，都提供了简单明了的解决方案。从 NVH 问题的描述、NVH 问题的分析、产生 NVH 问题的根本原因到 NVH 问题的工程解决方案，本书都进行了详尽的描述，提供了一个百科全书式的参考平台。本书尽可能采用简洁明了的语言，辅以详细的解决方案，无论是电动汽车 NVH 设计开发新手还是资深工程师，或是 NVH 研究人员，都可以借助本书提供的详细论述与作者多年的工作经验总结，迅速地融入电动汽车的 NVH 设计开发中，并能够解决实际的 NVH 问题。

本人在汽车 NVH 领域工作多年，希望将积累的经验与工作心得一起奉献给读者。本人清楚地知道汽车 NVH 工程师在开发设计中的需求，并据此组织本书的内容与叙述方式，力求读者能够轻松地掌握与运用本书提供的理论知识与实践经验。

本书参考了大量国内外文献，这些文献组成了一个内容丰富的电动汽车 NVH 图书馆，使我们可以站在巨人的肩膀上为电动汽车 NVH 的设计开发与研究发展开创无限的想象力与创造力，为电动汽车的发展做出应有的贡献。不论是对电动汽车的 NVH 工程师，还是电动汽车的 NVH 研究人员而言，本书都是一本不可多得的工具书。

电动汽车的 NVH 问题为汽车开发者提供了一个充满创意的舞台与可以遨游的空间。不管电动汽车如何变化，过去的 NVH 经验与技术仍然是一个丰富的宝库，我们需要认真研究电动汽车的 NVH 特点和出现 NVH 问题的根本原因，找出解决电动汽车 NVH 问题的工程解决方法。在解决电动汽车的 NVH 问题中，无论是在理论、实践、技术，还是在实施的装置上都需要我们去探索、去研究、去实践。

黄显利

目录
CONTENT

前言

第1章　电动汽车NVH概论 ……………………………………… 1

1.1　电动汽车与混合动力汽车的NVH挑战 ………………………… 2

1.2　电动汽车单频噪声的评价 ……………………………………… 3

　　1.2.1　突出比（PR） …………………………………………… 5

　　1.2.2　单频与噪声比（TTNR） ……………………………… 5

　　1.2.3　单频噪声的评价标准 …………………………………… 5

1.3　纯电动汽车与传统燃油汽车的噪声比较 ……………………… 7

1.4　混合动力汽车与传统燃油汽车的噪声比较 …………………… 9

1.5　声品质的主观评价方法 ………………………………………… 9

　　参考文献 ……………………………………………………… 12

第2章　电动汽车的结构构架及其NVH影响 ……………… 13

2.1　硬点位置对NVH的影响 ……………………………………… 13

2.2　轮边驱动的簧下质量对NVH的影响 ………………………… 14

2.3　驾驶舱的结构对NVH的影响 ………………………………… 18

2.4　扭转刚度与NVH ……………………………………………… 19

2.5　电池包结构对NVH的影响 …………………………………… 23

2.6　静态稳定系数对NVH的影响 ………………………………… 25

　　参考文献 ……………………………………………………… 27

第3章　电机NVH的特性 ……………………………………… 29

3.1　电机振动与噪声的产生 ……………………………………… 29

3.2　电机气隙的磁动势的NVH特征 ……………………………… 32

　　3.2.1　定子绕组的磁动势谐波 ………………………………… 33

　　3.2.2　转子磁动势谐波 ………………………………………… 33

　　3.2.3　磁动势举例 ……………………………………………… 34

3.3　电机气隙中的磁导 …………………………………………… 35

3.3.1　平均磁导 ·· 35

3.3.2　偏心率磁导 ·· 35

3.3.3　磁饱和磁导 ·· 36

3.4　电机气隙中的磁通密度谐波 ···································· 36

3.4.1　气隙基本磁通密度谐波 ································ 37

3.4.2　气隙磁通密度的激励谐波 ······························ 37

3.4.3　定子槽气隙磁通密度谐波 ······························ 37

3.4.4　转子槽气隙磁通密度谐波 ······························ 38

3.4.5　气隙偏心率磁通密度谐波 ······························ 38

3.4.6　气隙磁饱和磁通密度 ···································· 39

3.5　电机的径向应力谐波 ·· 39

3.6　电机噪声计算实例 ·· 44

3.7　电机机体的共振频率估算 ·· 46

3.8　由于电磁力引起的电机噪声的估计 ································ 48

3.9　电机 NVH 的设计与开发 ·· 49

3.9.1　磁铁形状对电机 NVH 的影响 ·························· 51

3.9.2　绕组对电机 NVH 的影响 ······························ 51

3.9.3　槽及极对数对电机 NVH 的影响 ························ 52

3.9.4　电机气隙对电机 NVH 的影响 ·························· 53

3.9.5　电流注入法对电机 NVH 的影响 ························ 54

3.9.6　定子轭与定子极的形状对电机噪声与振动的影响 ······ 55

3.9.7　开关磁阻电机 ·· 56

3.10　电机 NVH 的集成技术 ·· 58

参考文献 ··· 59

第 4 章　逆变器与驱动系统噪声 ·································· **61**

4.1　逆变器的噪声及其特性 ·· 61

4.2　逆变器噪声估计 ·· 67

4.3　影响 PWM 与驱动系统 NVH 的参数 ······························ 68

4.4　PWM 开关频率与愉悦的音乐频率 ································ 71

4.5　逆变器 NVH 的设计与开发 ······································ 74

4.6　电驱动系统的 NVH 集成技术 ···································· 78

参考文献 ··· 81

第 5 章　纯电动汽车的 NVH ······································ **83**

5.1　纯电动汽车的结构构架与噪声源 ·································· 83

5.2　纯电动汽车的结构 ·· 85

5.3　纯电动汽车的驱动电机噪声特性 ·································· 86

5.4　纯电动汽车的车内噪声特性 ······································ 89

5.5 纯电动汽车的 NVH 设计开发 ……………………………………………… 93

    5.5.1 声学包设计开发 ……………………………………………… 94

    5.5.2 电动汽车中低频 NVH 的设计开发 ………………………… 95

    5.5.3 结构噪声的设计开发 ………………………………………… 98

5.6 纯电动汽车驱动电机的啸叫 ……………………………………… 100

    5.6.1 电机啸叫的声源特性 ………………………………………… 100

    5.6.2 电机啸叫的室内声特性 ……………………………………… 101

    5.6.3 电动汽车电机啸叫的改进措施 ……………………………… 102

5.7 老化或故障对电机振动与噪声的影响 …………………………… 104

5.8 振动对动力电池的影响 …………………………………………… 107

5.9 驱动电机的减振 …………………………………………………… 109

    参考文献 …………………………………………………………… 110

第 6 章 混合动力/增程式电动汽车的 NVH …………………………… **113**

6.1 混合动力电动汽车的结构与噪声源 ……………………………… 113

6.2 混合动力电动汽车的 NVH 特性 …………………………………… 115

6.3 混合动力/增程式电动汽车的 NVH 设计开发 …………………… 119

    6.3.1 发动机的 NVH 微调 ………………………………………… 120

    6.3.2 运行模式转变的 NVH 设计开发 …………………………… 121

    6.3.3 增程式电动汽车的进排气系统的 NVH 设计开发 ………… 122

    6.3.4 增程式电动载货汽车的制动气泵的 NVH 设计开发 ……… 123

    6.3.5 电机的啸叫 …………………………………………………… 123

    参考文献 …………………………………………………………… 128

第 7 章 燃料电池车辆 NVH 的设计与开发 …………………………… **130**

7.1 燃料电池车辆的噪声源 …………………………………………… 131

7.2 燃料电池车辆的室内噪声特性 …………………………………… 133

7.3 燃料电池客车 NVH 的设计与开发 ………………………………… 135

7.4 燃料电池重型货车 NVH 的设计与开发 …………………………… 137

    7.4.1 燃料电池车辆的声源减少 …………………………………… 138

    7.4.2 燃料电池车辆的噪声衰减 …………………………………… 139

    参考文献 …………………………………………………………… 141

第 8 章 电动客车 NVH 的设计与开发 ………………………………… **142**

8.1 电动客车的噪声/振动源 ………………………………………… 142

8.2 电动客车的振动控制 ……………………………………………… 144

8.3 电动客车异响的设计与开发 ……………………………………… 144

    8.3.1 客车异响产生的原因与评价 ………………………………… 145

    8.3.2 客车异响的设计与开发 ……………………………………… 146

8.3.3　客车异响的设计验证 ························· 152

8.4　电动客车轰鸣声 ·································· 153

8.4.1　电动客车轰鸣声的设计与开发 ·············· 153

8.4.2　电动客车轰鸣声的后期解决 ················ 155

8.5　电动客车的 HVAC 噪声与振动的设计与开发 ········ 158

8.6　单频噪声的减噪措施 ······························ 158

8.6.1　微穿孔板减噪原理 ························· 158

8.6.2　微穿孔板的应用 ··························· 162

8.6.3　微穿孔板与霍尔姆兹共振腔的结合与应用 ···· 164

8.6.4　微穿孔板作为内饰装饰吸声的结合 ·········· 167

8.6.5　微穿孔板在客车中的应用 ·················· 168

参考文献 ··· 171

第 9 章　电动载货汽车风噪声的设计与开发················ **174**

9.1　美国与欧洲重型货车项目与风噪声 ·················· 174

9.1.1　美国超级货车的技术路线与 NVH ············ 174

9.1.2　欧洲电动重型货车技术路线以及对 NVH 的影响 ·· 177

9.2　载货汽车的风噪声源 ······························ 179

9.2.1　载货汽车风噪声声源分类 ·················· 179

9.2.2　载货汽车风噪声的评价 ····················· 181

9.3　载货汽车的风噪声设计开发 ························· 183

9.3.1　载货汽车风噪声的源及传递路径 ············· 183

9.3.2　牵引车与货厢的一体化 NVH 设计开发 ········ 184

9.3.3　车门结构的设计开发 ······················· 187

9.3.4　载货汽车封闭件密封的风噪声设计开发 ······· 187

9.3.5　风洞风噪声贡献试验 ······················· 189

9.4　电动载货汽车的加速噪声 ··························· 190

9.4.1　电动载货汽车的加速噪声特点 ··············· 191

9.4.2　电动载货汽车的加速噪声的传递函数 ········· 191

参考文献 ··· 192

第 10 章　电动汽车的外噪声以及低速警告声的设计与开发 ········· **194**

10.1　电动汽车与传统汽车的外噪声 ···················· 194

10.2　电动汽车低速警告声的设计与开发 ················ 195

10.3　设计实例 ····································· 198

参考文献 ··· 200

第 11 章　电动汽车控制系统的 NVH 策略·················· **201**

11.1　电机的实时振动消除控制策略 ···················· 201

11.2 发动机运行点的 NVH 控制策略 ……………………………… 203

11.3 空调系统的热舒适性优化与节能控制策略 …………………… 204

11.4 增程式电动汽车的发动机起停 NVH 控制策略 ……………… 206

11.5 混合动力电动汽车的 NVH 控制策略 ………………………… 210

11.6 电动汽车辅助设备的 NVH 控制策略 ………………………… 210

参考文献 ………………………………………………………… 213

第 12 章 电动汽车空调系统的 NVH 设计与开发 ……………… 215

12.1 电动汽车空调系统的噪声 …………………………………… 215

12.2 空调系统噪声的对标与统计特性 …………………………… 217

12.3 空调系统噪声的特性 ………………………………………… 219

12.4 冷热舒适性与 NVH ………………………………………… 222

12.5 空调系统的 NVH 设计 ……………………………………… 226

12.6 空调系统的 NVH 控制策略 ………………………………… 230

12.7 空调系统 NVH 的设计验证 ………………………………… 234

参考文献 ………………………………………………………… 236

第 1 章

电动汽车 NVH 概论

电动机与传统内燃机在能量转化方面的最重要的差别就是电动机没有往复运动。因为传统内燃机的能量来自燃料在高温下被点燃，在极短的时间内产生爆炸而释放出能量。爆炸被限制在一个气缸内，只能沿着活塞的方向释放，产生一个方向性的推动力，使活塞产生往复运动，然后通过曲柄连杆机构，将直线往复运动变成旋转运动去驱动车辆。对于内燃机而言，噪声是燃烧的副产品，是不可避免的，因为燃油在燃烧爆炸时有一部分能量转化为声能。为了保证这个燃烧过程的持续发生，还需要各种辅助系统——冷却系统、燃油供给系统、进/排气系统和润滑系统等，这些系统同样产生噪声。内燃机的 NVH 特性包括燃料的燃烧噪声、活塞往复运动产生的噪声、曲轴旋转运动产生的噪声和各种辅助系统噪声。这么复杂的能量转换系统的噪声问题也是相当复杂的。许多内燃机的 NVH 问题只能通过大量的台架试验来分析、确定与验证。整个分析过程冗长，用时长，成本高，这对设计验证来讲是非常困难的。

电动机的原理与内燃机相比相对简单，其 NVH 特性也相对简单。纯电动汽车电动机由电池中的电能驱动。电动机定子线圈通过电力或永久磁铁产生一个磁场，然后在转子上通过线圈以及交变电流产生一个旋转磁场，这两个磁场相互作用产生切向力，推动转子产生旋转运动。许多噪声与振动特性都与驱动电流、电压的交变频率相关，是很有规律的，而且是有解析解的。这就为分析纯电动汽车以及驱动电机的 NVH 问题提供一个理论基础，为纯电动汽车的 NVH 设计、NVH 问题分析和 NVH 问题的解决提供一个非常方便的工具。许多 NVH 问题可以在设计过程中得到分析，设计方案获得验证，过程短，用时少，成本低。这对 NVH 设计来讲是很简单明了的。从物理原理上来讲，电动机的振动与噪声水平低于发动机的。

1. 具有增程器的电动汽车

具有增程器的电动汽车只有一种电驱动系统，增程器只是用来对电池进行充电，并不驱动车辆。电池为电机提供能源进而驱动车辆。这种电动汽车既有增程器，又有驱动电机，NVH 情况相对复杂。噪声与振动源既包括传统的增程器，又包括了发电机/电动机。增程器的缸数少（如 3 缸机），这些 3 缸或 5 缸机的动力平衡与力偶平衡都不是完美的，振动与噪声比较严重，因此需要用平衡轴加以解决。另外，增程器是根据电池电量的多少来工作的，而且不管车辆的行驶状态如何，也不管驾驶人在如何操纵车辆。因此增程器工作的噪声从 NVH 的心理学上来讲，与驾驶人对驾驶时感受的噪声心理不一定一致。

2. 燃料电池汽车

燃料电池汽车的特点是既不是燃料在高温下的爆炸，也不是电能与机械能之间的转变，而是将燃料的化学能通过电子化学过程直接转变成电能。燃料供应到电池的正极，在催化剂的作用下燃料的电子释放出来，电子在两极势差的作用下通过外部的电路流到电池负极，在负极上组合正离子与氧化剂，然后反应物在负极排出。这是一个化学过程，因此是非常安静的。燃料电池汽车的噪声源与振动源主要是辅助系统的噪声与振动。燃料电池需要持续地提供氧化剂，并需要不间断地排出使用过的氧化剂，这就需要风泵。系统需要冷却，还需要逆变器。

3. 混合动力汽车

混合动力汽车有两套独立的驱动系统——传统的内燃机驱动、电动机驱动。在高速公路上行驶时主要使用内燃机，所以其 NVH 与其他内燃机 NVH 特性类似。车辆起动时以及低速时用电机驱动，所以它的 NVH 问题的特殊性在车辆低速运行时或者是在两种驱动之间的转换过程中。由于电驱动与发动机驱动系统并存导致的车辆声源与振动源的增加，这就使内燃机本来就复杂的噪声系统变得更加复杂。在纯电动模式下，没有了内燃机的噪声覆盖效应，其他系统的噪声，包括齿轮啸叫、辅助系统噪声以及 NVH 频率会比较突出，而这些噪声大都是高频。内热驱动与电驱动之间转换的瞬态运行条件下对车辆的 NVH 影响也是比较复杂的。在这些条件下，转矩流的变化，各部件的启用与停用，还有其他瞬态条件（如起/停）、内燃机介入、各种运行条件直接的转换等，都将对整车 NVH 产生影响。新加入的噪声源（电机、逆变器与继电器等）会与车辆机械系统、电磁场以及来自电磁场激励的附加辐射噪声产生直接的相互作用。

1.1 电动汽车与混合动力汽车的 NVH 挑战

电动汽车与混合动力汽车是使用不同能量形式与驱动形式，其构架与传统车辆的构架大致相同。在这种情况下，电动汽车/混合动力汽车驾驶舱内的噪声在可听频率范围内是低于它所替换的燃油发动机车辆的车内噪声。图 1.1.1 是两个同样配置的电动汽车与内燃机车辆在驾驶人耳朵边最高速度时的噪声比较。从图 1.1.1 中可以看出，就噪声大小而言，传统发动机车辆的噪声高于电动汽车的噪声。就频率谱而言，内燃机车辆的噪声阶次都出现在比较低的点火频率及其谐波上，而电动汽车的噪声阶次则是在高频上，并具有单调频率的特点。

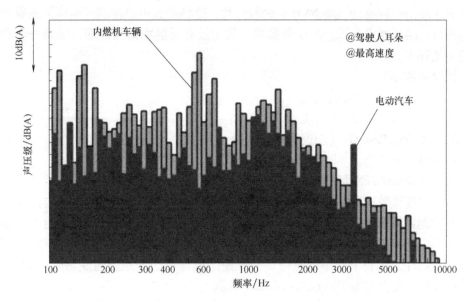

图 1.1.1 两个同样配置的电动汽车与内燃机的噪声比较

噪声的大小并不完全代表人们对噪声全部的感受，电动汽车产生的噪声也远非完美。电动部件经常引起高频噪声，驾乘人员感受到非常不舒服或很反感。此外，燃油发动机的噪声覆盖效应失去后，辅助设备噪声、路面噪声与风噪声都更加突出。这些噪声与振动的特点为电动汽车辆的 NVH 设计开发提出了新的要求。

1.2 电动汽车单频噪声的评价

在设计开发电动汽车的 NVH 之前，我们需要对电动汽车的噪声进行评价。以此为基础提出电动汽车的 NVH 目标并据此进行 NVH 设计开发。电动汽车的噪声与振动特点与内燃机车辆不同。来自电动机的高尖音调的单频噪声在电动汽车的各种驱动条件下可能很突出。来自于作用在定子壳上的电磁铁力波的谐振辐射出多重高频单音调噪声。驾乘人员对这些噪声的感受是：出现在噪声的宽频段中混合的高频单调是令人反感的。传统车辆的噪声客观评价指标是计权的总体噪声和语言清晰度等。这些指标对于有单频峰值的电动汽车的车内噪声不合适，因为含有单频峰值的噪声即便总噪声很低，还会使人感到厌烦。噪声的高低不能完全地反映人们对噪声的实际主观感受。其他一些声学心理指标（例如尖锐度），可以用来比较两个不同的声音，但是不能够提供什么是驾乘人员感受到的、可以接受的独立标准。对于电动汽车的 NVH 评价指标，除了传统的指标外，还需要更精细的指标来衡量人们对单频噪声感受的评价，而且这种客观评价的指标应该与人们对噪声的主观感受一致，也就是说，当客观指标越高时，主观感受也越差，客观评价指标与主观评价指标之间一定要有一致的线性相关性。

有人提出一种电动汽车 NVH 的试验方法：这种测试可以在测试车辆加速噪声的场地进行，路面要求光滑，产生低噪声；周边没有反射物体与表面，保持一个自由场的测量环境。

试验条件如下：

1）0~110km/h 满载加速。

2）48~110km/h 满载加速。

3）ISO 362 Pass-By（加速噪声）试验。

4）48km/h 稳态。

5）0~48km/h 驱动缓慢行进（没有荷载）。

然后对高频噪声进行主观与客观分析。一般来讲，在固定的阶梯形与同步频率上所有的测量都能显示许多单频噪声分量。因为覆盖噪声中低运行速度时处于最小状态，所以 0~48km/h 驱动缓慢行进的噪声测量能够最清楚地显示高频单调分量。这种试验条件也代表了一个很缓慢、不断地停车与起动（如交通拥堵时）的条件。一个经典的电动汽车噪声特点如图 1.2.1 所示。

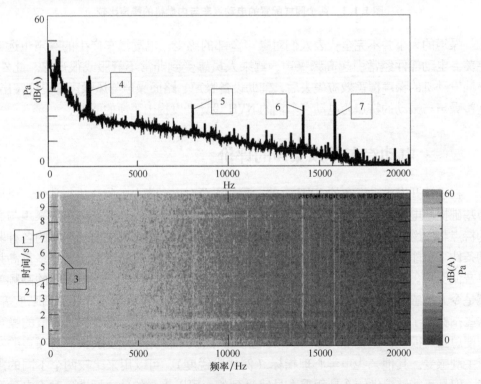

图 1.2.1　比较经典的电动汽车噪声特点

图 1.2.1 中的 1、2 与电机转动同步，3 的频率是常数，即单频噪声，需要进一步的信息才能确定。4 是高频的开关噪声。5、6、7 的高频单频噪声需要根据实际车辆的详细设计参数来确定。

1.2.1　突出比（PR）

单个的高频分量（大于1kHz）的噪声将导致更高的令人讨厌的程度，并降低了对整体声品质的印象。但是单个峰值本身又没有足够的信息来评价人们对噪声感受的讨厌的程度。因此使用单频噪声的峰值与总噪声之比来衡量这个单频噪声与总噪声的对比，衡量人们的声学心理感受。这个比叫突出比（Prominence Ratio，PR）。它是量化单一频率噪声相比于临近的宽频随机噪声的相对水平。

突出比（PR）的计算方法如下：PR定义在89.1～11220Hz。第一步，确定频率极限与所感兴趣的单频噪声的关键带宽（带宽的中间）中的声压二次方；大小应该从FFT（汉宁窗、不加频率记权和线性平均）数据中推出。单调频率的带宽应小于15%的关键带宽，第二步，确定带宽（频率的上下限）与两个上下限带宽的声压二次方。第三步，PR是中间频带的声水平与上下限带宽之间的平均噪声水平之比。

1.2.2　单频与噪声比（TTNR）

另一种单频噪声是否可以让人们接受的评价标准是单频噪声比（Tone To Noise Ratio，TTNR）。计算单频噪声比（TTNR）的第一步是要对噪声信号进行FFT变换，获得噪声信号的频率谱。然后按如下方法进行计算：

$$\Delta L_T = 10\lg\left(\frac{X_t}{X_n}\right)$$

式中，X_t 是单频噪声的均方声压；X_n 是覆盖噪声的均方声压。

$$X_n = (X_{tot} - X_t)\frac{\Delta f_c}{\Delta f_{tot} - \Delta f_t}$$

从FFT数据的频率谱计算总噪声 X_{tot}，总噪声的频带宽 Δf_{tot} 等于包含在这个带宽中的离散FFT数据点乘以分辨率的带宽。然后计算在一个窄带的均方声压中定义那个单频噪声，其幅值为 X_t，这个频率带的带宽即为 Δf_t。单频均方声压 X_t 是从测量的FFT频率谱定义了单频噪声的那个带宽确定的，它的带宽 Δf_t 等于包含在这个带宽振动的离散数据点乘以分辨率的带宽。

Δf_c 为关键频率带的宽度，

$$\Delta f_c = 25.0 + 75.0 \times \left[1.0 + 1.4 \times \left(\frac{f_o}{1000}\right)^2\right]^{0.69}$$

f_o 为任何的频率（赫兹），可以是单频噪声的频率。该带宽上下限的计算：

$$f_1 = -\frac{\Delta f_c}{2} + \frac{\sqrt{(\Delta f_c)^2 + 4f_0^2}}{2}$$

$$f_2 = f_1 + \Delta f_c$$

1.2.3　单频噪声的评价标准

突出比或单频与噪声比都是很好的心理声学指标。执行标准是ECMA-74。该标准提供一个单声调是否突出的准则。这个标准的声学原理是：当单频噪声与背景噪声之比相对比较小，或者单频噪声的幅值不够高时，人的听力的敏感性不能将单频噪声从背景噪声中区别开来。只有当单频噪声幅值超过一定幅值后，人们才能从背景噪声中区别出单频噪声。这就需要一个标准来确定人们是否可以区分出单频噪声。那么什么标准能够确定单频噪声是突出的呢？执行标准 ECMA-74 给出如下标准。

图 1.2.2 所示为突出比或单频噪声与宽频噪声比是否突出的标准。

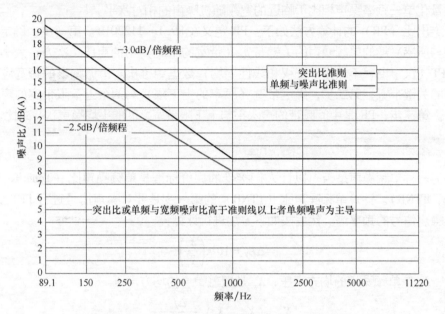

图 1.2.2 突出比或单频噪声与宽频噪声之比的准则

从图 1.2.2 我们可以看到，突出比在小于 1000Hz 以下时以每倍频程减少 3dB 的速率减少到 1000Hz 的 9dB，而单频与噪声比在小于 1000Hz 以下时以每倍频程减少 2.5dB 的速率减少到 1000Hz 的 8dB。大于 1000Hz 后，突出比的准则为 9dB，而单频与噪声比的准则为 8dB。

以 FSV 为例，这辆电动汽车在 3525Hz 有单频噪声峰值，原始车辆的测量单频与噪声比是 11.03dB（见表 1.2.1），很明显这是不能接受的。采取声学减振措施，将该单频噪声减少 3dB 时，该噪声还是被评为一般，只有减少 6dB 时，才是可以接受的。这些噪声比指标可以在电动汽车辆 NVH 设计开发时，是可以作为 NVH 目标进行设计开发的。

表 1.2.1 单频突出指数 （@ 3525Hz 单频噪声）

	单频与噪声比（TTNR）（阈值 =8dB）		突出比（PR）（阈值 =9dB）	
原车	11.03dB	不可接受	9.27dB	不可接受
阶次 4xnp 减少 3dB	8.05dB	一般	6.57dB	一般
阶次 4xnp 减少 6dB	5.10dB	可以接受	4.15dB	可以接受

1.3　纯电动汽车与传统燃油汽车的噪声比较

当车辆以120km/h以上速度在平坦道路上运行时，发动机或电动机的驱动噪声、路噪声与风噪声相比比较小，风噪声成为主导噪声。产生风噪声的主要原因是空气在车身、风窗玻璃和车门玻璃等外观部件上产生的空气动力学噪声，通过这些部件传到驾驶舱内。尤其是车窗靠近驾驶人的左耳与副驾驶的右耳，驾驶人的左耳对风噪声感受最敏感。因此电动汽车与传统燃油汽车的风噪声基本上是没有区别的。

图1.3.1是根据参考文献［7］提供的车辆噪声数据，即传统汽油机乘用车与纯电动乘用车在120km/h时的车内噪声比较。乘用车汽油机的排量范围是0.9~6.2L，纯电动乘用车的年份从2010年开始。根据数据比较，我们可以看出，在高速运行条件下，电动乘用车与传统燃油乘用车相比不是最安静的。不论是传统燃油乘用车还是纯电动乘用车，随着时间的推移，近5年之内的平均车内噪声并没有减少多少，最安静的车内风噪声60dB始终无人突破。要想进一步减少车辆的风噪声，后视镜的设计与安装，车窗玻璃的厚度与材料，风窗玻璃和车窗玻璃与A柱平滑过渡等与风噪声直接相关的重要设计是需要突破的。根据对现有数据进行回归分析的结果，电动汽车的风噪声以每年0.5dB的速率在降低，这对于电动汽车未来的NVH设计具有参考价值。

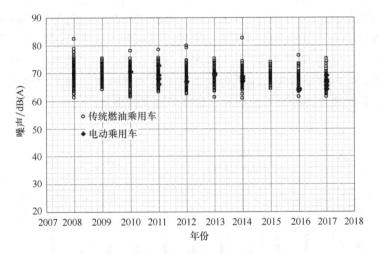

图1.3.1　电动乘用车与传统燃油乘用车的风噪声对比（一）

当车辆在88km/h速度运行时，风噪声、发动机噪声与路噪声相比，路噪声占主导地位。在这种情况下，传统燃油乘用车噪声与电动乘用车的车内噪声比较如图1.3.2所示。我们可以看到：2011—2013年，纯电动汽车的车内噪声基本上在传统燃油发动机乘用车的车内噪声的平均值左右徘徊。到了2016—2017年，纯电动汽车的道路噪声基本上是在传统燃油乘用车的车内噪声的数据全体的低端。这也反映了纯电动汽车在结构上是电池包放在地板中，事实上是加强了纯电动汽车的地板对道路噪声的衰减。根据对现有数据进行回归分析的结果，电动汽车的风噪声以每年0.7dB 的速率在降低，这对于电动汽车未来的 NVH 设计具有参考价值。

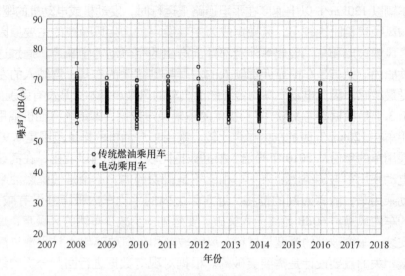

图 1.3.2　电动乘用车与传统燃油乘用车的风噪声对比（二）

人们一般认为，电动汽车与传统动力的燃油车相比在怠速时应该安静的，因为没有发动机在怠速运转。但实际数据显示，电动汽车在怠速时并不是最安静的。这些数据并没有说明是在什么条件下测出来的。但从图 1.3.3 可以看出，现代乘用车的怠速噪声可以低至 32～34dB，这与纯电动汽车在怠速时的最低噪声是一致的。在怠速时最大的噪声源很可能是暖风与空调系统的风扇噪声与通风口吹风的噪声，也不排除在定置时风扇或冷却系统启动导致噪声过大的现象。

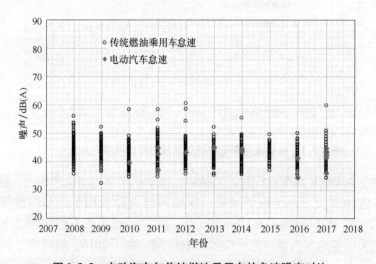

图 1.3.3　电动汽车与传统燃油乘用车的怠速噪声对比

纯电动汽车的平均车内噪声保持在 42dB 左右。随着时间的推移，到 2017 年为止，我们的数据说明：电动汽车怠速时的平均车内噪声基本保持不变。最低怠速噪声的创造者是特斯拉 Model X，最低怠速噪声为 34.4dB，最高怠速噪声为 45dB，差距是 10.6dB。

1.4　混合动力汽车与传统燃油汽车的噪声比较

混合动力车辆拥有两套驱动系统，一种是传统的汽油发动机驱动，另一种是电驱动系统，然后优化不同驱动系统的工作条件达到提高燃油效率与减少排放的目的。这种混合动力汽车的 NVH 状况比较复杂，但是电驱动的 NVH 优点与传统汽油机的 NVH 缺点可以通过控制手段加以优化，获得比传统燃油发动机车辆更好的 NVH 效果。

混合动力车辆的怠速控制策略之一是在怠速时发动机不运转，而传统燃油车辆在怠速时发动机是运转的。从理论上讲，混合动力车辆在怠速时的噪声一般要低于传统燃油车辆的怠速噪声。即便是在空调开启的情况，由于发动机并不工作，混合动力车辆的怠速噪声在一般情况下是应该低于传统汽油发动机车辆的。从表 1.4.1 可以看到，在怠速工况下，混合动力乘用车的平均车内噪声要比燃油乘用车的平均车内噪声低 3~5dB，而在车辆运行工况下，混合动力乘用车的平均车内噪声比燃油乘用车的平均车内噪声低 1~4dB。

表 1.4.1　混合动力与燃油乘用车的怠速噪声比较

车辆级别	发动机排量/L	怠速噪声/dB		88km/h 噪声/dB		104km/h 噪声/dB		112km/h 噪声/dB		120km/h 噪声/dB		136km/h 噪声/dB	
		混动	燃油	混动	燃油	混动	燃油	混动	燃油	混动	燃油	混动	燃油
B	1.6~2.4	39	44	61	63	65	66	65	66	68	68	69	70
C	2.4~3.0	41	44	59	62	62	66	62	66	65	68	67	70
D	>3.0	41	44	61	62	64	65	64	65	66	68	68	70

综上所述，电动汽车的噪声与传统发动机车辆的噪声相比并不是最低的。另一方面，各个不同品牌车辆的噪声本身就是一个市场竞争指标，鉴于各种品牌电动汽车噪声水平的巨大差异，电动汽车的 NVH 设计与开发还面临着相当大的挑战性。

1.5　声品质的主观评价方法

车辆是为了驾驶与乘坐车辆的人而制造生产的，车辆 NVH 设计开发的目的是为了满足驾乘人员对 NVH 的要求与感受，因此车辆 NVH 的最终评价者是驾乘人员。

沃尔沃公司曾经组织过一次主观评价电动汽车辆噪声的活动，这个案例为电动汽车的 NVH 的主观评价提供一个比较好的范例。主观评价的第一重要因素是如何选择主观评价人员。

1. 评价人员

评价人员可以是公司人员，男女搭配，可以是以前没有主观评价经验的。但要求评价人员的年龄在 45 岁以下，而且没有听力障碍。以沃尔沃公司这个评价项目为例，共有沃尔沃公司人员中的志愿者 24 名，年龄在 25 ~ 48 岁，6 名女性，18 名男性，这些人以前从来没有 NVH 主观评价的经验，也没有任何已知的听力缺陷。在挑选评价人员时，应该避免选择那些会对 NVH 问题先入为主的人们，避免有偏见的主观意识。

试验条件应该是贴近驾驶车辆的实际驾驶工况。沃尔沃电动汽车的试验条件如下：

2. 试验条件

1）听力室耳机回放。

2）展示车中的"声音车"（是一种具有耳机，激励器与转向柱及座椅相连的展示台架）耳机回放。

3）在试验场上在电动汽车上的副驾驶位置。这些试验条件如图 1.5.1 所示。

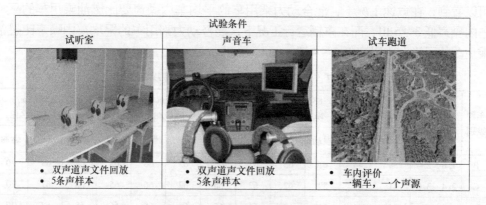

图 1.5.1 主观评价的试验条件

评价顺序：一半评价人员按以下顺序评价试验条件：听力室，"声音车"，最后试验场车内副驾驶；另一半评价人员：从听力室评估开始，"声音车"评估，最后试验场评估。每一组评价人员评价一个条件后马上评价下一个。

3. 评价方法

每一位评价人员需要填写一张表格，回答问卷。该问卷有 8 个问题，每个问题有 7 个选择需要回答，如图 1.5.2 所示。

4. 评价内容

评价内容有 8 个问题：这 8 个问题是 8 个问题对：安静-吵闹，精细-粗糙，放松-紧张，强-弱，运动型-保守型，难对付/侵略型-克制型，愉悦-讨厌，迟钝-尖锐。

声音最安静						声音最吵
←			中性			→
1	2	3	4	5	6	7
声音非常安静	明显感受到	轻微感受到	不高不低	轻微感受到	明显感受到	声音非常高

图 1.5.2　对问卷噪声问题的评价标准

5. 声刺激

在耳机回放的情况下，每个评价人员被要求为 5 个不同的声音文件打分，这些声音文件来自 3 个不同的 C30 电动汽车，其中一辆电动汽车中的两个修改过声音版本。行车条件是从 0 ~ 100km/h 全加速，在一条笔直道、平坦、光滑的路面上。这对应着 0 ~ 9000r/min 的电机。在副驾驶座位上使用双声道人工头，记录噪声。使用参数带通（bandpass）与带止（bandstop）过滤器，增加与减少某些与电机与变速器相关的突出阶次的声音大小。在第 4 个样本上，相对于电动机阶次 2、7、6 与 12（200 ~ 2000Hz 之间）的声音减少了 6dB，而电机阶次 28、36 与 56（1kHz ~ 9kHz 之间）的声音增加了 6dB。第 5 个样本与第 4 个样本的过滤刚好相反。

6. 结果分析

车轮的声品质问卷结果的评价如图 1.5.3 所示。

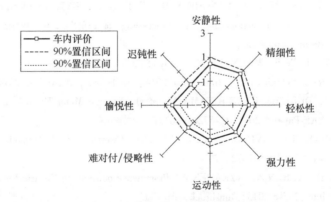

图 1.5.3　评价车轮的声品质结果

根据这些主观评价结果，我们可以看到评价人对声品质的主要抱怨是高频啸叫部分。

问卷结果可以进行总体满意度的统计分析，结果如图 1.5.4 所示。从结果我们可以看到：前三位最高评价的是安静性、愉悦性和轻松性，安静性与总体满意度相关度最高，而"难对付/侵略性"与总体满意度基本没有关系。

根据这些主观评价的结果，我们可以作为电动汽车辆 NVH 性能设计开发的目标，也可以有针对性地进行电动汽车辆声品质的 NVH 设计开发。

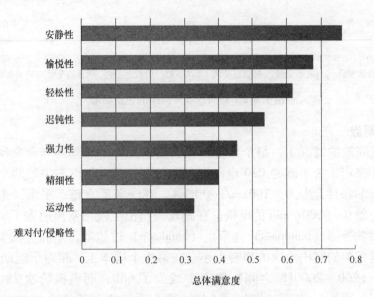

图 1.5.4 问卷结果与总体满意度的相关性

参 考 文 献

[1] MEEK B, AUWEAR, H V D, LANGHE K D. Challenges in NVH for Electric Vehicles [C]. Lecture Notes in Electrical Engineering 191, Proceedings of FISITA 2012 World Automotive Congress, 2013, Berlin, Heidelberg.

[2] BASSETT T W, TATE S, MAUNDER M. Study of High Frequency Noise from Electric Machines in Hybrid and Electric Vehicles [C]. Inter Noise 2014, Melbourne, Australia, 2014.

[3] FLORENTIN J, DURIEUX F, KURIYAMA Y, et al. Electric Motor Noise in a Lightweight Steel Vehicle [J]. SAE Paper # 2011-01-1724, 2011.

[4] LIESKE D, BIKKER S. NVH-Development of Electric Powertrains-CAE-Methods and NVH-Criteria [J]. SAE Paper # 2014-01-2072, 2014.

[5] LENNSTROM D, AGREN A, NYKANEN A. Prominence of Tones in Electric Vehicle Interior Noise [C]. 2013, Inter-Noise 2013, Innsbruck, Austria.

[6] Standard ECMA-74, Measurement of Airborne Noise Emitted by Information Technology and Telecommunications Equipment 10th Edition, 2008.

[7] The Car Interior Noise Level Comparison site- Auto innengeräusch vergleich [R/OL]. http://auto-decibel-db.com.

[8] LENNSTROM D, AGREN A, NYKANEN A. Sound Quality Evaluation of Electric Cars-Preferences and Influence of the Test Environment [C]. 2011, Aachen Acoustic Colloquium.

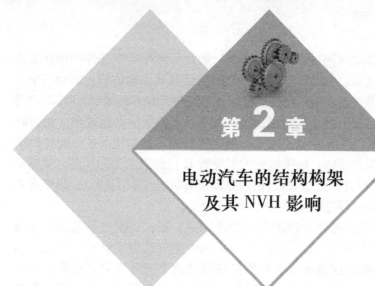

第 2 章

电动汽车的结构构架
及其 NVH 影响

现代车辆的设计开发平台由发动机、驾驶舱和底盘三个部分组成，这是车辆平台化结构构架的设计基础。发动机是车辆构架的一个重要组成部分，它的位置完全主导了驾驶舱与平台的构架，决定了基本平台结构。特别是在载货汽车设计平台方面，根据发动机的位置，北美载货汽车的构架基本以发动机在驾驶舱前面的发动机舱为主，而欧洲、日本、中国的载货汽车构架基本以驾驶舱在发动机上面的构架为主。对于纯电动汽车而言，油箱与发动机被电池和电动机取代，驱动电机可以采用轮边电机驱动方式，许多电动汽车将电池安装在地板下面。电动汽车的结构构架相对于以发动机为基础的车辆结构构架就应该发生很大的变化。对于混合动力车辆，因为发动机被保留，车辆结构构架基本上没有太大改变。这些车辆构架对车辆的 NVH 性能有很大的影响，电动汽车的 NVH 设计开发需要有新的策略。

为了节省制造设计与成本，除了新势力电动汽车制造商（例如特斯拉、蔚来等）没有资源可以利用外，许多电动汽车的设计与制造充分利用现有燃油汽车的结构构架与平台，这样做的目标是可以保证电动汽车的制造能够尽可能地利用现有的部件与系统制造的基础设施，最大限度地减少对电动汽车制造的基础设备的投资与制造成本。

电动汽车的原理与传统的燃油汽车的原理是完全不同的。电动汽车能量储存系统、动力生成系统、动力输出系统、变速器、驱动系统以及制动系统与传统燃油汽车是不一样的。这些系统是电动汽车的噪声与振动源。因此，电动汽车的 NVH 结构应该根据电动汽车的特点进行 NVH 设计开发。

2.1 硬点位置对 NVH 的影响

H 点是车辆人体工程学设计的基点，车辆内部的尺寸都是根据 H 点为基础进行设计的，车辆的硬点是设计车辆时那些控制车身、底盘和悬架等零部件间相互关系的基准点、线、面的固定点。电动汽车的特殊结构会影响 H 点的位置。电动汽车的电池组放在地板下，这增加了地板的厚度。地板厚度增加会使车辆设计的 H 点位置在垂直方向发生变化。地板与地面的距离由地面间隙、车辆的纵向通过角（通过减速带）的要求以及车辆地板结构深度来确定。地板的外面（朝着地面的一面）距离地面的深度要求由外部条件决定。如果地板加厚导致 H 点的纵向坐标升高，使座椅的位置升高。高座椅位置的特点这应该是目前电动汽车的一个鲜明特点。最终可能因为增加车内体积而导致前顶篷硬点的纵向坐标的升高。

顶篷硬点的设计原则受两个互相矛盾的要求约束。第一，硬点尽可能低，减少前端迎风面积，以便减小空气动力学阻力，并减少空气动力学噪声；第二，内部空间尽可能大。但是电池在地板上的布置最终导致这个设计原则被破坏。同时高座椅位置还可能使车辆的重心升高，但这种几何上的重心升高可以被安装在地板上的电池的重量所补偿，两者的综合结果是电动汽车重心降低。座椅位置的提高的优点是驾驶人的视野获得了改进。地板成为安装电池组的一部分，车辆运行时的气流具有冷却电池的功能，地板电池包下表面的光滑性使得运动气流产生的涡流与湍流减少，减少了风噪声的生成。电池包的双层结构可以有效地减小传递到车辆内部的路噪声。

2.2 轮边驱动的簧下质量对 NVH 的影响

电动汽车的驱动方式之一是将驱动电机放在车轮中，即轮边驱动（In- Wheel Drive）。这种驱动方式并不是新概念，早在 1900 年的巴黎世界博览会就向世界展示过。这种设计的优点是车桥、驱动轴、差速器等相关部件与系统都被替代，电动汽车结构更加简单，部件个数减少，简单的结构导致整车重量的减少，这对电动汽车设计师绞尽脑汁降低每一公斤多余的重量的艰巨任务来讲是非常关键的。以福特 F150 皮卡为例，如果用轮边驱动替代传统传动系统，那么表 2.2.1 所列的部件就可以去掉了。

去掉的重量高达 618kg。根据厂家 Protean 官网提供的性能数据，每一个的轮边驱动电机（75kW、1250N·m）的自重是 34kg，由此可以了解到纯电动汽车使用传统电机-桥-轮驱动形式与轮边驱动形式相比，轮边驱动的车辆的总重量是相对轻量化的。

轮边驱动提供了独立控制每一个车轮的机会，实现车轮转矩的矢量控制，提供横摆阻尼并增加横摆增益，达到对车辆的最大的稳定控制，提高车辆的动力学性能。另外会使电动汽车的效率得以提高，从而提高了车辆的经济效益。对于重型载货汽车来讲，独立车轮矢量控制，可以有效地避免铰接重型货车与货厢在制动时的"剪刀现象"。

表 2.2.1　使用轮边驱动的减重效果

去掉部件名称	重量/kg
发动机与变速箱	362
后桥	150
进气管路	0.9
风扇护罩	2.7
风扇护罩	3.6
驱动轴	20
燃油箱系统	17
燃油箱捆绑带	1.3
蒸汽罐	3.2
燃料线路	0.9
发动机悬置	3.6
排气 Y 形管与催化器	14.5
排气延伸管	2.7
排气消声器/尾管系统	17
排气隔热板	1.8
车架金属支架	15
其他连接硬件	1.8
总重量	618

　　轮边驱动有一些负面影响，这些影响有三个方面：加到轮边上的质量对车辆稳定性、安全性与舒适性的影响，另外簧下质量的增加也减小了车辆的附着力。Schalkwyk 分析了轮边驱动的稳定性与舒适性问题。他们研究了两辆车，一辆是标准驱动车辆，另一辆是轮边驱动车辆，两辆车辆的重量是一样的，都是 1500kg，标准驱动车辆的簧上质量是 1340kg，簧下质量是 160kg，而轮边驱动车辆的簧上质量是 1100kg，簧下质量是 400kg。簧下质量与标准驱动车辆相比增加了 240kg。他们研究了车辆对路面激励的动力响应的传递函数，分析这个传递函数的稳定性。他们对比两种车辆的传递函数后发现：传递函数的高阶极点的个数多于零点的个数。标准驱动和轮边驱动都不满足系统不稳定的条件，因此都是稳定的。从系统的固有频率的角度来看，当质量从车身移到车轮时，两个车辆的第一阶共振频率会更加接近（表 2.2.2）。共振频率与第二阶共振频率分离得很远，而且是被阻尼减小了许多，实际上对系统的振动没有影响。当两个频率非常接近时，那么就要进行叠加，会引起更大的不被人们接受的振动。从上面的例子来看，标准驱动的车辆的两阶频率分离得比较远（51Hz），轮边驱动的分离为 30Hz，但都不是很接近。

表 2.2.2　车辆 2D 模型的主要固有频率

固有频率/(rad/s)	标准驱动	轮边驱动
第一阶	9	10
第二阶	60	40
跨越频率	15	18
−180°频率	52	33
固有频率的幅值/dB	7	7.5

第一阶固有频率可以决定人们对车辆振动的感受，这两种驱动车辆的第一阶频率都在 1.5Hz 左右，人们在 0.5～1Hz 感到高出现率的晕车现象，运行舒适性在 1.5Hz，人们的舒适性感受是不敏感的。

轮边驱动方式的特点是将驱动电机装入车轮导致簧下弹簧质量的增加。这就导致了运行质量的降低，也降低了车辆的乘坐舒适性。试验证明，前轮每增加 15kg 的重量会引起在平滑沥青路、高速公路、卵石路以及比利时块路上的乘坐舒适性指标分别降低 13.4%、8.8%、14.6% 以及 22.5%。后轮的簧下质量每增加 15kg 会导致在上述道路上的乘坐舒适性指标分别降低 31.3%、1.1%、7.8% 以及 5.9%。一般来讲，乘坐舒适性指标降低 5%～10% 就认为是很高了。我们可以说：轮边驱动电机，特别是前轮，对车辆的乘坐舒适性有很高的负面影响。他们将内燃机驱动的大众路波 3.0L 改装成电池驱动电动汽车，簧上质量增加 160kg。该电动汽车在比利时块路上的乘坐舒适性指标比原车增加 14%。尽管簧下质量的增加降低了车辆乘坐舒适性，具有前轮、后轮或四轮边驱动更重的电动汽车在比利时块路上的乘坐舒适性要比原车高出 1.5%、6.3% 以及 5.6%。

莲花工程公司受轮边驱动电机生产商 Protean 的委托，研究轮边驱动的问题以及这个问题是否严重到引起驾驶人的反感，是否有工程解决方法与调制方法可以解决这些问题。他们的研究方法是用一辆 2007 年款的 1.6L 的福特福克斯汽车构造三种结构：一种是标准驱动，一种是加上 4 个轮边驱动电机，一种是改进型轮边电机（图 2.2.1）。然后在主观测试与客观评价车辆的各种动力特性。其中的运行舒适性的主观评价结果如下：轮边驱动只是在运行舒适性方面有一些比较小的负面影响，最突出的负面影响是遇到小的路障时的冲击感受。有些性能还有一些改善，例如簧下抖动和转向柱抖动。道路运行的舒适性基本上没有差别。

客观评价的结果如图 2.2.2 所示。更大的簧下质量减少了左右车轮同步跳动的频率，从 14.25Hz 减少到 9.5Hz，但是振动的幅值略有所升。加大悬架的刚度削去了同步跳动的幅值，却增加了车体的加速度。

Anderson 与 Harty 的进一步研究得出如下结论：道路粗糙度的影响比簧下质量影响还要大，在光滑路面上，主运行舒适性（Primary Ride）的减少是感觉不到的，而粗糙路面会有一些减少。次要运行舒适性（Secondary Ride）在这两种路面上都会有一些减少，需要在座椅与悬架上进行改进。他们认为尽管轮边驱动的簧下质量增加减少了一些运行舒适性，总体上来讲是比较小的，一般驾驶人不会明显地感受到。

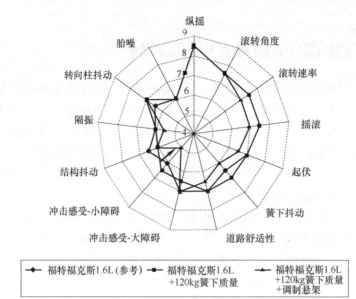

图 2.2.1 簧下质量对车辆动力学的影响

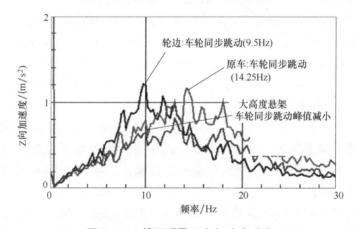

图 2.2.2 簧下质量 Z 向加速度对比

从减振理论来看，轮边驱动可以看作是质量阻尼调制器的附加质量。簧下质量与总质量之比决定了车辆对车轮激励的动力响应传递函数。质量比越大，传递率越小。这就是为什么我们说簧下质量负面影响运行舒适性的原因。这种质量调制减振器的最优化减振点是两个频率对称地分布在一个自由系统的共振频率的两边，而且在两个共振点处的振动幅值相同。从 NVH 设计开发的角度来看这个问题，我们发现采用不同的设计参数，系统的减振率与系统的动力响应函数是变化的，因此我们可以优化轮边驱动系统的参数，例如刚度、阻尼等，使得该系统的舒适性得到改善，至少可以让驾驶人感受到。这样我们就可以扬长避短，获得最优化、最全面的产品性能，不仅仅是 NVH 的，还有轻量化、动力性、经济性、结构简化性以及高效率等。

2.3 驾驶舱的结构对 NVH 的影响

电动汽车驾驶舱因为没有了发动机，其设计完全可以打破传统驾驶舱设计模式。传统驾驶舱的形状为前低后高。前低是要放置发动机，发动机舱的长度与发动机的纵向长度有关。后高是因为有驾驶人以及视野的要求。这种驾驶舱的形式从有汽车开始就是这样一直延续着。但是在没有发动机的情况下这种模式完全不需要了，也没有这个必要了。汽车的主要动力损失是汽车的空气阻力系数，而汽车的空气阻力系数与驾驶舱的设计结构有很大的关系。

沃尔沃的电动载货汽车是最先设计专门的电动载货汽车的驾驶舱，特斯拉后来独立地开发了电动载货汽车驾驶舱。其共同特点是驾驶人在驾驶舱的中心位置，打破了驾驶人或者在驾驶舱左边，或者在驾驶舱右边的传统。

驾驶舱的空气动力学一般是以流线型设计来减少空气动力学的阻力。传统的驾驶舱的风窗玻璃与发动机舱之间都有一个角度。空气在发动机舱上面流到风窗玻璃上会产生方向性的改变。风窗玻璃与顶篷有一定的角度。而当气流流过风窗玻璃时在风窗玻璃与顶篷上会产生尾波。崭新的电动汽车的驾驶舱设计是充分考虑这些空气动力学问题应该增加空气动力学的优势，减少空气动力学阻力，增加驾驶舱空间。

驾驶舱的前端因为没有发动机，在保证碰撞安全的能量消耗的必要长度，驾驶人的位置可以设计得适当向车辆的前方移动一些，增加驾驶舱内的空间，使驾驶舱内体积更大、更加宽敞。

驾驶人在驾驶舱中心的设计对 NVH 是有好的影响的。驾驶人在中心位置上，使驾驶人远离风噪声源之一的前门玻璃。这种设计因为驾驶人左耳与门玻璃之间的距离增大，驾驶人感受到的近场风噪声就会减少。特斯拉 Semi 重型载货汽车如图 2.3.1 所示。我们可以看到整个风窗玻璃是一体化的，而且没有 A 柱。风窗玻璃与驾驶舱前端从侧面看其沿着车辆纵向剖线的曲线是连续的，即是光滑的，没有断续的。从上面看风窗玻璃是从前面光滑连续地弯到侧面，直到连到车门。例外，特斯拉 Semi 的风窗玻璃是采用防弹玻璃，这些玻璃不但有很高的密度，还有足够的强度，来弥补由于没有 A 柱而产生的强度的减少，来支撑驾驶舱的玻璃承受的各种应力。

从这些设计特性可以得出：第一，风噪声产生的尾流与涡流因为这些线条的流线光滑性而大大减少；第二，防弹玻璃的厚度与高密度增大可以大大减少车外噪声向车内的传递。普通汽车的风窗玻璃的 4.5mm，面密度为 $0.0045\text{m} \times (2400 \sim 2800)\,\text{kg/m}^3 = 10.8 \sim 12.6\,\text{kg/m}^2$，而 30mm 厚的防弹风窗玻璃成层玻璃的面密度为 $74.46 \times 10^6\,\text{kg/mm}^2$。两个风窗玻璃的面密度的比是 6。那么防弹风窗玻璃的声传递损失（Sound Transmission Loss，STL）是 15.6dB。由此可见，这对与车内噪声的减少是非常有帮助的。

图 2.3.1　特斯拉 Semi 重型载货汽车

2.4　扭转刚度与 NVH

车辆的扭转刚度是车辆的一个重要的 NVH 特性。车辆的扭转刚度对运行质量与舒适性有很大的影响。车辆的扭转刚度是需要多大的力才能将车辆车身扭转一度。这个值越大越好。从客户对车辆的感觉上来看，具有高扭转刚度的车身或底盘的车辆运行时，当道路不平以及道路上有许多坑坑洼洼时，驾驶人及乘客会有一种"结实"的感觉。扭转刚度越大，当来自悬架的力传到车身时驾驶舱有较小的扭转与位移，车辆的软硬内饰是安装在驾驶舱钣金上的，驾驶舱大的扭转刚度会减少驾驶舱与软硬内饰之间的可能的摩擦与冲击，也可以减少软硬内饰固定螺栓的松动，这样就会减少异响噪声产生的机会。

增加静与动扭转刚度会消除后车身 38Hz 扭转模态，从而导致驾驶室前面 10 ~ 15dB(A)，驾驶舱后面 8 ~ 10dB(A) 的改进。增加下控制臂安装点的横向静与动刚度可以将前端的弯曲模态的固有频率从 34.5Hz 增加到 38Hz。这种高度增加的结果获得了驾驶舱前面 3 ~ 5dB(A)，驾驶舱后面 2 ~ 3dB(A) 的噪声改进。

绝大多数汽车公司即便他们的车辆有很好的扭转刚度与性能也不会公布车辆的扭转刚度，或以这个参数作为吸引客户的广告热点词汇与卖点。因为这个参数毕竟不像百公里耗油量以及从 0 加速到 80km/h 所需的时间那样直观，以及不需要物理知识的背景就能理解，扭转刚度就不同了，应该是有一定物理知识背景的客户才能理解其实际意义。

我们从多个数据源与研究结果收集了许多车辆刚度的数据，有些是主机厂公开发表的。尽管我们不能保证这些数据100%的准确性，但这些数据可以为我们的设计提供一定的参考价值，如图2.4.1所示。根据这些数据，我们计算了各种不同类型车辆扭转刚度的平均值、最大值与最小值，见表2.4.1。

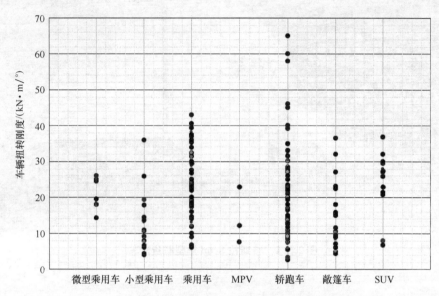

图 2.4.1　车辆的扭转刚度统计数据

表 2.4.1　车辆扭转刚度的平均值/最大值/最小值

车辆分类	微型乘用车	小型乘用车	乘用车	MPV	轿跑车	敞篷车	SUV
平均值/(kN·m/°)	21.3	12.8	24.7	14.2	20.4	12.8	24.1
最大值/(kN·m/°)	26.0	36.0	43	22.9	65.0	36.5	36.9
最小值/(kN·m/°)	14.2	4.0	6	7.5	2.6	4.4	6.8

从图2.4.1与表2.4.1可以看到，扭转刚度最大的车辆是轿跑，最大的高达65kN·m/°。但是也是变化最大的，从2.6～65kN·m/°不等。敞篷车尽管没有顶篷，但刚度也可以设计得很高（36.5kN·m/°）。SUV的整车扭转刚度大多数在20～36kN·m/°。微型乘用车的整车扭转刚度为14～26kN·m/°。

乘用车的平均刚度为24.7kN·m/°。特斯拉Model S的扭转刚度为19kN·m/°，不是最大的，也不是最小的，在乘用车中低于平均扭转刚度。可见装有电池的特殊设计的底盘对车辆的刚度的贡献并不大。这是因为地板没有很好的刚度增强设计。

轿跑车的扭转刚度是最高的。原因是轿跑车的加速时间特别短，而且速度特别快。对扭转刚度的要求也要特别高。尤其是敞篷车，为了保护驾乘人员，对其刚度的要求更加严格。而在扭转刚度上执牛耳者非瑞典跑车公司 Koenigsegg 的 Agera 轿跑车莫属，高达65kN·m/°。其 A 柱与风窗玻璃交接处的压弯失稳的压力是3t，是自身重量的 2. 2 倍，而且从静止到 480km/h 再到 0 的加减速时间只需要 21. 19s，创下世界纪录。在 0 ~ 200km/h 时，甚至可以双手离开转向盘。在这样的高性能要求下，其刚度自然会很高。轿跑车底盘与轿车底盘不一样的地方是轿车底盘是个平面结构，而轿跑车的底盘是一个三维空间结构，这种结构上的差别让轿跑车有更好的扭转刚度。如图 2.4.2 所示，其底盘的结构是空间三维的，车门槛- B 柱结构是双层的。它的前围与后围需要安装车桥因此也是采用双层结构，而且地板也是双层结构。这些双层板结构加强了车身的刚度。

图 2.4.2 Koenigsegg Agera 底盘

Koenigsegg Agera 底盘采用的复合材料有 400 多个碳纤维部件，使用超高强度黏合剂将部件粘合在一起，每平方毫米的粘合力是 3. 5kg，每平方英寸（$1in^2 = 6. 4516cm^2$）的粘合力是 2370kg，比整车的重量都大。形象地说，Koenigsegg Agera 所使用的黏合剂的总量可以把两架满载的空客 A380 粘在瑞典的 Oresund 大桥下面。这些结构特征使得它的扭转刚度达到了前所未有的高度。

刚度的改进对操控性有一定的影响。增加静与动扭转刚度会导致更好的车辆前后之间的同步性，因此改进整体响应与回转性。车辆对于 0. 2 ~ 0. 5Hz 的转向输入频率的相位滞后有很好的改进（14%）。下控制臂安装点的静与动横向刚度的增加可以获得更好的车辆左右之间的同步性，可以改进车辆的动力响应。车辆对于所有的转向输入频率的相位滞后有很好的改进（28%）。

影响车辆扭转刚度的设计因素有很多。车身的固有频率是动刚度的特性。地板是影响整车扭转刚度的重要设计因素。为了减少制造成本，增加制造一致性并缩短车辆的开发周期，现代汽车企业都采用产品平台策略。产品平台策略定义为一组共用的系统、模块或部件，一系列衍生产品可以从这个平台中通过局部的改变有效地开发与生产出不同的车型来。通过共享产品平台的部件与生产工艺，汽车主机厂可以非常有效地开发有区别性的产品，增加制造装配工艺的灵活性与对市场变化的快速反应。其缺点是增加产品家族的通用性导致性能竞争性的损失；高端与低端产品的部件共享会导致同类相食：同一家的品牌与自己的另一个品牌相竞争，影响市场表现；因为同一个部件被不同车型的车辆使用，使用量非常大，有利于减少成本，但一旦出现问题被召回，则召回数量大，成本加大；另外投资成本与对新技术创新的替换成本将是很高的。一般来讲，一个产品平台分为 3 部分：发动机、底盘、车身。同一平台的底盘是共享的。因为底盘是客户看不见、摸不着的，所以也不是特别关心的。底盘是产品平台策略的一个关键部分，它连接发动机与车身。底盘的重要组成部分是地板。一个产品平台的宽度是固定的，但是长度对应着不同的轴距而变化。地板会影响整车的刚度与性能。地板的几何参数影响地板的固有频率，进而影响地板的刚度。电动汽车由于电池昂贵而且需要尽可能小的重量以便增加电池的功率密度，希望车辆越轻越好。轻量化也是电动汽车的一个重要任务，而轻量化通常与加强结构的刚度是互相矛盾的。因此设计人员应该发现一个互相妥协的重量轻与刚度大的工程解决方案。地板有许多影响扭转刚度的几何与物理参数。厚度增加肯定会增加弯曲刚度与扭转刚度，但也会增加地板重量。地板加筋可以增加地板的刚度。如果使用试验与模拟方法，考虑到地板的厚度，地板加筋的长度、宽带与深度，那么地板的厚度与筋的深度对地板的动刚度（一、二阶固有频率与总质量）的影响是最大的，筋的长度影响最小。可以使用试验设计方法对厚度与筋的几何尺寸进行优化，获得轻量化的动刚度增加。地板的加筋形状对地板刚度也是有影响的。首先进行噪声传递分析来确定最多噪声传入驾驶舱的频率与相关的振型。然后选择这些最吵闹的振型作为地板加筋的形状，修正这些模态对于减少这些噪声是最具有重要性的。增加地板刚度的另一种办法是在地板上加 T 型加强筋，可以大大提高地板的静刚度与动刚度。

影响驾驶舱的动刚度的设计参数有很多。以一个轻型货车驾驶舱为例，对一阶固有频率影响最大的前三个部件是：驾驶舱的左与右的外部侧板以及顶篷板，它们的厚度影响最大。

驾驶舱的白车身的几何构架对于具有低成本，在强度、安全、操控与 NVH 等方面的高性能的结构设计是非常重要的。为了减少结构噪声与振动，提高操控性能，就需要改进白车身的刚度。前车架、后车架、A 柱、B 柱、横梁、顶篷和侧钣金都对白车身的刚度有贡献。汽车设计中关键的动力刚度参数就是固有频率与振型，输入点动刚度与安装点刚度。

结构的连接点与接附点对车辆的扭转刚度影响也是相当大的。对于一个白车身，连接点包括 A、B、C、D 柱-车顶，A 柱-铰接柱，A、B、C 柱-门槛等八个铰接点。铰接点的弯曲刚度定义为：

$$K_b = \frac{F}{\delta} \quad (\text{N/mm})$$

式中，位移 δ 是通过在铰接点上施加一个 1N 的荷载时产生的位移。

一般来讲，根据公式，只要加厚钣金（1.25mm 增加到 1.75mm），就可以增加铰接点刚度。另外与铰接点相连接的柱都是中空的，如果不增加钣金的厚度，而是在里面加注结构发泡材料，也可以增加铰接点的刚度，甚至比 1.75mm 刚度更好。从轻量化的角度，1.25mm 加发泡材料与 1.75mm 相比，重量是减少的，可以说是一个"多快好省"的过程解决方案。

电动汽车的轻量化指标是根据轻量化系数进行评价的。轻量化系数定义为车辆的每单位扭转刚度与面积的质量。

轻量化系数的定义表明轻量化系数越低越好。要想获得更低的轻量化系数，我们希望降低整车的质量，增加车辆的扭转刚度和前后轴定义的面积（图 2.4.3）。确定轻量化系数的这三个参数可能并不是独立的。高扭转刚度可能导致高的车辆重量，高的面积可能会导致低的扭转刚度。

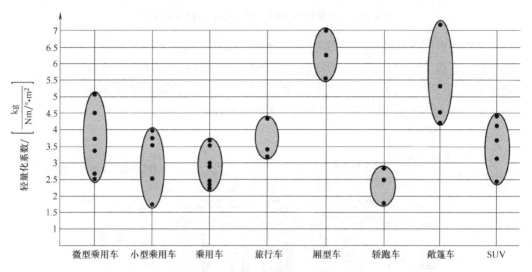

图 2.4.3　车辆扭转刚度的轻量化系数

2.5 电池包结构对 NVH 的影响

电动汽车的电池数量比较大，体积也比较大，通常是安装在驾驶舱的地板中，而且占据了大部分地板空间。图 2.5.1 和图 2.5.2 分别是特斯拉 Model S 地板与电机、电池包的安装情况。

图 2.5.1　特斯拉 Model S 地板与电机安装

图 2.5.2　特斯拉 Model S 地板与电池包安装情况

特斯拉电动汽车的地板的结构是一种专利设计，如图 2.5.3 所示。为了防止电池包在出现事故时起火，该电池模块是安装在上（403）下（603）地板之间。为了防止车辆在行驶中石块的打击或在高速行驶时，道路上的硬物体破坏电池包中的电池，该结构上还加装了防弹层（1203，Ballistic Shield）。

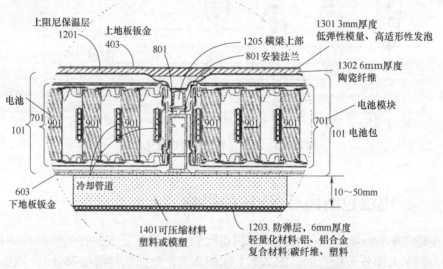

图 2.5.3　特斯拉电动汽车电池包的保护结构截面图

这种地板结构是三墙结构——上地板钣金、下地板钣金与防弹层，这三个墙分隔出两个空间：上下钣金之间的电池包空间，下钣金与防弹层之间的空间。在电池包空间中，虽然有些空间，但出于其他考虑没有填充阻尼材料，在某些共振频率上的声传递损失仅仅到达双墙贴在一起的效果。宝马 i3 的电池体积比较小，因此在电池之间增加了阻燃材料，这些阻燃材料有利于吸收路噪声。电池包的防弹层与下地板钣金形成一种典型的双墙结构，在这双墙之间还填有可压缩的阻尼材料。这种材料可以在车辆碰到硬物体时产生变形，保护电池包。但在声学上，为双墙结构之间的空气提供一种阻尼作用，提高了该结构的声传递损失。在上地板钣金的下面装有阻尼保温层（1201）。这种阻尼保温层从声学的角度上起到了减少了地板钣金的振动的作用，增加了地板钣金的声传递损失。特斯拉 Model S 在销售到市场后，地面上的石头等物体的冲击曾经使电池组起火，为了防止这类事故发生，特斯拉又在电池组前部加装了新的保护板形成三重保护。最新加上的保护板是军事级别的钛合金板，这样的处置对于减少风噪声与路噪声起到非常正面的影响。

这种三墙结构对于来自道路的噪声有着非常好的减噪作用。这种结构虽然在地板上有很好的降噪作用，在与地板链接的部位向后，都是单层地板，与其前面的双层地板形成对比，是道路噪声的弱点，需要在声学包上加以补充。

这样的电池安装特性对风噪声也有一定的正面影响。纯电动汽车的电池在地板中的放置，为了防止车辆起火而在地板上安装的防石块冲击以及路面障碍物对地板的破坏，还安装有防弹层。这些设计措施使地板的外表面呈现流线型，具有光滑流畅的特性，有利于气流在地板下面的流畅，减少了车辆高速运行时在地板外表面上产生的湍流，从而在某种程度上减少了风噪声。传统内燃机车辆的梦想就是在地板上或发动机舱中发动机的下方安装导流板，目的是使车辆高速运行时，气流在发动机舱不会产生湍流，并减小风噪声。

2.6　静态稳定系数对 NVH 的影响

车辆的静态稳定系数（Static Stability Factor，SSF）定义为：

$$\mathrm{SSF} = \frac{T}{2H}$$

式中，T 是轮距；H 是车辆重心高度。

静态稳定系数越低，车辆在单个车辆受到外力碰撞或转弯时就越可能侧翻。如果 SSF 值比较大就等价于一个更稳定的上部轻的车辆。一般车辆的稳态稳定性系数（根据销售数量的平均），在 2003 年，乘用车 SSF 为 1.41，SUV 为 1.17，皮卡为 1.18，小型厢型车位 1.24，全尺寸厢型车为 1.12。

大多数乘用车的稳态稳定性系数在 1.30 ~ 1.50 之间。重心比较高的皮卡，SUV 与厢型车的值在 1.00 ~ 1.30 之间。

根据美国乘用车的重心高度统计数据（直到 1998 年），我们可以统计出乘用车重心高度的直方图，如图 2.6.1 所示。

从图 2.6.1 我们可以看到，乘用车的平均重心高度为 537mm，而且重心高度基本上都是大于 485mm 的。特斯拉 Model S 的重心高度为 457.2mm。由此可见，特斯拉 Model S 的重心高度是所有乘用车中最低的。

表 2.6.1 是美国车辆的平均静态稳定性因子数据。我们可以看到，随着时间的推移，乘用车静态稳定系数变化比较小，改进并不是很大，稳定在 1.41 左右。而 SUV 的静态稳定系数却是每年都在改进。但是皮卡基本上没有改变。MPV 的改进都是最近出现的改变，然后就分别稳定在 1.24 与 1.12。

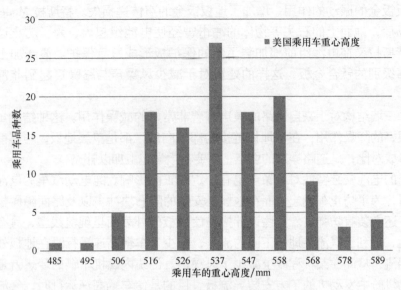

图 2.6.1　美国乘用车的重心高度统计数据

表 2.6.1　车辆平均静态稳定性因子数据

车型年份	乘　用　车	SUV	皮　　卡	小型 MPV	大型 MPV
1985	1.36	1.08	1.18	1.11	1.09
1986	1.36	1.07	1.18	1.11	1.09
1987	1.36	1.07	1.18	1.11	1.09
1988	1.35	1.07	1.17	1.15	1.09
1989	1.36	1.08	1.18	1.15	1.09
1990	1.37	1.07	1.17	1.16	1.09
1991	1.38	1.08	1.18	1.17	1.09
1992	1.39	1.08	1.18	1.17	1.11
1993	1.39	1.09	1.18	1.17	1.11
1994	1.4	1.09	1.18	1.17	1.11
1995	1.41	1.09	1.18	1.19	1.11
1996	1.41	1.09	1.18	1.21	1.11
1997	1.41	1.1	1.18	1.2	1.11
1998	1.42	1.1	1.17	1.22	1.12
1999	1.42	1.11	1.18	1.23	1.12
2000	1.42	1.11	1.18	1.24	1.12
2001	1.42	1.14	1.18	1.24	1.12
2002	1.42	1.15	1.19	1.24	1.12
2003	1.41	1.17	1.18	1.24	1.12

根据特斯拉官网公布的数据，特斯拉 Model S 的重心高度为 457mm。前轮距为 1662mm，后轮距为 1700mm。它的静态稳定性因子 SSF 为 1. 84，与乘用车的平均稳定性系数 1. 41 相比，提高了将近 30%，而且是最高的。与特斯拉 Model S 同类型的宝马 i8（混合动力），宝马官网公布的重心高度为 460mm，轮距为：1640mm。我们可以计算出其静力稳定因子 SSF 为 1. 78。部分原因是 i8 的电池包是安装在车辆的后面。由此可见电动汽车的静力稳定因子普遍高于传统内燃机车辆。侧翻的安全性高于传统内燃机车辆。

从振动的角度来看，电动汽车的重心高度越高，由路面不平引起的横摇就会越大，运行时的舒适性也会变差。重心高度对车辆制动时的点头现象是有影响的，对车辆的运行动力学也是有很大影响的，车辆的横向加速度也会因为重心的升高而增大。

参 考 文 献

［1］ MACEY S，WARDLE G. H Point Fundamentals of Car Design and Packaging ［M］. 2nd ed. Design Studio Press，2014.

［2］ WATTS A，VALLANCE A，WHITEHEAD A，et al. The Technology and Economics of In- Wheel Motors ［J］. SAE Paper # 2010-01-2307，2010.

［3］ SCHALKWYK D，KAMPER M J. Effect of Hub Motor Mass on Stability and Comfort of Electric Vehicles ［C］. 2006 IEEE Vehicle Power and Propulsion Conference，2006.

［4］ VOS R. Influence of in-wheel motors on the ride comfort of electric vehicles ［D］. Eindhoven，Eindhoven University of Technology，2010.

［5］ HURDWELL R，ANDERSON M. Dynamics of Vehicle with In- Wheel Motors ｛R/OL｝. 2011.

［6］ ANDERSON M，HARTY D. Unsprung Mass with In- Wheel Motors- Myths and Realities ［C］. 2010，presented at AVEC.

［7］ US Department of Transportation，Trends in The Static Stability Factor of Passenger Cars，Light Trucks，and Vans ［R］. 2005，https：//crashstats. nhtsa. dot. gov/Api/Public/ViewPublication/809868.

［8］ HEYDINGER G J，BIXEL R A. Measured Vehicle Inertial Parameters- NHTSA's Data Through November 1998 ［J］. SAE Paper # 1999-01-1336，1999.

［9］ DAVID R L. Tesla Model S Data ［N/OL］. http://www. roperld. com/science/teslamodels. htm，2018-01-20.

［10］ BMW Group，The BMW I8 ［R/OL］. 2018，https：//www. press. BMW group. com/global/article/detail/T0145324EN/the- BMW- i8？language = en.

［11］ LAW E H，RAJU S，SONE P. H.，et al. The Effects of Chassis Flexibility on Roll Stiffness of a Winston Cup Race Car ［C］. Motorsports Engineering Conference Proceedings，1998.

［12］ CHATURVEDI B，MUGUNDARAM R，RANA D. Correlation of Vehicle Dynamics & NVH Performance with Body Static & Dynamic Stiffness through CAE and Experimental Analysis ［J］. SAE Paper # 2010-01-1137，2010.

［13］ Koeniggsegg，#Build 128 Agera RS Station 1-Chassis Bonding ［EB］. 2015，https：//www. koenigsegg. com/build128- agera- rs- station- 1- chassis- bonding.

[14] SUH E S, WECK O L, KIM I Y. Flexible Platform Component Design Under Uncertainty [J]. Journal of Intelligent Manufacturing, 2007, 18 pp 115-126.

[15] MEYER M H, LEHNERD A P. The Power of Product Platforms: Building value and cost leadership [M]. New York: The Free Press, 1997.

[16] FREDO C R, HEDLUND A. NVH Optimization of Truck Cab Floor Panel Embossing Pattern [J]. SAE Paper # 2005-01-2342, 2005.

[17] KUMAR M G R, MARUTHI B H, CHANDRU B T, et al. Vibration Analysis of Automotive Car Floor Using FEN and FFT Analyzer [J]. International Journal for Technological Research in Engineering, 2015, 2 (11): 2891-2896.

[18] SHOJAEEFARDA M H, ABOLFAZL K A, LAHIJANIC A T. Parametric Modal Study and Optimization of the Floor Pan of a B-Segment Automotive Using a Hybrid Method of Taguchi and a Newly Developed MCDM Model [J]. Lat. Am. Journal of solids structure, 2016, 13 (16).

[19] QI X, FANG D, XU D. Modal Sensitivity Analysis and Structural Optimization of the Cab of Light Truck [C]. Proceedings of 2012 International Conference on Mechanical Engineering and Material Science, 2012.

[20] MASKERY S V, NAGESH S. A Study on Joint Stiffness of a Typical BIW Structure to Qualify Its NVH Behavior [J]. Int. Journal of Scientific and Engineering Research, 2017, 8 (5): 973-977.

[21] RAWLINSON P D. Vehicle Battery Pack Ballistic Shield [P]. U. S. patent# 8286743, 2012.

[22] BERANEK L L, VER I L. Noise and Vibration Control Engineering: Principles and Applications [M]. John Wiley and Sons, Inc. , 1992.

[23] News Report [R/OL]. https://venturebeat.com/2014/03/28/teslas-model-s-can-crush-concrete-with-its-new-underbody-shields, 2014.

第 **3** 章

电机 NVH 的特性

电动汽车驱动系统的振动与噪声的主要特征是电驱动系统的电磁与机械谐波的时间频率、空间阶次，我们研究这些振动与噪声的频率与阶次，为电机驱动系统的 NVH 设计开发提供基本信息，这些信息也是我们 NVH 设计开发的原理之一。电机振动与噪声的振幅可以根据有限元进行结构动力设计，也可以在台架试验中进行测量。但对于电机与驱动系统本身以及用于整车装配的环境中，不论是供电系统还是机械驱动系统，不论是电磁系统还是机械系统的激励与动力响应都是谐波，在电动汽车的驱动系统 NVH 设计开发中最重要的是针对这些谐波中的空间谐波阶次与时间频率进行设计开发。幸运的是，这些谐波的空间谐波阶次与时间频率有非常简洁的理论分析结果，有已知的解析解，这些电磁与机械激励的空间谐波阶次与时间频率可以在 NVH 设计开发中进入设计开发体系。例如，NVH 设计开发的一个重要内容是发现共振，设计如何避免共振。电动汽车 NVH 设计开发的一个重要任务是如何发现电磁与激励频率，如何在 NVH 设计开发中消除、减少或避免系统的振动与噪声的共振。

电动汽车最重要的动力系统就是电动机/发电机。这种电机系统在结构上比较简单，有定子、转子与线圈。电流通过定子线圈产生磁力线，在转子上产生扭转力矩使转子转动。电机与传统的燃油发动机相比，无论是理论还是结构都简单得多，而且辅助系统也相对比较简单，因此噪声与振动的产生的物理原理也是相对简单。我们还可以对电动机的噪声产生原理进行理论分析，根据噪声理论对电机进行 NVH 设计开发，从源头上减少电机的噪声与振动，设计开发并生产出相对安静的电机。此外，在外购电机的情况下，为如何减少电机在整车装配下的振动与噪声提供理论基础和实际工程解决方案。

3.1 电机振动与噪声的产生

电机振动与噪声的产生原因主要在三个方面——电磁、机械与空气动力学。电机振动与噪声主要由电磁源所产生。电磁源的振动与噪声的产生主要是所谓的麦克斯韦尔力。麦克斯韦尔力使定子产生振动，然后激励电机的结构周围的空气产生噪声，辐射到环境中。机械噪声与振动主要是转子的偏心率与动不平衡所产生的激振力与噪声，而空气动力学噪声与振动主要是定子与转子之间的气隙在转子高速旋转时，或电机冷却风扇工作时所产生的噪声与振动，如图 3.1.1 所示。电机噪声从声传递方式上可以分为空气噪声与结构噪声。

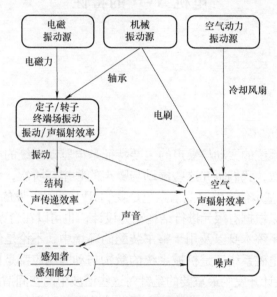

图 3.1.1 电机中的噪声产生

电机的电磁力包括了径向力、切向力以及磁致伸缩力。径向力是定子与转子之间的吸引力，而切向力作用在转子上产生转矩。磁致伸缩力在电磁场的方向上拉伸铁心。在感应电机中，径向力则是最主要的电磁噪声源，通常在电机噪声与振动分析中忽略径向力。

当正弦电压与电流连接到定子线圈时会在这个磁路中产生一个电磁场的磁通量，而产生磁通量的势力就称为磁动势，类似于电路中产生电流的电动势。在电机定子与转子之间的气隙中产生磁通量的磁动势称为气隙磁动势。气隙磁动势包含了一个基本的谐波，它的阶次为 1，以及一个由高级阶次组成的无限级数。

磁导（Permeance）是在磁路中衡量某种材料能够传导磁通量的能力，单位为 H 或 Wb。

一个对称的非饱和的三相异步电机的定子中，有一个角频率为 ω_1 的对称电流系统，假定为基础电流。这个电流落后电压一个固定的相位角。所有这些相位的电流建立一个随时间变化的磁动势（MMF），该磁动势交错地分布在定子的圆周上。由这些多相绕组产生的交变磁动势产生了一个旋转的磁动势。该磁动势在定子与转子之间的气隙中产生了一个磁导。但是这个在气隙中的磁导不是均匀的，它会根据定子的开槽、磁饱和与转子的位置而变化。所有这些磁动势都与磁导的常数项互相作用，激励定子的基本波以及绕组的磁通密度谐波。所有的磁动势波与每一个磁导波相互作用进一步感应出磁通密度波，而磁通密度波的极对数与频率等于对应的定子磁动势波与磁导波的阶次之和或差。这些磁通密度波的无限级数通过电机气隙作用到转子绕组上，在绕组中感应出具有同样阶次的谐波的电压。这个感应电压驱动在闭环转子电路中的电流，而这个电流取决于转子绕组的阻抗。这个阻抗是频率、线圈个数、槽的个数、铁心的磁导率和槽的形状等的函数。由于转子的开槽，每一个电流都会产生包含了一个理论上无限多个激励的谐振波的磁动势波。作为磁动势与磁导之间的相互作用的结果，又产生了新的一组磁通密度波。在这些磁通密度波中，那些阶次数等于定子磁通密度波的阶次数的磁通密度波又作用在对应的定子磁通密度谐波上。而其他剩余的谐振波就称为剩余转子磁通密度波。这些剩余转子场在定子绕组中又感应出电压，这些电压具有不同于电网电压的频率。对于这些电压而言，定子电路实际上通过主供应电源来说是短路，因此它的电流是由定子阻抗来确定的，最后流入绕组中。当然流入定子绕组的电流还会产生新的磁动势谐波，其中一部分作用在剩余转子磁通密度波，其他部分构成了剩余定子磁通密度谐波。这个过程会持续进行直到在气隙中建立起稳态的磁通分布。这个过程如图 3.1.2 所示。

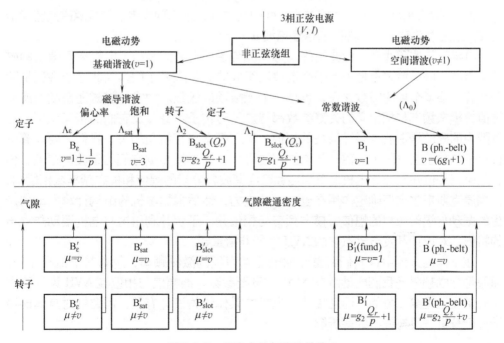

图 3.1.2　异步电机气隙场的建立

为了减少电机辐射的电磁声学噪声，我们需要了解电机定子的振动特性。如果我们能够避免激励频率域一个电机定子的固有频率，我们就可以大幅度减小电机的振动与辐射噪声。

电机的电磁振动与噪声来自于电机中的气隙的电磁力。电磁力有径向力、切向力与磁致伸缩力。径向力是定子与转子之间的吸引力,切向力作用转子上产生力矩,磁致伸缩力是沿着电磁场的方向拉伸磁铁。在感应电机中,径向力是最主要的磁场噪声源。而径向电磁力是由气隙中的磁通密度产生的,气隙磁通密度与电机表面单位面积的径向电磁力可以使用麦克斯韦尔应力方程进行计算:

$$\sigma(\theta,t) = \frac{1}{2\mu_0}B(\theta,t)^2$$

式中,$B(\theta,t)$ 是气隙磁通密度的径向分量;$\sigma(\theta,t)$ 是径向电磁应力(N/mm^2);$\mu_0 = 4\pi \times 10^{-7}$。

产生噪声的麦克斯韦尔径向力是由磁力流的脉冲性通过电机的铁单元而产生。确定麦克斯韦尔力需要精确地确定电磁场。产生电磁场的谐波有几个原因:在电机周边的导体中带有的电流的分布,定子与转子表面的开槽,铁心中的磁饱和程度,转子的偏心性,以及电力供应中的谐波。

为了便于分析,将气隙磁通密度波 $B(\theta,t)$ 分为两个部分:一个是来自定子的群,它的阶次由 $\lambda \neq 1$ 来表示;另一个是来自转子的群,它的阶次由 μ 来代表,在某些假定下,这些谐波可以表示为

$$B(\theta,t) = b_1(\theta,t) + \sum_{\lambda \neq 1}b_\lambda(\theta,t) + \sum_\mu b_\mu(\theta,t)$$

第一项 $b_1(\theta,t)$ 为定子气隙磁通密度的基本项,第二项为定子的气隙磁通密度谐波 λ,第三项为转子的气隙磁通密度谐波 μ。

电机气隙的磁通密度谐波是磁动势谐波与磁导谐波的乘积。电机在气隙上的磁动势谐波与磁导谐波都是由无限个谐波项组成的级数来表示的,因此这个乘积是两个具有无限多个项的级数之积,也是一个无限项的级数。构成气隙磁通密度谐波的幅值,模态频率与相位角的关键参数都与定子与转子本身以及它们的相互作用的在气隙中的磁动势谐波与磁导谐波的幅值、模态频率与相位角相关。我们先要计算电机定子与转子在气隙中的磁动势谐波与磁导谐波,然后根据它们的谐波的幅值、模态频率与相位角来计算电机的气隙磁通密度谐波各分量的幅值和模态频率域相位角,根据麦克斯韦尔定理确定作用在电机上的应力,然后根据电机的结构计算电动的产生的振动与辐射噪声的幅值、模态频率与相位角。了解并利用这些电机振动与噪声的特征,对设计开发电动汽车的 NVH 性能非常重要。

在下面的分析中,我们着重介绍电磁噪声项的激励频率,忽略其幅值与相位。原因是激励频率是我们电动汽车 NVH 的重要参数,而幅值与相位在 NVH 设计开发中的重要性是第二位的,而且幅值与电机的具体结构设计有关,需要针对具体的设计进行分析,没有统一的解析解。

3.2 电机气隙的磁动势的 NVH 特征

一切都起始于定子的正弦波电流与电压。在定子中流过的电流在定子与转子之

间的气隙中建立起磁动势。这个磁动势既有阶数为 1 的基本磁动势，又有阶次不等于1 的高阶的、无限多个项的空间谐波级数。这些空间谐波是由在定子中的绕组的空间的非正弦分布所致。

气隙中的磁导由一个常数的项，以及一系列谐波组成，而气隙磁导是由气隙的槽、磁饱和以及偏心率的影响而成的一个无限级数。定子的磁动势乘以气隙磁导的级数就产生了定子的气隙磁通密度的级数。定子与转子之间气隙的磁通密度有两组磁通密度（定子磁通密度与转子磁通密度）谐波，而转子磁通密度是由转子的磁动势与气隙磁导的乘积所确定的。转子磁通密度在转子条中感应出电压与电流，这些电压与电流又产生磁动势。转子的磁动势与气隙的磁导相互作用在气隙中产生了更多的磁通密度谐波。根据图 3.1.2 提供的路径，我们对组成两个级数的每一项进行谐波的时间频率与空间阶次分析，然后再对两个级数的乘积做时间频率与空间谐波阶次的分析，简单明了，可以在 NVH 设计与开发中实际应用这些结果。

3.2.1　定子绕组的磁动势谐波

我们现在就针对产生电机径向力的磁动势谐波域气隙磁导的每一个级数项进行逐项分析，最后计算这两个级数之积的麦克斯韦尔应力方程，进而分析电机的 NVH 频率与阶次特性。

电动汽车的电源一般可以用定子绕组的磁动势的时间与空间谐波的傅里叶级数来表达：

$$F_{1,\nu}(\theta,t) = \sum_\nu \hat{F}_{1,\nu}\cos(\nu p\theta - \omega_1 t - \varphi_1)$$

式中，定子绕组的空间谐波阶次 $\nu = 2qh_s + 1$，其中 q 为电机的相位数；$h_s = 0, \pm 1, \pm 2, \cdots$。其特点是定子绕组的磁动势是一组无限谐波之和，而且是按空间谐波阶次进行叠加的。空间谐波的阶次仅与电机的相位个数相关。例如，对于相位数为 8 的电机，它的定子磁动势谐波的阶次为 $\mu = 1, 17, -15, 33, -31, 49, -47, \cdots$。负数代表其方向与旋转方向相反。谐波的幅值与匝数成正比，而与谐波阶次成反比，因此在实际计算中，高阶谐波可以忽略不计。

3.2.2　转子磁动势谐波

转子的电流是通过与定子的磁感应而产生的，因此可以将转子磁动势分成两部分，一部分是由于基本转子的电流，另一部分是因为转子的电流谐波。对于转子的基本磁动势，其磁动势

$$F_{2,1}(\theta,t) = \sum_\mu \hat{A}_\mu \cos(\mu p\theta - \omega_\mu t - \varphi_\mu)$$

转子磁动势的空间谐波阶次

$$\mu = h_r \frac{Z_r}{p} + 1$$

式中，Z_r 是转子槽数；$h_r = 0, \pm 1, \pm 2, \cdots$。

转子磁动势谐波的频率

$$f_\mu = f_1 \left[1 + h_r \frac{Z_r}{p}(1-s) \right]$$

式中，s 是异步感应电机的滑差。

转子磁动势的空间谐波阶次与转子的槽数成正比，与极对数成反比。转子的频率是电源供应的频率与机械旋转频率之和。

例题：对于转子槽数为 $Z_r = 32$，极对数为 $p = 4$ 的电机，$\mu = 1, 9, -7, 17, -15, 25, -23, \cdots$。负数代表其方向与旋转方向相反。

对于滑率为 1% 的异步电机，$f_\mu = f_1, 8.92f_1, -6.92f_1, 16.84f_1, -14.84f_1, 24.76f_1, -22.76f_1, \cdots$。负数表示其方向与旋转方向相反。

如果我们定义

$$f_R = \frac{Z_r}{p}(1-s)f_1$$

那么

$$f_\mu = f_1 + h_r f_R$$

转子电流谐波像基础电流谐波在定子绕组中产生磁动势一样，也会在转子中产生磁动势，这个转子磁动势有时称为干涉相：

$$F_{2,2}(\theta, t) = \sum_\mu \hat{A}_\mu \cos(\mu p \theta - \omega_\mu t - \varphi_\mu)$$

$$\mu = h_r \frac{Z_r}{p} + \nu, h_r = 0, \pm 1, \pm 2, \cdots$$

$$f_\mu = f_1 \left[1 + h_r \frac{Z_r}{p}(1-s) \right] = f_1 + h_r f_R$$

对于谐波空间阶次的定义，文献［1，2］与文献［4］有所不同，后者的定义是前者的定义乘以相位数 p。

转子与定子的绕组磁动势的空间阶次与频率总结见表 3.2.1。

表 3.2.1　转子与定子的绕组磁动势的空间阶次与频率

名　　称	空间阶次	频　　率
定子绕组 F_s	$\nu = 2qh_s + 1$	f_1
转子绕组 F_r	$\mu = h_r \dfrac{Z_r}{p} + 1$	$h_r f_R + f_1$

3.2.3　磁动势举例

以上面提到的电机为例，当 $\mu = 1$ 时为转子的模态数，当 $g = 0$ 时为定子的模态数。时间上磁动势干涉项的空间谐波阶次（表 3.2.2）是定子空间谐波阶次与转子的空间谐波阶次的组合 $\lambda_\mu = \lambda + \mu - 1$。

表 3.2.2　磁动势干涉项的低阶空间谐波阶次

			g				
0	1	−1	2	−2	3	−3	4
1	9	−7	17	−15	25	−23	33
17	25	9	33	1	41	−7	49
−15	−7	−23	1	−31	9	−39	17
33	41	25	49	17	57	9	65
−31	−23	−39	−15	−47	−7	−55	1
49	57	41	65	33	73	25	81
−47	−39	−55	−31	−63	−23	−71	−15
65	73	57	81	49	89	41	97

3.3　电机气隙中的磁导

对于气隙中的磁导，需要考虑开槽，偏心率与磁饱和谐波：

$$\Lambda_0 + \Lambda_1(\theta) + \Lambda_2(\theta,t) + \Lambda_{1,2}(\theta,t) + \Lambda_{饱和}(\theta,t) + \Lambda_{偏心率}(\theta,t)$$

式中，Λ_0 是平均气隙磁导；$\Lambda_1(\theta)$ 是气隙的定子开槽而转子为平滑的磁导；$\Lambda_2(\theta,t)$ 是定子为开槽而转子为平滑的磁导；$\Lambda_{1,2}(\theta,t)$ 为磁导干涉项，即定子与转子都开槽情况下的磁导；$\Lambda_{饱和}(\theta,t)$ 是因为铁心磁饱和引起的气隙磁导；$\Lambda_{偏心率}(\theta,t)$ 则是因为定子在制造与安装时产生的偏心率而引起的气隙磁导。

3.3.1　平均磁导

气隙的平均磁导可以写为一个实际气隙与两个定子与转子的 Carter 因子之间的乘积。平均磁导是一个常量，没有谐波阶次与频率。

3.3.2　偏心率磁导

对于一个磁导波的级数而言，当偏心率很小时（$e \ll 1$），我们考虑电磁噪声时只需要考虑第一阶谐波，因为从噪声产生的观点来看，高阶磁导谐波的贡献可以忽略不计。由偏心率 ε 引起的磁导的傅里叶级数的第一阶谐波项

$$\Lambda_\varepsilon(\theta,t) = \varepsilon \frac{\mu_0}{\delta_0} \cos(\theta - \omega_\varepsilon t - \varphi_\varepsilon)$$

式中，

$$\omega_\varepsilon = \begin{cases} 0 & 静偏心率 \\ \dfrac{\omega_1}{p}(1-s) & 动偏心率 \end{cases}$$

偏心率磁导的空间谐波阶次为 1，而其静偏心率的频率为 0，动偏心率的频率与

相位相关，见表 3.3.1。

表 3.3.1 偏心率磁导的空间阶次与频率

名　　称	空间阶次	频　率
静偏心率	$1/p$	0
动偏心率	$1/p$	$\dfrac{f_1}{p}(1-s)$

3.3.3 磁饱和磁导

因为磁饱和而产生的磁导的傅里叶级数的第一阶谐波项为

$$\Lambda_{\text{饱和}}(\theta,t) = -\mu_0\delta_s\left(\frac{1}{\delta_0'}\right)^2\cos(2p\theta - 2\omega_1 t - 2\varphi_s)$$

磁饱和磁导只是一个三角函数分量，其空间谐波阶次为 2，频率为 $2f_1$，见表 3.3.2。

表 3.3.2 磁饱和磁导的空间阶次与频率

名　　称	空间阶次	频　率
磁饱和磁导	2	$2f_1$

3.4 电机气隙中的磁通密度谐波

如果将气隙的磁动势谐波与磁导的谐波相乘，它们的乘积就是气隙的磁通密度谐波。

$$b(\theta,t) = \left[\Lambda_0 + \Lambda_1(\theta) + \Lambda_2(\theta,t) + \Lambda_{1,2}(\theta,t) + \Lambda_{\text{饱和}}(\theta,t) + \Lambda_{\text{偏心率}}(\theta,t)\right]$$
$$\times\left[F_1(\theta,t) + F_2(\theta,t)\right]$$

式中，$F_1(\theta,t)$ 与 $F_2(\theta,t)$ 分别是定子与转子的磁动势谐波。

气隙的磁动势谐波有 2 项，磁导谐波有 5 项，两者的乘积有 10 项。从理论上讲，这些谐波项都是有无限多项的级数，因此这些级数的乘积也有无限项。但是实际上不需要考虑这个乘积的全部项，因为许多谐波项对电磁噪声没有什么贡献，主要考虑的是由基本磁动势引起的气隙基本磁通密度谐波，由定子绕组的磁动势引起的气隙磁通密度谐波以及转子绕组的磁动势引起的气隙磁通密度谐波作为气隙磁通密度谐波的近似。对磁噪声最相关的有以下 5 项：

1）基本磁通密度。

2）定子与转子绕组的谐波。

3）定子与转子槽的谐波。

4）磁饱和谐波。

5）偏心率谐波。

绕组空间谐波是由非正弦性质的实际绕组引起的。绕组槽的谐波取决于磁动势，因此荷载电流对其影响特别大。槽的主要作用是装绕组，我们需要将气隙保持到最小，在感应电机中特别重要的是要保持磁化电流尽可能地低。但是，这些槽扭曲了气隙的磁导，因此也引起了气隙磁场波形的空间谐波。在一台感应电机中，磁饱和出现在机壳、齿颈和齿尖，也会出现在槽桥上。磁饱和会使主要的气隙基础整形磁场形状变成扁平。最终的对气隙磁通密度的影响就等价于增加的槽开口，导致一个磁力密度的周期性的变化。

3.4.1　气隙基本磁通密度谐波

由气隙基本磁动势引起的气隙基本磁通密度谐波以及基本磁动势与常数项的磁导的乘积就是气隙基本磁通密度谐波：

$$b(\theta,t) = \Lambda_0 \times \left[F_1(\theta,t) + F_2(\theta,t) \right]$$

这个气隙基本磁通密度谐波是常数项磁导与基本磁动势的乘积，所以它的频率和相位与基本磁动势的频率和相位相同，而其幅值为两者幅值的乘积，其瞬态值是由上式中的实部来表达：

$$b_1(\theta,t) = \Lambda_0 \hat{F}_{1,1} \cos(p\theta - \omega_1 t - \varphi_m)$$

其空间阶次与频率见表 3.4.1。

表 3.4.1　气隙基本磁通密度谐波的空间阶次与频率

名　称	空 间 阶 次	频　率
基本气隙磁通密度	1	f_1

3.4.2　气隙磁通密度的激励谐波

定子与槽的谐波是由于定子和转子槽磁导与定子基本磁动势谐波之间的相互作用而产生的。气隙磁通密度激励谐波是常数项磁导与定子绕组磁动势之积，可以写成如下级数形式：

$$b(\theta,t) = \left[\Lambda_1 + \Lambda_2 \right] F_{1,1}(\theta,t)$$

其阶次、频率与相位应该与定子绕组的磁动势是一致的，即 $\nu = 2pg + 1$。

对于转子绕组的气隙磁通密度激励谐波，忽略转子的基本磁动势，则有

$$b_{rw}(\theta,t) = \Lambda_0 F_{2,2} = \Lambda_0 \sum_\mu \hat{A}_\mu \cos(\mu p\theta - \omega_\mu t - \varphi_\mu)$$

该项是常数项磁导与复数项转子绕组磁动势之积，其阶次、频率与相位角应该与转子磁动势是一致的，见表 3.2.1。

3.4.3　定子槽气隙磁通密度谐波

下一个我们需要考虑的是定子气隙磁动势的气隙磁通密度谐波：$\overline{F}_{sm}(\theta,t) \left[\overline{G}_{sm}(\theta) + \overline{G}_{rm}(\theta,t) + \overline{G}_{me}(\theta,t) + \overline{G}_{msat}(\theta,t) \right]$。该磁动势谐波的第一项，即定子磁动势谐波，与

磁导谐波的乘积得出定子槽的气隙磁通密度谐波，可以表达为

$$b_{ss}(\theta,t) = \Lambda_1 F_{1,1}(\theta,t) = \sum_{\nu} \hat{B}_{\nu} \cos(\nu p\theta - \omega_1 t - \varphi_1)$$

式中，$\nu = k_s \dfrac{Z_s}{p} + 1$，$k_s = \pm 1, \pm 2, \cdots$。

即定子气隙磁通密度与定子磁动势有相同的空间谐波阶次与频率，空间谐波阶次与定子的槽数 Z_s 成正比而与极对数 p 成反比，见表 3.4.2。

表 3.4.2　定子气隙磁通密度谐波的空间阶次与频率

名　　称	空 间 阶 次	频　率
定子气隙磁通密度	$k_s \dfrac{Z_s}{p} + 1$	f_1

3.4.4　转子槽气隙磁通密度谐波

转子槽的气隙磁通密度为：

$$b_{rs}(\theta,t) = \Lambda_2(\theta,t) F_{1,1}(\theta,t) = \sum_{\mu} \hat{B}_{\mu} \cos(\mu p\theta - \omega_{\mu} t - \varphi_{\mu})$$

其空间谐波阶次，频率分别为：

$$\mu = k_r \frac{Z_r}{p} + 1; k_r = \pm 1, \pm 2, \cdots$$

$$f_{\mu} = f_1 \left[1 + k_r \frac{Z_r}{p}(1-s) \right],$$

转子槽的气隙磁通密度的空间谐波阶次与转子的槽数 Z_r 成正比，与极对数 p 成反比，见表 3.4.3。

表 3.4.3　转子气隙磁通密度谐波的空间阶次与频率

名　　称	空 间 阶 次	频　率
转子气隙磁通密度	$k_r \dfrac{Z_r}{p} + 1$	$f_1 + k_r f_R$

3.4.5　气隙偏心率磁通密度谐波

电机通常有两种气隙偏心率——静力与动力偏心率。不管是哪种偏心率，都会引起非均匀的气隙，引起气隙磁场的空间谐波，最后引起电磁噪声。对于偏心率的气隙磁通密度谐波是由偏心率磁导与基本磁动势谐波之间的相互作用引起的：

$$b_{\varepsilon}(\theta,t) = \frac{\varepsilon \mu_0}{\delta_0} \cos(\theta - \omega_{\varepsilon} t - \varphi_{\varepsilon}) F_{1,1}(\theta,t) = B_1 \frac{\varepsilon}{2} \cos(\nu_{\varepsilon} p\theta - \omega_{\nu_{\varepsilon}} t - \varphi_{\nu_{\varepsilon}})$$

$$\nu_{\varepsilon} = 1 \pm \frac{1}{p}, \varphi_{\nu_{\varepsilon}} = \varphi_1 \pm \varphi_{\varepsilon}$$

$$\omega_{\nu_{\varepsilon}} = \begin{cases} \omega_1 & 静偏心率 \\ \omega_1 \left[1 \pm \frac{1}{p}(1-s) \right] & 动偏心率 \end{cases}$$

从上式可以看到，偏心率磁通密度谐波有极对：$p+1$ 与 $p-1$。

气隙偏心率磁通密度谐波的空间阶次与频率见表 3.4.4。

表 3.4.4　气隙偏心率磁通密度谐波的空间阶次与频率

名　　称	空间阶次	频　率
气隙偏心率磁通密度 静偏心率	$\nu_\varepsilon = 1 \pm \dfrac{1}{p}$	f_1
气隙偏心率磁通密度 动偏心率	$\nu_\varepsilon = 1 \pm \dfrac{1}{p}$	$f_1 \pm f_R$

3.4.6　气隙磁饱和磁通密度

来自磁饱和的气隙磁通密度谐波的瞬态值可以写成

$$b_{饱和}(\theta, t) = -\Lambda_{饱和}(\theta, t) F_{1,1}(\theta, t)$$

$$b_{饱和}(\theta, t) = -\hat{B}_{饱和}\left[\cos(p\theta - \omega_1 t - \varphi_1) + \cos(3p\theta - \omega3_1 t - 3\varphi_1)\right]$$

上式表明，在气隙中产生了有两个磁饱和磁通密度谐波，一个谐波是与基本谐波有着相同的极数，另一个谐波的极数是基本谐波极数的 3 倍。

此外，转子中所感应的电流也会产生附加的磁动势，也会在气隙中产生附加的磁通密度，如果我们只考虑第一阶谐波，那么转子中所产生的附加磁通密度场具有如下形式：

$$b_{饱和}(\theta, t) = \sum_{\mu}^{\infty} B_{饱和,\mu}\cos(\mu p\theta - \omega_\mu t - \varphi_\mu)$$

$$\mu = h_r \frac{Z_r}{p} + 3$$

$$\omega_\mu = \omega_1\left[3 + h_r \frac{Z_r}{p}(1-s)\right]$$

气隙磁饱和磁通密度谐波的空间阶次与频率见表 3.4.5。

表 3.4.5　气隙磁饱和磁通密度谐波的空间阶次与频率

名　　称	空间阶次	频　率
气隙磁饱和磁通密度	1	f_1
	3	$3f_1$
	$\mu = h_r \dfrac{Z_r}{p} + 3$	$3f_1 + h_r f_R$

3.5　电机的径向应力谐波

在计算了这些气隙磁通密度谐波的各级数项后，就可以计算由这些谐波产生的作用在电机定子上应力谐波，有了这些应力，就可以计算产生电机振动的切向力。

应力谐波可以由麦克斯韦尔定律计算：

$$\sigma(\theta,t) = \frac{B^2(\theta,t)}{2\mu_0} = \frac{1}{2\mu_0}\Big[b_1^2 + \sum_{\nu\neq 1}b_\nu^2 + \sum_\mu b_\mu^2 + 2\Big(\sum_\nu b_1 b_\nu + \sum_{\lambda,\mu}b_\nu b_\mu + \sum_\mu b_1 b_\mu$$
$$+ \sum_{\nu1,\nu2\neq\nu1}b_{\nu1}b_{\nu2} + \sum_{\mu1,\mu2\neq\mu1}b_{\mu1}b_{\mu2}\Big)\Big]$$

上式共有 8 个乘积之和，每个乘积项代表一个径向力分量。这些分量的一般的表达式为

$$\sigma_r(\theta,t) = \hat{\sigma}_r\cos(r\theta - \omega_r t - \varphi_r)$$

式中，$\hat{\sigma}_r$ 是径向力分量的幅值；r 是模态数；ω_r 是角频率；φ_r 是相位角。它们的角频率、相位角与幅值分别为

空间谐波阶次：$r = (\nu_i \pm \mu_j)p$

角频率：$\omega_r = \omega_{\nu i} \pm \omega_{\mu j}$

相位角：$\varphi_r = \varphi_{\mu i} \pm \varphi_{\nu j}$

幅值：$P_r = \dfrac{B_{\mu i}B_{\nu j}}{2}$

当电机的激励力的频率 f_r 接近或等于电机的某一个固有频率时，振动与噪声就会变得很大。这种频率耦合现象既可以发生在工作转速的稳态运行时，也可以发生在瞬态运行之中。这些频率的共振现象是电机设计与整车 NVH 设计开发的一个重要内容。

如果考虑定子与转子绕组空间谐波的交叉乘积，空间谐波阶次

$$r = (\nu_i \pm \lambda_j)p = \Big(k_s\frac{Z_s}{p}+1\Big)p \pm \Big(k_r\frac{Z_r}{p}+1\Big)p$$
$$= \Big[\frac{k_sZ_s \pm k_rZ_r}{p} + {2 \atop 0}\Big]p$$
$$f_r = f_1\Big[\frac{h_rZ_r}{p}(1-s) + {2 \atop 0}\Big]$$
$$= h_rf_R + {2f_1 \atop 0}$$

如果考虑定子绕组与转子偏心率空间谐波的交叉乘积，它的空间谐波阶次

$$r = (\nu_i \pm \lambda_j)p = \Big(k_s\frac{Z_s}{p}+1\Big)p \pm \Big(1 \pm \frac{1}{p}\Big)p$$
$$= \Big[\frac{k_sZ_s}{p} + {2 \atop 0} \pm \frac{1}{p}\Big]p$$
$$f_r = f_1\Big[\frac{h_rZ_r}{p}(1-s) + {2 \atop 0} \pm {0 \atop \frac{(1-s)}{p}}\Big]$$
$$= h_rf_R + {2f_1 \atop 0} \pm {0 \atop \frac{f_1(1-s)}{p}}$$

如果考虑定子绕组与转子磁饱和的空间谐波的交叉乘积：

$$r = (\nu_i \pm \lambda_j)p = \left(k_s\frac{Z_s}{p}+1\right)p \pm \left(h_r\frac{Z_r}{p}+3\right)p$$

$$= \left[k_s\frac{Z_s}{p} \pm h_r\frac{Z_r}{p} + \begin{Bmatrix}4\\2\end{Bmatrix}\right]p$$

$$f_r = h_r f_R + \begin{cases}4f_1\\2f_1\end{cases}$$

这个和中有无限多个项，但不是每一个项都对这个和有很大贡献，有许多项可以忽略不计。我们希望找到那些对磁振动与噪声有特别重要意义的项，而忽略那些对振动与噪声贡献可以忽略不计的项。转子磁场的二次方项（自乘项）通常是高阶项，因此对电磁噪声的贡献不大，可以忽略。事实上，$b_{\nu 1}b_{\nu 2}$ 与 $b_{\mu 1}b_{\mu 2}$ 也都是高阶模态项，它们的幅值相对比较小，对电磁噪声来讲是可以忽略。对电机振动与噪声最有意义的项是定子与转子之间的交叉乘积项，也就是：$b_\nu \times b_\mu$，可得

$$\sigma(\theta,t) \approx \frac{1}{2\mu_0}\left[b_1^2 + 2\left(\sum_\nu b_1 b_\nu + \sum_{\nu,\mu}b_\nu b_\mu + \sum_\mu b_1 b_\mu\right)\right]$$

b_1^2 与 b_λ^2 相包含了频率域 $100\sim500\mathrm{Hz}$，这些频率域有一些模态数 1 的共振频率。在 $100\mathrm{Hz}$ 上的 b_1^2 项的幅值较高，可能会引起很大的振动，尤其是比较大的电机上。即便作出这么多的限制，还是有很多项，我们需要建立一些对最高模态数的门槛值的标准。对于中小型电机，只有模态数 $m = 1,2,3,4$ 才与电磁力相关。从频率的角度来看，中型电机的频率范围 $f_r = 100\sim3500\mathrm{Hz}$ 是最重要的电磁噪声产生的频率范围。$100\sim200\mathrm{Hz}$ 的振动幅值比较大，因为这些振动是高幅值的基础气隙磁通引起的，会产生危险与有害的振动。

电机齿受到的径向力与气隙磁通密度 $B(\theta,t)$ 是非线性（二次方）关系，式中的各个项或是二次方项，或是两项的乘积。这些谐波的乘积的相位也产生了变化。例如，一个纯正弦磁通密度波，二次方后为

$$2\cos^2 x = 1 + \cos 2x$$

因此，施加在定子齿上的径向力的第 2 阶谐波永远存在。当对磁通实施二次方运算时，所有的电磁通密度谐波的阶次都应该进行修改。

$$B(x) = a\cos x + b\cos nx$$

$$B^2(x) = a^2\cos^2 x + b^2\cos^2 nx + 2ab\cos x\cos nx$$

$$B^2(x) = \frac{a^2(\cos 0 + \cos 2x) + b^2(\cos 0 + \cos 2nx)}{2} + ab[\cos(n-1)x + \cos(n+1)x]$$

假定第 n 阶谐波的幅值 b 比基本阶的幅值小，因此 $b^2 \ll a^2$，

$$B^2(x) = \frac{a^2(\cos 0 + \cos 2x)}{2} + ab[\cos(n-1)x + \cos(n+1)x]$$

因此，上述方程表明径向力的阶次为：0，2 以及 $n \pm 1$。

与发电机/电动机转子、定子的槽相关的电磁激励的激励阶次为

$$EMF_s = Z_s \pm p$$

$$EMF_r = Z_r \pm p$$

式中，EMF_s 是定子槽的激励阶次；EMF_r 是转子槽的激励阶次；Z_s 与 Z_r 分别是定子槽与转子槽的个数；p 是极的个数。发电机/电动机的固有频率、谐振阶次与转速之间的关系用下式表示：

$$谐振阶次 = \frac{频率}{\dfrac{RPM}{60}}$$

电机的定子槽与转子槽的激励频率可以写为

$$\frac{RPM}{60}EMF_s = \frac{RPM}{60}(Z_s \pm p)$$

$$\frac{RPM}{60}EMF_r = \frac{RPM}{60}(Z_r \pm p)$$

例如，一台电动机极数为 4，定子槽数是 36，转子槽数是 44，那么定子的激励阶次为 32th，36th，49th，转子的激励阶次 40th、44th、48th。

为了便于读者在电动汽车的 NVH 设计开发时参考，把这些电机的 NVH 空间谐波阶次与频率总结表 3.5.1 中。

电源是连接到电机定子上的，因此定子的磁动势与磁通密度的频率都与电源相同，都是 f_1。定子的磁动势的空间谐波阶次是电源相位的 2 倍。空间谐波由许多谐波阶次组合而成，其中最低、最危险的 NVH 阶次是 h_s 与 k_s 为 1。高阶的谐波阶次所对应的谐波的幅值通常都比较低。

转子是通过感应原理产生电流的，这些转子电流与转子的槽数、定子的极数是相关的，因此转子产生的磁动势，气隙磁通密度的频率都与电源频率与转子的槽数、极数相关，或者说是机械旋转频率与电源频率的线性组合。转子的空间谐波的阶次与槽数成正比，与极对数成反比，类似于定子槽的谐空间谐波阶次，转子槽最低、最危险的 NVH 阶次是 h_r 与 k_r 为 1。高阶的谐波阶次所对应的谐波的幅值通常都比较低。

引起电机振动与噪声的电机径向力是气隙磁通密度的二次方，也就是气隙磁通密度项的自乘。因此它的乘积（或自乘，或交叉乘积）的各项的空间谐波阶次与频率是它们各个乘积项的空间谐波阶次与电源频率的线性组合。

在电动汽车中，电机的电源是通过逆变器供应的。而逆变器的电源的频率是取决于脉冲带宽调整器的开关频率控制策略。因此在电动汽车中，我们需要考虑逆变器的开关频率特征，表 3.5.1 中的电源频率 f_1 应该为逆变器的输出频率（见第 4 章）。

表 3.5.1　电机磁电激励频率总结表

分　类	名　称	空间谐波阶次	频　率	备　注
磁动势	定子绕组	$\nu = 2qh_s + 1$	f_1	$h_s = 0, \pm 1, \pm 2, \cdots$
	转子绕组	$\mu = h_r \dfrac{Z_r}{p} + 1$	$h_r f_R + f_1$	$h_r = 0, \pm 1, \pm 2, \cdots$
	转子干扰项	$\mu = h_r \dfrac{Z_r}{p} + \nu$	$h_r f_R + f_1$	$h_r = 0, \pm 1, \pm 2, \cdots$
磁导	静偏心率	$1/p$	0	
	动偏心率	$1/p$	$\dfrac{f_1}{p}(1-s)$	
	磁饱和	2	$2f_1$	
气隙磁通密度	基本磁通	$1/p$	f_1	
	定子槽	$\nu = h_s \dfrac{Z_s}{p} + 1$	f_1	$k_s = \pm 1, \pm 2, \cdots$
	转子槽	$k_r \dfrac{Z_r}{p} + 1$	$f_1 + k_r f_R$	$k_r = \pm 1, \pm 2, \cdots$
	静偏心率	$\nu_g = 1 \pm \dfrac{1}{p}$	f_1	
	动偏心率	$\nu_g = 1 \pm \dfrac{1}{p}$	$f_1 \pm f_R$	
	磁饱和	1	f_1	
		3	$3f_1$	
		$\mu = h_r \dfrac{Z_r}{p} + 3$	$3f_1 + h_r f_R$	
电机径向力	定子/转子槽	$\dfrac{k_s Z_s \pm k_r Z_r}{p} + \begin{cases} 2 \\ 0 \end{cases}$	$h_r f_R + \begin{cases} 2f_1 \\ 0 \end{cases}$	
	定子/动偏心率	$\dfrac{k_s Z_s}{p} + \begin{cases} 2 \\ 0 \end{cases} + \dfrac{1}{p}$	$h_r f_R + \begin{cases} 2f_1 \\ 0 \end{cases} \pm \begin{cases} 0 \\ \dfrac{f_1(1-s)}{p} \end{cases}$	
	定子/磁饱和	$k_s \dfrac{Z_s}{p} \pm h_r \dfrac{Z_r}{p} + \begin{cases} 4 \\ 2 \end{cases}$	$h_r f_R + \begin{cases} 4f_1 \\ 2f_1 \end{cases}$	
电机激励频率	定子槽		$\dfrac{RPM}{60}(Z_s \pm p)$	RPM 为电机转速
	转子槽		$\dfrac{RPM}{60}(Z_r \pm p)$	RPM 为电机转速

3.6 电机噪声计算实例

在实际应用中，电机的振动频率以及模态数可以根据电机的参数进行理论计算，或利用有限元模型进行计算。这都不是问题。但还可以用简单的计算来估计这些电机振动问题的频率与模态数，对电机的振动与噪声性能进行快速评估。这在电动汽车早期开发阶段的 NVH 设计开发的意义非常重大。同时这对减少低速、高极数的异步电机磁噪声也是非常重要的，因为在低速旋转时其他源（如空气动力源与机械源）相对比较小。出于对于噪声与振动的考虑，我们首先关心的是发现那些潜在的危险的模态数以及它们的激励频率。在没有试验数据之前，甚至在没有产品之前，我们都可以通过电机的设计数据与参数获得一些关于它们振动与噪声的重要的信息。电动机的磁振动与噪声主要源来自于电机的磁径向力。电机的磁径向力是由定子与转子的槽、偏心率和磁饱和引起的气隙磁通密度引起的。

例如：有一台三相异步电机，3 个极对数（$p = 3$），定子与转子的槽数分别为：$S_1/S_2 = 36/30$，电机转差率为 2%，电源频率为 $f_1 = 50\text{Hz}$。根据以上原则，当模态数大于 7 时，我们认为它们的幅值比较小，在计算中与实践中将不予考虑。对阶数为 7 以下的模态数，我们计算出它们对应的频率。以定子与转子的模态数与径向应力为例，这些理论计算结果见表 3.6.1。第三行是定子空间谐波的阶次，第二列是转子的空间谐波阶次。表格中的数字，每个非空白的格中有两个数字，上面的数字为电机径向应力的模态数，也就是第列行与第三行的和或差值，下面的数字为对应于电机径向力模态数的激励频率值。

表 3.6.1 定子与转子绕组的模态数与激励频率

g_2	λ_w \ g_1	-1	1	-2	2	-3	3	-4	4	-5	5	-6	6
	μ	-15	21	-33	39	-51	57	-69	75	-87	93	-105	111
-1	-27	-12	-6 / 390	-6 / 490									
1	33			0 / 590	6 / 490								
-2	-57					6 / 980	0 / 880						
2	63						-6 / 980	-6 / 1080					
-3	-87									0 / 1470	6 / 1370		
3	93									6 / 1570	0 / 1470		
-4	-117												-6 / 1860

偏心率的模态数与空间谐波的激励频率见表 3.6.2。

表 3.6.2　偏心率的模态数与空间谐波的激励频率

g_1		-1	1	-2	2	-3	3	-4	4	-5	5	-6	6
g_2	λ_e	-15	21	-33	39	-51	57	-69	75	-87	93	-105	111
-1	-26		-5 374	-7 474									
-1	-28		-7 406	-5 506									
1	32			-1 574	7 474								
1	34			1 606	5 606								
-2	-56					5 964	1 864						
-2	-58					7 996	-1 896						
2	62						-5 964	-7 1064					
2	64						-7 996	-5 1096					
-3	-86									-1 1454	7 1354		
-3	-88									1 1486	5 1386		
3	92									5 1554	1 1454		
3	94									7 1586	-1 1486		
-4	-116												-5 1844
-4	-118												-7 1876

（表中 μ 行对应上方各列的空间谐波次数）

磁饱和的模态数与空间谐波的激励频率见表 3.6.3。

定子绕组与定子槽的谐波的振幅很大，因此对我们的振动与噪声分析特别有重要意义。同为定子绕组与定子槽的项是：-33，39，-69，75，-105 与 111，我们特别用黑框在上面的表中标出。从表 3.6.1 与表 3.6.3 中可以看到，绕组与磁饱和的激振力对 0 阶与 6 阶最敏感的。从表 3.7.2 中我们还可以看到，电机中具有最低模态数 $r=1$ 的电磁力项为偏心率引起的电磁力，其频率在 600Hz 左右。而我们感兴趣的对振动与噪声贡献最大的低阶（0，5，6，7）激振力的频率在 590～1900Hz 左右。从表 3.6.2 中可以看到，第一阶电磁力对偏向率比较敏感，而偏心率是由于制造间隙所引起的，这种敏感性还是很难完全去掉的。

表 3.6.3　磁饱和的模态数与空间谐波的激励频率

	g₁	-1	1	-2	2	-3	3	-4	4	-5	5	-6	6
							μ						
g₂	λs	-15	21	-33	39	-51	57	-69	75	-87	93	-105	111
-1	-21	6 390	0 290										
1	39			6 690	0 590								
-2	-51					0 780	6 880						
2	69							0 1180	6 1080				
-3	-81									-6 1270	-6 1370		
3	99											-6 1570	-6 1670
-4	-111											6 1860	0 1760

3.7　电机机体的共振频率估算

电机的本体由定子、转子、定子槽、转子槽和齿等组成，如图 3.7.1 所示。在电动汽车的运行中，电机定子的齿受到电磁径向力的激励的作用而产生振动。同一般的结构 NVH 设计开发一样，在电动汽车 NVH 设计开发过程中，我们需要了解电机机体的动力学特征。

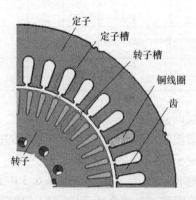

图 3.7.1　牵引电机结构部件的简图

电机的机体是一个相对简单的结构，可以在进行一定的简化后进行初步的估算。电机的定子铁心的固有频率可以根据弹性理论计算出来，将定子简化为一个均匀的梁，使用环的理论解，可以获得对应于某一个模态定子铁心的振动固有频率：

$$f_0 = \frac{36700m(m^2-1)h}{(D-h)^2\sqrt{G(m^2+1)}}$$

式中，D 为定子外径（in）；h 为槽后的定子铁心的深度（in）；G 是铁心 + 齿的重量与铁心的重量之比；m 是振动的模态数（$m = 0, 1, 2, 3, \cdots$）。

定子固有频率的估算：

$$f_{定子} = \begin{cases} f_0 = \dfrac{1}{2\pi R_m}\sqrt{\dfrac{E}{\Delta\rho}} & r = 0 \\[3mm] f_0 i\, \dfrac{1}{\sqrt{1+i^2\left(\dfrac{r^2-1}{r^2+1}\right)\left[3+r^2\left(4+\dfrac{\Delta m}{\Delta}\right)\right]}}\dfrac{r(r^2-1)}{\sqrt{(r^2-1)}} & r \geq 2 \end{cases}$$

转子固有频率的估算：转子作为简支梁的等价刚度为

$$k_s = \frac{3\pi}{64}\frac{El}{a^2 b^2}d^4$$

式中，a，b 分别是简化质量距离两段支承的距离；d 是轴的直径。

转子第一阶弯曲模态的频率为

$$f_1 = \frac{1}{2\pi}\sqrt{\frac{k_s}{M_1}}$$

式中，M_1 等于转子环质量加上轴的一半质量。某电机参数见表 3.7.1，我们可以根据这些参数计算出该电机结构振动的固有频率，见表 3.7.2。

表 3.7.1　某电机参数

参　数	数　值	参　数	数　值
E	$2.1 \times 10^5\,\text{N/mm}^2$	a	191.75mm
ρ	$7.85 \times 10^{-6}\,\text{kg/mm}^3$	b	191.75mm
R	165mm	l	383.5mm
R_m	116.25mm	d	50mm
h	27.5mm	G_y	25.07kg
h_s	20mm	G_z	7.67kg
A_z	6143.25mm^2	G_w	7.83kg
L	170mm	Q_s	36

表 3.7.2　某电机的定子与转子的固有频率

	阶次 r	f_r（计算的）/Hz	f_r（测量的）/Hz
	0	5584.4	—
定子	2	988.1	1072
	3	2638.3	2300
转子	1	236.2	258

由表 3.7.2 可以看到，这种电机的转子的固有频率在 258Hz，定子的固有频率在 1000～5590Hz 之间。定子的固有频率在电机的振动与噪声的频率范围之内，极有可能被激励而产生共振。这些数据为防止共振以及模态分离设计提供了基本信息，也可以为我们分析在车辆运行时出现振动与噪声的根本原因提供判断的依据。

3.8 由于电磁力引起的电机噪声的估计

由于电磁力引起的电机噪声可以用经验公式进行初步的估计。这种估计对于电动汽车的早期 NVH 设计与开发提供一个最基本的数据。因为我们研究电机的电磁 NVH 特性，其目的就是要研究这些时间频率与空间谐波阶次是否会产生人们不可接受的振动与噪声。在前期 NVH 设计或后期的 NVH 问题整改过程中，我们希望有一个解析的工具能够分析电机的 NVH 问题，或对现有的电机 NVH 问题的原因给出合理的物理解释，并找到解决 NVH 问题的试错方法。

定子的静力位移的幅值可以简单地计算为：

$$Y_{0s} = \frac{RR_c}{Ee_c}\hat{F} \quad (m=0)$$

$$Y_{ms} = \frac{12RR_c^3}{Ee_c^3}\frac{\hat{F}}{(m^2-1)^2} \quad (m \geq 2)$$

式中，E 是弹性模量；R、R_c、e_c 分别是电机定子的几何尺寸，如图 3.8.1 所示；m 为径向力的空间谐波阶次；$\hat{F}$ 为由于电机气隙磁通密度而产生的径向应力（N/m²）。通过这些公式，将我们前几节计算的径向力转变为在这些力点作用下的定子的静力位移。

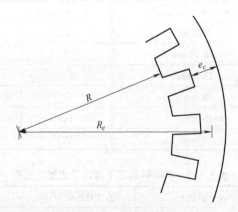

图 3.8.1 定子几何

如果激振力的频率与电机的共振频率接近，这些静力位移的幅值就会被放大，甚至可以达到不可接受的水平。估计这些电机的共振频率是防止电机共振设计开发的一个重要问题。对于 $m=0$，其电机的共振频率可简单地估计为

$$F_0 = \frac{837.5}{R_c \sqrt{\Delta}}$$

式中，$\Delta = \dfrac{\text{电机机架的重量} + \text{齿的重量}}{\text{电机机架的重量}}$

$m = 1$ 的情况极少，所以对于 $m \geq 2$，共振频率可以用下式进行估计：

$$F_m = F_0 \frac{e_c}{2\sqrt{3}R_c} \frac{m(m^2 - 1)}{\sqrt{m^2 + 1}}$$

电机动力振动的幅值 Y_{md} 可以用下式进行估计：

$$Y_{md} = \eta_m Y_{ms}$$

$$\eta_m = \frac{1}{\sqrt{\left[1 - \left(\dfrac{f_f}{F_m}\right)^2\right]^2 + \left(2\xi_a \dfrac{f_f}{F_m}\right)^2}}$$

ξ_a 是吸收系数，一般感应电机为 $0.01 < \xi_a < 0.04$。

有了动力振动幅值后，我们就可以估计电机的声功率：

$$L_w = 10\lg\left(\frac{8200\sigma f_f^2 Y_{md}^2 S_e}{10^{-12}}\right)$$

式中，S_e 是外表振动面积；σ 是辐射因子。

通过这一系列的经验公式，我们在电动汽车 NVH 开发的前期就可以估计电动驱动的共振频率与噪声水平，这些估计对于电动汽车 NVH 开发时的电机旋转也是一个很好的评价标准。

3.9　电机 NVH 的设计与开发

电机是电动汽车在市场上竞争的终极武器，电机是驱动车辆或产生电力的主要部件。这些部件关乎车辆的基本动力、效率与经济性问题，也是主机厂自己产品动力性能区别于其他竞争对手产品性能的一个重要的实现手段，因此国外各大电动汽车的主机厂（特斯拉、宝马、通用、丰田、本田等），都是根据自己产品的竞争技术指标自主设计与开发驱动电机。因此，国际各大电动汽车主机厂都对自己的电机特性讳莫如深。也正因为如此世界有许多机构对这些保密的技术进行了拆解、测量、对比、建模分析与性能测试等一系列对标，为我们掀开神秘面纱的一角，使我们得以窥探并了解其中的一部分秘密。

美国电动汽车发展的技术路线是通过政府对电动新技术的支持，研究推动电动汽车技术的发展，但是美国政府对电动整车不提供财政支持。因为他们认识到支持电动整车开发不会促进电动汽车技术的可持续发展。这种技术路线对于电动汽车的技术发展，对于电动汽车的持续性发展是非常重要的。在这种技术路线下，美国能源部出资支持国家实验室——OAK RIDGE National Laboratory，对电动汽车与混合动力电动汽车以及技术进行了全面的技术评估与开发研究。这些研究体现了国家对电动汽车技术开发的重视与支持。

还有一些第三方，包括国家实验室，都对电动汽车的驱动技术进行了很详细的分解与分析。这些电动汽车的电机包括如下主机厂的电机：日产 Leaf、宝马 i3、特斯拉 Model S、本田 Accord、丰田 Prius、雪佛兰 Volt。被分析的技术包括但不限于电机与逆变器的效率图，电机的热力分析与效率，电磁场与径向力，空气与冷却水的流体力学分析，电机的结构分解，电机电磁，线圈，定子，转子，磁铁等的结构、对标以及分析。

对于电机的噪声与振动，其很重要的技术指标就是电机结构所承受的径向力，根据麦克斯韦尔定理，径向力是与电机定子与转子之间空气气隙的磁通密度的二次方成正比。因此可以把所分解的电机的拓扑结构，几何尺寸，材料特性，电机的极，相位，绕组，叠片，槽，等特性进行测量，并使用特殊软件（MANATEE，MOTOR-CAD，MOTIVE 等）建立电机的 CAE 模型，然后对电机的磁通密度性能进行分析，获得电机的气隙磁通密度，从而可以评估所研究电机的振动与噪声。图 3.9.1 为 2013 款宝马 i3 电机的气隙磁通量的 CAE 分析结果。

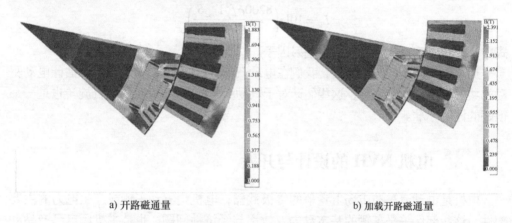

a) 开路磁通量　　　　　　　　　　　　　b) 加载开路磁通量

图 3.9.1　2013 款宝马 i3 电机的气隙磁通量 CAE 分析结果

根据文献 [12] [13] 分析的结果，一些电机的气隙磁通量的 CAE 分析结果以及一些电机的几何图形参数，见表 3.9.1。

电机的气隙磁通量（单位为 Wb）的二次方是与电机定子齿所承受的应力成正比的，所以电机气隙加载开路磁通量是电机噪声与振动的一个重要指标性参数。从表 3.9.1 我们可以看到，特斯拉 Model S 的电机在加载时的气隙磁通量是最小的。

自主开发电机的主机厂在电机设计开发阶段可以根据电机的特性进行 NVH 设计开发，在设计阶段就采取减少电机的噪声措施。对于那些外购电机的主机厂，这些设计开发原理可以用来作为选购与评价标准，根据这些设计原理，作出采购决定。

表 3.9.1　电动汽车驱动电机的部分几何参数与气隙磁通量

	宝马 i3	丰田 Prius	本田 Accord	特斯拉 Model S	日产 Leaf
开路磁通量/Wb	1.883	—	2.117	—	2.232
加载开路磁通量/Wb	2.391	2.557	2.224	1.785	2.351
定子槽数	72	—	24	60	48
转子槽数	36	—	—	74	—
极数	12	—	16		8
定子外径/mm	242	—	315.5	254	198.2
定子内径/mm	180	—	232	157	130.96
转子外径/mm	178.3	—	230	155.8	129.97
气隙/mm	0.76	—	1	—	—
定子长度/mm	132.3	—	40.1	152.6	151.16

3.9.1　磁铁形状对电机 NVH 的影响

对于埋磁永久磁铁同步电机,埋式永久磁铁与表面安装的永久磁铁相比,附加的饱和谐波会导致更高的噪声与振动。而鸽尾式磁铁与 V 型磁铁相比,前者会使得电机的振动更小,如图 3.9.2 所示。

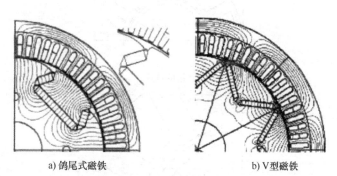

a) 鸽尾式磁铁　　　　　　　　　　b) V 型磁铁

图 3.9.2　两种磁铁形状对比

磁铁形状(V 型角度,极弧与极节距之比,磁流集中半径):可以进行优化选择,最小化噪声与振动;避免斜绕组;改变转子槽数;优化开槽,引入楔形槽与楔形,应用斜圈绕组,在运行问题点进行优化。

3.9.2　绕组对电机 NVH 的影响

最好的绕组是那些能够产生最接近正弦波的磁动势(双层分布式整体绕组)。外转子几何拓扑可能会因为其低刚度以及双频率激励而产生高的噪声与振动。不完全的槽绕组可能会因为其在定子磁动势中低的空间阶次而导致高噪声与振动。

为了减少振动与噪声,绕组设计应该遵循如下原则:理想的绕组是那些能够产生正弦磁动势的绕组，这些绕组应该有无限个相位（没有带"谐波"）以及无限个槽（没有槽谐波）；为了避免不平衡的磁拉力，绕组引起的磁动势必须永远不应该有一个谐波分开两个谐波；尽管集中式的绕组、齿绕组以及部分绕组都会产生最大的磁动势因子，但是这种情况可以通过适当的设计使它们不会产生振动与噪声。

3.9.3　槽及极对数对电机 NVH 的影响

增加每相每极的槽数可以减小磁流与力的谐波密度。增加极数会使铁心变薄，从而使振动与噪声更大。增加极数会降低磁场削弱速度，从而使电机在高速时有比较低的磁流水平；在同样的功率与速度下，更高的极数在高频时比低极数在低频时的振动要高。对于固定转速下，声学噪声频率以及噪声的声强 dB（A）与极数和频率成正比，与共振效应没有关系。

齿槽转矩（Cogging Torque）是由于电机定子与转子的永磁体磁钢相互作用产生的转矩。它表现为在电机绕组没有馈入电流时电机转子总是趋于停止在磁能最小的位置上。通过在定子上开槽并优化设计槽的宽度与位置（图 3.9.3）以及优化设计磁铁的位置，可以减少齿槽转矩并减少电机的振动。

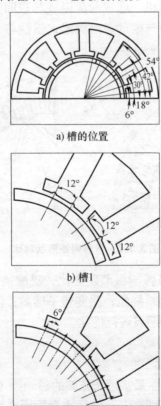

a) 槽的位置

b) 槽1

c) 槽2

图 3.9.3　定子槽口的位置与宽度的优化

通过在定子上开槽的方法，并对槽的位置、宽度与角度进行优化，在最大的阶次 10 上的径向力减小了将近 30% ，如图 3.9.4 所示。

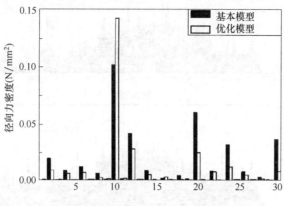

图 3.9.4　径向力的优化结果

定子开槽的措施也可以应用到转子上，也同样可以减小电机的振动与噪声。

定子的磁动势幅值可以写为

$$F_{slot} \propto P_s P_r \propto \frac{\sin(\pi k_r s l_r)}{k_r} \frac{\sin(\pi k_s s l_s)}{k_s}$$

式中，s 是基础斜率；$l_r = 1 - \dfrac{b_r}{\tau_r}$；$l_s = 1 - \dfrac{b_s}{\tau_s}$，其中，$b$ 是定子/转子的槽开口宽度，τ 是定子/转子的节距；P 是定子/转子的槽磁导谐波幅值；k 是定子/转子的整数。

假如电机设计者已经选择了电机的槽数并且想减少现存的开槽电磁力的幅值。上式包含了两个正弦函数，如果我们适当地选择 $k_r s l_r = i_0$ 或 $k_s s l_s = j_0$，这里 i_0 以及或者 j_0 是非零整数的话，理论上就可以消掉磁导谐波幅值 P_s 或 P_r。但是我们为了使制造上误差的影响最小化，使设计更加稳健，我们可以试图将两者都消掉。如果我们发现电机中有两个危险的谐波（k_{r0}，k_{s0}）与（k_{r1}，k_{s1}），我们也可以优化定子槽的几何尺寸，以便获得 $k_{s0} s l_s = j_0$ 的条件，消掉第一个振动，然后独立地选取转子的几何尺寸，以便获得 $k_{s1} s l_s = j_1$ 的条件来消掉第二个振动。特别是，当一个定子的开槽宽度与定子的节距之比为 1/2 时，所有的磁导的偶数倍阶次的谐波都被消掉了。如果我们优化转子的开槽宽度，噪声在相关的阶次上（2200Hz 左右）的幅值大幅度减少 35dB(A) 之多，如图 3.9.5 所示。

3.9.4　电机气隙对电机 NVH 的影响

电机是转子在转动，而且定子与转子之间的气隙中的磁流密度是产生径向力的电磁原因。如果气隙不均匀，转子在转动时就会产生不均匀的电磁力，从而增加不同的力波形式。因此定子与转子在制造上要有一定的制造与安装精度，需要降低离心率与不对中的公差；降低叠片的圆度的公差；降低磁铁磁化的公差；降低在槽中

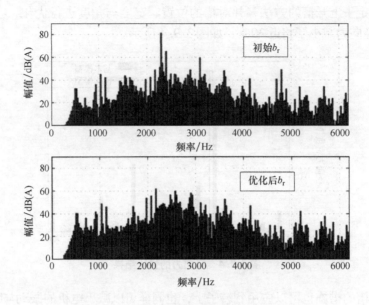

图 3.9.5　优化转子开槽宽度的噪声比较

磁铁位置的公差。可以使用机械楔来改进气隙的圆度。这个特性可以说是对供应商的加工能力与安装能力的一个检验。

3.9.5　电流注入法对电机 NVH 的影响

径向力主要是由于第二阶旋转的电磁场径向力引起的。因为使用三相交流电，我们来考虑这三个相位的径向力的相位差。我们知道第二阶径向力是空间第 P（极对）阶环形模态。这个径向力的减少可以用电流控制的方式实现。通常对于第二阶径向力的消除是通过减少最大径向力与最小径向力之间的差来实现的，将第 2 阶径向力最小化的 d 轴电流的近似计算公式如下。

$$i_d = \left(-1 \pm \sqrt{\frac{1-\gamma}{3\gamma}} \right) \frac{\psi}{l_d}$$

根据实验的结果，第 2 阶电磁径向力所引起的加速度在应用到 d 轴参考控制电流后转速 1000 与 2000r/min（图 3.9.6a、图 3.9.6b）时都得到了减少，如果使用加速工况，所有的转速上第 2 阶径向力都被减小了。但图 3.9.6a、图 3.9.6b 显示第 6 阶径向力变得更弱了。

第 6 阶径向力可以使用谐波电流注入法（Harmonic Current Injection）进行消除。

从图 3.9.7 我们可以看到：第 6 阶径向力在加入参考电流控制后得到了有效的消除，但是第 4 阶、第 8 阶力又开始变大了。在第 4 阶、第 8 阶的传递函数值是很小的，因此这两个力也很小，不需要采取进一步措施。

在电机设计阶段，NVH 设计开发的措施还有许多措施可以采用，见文献 [16]。

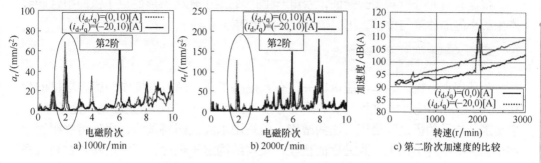

图 3.9.6　第 2 阶径向力的控制实验结果

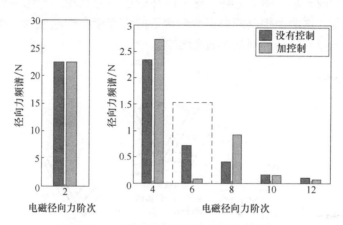

图 3.9.7　第 6 阶径向力的控制模拟结果

3.9.6　定子轭与定子极的形状对电机噪声与振动的影响

电机的定子轭与定子极的形状也可以针对电机振动与噪声的减少进行优化设计。一般的定子轭的形状是规则的圆形，而定子极的形状是规则的长方形。现在产生 4 种定子轭的形状：圆柱形、内边是圆形而外边是六角形、六角形而极的位置在每个六角形的边的中间、六角形而极在每个六角形的角上，共有 5 种不同形状的定子极。

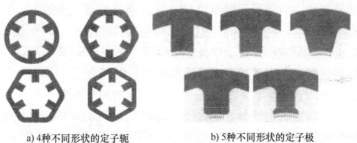

a) 4 种不同形状的定子轭　　　　　　　b) 5 种不同形状的定子极

图　3.9.8

根据有限元分析与实验验证，六角形/圆形的定子轭与梯形的定子极的组合能够产生最小的加速度与位移，可以很好地消除电磁振动。

为了提高电机的效率与能量损失，有人提出了开关磁阻电机作为感应电机的替代。人们也在努力改进这种电机的振动与噪声。其中一个方法就是在结构定子垫片。它是加装定子的齿之间槽楔。这些槽楔一般是用木头或塑料做的，用来将绕组固定在槽里并减少绕组损失。改进后的槽楔，又叫结构定子垫片，可以用陶瓷材料或多层非磁性金属来制造，如图3.9.9所示。结构定子垫片实际上由齿与结构定子垫片在定子的内端形成一个压缩的力环，这个内环的压缩力推动定子齿向外扩张在定子的外环产生应变。这两个相反的力将两个定子的齿连接在一起成为一个整体。因此定子的机械性能得到加强，刚度大幅度增加。

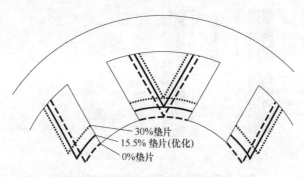

30%垫片
15.5%垫片(优化)
0%垫片

图3.9.9　结构定子垫片

如图3.9.10所示，将两台相同的电机进行对比，一台电机具有垫片，另一台电机没有垫片，然后使用同样的激励进行振动测量。结果显示：具有结构定子垫片的电机比没有垫片的电机的噪声低了9.2dB(A)，而且加垫片后电机的刚度增加，电机的固有频率从2776Hz大幅增加到5016Hz。

电机的振动与噪声可以通过增加电机的结构阻尼来减小，如图3.9.11所示。电机叠片本身所能提供的结构阻尼还是很有限的，因为电机叠片只是一个轻阻尼结构，实验测得的阻尼因子只有0.1。一种增加叠片阻尼的方法就是在定子叠片层之间加入阻尼材料，而且在叠片中使用不同刚度的叠片。当叠片受到激励时，每个叠片都安装自己的振动模态振动。叠片之间的阻尼材料在叠片相对运动时所做的循环功消耗了这些振动能量，从而减小了振动以及声学噪声，如图3.9.12所示。

根据这样的想法，做出了三个实验模型如图3.9.13所示。模型 A 对应于传统的定子叠片，模型 B 对应于两种不同的叠片，模型 C 对应于两组不同的叠片与阻尼。

实验结果表明，传统定子叠片的振动衰减特征是很明显的轻结构阻尼的振动结果，使用不同的两组叠片的定子的振动衰减比传统定子叠片要衰减得更大一些，如果使用两组叠片与阻尼，振动衰减得非常快。总噪声：模型 A 为62.3dB(A)，模型

B 为 53.4dB(A)，模型 C 为 47.5dB(A)。

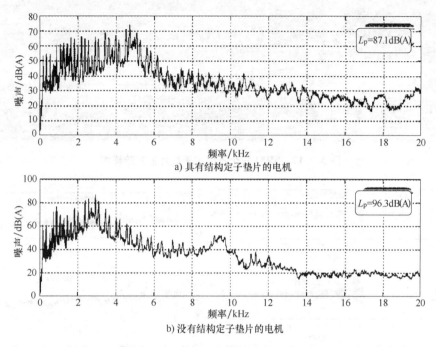

a) 具有结构定子垫片的电机

b) 没有结构定子垫片的电机

图 3.9.10　结构定子垫片减振效果测量

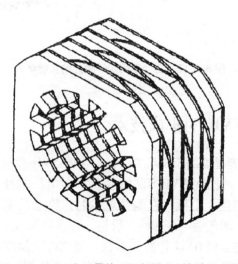

图 3.9.11　SRM 定子叠片之间加阻尼材料与不同刚度

小林贵彦等研究了在转子上钻孔的方法，减少电机的径向力与振动，减少转矩波动。根据他们的试验结果是，在转子 135° 左右时每个孔减少的径向力从 300N 最大减少到不到 230N 左右，而总的转矩波动的减少从 16.1% 到 30.5% 不等，效果相当不错。

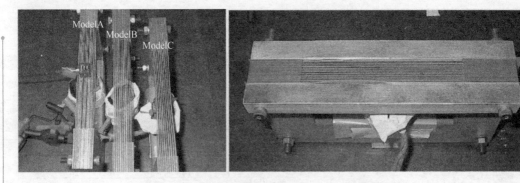

图 3.9.12　SRM 三个不同定子叠片的实验样本

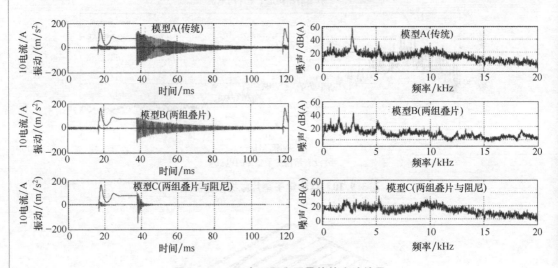

图 3.9.13　三个不同定子叠片的实验结果

3.10　电机 NVH 的集成技术

电机 NVH 性能主要是取决于电机的设计，主要 NVH 性能在设计阶段就决定了。一旦电机销售到主机厂后出现 NVH 问题，主机厂对电机本身 NVH 性能的调整能力是有限的。基于这种特性，主机厂在购买电机时，除了功率、电流、电压、转矩、效率、重量、可靠性、耐久性、冷却性、价格、经济性和安装方便性等基本性能指标外，还应该根据上述电机 NVH 特性的参数，要求电机供应商提供电机 NVH 的设计参数，同时要求供应商提供电机的噪声与振动的台架测量数据，将电机厂商提供的 NVH 参数与 NVH 测量数据作为购买决定的一个采购指标。

电动汽车 NVH 设计开发是一个很大的系统工程。中国目前的情况是大多数的电动汽车主机厂为了降低开发成本，减少开发时间，尽快抢占市场，采用拿来主义的做法，即不开发电动机/发电机、动力电池、控制系统等电动汽车关键部件，而是采用外购的方式进行开发。这种采用社会资源的方法不失为一种新的，有别于国外电动汽车开发模式的车辆开发模式，可以大幅度减少开发时间，最快地进入市场。但是对于电动汽车 NVH 性能而言，这种电动汽车开发方式却是一种新的挑战。因为对于整车 NVH 性能而言，它是所有部件综合在一起时各个部件以及激励源的综合性能。毫无疑问，好的部件、系统和装配对整车 NVH 性能是非常重要的。但是好的部件设计和制造，装到整车上，不一定能够获得好的整车的 NVH 性能。同理，不好的部件设计和制造，装到整车上，整车的 NVH 性能不一定就是不好的。对于整车 NVH 性能来讲，部件，系统的 NVH 性能、整车的 NVH 的匹配技术、部件以及系统本身的设计与制造具有同等重要的作用。整车的 NVH 性能是不可能通过简单的逆向工程复制而成，即便是你可能复制所有的部件的几何尺寸，也不一定能够复制整车的 NVH 性能，因为整车 NVH 性能既受到几何尺寸的影响，也受到材料性能的影响，同时还受到制造精度的影响，当然还受到装配精度的影响。

　　整车的 NVH 匹配集成技术就是要在管控部件与系统的 NVH 设计开发的基础上，对部件与整车的 NVH 匹配，对系统与整车的 NVH 匹配进行 NVH 设计开发。整车 NVH 开发集成的技术之一是规划整车的模态分离。模态分离整车的模态分离，也有系统的模态分离（座椅系统、电驱动系统、增程器系统、空调系统、冷却系统以及其他辅助设备系统等）。

　　电机 NVH 集成技术的一个重要问题是电机的噪声与振动。除了电机本身 NVH 设计外，电机与车辆的悬置是控制电机振动传到车身的重要系统。电机的选择 NVH 设计开发与悬置的性能以及悬置系统、电机悬置与车身的接附点处的结构车身的关联是有很大的。集成技术要求针对具体的电机，针对具体的车身结构进行具体的悬置 NVH 开发设计。目标是保证电机悬置对电机的振动有足够的衰减能力，悬置本身的最高共振频率应该高于电机的最高激励频率，接附点不会对车身结构的动力性能产生不利的影响。

　　电机本身的噪声在 NVH 设计开发后，装到整车后还有噪声需要克服，而且又不能对电机本身进行改进的话，最后一道防线（当然也不是推荐项）就是对电机进行声学包包装处理。使用吸声材料对电机进行声学处理，将电机的辐射噪声降低到可以接受的水平。

　　电机、逆变器、变速器以及车轮总成的 NVH 设计开发也是集成技术的重要方面。从 NVH 的设计角度上来讲，需要对这个系统的模态进行有效分离，电机与变速齿轮的阶次要设计好，两者的阶次不能接近，更不能重合。

参 考 文 献

［1］TIMAR P L. Noise and Vibration of Electric Machines ［M］. Elsevier, 1989.

［2］MALITI K C. Modelling and Analysis of Magnetic Noise in Squirrel- Cage Induction Motors ［D］. Stockholm, Royal Institute of Technology, 2000.

［3］MADINABERTIA I G D. Analysis of Force and Torque Harmonic Spectrum in an Induction Machine for Automotive NVH Purposes ［D］. 2016, Gothenburg, Chalmers University of Technology.

[4] PARK J, LEE H D. Study on the Vehicle Cabin Noise Employing the Interfacial Friction in Double Layered Frames Used in Electric Vehicle Traction Motors [J]. SAE Paper # 2013-01-2590, 2013.

[5] CURIAC R S, SINGHAL S. Magnetic Noise in Induction Motors [C]. Proceedings of NCAD2008, Dearborn, USA, 2008.

[6] CASSORET B, LECOINTEL J P, BRUDNY J F. Influence of the Pole Number on the Magnetic Noise of Electrical AC Machines [J]. Progress In Electromagnetics Research B, 2011, 33, pp 83-97.

[7] Vehicle Technologies Office US Department of Energy, 2015 Annual Progress Report: Electric Drive Technologies [R]. 2015.

[8] OZPINECI B. Oak Ridge National Laboratory Annual Progress Report for the Electric Drive Technologies Program [R]. 2016.

[9] Vehicle Technologies Office US Department of Energy, 2017 Annual Progress Report: Electrification [R]. 2017.

[10] BURRESS T. Benchmarking EV and HEV Technologies [R]. 2016.

[11] STATON D, GOSS J. Open Source Electric Motor Models for Commercial EV & Hybrid Traction Motors [C]. CWIEME 2017, 2017.

[12] RICARDO Inc. 2014MY BMW i3 w/ Range Extender Benchmarking Overview [R]. 2015.

[13] RICARDO Inc., 2013MY Tesla Model S 60 (60kWh) Benchmarking Overview [R]. 2015.

[14] KOLEHMAINEN J, IKAHEIMO J. Motors with Buried Magnets for Medium-Speed Applications [R]. IEEE Transactions on ENERGY Conversion, 2008, 23 (1): 86-91.

[15] LE BESNERAIS J. Acoustic Noise and Vibrations of Electric Powertrains, Focus on Electromagnetically-Excited NVH for Automotive Applications and EV/HEV, Part 1 ~ Part 7 [R]. 2017.

[16] CHO G W, JANG W S, JANG K B, et al. Optimal Design of Fractional-slot SPM to Reduce Cogging Torque and Vibration [J]. Journal of Electrical Engineering & Technology, 2012, 7 (5): 753-758. http://dx.doi.org/10.5370/JEET.2012.7.5.753.

[17] LE BESNERAIS J, LANFRANCHI V, HECQUET M, et al. Optimal Slot Opening Width for Magnetic Noise Reduction in Induction Motors [J]. 2009, IEEE Transactions on Energy Conversion. http://doi.org/10.1109/tec.2009.2025421.

[18] KANEMATSU M, MIYAJIMA T, FUJIMOTO H, et al. Modeling and Control of Radial Force due to Electromagnetic Force in IPMSMs [C]. 2014, Presented in EVTeC conference 2014.

[19] HONG J, HA K, LEE J. Stator Pole and Yoke Design for Vibration Reduction fo Switched Reluctance Motor [J]. IEEE Transactions on Magnetics, 38 (2): 1-4, 2002.

[20] RASMUSSEN P, ANDREASEN J, PIJANOWSKI J. Structural Stator Spacers-The Key to silent electrical machines [C]. Thirty-Sixth IAS Annual Meeting Conference Rec 2001 IEEE Ind. Appl. Conf. Vol 1 No. C: 33-39, 2001.

[21] RASMUSSEN P, LABRUSH E. Interlaminated Damping-A method for reduction of vibration and acoustic noise for switched reluctance machines [C]. Conf. Rec. IAS annual meeting, 2005 IEEE Ind. Appl. Soc. Vol 3: 1531-1539, 2005.

[22] KOBAYASHI T, TAKEDA Y, SANADA M, et al. Vibration Reduction of IPMSM with Concentrated Winding by Making Holes [J]. IEEJ Trans. IA, 124 (2): 202-207, 2004.

第 4 章

逆变器与驱动系统噪声

电动汽车采用的是直流电源，但电动汽车的驱动电机大多使用同步或异步交流感应电机，而不是直流电机。其主要原因是相比于直流电机，交流电机生产成本低，维修成本低，在整个运行生命周期中使用成本低。因此需要一套电源电子系统与控制系统将直流电转变成由车辆速度控制的变频率的交流电，然后输出给驱动电机，完成车辆的速度控制（图4.1）。

逆变器通过脉冲宽度调制（Pulse Width Modulation，PWM）的高频开关控制输出给电机的电压与电流的大小以及频率，以达到控制电机转速的目的。这种电机驱动系统是一个非线性系统，会产生脉冲宽度调制的谐波扭曲，在电机的绕组与铁心中产生振动与噪声。另一方面，脉冲宽度调制能在电机轴上引起转矩脉冲，并产生啸叫噪声。逆变器的噪声主要是电磁噪声，即人的听力可以感受到的噪声，这些噪声主要来自于输出变压器或荷载电机，是由逆变器电路输出波形中的电磁谐波分量引起的。

逆变器与驱动电机直接相连，而且逆变器的输出就是驱动电机的输入，逆变器的输出电流、电压的谐波阶次与频率直接影响着驱动电机的噪声、振动谐波与频率，将逆变器单独作为一个系统进行 NVH 研究的意义不大，因此在本章中我们将逆变器与驱动电机作为一个整体进行研究。

4.1 逆变器的噪声及其特性

控制单元与逆变器完成从直流电到控制交流驱动电机的变频交流电的转变。调制原理是脉冲宽度调制方法，即给定一个参考电压的波形，也就是我们想要逆变器输出的理想波形，一般是正弦波形。使用控制波形来调制输出的电流与电压。控制波形最普通的就是三角形（图4.1.1a）。这个三角形的频率叫载波频率。脉冲宽度调制的目的就是适当地选择开关时间使开关脉冲模式的电压-时间面积与参考电压波

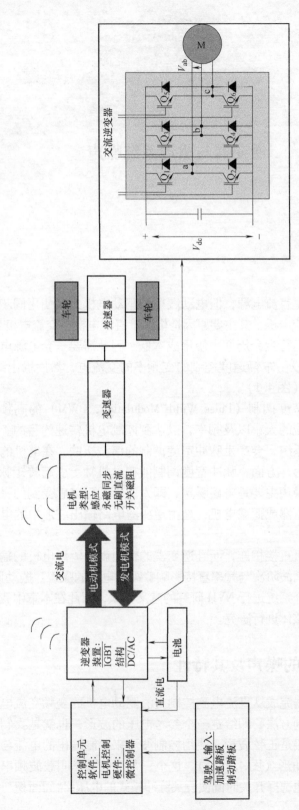

图 4.1 牵引电机电动汽车驱动概念

形的电压-时间面积相同。控制原理为：当参考波形的电压高于控制波形的电压时，输出波形为相电压的最大值；当参考波形的电压低于控制波形的电压时，输出波形为相电压的最小值（图4.1.1c）。这样输出到驱动电机上的电压与电流就比较相近于参考电压与电流（图4.1.1d）。

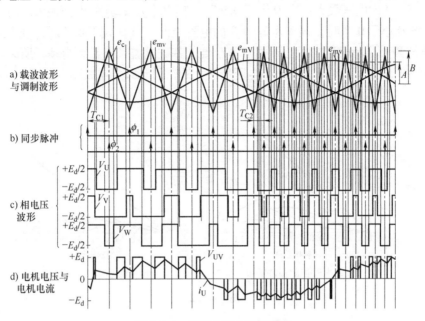

图4.1.1　PWM基本运行波形

E_d 是直流联系电压。线到线的电压用下式表达：

$$v_{UV}(t) = \frac{\sqrt{3}E_d D}{2}\sin\left(\omega_I t + \phi + \frac{\pi}{6}\right) + \sum_i v_i \qquad (4.1.1)$$

$$i = nf_C \pm kf_I$$

n 为 $1, 2, 3, 4, \cdots,$

k 为偶数时：$\pm 2, \pm 4, \cdots$；k 为奇数时：$\pm 1, \pm 5, \cdots$

$D = A/B$，为调制指数，是调制波与载波的幅值之比（图4.1.1a）。

ω_I：基础角频率；f_I：基础频率（逆变器输出频率）；f_C：载波频率（开关频率）；v_i：谐波电压，其阶次等于 i 乘以载波频率。

因此，式中的频率为：$f_C \pm 2f_I$，$f_C \pm 4f_I$，$2f_C \pm f_I$，$2f_C \pm 5f_I$，$3f_C \pm 2f_I$，$3f_C \pm 4f_I$，$4f_C \pm f_I$，$4f_C \pm 5f_I$。

式（4.1.1）中的谐波电压 v_i 的幅值 V_i 可以表示为

$$V_i = \frac{\sqrt{3}}{2}\frac{4E_d}{2n\pi}J_k\left(\frac{n\pi D}{2}\right) \qquad (4.1.2)$$

式中，J_k 是第 k 阶贝塞尔函数：

$$J_k(x) = \sum_{k=0}^{\infty} \frac{(-1)^k}{k!(n+k)!}\left(\frac{x}{2}\right)^{n+2k} \qquad (4.1.3)$$

$x = \dfrac{n\pi D}{2}$。$v_{\mathrm{UV}}(t)$ 的曲线如图 4.1.1d 所示。

根据这些公式，我们可以绘出电机的电压、电流与调制指数之间的曲线（图 4.1.2）。从图 4.1.2a 所示的曲线可以看到，对于输出电压，当 D 从 0 到 0.9 时，频率为 $2f_c \pm f_1$ 的电压最大；当 D 大于 0.9 时，频率为 $f_c \pm 2f_1$ 的电压最大。对于输出电流，当 D 小于 0.7 时，频率为 $2f_c \pm f_1$ 的电流最大；当 D 大于 0.7 时，频率为 $f_c \pm 2f_1$ 的电流最大。考虑到实际上开关频率 f_c 要比基础电流频率 f_1 大得多，所以当频率为开关频率 f_c 以及 $2f_c$ 时，电流与电压是最大的，因此噪声与振动也是最大的。

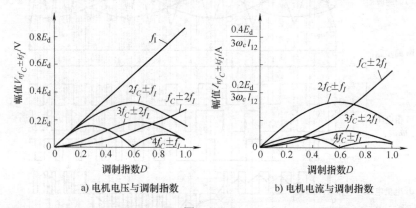

a) 电机电压与调制指数   b) 电机电流与调制指数

图 4.1.2

但是由于逆变器以及控制器驱动的交流电机的电磁噪声在逆变器输出到电机的电压与电流的高频频率分量上，现代频率带宽调制技术很难作出完美的正弦波形。

电动汽车是使用逆变器来控制电机的转速的。它的工作原理是将来自电池的直流电压转变成一个设计频率的正弦波交流电压，用来加到驱动电机上，以控制电机的转速，驱动车辆运行。也就是说，逆变器的输出电压与频率是由加到电机的电压脉冲的宽度来控制的。理想的状态是在输出的一个工作循环中，其变化应该是这样的：传递的功率与一个正弦波的变化是完全一样的。要实现这个功能，一般需要至少 6 个功率转变装置（IGBT）以一种设定的规律连续地开与关，从而产生一个交流电压。要使这个技术成为可能，逆变器使用一个开关或执行频率集合，2～15kHz。然后电机在这里将电能转变成机械能。

逆变器的开关频率是其噪声最重要的特性。逆变器的开关频率与参考电源的基础频率之间的比值称为脉冲数 n：

$$n = \frac{f_c}{f_0} \tag{4.1.4}$$

开关频率越大，脉冲数也越大。这个脉冲数对逆变器输出信号的频率谱有很大的影响。脉冲数不同，其输出频率的谱也不一样（图 4.1.3）。

从图 4.1.2 我们可以看到，逆变器输出信号的频率分量是非常丰富的。当脉冲数低时，逆变器输出信号的频率谱的分布是很密集的；当脉冲数高时，开关频率使

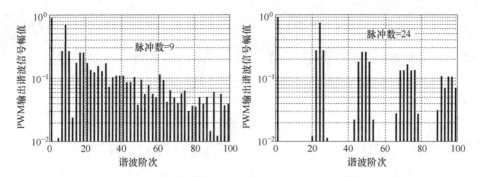

图 4.1.3　逆变器输出信号的频率分量与脉冲数之间的关系

输出信号的频率上移，而且分布特性为在若干个频率附近。这种谐波频率分布的变化会影响到逆变器的输出电流，从而影响电机的 NVH 特性。这对于逆变器的噪声设计来讲意义重大。第一，逆变器的输出频率谱是可以调节的，这为整车的 NVH 设计提供了一个非常重要的模态分离的手段；第二，当脉冲数低时，频率谱的频率内容是非常丰富的，这特别容易与驱动电机的电磁与结构共振频率相耦合，造成 NVH 问题，而当脉冲数高时，频率谱为离散型，更容易用来设计避免噪声与振动的共振；第三，高脉冲数时可以将逆变器输出的能量分布到不同的离散化频率上，这对噪声与振动的减少是有好处的；第四，如果开关频率足够高（20kHz），其产生的噪声频率可能超过人们对噪声感受的频率；第五，开关频率的可调制性是一个非常重要的特性，这种特性为在整车原型机或验证机出现 NVH 问题，提供了一个修正 NVH 频率特性的手段。

从图 4.1.1 中可以看出，逆变器电压的波形与参考波形（正弦波形）是有误差的，这种输出波形和参考波形差别的大小可以用谐波扭曲这个参数来描述：

$$\mathrm{WTHD} = \frac{1}{u_{\mathrm{rms},1}} \sqrt{\sum_{k=2}^{\infty} \left(\frac{u_{\mathrm{rms},k}}{k} \right)^2} \qquad (4.1.5)$$

式中，WTHD 是计权总谐波扭曲（Weighted Total Harmonic Distortion）；$u_{\mathrm{rms},k}$ 是第 k 阶谐波的均方根电压，$k = 1$ 是基础频率。

如果输出波形就是正弦的话，那就只有一个基础频率，即基础频率的波形，而没有其他高阶波形，因此 WTHD = 0，如果输出电压的波形不是正弦波形，而是由各种不同谐波频率组成的，那么 WTHD > 0。我们期望 WTHD 越小越好。通常高频的谐波分量电压比较低，而且阶次又在分母上，因此高频谐波分量对谐波扭曲指标贡献比低阶的谐波分量贡献要小。以图 4.1.3 为例，脉冲数越高，则计权总谐波扭曲指标就越小（图 4.1.4）。脉冲数为 9 时，计权总谐波扭曲指标为 10.6%；脉冲数为 24 时，计权总谐波扭曲指标降低到 3.9%，也就是说谐波扭曲变小，更接近于参考正弦波形。

逆变器的输出电压与电流加到驱动电机上，如果电压是单频的正弦电压，则感应电机的噪声水平随着转速的升高而增加，因为电磁振动与激励力频率的二次方成

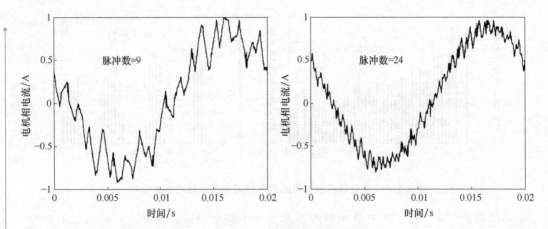

图 4.1.4　对应于不同脉冲数的电机相电流

正比，而激励力频率与电源的频率成正比。从图 4.1.3 中我们可以看到，逆变器与一般的工业电源不同，它的频率谱不是一个单一的频率，而是非常丰富的。这种特点反映到频率谱上就是一个多峰值的频率谱。当多频率输入信号进入驱动电机时，多频率的供应电源与驱动电机的电磁-机械特性相耦合，电机会产生一个可以听到的噪声。这个噪声是输入电源声特性与电机机械-电磁特性的一个综合动力响应。一个经典的逆变器的噪声频率谱如图 4.1.5 所示。

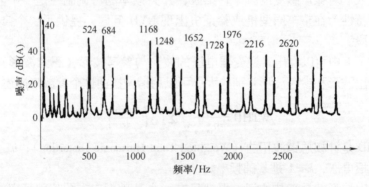

图 4.1.5　PWM 逆变器输出电压的噪声频率谱

　　从图 4.1.5 我们可以看到，PWM 逆变器输出电压的频率谱具有单频特征，而且是多个峰值的。

　　该电机的定子对于逆变器输入信号的传递函数的测量结果如图 4.1.6 所示。

　　驱动电机定子的传递函数显示出四个峰值，它们的频率分别为 320Hz、572Hz、12576Hz 和 6186Hz。测量的驱动电机的可听噪声如图 4.1.7 所示。如果仔细研究驱动电机的噪声频率分量与激励频率分量以及传递函数的频率分量之间的对应关系，我们就会发现 360Hz 对应于电机的风扇噪声（9 个叶片，40Hz），524Hz 电机噪声对应于 526Hz 的激励频率，2580Hz 对应于 2576Hz 的传递函数峰值。

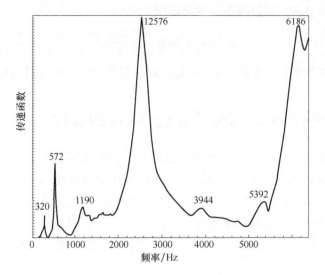

图 4.1.6　驱动电机定子的传递函数

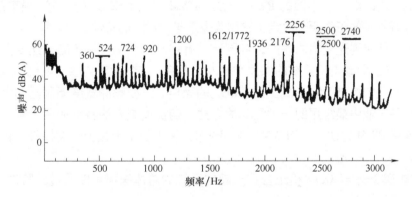

图 4.1.7　测量的驱动电机可听噪声

　　从这个例子可以看到，当从驱动电机与逆变器中获得足够频率信息时，我们可以判断系统中出现的问题噪声与振动频率的根本原因，对这个根本原因进行分析后就可以找到解决噪声问题的工程解决方案。

4.2　逆变器噪声估计

　　逆变器铁心的磁噪声的计算都是在磁致伸缩伸长曲线的基础上进行的，而这种曲线是通过一个平板样本进行直流磁化获得的，但这种测量的精度都不高。

$$L_A = k_1 + 20\lg\left(\frac{v_A}{v_0}\frac{l}{l_0}\right) \qquad (4.2.1)$$

式中，$v_0 = 1\text{m/s}$；$l_0 = 1\text{m}$；v_A 是所测量的分层铁心表面的振动速度（m/s，A 计权）；l 是铁心的磁通路径的长度（m）；k_1 是实验常数；L_A 是 A 计权逆变器的声级。

另一种实验公式，可以考虑到逆变器的大小：

$$L_{WA} = k_2 + 20\lg\frac{v_A}{v_0} + \frac{20}{3}\lg\frac{m}{m_0} \qquad (4.2.2)$$

式中，k_2 是逆变器的特性常数；$m_0 = 1\text{kg}$；m 是逆变器铁心的质量（kg）。

4.3 影响 PWM 与驱动系统 NVH 的参数

驱动电机是交流电机，但电池供电是直流电，因此需要一个软件与硬件将电池的直流电转变成驱动电机所需的交流电，同时利用交流电压与电流变化改变驱动电机的转速以满足不同行车速度的要求，这种转变控制器就是脉冲宽度调制器。电动汽车电机的声学特点是以高频单调为主，而非正弦的电源供应 PWM 逆变器却引起基础开关频率的整数倍频率的调制，因此增加了总谐波的失真，从而产生开关与驱动电机的噪声。

电动汽车电驱动系统的噪声与驱动电机的类型、驱动电机的功率、转子转速、驱动电机使用的电源、不同的 PWM 方法、PWM 使用的载波（开关）频率都相关。脉冲宽度调制器的工作原理决定了它作为噪声与振动源的特性。

关于如何实现逆变器的功能，各制造商有自己不同的控制策略，逆变器的控制策略对逆变器-驱动电机系统的噪声有很大的影响。许多学者与感应电机的应用厂家试图采用不同的控制策略来减少驱动电机的噪声。三相脉冲宽度调制器的固定频率调制方法是工业中最常用的一种经典的方法，随机调制方法特别适用于噪声减少技术。非连续 PWM 方法——DPWM1 与 DPWMMIN 主要用于减少开关损失，也用于减小噪声。

PWM 逆变器与驱动电机组合在一起的系统的总体噪声可以通过试验进行测量。影响这个系统噪声的参数有以下 5 个：

1）电机类型。

2）电机功率（0.75kW 或 1.5kW）。

3）电机转子转速。

4）PWM 方法（三相 PWM、随机调整 PWM、离散 PWM1、离散 PWMMIN）。

5）开关频率（2、4、8 或 16kHz）

对所有这些影响参数以及它们的组合进行有限的测试，可以发现这些参数对系统噪声影响的有规律性的内容。

首先，电机类型对噪声的影响很大。对不同电机提供同样的 50Hz 的电源，在同样的转速下测量各台电机的噪声。我们发现电机与电机之间的噪声竟然相差 21.88dB(A)，噪声第二大的与最安静的也相差了 5.88dB(A)。由此可知，选择安静的驱动电机对于电动汽车的安静性是非常重要的。从频谱上看，在 25、50Hz 上会出现噪声的峰值，如图 4.3.1 所示。

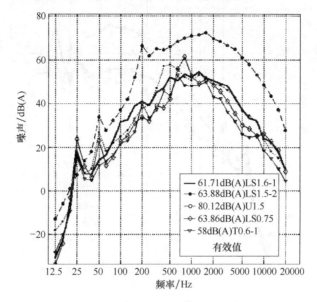

图 4.3.1　使用正弦电源不同电机的噪声

　　将电源供应换成电网（50Hz）+PWM 电源供应（开关频率为 4kHz）时，电机的噪声频率谱如图 4.3.2 所示。对于同一台电机来讲，LS1.5-2 从 63.88dB（A）增长到 74.84dB（A），U1.5 电机从 80.12dB（A）增加到 81.29dB（A），电机 LS0.75 从 63.86dB（A）增加到 67.19dB（A），即 PWM 逆变器与电网电源相比增加了驱动电机的噪声。当频率为开关频率 f_c 以及 $2f_c$ 时逆变器的噪声与振动最大，所有的电机在开关频率为 4kHz 与 8kHz 上都出现了噪声峰值。即开关频率 f_c 影响了电机的噪声，并在开关频率为 f_c 以及 $2f_c$ 上有噪声峰值出现。这应该是共振现象。

　　还是利用上面的实验条件，只是把电网上的电源供应频率变成 25Hz + PWM 电源供应（开关频率为 4kHz），测得的五台电机的噪声如图 4.3.3 所示。与前一个实验相比，各台电机的噪声增长与减少趋势是不一样的：电机 LS1.5-1、LS1.5-2、LS0.75 以及 T0.75 在供电电源的频率从 50Hz 减小到 25Hz 时，噪声都有所增加，而电机 U1.5 的噪声则随着频率的增加而减小。从频率谱来看，某些电机在 25Hz 出现峰值，在 f_c = 4000Hz、$2f_c$ = 8000Hz 的峰值增加很多，如图 4.3.4 所示。

　　在上面的实验基础上，把 PWM 逆变器换成 DPWMMIN（一种非理想 PWM 逆变器），实验结果显示，在这种逆变器的电源供应下各台电机的噪声几乎是一样的。

　　对于同一电机（LS1.5-1）在同一种逆变器下（三相 PWM，4kHz）的噪声测量结果如图 4.3.5 所示。可以看到当频率从 0Hz 增加到 25Hz 时，电机噪声增加，而当频率从 25Hz 增加到 50Hz 时，电机噪声减小。这种趋势对于其他类型的逆变器也是同样存在的。

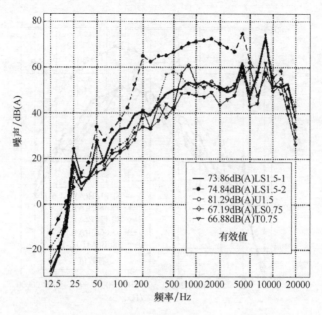

图 4.3.2 正弦电源 50Hz + PWM 4kHz，不同电机的噪声

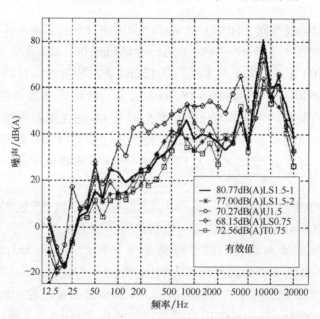

图 4.3.3 正弦电源 25Hz + PWM 4kHz，不同电机的噪声

从上述测量的噪声结果可以看到，对于逆变器控制的电机噪声，噪声的主要能量还是集中在一个频率上，这个频率就是一阶与二阶开关频率（$f_c = 4\text{kHz}$ 与 $2f_c = 8\text{kHz}$）。对于逆变器，最好的噪声设计策略就是将其主要能量的频率分散开来，发布在多个频率上，每个频率噪声能量的幅值比较低，这样整个逆变器/电机系统的噪声就会低下来。

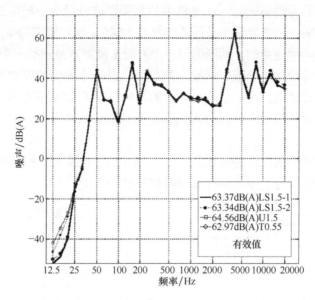

图 4.3.4 正弦电源 25Hz + DPWMMIN 方法 4kHz，不同电机的噪声

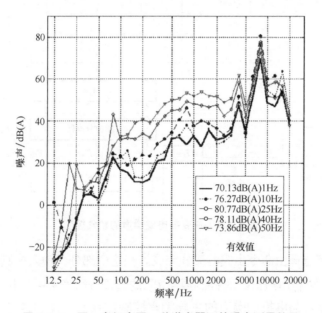

图 4.3.5 同一电机在同一种逆变器下的噪声测量结果

4.4 PWM 开关频率与愉悦的音乐频率

逆变器使用脉冲宽度调制（PMM）方法输出正弦电流波形或电压波形。依照目前的脉冲宽度调制技术输出完全的正弦波形是非常困难的，非完全的正弦输出电压

输入到交流电机并驱动车辆时，在电机中的高频谐波分量会引起电磁噪声。从上述分析可知，这些噪声的主要频率是开关频率 f_c 和 $2f_c$。这些单调的噪声通常是令人讨厌的，同时又是不可避免的。问题的另一个方面是噪声本身还有一个主观感受问题。高声强水平不是评价噪声的唯一标准，声品质也是一个重要的评价指标，尤其是具有单频的噪声，因此我们可以把这个单调的开关频率 f_c 调制成音乐音符的频率，将不可去掉的令人讨厌的噪声转变为人们感到愉悦的音乐音调，让这个频率上的声音听起来比较愉悦。

逆变器电磁噪声的软件控制由图 4.4.1 所示的系统实现。软件控制系统包括变压器部分、逆变器部分、电源供应部分和控制器部分。

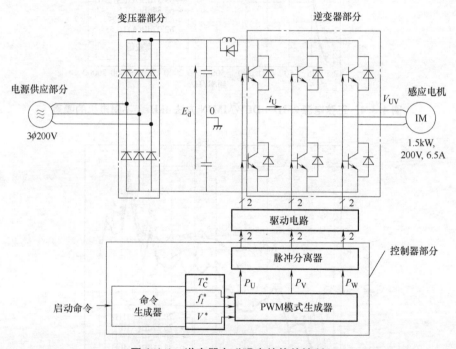

图 4.4.1　逆变器电磁噪声的软件控制

控制的频率选择由命令生成器部分完成。在这个部分，输入控制周期 T_C^*、输出频率 f_I^* 以及谐波输出电压 V^*，控制周期 T_C^* 的选择按照表 4.4.1 中的音调频率进行选择，使得逆变器与电机的噪声的主导频率控制在我们选择的音符频率上。由 4.1 节可知，主导噪声频率和调制指数 D 有关，因此在实际控制中，需要根据 D 进行频率的选择，并输入到命令生成器中。

根据这些控制策略，电机特性没有受到影响，但是电机产生的噪声的主要频率变为音乐的音调，因此电机噪声不会令人讨厌了。这种噪声控制方法的成本不增加，电机重量不变，但噪声变得令人愉悦了，是一种很好的噪声控制方法。如果频率控制偏离了音调频率，这种方法就没有意义了，因为频率不在音调频率上，声音就难听了，因此对稳健性的要求还是比较高的。幸运的是，这种控制的 NVH 效果是具有稳健性的，因为频率控制不会随着外界条件而发生漂移。这种控制噪声频率的方法也可以用于那些不生产驱动电机的主机厂。当驱动电机匹配到整车上时，如果开关频率出现问题，在不需要改变整车系统的情况下，可以调整电机开关频率，特别是当电机的频率与其他系统有共振的情况下，可以用这种软件控制调制频率的方法对噪声频率进行微调。

表 4.4.1 音调与频率

音 调	频率比	音符频率 f_A/Hz	载波频率 f_C/Hz	控制周期 T_C^*/ms
A_5	1	880.0	440.0	1.136
$A_5\#$，$B_5 b$	$2^{1/12}$	932.3	466.2	1.073
B_5	$2^{2/12}$	987.8	493.9	1.012
C_6	$2^{3/12}$	1046.5	523.3	0.956
$C_6\#$，$D_6 b$	$2^{4/12}$	1108.7	554.4	0.902
D_6	$2^{5/12}$	1174.7	587.3	0.851
$D_6\#$，$E_6 b$	$2^{6/12}$	1244.5	622.3	0.804
E_6	$2^{7/12}$	1318.5	659.3	0.758
F_6	$2^{8/12}$	1396.9	698.5	0.716
$F_6\#$，$G_6 b$	$2^{9/12}$	1480.0	740.0	0.676
G_6	$2^{10/12}$	1568.0	784.0	0.638
$F_6\#$，$A_6 b$	$2^{11/12}$	1661.2	830.6	0.602
A_6	2	1760.0	880.0	0.568
$A_6\#$，$B_6 b$	$2^{13/12}$	1864.7	932.3	0.536
B_6	$2^{14/12}$	1975.5	987.8	0.506
C_7	$2^{15/12}$	2093.0	1046.5	0.478
$C_7\#$，$D_7 b$	$2^{16/12}$	2217.5	1108.7	0.451
D_7	$2^{17/12}$	2349.3	1174.7	0.426
$D_7\#$，$E_7 b$	$2^{18/12}$	2489.0	1244.5	0.402
E_7	$2^{19/12}$	2637.0	1318.5	0.379
F_7	$2^{20/12}$	2793.8	1396.9	0.358
$F_7\#$，$G_7 b$	$2^{21/12}$	2960.0	1480.0	0.338
G_7	$2^{22/12}$	3136.0	1568.0	0.319
$G_7\#$，$A_7 b$	$2^{23/12}$	3322.4	1661.2	0.301

虽然文献中这种方法用于功率比较小的逆变器，但从原理上讲，应该能用于大功率的电动汽车，因为这种工作原理无非是逆变器的开关频率的调节。

4.5 逆变器 NVH 的设计与开发

在电动汽车设计与开发过程中，逆变器的 NVH 设计与开发有一套流程，执行这个设计与开发流程，可以通过系统工程的设计理念优化逆变器的 NVH 性能（图 4.5.1）。在设计与开发逆变器-驱动系统时，如图 4.5.1 所示，首先可以通过理论计算分析电-磁的振动与噪声，也可以使用电-磁振动与噪声分析软件对电机系统的振动与噪声特性进行分析。分析的主要内容是电磁振动与噪声，也包括热力分析、效率和经济性。在电机分析中，可以用有限元方法对定子和转子进行结构分析，了解电机结构的动力学特性（模态频率与振形）。这些理论分析可以通过电机的台架试验进行验证，并对有限元结果进行相关性分析，以改进并验证有限元结果的精确性。然后进行整机的有限元分析、台架试验验证与相关性分析。最后将整个逆变器与驱动系统进行有限元分析与台架试验验证，对整个驱动系统进行 NVH 优化设计与开发。

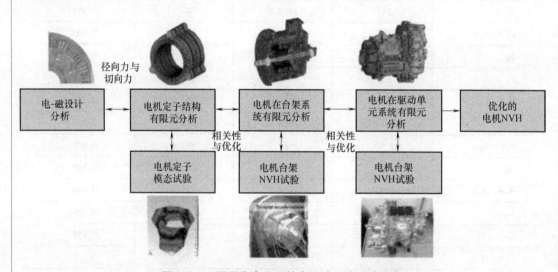

图 4.5.1　通用汽车公司的电驱动系统设计流程

逆变器的 NVH 设计与开发最重要的策略是确定 PWM 的开关频率。在选择频率时，首先需要有整车的模态频率分离表，有关于整车模态分离的规划与信息。选择逆变器的开关频率时应避免与发动机/驱动电机的激励频率相耦合。如果对逆变器的频率没有选择的余地（比如外购逆变器），而且逆变器的开关频率 f_c、$2f_c$ 与其他电器激励频率或结构固有频率有耦合现象，那么微调逆变器的开关频率要比改变结构固有频率更有经济性，更容易实施，从设计成本与开发时间上来讲是有成本与时间优势的。

避免电机-PWM 驱动系统的结构噪声的一个策略是避免结构的共振与载波（开关）频率的重合或接近。

确定电机系统的结构动力学特性在设计阶段可以使用有限元方法进行计算，也可以通过实验测量系统的频率响应函数来获得。电机系统频率响应函数的测量如图 4.5.2 所示。输入是力锤敲打电机的中心产生激励，输出是在轴承处测量径向轴承传递力。

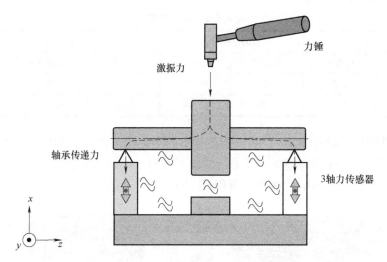

图 4.5.2　电机系统频率响应函数的测量

某台电机的轴承力传递频率响应函数测量结果如图 4.5.3 所示。

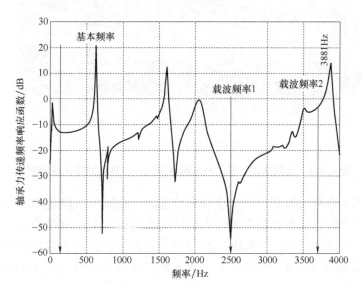

图 4.5.3　电机的轴承力传递频率响应函数测量结果

可以看到，电机轴承处的频率响应函数在 628Hz、1615Hz 和 3881Hz 处都是放大的，而在 2500Hz 处最小。如果我们把 PWM 的开关频率调制到 2500Hz，那么电机轴承处的力传递就会最小。

从实验结果（表 4.5.1）可以看到，当开关频率与结构的共振频率比较接近（3.7kHz）时，轴承的力比是在频响函数最低时（2.5kHz）的轴承力的 65 倍多，而它们的电流却相差无几（0.04A 和 0.06A）。在这种不适当选择 PWM 开关频率所产生的高激励下电机的结构噪声对于客户来讲是不愉悦的。

表 4.5.1　实验结果

实验工况	F_c/kHz	总的电流与力		最大 PWM 开关谐波		
		I_{RMS}/A	F_{RMS}/N	f_i/kHz	I_{RMS}/A	F_{RMS}/N
1	2.5	0.73	10.35	2.7	0.06	0.14
2	3.7	0.73	13.96	3.9	0.04	9.18

为了获得电机结构噪声与 PWM 载波频率的相关性，进行了 331 次实验，不仅测量系统的频率响应函数，还测量了系统的辐射噪声。同一个基础频率 f_1（60Hz）、不同的载波频率 f_c（240Hz、300Hz、360Hz、20040Hz），结果如图 4.5.4 所示。

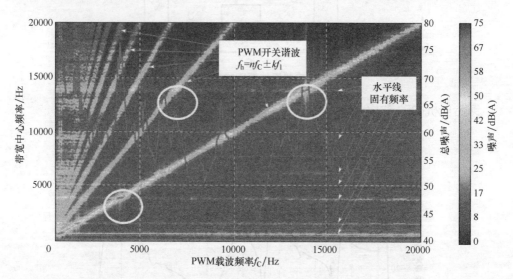

图 4.5.4　相同基频、不同载波频率下同一台电机的噪声统计测量

从图 4.5.4 中可以看到：当载波频率增加时，总噪声一般是递减的。但是总噪声的峰值总是出现在那些载波频率与电机结构的固有频率相重合的地方，这种共振现象即便频率很高时（大于 10kHz）也会出现。如果避开结构的共振频率，则辐射的结构噪声就会降低很多。例如：如果把载波频率从 14kHz 降到 11kHz，总噪声则降低了 25dB（A）。

当增加基础频率 f_1 时，可以使 PWM 的开关频率以载波频率为中心向两侧分布更广，这样就减少了同一个系统中固有频率的多重激励的可能性。因此在总噪声曲线上的峰值就会减小。例如：如果 $f_1 = 100$Hz，$D = 0.8$，$f_c = 4000$Hz，那么电压的主要激励频率就应该在 4000Hz、8000Hz、12000Hz、16000Hz 和 20000Hz 等。在这些频率周边又有基础频率整数倍的叠加。例如在 $f_c = 4000\text{Hz}$ 时，有 3900Hz、4100Hz、3800Hz 和 4200Hz 等边带频率。结果如图 4.5.5 所示。

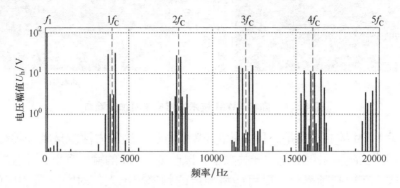

图 4.5.5　计算的逆变器的频率分布

通过这些计算我们可以设计逆变器的频率，并合理分布逆变器的频率，也可以计算如何移动逆变器的频率，以便满足模态分离原则。

调制指数 D 对总噪声有很强的影响。实验证明：D 越小，噪声就越小，可减少 20dB(A)。

从图 4.5.3 中可以看到，总噪声曲线在 11kHz 附近有一个频率区域，在这个区域总噪声非常小。这个区域就是反-共振区。为了实现这个策略，在实践中必须在 PWM 开关频率域中做大量的实验，找到这个反-共振区域，然后将 PWM 的载波频率设置在这个区域内。

使用两个小功率的 PWM 逆变器，驱动一个大的、具有两套定子绕组的驱动电机，通过触发反向的脉冲，开关频率谐波电压是反向的。以这种方式可以减小电机辐射的噪声与转矩波动。该方法只适用于高功率的感应电机。

逆变器的频率谱中不能有几个集中了大部分能量的单一频率，也不能有变化比较大的开关频率。

PWM 控制策略有多种，每一种都会产生它们特殊的噪声特性。在理想情况下，一个正弦电压或电流信号会在频率域上有一个峰值。但在现实世界中，这些信号是不完美的，在非线性情况下会产生噪声。一个纯的正弦波（一个基础频率加上它们的高阶谐波）通过一个非线性系统时，该电源电子的输出信号是由这个基础频率以及它们的高阶谐波组成的。

随机脉冲宽度调制技术在减少噪声技术上主要是将输出电流与电压的谐波扩散到更大的频率范围中，使它的噪声具有一定的"白噪声"特性，其噪声特性如图 4.5.6 所示。从图 4.5.6 可以看到，噪声的频率谱不再是一个单一的频率音调，而是分布在不同的频率上，从而减少了单一频率的集中噪声能量，噪声显示出白噪声特性。另一个特点是载波频率上移也会对声品质产生正面的影响。结果就是：振动水平降低，在人们最敏感的 2kHz 到 5kHz 的频率带内的单频噪声水平降低，以这种方式，通过改变在某些频率带宽中逆变器的载波频率使人们对噪声的感受更加愉悦。

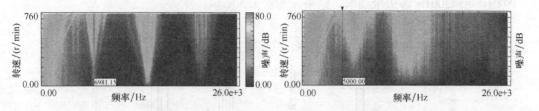

图 4.5.6　随机 PWM 技术的感应电机加速噪声

另一种 PWM 控制策略是一种离散化 PWM 方法。这种方法就是将开关频率离散化，在不同的工况下采用变化的开关频率，以改变 PWM 的输出频率，而且输出频率呈变化形式。在控制频率时，尽可能将噪声的频率超出人们对噪声最敏感的频带。另外增加噪声频率律动与音乐的频律可使噪声的声品质听起来更加愉悦。图 4.5.7 是使用离散 PWM 方法电机加速时的噪声。当电机从 0r/min 开始加速时，PWM 有三个频率。然后分四个步骤将开关频率从 12kHz 降到 6kHz，当电机转速从 600r/min 加到 750r/min 期间开关频率分两步增加到 8kHz。这种频率分步骤的增加与减少都是预先设计的，使这些频率的变化更有音乐性和愉悦性。与一个固定的开关频率相比，这种离散性的 PWM 开关在噪声品质上有相当多的优点。

图 4.5.7　随机 PWM 技术的感应电机加速噪声

分步骤增加或减少频率的方法可以事先设计好有序进行。这些频率可以选为音乐的音调。按照这些工程方法，可以将设计好的频率选为音乐的音调，有序地改变曲调可以使 PWM 的噪声显示出音乐的节拍与音调，噪声就变成一个简单的乐曲了。例如，在图 4.5.7 中，当开关频率从 12kHz 降到 6kHz 时，采用了 4 个步骤，如果这些步骤的频率选为 1244.5Hz（D7），然后分别是 11839.82Hz（F#）、9397.27Hz（D）、7902.1Hz（B）、6271.9Hz（G），这样就是一个乐曲的合音了。

4.6　电驱动系统的 NVH 集成技术

当某些系统（例如驱动电机）不能进行设计与开发而必须外购时，我们必须学会 NVH 的集成开发。所谓的 NVH 集成开发技术，就是针对系统（不是某一个部件，而是若干个部件组成的系统或整车）的 NVH 现象进行系统的设计与开发，使这个系统的 NVH 性能满足 NVH 目标要求。如果逆变器与电机不是自主设计与开发的，而是购买的社会资源，一旦出现系统的 NVH 问题，可以按照上述设计准则进行 NVH 调制。一般来讲，在整车开发的后期阶段，逆变器与电机的结构都没有可以改进的余地。在这种情况下，就需要对系统进行集成设计。对于系统 NVH 性能来讲，尽管每个部件都是很好的部件，但组装成系统后就不一定有很好的 NVH 性能。因为系统的 NVH 性能是各个系统有机的组合。每个系统部件都有各自的噪声与振动特性（模态频率与振型），当它们组合成一个系统后，这些部件的噪声与振动特性受到了各部件之间连接的影响，这些部件之间的机械连接和电磁影响等形成一个动力系统。整个系统的 NVH 特性是部件的特性与连接特性的综合。受到部件综合影响的一个重要特性是系统的共振。这些系统的综合动力特性是需要认真研究的，并针对这些综合动力特性进行系统的 NVH 设计与开发。一个部件在单独受到激励时，可能不会产生共振，但这个部件连接到系统时，可能会产生共振。这些部件连接组成系统后产生了系统新的共振频率与振型。这些新的共振频率与振型，以及新的机械连接与电磁互相影响，需要我们进行分析，而不是简单地把它们组合在一起就可以了。

特斯拉、通用汽车、宝马等公司都有自己的电机设计、开发与制造部门，因此他们的电动汽车与电机系统的集成是在一个平台上设计与开发出来的。我国大多数自主品牌的汽车公司没有自己的电机、逆变器、电池等部件设计、开发与生产能力，依赖于这些部件的供应商提供部件，然后装配到自己的底盘上，形成自己的电动汽车品牌。这种技术路线的好处是不需要大量的资金投入即可形成电动汽车的整车生产体系，创造出品牌，快速地占领市场，积累资金与经验，以备未来的发展与壮大。缺点是造成市场产品的同质化。

在这种整车开发技术路线下，NVH 的设计与开发应该不同于美国与德国的技术路线。当我们把来自不同供应商的部件组成自己的系统时，这个系统的 NVH 问题需要采用集成技术。一般来讲，系统的 NVH 性能相对于其他性能并不具有性能开发的优先性。系统首先要满足该系统必须满足的功能，该系统必须提供与满足的安全性能，该系统必须使用最低的能量达到最大的功能，即系统的经济性和各种保证系统安全运行的条件（例如冷却）。在这些基本要求之外，我们还要在设计开发中增加对系统 NVH 的要求。把这些性能都进行优化的技术就是系统集成技术。

串驱动系统的集成包括许多内容——电机的能量效率，电机的冷却，车辆的加速、减速、制动、常速运行，电池的充电状态，道路类型，道路坡度，运行方式，系统效率与循环能量消耗等。

电机的转矩、功率与转速之间的关系是一个非常重要的部件特性（图 4.6.1）。对于串联式绕组，电机转矩在起动时就比较大，并一直维持这个转矩直到 4000r/min 后才开始下降，并联式绕组的转矩基本上是一条直线。而轴功率对于串联式绕组电机来说开始时轴功率直线上升，达到 4000r/min 后开始直线下降，而并联式绕组电机的轴功率和转速成正比，即直线上升。

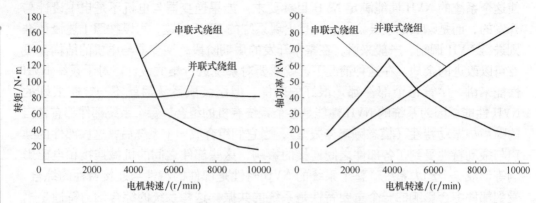

图 4.6.1　典型的电机转矩、轴功率与转速的关系

从驱动的角度来讲，并联式绕组的轴功率指标是比较好的，转速越高，轴功率越大。这样的高转速、高转矩特性更适合应用于轿跑车。从 NVH 的角度来讲，串联式绕组在低转速时功率比较高，高转速时转矩变低，但轴功率基本维持一个常数，这样的性能对电机的 NVH 来讲是一个好的指标。

电机的效率是设计电驱动性能的一个重要基础性指标，特斯拉 Model S 电机的轴转矩与效率的等高图如图 4.6.2 所示。在低速时，电机在低转矩时的效率是最低的，而电机在低转矩、高转速时效率最高。如何将电机的轴转矩与电机的效率相结合这是系统集成的任务之一。

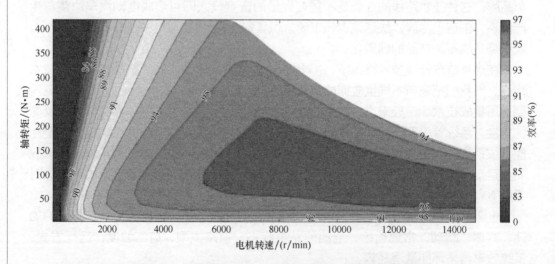

图 4.6.2　特斯拉 Model S 电机的轴转矩与效率的等高图

将电机的转矩图与效率图放到一起可以给我们提供一个很好的调整电机使电机在最佳效率点工作的工具。单从 NVH 角度来讲，电机转速越高，噪声与振动越大。我们期望的 NVH 控制策略是：在保证转矩和效率要求的情况下，尽可能地选择比较低的电机转速。

图 4.6.3 中的 0% 坡度的阻力曲线与牵引力曲线的交点就是电动汽车可以达到的最大速度，其他不同坡度的阻力曲线与牵引力曲线的交点代表在该坡度上的最大车速。车辆的最大坡度角度应该是 25°。对于商用车而言，有类似的牵引力与阻力图，但是商用车一般载有不同的荷载，而不同的荷载对于不同的坡度阻力曲线是不一样的。

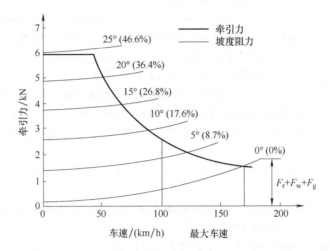

图 4.6.3　具有单速变速的电动汽车的牵引力与阻力

从这个曲线中可以看到，牵引阻力越大，车辆在某一个坡度上达到最大车速所需的牵引力就越大，需要的电机的功率也就越大。这样的综合效果是车辆的 NVH 变得更差。因此减少车辆的阻力，包括车辆风动力学阻力和车轮滚动阻力，不仅能够改善车辆的运行效率，间接的也是改善车辆 NVH 的一个举措。

参 考 文 献

［1］ SARRAZIN M, JANSSENS K. Influence of Inverter PWM Control Schemes on Noise Signature of Electric Powertrains［C］. 2013, 20th International Congress on Sound and Vibration, Bangkok, Thailand.

［2］ SARRAZIN M, JANSSENS K, AUWERAER H. Influence of Inverter PWM Control Schemes on Noise Signature of Electric Powertrains［C］. 20th International Congress on Sound & Vibration, Bangkok, Thailand, July 7-11, 2013.

［3］ IIDA S, OKUMA Y, MASUKAWA S, et al. Study on Magnetic Noise Caused by Harmonics in Output Voltages of PWM Inverter［J］. IEEE Transactions on Industrial Electronics, 1991, 38 (3): 180-186.

［4］ UEDA S, HONDA K, IKIMI T, et al. Magnetic Noise Reduction Technique for an AC Motor Driven by a PWM Inverter［J］. IEEE Transactions on Power Electronics, 1991, 6 (3): 470-475.

［5］ AMLINGER H. Reduction of Audible Noise of a Traction Motor at PWM Operation［D］. 2018, KTH-Royal Institute of Technology Stockholm.

［6］ BESNARAIS J. Reduction of Magnetic Noise in PWM-Supplied Induction Machines-low-noise design rules and multi-objective optimization [D]. 2008, Ecole Centrale de Lille.

[7] BELMANS R, VERDYK, GEYSEN, et al. Electro-Mechanical Analysis of The Audible Noise of an Inverter-fed Squirrel Cage Induction Noise [J]. IEEE trans. On Ind. Appl. 1991, 27 (3): 232-237.

[8] CAPITANEANU S. L, FORNEL B, FADEL M, et al. Graphical and Algebraic Synthesis for PWM Methods [J]. EPE Journal, 2001 (11): 16-27.

[9] LO W C, CHAN C C, ZHU T, et al. Acoustic Noise Radiated By PWM-Controlled Induction Machine Drives [J]. IEEE Transactions on Industrial Electronics, 2000, 47: 880-889.

[10] CAPITANEANU S L, FORNEL B, FADEL M, et al. On the Acoustic Noise Radiated by PWM AC Motor Drive [J]. AUTOMATIKA, 2003, 44 (2-4): 137-145.

[11] HABETLER T G. Acoustic Noise Reduction in Sinusoidal PWM Drives Using a Randomly Modulated Carrier [J]. IEEE Transactions on Power Electronics, 1991, 6 (3): 356-363.

[12] 黄显利, 载货汽车的噪声与振动及其控制策略 [M]. 北京: 北京理工大学出版社, 2018: 63-70.

[13] LUZNAR J, SLAVIC J, BOLTEZAR M. Experimental Research on Structure-borne Noise at Pulse-width-modulation Excitation [J]. Applied Acoustics, 2018, 137, pp 22-39.

[14] HE S. NVH Design, Analysis and Optimization of Chevrylet Bolt Battery Electric Vehicle [J]. 2018, SAE Paper: 2018-01-0994.

[15] US DOE Vehicle Technologies Office, 2017 Annual Progress Report [R]. 2017.

[16] STATON D, GOSS J. Open Source Electric Motor Models for Commercial EV & Hybrid Traction Motors [C]. CWIEME, 2017.

[17] EHSANI M, GAO Y, EMADI A. Modern Electric Hybrid Electric and Fuel Cell Vehicles [M]. 2nd ed. CRC Press, 2015.

[18] BESNARAIS J L. Acoustic Noise and Vibatons of Electric Powertrains [R/OL]. https://eomys.com/services/article/formations?lang=en, 2013.

第 5 章

纯电动汽车的 NVH

车辆驱动系统的电气化会引起车辆声学特性的巨大变化。驾乘人员普遍认为车辆的主要噪声源是发动机。如果使用纯电动驱动，车内噪声理所当然地要比传统发动机车辆的噪声低很多，但现实世界是有人感受到电动汽车的声音就是安静的哼哼声，而有人感受到电动汽车的轰隆声就像 V8 发动机的声音。当然，他们对噪声的感受实际上取决于他们是在评价哪一种电动汽车的运行工况。因为不同的运行工况，纯电动汽车的噪声特性是不一样的。纯电动汽车的噪声特性与传统燃油发动机车辆的噪声有许多不同之处。纯电动汽车的噪声不仅在幅值上不同于传统发动机车辆，其噪声的频率特性也不同于传统发动机车辆。

纯电动汽车不仅仅是用电机替换传统发动机，其辅助系统也发生了变化，例如传统发动机车辆的空调系统是由发动机驱动的。在空调系统运行时，发动机一直在运转。发动机的噪声覆盖效应有效地覆盖了辅助系统的噪声。电动汽车是使用电机驱动空调系统，发动机的噪声覆盖效应已经不存在了。即便是具有发动机的混合动力车辆，空调系统也是独立于发动机系统运行，所以空调系统的噪声成为一个独立的噪声源。对于货车的 NVH 而言，除了空调噪声特性外，还有提供空气制动的供气系统的噪声与振动。供气系统的工作独立于发动机工作状态，只与车辆制动时的工作状态有关，因此它的噪声具有其独立的特性。所有这些噪声特性与驾驶人的主观感受不一定一致，这些噪声特性对电动汽车的 NVH 开发设计提出了挑战。我们必须根据它们的噪声与振动特点，针对驾乘人员对噪声的主观感受，根据电动汽车的声品质特点进行 NVH 设计开发。

5.1 纯电动汽车的结构构架与噪声源

发动机与燃油箱的去除，电机与电池的加入，改变了车辆的传统结构构架。车辆动力源和结构构架的变化，引起了电动汽车噪声源的变化。以特斯拉 Model 3、宝马 i3 纯电动汽车为例，其结构布置如图 5.1.1 所示。

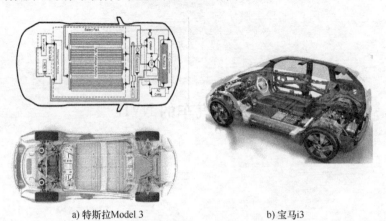

a) 特斯拉 Model 3　　　　　　　　　　b) 宝马 i3

图 5.1.1　特斯拉 Model 3 与 宝马 i3 结构对比

　　特斯拉 Model 3 与宝马 i3 是两款最具代表性的纯电动汽车。它们在结构上都把电池放在地板中，这就改变了车辆设计的基点。空调、冷却等辅助系统都位于前舱。这个总体布置对阻止噪声进入驾驶舱是有好处的。

　　从噪声源的角度来看，主要的噪声源从发动机转变为电机，宝马 i3 是后轮驱动，特斯拉 Model 3 有前轮驱动和四轮驱动两种。电机安装在行李舱附近的车桥附近，电驱动系统这个噪声源在后地板下，这是在地板 NVH 设计开发中需要考虑的 NVH 路径问题。电驱动系统由脉宽调制器（PWM）、电机、减速系统、驱动轴和车轮组成（图 5.1.2）。电机转速比较高，需要减速系统。特斯拉汽车采用二级齿轮减速，其机械噪声的阶次与频率都是电动汽车噪声源的主要特征之一。

第一级齿轮减速

车轮轴

第二级齿轮减速

图 5.1.2　特斯拉电驱动减速原理

　　纯电动汽车上所有的辅助设备都是由电机驱动的。前舱布置有空调与电池冷却泵等辅助设备，这些噪声源在设计车身时是要考虑的。电池安装在地板中，需要用水冷却，这也是一种噪声源。在没有发动机或增程式发动机噪声覆盖的效果下，空调系统的噪声，包括空压机、鼓风机和管路等系统的噪声也上升为重要的噪声源。其他辅助系统的噪声源还有制动助力系统的真空泵、电动转向助力系统和 ABS 模块/泵。

考虑到纯电动汽车的运行舒适性，特斯拉 Model 3 提供了智能空气悬架（四轮驱动选配），而在所有的 Model S 与 Model X 中都是标配。纯电动汽车的智能空气悬架增加了运行舒适性（图 5.1.3）。

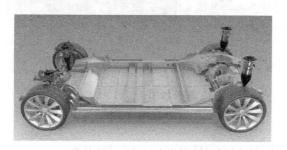

图 5.1.3　特斯拉 Model 3 的智能空气悬架系统

5.2　纯电动汽车的结构

为了补偿电池包增加的重量，宝马 i3 整车大胆地进行了轻量化设计。宝马 i3 设计团队与波音飞机公司的专家合作，使用特殊的工程塑料，可减重 250~350kg，使这款四座纯电动汽车的自重仅为 1224kg（图 5.2.1）。车身的钣金件由碳玻纤制成，最具革命性的制造方式是碳玻纤钣金的接附点是粘接到车身的结构上（而非焊接上）。这种革命性的做法可以允许宝马比竞争对手更快地更新车辆的外形设计而不需要更改车身结构。车身结构是使用模具制造的，尺寸精度更高。后副车架是一体化压铸制成的，省去了支架等附加部件。这种工程塑料以前有限地用于车门以及发动机舱盖。大规模的批量生产能够有可观的利润，这也是宝马公司多年技术累积与升级的结果。

底盘材料是铝制的。门板、顶篷钣金都是碳纤维加强塑料制成的。而碳纤维加强塑料的面密度要比钢和铝都低，该塑料的声传递损失小于同样厚度的钢与铝，用这样的材料进行减重时必须考虑声传递损失减少的因素。补偿方法是采取 NVH 设计开发措施，保持车辆的 NVH 性能不变。通常的做法是增加车辆的声学包设计，例如增加声学包的隔声材料的面密度，选择吸声系数更高的吸声材料，增加吸声或隔声材料的覆盖面积。最系统的方法是将整车声学包作为一个系统，以整车的重量与NVH 目标为优化目标，以声学包与隔声材料（部件、位置、材料和几何尺寸等）、使用部件、部件的位置、材料参数和几何尺寸等为参数，对整个声学包系统进行优化设计。在产品开发初期就进行优化，既可以减轻声学包的重量，又可以达到 NVH 目标。

图 5.2.1　碳纤维加强塑料（CFRP）车身

5.3　纯电动汽车的驱动电机噪声特性

纯电动汽车的驱动电机是电动汽车在运行中的主要噪声源之一。驱动电机在运行中的噪声幅值与频率谱特性对于我们进行电动汽车的噪声设计开发是非常重要的。电动汽车在高速公路上匀速运行是比较常见的驾驶模式。在这种模式下，驱动电机近场的噪声代表了电机噪声源，它的幅值域频率特性是 NVH 设计开发所关心的一个问题。图 5.3.1 是 5 种纯电动汽车在车速为 60km/h 和 80km/h 时电机近场的声源与频率特性。这些电动汽车分别为宝马 i3、雷诺 Zoe、大众 e-Up！、雪铁龙 C-Zero 以及 Smart Electric。

对于驱动电机，其噪声源的评价没有最低的标准，因为噪声的高低与产品开发的成本相关联，从竞争的角度来讲只有相对低，没有绝对低，即应根据公司在市场上的竞争策略，确定在市场上相对的声源大小的目标。

从频率谱来看，频率分量都很类似，有两个比较大的峰值，第一个峰值在 100Hz 以下，第二个峰值的频率在 500～2000Hz。例外的是雪铁龙 C-Zero 在 10kHz 还有一个峰值。这些电机激励的频率信息为制订整车的 NVH 设计开发策略提供了基础信息，需要针对这些频率，根据钣金、声学包、阻尼器、吸声与隔声的频率特性提出相应的 NVH 开发策略。

电动汽车运行时还有加速与减速的运行模式，为了模拟这种工况，进行了 WOT 工况的噪声试验。下面讲述纯电动汽车在 WOT 时电机激励的时间特性以及相应的车内噪声的时间特性。图 5.3.2a 是在 WOT 工况下驾驶人耳边噪声的时间特性，图 5.3.2b 是在 WOT 工况下驱动电机近场噪声的时间特性。

从图 5.3.2 中可以看出，在刚起动的 2s 之内，电机噪声急速增加了约 30dB（A），各电机的噪声差别并不大，2s 后电机噪声增加变缓，而且开始出现不一样的声压，保时捷混合动力出现了两次换档（3.5s，8s），电机的噪声最低，相应的室内噪声

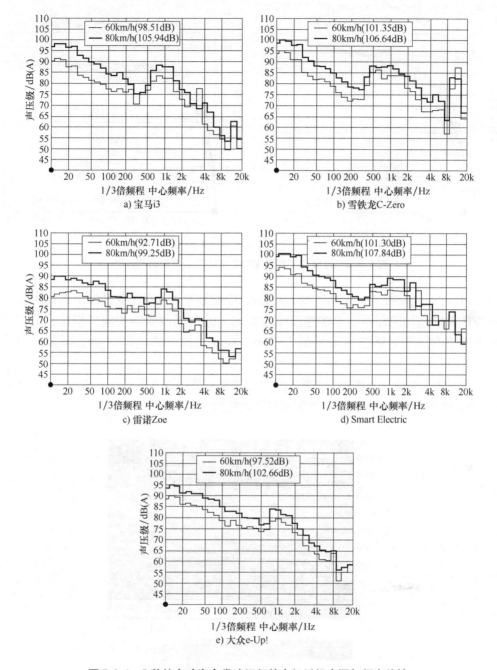

图 5.3.1　5 种纯电动汽车常速运行的电机近场声源与频率特性

也是最低的。宝马 i3 具有最好的加速性能，仅 10s 就完成了，Smart 用了 14s，其他纯电动汽车的加速时间相差都不大。最快的加速时间也导致电机噪声与室内噪声最高。这种策略是以加速性能为主要市场亮点数据，而这个性能的达到是以牺

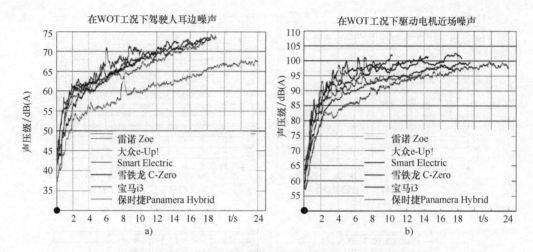

图 5.3.2 纯电动汽车在 WOT 工况下噪声的时间特性

牲 NVH 性能为前提的。但从驾驶人对速度的感受与快感的角度来讲，他们可能更希望能更快地加速而不在乎在这段比较短的加速时间内噪声如何，相反，他们可能更希望在加速时听到发动机的轰鸣声，在获得推背感的同时感受到轰鸣声的刺激。

驱动电机的噪声与振动具有明显的阶次特性。图 5.3.3 是纯电动汽车 Smart Electric 驱动电机在加/减速过程中的频率与阶次特性。

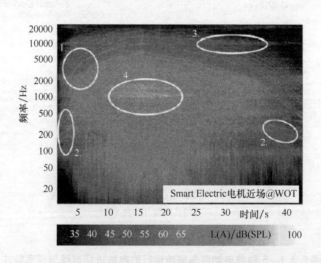

图 5.3.3 Smart Electric 驱动电机在加/减速过程中的频率与阶次特性

在这个驱动电机的噪声特性中，展示了比较经典的电机阶次（图 5.3.3 中 1 所示）、低速警告声的阶次（图 5.3.3 中 2 所示）、逆变器开关噪声阶次（图 5.3.3 中

3 所示），以及声振粗糙性（图 5.3.3 中 4 所示）。电机在加速与减速时的阶次比较明显，但不是噪声最高的阶次。低速噪声的阶次只有在低速时存在，即刚开始加速时以及减速到比较低的车速时才存在。逆变器的阶次比较好确认，因为逆变器的开关噪声的频率比较高，而且在阶次图中是一条直线，在这台特定的电机中是 10000Hz。

声振粗糙性是声品质的一种度量，用以表达声的粗糙性。可以看到，在 1000 ～ 2000Hz 之间，声幅值是最高的，而且声的阶次没有规律，很不规则，显示出声的粗糙性。

5.4 纯电动汽车的车内噪声特性

驾驶舱本身在声学中可以看作是一个声过滤器。车内电噪声特性应该是激励噪声的声学特性与驾驶舱的声过滤特性的综合结果。以特斯拉为例，在中等粗糙路面上的高速噪声见表 5.4.1。

表 5.4.1　特斯拉路噪声测量结果（72km/h），中等粗糙路面

车　　型	驾驶人左耳/dB(A)	右后座右耳/dB(A)
Model 3	67	69
Model S	65	67

从表 5.4.1 中可以看到，在中等粗糙路面上，特斯拉 Model 3 与 Model S 都显示出后排座乘客的耳边噪声高于驾驶人耳边噪声。从结构上看，在电机附近的后地板已经没有电池包地板了，这是纯电动汽车在声学结构上的一个弱点。这也说明了后地板的声学减噪能力还有待加强。

在高速公路上行驶的特斯拉的路噪声数据见表 5.4.2。

表 5.4.2　特斯拉路噪声测量结果

车型	驱动类型	年份	怠速时/dB	88km/h 时/dB	104km/h 时/dB	112km/h 时/dB	120km/h 时/dB	136km/h 时/dB
Model S	90D	2016	41.3	56.2	59.9	60.5	63.7	66.4
Model X	P90D	2016	34.4	58.1	61.8	62.4	64.4	67.2
Model X	P100D	2017	36.1	58.6	63.7	64.2	65.5	68.6

从表 5.4.2 中可以看到，怠速（定置）时的噪声比较低，基本上都是背景噪声，可以断定空调没有起动。如果我们只看中国公路上所允许的最大限速 120km/h，这三辆车的噪声分别为 63.7、64.4、65.5dB。这样的噪声是否可以接受呢？我们来看一下与传统发动机车辆噪声的比较，如图 5.4.1 所示。

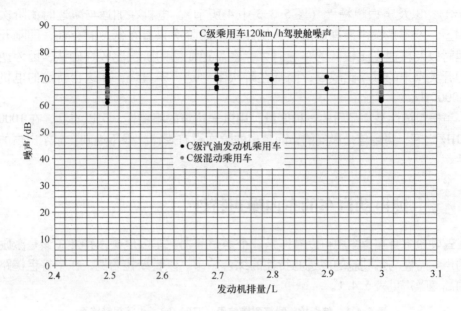

图 5.4.1　C 级乘用车噪声对比

与传统发动机以及混合动力电动汽车相比，以 120km/h 在高速公路上行驶时，特斯拉的噪声算是低的。

根据道路噪声中驾驶人耳边噪声以及驱动电机近场噪声，我们可以计算出纯电动汽车的驾驶舱对驱动电机的噪声衰减能力的指标 NR（Noise Reduction），见表 5.4.3。这种简单的 NR 计算，不仅包括了空气噪声的衰减能力，也包括了结构噪声的衰减能力，因此是一个比较综合的指标，理论上应该比在半消声室内测得的纯空气噪声的衰减能力的指标 NR 要低一些。

从表 5.4.3 中可以看到：在 60km/h 时，保时捷 Panamera Hybrid 的 NR 最高，为 33dB，雷诺 Zoe 最低，为 20.9dB，宝马 i3 仅为 27.1dB。在 80km/h 时，还是保时捷 Panamera Hybrid 的 NR 最高，为 33.4dB，大众 e-Up! 最低，为 23.1dB，宝马 i3 为 29dB。由此看来，即便是宝马 i3 采用了碳纤维加强塑料作为车身材料，只要采取必要的 NVH 设计开发措施，比如在关键噪声传递路径上采用合理的、必要的声学包与减振设计，就可以在一定程度上补偿因为塑料的面密度低造成的声学传递损失变小带来的 NVH 的增加。所以我们可以说，优良的车辆 NVH 性能是可以设计开发出来的。

每个品牌的汽车即使使用同一个平台，NVH 的性能也有很大区别。图 5.4.2 是 B 级纯电动汽车的车内噪声水平。可以看到，在 WOT 工况下，在 70km/h 运行时车内噪声水平的范围是非常大的，为 58 ~ 72dB(A)。这样大的噪声水平差别应该体现的是不同品牌的市场策略。如果是同一级别的，例如都是豪华型，这样大的噪声差别会影响客户对产品的评价甚至购买决定。

表5.4.3 电动汽车路噪声测量结果

车 辆	60km/h 声压级/ dB(A)	60km/h峰值 声压级/ dB(A)	80km/h 声压级/ dB(A)	80km/h峰值 声压级/ dB(A)	基于60km/h 峰值的NR	基于80km/h 峰值的NR
雷诺 Zoe	61.1±0.7	65.0	64.6±0.8	67.2	20.9	24.9
大众 e-Up!	62.2±0.7	64.5	64.6±0.9	69.0	23.3	23.1
Smart Electric	64.3±0.9	67.4	67.1±0.8	69.8	26.4	28.0
雪铁龙 C-Zero	63.4±0.6	66.0	67.5±1.2	70.4	28.0	28.5
宝马 i3	60.1±0.9	63.7	63.2±0.9	66.8	27.1	29.0
保时捷 Panamera Hybrid	59.3±0.4	60.1	61.2±0.7	62.7	33.0	33.4
雷诺 Zoe	84.8±0.4	85.9	89.8±0.7	92.1		
大众 e-Up!	86.3±0.6	87.8	90.6±0.7	92.1		
Smart Electric	92.7±0.6	93.8	96.8±0.6	97.8		
雪铁龙 C-Zero	92.4±0.7	94.0	95.8±1.1	98.9		
宝马 i3	89.5±0.6	90.8	94.3±0.5	95.8		
保时捷 Panamera Hybrid	91.5±0.6	93.1	94.3±0.8	96.1		

注：上半部分为"车内噪声"，下半部分为"驱动电机近场噪声"。

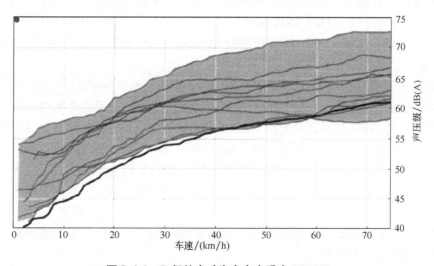

图5.4.2 B级纯电动汽车车内噪声@WOT

　　纯电动汽车运行时的车内噪声的频率谱与阶次特性是了解纯电动汽车噪声的一个非常重要的因素。图 5.4.3 是日产 Leaf 与雪佛兰 Volt 车内噪声在 0～2000Hz 的频率与阶次特性。

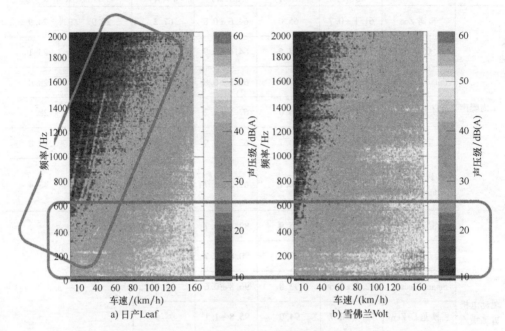

a) 日产Leaf　　　　　　　　　　　　　　　　b) 雪佛兰Volt

图 5.4.3　纯电动汽车运行时的车内噪声频率谱与阶次（@WOT）特性

　　日产 Leaf（图 5.4.3a）的变速器采用的是直齿轮，在车速小于 50km/h 时显示出明显的变速器齿轮的啸叫阶次。尽管这些齿轮啸叫幅值并不是很高，但人们对这些噪声比较敏感，而且很令驾乘人员反感。另外纯电动汽车在高速运行时也显示出低频的噪声，但是这些低频噪声的幅值比较低，人们对这些噪声并不是很敏感。

　　如果我们看一下同样在 WOT 条件下车内的高频噪声，情况就不一样了。可以看到，Leaf 与 Volt 都显示出脉宽调制器开关频率，这些频率一般在 8000～12000Hz（图 5.4.4）。

　　电动汽车的运行噪声的一个特点是车内噪声与电机的荷载关系并不大。如图 5.4.5 所示，当车辆运行时，电机在满载、50% 荷载以及无荷载的情况下，它们的噪声都相差无几。这个现象有两种 NVH 影响：只要我们能把噪声在无载情况下控制在可以接受的水平，就代表了不同荷载的情况，这可使纯电动汽车的 NVH 开发变得简单多了。缺点是这些噪声与荷载的无关性，会让驾驶人无法在驾驶中感受到车辆高功率时的轰鸣声。这对于普通乘用车也许是件好事，但对于某些轿跑车的驾驶人来说，他们更希望从发动机的噪声感受到加速与发动机大功率的轰鸣声。

　　纵观纯电动汽车的噪声频率特性，对于低频与高频，不同类型的噪声需要采用不同的 NVH 设计开发策略。

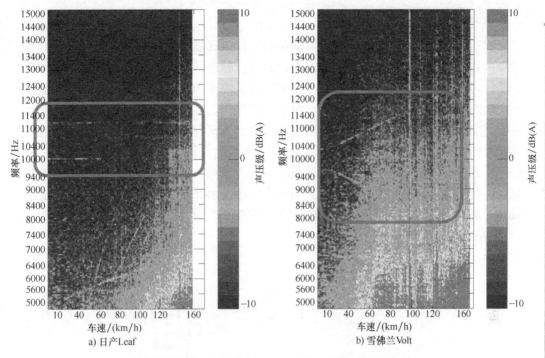

a) 日产 Leaf

b) 雪佛兰 Volt

图 5.4.4 纯电动汽车运行时的车内噪声频率谱与阶次（@WOT），高频

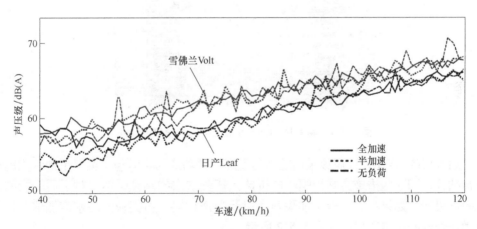

图 5.4.5 纯电动汽车的运行噪声

5.5 纯电动汽车的 NVH 设计开发

根据以上对声源特性的分析，我们可以根据声源的总体布置位置、声源的频率特性进行有针对性的 NVH 设计开发。

5.5.1 声学包设计开发

驱动电机的高频噪声一般通过声学包的设计以降低噪声，这是因为声学包对高频噪声的降低非常有效。电动汽车声学包的设计原理与传统汽车没有什么两样，但需要针对电动汽车具体声源的布置以及驱动电机的噪声特性进行设计。我们知道驱动电机的源噪声有低频和高频之分，对于高频噪声，需要用声学包进行减噪。那么在哪里加声学包，采取什么样的声学包形式呢？答案肯定是在有噪声源的地方进行有针对性的声学包设计开发。以特斯拉 Model S 为例，驱动电机及变速装置布置在后座下后方，地板装有电池包，因此有很好的隔声效果，但是后围板距离驱动电机非常近，且又是铝材料制成的，声传递损失比较小，因此需要在后围板上进行声学包设计开发（图 5.5.1）。另外，后围板又与后座椅的后背相邻，后座椅背也可以作为声学包的一部分。

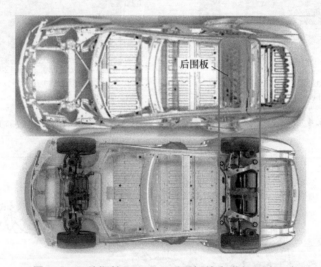

后围板

图 5.5.1 特斯拉 Model S 后围板的声学包设计开发

后围板的 NVH 设计应该采用隔声与吸声两种功能的声学包，类似于地毯式的声学包结构，即这些措施会减少驱动电机传入驾驶室内的高频噪声。对于后围板的低频噪声设计，如果在后围板上加隔声垫以及吸声材料，将铝板的面密度加倍，这种声学包处理的声传递损失如图 5.5.2 所示。

从图 5.5.2 中可以看到，这种处理方式使铝板加声学包的声传递损失在高频段上大幅度提升。在 2000 ~ 3000Hz 之间，声传递损失增加了将近 20dB，能够很好地抑制驱动电机的高频噪声。如果使用双墙结构：隔声结构 + 吸声层 + 铝钣金，高频效果会更好。

乘员舱内的前围板处是发动机舱噪声进入的一个重要路径。应该在这个部件上采用双墙结构形式的声学包，典型的声学包结构如三元乙丙橡胶材料（EPDM 隔声）+ PU 发泡材料（吸声）的形式，可增加高频噪声的衰减。

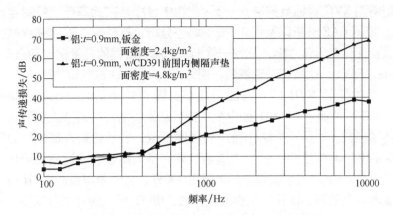

图 5.5.2 铝钣金与钣金 + 隔声垫的声传递损失

地毯是隔离路噪声的一个重要途径，但是一般纯电动汽车的电池包放在地板中，而电池包本身都是双墙结构，这种结构对噪声的衰减是非常有利的。因此纯电动汽车的地毯的 NVH 设计开发相对于传统汽车的地毯应该是不一样的，鉴于电池包对声传递损失增加的附加减噪作用，纯电动汽车的地毯应该采用轻量化地毯。

前舱布置了许多辅助装置，也是一个非常重要的噪声源空间，是电动汽车声学包设计开发的一个重点方向。设计开发有两个原则：一是吸收舱内的高频噪声；二是防止舱内噪声向车内传递。在高频噪声吸声方面，需要利用前舱中每一个可以利用的面积布置吸声材料。可以布置的位置包括舱盖和两个侧面等。材料可以是孔隙玻纤，厚度在设计空间允许的条件下应该是尽可能厚。吸声材料的厚度对于吸声材料在低频段的吸声效果起到重要作用，厚度每增加一倍，吸声材料的最低有效吸声频率向低频移动一个倍频程。对于前围，应该使用 EPDM 隔声层加 PU 发泡形式，以阻止噪声进入乘员舱内。有的豪华车在前围钣金前加装一个副前围，也有相当好的减噪效果。

对于顶篷声学包，应与传统发动机车辆的声学包一样，纯电动汽车的风噪声与传统车辆风噪声是没有差异的。

行李舱的声学包是应该加强的。以特斯拉汽车为例，行李舱地板下布置了驱动电机与逆变器等。这些设备都是高频噪声源。这些高频噪声进入行李舱，然后会通过后围板进入乘员舱。行李舱内的声学包应该以高频噪声衰减为 NVH 设计开发的主要目标。在后围板处以隔声与吸声为主要目标，其他部位以吸声为主要目标。

5.5.2　电动汽车中低频 NVH 的设计开发

为了更简洁地说明这个问题，下面以一辆小型电动汽车的开发为例来说明低频噪声的设计开发方法。

LMS International 与 Nippon Steel 共同合作，对一款三菱小型电动汽车进行 NVH

对标，利用所测 NVH 对标数据建立一系列 NVH 目标，在此基础上针对电动汽车的 NVH 特点，根据 CAE 分析以及噪声/振动路径分析，有选择性地加强或减少某些部件的质量以及优化声学包方案，开发一款未来的高强度钢的轻量化电动汽车（Future Steel Vehicle，FSV）。这是可以理解的，因为 Nippon Steel 是钢铁公司。

电动汽车的低频 NVH 设计方法采用车身噪声传递函数（Body Noise Transfer Function，BNTF）的概念。BNTF 即电机悬置或悬架接附点与驾乘人员耳边噪声之间的频率域传递函数。这是一个结构噪声的传递函数，表示驾乘人员的耳边噪声对电机以及悬架的激励的敏感性。这个传递函数有许多条路径，通过路径分析，可以找到影响驾乘人员耳边噪声的部件以及最敏感的部分，从而为车身的 NVH 设计开发提供一个低成本、高效率、优化的工程解决方法。BNTF 可以通过试验获得，也可以通过 CAE 分析获得，这就为在整车早期的 NVH 概念设计阶段提供了一个工具，而且这个设计开发流程可以贯穿整个电动汽车的开发过程。

电动汽车电机噪声的完整声学特性可以用电机加速的瀑布图来表示（图 5.5.3）。

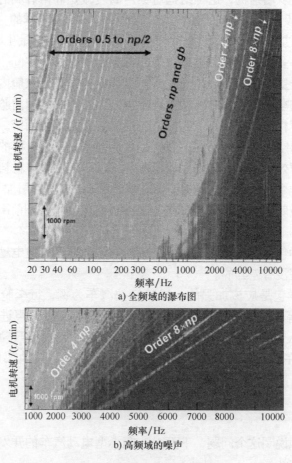

a) 全频域的瀑布图

b) 高频域的噪声

图 5.5.3　电机加速噪声瀑布图

从图 5.5.3 可以看到，电动汽车的噪声在低频段显示出有许多阶次，转速越高噪声越高，阶次越明显。在阶次 $np/2$ 到 np 之间噪声比较低，也没有什么阶次显示出来。对于一个具有 np 个极对的电机来讲，阶次 np 肯定是可见的，而且是在中频段的主导电机阶次。在中频段低速时出现电机以及变速器的阶次。在高频段，阶次 $8np$ 占主导地位，但噪声幅值低于 $4np$ 阶次的噪声幅值。

结构噪声与空气噪声的区别可以体现在频率域中。图 5.5.4 是 MMC 小型电动汽车的总噪声与第 4 阶噪声的对比。

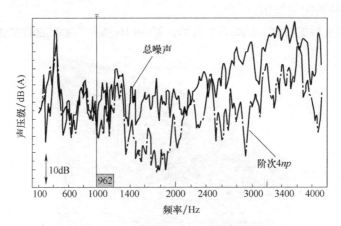

图 5.5.4　电机激励的结构噪声的频率段

如果把频率域分为低、中、高频三个频率段（低频：20～200Hz；中频：200～1000Hz；高频：大于1000Hz），电机噪声的主要阶次 4 阶在总噪声中占有主导地位，主要是低频段与中频段。

总噪声与语言清晰度这些量化传统发动机噪声的指标对于电动汽车就不适用了，它们不能体现电动汽车比较突出的单频与阶次噪声。比较能够体现电动汽车噪声特性的指标是突出比（Prominent Ratio，PR）与单频与总噪声之比（Tone to Noise Radio，TTNR）。电动汽车也是用这两个噪声比值作为噪声目标。这个标准见表 5.5.1。

表 5.5.1　噪声标准

低频（20～200Hz） 电机噪声 路噪声	* 电机悬置 BNTF 应小于 60dB/N * 悬架接附点 BNTF 应小于 55dB/N
中频（200～1000Hz） 电机噪声	np 阶次车内在 200～2000Hz 的总噪声（RMS） 等于三菱小型电动汽车的噪声 ±3dB
高频（>1000Hz） 电机噪声	$4np$ 阶次噪声峰值小于标准门槛值 9dB

5.5.3 结构噪声的设计开发

计算电机悬置点以及前后悬架接附点到驾乘人员耳边的 BNTF 函数，输入点为电机的三个悬置点、前悬架与后悬架的四个接附点，输出点为驾乘人员的耳边噪声。在这个设计开发过程中，车身结构的模态频率与振型、车身结构与驾驶室内的空腔声学频率也需要进行计算。计算这些指标的目的是发现超过 NVH 目标的问题，然后根据路径分析、钣金贡献分析以及结构的模态分析确定结构的弱点，提出解决这些弱点的工程解决方案与措施。

在 45Hz 前头板的位移如图 5.5.5 所示，对 148Hz 噪声贡献的部件如图 5.5.6 所示。

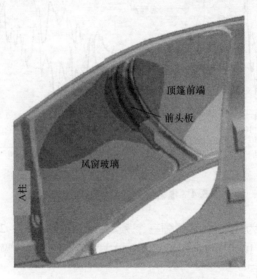

顶篷前端
前头板
风窗玻璃
A柱

图 5.5.5　在 45Hz 前头板的位移

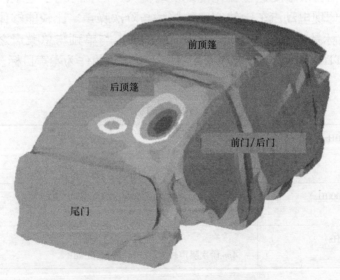

前顶篷
后顶篷
前门/后门
尾门

图 5.5.6　对 148Hz 噪声贡献的部件

根据这些分析结果，发现后顶篷共振频率与空腔的 141Hz 声学模态耦合，这些耦合使后悬架的 BNTF 达到 100dB，远远高于目标值。后顶篷与 C 柱对这个频率的敏感性很大，改进这些结构可将 BNTF 降低到目标值以下。

如何分析结构，找出结构的 NVH 弱点，从而有效地改进与优化结构呢？我们知道噪声是由于激振力通过结构路径传递到驾驶人的耳朵。我们需要分析激励力的传递路径，找到结构的 NVH 弱点，或者说是传递路径中的热点。以前悬架点为例，在该激励点的振动传递路径如图 5.5.7 所示。前悬架点的激励传递到风窗玻璃下支撑处，还有一个路径是传递到前副车架上。传递到风窗玻璃下支撑的振动进一步传递到 A 柱、风窗玻璃以及前围板上，成为引起 330Hz 噪声辐射的主要贡献部件，如图 5.5.7 所示。结构改进方式是加倍风窗玻璃支撑与前悬架之间连接的管状部件的厚度，并改进前悬架的设计。

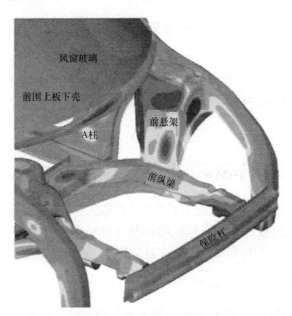

图 5.5.7　对 330Hz 噪声贡献的传递路径

为了减小中频段的噪声，钣金设计采用了加筋与振动阻尼钢的方式。振动阻尼钢是两层钢，中间层是阻尼聚合物，厚度大约为 40μm。这种材料的声学特点是阻尼大，声传递损失高。根据振动传递路径分析的结构，这些阻尼钢放置位置主要在前围板的平坦部分、脚歇处以及前地板中央部分。地板中央部分的下面是放置电池的地方。

图 5.5.8 为阻尼钢在最终设计时对驾驶人耳边噪声的影响。从图 5.5.8 中可以看到，三菱小型电动汽车的驾驶人耳边噪声在最高峰值上减少了 5dB，效果很明显。

这个范例提供了电动汽车的低频、中频以及高频噪声在产品开发全过程中的设计方法与工具。可见 NVH 的早期设计与开发可以大大减少产品后期的设计改进，以

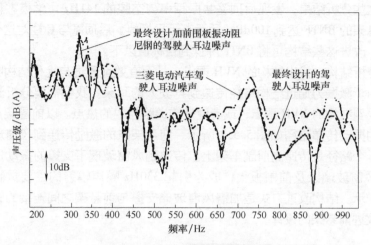

图 5.5.8　阻尼钢对噪声的影响

减少产品开发的成本并缩短产品开发周期。NVH 设计的中心思想是在结构的详细设计上进行大量的细致工作。在 NVH 设计过程中，CAE 是一个非常有效的工具。

在利用社会资源进行整车产品开发或 CAE 能力不是很强的情况下，这种方法不太适用。

5.6　纯电动汽车驱动电机的啸叫

电机啸叫对于电动汽车来说是主要的 NVH 问题之一，是由电机转速引起的多个单频噪声谐波分量组成的噪声。电机啸叫是由电机电磁噪声、变速器的机械激励（例如齿轮传递的啸叫与冲击噪声、变速器振动等）合成组成的。

5.6.1　电机啸叫的声源特性

驾乘人员实际感受到的电机啸叫声是谐波中最强的，而其中比较弱的谐波被这些强谐波所覆盖。啸叫噪声的三个声源是电机、变速器与脉宽调制器。图 5.6.1 为法国标致电动汽车的电机啸叫噪声瀑布图。从 1000～6000r/min 时的啸叫声很明显是第 48 阶为主要成分，第二部分是脉宽调制器产生的噪声阶次，频率一般都比较高（大约 10000Hz），与啸叫声比较是可以忽略的。

电机的转速高达 15000r/min，甚至 20000r/min，因此要用变速器将电机的转矩加到车轮上。电机/变速器振动的频谱可以帮助我们了解电机啸叫的特性。图 5.6.2 是日产 Leaf 电动汽车的振动频率谱。从这个振动频率谱中可以看到，变速器的振动频率包括减速齿轮第一级与第二级的谐波频率，同时也包含了转子的谐波阶次。也就是说电机转子的振动激励了减速齿轮，从而反映到变速器壳体上的振动。脉宽调制器的阶次都比较高。

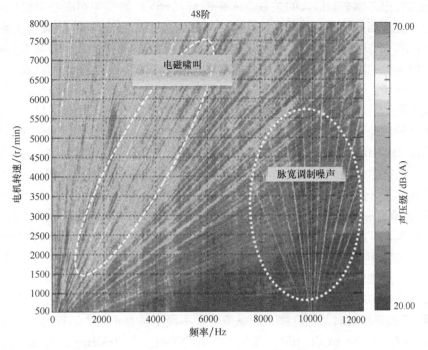

图 5.6.1　法国标致电动汽车的电机啸叫噪声瀑布图

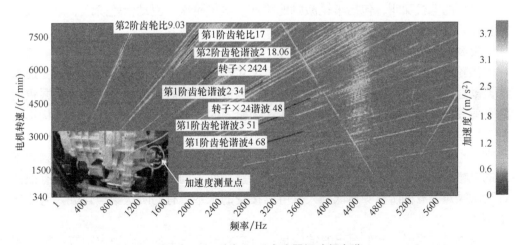

图 5.6.2　日产 Leaf 变速器振动频率谱

5.6.2　电机啸叫的室内声特性

在这些噪声源的激励下，噪声传递到驾驶舱被驾乘人员感受到。驾驶人感受到的啸叫声可能都是相似的，但不同车辆的电机啸叫的物理原因各有不同。

戴姆勒 B 级电动前驱轿车的啸叫声包括许多电机系统的激励阶次：电机、变速器、驱动系统等。Smart Electric 电机的啸叫与电机的转矩波动以及电机转子与变速器齿轮轴的扭转模态有很大的关联。未来钢车（FSV）的啸叫声既有电机的主要阶次，也有变速器的阶次，电机的主要阶次占主导地位，变速器的阶次占次要地位。雷诺电动汽车电机啸叫的主要阶次是电机主要电磁激励的阶次，也有脉宽调制器的阶次，但电机的阶次为主要阶次。由电机的电磁力引起的电机啸叫的阶次不仅有结构传递的噪声，还有从电机与逆变器直接辐射的噪声。日产 Leaf 的电机啸叫主要阶次的变速器的阶次见文献［13］。对于后轮驱动的电动汽车，文献［14，15］详细研究了电动后轮驱动系统的结构振动、空气噪声与驾驶人耳边噪声的传递函数。结构噪声在 2500Hz 以下是车内噪声的主要贡献源，空气噪声的主要贡献是在 2500Hz 以上。国内某款电动汽车的电机啸叫研究表明：电机的啸叫阶次为第 24 阶与第 48 阶，变速器第一级减速齿轮的啮合阶次为第 25 阶。车辆在 20 ~ 60km/h 运行时，电机转速为 1000 ~ 5000r/min，在这个频率段出现第 24 阶与第 25 阶次噪声，而且这两个阶次的频率非常接近，极易产生拍振现象，对于驾乘人员来讲拍振的主观感受为颤音形式的噪声。如果把电机驱动系统的噪声进行结构噪声与空气噪声分类，那么电动汽车在加速到 60km/h 时电机结构噪声的阶次主要出现在 200Hz 以下，空气噪声的主要阶次在 200 ~ 500Hz，而逆变器的主要噪声阶次在 500 ~ 2000Hz 之间。在电动汽车 WOT 加速行驶时，电机啸叫的噪声阶次不同车辆有不同的表现方式，宝马 i3、雪铁龙 C-Zero1、Smart Electric 只显示了电机的阶次。在 2000Hz 以下，雷诺 ZEO 与大众 E-UP! 既有电机阶次，也有风噪声与路噪声。LIIAN DRIVE 在满载 2 档情况下出现最坏的电机啸叫，包括车轮激励的阶次、电机阶次、驱动齿轮阶次、第二级齿轮变速阶次、电机级与功率电子的阶次。

每款电动汽车的电机可能不尽相同，电机 NVH 的设计与开发也不尽相同。变速器的齿轮、轴的设计、加工、安装、几何尺寸误差、动平衡等都不尽相同。变速器的振动通过电机系统的悬置传递到车身结构与钣金，然后通过结构振动与共振辐射传到驾驶室内。因此电机啸叫的噪声在驾驶舱内的表现会因为各个车辆的结构不同而有所差异，有的车会出现，有的车根本不出现。而电机的电磁激励会以结构噪声与空气噪声的形式传递到驾驶舱内。同样的道理，电机的电磁噪声与振动会因为不同的电机设计、电机的声学设计和电机的悬置特性不同而不同。有的车辆会有很强的阶次噪声，有的阶次噪声低到大家可以接受的水平，有的阶次噪声驾驶人可能感受不到。

根据已有文献，我们得出的结论是：所有的电动汽车的车内噪声都有电机主要阶次的噪声，或者至少是改进之前都有电机主要阶次的噪声，有些车辆还会有变速器的第一级或第二级减速齿轮的阶次噪声，少数电动汽车还可能出现逆变器的开关频率阶次噪声。但是逆变器开关频率都很高，人的听力对这么高的频率不是很敏感。

5.6.3 电动汽车电机啸叫的改进措施

从理论上来讲，电动汽车都会有电机啸叫，唯一的差别就是有的让人感到反感，有的让人感到可以接受，有的可以让人感受不到。从开发成本与市场营销的角度来讲，也没有必要彻底消除电机啸叫，只需要将啸叫设计降低到驾乘人员不感到反感或感受不到即可。也就是说，电动汽车有电机的啸叫声是可以理解的，可以通过电机以及电机系统与整车的集成 NVH 设计与结构设计减少电机啸叫。这些 NVH 设计开发包括电机 NVH 设计开发、结构噪声与空气噪声的传递路径的设计开发，还可以通过系统的控制来优化啸叫，或改变啸叫噪声的声品质。

有很多方法可以确定电机啸叫产生的部位。这种方法是在台架上对电机-变速器系统进行试验，使用声学照相进行测量，从这些试验结果中发现电机啸叫出现的部位。然后可以根据这些出现啸叫声的部位分析产生的原因，采取声学措施。

电机的 NVH 设计开发已经超出了本书的范围。在电机与逆变器上附加空气噪声的吸声材料是可以减少电机啸叫声的，但还不能消除啸叫声。这种减少啸叫声的措施适合那种啸叫声不太高，车辆设计又处于产品开发的后期，其他措施很难采用的情况下，算是一种补偿措施，因为在电机与逆变器上加吸声材料在设计空间与可靠性上还是比较困难的。

啸叫声不仅与电机有关，还有必要考虑整个电机-变速-驱动系统。CAE 分析表明：啸叫峰值出现在 3000Hz 是由旋转部件与壳体的耦合振动引起的。解决方法是优化转子设计，优化电机外壳，增加电机外壳的阻尼等。

变速器的啸叫阶次一般是由变速齿轮的传递误差在啮合中产生的。特斯拉为了使电驱动的 B10 寿命达到 160 万 km，使用了斜齿轮变速系统（图 5.6.3）。斜齿轮具有啮合面积大的优点，可以减少变速器的啸叫。对于斜齿轮变速器，减少齿轮的传递误差也可以减少电动汽车的啸叫。在 70% 峰值转矩下最低传递误差为 0.7mm 或更低的情况下，齿轮接触面集中在齿轮中部，而且受力比较均匀，可以有效地减少传递齿轮的啸叫。变速器的表面速度是变速器辐射噪声的一个重要的参数。根据 CAE 分析，找到这些表面速度（辐射噪声）的热点（最大值）以及这些热点出现的频率，可以在这些热点上有针对性地增加筋，减少辐射噪声的热点。

图 5.6.3　特斯拉减速器斜齿轮

电机的噪声阶次与变速器的阶次在设计时要很好地进行分离，两个阶次不能离得太近。如果两个阶次太近会引起拍振，在设计时应避免拍振。但是好的电机悬置并不能达到好的电机的声品质。

电机的振动通过电机悬置传递到车身上，可能引起电机啸叫声，可以通过电机悬置的设计减少电机激励传递到车身的振动。电机的振动激励可以通过悬置的设计减少这种振动的传递。电机悬置的衰减率如果提高到 25 ~ 30dB，可以大大减少电机啸叫的传递。优化悬置的固定螺栓的设计，对定子的悬置螺栓进行隔振都可以减少啸叫，这些措施可以在电动汽车产品开发流程中的任何时间节点上使用。

在采用上述电机啸叫改进措施后，电机啸叫现象会得到改善，驾乘人员对电机啸叫的感受也会得到改善。图 5.6.4 为电机啸叫在改进前后的驾驶人耳边噪声的对比。首先可以看到改进前的噪声有许多阶次的噪声峰值。改进后，声学包与车身气密性的改进使车内的高频噪声得到了非常大的改善，噪声变得很平滑，电机的 24 阶次与变速器的 25 阶次的噪声峰值消失，可以看出声品质得到了提升。

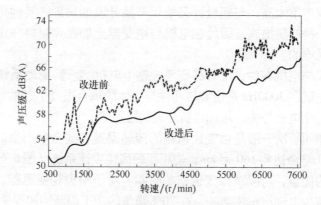

图 5.6.4　电机啸叫改进前后的声压级对比

电机啸叫是一个复杂的声学与振动现象。涉及电机本身、减速系统、悬置系统、结构噪声与空气噪声。每款电动汽车啸叫的原因都可能是不同的。因此应该根据每款车的结构与电传递系统的特性确定电机啸叫的根本原因，采取相应的减噪与减振措施，然后对设计措施进行试验验证。

5.7　老化或故障对电机振动与噪声的影响

电动汽车的电机（相比于其他应用，例如固定发电机组、核发电机、机床等）的工作环境通常是比较恶劣的。电动汽车在运行时，在道路上激起的石块等击打到电机上可能产生的破坏，运行时雨水或地面灰尘与泥土对电机的影响等，都可能使电机产生设计之外的噪声与振动。电机在运行过程中可能会出现轴承的磨损、旋转与运动部件的摩擦、轴弯曲、紧固螺栓的松动、紧固螺栓或其他小部件的丢失。电机在制造以及安装上的误差都可能使电机驱动轴弯曲，电机转子与定子之间的气隙会产生非对称型，产生噪声。与电机轴相连接的变速器轴与电机轴的安装误差也会产生噪声与振动。部件与部件在几何尺寸、材料、制造精度和安装精度等方面的差异，会加剧电机的老化。驾驶人的操作方式也会引起车辆的老化。

不同于固定电机，电动汽车的电机是大批量生产，卖给车主。驾驶人对车辆操作的随意性、不规则性与多样性对电机的老化影响也是非常大的。尽管我们有技术手段获得个人的操作习惯与方式的统计信息，但由于这属于个人隐私问题，甚至涉及法律问题，这些信息获取起来还是比较难的。现在的大数据技术可以帮助我们收集驾驶人的驾驶操作行为的数据。有了这些数据，我们可以根据 FMEA 的设计原则针对驾驶行为进行稳健性设计，保证电动汽车在任何操作行为、任何环境、任何突发情况下都能稳健安全地执行驾驶人的意愿。电机的热负荷会导致电机线圈之间绝缘层的老化，引起不同程度的短路。电机故障的主要原因是定子绕组的绝缘与轴承装配系统的失效。

　　电动汽车是一种竞争性的市场商品，不同于核电站用电机，不具有公共安全性质，电动汽车失效模式在公共领域还没有公开的统计数据。我们可以从核电站使用的电机的失效模式的统计数据中预估一下电动汽车的电机失效模式及其对噪声与振动的影响。美国电能研究院（Electric Power Research Institute，EPRI）1982年调查的核电站用电机的故障失效结果显示：感应电机的故障 41% 的是电机轴承故障，37% 是定子故障，10% 是转子故障。轴承出现故障的主要原因是润滑油污染、润滑不够、过载与过热。最终的结果是过大的振动造成灾难性的失效或轴承的完全破坏。1985—1992 年核发电站用电机的老化评估结果表明：相关的失效是由于机械与材料老化机制（例如正常磨损、腐蚀、密封与绝缘的老化）引起的。核电站的电机失效的主要原因是电机轴承。两个不同时间的电机失效调查的结果最终都显示电机轴承的失效是电机故障的主要原因。电机失效数据统计显示出失效的时间特性：15% 的失效在电机开始运行时，31% 的失效在电机运行期间，54% 的失效是在维修或试验期间。电机失效的时间趋势与可靠性的浴缸型特性非常接近。

　　电机运行的信号特征都是非常有规律的周期性，它们的噪声与振动特性也一样。但电机出现老化或其他故障时，会打破这些规律性。电机的故障呈现在电机运行的电流与电压信号的频率中，例如当系统出现绝缘老化现象，定子线圈发生短路，导致振动与噪声的改变。电机输出轴的弯曲会导致定子与转子之间气隙的改变。荷载的不平衡、电机悬置的松动或者轴的轴心不对中性，都会引起电机气隙的偏心率非对称性。气隙的偏心率非对称性会引起电机转矩的波动，引起转速的脉冲，进而引起电机的振动与噪声。这些偏心率引起的振动与噪声会在噪声与振动的频谱特性中体现出来。同理，非对称电机故障的频率特性包括气隙偏心率、转子条的断裂、轴转速的振动、转子非对称以及轴承的失效等，其故障失效模式都可以在定子电流的频率谱中显现出来。这些 NVH 特性的改变可以作为电机老化诊断的判定依据。当然，这些特性还可以用于诊断三相感应电机的气隙偏心率问题。

　　异步电机断裂的转子条在定子电流中会引起特别的谐波，该谐波的频率为

$$f_{\text{条}} = f_1(1 \pm 2s)$$

正常的与断裂的转子条的定子电流的实际测量数据如图 5.7.1 所示。

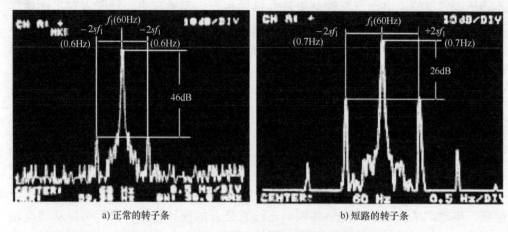

a) 正常的转子条   b) 短路的转子条

图 5.7.1 转子条的定子电流的实际测量数据

从图 5.7.1 中可以看到，当转子条断裂时，在定子电流的频率谱中，电源频率两端的边带频率上的电流幅值增加了 20dB。这个幅值的增加会引起电机噪声与振动在同样的边带频率上幅值的增加。这种现象有两种用途：第一，通过测量有故障的电机的定子电流，分析电机振动与噪声的改变；第二，通过这种特殊的改进，分析电机的故障。

电机的这些故障导致电机电流的频率谱发生了变化，在电机振动与噪声的频率谱中，供电频率的两边产生了边带噪声或振动。如果边带噪声与振动和供电频率的噪声与振动的幅值相比不是很大，根据噪声覆盖原理，这些噪声也许不被人们感受到，或人们可以接受这种噪声。电机故障的边带频率，例如短路故障，可以用下式计算：

$$f_{短路} = f_s \left[k \pm \frac{n}{p}(1-s) \right]$$

式中，$f_{短路}$ 是频率分量（短路的函数）；f_s 是电源频率；p 是极对数；n，k 是两个参数，$n = 1,2,3,\cdots$，$k = 1,2,3,\cdots$；s 是电机的滑转率。

电机轴与变速器平行连接在不对中的情况下的频率特点为：

$$f_{de} = f_s \left[\left(kZ \pm n_d \frac{1-s}{p} \right) \pm m \right]$$

式中，k 是整数（$1,2,3,\cdots$）；m 是定子磁动势谐波的阶次（$1,3,5,\cdots$）；Z 是转子的槽数；n_d 是偏心率低阶次（$n_d = 1$ 时为动偏心率，$n_d = 0$ 时为静偏心率）。

根据这些特性，我们可以用电机定子电流频谱分析法（Motor Stator Current Analysis，MSCA）来确定电机老化失效后产生的噪声与振动是否增加。电机故障分析基础是在定子电流信号中发现电源频率附近的边带，并与参考或理想的电流频率谱相比较，然后确定是否有故障。电机故障的另一种测试方法是过零时间（Zero Crossing Time，ZCT），定义为两个相邻的定子电流过零点之间的时间间隔。如果电机以一个不变转速，在平衡的电源与定子绕组情况下运行，理想的电机的任何两个过零点之间的时间间隔是相等的。但是当电机在不正常情况下运行时，电流的频率谱出现异常，过零点的时间间隔是不相等的。当电机老化时，其 NVH 性能就会降低，也是电机出现故障的前奏。

电机健康状况的状态监控可以放到 OBD Ⅱ 中。不一定用振动传感器，可以用电机本身带有的传感器监控电流与电压的异常，这可以节省开发与运行成本。因为振动与噪声的频率特性直接与电流与电压的频率特性相关联。

电机的悬置是衰减电机振动与噪声的重要部件。该部件中橡胶件在温度荷载下会出现老化现象，电机的 NVH 性能也会随之下降，甚至在车辆有效运行寿命之内造成驾乘人员的抱怨，引起客户对车辆品牌的不满。以传统发动机的悬置为例，投入服务后 3 年在转向盘垂直方向上测量的怠速振动比新车时增加大约 5dB。发动机悬置的隔振性能在 3 年后从 0~100Hz 的 RMS 减振率从 22dB 降到 19dB，静刚度增加 30%，动刚度增加 51%，黏弹性减少 32%。动刚度的增加导致悬置的偏频增加 22%，悬置隔振的放大区增加，黏弹性的减少使悬置的衰减率减少。

影响橡胶件老化的原因是热荷载、材料以及化学成分。体积、厚度、橡胶的硬度以及荷载类型这些物理参数也会影响橡胶件的老化。根据文献［27］的试验结果：悬置的厚度与体积增大可以减少热荷载对橡胶的氧化作用，因此橡胶的稳健性就更高。另外一个物理参数就是悬置的角度，角度越小，剪应力就比压应力更加占主导地位，因此就更有稳健性。这些抗橡胶件老化的物理参数可以用来进行对热荷载具有稳健性的电机悬置 NVH 设计。好的稳健性悬置设计可以将老化的 NVH 效果减少一半。

5.8　振动对动力电池的影响

从传统车辆与电动汽车在实际运行及道路条件下的振动测量对比数据来看，电动汽车最高的振动水平是在频率谱中低频部分：低于 100Hz 部分。对于高于 1000Hz 的频率谱部分，电动汽车的振动水平低于低频部分的振动水平。在高于 200Hz 的频率谱中，还有许多频率内容。

电动汽车与混合动力电动汽车的一个 NVH 新问题是动力电池受到的振动以及振动对动力电池性能的影响。在冲击或振动情况下，电池可能因受到破坏而产生火灾。

人们在选择不同的电池时，主机厂使用不同的试验来验证电池的各种性能。其中振动耐久性是主机厂进行验证的试验之一。有研究证明：集成度较差的部件，系统或结构在承受振动荷载时，由于疲劳裂纹或材料硬化，可能导致电池服务寿命的大幅度减少或出现灾难性结构失效。以特斯拉电动汽车使用的 18650 电池为例，在承受 Z 向振动试验的 186h 的过程中，大多数电池展示出电阻的增加与放电能力的减少，此外还有一些电池会完全失效，例如内部短路。

根据 SAE J2380 规定的振动输入，承受 X、Y、Z 三个方向的振动，其中样本#5 是对比参考电池，不承受振动。电池的振动老化结果见表 5.8.1 和表 5.8.2。

表 5.8.1　电池内电阻的振动老化结果

样本#	充电状态（%）	振动方向	试验开始/mΩ	试验结束/mΩ	改变百分比（%）
15	50%	$Z:Y$	46.4	164.5	254.53
14	50%	$Z:X$	47.3	114.2	141.44
13	50%	$Z:Z$	46.0	84.0	82.61
5	50%	不承受振动	49.6	60.8	22.58

表 5.8.2　电池容量的振动老化结果

样本#	充电状态（%）	方　　向	电池容量/A·h		电池容量改变百分比（%）
			试验开始时	试验结束时	
15	50%	$Z:Y$	2.18	2.14	-1.83
13	50%	$Z:Z$	2.23	2.19	-1.79
14	50%	$Z:X$	2.15	2.17	0.93
5	50%	不承受振动	2.18	2.19	0.46

从表 5.8.1 和表 5.8.2 中可以看到，内电阻在 Y 方向与 X 方向的振动老化比较大，而电池容量的振动老化在 Y 与 Z 方向比 X 方向要大。

从目前的专利以及拆解分析的结果来看，主机厂对电池的隔振、减少振动对电池老化的影响重视都不够（图 5.8.1）。

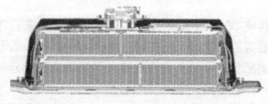

图 5.8.1　电池组的安装情况

对于那些将电池放在地板上的情况，地板本身是没有办法减振的。对电池的减振只能通过电池本身或在电池包内进行减振。最好的减振方法是在电池上方与下方同时进行，除了垂直方向外，Y 方向也要进行隔振。

电池本身的设计也要考虑振动的影响。在振动条件下，电池内部的质点速度在高频振动中会被扩散而运动，导致内部电阻的增加与电池充电能力的减少。

5.9 驱动电机的减振

驱动电机是电动汽车的主要振动源之一。驱动电机的振动特点是低频与中、高频同时存在。因此需要将电机与其安装结构进行隔振设计。基于电机的振动特点，驱动电机的隔振设计不同于传统发动机的悬置，在电机激励的高频率范围内，悬置的共振现象会发生。驱动电机的悬置在共振频率上的隔振有效性大大降低，应该是悬置隔振率最低的情况。在设计驱动电机的悬置时，需要考虑这个因素。某驱动电机由内外环与质量块组成，外环与质量块之间以及质量块与内环之间装有弹性衬套（图 5.9.1）。

一般驱动电机与减速机构有四点支撑的，也有三点支撑的。三点支撑的模型如图 5.9.2 所示。

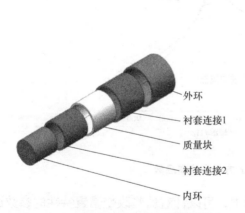

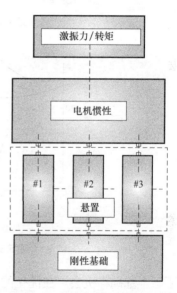

图 5.9.1　驱动电机悬置的一种结构形式　　**图 5.9.2　三点支撑的电机悬置模型**

如果是三点支撑而且每个悬置都是相同的，那么电机与悬置组成的系统的力传递函数如图 5.9.3a 所示。可以看到，这个系统有两个共振频率，一个小于 100Hz，该频率是模型的问题，可以忽略。还有一个是在 650Hz 的真实的共振频率，而且每个悬置的力传递函数都是一样的（从该解析模型分析可知）。如果使用两个不同的悬置，那么电机与悬置组成的振动系统的共振频率就会改变，如图 5.9.3b 所示。如果减少第二个悬置的质量，就会出现一个反共振，隔振有所改善。如果增加第二个悬置的质量，则传递的力就变得比基础原型更差了。

从图 5.9.3 可以看到，调整悬置的物理参数可以改变悬置的特性，或者变得更好，或者变得更差。这就为我们优化悬置的性能（例如隔振率、耐久性、可靠性等）

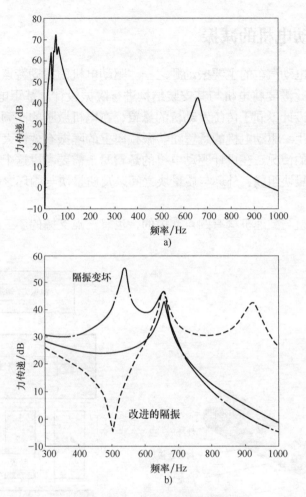

图 5.9.3　Z 方向力传递函数

提供了一个基础与机会。在优化的过程中，可以针对那些改变悬置特性的参数进行优化。影响电机悬置的隔振特性的因素有很多，例如橡胶材料的特性、几何尺寸与形状，三点或四点悬置等。橡胶的体积与厚度影响着隔振效果以及耐久性。一般来讲，能够使耐久性变化的参数会使减振性能变坏。但体积越大，厚度越大，隔振率越好，耐久性就越好，这是悬置中极少的既可使 NVH 性能变好，又可使其耐久性也变好的设计参数。

参 考 文 献

［1］ GOVINDSWAMY K，EISELE G．Sound Character of Electric Vehicles［J］．SAE Paper # 2011-01-1728，2011．

［2］ NVH Harmony，Model 3 Road Noise Evaluation［N/OL］．https：//forums．tesla．com/forum/forums/model-3-road-noise-evaluation．

［3］ Auto innengeräusch vergleich［R/OL］. http://auto-decibel-db. com.

［4］ SWART H, BEKKER A, BIENERT T. The Comparison and Analysis of Standard Production Electric Vehicle Drivetrain Noise［J］. International Journal of Vehicle Noise and Vibrations, 2016, 12 （3）: 260-276.

［5］ CERRATO G. Automotive Sound Quality-Powertrain, Road and Wind Noise［J］. Sound and Vibration, 2009.

［6］ VIKTOROVITCH M. Implementation of a New Metric for Assessing and Optimizing the Speech Intelligibility Inside Cars［J］. SAE Paper # 2005-01-2478, 2005.

［7］ GABBOTT N. NVH Challenges of Alternative Powertrains［R/OL］. 2012.

［8］ LIESKE D, BIKKER S. NVH-Development of Electric Powertrains-CAE-Methods and NVH-Criteria, SAE Paper # 2014-01-2072, 2014.

［9］ FLORENTIN J, DURIEUX F, KURIYAMA Y, et al. Electric Motor Noise in a Lightweight Steel Vehicle［J］. SAE Paper # 2011-01-1724, 2011.

［10］ GUR Y, WAGNER D. Damping Properties and NVH Model Analysis Results of Carbon Fiber Composite Vehicle Components［J］. SAE Paper # 2017-01-0500, 2017.

［11］ WANG S, JOUVRAY J, KALOS T. NVH Technologies and Challenges on Electric Powertrain ［J］. SAE Paper # 2018-01-1551, 2018.

［12］ GENUIT K. The Change of Vehicle Drive Concepts and their Vibro-Acoustical Implications［C］. 2011 Symposium on International Automotive Technology, 2011.

［13］ HARRIS O. Electric Vehicle Whine Noise［R/OL］. http://www. smartmt. com, 2018.

［14］ LENNSTROM D. Determination of Radiated Sound Power from an Electric Rear Axle Drive In-Situ and its Contribution to Interior Noise［J］. SAE Paper # 2013-01-9120, 2013.

［15］ LENNSTROM D. Influence of Acoustic Transfer Function on the Estimated Interior Noise Radiated from an Electric Rear Axle Drive［J］. SAE Paper # 2014-01-9124, 2014.

［16］ 章守元，李玉军，样良会. 某电动汽车车内噪声改进与声品质提升［J］. 汽车工程，2016, 38 （10）: 1245-1251.

［17］ GENUIT K. The Future NVH Research-A Challenge by New Powertrains［J］. SAE Paper# 2010-01-0515, 2010.

［18］ HOLTON T, BULLOCK L. New NVH Challenges within Hybrid and Electric Vehicle Technologies ［C］. 5th CTi Conference, Auburn hills, USA, 2011.

［19］ SWART D, BEKKER A, BIENER J. Electric Vehicle Sound Stimuli Data and Enhancements ［R/OL］. by licenses: http://creativecommons. org/licenses/by/4/0/, https://www. ncbi. nlm. nih. gov/pmc/articles/PMC6230979.

［20］ LU M, JEN M. Enhancing Interior Noise of Electric Vehicles by Design Analyses and Refinements of Traction Motors［J］. Journal of Control Engineering, 2018, 66 （3）: 199-208.

［21］ ERBAY A. Multi-Sensor Fusion for Induction Motor Aging Analysis and Fault Diagnosis［D］. Knoxville, University of Tennessee, 1999.

［22］ HUANG X. Diagnostics of Air Gap Eccentricity in Closed-Loop Drive-Connected Induction Motors ［D］. Georgia Institute of Technology, 2005.

［23］ SUBUDHI V. Aging Assessment of Large Electric Motors in Nuclear Power Plants［R］. NUREG/ CR-6336 BNL-NUREG-52460, 1996.

[24] DUAN F. Diagnostics of Rotor and Stator Problems in Industrial Induction Motors [D]. University of Adelaide, Australia, 2010.

[25] THOMSON W, GILMORE R. Motor Current Signature Analysis to Detect Faults in Induction Motor Drives-Fundamentals, Data Interpretation and Industrial Case Histories [C]. Proceedings of The 32rd Turbomachinery Symposium, 2003.

[26] CALIS H. Vibration and Motor Current Analysis of Induction Motor to Diagnose Mechanical Faults [J]. Journal of Measurements In Engineering, 2014, 2 (4): 190-198.

[27] SUNG D, BUSFIELD J, RYU Y. Degradation of Vehicle Noise and Vibration by Ageing of Elastomers [J]. SAE Paper # 2017-01-0392, 2017.

[28] LANG J F, KJELL G. Comparing Vibration Measurements in an Electric Vehicle with Standard Vibration Requirements for Li-ion Batteries Using Power Spectral Density Analysis [J]. International Journal of Electric and Hybrid Vehicles, 2015, 7 (3): 272-286.

[29] BRUEN T, HOOPER J M, MARCO J, et al. Analysis of a Battery Management System (BMS) Control Strategy for Vibration Aged Nickel Manganese Cobalt Oxide (NMC) Lithium-Ion18650 Battery Cells [J]. Energies, 2016, 9: 1-20.

[30] ECE R 100-2, Uniform Provisions Concerning The Approval of Vehicles with Regard to Specific Requirements for the Electric Power Train, 2013.

[31] WANG H W, TAO Z Q, FU Y L, et al. Analysis on Vibration of Li-ion Battery Module used for Electric Vehicle [C]. 3red International Conference on Materials Science and Mechanical Engineering, 2016.

第 6 章

混合动力/增程式电动汽车的 NVH

混合动力电动汽车有两套驱动系统——发动机驱动与电动机驱动，在不同的运行条件下采用不同的驱动策略以达到节省燃油与减少排放的目的。在等交通信号灯时，可以关闭发动机；在起动时，发动机效率不高，则采用电驱动；在高速运行时，发动机效率高，则采用发动机驱动。

6.1 混合动力电动汽车的结构与噪声源

如图 6.1.1 所示，混合动力电动汽车可以分为三种形式：串联式混合动力电动汽车、分离式混合动力电动汽车以及并联式混合动力电动汽车。串联式混合动力电动汽车是内燃机与驱动系统没有连接，驱动完全由电动机完成。内燃机完全用来发电，对高性能电池进行充电，这也叫增程式电动汽车。分离式混合动力电动汽车是内燃机与电动机都与驱动线相连接，每一个驱动系统可以单独驱动，也可以两个系统同时驱动。并联式混合动力电动汽车的特点是电动机、内燃机都与变速器相连接，每一个驱动系统可以单独驱动，也可以两个系统同时驱动。

在怠速或定置状态，可以使用高性能电池的能量来完成车辆的基本功能，例如车辆的起停、空调的运行和充电时电池系统的冷却等。定置噪声主要是来自辅助系统的电驱动。在高速公路上运行时的噪声与振动主要来自燃油发动机、风噪声与路噪声。在运行时驱动方式不同，产生的噪声与振动也是不一样的。

混合动力电动汽车的结构要比传统燃油汽车复杂得多，多出的结构与部件有电机、电池系统、电驱动系统、取力系统、电控制系统、转向助力系统、空调系统和冷却系统等辅助系统。如果是电动载货汽车的话，还要加入制动系统的打气泵。这些附加的设备与部件分布在车辆的各个部位，造成整车质量分布的改变、轴重的改变、整车重心与惯性惯量的改变。这些改变会影响车辆的 NVH 问题。

首先，混合动力电动汽车的噪声源与传统车辆的噪声源是不一样的，而且有其

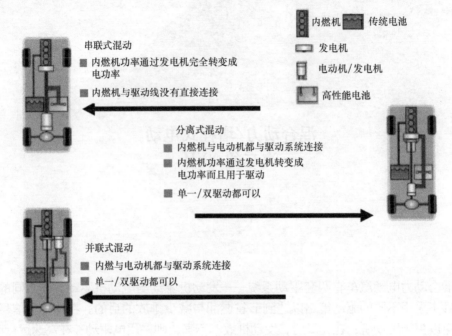

串联式混动
- 内燃机功率通过发电机完全转变成电功率
- 内燃机与驱动线没有直接连接

分离式混动
- 内燃机与电动机都与驱动系统连接
- 内燃机功率通过发电机转变成电功率而且用于驱动
- 单一/双驱动都可以

并联式混动
- 内燃与电动机都与驱动系统连接
- 单一/双驱动都可以

内燃机　传统电池
发电机
电动机/发电机
高性能电池

图 6.1.1　混合动力电动汽车的分类

特点。

　　混合动力电动汽车的振动与噪声源的分布与传统内燃机车辆相比更分散，传统内燃机车辆的振动与噪声源主要分布在发动机附近，而混合动力电动汽车的振动与噪声源分布在电动机、发电机、电池以及行李舱中。其布置特点是声源多，分布广，声学特点是单频声源。这都是混合动力电动汽车 NVH 设计人员必须要考虑的因素。

　　混合动力电动汽车的动力输出系统是电机，它的起动取决于辅助电机。电机的转矩波动是相当小，但转矩响应斜率很大。因此电机的悬置系统必须有能够抵抗瞬态冲击振动的能力。另一个特点是发动机起停的频率比传统车辆起停的频率大得多。因此发动机动力过程的转矩波动、变速器系统的扭转振动以及混合动力电动汽车的纵向振动会很突出。此外，辅助系统的电机频繁起停会导致各种大小的瞬态振动与噪声。辅助系统的驱动电机与控制器会引起高频电磁噪声，因此为了改进运行舒适性而如何减小高频电磁噪声是一个相当突出的 NVH 问题。

　　在混合动力车辆的 NVH 设计开发中，控制振动与噪声的难度会加大，应特别要求进行车体结构与悬置系统的局部振动与声学阻抗设计。

　　混合动力电动汽车的发动机与同类内燃机车辆相比功率小一些，当混合动力电动汽车加速或爬坡时，为了获得更大的功率或转矩，混合动力电动汽车会使用发动机与电动机同时驱动。将这种两种不同功率合成在一起的装置是动力耦合器。这是混合动力电动汽车的结构与驱动系统的特殊属性。这种动力耦合器的性能对动力耦合的效率与稳态性有很大的影响。如果该系统在动力耦合过程中产生振动、抖动与噪声问题,这种不平稳的动力耦合输出会引起驱动线的振动。除此之外,因为动力耦合器还用于取力与能量回收功能,即动力耦合器的不平稳振动问题会导致功率开关器的不平稳性,而且如果功率系统与驱动线系统不能很好地协调,会引起在开关过程中的振动与噪声。因此,控制动力耦合器的振动至关重要。

6.2 混合动力电动汽车的 NVH 特性

驾驶人感受到的混合动力或增程式电动汽车的 NVH 问题与电动汽车的运行模式相关,而这些运行模式与电动汽车的系统与部件本身以及这些系统运行状态相关。例如:发动机的起/停是混合动力电动汽车以及增程式电动汽车的一个重要运行模式。在交通信号灯为红色时,发动机停车,动力消失,系统激励变为零,导致整体动力系统的振动以瞬态模式变为零,动力系统会产生瞬态振动。在车辆起动时,驱动线开始工作。由于轴系的动不平衡与十字节二阶耦合力矩的作用会产生振动,换档齿轮也可能因为齿轮的啮合与传递误差而产生振动,发动机的起/停还会产生噪声模式的改变。在全电里程模式时,通常发生在车辆常速运行,而 NVH 涉及的主要部件就是电机系统以及混合动力部件(例如逆变器开关频率等)。这些 NVH 问题是针对一般的混合动力与增程式电动汽车,但是每一混合动力与增程式电动汽车都是一个特例,都有 NVH 问题的唯一性,如图 6.2.1 所示。因此针对每一个主机厂,针对电动汽车的 NVH 设计开发,都需要找到一种适合自己的唯一方式去解决这些具体的NVH 问题。

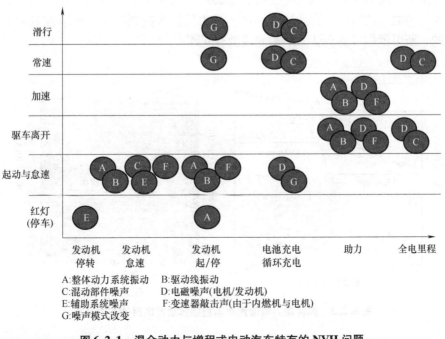

图 6.2.1　混合动力与增程式电动汽车特有的 NVH 问题

当混合动力电动汽车的电池荷电状态降低（State Of Charge，SOC）到某一个值时，增程器会为电池充电。增程器起动发电时，通常要满足最低功率的要求，增程器的起动转速都可能比较高，而电动汽车在纯电动驱动模式时噪声通常比较低，这时电动汽车内的噪声就会在短时间内有一个突然的升高，如图 6.2.2 所示。

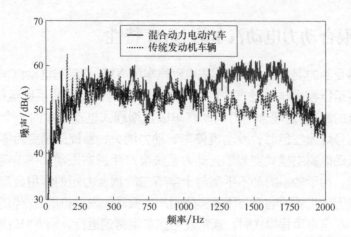

图 6.2.2　混合动力电动汽车与传统发动机噪声

图 6.2.3 是车辆在低速运行时（10km/h），SOC 低时，突然将加速踏板踩到底并保持这个位置直到车速达到 100km/h。我们可以看到当加速踏板踩到底时，发动机转速从 1320r/min 突然升到 3500r/min，车内噪声有一个 5dB（A）的上升。这种增程器突然加速所引起的转速变化还会引起转向盘振动的突然增加。驾驶人会感受到这些噪声与振动的增加，因为这个动作不是由驾驶人控制的，是车辆控制系统自动完成的，所以他们可能会认为车辆的质量有问题。

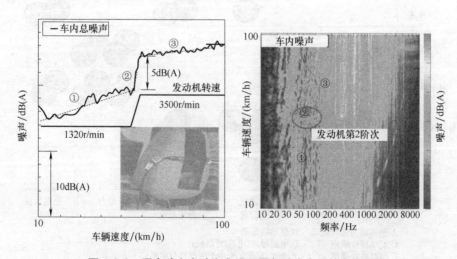

图 6.2.3　混合动力电动汽车增程器起动发电时的车内噪声

混合动力电动汽车在加速行驶的过程中，电机首先开始驱动，在加速期间发动机开始参与驱动。如图6.2.4所示，在7.5s时，发动机起动机噪声开始出现，在11s时，发动机开始加载，在300～500Hz频率段出现发动机粗糙的噪声，还可以观察到7kHz的单频，这是逆变器噪声。

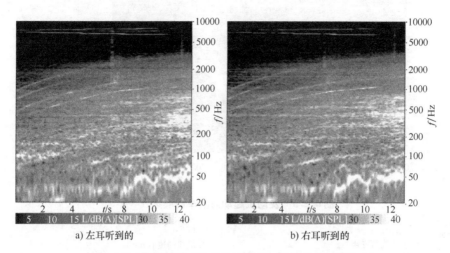

a) 左耳听到的   b) 右耳听到的

图6.2.4 混合动力电动汽车从0～50km/h加速时

混合动力与增程式电动汽车的发动机起/停NVH问题与传统发动机车辆的起/停NVH问题是不同的。传统发动机车辆的发动机起/停是由驾驶人控制的，而且发生在车辆刚刚开始运行时。在这个事件发生时，驾驶人感受到发动机的噪声与振动的反馈，这也是他所期望的事件反馈。混合动力与增程式电动汽车的发动机起/停是由SOC和驱动转矩等因素决定的，由车辆的控制系统自行决定而与驾驶人的主观能动控制无关，因此这个事件所引起的噪声与振动对驾驶人的感知来讲是意想不到的。图6.2.5是增程式电动汽车从起动到车速为120km/h期间的驾驶人左耳的噪声特征。在初始阶段，车辆是以全电模式运行，因此，驾驶人感受到的噪声基本上是来自路噪声和电机噪声。当车辆运行到38km/h时，发动机起动。从此以后，驾驶人感受到的噪声主要是来自发动机。从图6.2.5中我们可以看到一个发动机的阶次明显出现，而且其噪声也成为主要噪声分量。可以说，噪声的音品质量与绝对噪声声强都发生了突变。驾驶人会明显感受到这种噪声品质与声强的变化。

图6.2.6为同一发动机起动过程驾驶人左耳的噪声频谱曲线。我们可以看到对于发动机模式驾驶人感受到的噪声比全电里程模式的噪声在120km/h时高出12dB(A)。因此我们在对混合动力与增程式电动汽车进行NVH设计开发时，应该对发动机的起/停模式对噪声变化以及发动机噪声进行仔细的设计开发。

电动汽车与传统发动机车辆一样，电机产生的噪声随着电机荷载的增加而增加。这种噪声的特性对于电动载货汽车尤其重要（图6.2.7）。从图6.2.7我们可以看到：在64km/h时的轻载与满载时的噪声相差10dB。但是在低速时噪声与荷载基本上是

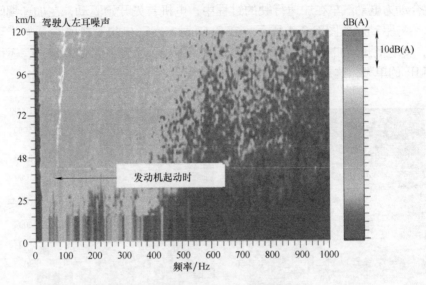

图 6.2.5　发动机起动时的车内噪声（一）

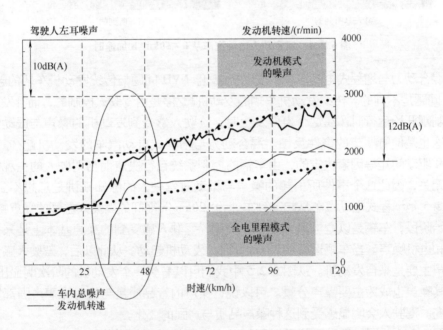

图 6.2.6　发动机起动时的车内噪声（二）

不相关的，而且轻载与中载的噪声也相差无几。

　　当混合动力或增程式电动汽车在纯电动模式运行时，或在驻车时发动机关闭，这时如果气温高，空调系统开始工作。在没有发动机噪声覆盖的情况下，空调系统的噪声成为主要噪声（图 6.2.8）。我们注意到在 300Hz 左右有一个单频峰值，通常这种噪声对驾驶人来讲是令人讨厌的。

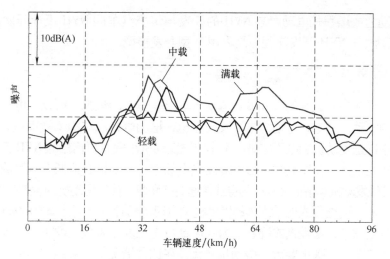

图 6.2.7　混合动力电动汽车在不同荷载时的噪声（一）

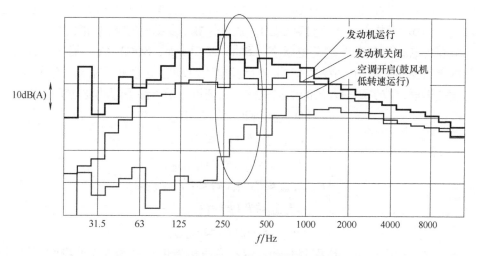

图 6.2.8　混合动力电动汽车在不同荷载时的噪声（二）

　　混合动力或增程式电动汽车的电驱动系统与动力电池系统在运行中都会产生热量，都需要进行必要的冷却。冷却系统在没有发动机噪声的覆盖下也会产生令人讨厌的单频噪声。

6.3　混合动力/增程式电动汽车的 NVH 设计开发

　　没有一个单一贡献者可以引起全部的混合动力电动汽车的 NVH 问题，因此也没有一个单一的混合动力电动汽车的 NVH 问题的解决方法。每一个部件、系统的 NVH 设计开发都是唯一的，负责每个部件、系统的 NVH 工程师在 NVH 设计开发过程中都需要找到适合他们的方法。

混合动力或增程式电动汽车 NVH 的开发与传统汽车的 NVH 设计开发流程是一样的，电动汽车 NVH 开发流程也是采用 V 型开发模型。

6.3.1 发动机的 NVH 微调

为了减轻或完全避免驾乘人员对电动汽车续驶里程的焦虑，可以在电动汽车上安装小排量的发动机发电，对动力电池及时充电，增加电动汽车的续驶里程。按正常逻辑，使用小排量发动机发电不应该产生比传统发动机车辆有更糟糕的 NVH 问题。事实上，增程式电动汽车在发电时，为了提高充电效率，发动机在最低发电时的发动机转速可能比传统发动机车辆的发动机的怠速转速要高许多。传统发动机的怠速转速为 600 ~ 800r/min 左右，而增程式电动汽车的发动机发电时的转速最高可达 2000r/min。在这种特殊功能的要求下，增程式或混合动力式电动汽车在驻车发电工况下，电动汽车的噪声可能比传统车辆的噪声要大，振动也会大。在这种情况下，最经济的解决方法是对驱动发电机的发动机进行 NVH 微调。NVH 微调的目标是在不影响发动机转矩/功率/排放标准/运行经济性的情况下，微调并优化发动机的控制参数（例如发动机转速、高压共轨油压、喷油角提前角和正时等参数），优化并减小发动机的噪声与振动。

增程式电动汽车电池的荷电状态（State Of Charge，SOC）低于某一个数值时，降低排量的发动机起动，驱动发动机进行发电，对动力电池进行充电，延长电动汽车的续驶里程，减少驾乘人员的里程焦虑。在满足若干条件下起动发动机充电：

$$
\begin{cases}
SOC_{min} \leqslant SOC(k) \leqslant SOC_{max} \\
P_{cha,max} \leqslant P_b(k) \leqslant P_{dia,max} \\
P_{ex,min} \leqslant P_{ex}(k) \leqslant P_{ex,max} \\
P_{delt\_ex,min} \leqslant P_{delt\_ex}(k) \leqslant P_{delt\_ex,max} \\
T_{e,min} \leqslant T_e(k) \leqslant T_{e,max} \\
\omega_{ex,min} \leqslant \omega_{ex}(k) \leqslant \omega_{ex,max}
\end{cases}
$$

当充电条件满足时，增程器起动，驱动发电机发电。从图 6.3.1 我们可以看到当增程器起动开始发电时，发动机转速从 0 增加到 2990r/min，发电机输出功率为 6kW。一般来讲，3000r/min 的转速对应于传统汽车在 120km/h 速度以上的发动机转速，噪声与振动肯定会高于传统汽车的噪声与振动。

这种工作模式带来的 NVH 后果是，发动机从 0 开始在短期内增加到 2990r/min，噪声与振动突然增加。如果车辆在驻车状态时，驾乘人员会对这种噪声与振动的突然增加以及这个噪声所包含的单频噪声感到不快。特别是在驻车时，驾乘人员的主观想法是此时电动汽车应该是非常安静的。

为了提高驾乘人员对电动汽车 NVH 的满意度，可以对增程式电动汽车的发电/充电模式进行人为设计，这种 NVH 控制模式是在车辆运行速度小于 20km/h 时，增程器在安全的情况下尽量不起动。待车辆速度大于 20km/h 时增程器视电量情况而适时起动充电。相当于在充电条件上在加上一个车速条件（图 6.3.2）。

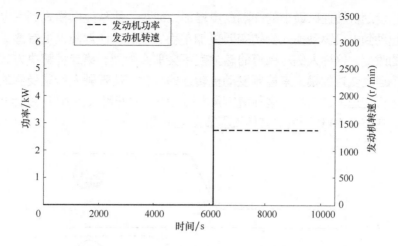

图 6.3.1　增程式发动机转速

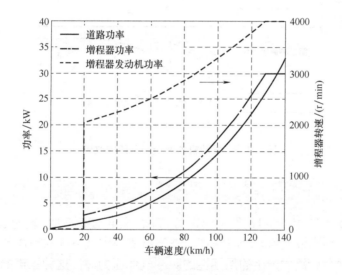

图 6.3.2　增程器发电 NVH 工况的控制策略

6.3.2　运行模式转变的 NVH 设计开发

　　混合动力或增程式电动汽车都由发动机起动开始发电或进入驱动模式。在这种模式下，发动机起动/停止所产生的振动与噪声都有比较突兀的特征，如果我们不去进行 NVH 设计开发，这些振动与噪声可能都是驾驶人所不喜欢的甚至是讨厌的。这种非驾驶人控制的发动机起动与停止所产生的振动与噪声的特点是，噪声与振动的突然增加与减少引起阶次的变化以及强度的突然变化。为了减少这种由于发动机起动/停止而产生的噪声与振动增减的突然性，我们可以采用如图 6.3.3 所示的发动机加速控制策略：将发动机从起动到常速运行的时间延长至少 5s 以上，或者说在可能的情况下让发动机转速以最小的间隔逐步增加或减少，使从纯电模式到发电模式或从发动机起动到电机驱动模式到转变要更加平稳、平滑，让驾驶人没有感觉到这些驱动模式的改变，这样人们对噪声的感觉就不会那么强烈。第二种解决方式就是模仿传统车辆自动变速的模式来控制发动机转速的变化，使驾驶人所感受到的声音就像车辆在进行变速那样自然。这种增加噪声品质的方法既可以在 NVH 设计开发时应用，也可以在整车 NVH 开发的其他流程节点上应用。

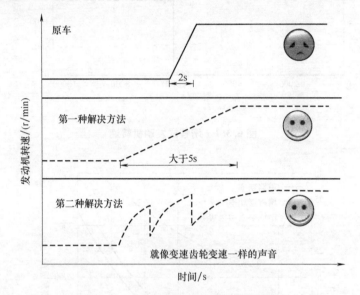

图 6.3.3　发动机加速控制策略的改进

6.3.3　增程式电动汽车的进排气系统的 NVH 设计开发

增程式电动汽车的发动机在发电模式工况下，发电功率较大，转速很高（2000～3000r/min），产生比较大的振动与噪声。进气系统与排气系统的噪声是进气门周期性地开闭，在进气管路中产生的周期性的脉冲气体压力波。这种噪声的脉冲式的频率特点是与发动机的噪声阶次相同。解决这些噪声问题的工程方法就是在进气系统上加装针对气体脉冲的霍尔姆兹谐振腔。每一个霍尔姆兹谐振腔消除一个在特定频率上的问题噪声的峰值。霍尔姆兹谐振腔个数的选取取决于噪声的特点、设计空间、成本、重量和噪声目标等因素。

增程器进气系统 NVH 设计开发的首要问题是通过试验或计算确定发动机进气系统的噪声频率特点，找到最大噪声幅值的前几个阶次的噪声频率。针对第一最高幅值的噪声频率选择第一个霍尔姆兹谐振腔。如果第一个霍尔姆兹谐振腔消除最高幅值的单频噪声后仍然不能满足 NVH 的目标，需要加装第二个甚至第三个。

对于进排气系统的声学设计，不是本书的重点，在这里只是提供一个电动汽车 NVH 设计开发的平台，启迪读者能够获得解决电动汽车的 NVH 设计开发的想法。进/排气系统的具体的声学设计可以参考本章参考文献［10-11］。

6.3.4　增程式电动载货汽车的制动气泵的 NVH 设计开发

对于某些电动载货汽车来讲，制动系统使用压缩空气作为形成制动力的工作介质。压缩空气是通过制动气泵提供的。制动气泵通常是一个电动泵与压缩机组成的系统。这个系统的 NVH 的频率特点是单频的。电动载货汽车在频繁制动与起动的区域运行或低速运行时，其制动气泵的噪声会成为一个突出的噪声源，而且在没有发动机噪声覆盖效应下，会成为一种令驾乘人员感到讨厌的噪声。另外，这种噪声会向车辆周边环境辐射，可能会引起环境的噪声污染。这种制动气泵引起的噪声需要在其 NVH 设计开发过程中进行减噪处理。

制动气泵噪声的基础频率是其转速的基础阶次。这个基础阶次通常是制动气泵的主要噪声频率，在这个频率上的噪声峰值通常是频谱中幅值最高的。消除这个噪声峰值会大幅降低制动气泵的噪声，并改善制动气泵噪声的品质。根据制动气泵噪声的频率特点，最有效地减少制动气泵噪声的工程解决方法是在其进气系统中加装一个具有主导突出噪声频率的霍尔姆兹谐振腔。如果还不能解决问题，那就需要对气泵进行声学封闭包装。

6.3.5　电机的啸叫

当电动汽车的起动电机在加速驱动车辆时或车辆减速时驱动电机将机械能转变成电能进行发电时，电机会产生单频的噪声，也就是所谓的电机啸叫声。电机的啸叫噪声是一种常见的电机噪声。电机啸叫的频率特点是单频性，其频率范围在 500 ~ 2000Hz。电动汽车产生的这种啸叫噪声是一个普遍存在的问题。如果在电动汽车客户的论坛上或聊天室中搜索关于电动汽车制动时的噪声，你就会发现，不论是丰田普锐斯还是特斯拉或宝马电动汽车，都存在着不同程度的电机啸叫声，区别只是这些噪声是可以忍受的还是不可以忍受的。

图 6.3.4 是混合动力或增程式电动汽车在纯电动驱动模式的加减速时的电机啸叫噪声。从图 6.3.4 中我们可以看到：在车辆加速与制动减速时，电机的啸叫阶次是主要的噪声分量，而且在加速与减速过程中，噪声阶次的幅值一直在变化。在车辆匀速运行时，车辆噪声有几个频率起到主要作用。不管是加减速还是匀速运动，150Hz、200Hz、230Hz 的频率总是存在，这些频率应该是电机的电磁噪声的频率。因此在设计开发纯电模式 NVH 时，应该要特别注意电机的噪声阶次即电机的电磁阶次与频率。另外，当发动机不工作缺乏噪声覆盖效应时，电机的电磁阶次成为主要噪声，这种噪声尽管声强不是很高，但会使驾驶人感到厌烦。

电动汽车的驱动电机的最大转速通常都比较高，日产 Leaf 驱动电机转速为 10000r/min，特斯拉为 14000r/min，通常需要采用变速器来连接驱动电机与车轮。减速系统的齿轮引起的令人讨厌的啸叫也可能被驾乘人员感受到。另外，有些混合动力电动汽车的驱动电机与变速器相连，电机振动也会传递到变速器上，引起变速器的啸叫或与变速器齿轮的啸叫叠加在一起。

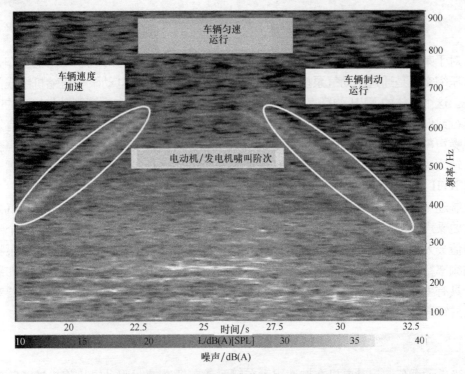

图 6.3.4　混合动力电动汽车在纯电动模式的加减速时的电机啸叫噪声

电机啸叫一部分是由电机本身的电磁激励引起的。对于混合动力电动汽车，电机与变速器相连，作为辅助功率源或直接作为电力驱动。当电机运行时，电机电磁力产生转子转矩，同时也会产生转矩波动与径向力激励电机振动，然后电机的振动传递给变速器。如果激振力很大或变速器对激振力很敏感，变速器就会放大电机的啸叫噪声。

如果在车辆 NVH 设计开发的早期阶段主机厂自己有电机产品设计与开发部门，可以根据第 3 章的方法进行电机的 NVH 分析，并进行 NVH 设计开发，消除电机的啸叫声。对电机啸叫的解析可以用有限元模型进行电机电磁力的分析。电机电磁力主要是作用在定子齿上的径向力与切向力。

从图 6.3.5 中我们可以看到：低于 2200Hz 以下，切向力起主导作用，在 2200Hz 以上，径向力起主导作用，而径向力是产生电机振动的主要激励源。这些高频的激励源将激励电机的呼吸模态（Breathing Mode），产生电机的啸叫。

在试图降低电机的啸叫噪声时，我们需要理解电机啸叫的频率特征，特别是电机啸叫的阶次。

从图 6.3.6 中我们可以看到：第 48 阶在 1400Hz 时的噪声值幅值最大，这是因为电机的径向电磁激振力在这个频率上激励了电机的共振频率。第 16 阶的频率在高频上占主导地位。因此对该电机来讲，第 48 阶与第 16 阶是最关键的阶次，不论是对电机结构来讲，还是对变速器结构来讲，我们都可以根据这些阶次信息进行 NVH 设计开发。

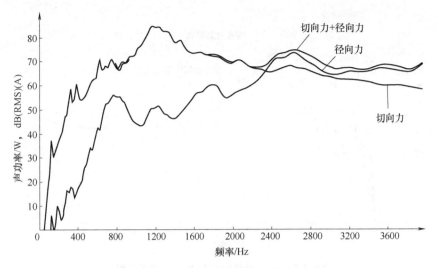

图 6.3.5　某电机的典型径向力与切向力

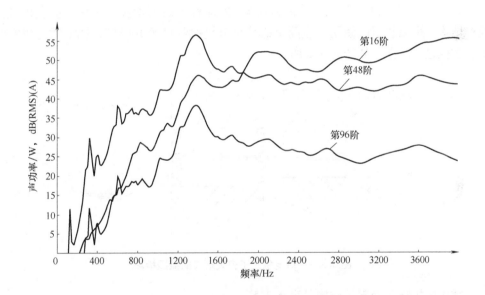

图 6.3.6　某电机啸叫噪声的阶次

如果主机厂不进行电机的自主设计，而是外购电机，那么可以对变速器进行 NVH 设计开发。最简单的变速器 NVH 开发是对变速器的壳体进行优化设计。可以使用详细的变速器有限元模型进行 NVH 分析，获得变速器的 NVH 特性，确定变速器的噪声辐射特性，找到变速器辐射噪声的热点。然后针对这些变速器噪声辐射热点壳体进行优化设计，采取的措施包括壳体加筋和加阻尼材料等。

从图 6.3.7 中我们可以看到，变速器结构优化后，不论是总噪声还是在啸叫频率上的噪声都有很大的降幅，效果还很明显。

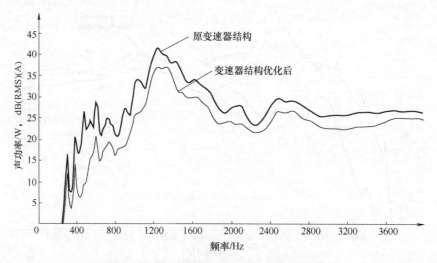

图 6.3.7　变速器结构优化对电机啸叫的影响

如果主机厂是购买的电机，或在车辆开发流程的后期阶段，无法改变电机或变速器结构，那么也可以使用一些简单的减小电机啸叫噪声的措施，例如对电机定子安装螺栓进行减振，如图 6.3.8 所示。

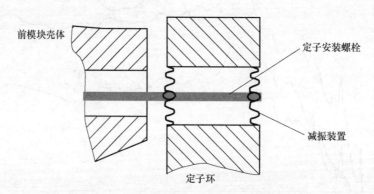

图 6.3.8　对电机定子安装螺栓的减振措施

减小电机啸叫噪声的措施见表 6.3.1。

表 6.3.1　减小电机啸叫噪声的措施

减小啸叫的措施	对电机啸叫的影响	说　　明
壳的优化	5~6dB	在早期设计阶段应用
定子螺栓减振	5~10dB	干涉振动传递
优化定子螺栓个数与位置	3~5dB	影响共振振型激励
减小定子环刚度	0.5~1dB	虽然对减小啸叫声影响比较小，但对耐久性影响很大
定子阻尼器	0.5~1dB	对激励源的影响比较小

电机啸叫的主要频率分量集中在几个阶次上，而电机的阶次除了取决于电机本身的设计，电机控制也会影响电机的峰值频率。使用脉宽调制器的开关频率控制电机的输入电流与电压，同时也会影响电机的噪声频谱。通常，脉宽调制器对低于1000Hz 的噪声频谱没有什么影响，但对电机的高频（大于1000Hz）的频率幅值的频率是有影响的。开关频率越高，电机的噪声峰值频率越高，相应的噪声峰值也有些减少。这种特性为我们调节电机的啸叫提供了一个不需要改变电机和变速器结构就可以影响电机啸叫的手段，而且这个手段可以在电动汽车产品开发流程的后期使用。通过调节开关频率来调节电机啸叫的噪声可以有三个目的：第一，通过选择开关频率为音乐音符频率使电机啸叫噪声不那么令人讨厌；第二，调节电机的啸叫频率避开电机机体的共振频率，或避开变速器系统的共振频率，实现激励频率与结构共振频率的成功分离，从而减小噪声的幅值；第三，增加啸叫频率，使啸叫频率向高频发展。当然，这些频率调节是一个复杂的标定过程，必须在保证电机功率、转矩、加速和减速等功能不受到影响的条件下进行。

　　利用逆变器开关原理减少电机啸叫噪声的一种策略就是将逆变器的开关频率展开成不同的频率，使逆变器开关引起的噪声有比较宽的频谱，在总能量不变的条件下，每个频率上的噪声能量的分布变得小了，这样也可以减小电机的啸叫噪声。

　　电机啸叫噪声的修正可能与电机的其他功能有冲突。当电机啸叫噪声成为市场上影响销售或品牌效应或客户反应比较大时，NVH 的考虑与修正需要在这些功能选择中成为第一位，需要进行设计让步。以电动汽车的循环发电模式为例，当车辆制动时，驱动电机转变成发电机，有时循环发电模式会产生电机啸叫。减少制动时电机啸叫的一种方法可以是减弱发电机的发电量，即减少发电机在发电模式的荷载，使循环发电的啸叫声减少。这种电机啸叫噪声控制方式需要进行标定，针对制动距离、充电量、噪声等指标进行整车运行状态下的控制算法的参数标定。根据 KANO质量定义，有些质量客户是看不到、摸不着的，有些质量客户是看得见、摸得着的。对那些看得见、摸得着的，对客户满意度有直接影响的质量（例如循环发电机啸叫噪声），NVH 开发原则是要修正设计以减小噪声。这些互相矛盾的要求需要根据对顾客满意度的影响进行设计让步。

　　减小电机啸叫的另一个方法是使用电流谐波注入法（Current Harmonic Injection）技术来减小电机噪声或啸叫声。电机出现啸叫一部分原因是电机中的转矩波动，而转矩波动的主要原因是有非理想的背磁动势、电流、磁槽转矩（Cogging Torque）和逆变器的高频开关频率所产生的不需要的谐波。为了消除或减小电机的啸叫，可以使用电流谐波注入法，在电流控制器中定义一个新的参考电流，这个参考谐波电流是这样选择的：抵消掉那些对减少转矩谐波有贡献的不需要的背磁动势谐波。电流谐波注入法首先要确定最大的背磁动势谐波，然后将同样电流谐波的阶次注入电枢电流的每一相中去抵消对转矩波动有负面影响的背磁动势。

然后通过频率扫描确定优化的电流谐波的幅值与相位角。这种方法需要对每一个电机运行点，都有使用电流谐波注入法寻找注入电流的阶次、幅值与相位。这种方法可以在不同的电机转速上使转矩波动减少 50%，从而明显地减小电机啸叫噪声。

另一种减小电机啸叫噪声的方法是使用声学包技术。电机与逆变器的声学包提供对电机与逆变器空气噪声的进一步衰减。声学包在高频上对广谱噪声更有效果，但对于单频噪声的吸声与阻隔效果都不好。因此如果必须采用声学包，则应该考虑使用穿孔板式声学包，并针对啸叫的频率进行设计开发，以便更有效地减小电机啸叫噪声。

参 考 文 献

［1］ GOVINDSWAMY P, WELLMANN T. Aspects of NVH Integration in Hybrid Vehicles ［J］. SAE Paper # 2009-01-2085, 2009.

［2］ YU B, FU Z, JUANG T B. Analytical Study on Electric Motor Whine Radiated from Hybrid Vehicle Transmission ［J］. SAE Paper # 2017-01-1055, 2017.

［3］ LIAO L, ZUO Y, MENG H, et al. Research on the Technology of Noise Reduction in Hybrid Electric Vehicle with Composite Materials ［J］. Advances in Mechanical Engineering, 2018, 10 (3): 1-8.

［4］ GUO R, CAO C, MI Y. Experimental Research on Powertrain NVH of Range-Extended Electric Vehicles ［J］. SAE Paper # 2015-01-0043, 2015.

［5］ GENUIT K. The Future of NVH Research-A Challenge by New Powertrain ［J］. SAE Paper # 2010-01-0515, 2010.

［6］ NAJI S, GOUDE S, KURNIAWAN D. Automotive HVAC NVH Quality: from Design to Vehicle Integration ［R/OL］. https://surveillance9.sciencesconf.org/data/155066.pdf.

［7］ XI L, ZHANG X, SUN C, et al. Intelligent Energy Management Control for Extended Range Electric Vehicles Based on Dynamic Programming and Neural Network ［J/OL］. Energies 2017, 10, 1981; doi:10.3390/en10111871.

［8］ WAHANO B, SANTOSO W, NUR A, et al. Analysis of Range Extender Electric Vehicle Performance Using Vehicle Simulator ［C］. 2nd International Conference on Sustainable Energy Engineering and Applications, ICSEEA, 2014.

［9］ BASSETT M, HALL J, WARTH M. Development of a Dedicated Range Extender Unit and Demonstration Vehicle ［C］. EVS27, 2013.

［10］ 黄显利. 载货汽车的噪声与振动及其控制策略 ［M］. 北京：北京理工大学出版社，2018.

［11］ 庞剑，谌刚，何华. 汽车噪声与振动——理论与应用 ［M］. 北京：北京理工大学出版社，2006.

［12］ GENUIT K. The Change of Vehicle Drive Concepts and Their Vibro-Acoustical Implications ［C］. Symposium on International Automotive Technology, 2011.

［13］ HARRIS O. Electric Vehicle Whine Noise ［R/OL］. 2018.

［14］ YU B，FU Z，JUANG T B. Analytical Study on Electric Motor Whine Radiated from Hybrid Vehicle Transmission ［J］. SAE Paper# 2017-01-1055，2017.

［15］ 2010 Toyota Prius Regenerative Whine Noise ［OL］. https：//www. youtube. com/watch?v = pvF1_oJpGC0.

［16］ BAHMANI E. Torque Ripple Optimization for Electic Drive Modules with Current Harmonics Injection Method ［D］. Gothenburg：Chalmers University of Technology，2018.

［17］ NAJMADADI A，XU W，DEGNER M. A Sensitivity Analysis on the Fifth and the Seventh Harmonic Current Injection for Sixth Order Torque Ripple Reduction ［C］. 2017 IEEE International Electric Machines and Drives Conference （IEMDC），2017.

第 **7** 章

燃料电池车辆 NVH 的设计与开发

燃料电池车辆使用的燃料为氢气，排放的是水，而且没有电池电解质的污染问题，因此燃料电池是"从油井到车轮"最清洁的车辆。燃料电池的工作原理是燃料与氧化剂分别连续地加入到电池的两极，通过电化学反应过程产生电能。电解质是必要的，它将离子从一个电极传导到另一个电极。燃料供应到电池的正极，在催化剂的作用下电子从燃料中释放出来。在正负极电位差之下，电子从外部的电路流到负极上，在负极上将正离子与氧化剂组合，产生化学反应的产品或排放物（图7.1.1）。燃料电池中的这种化学反应与传统电池中的化学反应很相似，燃料电池的热动力电压与反应所释放的能量以及反应中传导的电子数量相关。

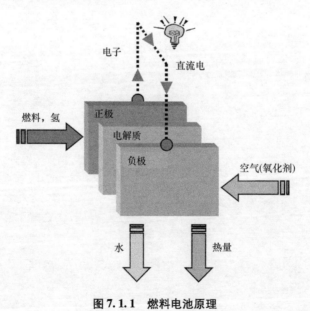

图 7.1.1　燃料电池原理

这种电能产生的原理不涉及燃料燃烧，因此燃料电池本身的化学反应过程是非常安静的，燃料电池在工作中不会产生噪声。

7.1　燃料电池车辆的噪声源

　　燃料电池通过电化学过程发电，不产生噪声，但燃料供应、氧化剂供应、冷却系统和空调系统等辅助设备的振动与噪声成为新的噪声源，而且没有噪声覆盖效应。图 7.1.2 所示为市场上流行的四款燃料电池车辆，有通用 HydroGen4、奔驰 F- Cell、丰田 Mirai 和宝马 HydroGen7，有轿跑车、MPV 与轿车，在结构上很能代表燃料电池车辆。

a) 通用HydroGen4

b) 奔驰F-Cell

c) 丰田Mirai

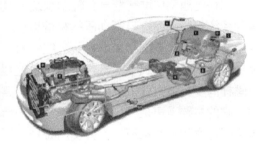

d) 宝马HydroGen7

图 7.1.2　市场上主流燃料电池车辆

　　这些燃料电池车辆的结构特点是绝大部分的燃料电池系统发电的辅助设备——进气系统、冷却水泵系统、空调系统等都放到车辆前舱内。因此前舱是燃料电池车辆噪声与振动的位置。氢燃料箱都是放到车后，与之相关的辅助装置（氢气供气系统）一般都是安装在氢燃料箱附近。

　　同济大学研发了几款燃料电池车辆，他们对燃料电池车辆进行了系统的研究，在国际竞赛中取得了非常优异的成绩，特别是在外噪声设计方面与奔驰、日产处于同一水平。同济大学开发的一款燃料电池车辆的动力装置结构简图如图 7.1.3 所示。

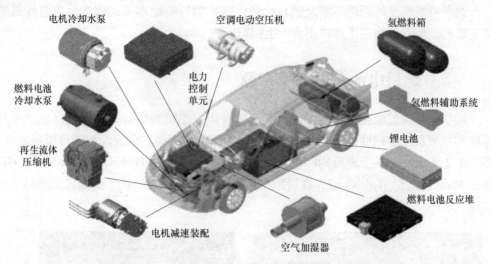

电机冷却水泵　空调电动空压机　氢燃料箱

电力控制单元

燃料电池冷却水泵

氢燃料辅助系统

锂电池

再生流体压缩机

燃料电池反应堆

电机减速装配　空气加湿器

图 7.1.3　典型燃料电池车辆的动力装置结构简图

　　燃料电池反应堆安放在前座下方，空调电动空压机、电机冷却水泵、燃料电池水泵、再生流体压缩机和空气加湿机等辅助设备都安装在前舱中。在这款车中，再生流体空压机与风扇的噪声包括了空气动力学噪声与振动辐射的结构噪声，而空气动力学噪声高于其他噪声 10～20dB，是这款燃料电池车辆最大的噪声贡献者。

　　燃料电池反应堆需要一套辅助系统为其负极提供电化反应所需要的空气。这套辅助系统包括压缩机与驱动压缩机的电机、热管理系统、连接与控制系统，还要有相关的空气清洁系统和加湿系统。空压机一般有两种——螺杆式压缩机和离心式压缩机。对于双螺杆式空压机，压缩空气过程产生的噪声占主导地位。正时齿轮将各个螺杆同步化，也会引起齿轮啮合噪声。离心式压缩机是通过叶片驱动空气产生压力，它的主要噪声是叶片通过频率产生的单频及其高频阶次的噪声，此外气体的湍流会引起宽频带的噪声。不管使用哪种空压机，它们的旋转部件的动不平衡会产生脉冲振动，是主要的振动源。

　　燃料电池负极的进/排气系统与燃料电池反应堆相连。这些进/排气系统在没有任何高幅值噪声的覆盖效应下，进气管道突出成为一个空气动力学噪声的主要辐射通道。从图 7.1.4 中我们可以看到一款燃料电池的空压机在瞬态条件下的噪声瀑布图。从图 7.1.4 中我们还可以看到：瞬态噪声有两个峰值频段，一段在 400～1000Hz，另一段在 2500～3500Hz。在后一频段中，随着转速的增加，噪声幅值也会增加，最高达到 90dB。高转速引起的高噪声具有明显的阶次特性，主要原因是空压机高转速下空气流引起在管路中的空气动力学噪声。

　　图 7.1.5 所示为燃料电池的进气系统在 3400r/min 时的稳态噪声特性。它的特点是有两个突出的噪声峰值。3400r/min 对应的频率为 1 阶频率（56.7Hz），图 7.1.5 中的峰值频率 3120Hz 与 6240Hz 对应着旋转激励的 55 阶与 110 阶谐波频率。

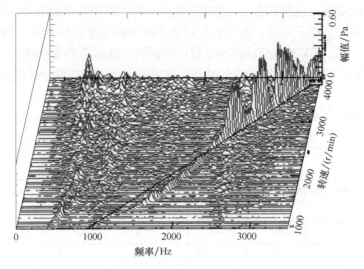

图 7.1.4　燃料电池的进气系统瞬态噪声特点

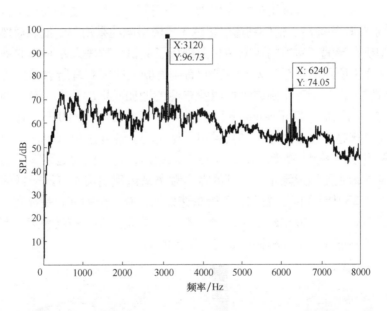

图 7.1.5　燃料电池的进气系统在 3400r/min 时的稳态噪声特性

7.2　燃料电池车辆的室内噪声特性

　　燃料电池车辆的室内噪声的空气噪声部分通过驾驶舱及其声学包系统进入驾驶舱，而结构噪声则通过对车身的激励使车身的振动与驾驶舱内的空腔形成结构与声学的耦合进入驾驶舱，空气与结构噪声的混合进入驾乘人员的耳朵而感受到噪声。

燃料电池车辆目前没有进入大规模商业化，因此对燃料电池 NVH 的研究与试验和能够找到的数据都不太多。表 7.2.1 列出 3 款燃料电池车辆的噪声测量值。通用 Equinox 燃料电池 SUV 的噪声比其他主机厂的燃料电池车辆的噪声要小很多。特别是在 104～136km/h 之间，驾驶舱内的噪声基本不变。考虑到在这个速度范围风噪声起主要作用，可以说 Equinox 燃料电池 SUV 的风噪声设计开发是相当不错的。其他几款燃料电池车辆在 80km/h 的车内噪声相比 Equinox 要高，这对于乘用车来说应该是不能接受的。

表 7.2.1　燃料电池车辆室内噪声数据

主机厂	车型	dB@怠速	dB@80km/h	dB@88km/h	dB@104km/h	dB@112km/h	dB@120km/h	dB@136km/h
雪佛兰	Equinox	49.8		63.6	66	66.2	66.7	66.9
福特	Energi		69					
本田	Clarity		68					

同济大学对燃料电池乘用车的 NVH 做了许多研究，可以说是处在全世界研究燃料电池车辆 NVH 的前沿。他们制造出超越 3 号燃料电池乘用车。他们对燃料电池乘用车电原型机在半消声室里的四驱转毂上进行了测试。驾驶人左右耳的噪声测试的结果如图 7.2.1 所示。从图 7.2.1 中我们看到驾驶人的左右耳所感受到的噪声是不一样的。驾驶人左耳所感受到的噪声随着车速的增加而增加，最大噪声的频率也随着车速增加而增加。低于 40km/h 时，噪声的频率都小于 400Hz，高于这个时速后，频率谱越来越丰富，高速时高频噪声开始出现。速度达到 100km/h 以上时，因为是在实验室条件下测得的数据，这里没有风噪声，可以认为是路噪声随着速度的增加而逐渐成为主要噪声源了。右耳的噪声频率谱体现出与左耳不一样的噪声频率谱。从图 7.2.2b 中我们可以看到，不管车速如何，有几个频率总是存在。两个主要频率分别是 500Hz 与 1200Hz。这些噪声的特性结果是主要是道路噪声，而不包括风噪声，因此还不能作为实际车辆在道路上运行的噪声。

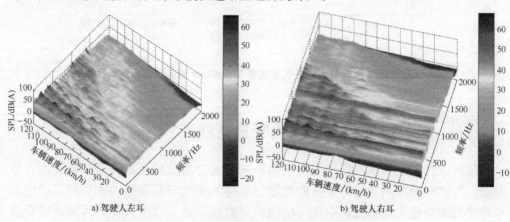

a) 驾驶人左耳　　　　　b) 驾驶人右耳

图 7.2.1　超越 3 号燃料电池乘用车的室内噪声特点

当燃料电池车辆在定置时，后排座乘员右耳处噪声高于驾驶人右耳处噪声，如图 7.2.2 所示。这种噪声特性反映了燃料电池汽车的声源位置的特性。从频率分量角度来看，最大噪声的频率段为 0～100Hz。在这个低频区域内，有几个峰值频率，分别是 39.1Hz、79Hz 和 118.2Hz，最大噪声的频率为 118.2Hz。根据声源确定方法，他们测出引起 118.2Hz 噪声峰值的根本原因是氢泵的第三阶次的振动。

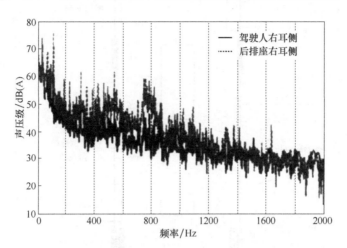

图 7.2.2　燃料电池乘用车在定置时的噪声特性

7.3　燃料电池客车 NVH 的设计与开发

目前来讲，尽管现实世界的燃料电池车辆的 NVH 测量凤毛麟角，但是也还是有实际测量结果。这是一款由美国能源部、交通部以及南海岸空气质量管理区共同出资，佛罗里达大学的燃料电池研究与培训中心制造的磷酸燃料电池的概念客车。他们对该款燃料电池的客车进行了噪声测试。测试的详细方案如图 7.3.1 所示。车辆的运行工况是定置。客车内有 6 个测量点，驾驶人位置，在前面、中间的旅客位置，还有客车后围中心位置，测量都在旅客坐姿的头部位置，地板上（1.5 ±0.2）m 的位置。

在这样的工况与测量点，这款燃料电池客车的定置噪声测量结果见表 7.3.1。

当燃料电池工作时，驾驶人耳边的噪声为 62dB(A)，比其他位置上的乘客感受到的噪声都要高。当空调工作后，驾驶人感受到的噪声升高了 8dB(A)，达到 70dB(A)，而其他乘客感受到的噪声增加 11dB(A)。空压机工作后噪声增加了 0～1dB(A)。这些数据指向空调对噪声的影响最大，也就是说在夏天空调开启后的噪声水平是不能接受的。这是一款概念燃料电池客车，NVH 可能没有受到应该有的重视并作出相应的 NVH 设计，所以只是为我们燃料电池客车的 NVH 设计开发提供了一个很好的参考。

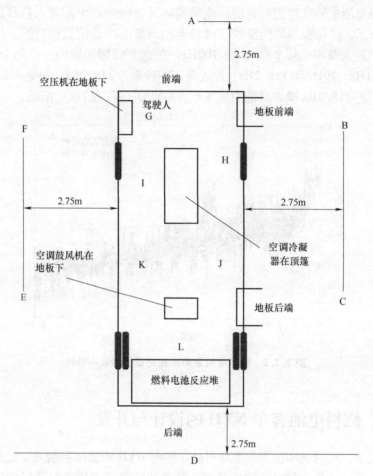

图 7.3.1 一款 9m 长的燃料电池客车的噪声测量点

表 7.3.1 燃料电池客车定置车内噪声测量结果

测量点	测量工况	最大噪声/dB(A)	不确定性 90%/dB(A)
G	燃料电池	62	±2.4
	燃料电池+空调	70	±0.4
	燃料电池+空调+空压机	71	±0.4
	燃料电池+空压机	65	±1.9
H	燃料电池	61	±3.4
	燃料电池+空调	72	±2.3
	燃料电池+空调+空压机	72	±0.1
	燃料电池+空压机	65	±1.0

（续）

测量点	测量工况	最大噪声/dB(A)	不确定性 90%/dB(A)
I	燃料电池	60	±4.0
	燃料电池 + 空调	71	±0.3
	燃料电池 + 空调 + 空压机	72	±0.6
	燃料电池 + 空压机	64	±2.1
J	燃料电池	60	±1.9
	燃料电池 + 空调	71	±1.1
	燃料电池 + 空调 + 空压机	72	±0.6
	燃料电池 + 空压机	64	±2.9
K	燃料电池	60	±2.1
	燃料电池 + 空调	71	±0.5
	燃料电池 + 空调 + 空压机	72	±0.3
	燃料电池 + 空压机	63	±1.7
L	燃料电池	61	±3.2
	燃料电池 + 空调	69	±0.4
	燃料电池 + 空调 + 空压机	69	±0.5
	燃料电池 + 空压机	64	±3.0

7.4　燃料电池重型货车 NVH 的设计与开发

Nikola Motor Company（NMC）的名字取自著名科学家 Nikola Tesla 的名字。NMC 已经设计开发了 3 款燃料电池牵引车（Class 8 重型货车）。根据 NMC 的官网，Nikola 燃料电池重型货车的底盘如图 7.4.1 所示。

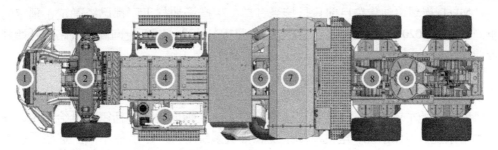

图 7.4.1　Nikola 燃料电池重型货车的底盘

1—电风扇系统　2—Nikoal 电机变速器/转向前端　3—电力电子系统　4—电池存储系统
5—冷却器　6—燃料电池　7—氢燃料系统　8—后电机变速器壳与独立悬架　9—最轻量化的铝鞍座

从这些结构我们可以看到，主要的噪声与振动源是电风扇系统。该系统负责冷却电池、驾驶舱、燃料电池、电机与变速器。在这种情况下，这种冷却系统的控制要非常精确，非常细致，否则会导致噪声增大，系统燃油消耗增加。

与传统重型货车一样，电动货车使用压力空气进行车辆的制动。制动空压机系统也会产生很大的噪声，需要对制动系统进行 NVH 标定并进行 NVH 设计开发。

如图 7.4.2 所示，Nikola ONE 的外形前卫时尚，可以说对外形在减少空气动力学阻力方面进行了非常精心细致的设计开发。其中一个原因是这个货车公司是新兴燃料电池货车制造公司，不背历史包袱，也没有可用的原有传统底盘平台，一切设计包括 NVH，都是从空白的图纸开始。驾驶舱的前脸脱离了传统发动机重型货车驾驶舱凸显发动机舱的特点，发动机舱与风窗风窗玻璃采用了完全流线型的设计，没有任何发动机舱与风窗玻璃之间的流线型的中断。前轮与后轮的轮罩也是采用了流线型设计，两侧的侧护板也与驾驶舱采用一体化设计，呈现出与驾驶舱之间的完美流线型过渡。前保险杠与驾驶舱之间的过渡也是完全流线型的。驾驶舱后端设计了封堵驾驶舱与货厢之间的间隙的侧护板。驾驶舱导流罩的设计体现了与驾驶舱顶篷一体化设计的理念。仅仅从这些设计的细节，我们可以认为该货车的风阻系数应该是很低的（低于 0.5），也可以合理地认为该货车有着比传统发动机重型货车更优异的风噪声性能，使该燃料电池重型货车在高速运行时能够体现出更安静的舒适性。

图 7.4.2　Nikola ONE 外形

Nikola 燃料电池货车目前只是接受订单，生产场地与工厂都已经确定，预定的批产时间为 2020 年，我们期待燃料电池重型货车从设计图纸走向高速公路，开始其商业化历程。

7.4.1　燃料电池车辆的声源减少

燃料电池车辆的主要噪声源自辅助系统，这些辅助设备包括氢气供给系统、氧气供给系统、空调系统、电机冷却系统和排气系统等。对于那些不生产这些系统的主机厂会采购供应商的产品，集成到自己的燃料电池车辆中。在这种情况下，需要对这些系统的选择项目中增加挑选 NVH 的指标。

燃料电池的空气供给系统存在着许多产生噪声与振动的潜在源——正时齿轮系

统、电磁噪声和流体噪声等，需要对这些噪声与振动源采取必要的措施。这些措施包括对供气泵本身的流体动力学设计、进气系统消声器、中冷系统消声器、泵的悬置隔振装置和在燃料电池负极侧的声学包覆盖。

图 7.4.3 为某燃料电池反应堆的进气系统的消声器在其进口与出口处的声功率的对比。我们可以看到：加了消声器后整个频谱的噪声功率减小了很多，减噪效果相当好。

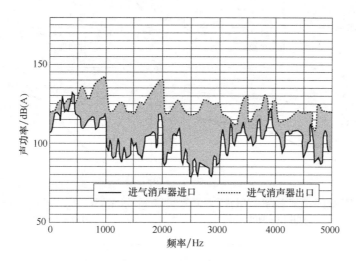

图 7.4.3　某燃料电池反应堆进气系统消声器的消声效果

同济大学的康强博士等采用流体动力学的分析方法，根据空气动力学原理，针对空压机的设计参数进行分析与优化，设计出低噪声的空压机。这些设计参数包括叶片个数、叶片角、叶片端点间隙、叶片宽度和叶轮直径比。空压机参数优化结果如图 7.4.1 所示。

从图 7.4.4 中我们可以看到：叶片个数越少，总噪声就越低；叶片角度越大，总噪声就越高；叶片顶端间隙越小越好；而叶片宽度在 31.875mm 处有一个噪声的最小值；叶轮直径比在 0.82 处有一个最小值。从 NVH 设计开发的角度上看，毫无疑问，在叶片宽度与叶轮直径比上应该选择噪声最小值的参数，叶片顶端间隙应该在工程加工与安装可行性的基础上越小越好。而叶片个数和叶片角度应该在供应流量允许的情况下尽可能地选择比较小的参数。

7.4.2　燃料电池车辆的噪声衰减

在燃料电池乘用车中，有的燃料电池反应堆安装在第一排座椅下面，提供氢气/空气的空压机安装在第二排座椅的下方，氢气罐安装在行李舱，为了减重并提高车辆的燃油经济性，有些钣金件采用了铝合金，而铝合金的面密度比钢的面密度要低很多，所以铝的声传递损失要比钢低。在燃料电池发动机安装在现有的车辆平台的限制下，许多结构需要改变，同时需要进行车辆的 NVH 改变以便保持燃料电池车辆

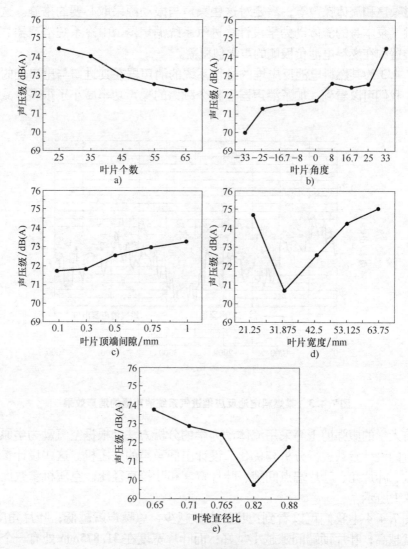

图 7.4.4　空压机参数优化结果

的安静性与舒适性。这是一个非常现实的燃料电池甚至是其他电动汽车所面临的 NVH 设计和开发问题。

　　在传统发动机车辆中，我们定义了 4 个驾驶舱的空气噪声衰减（Noise Reduction，NR）能力的指标。这些指标是驾驶舱对发动机的噪声衰减能力、驾驶舱对进气系统的噪声衰减能力、驾驶舱对排气管的噪声衰减能力以及驾驶舱对车轮接地点的噪声衰减能力。燃料电池车辆没有传统发动机那样的进/排气管，其中两个指标就失去实际意义了。但是不管是燃料电池乘用车还是商用车，驾驶舱相对于前舱以及对车轮接地点的噪声衰减能力都还是非常重要的指标。因为许多燃料电池的辅助设备都还安装在前舱内，而且路噪声对所有形式的发动机都是适用的。

一种对燃料电池车辆独有的噪声衰减能力就是空压机。空压机是产生驾乘人员感到讨厌的啸叫声的主要声源，试验数据说明某些燃料电池电动汽车空压机的噪声甚至高于在转毂上产生的路噪声，特别是在平滑路面上的噪声的高频段上。因此我们需要建立空压机到驾驶舱的噪声衰减指标来量化驾驶舱的噪声衰减能力，为设计开发空压机噪声的衰减能力提供量化指标。一种减小空压机传递到驾驶舱内噪声的工程方法是将空压机进行声学包包裹，使其传递到驾驶人耳朵处的噪声减小到人们可以接受的水平。

参 考 文 献

[1] EHSANI M, GAO Y, EMADI A. Modern Electric, Hybrid Electric, and Fuel Cell Vehicles: Fundamentals, Thoery, and Design [M]. 2nd ed. CRC Press, 2015.

[2] International Energy Agency, Energy Technology Analysis: Prospect for Hydrogen and Fuel Cells [M]. OECD/IEA, 2005.

[3] Green Car Congress, 2006 Challenge Bibendum Results [R/OL]. https://www.greencarcongress.com/2006/06/2006_challenge.html.

[4] KANG Q, ZUO S, WEI K. Study on the Aerodynamic Noise of Internal Flow of Regenerative Flow Compressors for a Fuel-Cell Car [J]. Journal of Mechanical Engineering Science, 2014, 228 (7): 1155-1174.

[5] SANG J, VENTURI M, BOCKSCH R. NVH-Challengers of Air Supply Subsystems for Automotive Fuel Cell Applications [J]. SAE Paper#: 2008-01-0316, 2008.

[6] YANG H, CHO K S, PARK C Y, et al. The Novel Centrifugal Air Compressor Development for Fuel Cell Electric Vehicles [J]. SAE Paper # 2014-01-2868, 2014.

[7] CHO K, YANG H, PARK C, et al. Centrifugal Air Compressor For Fuel Cell Electric Vehicle [C]. EVS 28, Korea, 2015.

[8] ZUO S, ZHANG J, WU X, et al. Study on Active Noise Control of Blower in Fuel Cell Vehicle under Transient Conditions [J]. SAE Paper # 2015-01-2218, 2015.

[9] ZUO S, YAN J. Experimental Analysis for Interior Noise Characteristics of Fuel Cell Car [C]. IEEE International Conference on Vehicular Electronics and Safety, 2006: 241-245.

[10] 郭荣, 万钢, 左曙光, 等. 燃料电池轿车主要噪声源识别的试验研究 [J]. 汽车工程, 2007, 29 (5): 377-380.

[11] MATHENY M S, ERICKSON P A, NIEZRECKI C, et al. Interior and Exterior Noise Emitted by a Fuel Cell Transit Bus [J]. Journal of Sound and Vibration, 2002, 251 (5): 937-943.

[12] Nikola Motor Companry, Nikola Ⅱ [R/OL]. https://nikolamotor.com/two#power.

[13] 康强, 左曙光, 张世炜. 燃料电池轿车用漩涡风机噪声特性分析 [J]. 振动与冲击, 2011, 30 (12): 235-240.

[14] 张世炜, 左曙光, 蔡建江, 等. 燃料电池轿车氢气辅助系统声振测试研究 [J]. 现代振动与噪声技术, 2011 (6): 428-436.

[15] CONNELLY T, HOLLINGSHEAD J. Statistical Energy Analysis of a Fuel Cell Vehicle [J]. SAE Paper # 2005-01-2425, 2005.

第8章

电动客车 NVH 的
设计与开发

电动客车的特点是自重很大，相应的牵引力要求也很高，电机功率是水涨船高。在这些高功率与高牵引力要求下，电动客车驱动系统的 NVH 也自然会高。虽然电动客车的噪声比传统发动机客车的噪声要低一些，但电动客车的噪声趋于辐射更高频率的单频噪声、高音和令人讨厌的噪声。从电机发出的电磁脉冲是很强烈的，辐射的噪声可以穿过客车的车身，在客车车内产生 NVH 问题与噪声问题。从驱动电机、发电机中辐射的噪声是高频的（>1000Hz），在这种情况下，传统的声学包可以有效地吸收高频的空气噪声的能量。

电动客车主要任务是运送人员，因此其安全性、环境友好性、驾驶人员的职业健康与安全，乘客的安全性与舒适性都受到法律的严格限制。

对于城市交通工具来说，城市客车一般都跑固定线路，而且有自己的充电站，所以采用纯电动客车居多。而那些跑长途的长途客车，则采用混合动力或增程式的电动客车居多。这些不同电动驱动形式的电动汽车的 NVH 控制策略则有所不同。

8.1 电动客车的噪声/振动源

电动客车的噪声/振动源有 6 种，如图 8.1.1 所示。最重要的噪声/振动源是电动机/发电机。电动客车的电动机/发电机的特点是功率大、转矩大。电动乘用车与电动客车的功率与转矩比较见表 8.1.1。

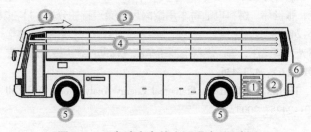

图 8.1.1　电动客车的主要噪声/振动源

表 8.1.1 电动乘用车与电动客车的功率与转矩比较

品　牌		最大功率/kW	最大转矩/N·m
电动乘用车	特斯拉 Model S	283	441
	特斯拉 Model X P100D	375	329
	通用 Bolt	150	360
	宝马 i3	125	250
电动客车	比亚迪电动客车	90	350
		150	550
		180	1500
	Proterra 12m 电动客车	220	678
	沃尔沃 7900 电动客车	160	400

噪声/振动源 1：从表 8.1.1 中我们可以看到：电动客车驱动电机的功率虽然不一定高于电动乘用车，但电动客车的转矩普遍高于电动乘用车转矩。这种情况会使电动客车的噪声与振动源高于电动乘用车的噪声与振动源。与驱动电机相关的电源电子与驱动控制系统，例如逆变器，也是电机驱动与发电模式的噪声与振动源。这些装置提供高电压、大电流给电动机，这些因素可以在客车内产生很大的辐射噪声。

噪声/振动源 2：对于混合动力或增程式电动客车，其发动机在发电模式下所产生的噪声与振动也是一个重要的噪声源。发动机的进/排气系统都是噪声源的一部分。

噪声/振动源 3：电动客车的空调暖通系统通常安装在客车的顶盖上，顶盖的结构特点是刚度比较低，而且面积比较大，因此空压机/鼓风机的振动会引起顶盖的振动，顶盖的振动会激励与之接触的空气辐射噪声并传递振动。客车空调鼓风扇将加压的空气通过管路与出口输入到客车内，吹到乘客身上。如果这些空气不能正确地控制 NVH，会让乘客觉得不舒适。如果这些空调系统的各个部件不能正确地安装隔振与隔声部件，则会增加车内噪声。

噪声/振动源 4：当电动客车的车速超过 100km/h 左右时，气流通过客车外表面的一些凸出/凹进部位时，产生湍流与涡流，从而产生空气动力噪声。这时的风噪声可能超过电动机/路噪声成为一个主导噪声。风噪声主要发生在经常在高速公路上行驶的长途电动客车上。

噪声/振动源 5：电动客车的路噪声与传统客车相比也是比较突出的，这主要是因为发动机覆盖噪声的消失与减弱。

噪声/振动源 6：混合动力电动客车通常将发动机后置，后置发动机通过后盖的开口向外辐射噪声。很多国家都对城市客车的对外噪声的设计发布了法律、法规进行限制。

8.2 电动客车的振动控制

当电动客车快速加速与换档运行时，驱动线的驱动系统产生的振动还是很大的。这些振动从驱动线传递到客车的地板上，再传递到座椅上。尽管这些振动相对于传统发动机产生的振动要小一些，当振动大到足以负面地影响驾驶人与旅客的运行舒适性感受时，需要进行 NVH 设计与开发，减少这些振动，提高驾驶人与旅客的舒适度。

对于发动机前置的电动客车，驱动轴通常比较长，刚度比较小，扭转的共振频率也相应较低。电动驱动的优点是电机转矩响应比较快，在客车加速或换档时会产生驱动轴的扭转并进一步触发驱动系统的振动。这种扭转振动的频率通常比较低，低于 20Hz。而人体对这种低频的振动是非常敏感的。对于电动客车的由驱动线引起的振动可以采用控制的方法进行减少，振动控制可以是非常经典的反馈式控制方法，如图 8.2.1 所示。

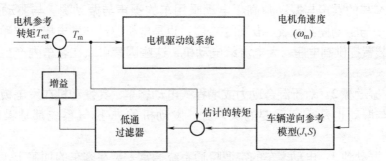

图 8.2.1 减速驱动线系统扭转振动的控制简图

这种控制的逻辑是这样的：根据电机的加速度可以计算作用在车轮上的驱动转矩，然后将这个计算的转矩与转矩需求相比较，这个转矩的差作为调节电机转矩的控制信号。转矩需求是根据驾驶人对加速踏板的位置计算而来。加入低通过滤器是考虑到系统的低频特性以便减少高频振动信号的影响。增益是用来调整转矩的大小。这个控制系统有效性的关键是车辆的逆向参考模型。该控制器的参数可以从建立的数字模型获得，或从系统的设计试验的数据中获得。这种控制效果很好，第一档到第六档的加速度的减少从 4.1% 到 90.5%，而换档的加速度减少最多可达 45%。

8.3 电动客车异响的设计与开发

客车的物理特征是纵向车身长，扭转弯曲刚度低，共振频率低，与其他类型车辆相比更容易产生异响，因此研究电动客车的异响问题有着非常现实的意义。异响有三个内容：振动声（BUZZ），例如风窗玻璃装饰板的振动声；摩擦声（Squeak），即两个物体接触表面由于接触滑动与相对运动摩擦而产生的尖锐声，例如车门内饰板与钣金之间的摩擦声；敲击声（Rattle），即相邻零部件之间因为振动而产生的声音，例如杂物箱锁敲击锁眼的声音。这些声音简称异响（BSR）。异响作为汽车 NVH 问题的一个重要组成部分，与其他噪声与振动不同的是，异响是一种非正常的响声与振动，在正常情况下是不会发生的，很多异响问题是在车辆运行一段时间与一定里程后才发生的，例如部件固定随着时间的推移松动而产生敲击声。异响通常是噪声低、幅值比较低，不易被覆盖，可以从路噪声中很清晰地听到。另外，异响是一种非线性振动引起的，其尖锐度比较大，具有时有时无的间歇性特点，因此令乘客感到不舒服，有时还很难重现。这种间歇性异响通常需要客户几次往返 4S 店才有可能使 4S 店技师发现并解决问题，客户不理解其中的物理特性，会对车辆品牌造成不良影响，会加大客户的不满意度。异响问题是客户不喜欢的质量问题，直接影响到乘客对整车质量的评价，而异响引起的质量问题使主机厂付出了比较大的成本，在美国，客车异响质量问题所引起的保修成本占整个保修成本的 10%。在欧洲，每台客车的异响保修成本在 40~100 欧元之间。虽然我们没有中国客车异响方面的保修成本数据，但客车单车的异响保修成本应该大于普通乘用车。

8.3.1　客车异响产生的原因与评价

电动客车的车身比较长，弯曲刚度与扭转刚度相对于乘用车都比较低。当运行时，客车车身的振动会相对大一些，客车车身比较长，内饰部件也相对比较长，这些因素都会使客车更容易产生异响。因此客车的异响问题是一个 NVH 设计开发人员必须面对并且必须解决的噪声问题。

异响的摩擦声是由摩擦而引起的噪声。在两个上互相接触的固体表面上，每个固体沿着各自相反的方向滑动。这种两个接触表面的相互运动是产生摩擦声的必要条件，但不是充分条件。另一个条件是这个相对运动是具有黏-滑运动特性的不稳定振动。当黏-滑现象在两个表面出现时，其中的一个表面会有存储能量的脉冲变形，但这个表面突然回到它原来的位置时会突然释放它所存储的能量。这种黏-滑现象的出现取决于许多因素——接触压力、滑动速度、表面形状和材料特性，其中最重要的是摩擦系数的特性。摩擦系数也与环境温度、湿度有关系。由此我们可以想象到摩擦噪声的产生是有一定条件的，这就是为什么异响的复现有时候是比较困难的，这些条件必须合适时才能复现。摩擦声的频率通常比较高（200~8000Hz），摩擦声经常出现在车辆行驶在不平道路上时仪表板接触表面、门密封、开关门时的门铰接或门窗玻璃上升/下降时。

异响的敲击声是由冲击引起的噪声，这是一种低频振动产生的宽频噪声，但其主要的频率分量在低频段。振动的产生取决于接触速度、接触面积、接触时间、接触力、材料特性与结构几何。经典的敲击噪声是当客车在不平路上运行时或通过减速带时顶盖塑料装饰的敲击声，可能是因为部件比较大，一般这种敲击声的频率相对低一些。

振动声定义为短促冲击引起的噪声，其频率分量集中在高频段，通常是在共振条件下的振动。

尽管它们产生的机制不同，但 BSR 的一个共同特点是发生在两个具有相对运动的部件上，仪表板、座椅和车门通常占异响问题的 50% 以上。对于客车来讲，最容易发生摩擦与敲击噪声的部件应该是顶盖硬饰部件。电动客车的车身比较长，弯曲刚度与扭转刚度相对于乘用车都比较低（表 8.3.1），第一阶扭转与第一阶弯曲频率都比较低。最好的 12m 客车的一阶扭转频率为 27.4Hz。值得注意的是，这个高扭转频率的客车并不是市场上运行的客车而是使用不锈钢的概念客车。

表 8.3.1　部分客车的刚度与固有频率

车长/m	扭转刚度 (kN·m/°)	弯曲刚度 /kN·m	一阶扭转频率 /Hz	一阶弯曲频率 /Hz	一阶弯扭 /Hz	一阶结构频率 /Hz
12	—	—	27.4	30.1	—	20.2
11	18.2	12.9	6.1	8.9	11.7	
10			4.9	6.9	12.5	—

低刚度的客车在受到来自路面比较大的激励时，车身的扭转与弯曲运动会比较大，扭转激励也会比较大。当两个部件的材料缺乏摩擦的兼容性以及紧固方式不满足要求时极容易产生摩擦声。如果两个部件的相隔间隙不够大，或者紧固件松弛，或者部件太柔软等，也极易产生敲击声。

异响出现的时间通常比较短，但噪声水平比较高，而且异响的时间特性是非平稳的。人们对噪声的感受不是线性的，而像 A 计权噪声这样的评价对于异响的可听性与主观强度并不是一个理想的指标。异响的评价不能只用 dB，而需要其他评价指标——响度（Loudness）、敏锐度（Sharpness）、不平性（Roughness）和波动强度（Fluctuating Strength），对于异响的非平稳性，使用 Zwicker 百分位统计测量（N10 与 N50）。异响的最终评价由用户来决定。客户的主观评价是一个重要的评价指标。主观与客观的评价有一定的相关性。

8.3.2　客车异响的设计与开发

减少保修成本并消除摩擦与冲击噪声最有效的方法就是设计部件、子系统，使它们能够对路面与发动机的输入有阻止作用。这些设计需要在车辆设计早期就融入产品开发流程之中，以便能够设计与开发出可行性与成本效率。根据异响产生的机制，在异响的设计与开发中我们需要考虑以下主要开发内容：引起异响的振动源，振动源的传递路径与放大机制，系统共振的模态分离和材料对异响的兼容性。还有其他因素——制造问题、装配问题和局部部件设计的非稳健性问题。

关于制造问题，尺寸控制是制造流程中的一个关键问题。尺寸控制包括部件自身的尺寸变化，部件与部件之间的尺寸变化以及两个部件之间的间隙问题。不合适的间隙设计是引起异响的主要原因。

关于装配问题，部件是通过许多紧固件例如螺栓、螺钉和卡扣等联接在一起。这些部件安装不合适（紧固力矩和卡紧力不足等）都会引起异响问题。

关于部件设计的非稳健性问题，客车的部件包括紧固件都由许多供应商制造并供应，这些部件设计得好坏决定了当这些部件装在整车中是否会更容易产生异响。

车辆对异响的激励包括但不限于：

1）不平道路、减速带和道路表面的不规则性。

2）发动机-电动机-机械驱动系统的激励。

3）运动机构——门、窗、制动踏板/转向系统的助力机构。

4）风噪声引起的在密封条上的空气动力。

5）车辆的运行加/减速度。

6）空调系统（空压机/鼓风机）的激励。

对于这些异响激励源来说，道路噪声、动力系统、运动机构、风噪、车辆运行与振动的减少本身就是客车 NVH 设计一个重要方面，NVH 设计的目标是尽可能地减少这些振动。

减少异响设计与开发的首要问题是如何增加客车骨架的弯曲刚度与扭转刚度。增加客车骨架的弯曲刚度与扭转刚度最简单的是利用几何稳定性的特性进行设计。客车有 6 个面的骨架，最重要的是两侧的骨架，左侧骨架要支持驾驶人侧车门与紧急逃生门，而右侧主要是支持乘客出入门，左右侧的骨架还要为车窗留出空间。车顶骨架用来支撑内饰顶篷和空调系统。底骨架又称为地板，要支持旅客荷载。前后骨架主要是用来连接左右侧骨架与顶篷、地板骨架，前后骨架分别要为风窗玻璃与后窗留出空间。

空调系统一般安装在客车的顶盖上。当空调系统的空压机以及鼓风机的旋转激励的频率与车架的共振频率耦合时，会产生比较大的振动，可能激励车内的内饰部件产生异响。对于安装在顶盖上的空调系统，通常是由搭在骨架上的两个横梁支撑，也就是说顶盖上安装的空调系统由两个悬臂梁支撑。

低刚度的车身在车辆运行时会经历连续的扭曲，随着时间的增长有些固定件会很容易产生松动，所以车身需要适当的刚度。大的车身刚度对好的 NVH 性能是必要的，对好的异响性能也是关键的因素。我们希望客车车身有比较高的刚度。客车车身的扭转刚度可以按图 8.3.1 所示的客车简图结构定义。

$$K_T = \frac{M_T}{\Delta\phi} = \frac{F_z B}{\tan^{-1}\left(\dfrac{\Delta z}{B}\right)}$$

式中，K_T 是扭转刚度；$\Delta\phi$ 是前桥与后桥之间的相对扭转角；F_z 是 Z 向支反力；B 为同一个桥的两个车轮之间的距离；Δz 定义如图 8.3.1 所示。

扭转刚度计算相当于将客车以四个点固定，这四个点就是前后桥与地板的连接处，然后释放前桥右连接点，让这个连接点沿着垂直方向向上移动 Δz。根据这个公式，我们可以提出一些增加客车扭转刚度的措施。

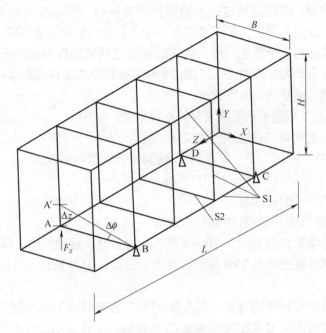

图 8.3.1　计算客车扭转刚度的简图

客车骨架是一个桁架结构。对于一个桁架结构来说，四边形是不稳定的，而三角形是稳定的。要增加骨架的扭转刚度，应该尽可能采用三角形结构。以客车的左右骨架为例，骨架上面留有空间安装车窗玻璃，有一面还要留出车门的空间，这部分骨架只能为四边形，但在可能的地方还是要尽可能地采用三角形桁架结构，如图 8.3.2 所示。

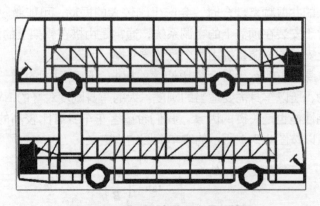

图 8.3.2　典型客车的左右骨架简图

客车桁架是一个空间结构，增加空间桁架扭转刚度的一个重要方面是骨架杆系之间的链接点。增加铰接点的刚度可以增加客车结构的固有频率。不同平面的铰接点与铰接方式也会影响车架的刚度。

还有许多可以增加客车刚度的措施，设计的关键就是要对设计的细节上开发无限的创意。以目前能够在文献上查到的最高的固有频率的电动客车为例：增加顶盖与地板的刚度可以增加整车的刚度：一体化的点焊"三明治"结构，两层外金属板，中间的钣金采用折叠式结构，如图 8.3.3 所示。外钣金为 1.27mm 厚度，内钣金为 0.76mm 厚度，中间折叠钣金是用滚压成型法制造的。这种"三明治"结构增加了顶盖刚度，对增加整车的扭转刚度与扭转刚度都有贡献，而且这种结构更方便于顶盖上安装的系统，例如空调系统和混合动力电动汽车的部件等。地板也采用同样的结构。

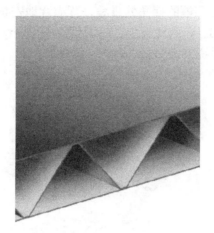

图 8.3.3　客车顶盖的"三明治"结构

左右侧的骨架在细节上的设计也是要全面考虑的。首先在制造上采用滚压成型的方式，采用非常容易成型的并具有连续曲率的支柱。在连接顶盖与地板的连接结构上设计提供能够承受扭矩能力的截面，抵抗横向的火柴盒型以及沿着客车中线的钣金的"呼吸"型振动模式。连接顶盖以及地板的横梁的截面设计为不变的，与顶盖与地板的钣金与侧骨架之间的表面与密封是连续性的（图 8.3.4）。

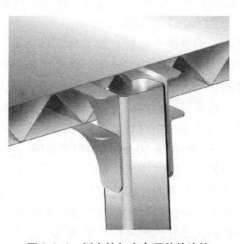

图 8.3.4　侧支柱与客车顶盖的连接

外面的蒙皮以及固定的玻璃车窗都用来提供侧面骨架的剪切力的连续性。客车前端与后端的结构使用封闭的钣金，在客车两端融入必要的剪切路径。前后的车窗玻璃是使用聚氨酯粘结剂粘到结构上，为左右两侧的骨架提供剪力连续性。客车的轮罩设计成结构轮罩，承受悬架的输入荷载，并将荷载分布到整体车身结构上。车门与紧急出口车门是在侧面骨架上的开闭口门，通常这种开闭口会破坏剪力的连续性，引起压力集中与局部变形，也会减弱整体结构的完整性。该车设计了沿着门槛周边的结构箍，以便提供这些开闭口的对角刚度。这种结构箍的厚度一定要打，滚压成 C 型截面的槽钢，在门框的拐角处重叠，背靠背地安装到门框上（图 8.3.5）。顶部点焊到顶篷上，底部点焊到地板上。对于紧急出口门结构，利用一个由不锈钢框架来粘接车玻璃的子系统来增加该结构的对角刚度。

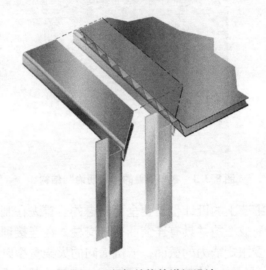

图 8.3.5　门框结构的详细设计

材料选择对客车的刚度影响是很大的。该电动客车选用的是不锈钢 Nitronic 30。这种不锈钢的屈服强度为 827MPa，延展率为 25%。

产生异响的一个重要起因是两个接触材料的异响兼容性。也就是说，有些材料对即便是在它们的接触面上有相对运动，也不一定会产生异响。这些材料对的摩擦兼容性只有通过试验才能获得。试验装置有许多，但原理是一样的。首先需要有相对运动，这个相对运动由水平运动台提供，运动台上安装材料对的一个材料，在这个运动的材料上面是材料对的另一个材料，保持不动并承受一个可以控制的正向压力。产生的摩擦声由距离滑动接触面 50mm 的传声器获得。室内有 25mm 厚的声学发泡材料贴到壁上来减少声音的反射（图 8.3.6）。

异响最终的判决是驾驶人与乘客，因此对材料对的评价需要主观与客观评价的综合。在试验时，还要请专家对材料对的摩擦声进行评价然后与客观标准进行对比，看看主观与客观评价是否有比较好的相关性（表 8.3.2）。L 代表低响度，M 代表中等响度，H 代表高响度。

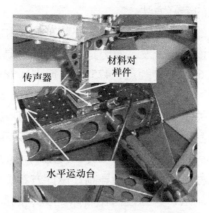

图 8.3.6　异响摩擦材料对试验装置

表 8.3.2　材料对的专家评价与客观评价对比

材料对	专家评价	NO.1 响度评价	平均 NO.1 响度/son	最大 NO.1 响度/son
1	L	L	3.1	6.0
2	L	L	3.3	6.6
3	M	M	4.1	6.7
4	H	L	3.3	5.2
5	H	M/H	4.9	20.0
6	L/M	L	3.4	6.0
7	H	M	4.7	6.7
8	L	L	3.1	5.7
9	L/M	M	4.9	18.1
10	L/M	L	3.1	4.7
11	L/M	L	2.9	4.9
12	L	M	4.2	9.9
13	L	L	3.1	5.9
14	H	M/H	5.4	24.6
15	L/M	L	3.2	5.9
16	L/M	H	7.0	22.8
17	H	H	13.6	30.7

　　从表 8.3.2 中我们可以看到，专家对材料对 1、2、3、5、6、8、9、10、11、13、14、15、17 的评价与客观标准评价都是一致的，那就是说这种标准是可以用于实际应用的。材料对 1、2、8、10、12、13、15 都是低响度的材料对，它们是最不可能出现异响的。这些材料对的异响评价对于异响设计以及材料对的选用是非常关键的，这是在产品开发的早期阶段进行异响设计与开发的重要依据，也是通过设计

与开发防止潜在异响发生的最好方法。

早期异响设计与开发的一个重要内容是找出整车部件和系统之间所有的接触点，然后针对这些接触点进行设计与开发。原因是车辆接触点是产生异响的潜在的地方。根据统计，某辆车内部有 618 个接触点，475 个临近点，283 个摩擦点，263 个冲击点，170 种材料以及 298 个材料组合。这些潜在的异响点都是我们在设计与开发中需要关注的地方。找出这些关键点的方法可以用车辆的 CAD 模型根据各个系统进行统计，然后将这些数据发布到各个系统的设计小组，可以采用设计失效模式及其影响分析（Design Failure Mode and Effect Analysis，DFMEA）的方法进行风险分析。最关键的是发现风险，找出工程解决方法，指导制订设计方案。

异响的设计规则比较复杂，因为没有两种车的异响的原因是一样的，也不可能有统一的、万用的设计标准或一个数值，只要达到这个数字标准，设计就不会产生异响了。但一些基本的设计准则还是要遵守的。以顶篷内饰为例，客车的顶篷内饰安装在车身骨架上，而且车身因为尺寸大而扭转和弯曲刚度都比较低。首先需要用 CAE 方法进行系统模态分析，确定系统有足够的频率分离，避免共振现象。分析部件的振动和位移的分布情况，要制订最大位移的限制。如果顶篷跨度过大或位移过大，需要增加支架来限制顶篷的位移。支架本身必须要有必要的防止异响的措施。据此制订紧固策略，例如紧固位置，紧固螺栓的间距与数量、大小、在车身上的安装方式、表面涂层、防松措施、紧固力矩等。需要利用 CAD 模型进行部件干涉静力检查，还可利用 CAD 软件的功能作出两个相邻部件在最大荷载情况下的包络体，检查部件动力干涉情况，原则上不允许出现任何动力干涉。如果顶篷硬饰与钣金必须接触，两个接触面需要插入防异响的材料。列出顶篷的所有材料的界面，解决所有的不兼容的材料对问题，并采取相应的工程解决措施、制订设计方案。在顶篷（还有车门、仪表板、封闭件等）中安装的线束、管路（也包括所有的线束）需要根据设计要求进行必要的紧固，并保持在设计要求中的所有间隙。一般来讲，客车线束的两个紧固间距不应该超过 200mm，防止线束与钣金或顶篷之间的摩擦与敲击。如果紧固不够，则需要在可能出现异响的地方加装防异响的材料。根据顶篷异响等设计过程，主机厂可以根据实际发生的异响问题、防范方法与措施，针对各部件的设计方法总结出防止异响等一系列设计规则，形成防止异响的设计标准的检查表，便于设计开发。

客车的异响设计与开发是一个很复杂、很费时间的问题。它需要在每一个部件、每一个接触面和每一个可能引起异响的间隙上进行细致的考虑，细节上的设计是异响设计与开发成功的关键。

8.3.3 客车异响的设计验证

即便是我们非常小心地在细节上进行设计与开发，也无法保证客车在实际运行中不出现异响噪声。因此异响设计与开发的方案需要进行验证。验证的方法有台架试验、四柱试验台和（车辆试验室与试验场）道路试验。试验场道路试验应该是一个比较客观的试验方法，这个试验道路包括鹅卵石路、搓衣板路、凸起路、绳子路、角铁路、转弯车身扭曲路、直线车身扭转路和速度过渡路等不同路面的路段。不同的路段针对不同的异响种类和不同的部件异响。每一段道路最低的时速是 8km/h，最高时速为 32km/h，每一路段的距离至少是 48m。车速有加速、减速等不同的工况。当车辆在试验道路上出现异响时，需要进行必要的诊断试验，分析异响产生的根本原因，然后根据实际情况找出工程解决方法。在一些检验试验中，可以使用声学照相技术非常方便地捕捉产生异响的位置，分析根本原因，提出设计改进方法，然后进行再验证，直到异响消失为止。

8.4 电动客车轰鸣声

客车在匀速行驶时或在加速时在车内会产生令乘客感到不舒服甚至是难受的轰鸣声。长时间承受这样的噪声会使人感到非常难受。客车的轰鸣声不仅仅是一个噪声质量问题，还是一个直接影响了乘客健康的问题，也是许多客车主机厂都特别想解决的问题。

客车轰鸣声的频率特点是低频率，高幅值，一般是低于 200Hz。一般来讲，由结构共振或空腔共振频率或结构与空气耦合频率引起的轰鸣声的频率与发动机转速无关。图 8.4.1 是一辆典型客车的轰鸣声频率谱。从图 8.4.1 中我们可以看到，该客车在 14Hz 左右有一个比较大的峰值。这个频率高于发动机的基本点火频率，应该是客车骨架的一阶（扭转）共振频率在道路激励下的动力响应而产生的噪声。人对低频噪声的敏感度不高，使用 A 计权噪声不能反映人们对低频噪声的感受，所以可以使用 C 计权频率谱来记录轰鸣声。

8.4.1 电动客车轰鸣声的设计与开发

客车的结构特点是车身长，体积大，刚度小，骨架之间的间距大。声学特点是客车空腔的前 10 阶空腔频率不大于 110Hz，极易被道路激励与发动机阶次激励所激发。另外，空腔频率只与客车的几何尺寸有关，且极难改变。客车结构的动力特点是结构的局部模态很多，不同局部模态会影响与其相近的乘客而不致于影响整车的 NVH 特性。蒙皮的钣金也沿着车身分布，而蒙皮的共振频率也是很低的，前十阶频率不高于 33Hz。整车的扭转频率与弯曲频率也不是很高，最高的扭转频率不超过 27Hz。当客车在道路上以 70~80km/h 行驶时，车轮由于动不平衡会产生的激励的基础频率为 5~6Hz。电动客车由电动机驱动，而电动机的转速比较高，激励频率也很高，远高于上述结构与空腔共振频率。

根据这些客车的声学与振动特性，在轰鸣声设计与开发中，最重要的解决方案就是要在振动激励的源头上进行设计，尽可能地减小振动源的激励。在设计制造与安装中，应严格控制车轮系统的动平衡，保证产品在动平衡上的一致性。车轮的动不平衡的标准为 QC/T 242—2004（表 8.4.1）。

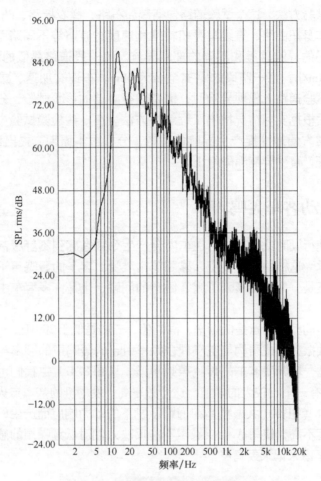

图 8.4.1　典型客车轰鸣声的频率谱

表 8.4.1　商用车车轮动不平衡要求

车轮名义直径	12	13	14	15	16	17.5	18	19	20	22.5	24.5
静不平衡量/g·cm	400	500	500	1700①	1700①	1500	2500	1500	2500	2000	2000

① 表示该车轮如为一件式车轮，则其动不平衡量最大为700g。

这些标准实现的关键是在车辆的装配线上。主机厂在装配线上应该有车轮动平衡检验装置，保证车轮动平衡生产的一致性。对轮毂、制动鼓或制动盘，以及轮毂与制动盘/鼓的装配的动平衡应满足 ERC 标准。悬架系统的隔振率应该控制在 15 ~ 20dB 之间，前悬架空载时偏频应该在 1.5Hz，空气悬架为 1.3Hz 左右，后悬架空载偏频不高于 3.5Hz 即可，空气悬架为 1.3Hz 左右。

模态分离在设计与开发的早期阶段就可以进行。需要根据 CAE 分析建立起客车的模态分离表。在形成这个表时，特别要针对异响问题的模态分离，例如在 CAE 分析中特别关注钣金（侧钣金、顶篷钣金等）的局部模态和结构的局部模态等。

蒙皮钣金（左右侧面、顶篷、地板、单独的或组合的）都是局部模态发生的地方，也是产生轰鸣声的原因之一，减少钣金局部模态产生轰鸣声的有效办法是提供阻尼、附加质量或增加刚度。提供阻尼的主要手段有双层钣金。这种钣金是"三明治"结构，外面两层是金属板，中间层为阻尼材料。这种结构具有非常良好的阻尼特性以及比较高的声传递损失值。其缺点是成本高一些。与汽车中在地板、前围等处经常使用的增加阻尼的措施是在钣金上粘贴或烘烤的弹性约束阻尼材料，也有喷涂/溶化/烘烤的阻尼材料。这些阻尼材料的布置也是需要根据 CAE 分析或台阶试验找到钣金在振动中的热点，有选择性地优化布置阻尼的地点与尺寸，且应具有针对性。局部模态的控制方法一般是在顶篷或侧钣金上加支撑梁来改变钣金的刚度。钣金必须与支撑梁贴合才能起到改变局部刚度的作用。钣金是外饰件，不能与支持梁焊接在一起，应使用粘结剂粘结在一起。这样的设计也可以用来实行模态分离。另外一种控制钣金局部模态的方法是采用动态吸振器或动态吸振质量。这种方法就是将一个集中质量加到产生轰鸣声的钣金上，改变钣金的局部模态，从而达到减小或消除轰鸣声的目的。这是一个很有效的方法，难度在于确定在什么地方安置多大的集中质量。

8.4.2　电动客车轰鸣声的后期解决

如果客车在投入使用后出现客户抱怨，即需要消除客车的轰鸣声。消除客车轰鸣声的首要任务是确定轰鸣声的存在，特别是轰鸣声出现的工况、轰鸣声的频率特性。找出轰鸣声产生的根本原因，找出解决轰鸣声的工程解决办法，把这些工程解决方案付诸实施，验证这些措施是否有效。

一般来讲，一旦我们测得了车内的噪声频率谱，得到了轰鸣声的频率，有经验的工程师马上会知道哪里可能出现了问题。我们回头看看早期 CAE 模型分析出来的模态分离表，查找轰鸣声频率是否有我们计算的部件和系统，以及与激励频率相同或相近的频率。如果部件和系统的固有频率与激励频率以及轰鸣声频率三者相同或相近，这极有可能就是一个轰鸣声的原因之一。

客车产生局部模态的可能性非常大。客车的骨架与蒙皮钣金结构以及车内空腔体积从声学的物理角度来看就是一个音乐共鸣箱。这些蒙皮钣金的局部模态有可能是产生轰鸣声的原因之一。系统地发现轰鸣声的办法是使用传递路径分析（Transfer Path Analysis，TPA）、发动机激励和道路激励对所有的钣金的传递路径分析，即在所用的钣金上放置加速度仪，然后激励发动机的 4 个悬置，测量发动机悬置的激励到钣金的动力响应之间的传递函数，检验这些传递函数的频率谱特征是否有与轰鸣声频率相吻合的情况。如果有发动机悬置的激励，钣金的动力响应以及轰鸣声的频率之间有耦合现象，那么钣金的那个局部模态就可能是产生轰鸣声的原因之一。对于路面激励产生的轰鸣声可以使用同样的方法，只不过是将发动机悬置的激励换成客车前后桥与底盘的连接点。传递函数的确定方法是一样的。在做这些传递函数测量时，保持驾驶人耳边、中间乘客耳边以及后排乘客耳边的噪声测量。这样做的好处是我们可以通过激励与驾驶人耳边的噪声之间的相关系数的计算来判断驾驶人感受到的轰鸣声的激励源，以便进行有针对性的修改工作。根据这些测量的结果，我们需要查找的是乘客感受到的轰鸣声的频率是否与某个或某些钣金的局部模态频率、空腔共振频率、发动机或道路激励的频率有耦合现象。如果激励频率与这些共振频率耦合，这极有可能就是产生客车轰鸣声的根本原因。

消除客车轰鸣声的一种设计手段是在设计开发的前期流程中引入微穿孔板作为内饰板的设计内容。微穿孔板是在钣金上穿孔，孔分布在不同的列上。每一列上的孔直径相同，但不同列的孔直径不同。在这样的孔排列组合下，穿孔板的声传递损失在低频端，尤其是在小于 50Hz 的频率段，声传递损失最低为 12.5dB，而且在这个频率段，频率越低，传递损失就越大。如果我们选用微穿孔板作为顶篷或侧面的装饰板，也可以选择性地布置到产生轰鸣声的钣金上，这样的声传递损失对于削弱低频的轰鸣声是非常好的选择，如图 8.4.2 所示。

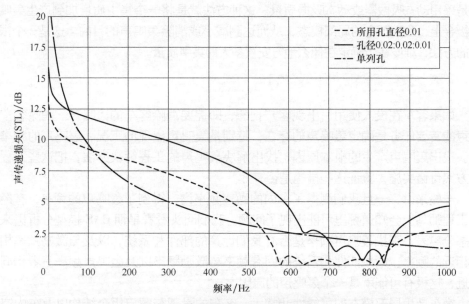

图 8.4.2　变化孔径的穿孔板声传递损失

如果轰鸣声的频率比较高，例如 200Hz，可以利用微穿孔板的附加孔隙层的方法来降低微穿孔板的最大吸声系数的频率，把它调制到发生轰鸣声的频率，尽可能地吸收轰鸣声的噪声峰值，也可以取得很好的效果。微穿孔板以及孔隙材料的组合形式如图 8.4.3 所示。

在这种组合结构形式下，最大吸声系数的频率下降到 200Hz 左右。

从图 8.4.4 中我们可以看到，这些组合结构的吸声系数的最大值发生在 200Hz 左右。这种特性对于 100~200Hz 左右的轰鸣声都有很好的抑制作用。它的缺点是占用空间比较大。

由钣金引起的轰鸣声也可以通过在钣金上附加质量的方式减少甚至消除。例如：某款车辆在 60.7Hz 有轰鸣声，经过噪声传递函数的方法确定主要贡献是风窗玻璃。

2.5kg 附加质量加到风窗玻璃上方的支撑结构上，1kg 附加质量加到风窗玻璃下方的支撑结构上（图 8.4.5）。这种处理方式可以减少在 60.7Hz 的轰鸣声 8dB。

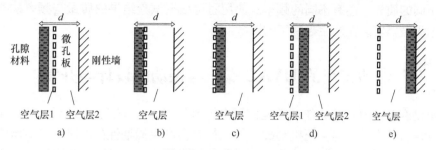

图 8.4.3 微穿孔板以及孔隙材料的组合形式

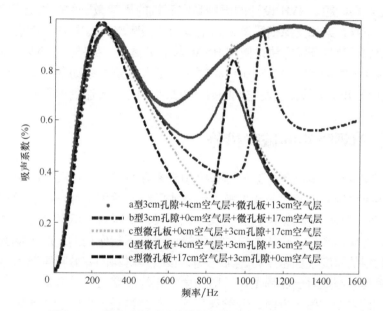

图 8.4.4 微穿孔板以及孔隙材料的组合形式的吸声系数

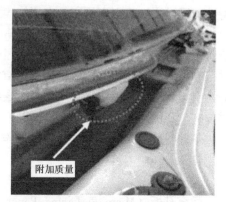

a) 附加质量2.5kg   b) 附加质量1kg

图 8.4.5 消除轰鸣声的附加质量

在试验验证解决轰鸣声时，还可以使用磁铁加到发生轰鸣声的钣金上。如果证实这些处理措施是有效的，在实际应用中是使用商用动态吸振器。动态吸振器的规格有不同的质量，还有不同的频率。使用时可根据试验结果的质量与频率购买相应的动态吸振器安装在产生轰鸣声的钣金上。

8.5 电动客车的 HVAC 噪声与振动的设计与开发

电动客车的 HVAC 系统通常是使用电机单独驱动，有安装在地板上的，也有安装在顶盖骨架上的。当空压机与鼓风机运行时会产生周期性的激励。这些激励会通过支撑系统传递到地板或顶盖骨架，激励地板或顶盖骨架进而产生噪声。最重要的问题是还是共振问题。NVH 设计的原则是空压机的周期激励的阶次必须避开地板、顶盖骨架、车身骨架和支撑横梁等相关结构的共振频率。实现 HVAC 系统模态分离的一个重要的设计与开发方法是使用 HVAC 模态分离表。另外一个 NVH 设计与开发问题是空调系统的悬置问题。空压机和鼓风机是很重要的振动激励源。它们的悬置的 NVH 设计与开发必须保证使它们的振动以最小的方式传递到车身上。

8.6 单频噪声的减噪措施

电动汽车中有许多设备的噪声都是单频或多频的谱，这对噪声的减少提出了新的要求。传统地依靠声学包来减少噪声的方法已经不适用这种特性的噪声了。因为声学包只能对高频的宽频噪声起到减噪作用，吸声材料对于低频（低于 400Hz）的噪声或单的噪声峰值，或几个单频噪声峰值声是不起作用的。对于低音噪声，如果把吸声材料的厚度（面密度）增加一倍，该吸声材料的有效吸声频率会向低频移动一个倍频程，因此对于低频噪声，增加声学包的厚度是一种方式，但这种方式受到设计空间的限制。另一方面，低频噪声的波长都很长，穿透能力比较强，所以吸声材料在低于 400Hz 时的吸声系数都很小。还有一种方式是利用钣金的声传递损失特性，通过增加面密度的方法来增加声传递损失。这样的结果是增加了重量。

电动汽车的发电机与电动机以及一些辅助设备（如气泵、散热风扇、空调风扇等装置）的噪声特点是具有一个或多个单频的噪声。这些单频噪声不能用声学包来进行有效的减噪。需要一些特殊的具有能够对某些单频噪声的峰值进行减少的部件。非常有效的单频减噪措施有霍尔姆兹谐振腔，1/4 波长管以及微穿孔板减噪器，而且需要有创意的设计。

下面我们将介绍一种针对单频噪声低减噪技术——微穿孔板技术。

8.6.1 微穿孔板减噪原理

微穿孔板（Micro-Perforated-Panel，MPP）一般由一块金属板或塑料板制成，这个板上穿了许多孔。微穿孔板减噪器是将这个微穿孔板放在一堵刚性墙之前，微穿孔板与刚性墙之间形成一个空腔，如图 8.6.1 所示。微穿孔板吸声器的原理如下：微穿孔板的孔的大小在几毫米或几厘米。当振动的空气分子穿过微穿孔板时，运动的空气与穿孔板之间的摩擦消耗了空气中的声学能量。吸声完全是因为在这些孔中的空气的黏性摩擦。板材料的热传导性是主要的，在空气中产生的摩擦热量的大部分由穿孔板带走。一般的穿孔板所遇到的最大的问题是增加了声阻。为了获得高吸声系数，穿孔板构造的声阻必须与自由空气中的特性声阻相匹配，但宽频带的吸声只有当声学质量很低的情况下才可能。这两种要求普通穿孔板本身是不能同时满足的，因为这些板的孔径比较大（几毫米甚至几厘米），要想获得比较低的声质量只有在很低的声阻下才能实现，所以要加上声阻比较低的空隙材料才能实现。理论与实践都证明，穿孔板的声阻主要取决于穿孔的百分比，而声阻却与穿孔的直径成反比。如果穿孔直径小到低于毫米级，不加空隙材料也能获得足够大的声阻，而且吸声的谱带也很宽。马大猷基于这个声学原理提出了微穿孔板吸声的思想与理论，并在试验中加以证明。这种吸声的原理有许多优点：简化了设计与生产，在没有空隙材料的情况下，该吸声器能够用到恶劣的环境中，例如热、风和湿度环境。最关键的特性是微穿孔板的最大吸声频率是可以调制到一个设定的频率，削减在该频率的噪声峰值，特别适合具有单频音频的电动客车的 NVH 特性。

当声音垂直撞击穿孔板时，可以把微穿孔板看成许多许多的小管连接在一起，这些管子（孔）是独立的，如果孔间距相对于它们的直径是很大，而且板的声学阻抗就是每一根管子的阻抗除以它们的个数。另外，如果管子之间的距离相比于声的波长是很小，声音通过管子之间的那部分固体的反射可以被忽略。

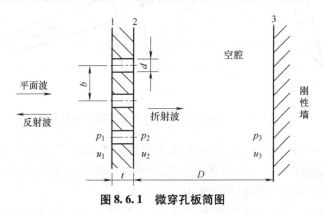

图 8.6.1　微穿孔板简图

在这些条件下，穿孔板的传递阻抗可以表示为

$$Z_{tr} = \frac{\Delta p}{\rho cv} = \frac{32\eta t}{\sigma \rho c d^2}\left[\left(1+\frac{\beta^2}{32}\right)^{1/2} + \frac{\sqrt{2}}{8}\beta\frac{d}{t}\right] + j\left\{\frac{\omega t}{\sigma c}\left[1 + \left(3^2+\frac{\beta^2}{2}\right)^{-1/2} + 0.85\frac{d}{t}\right]\right\}$$

式中，d 是孔的直径；σ 是穿孔板的空隙率；t 是板厚度；ω 是频率；c 是声速；ρ 是空气密度；η 为黏性；β 是取决于流体特性的穿孔常数：

$$\beta = d\sqrt{\frac{\omega\rho}{4\eta}}$$

穿孔板后的空腔的声学阻抗为

$$Z_c = -j\cot\frac{\omega D}{c}$$

穿孔板及其后面的空腔的组合是 MPP 加上空腔的串联组合，其组合传递阻抗为

$$Z = \frac{p_1}{\rho c v_1} = T_{tr} - j\cot\frac{\omega D}{c} = r + j\omega m$$

微穿孔板与空腔的组合的平面波吸声系数为

$$\alpha = \frac{4r}{(1+r)^2 + (\omega m)^2}$$

式中，r 与 m 分别是微穿孔板吸声器的声阻与声质量。

例题：图 8.6.2 是三个微穿孔板吸声器的吸声系数。参数分别为空腔深度为 100、86.6、50mm。

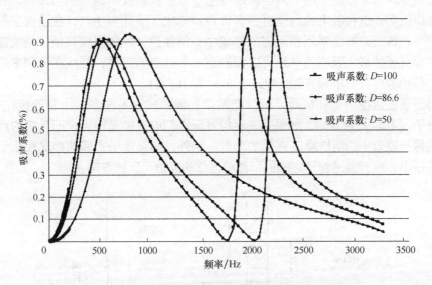

图 8.6.2　不同参数的微穿孔板吸声器的吸声系数

从图 8.6.2 中可以看到，在微穿孔板参数相同的情况下，吸声系数随着空腔深度的增加而向低频移动。当 $D = 100$ 时，吸声系数的峰值出现在 $800\mathrm{Hz}$ 上，而 $D = 50$ 时，其吸声系数的峰值出现在 $500\mathrm{Hz}$ 上。

微穿孔板吸声器的设计参数有最大吸声系数、共振频率与吸声系数的频率带宽。

最大吸声系数为：

$$\alpha_{\max} = \frac{4r}{(1+r)^2}$$

即最大吸声系数只与其声阻相关。

共振频率可以由下式解出：

$$\left(m + \frac{D}{3c}\right)\frac{\omega^2 D}{c} \cong 1$$

$$\omega \cong \sqrt{\frac{c}{D\left(m + \frac{D}{3c}\right)}}$$

共振频率、深度与声质量有关，可以通过调节微穿孔板的深度 D，调节微穿孔板吸声器的共振频率，达到减小某噪声在该频率上的峰值。共振频率与微穿孔板的深度成反比，即深度越深，共振频率就越小。如果深度为 411mm，则共振频率可以低到 100Hz。这是普通的吸声材料无法达到的。

相对的吸声系数的频率频带近似为：

$$\frac{\Delta\omega}{\omega_0} \simeq (1 + r)\sqrt{\frac{D}{c\left(m + \frac{D}{3c}\right)}}$$

从表 8.6.1 中可以看到，空腔深度越深，共振频率越低，带宽就越小。这些声学特性特别适合减小电动客车的噪声。

表 8.6.1 微穿孔板吸声器的设计

空腔深度 D/mm	平均声质量/m	平均声阻抗/r	最大吸声系数	f/Hz	带宽/Hz
86.6	0.00024	0.61	0.94	553	789
50	0.00024	0.61	0.94	772	887
100	0.00024	0.61	0.94	505	758

双微穿孔板吸声器（图 8.6.3）的相对声阻抗为：

$$z = r_1 + j\left(\omega m_1 - \cot\frac{\omega D_1}{c}\right) + \frac{\cot^2\frac{\omega D_1}{c}}{r_2 + j\left(\omega m_2 - \cot\frac{\omega D_1}{c}\cot\frac{\omega D_2}{c}\right)}$$

式中，下标 1 代表微穿孔板 1 及其背后的空腔 1，下标 2 代表微穿孔板 2 及其背后的空腔 2。

从上式可以看到，声阻增加，特别是在后空腔的共振频率附近，而且低频段的增加要比高频段的增加要大。这个特性决定了这种微穿孔板吸声器在低频会有更好的吸声能力，这是一般吸声材料所做不到的。图 8.6.4 所示是双微穿孔板吸声器的吸音特性。

单微穿孔板吸声器在最大吸声系数的最低频率是在 350Hz 左右，而双微穿孔板吸声器的最大吸声系数的最低频率都有明显的降低：$D_1 = D_2 = 100$ 为 250Hz，$D_1 = 100$，$D_2 = 200$ 为 180Hz，而 $D_1 = 100$，$D_2 = 300$ 为 145Hz。而且这些低频的吸声系数高达 80%。在这么低的频率上有这样好的吸声系数是微穿孔板吸声器的特点，也为减少低频噪声提供了一个非常好的设计选项。

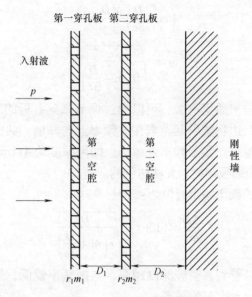

图 8.6.3　双微穿孔板吸声器

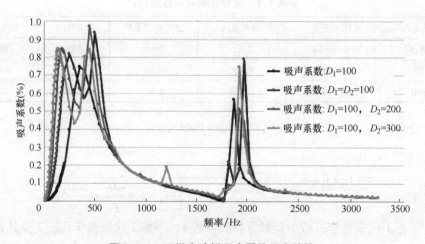

图 8.6.4　双微穿孔板吸声器的吸声特性

8.6.2　微穿孔板的应用

　　微穿孔板共振吸声器在建筑上有着广泛的应用。在汽车中也有很多应用。例如：可以使用微穿孔板作为车辆防火墙的吸声隔声垫。一般的汽车都是采用传统的隔声-吸声结构作为前围板的声学包结构。这种组合结构的声学包起到低频阻断噪声、高频吸收噪声的组合声学功能。还有一种双密度声学包结构，它由两种不同面密度的吸声层组成，利用不同面密度的界面产生声波折射与反射的声学原理，构成减噪率比单层吸声层更有效率的吸声声学包（表 8.6.2）。

表 8.6.2　一种 SUV 前围隔声吸声垫的构成

前 围 垫	结 构	总质量/kg
基础型	模塑发泡 + 隔声层	6.5
基本微穿孔	玻纤 + 微穿孔膜	2.8
加强型微穿孔	玻纤 + 隔声层 + 微穿孔膜	6.6
5kg/m² 隔声层	玻纤 + 隔声层	10

在此结构基础上，通用汽车公司与其声学包供应商利用微穿孔板声学减噪原理，用微穿孔膜代替一个吸声层，形成一个声学包基本结构，在隔声吸声结构上加一层微穿孔膜形成加强型的声学包结构（图 8.6.5），将它们用于中大型 SUV 的前围上。这种微穿孔板式的声学包具有重量轻、吸声系数的频率可以调整的特点，特别适合电动汽车这种噪声是单一频率的情况。隔声层的材料为 EVA，穿孔直径为 12 或 19mm。

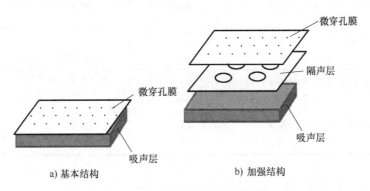

a) 基本结构　　　　　　　　b) 加强结构

图 8.6.5　微穿孔膜声学包结构

微穿孔膜的材料为聚合材料（表 8.6.3），面密度约为 0.33kg/m²，厚度为大约 0.4mm，孔直径大约在 0.1 ~ 0.25mm，每平方米大约包含 15 万 ~ 100 万个孔。

表 8.6.3　微穿孔膜的材料特性

微穿孔膜	密度/(kg/m³)	孔直径/mm	孔隙度（%）	厚度/mm
微穿孔膜#1	888	0.2	0.022	0.4
微穿孔膜#2	777	0.15	0.006	0.43

实际用于车辆试验的部件如图 8.6.6 所示。

微穿孔板在中型 SUV 的性能表现总结如下。表 8.6.4 中涂灰部分为相对于基本型前围结构时，怠速与加速时驾驶人耳边噪声的改进。与双密度前围吸声垫与隔声垫 + 吸声垫结构的前围声学包设计，加强型微穿孔板比传统前围声学包的驾驶人耳边语言清晰度高出 4%，而驾驶人耳边的总噪声基本上是相同的。基本微穿孔板前围与基础型前围的性能基本一样。微穿孔板结构提供了插入损失与声学吸音性能之间的平衡，但加强型微穿孔板相对应 5kg/m² 的隔声层 + 吸声垫结构来说减轻的重量达到 30%。

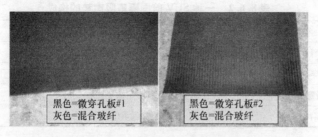

图 8.6.6　微穿孔膜声学包部件

表 8.6.4　微穿孔板与传统前围声学包的性能比较

前围重量 /kg	第一档，4000r/min		16～135km/h 全加速（AVG）	
	总噪声/dB（A）	语言清晰度（%）	响度/宋	总噪声/dB（A）
基础型前围 (6.5)	71.2	60.9	36.1	77.3
基本微穿孔前围 (2.8)	71.4 (+0.2)	62.3 (+1.4)	36.6 (+0.5)	77.6 (+0.3)
加强型微穿孔前围 (6.6)	68.9 (-2.3)	65.1 (+4.2)	34.9 (-1.2)	77.4 (+0.1)
5kg/m² 隔声垫 (10)	69.4 (-1.8)	61.2 (-0.3)	34.8 (-1.3)	76.8 (-0.5)

8.6.3　微穿孔板与霍尔姆兹共振腔的结合与应用

　　霍尔姆兹共振器可以在某个设计频率上产生很大的声传递损失，从理论上来讲，只要有足够的设计空间，几乎可以减少任何频率上的噪声。在理论上微穿孔板共振吸声器可以产生任何频率上，而且在一个很大的频带中，产生足够大的吸声系数，最大限度地减少在该频率上的频带中的噪声。如果将这两种不同特性的共振式噪声减少装置组合在一起，就会成为相当强的减噪设备，尤其是对那些有着单频峰值的噪声信号。

　　这两种不同形式的吸声器在结构上有着相似的构架，可以在结构上融合在一起。Helmholtz 共振器是在一个管道上通过一个管道连接到一个共振腔，来消除管道中的噪声。这个管道也可以是一个广义的容器，噪声源就在这个容器中。微穿孔板共振吸声器由一个微穿孔板与一个空腔组成，在结构上这两种吸声器可以共用同一个空腔。其优点是共振腔对应一个噪声的共振频率，微穿孔板对应另一个噪声的共振频率。

　　一个共振器与微穿孔板合二为一的声学减振器的应用到风扇上，为轴向以及径向风扇的噪声提供吸声功能，减少散热风扇的噪声。设计原理就是先测量有噪声问题的风扇的噪声频率谱，分析最大噪声所发生的频率，然后针对这个频率设计微穿孔板，使微穿孔板所产生的最大吸声系数的频率与最大噪声频率一致，从而能够有效地、有频率针对性地减少风扇的噪声。例如：某半径向风扇与轴向风扇的声功率谱如图 8.6.7 所示。这两个风扇的空气流动率是一样的，半径向风扇有 5 个叶片，轴向风扇有 8 个叶片。半径向风扇的声功率谱在 1000Hz 最大，没有出现叶片通过频率。而轴向风扇的声功率谱在 315Hz 有一峰值，这个峰值就是风扇叶片在该转速下的叶片通过频率。声功率在 1630Hz 频带上最大，这个最大值与叶片通过频率的声功率稍微高一点儿，实际上应该看作两个峰值，在设计中都应该考虑。很明显，半径向风扇的噪声在 300～1250Hz 的频率段上高出轴向风扇至少 5dB(A)，而在 1000Hz 以上的频率段上低于轴向风扇，半径向风扇总的噪声为 89dB(A)，而轴向风扇总的噪声为 87.5dB(A)。

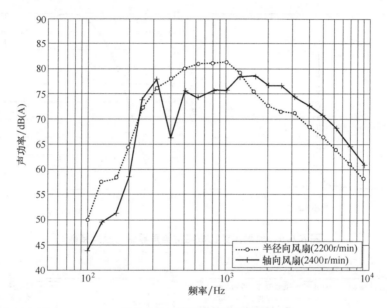

图 8.6.7　某风扇的声功率谱

在早期设计阶段，可以用微穿孔板为风扇提供必要的频率调制的吸声功能，以减少风扇噪声。其设计思想是将风扇的护罩设计成微穿孔板类型加上 1/4 波长谐振器。1/4 波长谐振器直径为 100mm，高度用来调制共振频率，80mm 对应共振频率调制到接近 1000Hz，谐振器的面积覆盖了后板的 40%。这些 1/4 波长管用微穿孔板覆盖。微穿孔板厚度 1mm，窄缝宽度为 0.2mm，孔隙率为 1%。

这个风扇微穿孔板阻尼器（图 8.6.8）的声学参数——声导纳与吸声系数如图 8.6.9 所示。声导纳为阻尼器的声阻的倒数的虚部的绝对值。由图 8.6.9 可知，在 1000Hz 附近声导纳有一个峰值，而吸声系数在 1000Hz 附近获得最大值 100%。

根据测量结果，使用谐振器可以使风扇的辐射声功率在某个 1/3 倍频程内减少 3dB(A)，如图 8.6.10a 所示。如果再加上微穿孔板护罩，噪声在这个倍频程内减少 6dB(A)，如图 8.6.10b 所示。

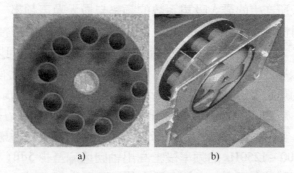

a)   b)

图 8.6.8   实际设计与安装的风扇微穿孔板阻尼器

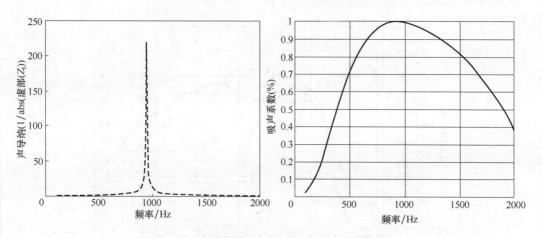

图 8.6.9   风扇微穿孔板阻尼器声导纳与吸声系数

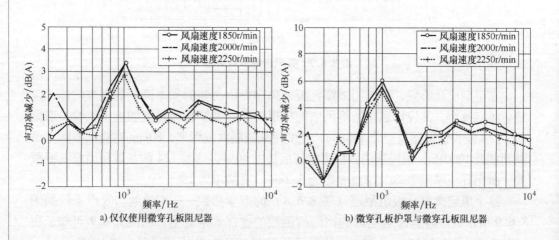

a) 仅仅使用微穿孔板阻尼器   b) 微穿孔板护罩与微穿孔板阻尼器

图 8.6.10   不同转速下的半径向风扇声功率减少

　　微穿孔板与 1/4 波长谐振器可以使总的声功率减少 **6dB（A）** 左右。这对减小风扇噪声来讲还是很可观的。

8.6.4　微穿孔板作为内饰装饰吸声的结合

穿孔板与一般的吸声与隔声材料不一样，它可以用不同材料、不同色彩和不同的设计风格展示其外在的艺术效果。微穿孔板具有可调节吸声频率的特点，而板又是建筑装饰材料，因此微穿孔板被广泛用于建筑商用装饰材料。

这同样可以用到车辆上，例如大型 SUV 的顶篷有比较大的面积，又例如客车顶篷的面积更大，而且侧板的面积也很大。根据吸声材料的 SABINE 原理，面积越大，SABINE 吸声系数就越大，吸声效果就越好。这些大面积的吸声材料会为客车内噪声的减小起到极大的作用。另外一个特点是微穿孔板的吸声系数的频谱曲线可以使用微穿孔的大小与分布进行调制。而传统吸声材料的特点是吸声特性由材料与厚度等参数决定，能够调节的参数不多也不敏感。吸声特性只对高频噪声有效。要想获得对低频噪声的吸声，只能是增加吸声材料的厚度，一般来讲，吸声材料厚度增加一倍，其吸收系数向低频移动一个倍频程。客车车身本身是一个低通噪声过滤器，对高频噪声的降低特别有效，而对低频噪声效果比较差。在这个低通过滤器的作用下，车内的噪声特点是噪声频谱呈钟形——两边低、中间高，而且有一些对应着结构共振的低频的噪声峰值。对于微穿孔板吸声材料，其吸声曲线可以根据车内的噪声的特性进行调节，使得吸声曲线与客车内的噪声曲线相类似，尤其是可以调节微穿孔板的吸声峰值的频率与车内的噪声峰值有相同的频率，这样就可以最有效地减小客车内的噪声。对于电动汽车而言，微穿孔板的吸声系数的峰值可以根据电动汽车的噪声单频峰值进行设计，有针对性地减小电动汽车的单频噪声峰值。这些是传统吸声材料实现不了的。

除了声学上的优势外，微穿孔板的结构特点使它成为建筑师的最爱。因为微穿孔板不但提供了建筑师设计建筑所需的声学特性，同时也为建筑师无限的创造性、想象力的设计思维与有限的工程实现手段提供了一个完美的结合点。微穿孔板为建筑的功能、美学以及可以客户定制的高级声学装饰板系统提供了一个的工程解决方案。图 8.6.11 所示为由微穿孔板、线性窄槽与声学隔声组合的顶篷装饰板。这个建筑顶篷如果作为客车的顶篷也不失为一种很好的设计。

微穿孔板的表面通常是有孔的，孔有圆形的，也有长条形的。这些条形的孔也可以是一种美学上的实现。这种孔对视觉效果的影响还可以通过木纹色彩与米粒形孔将这些视觉效果减到最小，几乎看不到这些微穿孔。这就解决了微穿孔板的孔的视觉影响，如图 8.6.12。

从图 8.6.12 中可以看到，微穿孔板的孔已经看不出来了，看到的是实木木纹的效果，而且根本不影响板的声学功能。

丰富多彩的装饰效果将会为客车的内饰设计提供一个可以让客户有内饰个性化的选择，而且让内饰板成为一种艺术装饰，提高客车的内饰美学与艺术冲击感，例如：对于校车的内饰，可以装饰成孩子们喜欢的卡通形象与艺术；对于长途旅行的大型客车，可以装饰成旅游风景。

图 8.6.11　由微穿孔板、线性窄槽与声学隔声组合的顶篷装饰板

图 8.6.12　具有实木质感的微穿孔墙装饰板

8.6.5　微穿孔板在客车中的应用

客车的结构特性是体积比较大，长度比较长，在平面波作用下会产生空腔共振。这种空腔共振只与结构的几何参数有关（长、宽、高），不能通过改变几何参数来改变这些共振频率。图 8.6.14a 所示是在没有微穿孔板的情况下空气的声场。我们可以看到在平面波作用下，空腔中的声学场形成非常明显的共振特性，特别是在声从声源传递到声源对面的过程中，空腔两侧的声压高于中间的声压。有的客车会在这些频率上与其他激励或结构共振耦合而产生严重的轰鸣声。车内的传统内饰因为结构的限制（刚度和美观要求等）能够提供的吸声功能有限，不足以减小这些空气共振噪声。微穿孔板最好的工作条件是放在一堵刚性墙的前面。这刚好与车辆的声学包的安装条件是一样的。另外，根据微穿孔板吸声频率可以调制的特性，可以有针对性地调制微穿孔板的特性，专门把有问题的频率的调制到微穿孔板的最大吸声频率上，有效地减小空腔共振频率。

1. 微穿孔板在乘员舱的应用

客车的乘员舱所围成的空腔形成一个共振空腔。这个空腔的共振频率只于它的长、高、宽有关。长度超过 8m 的客车空腔共振频率不超过 20Hz。一般客车的骨架第一阶共振频率都不高于 20Hz。所以当这两个频率耦合时，客车就会在道路的激励频率上与这个共振频率耦合从而产生令人不愉悦的轰鸣声。在客车乘员舱安装的为穿孔板吸声结构，可以为这些共振提供衰减的阻尼功能。

如果在空腔中一个壁上安装一个微穿孔板，并与刚性墙表面保持一定距离，我们就在空腔中安装了一个吸声机制，减少共振时的噪声。试验方法是建立一个空腔，然后加上微穿孔板吸声材料，布置一些传声器进行试验测量（图 8.6.13）。

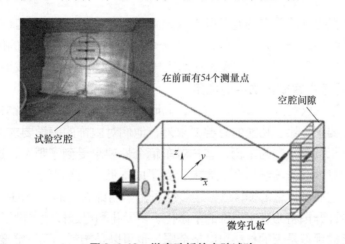

图 8.6.13　微穿孔板的空腔试验

试验结果表明，这种微穿孔板极大地影响了微穿孔周边的声场，减小了这些声场的声音（图 8.6.14b）。

如果我们把这个空腔作为一个发动机后置的客车的内部空间，声源处为客车的后部，微穿孔板处为客车的前部，两侧为客车的侧板，上部可以看作是客车的顶篷。实际上这个空腔可以作为客车的乘员舱简单的空腔模型。该试验说明，微穿孔板的作用是扰乱了在微穿孔板后面的空腔的声传播。当加上微穿孔板时，就会产生声压差，垂直于微穿孔板的质点速度就大大增加，结果导致了很高的声阻，消耗了声波传递的能量。这种情况可以类比于当客车内产生轰鸣声之类的共振型噪声，而安装

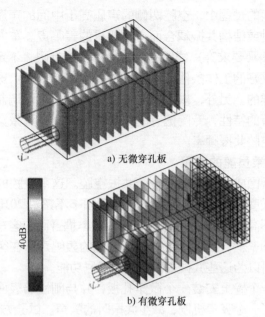

a) 无微穿孔板

40dB

b) 有微穿孔板

图 8.6.14　空腔声压

在前端微穿孔板提供的吸声特性可以有效地减小前端的这些噪声。我们看到接近声源的地方与两侧的部分地方，声压减少效果一般。如果我们在客车的侧板与顶篷都安装了微穿孔板，则该空腔内的噪声在两边与上边都会得到减小，效果会更理想。

2. 微穿孔板在客车内饰中的应用

微穿孔板不仅仅可以作为吸声材料，同时在建筑上也是作为装饰板。但是客户对车辆内饰的要求是除了功能的必要要求外，他们对内饰的美学要求以及个性要求是无限的。对于批量生产的车辆，客户对车辆个性要求受到了限制，这种小批量生产的客车客户对内饰的美学与个性要求受到了成本低且更加严格的限制。微穿孔板的结构决定了它在设计上的多样性，也开辟了客车内饰设计的一个创新型设计方向，这些内饰的设计开拓将为客车内饰的个体化、多元化和可选择性提供了一个方向。

微穿孔板的优点是板的材料可以是金属，也可以是塑料，而不需要有吸声材料。吸声材料有可能产生气味和霉菌等，而微穿孔板内饰几乎不会产生有害气体。

3. 微穿孔板在发动机舱应用

发动机舱是发动机噪声源辐射到的第一个空腔。对于噪声衰减来讲，"多快好省"的方法就是在声源上进行第一次声学处理，以起到事半功倍的效果。如果声源的噪声得不到很好的处理，在声源传播的下游（如乘员舱）再进行声学处理，我们就会花费更多的声学包成本。所以说发动机舱的声学处理是最重要的。发动机舱有许多可以放置声学包的地方，例如发动机舱壁和发动机前端等。发动机舱的微穿孔板声学处理可以这样进行：在发动机舱前壁上（发动机后置形式）或发动机舱两侧板上。发动机舱微穿孔板设计的目标是减小发动机辐射噪声频谱中噪声峰值。根据发动机的噪声频谱特性，设计微穿孔板的吸声系数，使微穿孔板的系数频谱曲线与发动机辐射噪声的频谱相似。微穿孔板的设计原理是这样实施的：首先获得发动机的噪声特性曲线，即发动机辐射噪声的频率谱。这个数据可以根据 SAE J1074 或 GB/T 1859—2000 所规定的发动机辐射噪声测量规范。分析这些测量的发动机辐射噪声数据，找到发动机辐射噪声最大的那个面，然后分析这个最大辐射噪声的最大值的频率。根据这些数据设计微穿孔板的孔径、分布以及与刚性墙的距离。这种有针对性的发动机舱微穿孔板所产生的吸声系数频谱的形状与发动机辐射噪声的频谱在频率上的形状是相似的，即当发动机频率谱的噪声低的部分，吸声系数也是低的，当发动机噪声频谱达到最大值时，吸声系数的频谱也达到最大值，这样就可以提高减噪效率。

发动机舱是一个比较紧凑的空间，微穿孔板的特点要求占用一定的空间（刚性墙前的空间）。这些设计空间要求需要在客车开发前期就要考虑客车的结构与发动机舱的空间要求，而且有可能挤压一点点乘员舱的空间，当这种空间的挤占应该是可以通过巧妙的设计把影响减到最小，甚至感觉不出来。

4. 微穿孔板在发动机上的应用

发动机是传统发动机车辆最重要的噪声源。当发动机噪声成为一个问题时，可以在发动机上采取许多声学措施来减小发动机的辐射噪声。在豪华乘用车所用的发动机上，在发动机上面装有带有生产商精美标志的发动机盖，也有在发动机侧面安装的。这些发动机盖一般由两层材料组成，面向外面的一层是塑料，而面向发动机的那层是发泡层。这种部件可以减小发动机的辐射噪声。但是对于客车或载货汽车来说，发动机一般不采用这种声学处理方法。

对于辅助系统前置系统发动机，发动机的前部是最大的噪声辐射面，而且发动机的前端辐射噪声在频率带 1000 ~ 2000Hz 之间有峰值。在这种情况下，如果我们使用微穿孔板加上 1/4 波长管组合，就像在风扇系统上使用的那样，我们可以有针对性地减少发动机辐射噪声，这就是发动机前端微穿孔板 + 1/4 波长管的结构的设计目标。这种发动机前端微穿孔板 + 1/4 波长管结构可以装在发动机的前面。

对于电动汽车，如果电机的 NVH 设计还没有达到整车的 NVH 目标时，需要对电机进行声学包包装。而微穿孔板的特性特别适合电机单频噪声的特点。我们可以根据电机的单频噪声的频率设计包装电机的微穿孔板的吸声特性，调节微穿孔板的最大吸声频率恰好是电机噪声的主导阶次的频率，可以最有效地在声源上减小电机的噪声。

参 考 文 献

[1] CHEN J. Vibration Reduction in Electric Bus During Acceleration and Gear Shifting [J]. Advances in Mechanical Engineering, 2015.

[2] ITO Y, TOMURA, S, MORIYA K. Vibration- Reducing Motor Control for Hybrid Vehicles [J]. R&D Review of Toyota CDL, 2015, 40 (2): 37-43.

［3］ Acoustic Society of America, ANSI/ASA S2. 72 Part 1. Mechanical Vibration and Shock-Evaluation of Human Exposure to Whole-body Vibration-Part 1: General Requirements (same as ISO 2631-1: 1997) ［S］. 2012.

［4］ Acoustic Society of America, ANSI/ASA S2. 72 Part 4. Mechanical Vibration and Shock-Evaluation of Human Exposure to Whole-Body Vibration-Part 4: Guideline for the Evaluation of The effects of Vibration and Rotational Motion on Passenger and Crew Comfort in Fixed-Guideway Transport Systems (Same as ISO 2631-4: 2001) ［S］. 2012.

［5］ SURESH I, NAIDU T, AMBARDEKAR N, et al. NVH Improvement of a Bus Through AC Compressor Drive-Ratio Change ［J］. SAE Paper #: 2009-26-0045, 2009.

［6］ 李颖琏, 孙跃辉, 昝建明, 等. 汽车仪表板异响分析研究 ［J］. 汽车技术, 2009 (12): 23-27.

［7］ CHEN F, TRAPP M. Automotive Buzz, Squeak and Rattle ［M］. Elsevier, DOI: 10. 1016/B978-0-7506-5. 00001-4, 2012.

［8］ EMMONS J, BLESSING L. Ultralight Stainless Steel Urban Bus Concept ［J］. SAE Paper # 2001-01-2073, 2001.

［9］ JAIN R, TANDON P, KUMAR K. Optimization Methodology for Beam Gauges of Bus Body for weight Reduction ［J］. Applied and Computational Mechanics, 8 pp 47-62, 2014.

［10］ 王若平, 毛国威. 基于 MSC. NASTRAN 的城市客车模态分析 ［J］. 重庆理工大学学报 (自然科学), 2014, 2894: 1-4.

［11］ CHEN J, LIN J. Comparative Analysis for Bus Side Structures and Lightweight Optimization ［J］. Proc. Inst. Mech. Engineering 218 Part D: J Automobile Engineering, 2004.

［12］ SHIN S, CHEONG C. Experimental Characterization of Instrument Panel Buzz, Squeak, and Rattle (BSR) in a Vehicle ［J］. Applied Acoustics, 2010 (71): 1162-1168.

［13］ ISO 532-1975, Acoustics-Method for Calculating Loudness Level ［S］. International Organization for Standardization, Geneva, 1977.

［14］ ZWICKER E. Procedure for Calculating Loudness of Temporally Variable Sounds ［J］. Acoustical Society of America, College Park, Maryland, 1977, 62 (3): 675-682.

［15］ BRINES R, WEISS L. Application of Direct Body Excitation Toward Developing a Full Vehicle Objective Squeak and Rattle Metric ［J］. SAE Paper # 2001-01-1554, 2001.

［16］ Sreenath S and Kamalakkannan, K, Design and Analysis of a Bus Body Side Frame ［J］. International Journal of Mechanical and Production Engineering, 2016, 4 (4): 8-10.

［17］ BAODA B, BAODA M, DIAZ V. A Genetic-Based Optimization of a Bus Structure as a Design Methodology ［C］. 12th IFToMM World Congress, 2007.

［18］ BUTDEE S, FREDERIC. TRIZ Method for Light Weight Bus Body Structure Design ［J］. Journal off Achievements in Materials and Manufacturing Engineering, 2008, 21 (2): 456-462.

［19］ KHATAVKAR S, KUMBHAR S, WAKODE V. Structural Analysis of Passenger Bus Body Using FEA by Changing Joint Structure for Improving Strength ［J］. International Journal of Current Engineering and Scientific Research, 2016, 3 (6): 28-32.

［20］ HUNT K, REDIERS B, BRINES R, et al. Towards to a Standard for Material Friction Pair Testing to Reduce Automotive Squeaks ［J］. SAP Paper # 2001-01-1547, 2001.

［21］ 杨志伟, 卓建明, 叶松奎, 等. 某客车低频轰鸣声分析及控制 ［J］. 机电技术, 2016 (2):

98-101.

［22］卓建明. 某客车行驶车内轰鸣声分析与改进［J］. 客车技术与研究，2016（2）：56-58.

［23］王海涛，刘鹏，李平，等. 关于某 SUV 车内轰鸣声的分析与研究［J］. 汽车工程学报，2012（6）：464-467.

［24］黄显利. 卡车的振动与噪声及其控制策略［M］. 北京：北京理工大学出版社，2018：209.

［25］庞剑. 汽车车身噪声与振动控制［M］. 北京：机械工业出版社，2015.

［26］KONERS G. Panel Noise Contribution Analysis：An Experimental Method for Determining the Noise Contributions of Panels to an Interior Noise［J］. SAE Paper # 2003-01-1410，2003.

［27］LI D，CHANGE D，LIU B，et al. Acoustic Performance of a Plate with Varying Perforations［C］. Inter-Noise 2014，2014.

［28］WANG X，ZHANG W，YING L. Improving Sound Absorption Bandwidth of Micro-Perforated Panel by Adding Porous Materials［C］. Inter-Noise 2014，2014.

［29］ZHANG J，PANG J，WAN Y，et al. Experimental and Simulation Analysis of Interior Booming Induced by Vehicle Body Panel Vibration［C］. 23rd International Congress on Sound & Vibration，2016.

［30］HERRIN D，LIU J，SEYBER A. Properties and Applications of Microperforated Panels［J］. Journal of Sound and Vibration，2011（9）：6-9.

［31］MAA D Y. Theory and Design of Microperforated-Panel Sound-Absorbing Construction［J］. Scientia Sinica，1975，XⅧ（1）：55-71.

［32］MAA D Y. Microperforated Panel wide-band absorber［J］. Journal of Noise Control Eng. 1987（29）：77-84.

［33］TAN H，AFENDI M，AHMAD R，et al. Panel Sound Absorption Analysis on Micro-Perforated Panel Sound Absorber with Multiple Size Air Cavities［J］. International Journal of Mechanical & Mechatronics Engineering，2015，15（5）：71-76.

［34］PARRETT A V. Application of Micro-Perforated Composite Acoustic Material to a Vehicle Dash Mat［J］. 2011，SAE Paper # 2011-01-1623.

［35］ALEXANDER J，READ D. Random Incidence Absorption and Transmission Loss Testing and Modeling of Microperforated Composites［J］. 2011，SAE Paper # 2011-01-1626.

［36］ALLAM S，ABOM M. Noise Reduction for Automotive Radiator Cooling Fans［C］. Conference of FAN 2015，Lyon France，2015.

［37］LIU J，HERRIN D. Enhancing Micro-perforated Panel attenuation by partitioning the adjoining cavity［J］. Applied Acoustics，2011，71，pp120-127.

［38］LEI L. A Passive Method to Control Combustion Instabilities with Perforated Liner［J］. Chinese Journal of Aeronautics 23（2010）pp623-630.

［39］黄显利. 卡车的噪声与振动及其控制策略［M］. 北京：北京理工大学出版社，2018.

［40］HERRIN D，HUA X，LIU J. Microperforated Panel Absorber Design：A Tutorial［C］. The 21st International Congress On Sound and Vibration，Beijing，China，2014.

［41］Askan Architectural，Premium Acoustic Solutions［R］. 2017，http://atkar. com. au.

第 **9** 章

电动载货汽车风噪声的设计与开发

在中国，一些地方法规对货车在城市中的运行有限制，还有就是过去主机厂的货车理念也是拉货，把轻型货车设计成拉货的工具，认为没有必要对轻型货车进行轿车化的设计，因此轻型货车的 NVH 问题没有引起人们太多的关注，这也是中国汽车工业处于发展中的自然现象。随着电动轻型货车的发展，电动轻型货车作为城际间或城市内货运的主要运输工具越来越得到人们的青睐。轻型货车的轿车化设计是未来轻型货车发展的一个趋势。因此轻型货车的轿车化设计所必需的舒适性和安静性将越来越成为主机厂关注以及设计开发的整车性能指标。

风噪声是围绕着车辆外形的空气运动而产生的，驾乘人员感受到的令人不愉悦的声音。乘用车的风噪声得到了很好的研究，但商用车的风噪声研发落后于乘用车，为了达到轻型货车轿车化的目标，有必要对轻型货车的风噪声进行开发与设计。

9.1 美国与欧洲重型货车项目与风噪声

在世界上任何一个经济体中，运输行业是最大的或者第二大的排放污染源，而运输业的主要污染源就是重型货车，同时也是燃油最大的消耗源。美国与欧盟都投入巨额资金帮助载货汽车主机厂与发动机厂开发最新的技术，减少重型货车的排放污染以及提高重型货车的运输效率（燃油经济效率）。

美国的技术路线是集成所有可能的最新载货汽车技术（不管是潜在的未来技术，还是现成的商用技术），改进重型货车的运输效率，在 2009 年最高的运输效率基础上提高 50%，并将发动机的有效热效率提高到 50%。达到这两个目标的一些技术同时也改进了载货汽车的风噪声。

9.1.1 美国超级货车的技术路线与 NVH

根据美国《1990 年美国复兴与重新投资法案》，在 2009 年美国能源部（Department of Energy）向载货汽车制造商提出挑战，使用试验性质的高风险、高回报的重型货车技术，开发与展示高效的载货汽车。目标有两个：一个是整车的货运效率的提高，另一个是发动机的有效热效率的提高：

1）相对于2009年最高的载货汽车运输效率，Class 8（重型载货汽车）货运效率增加50%（USgal/1000t·mile）。

2）发动机有效热效率至少要达到50%。

参加这个项目的重型货车公司包括世界上最大的重型货车主机厂与发动机公司——Peterbilt与康明斯合为一方，戴姆勒公司与底特律柴油机厂合为一方，沃尔沃载货汽车公司，纳威司达，共四方。

总的项目预算为2.97亿美元，政府出资1.15亿美元，其余由主机厂出资，平均起来一个主机厂投入4.5亿人民币并制造出一辆货运效率最高的载货汽车，以及一台发动机效率最高的发动机，或者说是世界上目前用钱所能够制造的运输效率最高的载货汽车了。为了达到这个目标，各参与方都有自己的技术路线。

戴姆勒公司提高货运效率的技术路线如图9.1.1所示。

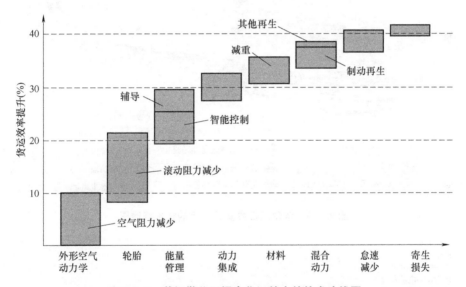

图9.1.1 戴姆勒公司提高货运效率的技术路线图

Peterbilt公司的技术路线如图9.1.2所示。

沃尔沃公司的技术路线如图9.1.3所示。

纳威司达提高货运效率的技术路线如图9.1.4所示。

根据这些技术路线我们发现：这四家参加超级重型货车开发的主机厂与供应商都把减小载货汽车的风阻作为一个重要的增加货运效率的手段，而减小空气动力学阻力的方法同时可以减小载货汽车的风噪声。减小风阻的技术包括：改进的导流罩，牵引车与货厢的空气动力学设计，优化了的导流罩与货厢之间的间隙，牵引车的侧翼板，改进的空气动力学特性的前保险杠。这些技术的采用会有效地改进载货汽车

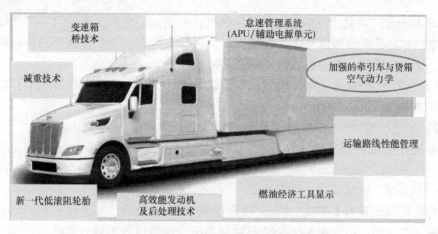

图 9.1.2　Peterbilt 提高货运效率的技术路线图

图 9.1.3　沃尔沃提高货运效率的技术路线图

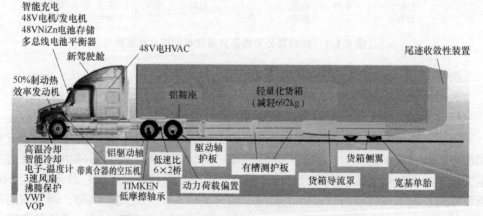

图 9.1.4　纳威司达提高货运效率的技术路线图

的风噪声。

这些技术背景中的一个重要理念是牵引车与货厢的一体化设计开发。主机厂将牵引车与车厢集成一体，由主机厂进行集成设计开发，减小载货汽车与货厢整体的风阻系数。在过去的很长时间内，人们都关注载货汽车本身的轻量化。重型牵引车的整备质量的轻量化设计已经减到 8200kg 左右，再继续减重的可能性很小。美国的超级载货汽车另辟蹊径，将车头与车厢作为一个整体，集成开发载货汽车与货厢，这是电动载货汽车轻量化设计的一个新的里程碑式的飞跃。该技术路线将是我国重型载货汽车未来增加燃油效率与减重的方向之一。轻量化设计的一个方法是减小钣金或结构的厚度，这也会导致声传递损失的减少。轻量化材料的采用也会导致声传递损失的减少，因此轻量化设计对 NVH 可能是不利的，有时甚至是灾难性的。与乘用车的减重设计不相同，载货汽车的轻量化设计并没有减少整车的重量，只是把减下来的重量又重新分配给了所搭载的货物，使运载的货物达到了最大化。因此重型货车轻量化必须与 NVH 设计同时进行，在满足轻量化要求的同时也要满足 NVH 性能的市场竞争性。

9.1.2　欧洲电动重型货车技术路线以及对 NVH 的影响

欧洲商用车的货物运输量在过去几十年一直稳定增加，与经济增长相适应，预计未来将继续增长。为了改进商用车的运输效率，减少燃油消耗，降低运输成本，欧盟提供资金对商用车技术进行研究，其动机与目标是现实世界的能量荷载效率（J/km·t）获得 25% 改进（考虑到需要保持道路基础设施以及交通安全）。

该项目的技术路线是使用"瘦身模块方法"进行如下组合：通过混合动力化，降低载货汽车发动机的排量，对牵引车以及与其配置的半挂货厢设计进行改进，同时满足空气动力学与货运效率的提高。

关于技术总投资，欧盟将提供 790 欧元，欧曼将提供 520 欧元。其技术路线如下：

1）整车（牵引车 + 货厢）的空气动力学设计开发。

2）安装在货厢在的电驱动-"按需求的混合动力"。

3）运输任务的可适应性。

4）标定载货量的优化。

这些技术的详细解释如下：

整体空气动力学的目的就是要在车头 + 货厢的组合状态下减小空气动力学带来的空气阻力。因为空气阻力是货车在高速运行时的主要阻力之一，大多数的货车设计都是只考虑牵引车本身的空气动力学问题，而恰恰是车头与货厢的组合才是整个系统的阻力。这些技术包括可移动的顶篷、与车头连接的空气动力学前板、空气动力学后翻板以及货厢的侧翼板（图 9.1.5）。这些减小空气动力阻力的措施在某种程度上减小了牵引车的风噪声。

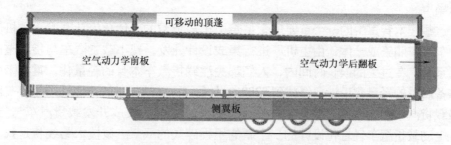

图 9.1.5　整体空气动力学设计开发

电动载货汽车的混合动力模式是"按需求的混合动力"装在货厢中（图 9.1.6），在牵引车上安装车辆控制单元，通过网关与 ISO 11992-3 与货车的电能管理系统以及货车驱动管理系统相连接，车辆电能回收系统是车辆控制单元通过 ISO 11993-2 与货厢制动控制系统相连，回收制动产生的能量，提高整车的燃油效率（图 9.1.7）。

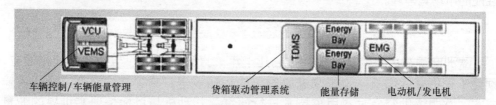

图 9.1.6　按需求的混合动力实现简图

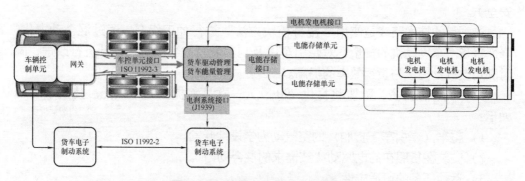

图 9.1.7　按需求的混合动力原理图

这种货厢混合动力集成可以适用于目标，而且可以适应于现存的与未来的载货汽车。"按需求的混合动力"的优点是：不需要改变载货汽车/牵引车的车头。载货汽车与货厢之间的接口标准允许混合动力化的货厢与现有载货汽车之间的互换性。这种混合动力技术有附加重量（最大 1t），但总体上燃油消耗可以减少 5%。

欧洲重型货车的最终经济效果如图 9.1.8 所示。

按照这些数据可以计算，如果每年行驶 20 万 km，那么 8 年就可以收回购车

	城市/平坦路	保洁(P&G)短距离		保洁(P&G)长距离	
每年行驶	5万km	10万km	20万km	10万km	20万km
燃油消耗影响	−26%	−22%	−22%	−17%	−17%
每年节省	4千欧元	4千欧元	8千欧元	6千欧元	1.1万欧元
净现值(8年4%利息)	2.7万欧元	2.6万欧元	5.2万欧元	3.9万欧元	7.7万欧元

图 9.1.8　燃油消耗的减少为客户带来的经济利益（典型欧洲载货任务为 40t）

款了。

欧洲的电动重型货车的技术可以移植到中国的电动轻型货车上。中国的电动轻型货车的技术路线总结如下：

1）必须采用增程式，即电驱动形式，小排量发动机仅仅用于发电。

2）采用欧洲"按需求的混合动力"模式，不改变牵引车，将电驱动系统放到货厢中。

3）整车一体化设计开发（车头与货厢），减小整车的空气动力学阻力，同时可以大幅度地减小整车的自重，提高运输效率。

4）主机厂对货厢进行设计开发，实现轻量化设计，补偿混合动力装置增加的重量。

5）采用 $L/t \cdot km$ 的计量单位来计算整车的货运效率。

6）货车顶篷可以安装光伏板，增加绿色能量，并提高燃油效率。

7）对货物以及载货方式进行统计，优化荷载与运输方式，提供运输效率。

8）美国重型货车的技术路线中的一些技术可以用到电动轻型货车的设计开发上。

从 NVH 的角度来讲，电驱动系统与脉宽调制器都是安装在货厢上，由电驱动引起的噪声与振动源的位置远离驾驶舱，使驾驶人感受到的噪声与振动得以降低。一般来讲，发动机的噪声与振动也会随着排量的减小而降低，也减少了驾驶人感受到的发动机噪声与振动。牵引车与货厢的空气动力学设计，不但减少了风阻，也减少了风噪声。另外，欧洲的技术路线是减少每 $t \cdot km$ 所使用的能量。这样的技术路线所减少的能量在某种程度上有利于改善车辆的 NVH。车辆所用燃料的能量有一部分转变为噪声，因此运输过程中的能量消耗越少，车辆所产生的噪声就越小。

9.2 载货汽车的风噪声源

电动轻型货车的风噪声是在车辆在高速行驶时出现的，所以电动轻型货车的风噪声产生的原因和传递路径与传统动力的客车风噪声是一样的。

9.2.1 载货汽车风噪声声源分类

汽车的风噪声产生机制分三种——单极源、双极源和四极源。这些声源的强度

分别为

$$I_m \sim \frac{\rho}{c}v^4 = \rho Ma v^3$$

$$I_d \sim \frac{\rho}{c^3}v^6 = \rho Ma^3 v^3$$

$$I_q \sim \frac{\rho}{c^5}v^8 = \rho Ma^5 v^3$$

式中，ρ 是空气的密度；v 是流体速度；c 是波速；Ma 是马赫数。

比较上面三个公式，当马赫数小于 1 时，也就是低速时，单极源最有效，双极源次之，而四极源可以忽略不计。根据这个分析，当我们在进行载货汽车的风噪声设计开发时，我们需要对可能产生单极声源的地方进行设计开发。

单极源是由体积流动引起的，例如在汽车中密封泄漏和排气管的排气孔等。双极源是在硬表面上的压力变化的声学影响，例如一个自由的或分离的流动，冲击到一个表面上。又例如：当流体经过后视镜时，流体先是分离，然后重新接触到车窗的表面上，冲击车窗玻璃，引起车窗玻璃上的压力变化。当流体流过一个表面时，其湍流在表面上产生剪切应力，从而产生了四极源，例如当流体流过后视镜时，在其尾流或在湍流剪力层中产生的剪切应力（图 9.2.1）。

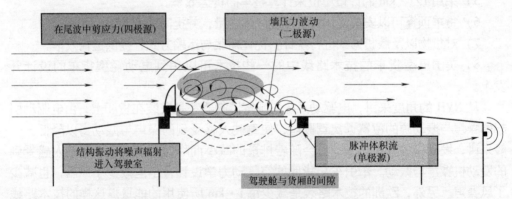

图 9.2.1　皮卡的典型风噪声源（俯视图）

风噪声的源都是因为有流体流速，这些流体流过外表凹凸不平的外表面引起湍流与涡流，这些涡流与湍流在外表面上起波动而引起流体动力学的声学效果。对于平头轻型货车驾驶舱与货厢之间的间隙，导流罩与货厢之间的间隙产生强烈的脉冲体积流的单极源，如图 9.2.2 所示。前轮的轮罩和驾驶舱地板下等都是单极源。这些单极声源产生比较强烈的风噪声。这些风噪声通过驾驶舱的钣金，传递到驾驶舱内，形成可感受到的噪声。因此，美国超级重型货车和欧洲的电动重型货车使用驾驶舱与货厢整体设计开发的设计理念，对于减小风阻力和风噪声都是需要我们推广的 NVH 设计开发理念。

图 9.2.2　平头轻型货车的典型风噪声源

9.2.2　载货汽车风噪声的评价

载货汽车的风噪声评价一般是采用声学风洞进行驾驶舱风噪声的测量，来衡量风噪声的大小与好坏。主要原因是风噪声的产生机制是车身外表面、流体的流体与声学的交互作用。这种机制对于流体流速、涡流与湍流有很大的关系，而这些物理现象对噪声的产生非常敏感，在道路上对车速的控制与流体的控制都比较困难。比如，对驾驶舱内风噪声影响最大的后视镜，它的尾流与再接触都是非稳定的。另外，风噪声的特点是对外部的局部表面的平滑性非常敏感。声学风洞能够对外界的干扰有很好的控制，因此风噪声的测量结果相对比较可靠。

风洞风噪声测量的风速为 130km/h。噪声测量的位置为驾驶舱内驾驶人左右耳和副驾驶左右耳。为了发现风噪声进入驾驶舱的路径，还可以在驾驶舱其他位置布置传声器。

如图 9.2.3 所示，为了体现侧风对载货汽车风噪声的影响，在风洞试验中设置了 5 个迎风角，它们分别是：0°迎风角（车辆运行时正面迎风的工况），正迎风角：10°，20°；负迎风角：－10°，－20°。这些非 0°迎风角代表了侧风对风噪声的影响（图 9.2.4）。实现这些迎风角的测量装置是在风洞中被测车辆的安装位置上安装旋转装置，使车辆在试验室的中心位置上可以旋转。

图 9.2.5 是一个典型的轻型货车的风噪在风洞中的测试结果，测量位置是驾驶人的左耳。通常，0°迎风角的风噪声最低。正迎风角的位置比相遇的负迎风角的位置的噪声要低，迎风角越大，驾驶人感受到的风噪声就越大。对于好的轻型货车来说，0°迎风角的风噪声可以做到 19son 甚至更低。

图 9.2.3   风洞试验

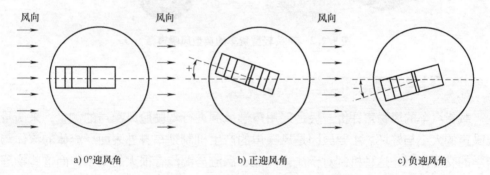

a) 0°迎风角   b) 正迎风角   c) 负迎风角

图 9.2.4   风洞风噪声试验中的迎风角

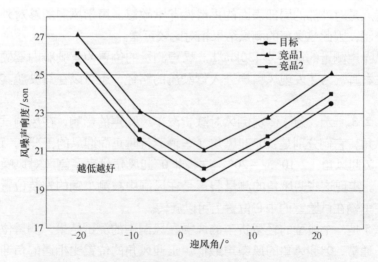

图 9.2.5   典型的轻型货车风噪声风洞试验结果（130km/h 时）

9.3 载货汽车的风噪声设计开发

载货汽车的风噪声设计开发基本遵循三个原则：考虑到载货汽车的风噪声产生原理，我们需要对产生风噪声的外部表面进行设计开发，使风噪声的噪声源部分尽可能地少产生噪声。在风噪声的传递路径上，尽可能地降低风噪声向驾驶舱的传递。对于已经传入驾驶舱的风噪声尽可能地进行衰减。

9.3.1 载货汽车风噪声的源及传递路径

引起载货汽车风噪声的声源都是由驾驶舱及相关的外表形状以及高速流体流过这些外表所产生的空气动力学与声学所确定。这些风噪声通过钣金的传递损失、驾驶舱的空气泄漏路径等传递路径传递到驾驶舱内。

表9.3.1中最左边的一列是产生风噪声源的部件。中间部分是动力密封与静力密封项。最后一列是风噪声的传递路径。对于噪声源的部分，在全新的车辆开发早期阶段进行设计开发，与车辆外形的设计一起进行开发。其中主要的部分是A柱与风窗玻璃，A柱与门玻璃的不同截面之间的光滑过渡。后视镜的设计对在车窗玻璃上产生的流体分离，尾波以及再接触等流体动力学现象有着非常重要的影响。导流罩与货厢之间的流体设计，驾驶舱与货厢之间的间隙也是产生单极声源的作用部分。车门、车窗等部件的动力密封与静力密封是阻止风噪声进入驾驶舱内的重要部件。当风噪声产生后通过车窗玻璃、风窗玻璃和各种钣金传递到驾驶舱内。其中最重要的路径就是驾驶人侧车门玻璃。因为这个部件离驾驶人左耳最近，而且左车窗玻璃是后视镜产生空气动力学与声学噪声的主要地方。

表 9.3.1 载货汽车风噪声的源路径与传递路径

不论风噪声的设计开发得多么好，制造与安装仍然是最后决定风噪声设计是否具有稳健性的一个重要因素。表 9.3.1 中的风噪声源、传递路径以及传递损失的信息不仅仅用来进行设计开发，也是要在原型机试制阶段，需要根据表 9.3.1 列出的项目对部件与系统进行检验。

风噪声的稳健性设计是风噪声设计开发的一个重要目标。如果某一个位置、每个部分，或某一局部设计失效，例如车门或车窗的密封的某一个部分失效，则会严重影响整车的风噪声性能，会引起驾乘人员的不满意。为了系统的研究风噪声的稳健性设计，我们可以在上面的目标分解表的基础上开发车辆的 DFMEA 的 P 图，为 DFMEA 设计开发提供基础知识。

主要有三个因素影响风噪声设计的稳健性：第一个是部件与部件之间的制造的不一致性，例如动密封与静力密封以及它们接触的金属部件之间的制造误差、驾驶舱焊缝的密封在实际装配时的不一致性等。第二个是装配过程的非一致性，例如门的设定位置与安装误差，门玻璃的设定位置与安装误差。第三个是部件的老化与磨损，例如密封材料的老化特性，活动玻璃与其密封的磨损，车门焊接的分离等。这些部件设计、制造的尺寸控制、安装流程与质量、生产与安装的一致性都会影响到整车风噪声性能的稳健性。

9.3.2　牵引车与货厢的一体化 NVH 设计开发

美国和欧洲载货汽车设计开发的一个重要的趋势是将牵引车与货厢作为一体进行设计开发，以便减少整车的重量、风阻与 NVH。这种新的开发趋势本身对减少载货汽车的风噪声也有着非常积极的意义。中国现在的状况是对货厢的设计大部分由货厢厂商设计制造，货厢设计简单、制造技术简单，因此进入的门槛比较低，能够生产货厢的厂家比较多，但具有多功能、多学科的货厢设计开发的厂商并不多，也许并不需要，因为现在大家更关心价格是否低廉。

载货汽车风阻减小技术最早发源于 20 世纪 70 年代，这些技术包括以下措施：

1）驾驶舱形状。

2）驾驶舱安装的导流罩。

3）货厢前端导流板。

4）驾驶舱侧护板。

5）货厢前端反射板。

6）牵引车-货厢间隙密封。

7）货厢侧护板。

8）货厢尾板。

1980 年左右的载货汽车-货厢组合的风阻系数在 0.8 ~ 1.0 左右。导流罩与侧护板可以使风阻系数减小 0.15 ~ 0.25。从图 9.3.1 我们可以看到：对于单体载货汽车（车头 + 货厢）导流板的减阻能力比牵引车 + 货厢在不同的迎风角情况下的效果要更好一些。

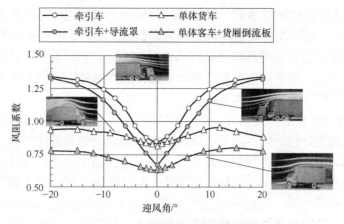

图 9.3.1　不同载货汽车的风阻减小

　　载货汽车与货厢之间的间隙以及载货汽车与货车的底盘下是产生风阻的两个地方。对这些地方进行处理会减小载货汽车风阻。如图 9.3.2 所示，载货汽车与货车的间隙进行了密封，并在牵引车上以及货厢上都安装了减少底盘下涡流的侧护板。

a) 牵引车-货厢间隙的密封(整车与模型)　　　　　　b) 侧护板

图 9.3.2　减小载货汽车风阻的两个方法

　　第一代减阻措施尽管效果很好，但有成本问题、维修问题和运营问题，这些装置没有得到普及。随着现代载货汽车尤其是电动载货汽车的发展，要求载货汽车的风动阻力更小，载货汽车的燃油效率更高，使人们又开始回顾过去开发的减小风阻的技术措施。他们对风阻系数的改进如图 9.3.3 所示。

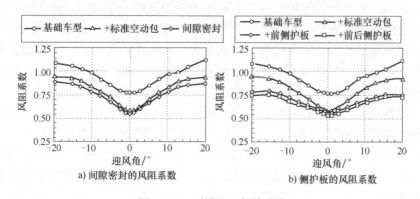

a) 间隙密封的风阻系数　　　　　　　　b) 侧护板的风阻系数

图 9.3.3　对风阻系数的改进

从图 9.3.3 中我们可以看到，使用标准空气动力学包或使用间隙的密封、使用前后侧护板都可以使整车在 0°迎风角的风阻系数减小将近 50% 、安装前后侧护板在 0°迎风角的情况下也可以使风阻系数减小将近 50% 。这些措施极大地提高了整车的燃油效率。如果按全寿命周期短运行成本核算，这些措施的收益将远远大于部件本身的制造与重量增加带来的成本增加。

从 NVH 设计开发的角度出发，牵引车与货厢一体化设计的主要内容应该是以风噪声为主。这些设计包括但不限于：导风罩与货厢之间的风噪声设计，牵引车与货厢之间的间隙风噪声设计，货厢侧翼板的设计开发，货厢顶篷的设计开发。对于重型货车牵引车而言，牵引车与货厢需要保持一定的间隙以便保证在转弯时牵引车与货厢之间不会产生干涉，而对于轻型货车而言货厢与驾驶舱之间的间隙是固定的。当流体流过驾驶舱导流罩或驾驶舱顶篷后接着流到货厢的前顶端。风噪声设计的理念是让这些流体从驾驶舱顶端的后边到货厢顶端的前边之间要尽可能平滑过渡，不产生单极源的噪声源。这些设计理念在驾驶舱或导流罩的形状等方面进行聪明的设计。图 9.3.4 所示是纳威司达公司在设计牵引车与货厢时的风洞烟雾流线试验结果。我们可以看到流体的流线能够比较流畅地流过驾驶舱导流罩与货厢之间的间隙。这个流线在流过货厢顶篷的前端时，基本上是很流畅的，没有产生涡流。

图 9.3.4　纳威司达公司的牵引车与货厢的流体验证

牵引车与货厢之间的间隙也是产生风噪声单极源的一个地方。沃尔沃公司的解决方案是在驾驶舱与货厢之间设计一个货厢侧护板，使流体流过这个间隙时不会产生涡流，其气流的流线是平滑过渡的（见图 9.1.3 中第 6 项措施）。尽管这些措施对减小风阻、降低风噪声是很有效果的，但重要的问题是如何设计、安装、维修这些装置，使它们能有经济效益并实施到量产车辆上。这是一个很大的挑战。

对于那些没有货厢、只有栅栏的皮卡或轻型货车，栅栏与轻型货车的后围板之间的间隙也是产生风阻的地方，在这个间隙中由于风噪声产生的声压水平是高于周边的声压，也是一个风噪声的一个单极声源。这个声源的处理可以采用两种方式：第一，采用工程解决方案密封这个间隙；第二，加强后围板驾驶舱内的声学包的吸声与隔声功能。

9.3.3　车门结构的设计开发

在车辆高速行驶时，因为车门内外空气流速的差异，绕过 A 柱的空气流产生一个涡流，这个涡流在车身上产生一个负压，这些作用产生一个推力，使车门在车门铰接与门锁的约束条件下有开门的趋势。这个向外的推力会使车门产生向外面的位移。如果我们考虑我们最关心的是驾驶人侧的车门，那么最大的位移是在左侧车门的最后段的顶点（图 9.3.5 中 A 点）。一般的要求是即使在最大车速时，那个顶点最大位移产生后车门的密封条还有 1mm 的压缩量，以确保即使在最坏的情况下车门的密封也不会出现泄漏。另外 B 点和 C 点也需要进行同样的检验。

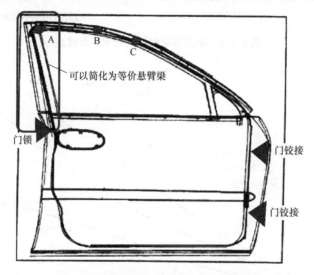

图 9.3.5　门密封在高速行驶时的检验点

可以利用计算流体动力学的 CAE 工具计算在车门上的压力分布。利用这个压力分布计算车门的位移。从材料力学的角度来看，车门最后面的最高点的位移可以简化为车门结构的悬臂梁上的端点位移，该悬臂梁承受着分布荷载，而悬臂梁在分布荷载作用下的端点的位移受到悬臂梁在固定端的抗弯截面模量的影响最大。因此我们可以根据弯曲梁的抗弯能力在动力荷载下进行车门的截面设计，保证在动力荷载情况下车门的位移不会超过设计标准，使车门密封失效的情况永远都不会发生。这种设计开发方法特别适合车门的早期设计。车门在早期设计期间要先进行车门主要截面的设计。

9.3.4　载货汽车封闭件密封的风噪声设计开发

大多数载货汽车的风噪声问题来自于密封。密封是影响风噪声最重要的部件，车门密封与车窗等密封是载货汽车风噪声的两个主要传递路径。密封的形状、压力、材料、摩擦、厚度以及与密封接触的金属的形状都影响着密封能否泄漏的效果。

密封的形状对于密封的泄漏状态有很大的影响。椭圆形密封的变形与泄漏状态如图9.3.6所示。从图9.3.7中我们可以看到，在相同压力差下与相同车速下，三角形密封不发生泄漏状态的压缩量要比圆形和椭圆形都要小。例如：车速为80km/h，三角形密封、圆形密封以及椭圆形密封要求的压缩量分别为1.0、1.5 与2.3mm。

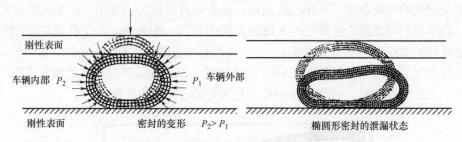

图9.3.6 椭圆形密封的变形与泄漏状态

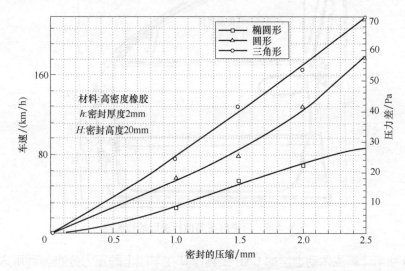

图9.3.7 不同密封截面形状对泄漏的影响

毫无疑问，材料对密封的功能有很大的影响。高密度的橡胶要比海绵橡胶需要更高的压力差才能出现泄漏；密封的厚度越大，泄漏需要的压力差就越大；密封的高度或外径越小，泄漏需要的压力差也越大，增加密封的摩擦系数可以增加泄漏需要的压力。这些影响因素在设计密封或评价密封的好坏时是一些很好的参考数据。

车门与车窗密封的功能是隔离驾驶舱内外的噪声与介质。它的工作环境是其两侧受到不同的压力。密封失效模式是在这个压力差的作用下密封与车门或车体失去接触而产生噪声或水等介质的泄漏。噪声工程师需要对产生风噪声泄漏发生的车速保守估计，以便确定在设计最高车速时不会产生密封的泄漏。这个密封泄漏速度可以用下式进行估计：

$$v_\infty = \sqrt{\frac{2}{2.25\rho}(P_2 - P_1)} \tag{9.3.1}$$

式中，v_∞ 是车辆密封产生泄漏的速度（m/s）；$P_2 - P_1$ 是密封车内与车外的压力差（Pa）；ρ 是空气密度，$\rho = 1.22\text{kg/m}^3$。

载货汽车的封闭件（门、窗等）是用来防止灰尘、水、雪等进入驾驶舱，同时也有声学用途：防止车辆运行噪声（发动机噪声、道路噪声、风噪声）进入驾驶舱。但是当我们设计（包括工艺孔等的封堵）防止灰尘、水与雪进入驾驶舱的密封时一定要注意：防尘、防水、防雪的密封不一定能够防止噪声进入驾驶舱。防尘等的密封可以是很薄、很轻的塑料薄片，既轻又便宜，可以起到很好的作用，但是这些措施不能防止噪声进入。原因就在于声学中的质量定理。声学中的质量定理这样阐述：一个物体的声传递损失与该物体的面密度成正比，面密度每增加一倍，其声传递损失增加 6dB。根据这个定理，塑料薄片的面密度几乎是零，声传递损失几乎是零。

推荐的增加气密性以及对多余孔洞的封堵材料是约束阻尼片，如图 9.3.8 所示。这种阻尼片有一层铝箔，下面是有黏性的阻尼材料，对于气密性与噪声都有很好的阻挡作用。

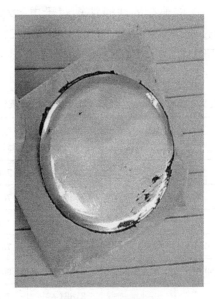

图 9.3.8　约束阻尼片

9.3.5　风洞风噪声贡献试验

当载货汽车的原型机已经制造出来，或者说已经量产的产品出现风噪声问题，我们需要在风洞中做试验，确定产生风噪声问题的根本原因。这个试验过程是通过确定风噪声的主要贡献者来实现的。试验过程是在风洞中首先确定原型机的噪声状态。然后将车门、车窗、玻璃、排气阀等开闭件用密封条密封起来，假定这些密封条没有任何泄漏，再做一次风噪声试验。这两个客观数据之差就是我们密封条能够达到的最大的密封作用。然后每一次去掉一部分的密封条，例如左侧车窗的密封条、左侧车门上部的密封条、左侧车门下部的密封条、左侧后视镜座的密封条、左侧车门把手的密封条等，评价每一个部件对风噪声的贡献，得出最大的风噪声贡献者。这样就可以确定影响风噪声的一些主要因素，然后针对这些风噪声问题进行分析，找出工程解决方案。

还可以使用增加声学包的吸声与隔声功能的措施来减小车辆的风噪声，例如顶篷软饰上面增加吸声能力，后围声学包的加强等措施，在关键部位增加内饰对风噪声的吸声功能。

9.4 电动载货汽车的加速噪声

载货汽车的噪声比乘用车更大，对环境有噪声污染，因此国内外都对载货汽车的噪声发布法律法规加以规范化。欧盟的 ECE Regulation R 51 针对乘用车、载货汽车的通过噪声进行规范，提出通过噪声的限值。欧盟的 ECE R 117 对轮胎的滚动噪声进行规范。这些现存的法律法规对于电动/氢气动力的车辆一样适用。中国的载货汽车通过噪声的法规是 GB 1495—2002。如果载货汽车用于出口，那么必须满足出口国的加速噪声限值。各国/地区载货汽车加速噪声限值见表 9.4.1。

表 9.4.1 各国/地区载货汽车加速噪声限值

车 型	日本/保安基准第 30 条	中国/GB 1495—2002	欧盟 ECE R51-02 系列	美国/40 CFR Ch. I (part 205)
M1		74dB(A)	74dB(A)	
M2，N1/(GVW≤2t)	76dB(A)	76dB(A)	76dB(A)	—
M2，N1/(2t<GVW≤3.5t)		77dB(A)	77dB(A)	
M2（GVW>3.5t），M3/(P<150kW)	80dB(A)	80dB(A)	78dB(A)	
M2（GVW>3.5t），M3/(P≥150kW)	81dB(A)	83dB(A)	80dB(A)	最大总质量 4536kg 以上的汽车新产品低速噪声值不能超过 80dB(A)
N2，N3/(P<75kW)	80dB(A)	81dB(A)	77dB(A)	
N2，N3/(75kW≤P<150kW)		83dB(A)	78dB(A)	
N2，N3/(P≥150kW)	81dB(A)	84dB(A)	80dB(A)	

从表 9.4.1 可以看出，中国轻型货车与重型货车的加速噪声限值普遍高于欧盟的限值。以重型货车为例，中国的重型货车加速噪声限值 84dB(A) 高于相应的欧盟限值 80dB(A)。中国重型货车的加速噪声限值与欧盟相比，不超过美国的限值更容易实现。但是作为出口的那些重型货车，这些噪声必须得满足 ECE 的噪声限值标准，这也是一项极具挑战性的 NVH 设计开发工作。

9.4.1　电动载货汽车的加速噪声特点

电动载货汽车相对于传统发动机载货汽车更安静，电动载货汽车的加速噪声也相应地低于相对应的传统发动机的重型货车的加速噪声，这也是可想而知的。图 9.4.1 所示为电动载货汽车与传统发动机载货汽车之间距离载货汽车 7.5m 处的不同车速的加速噪声。我们可以看到电动载货汽车的加速噪声比传统发动机载货汽车的加速噪声要低许多，电动载货汽车即使在时速为 80km/h 时 7.5m 外的噪声仍然低于 80dB(A)，即不用采取任何声学措施也可以满足美国甚至欧盟最严厉的加速噪声限值。

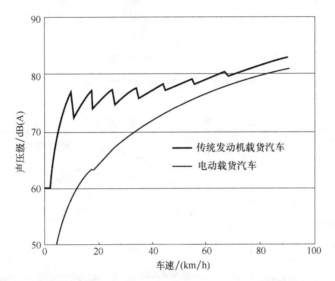

图 9.4.1　不同的载货汽车在不同车速下的加速噪声

9.4.2　电动载货汽车的加速噪声的传递函数

电动载货汽车的加速噪声是电动机、变速器和轮胎等不同声源的单独或共同作用的结果。区分它们对加速噪声的贡献进而采取针对性的设计开发措施降低加速噪声是非常关键的。运行路径分析（Operational Path Analysis，OPA）是一个快速的比较实用的分析加速噪声贡献的方法。

$$y_i(\omega) = \sum_j^N TF_{i,j}(\omega) P_j(\omega)$$

式中，$TF_{i,j}(\omega)$ 是目标与参考点之间的传递函数；$P_j(\omega)$ 是接近于声源位置的测量的运行响应（图 9.4.2）。

以一辆福特全顺电动载货汽车为例子的加速噪声的运行路径分析方法的展示，我们从图 9.4.3 中可以看到，该电动载货汽车的最大加速噪声低于 75dB(A)。电机与左右轮胎的贡献在不同的位置是不同的。在该载货汽车开始进入测量区时，轮胎的贡献是主要的，而且右侧轮胎比左侧的贡献要大（因为参考传声器在右侧），电机的贡献逐渐加大，达到 3s 后成为主要贡献，而且 30 阶贡献是非常明显的（需要查看测量电机的数据）。如果加速噪声高于法规限值，这些贡献分析的结果就为我们提供了加速噪声过大的根本原因，因而为解决加速噪声过大找出工程解决方案提供了一个依据。

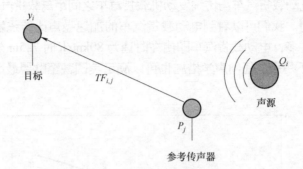

图 9.4.2　运行路径分析方法原理

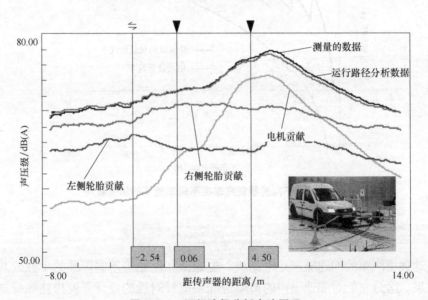

图 9.4.3　运行路径分析方法原理

参 考 文 献

［1］ DELGADO O，LUTSEY N. The U. S. Truck Programs：Expediting the Development of Advanced Heavy- Duty Vehicle Efficiency Technologies ［R］. ICCT White Paper，2014.

［2］ ROTZ D，SISKEN K. Super Truck Program：Vehicle Project Review ［R/OL］. 2011.

［3］ KOEBERLEIN D. Technology and System Level Demonstration of Highly Efficient and Clean，Diesel Powered Class 8 Truck ［R/OL］. 2013.

［4］ AMAR P. Super Truck Volvo ［R/OL］. 2015.

[5] NINE R, CRAVEL R. SuperTruck-Development and Demonstration of a Fuel-Efficient Class 8 Tractor & Trailer [R/OL]. 2016.

[6] BARBARINO S, KYNCL J, MARTINEZAVILA M. Performance Measures and Metrics for a Hybrid on Demand Truck-Trailer Configuration: An End User Perspective [R/OL]. http://www. transformers-project. eu, 2013.

[7] BLUMRICH R, HELFER M. Application of Wind Tunnels for Automotive Aeroacoustic Development [R]. NATO, STO-EN-AVT-287, 2017.

[8] BROWAND F, MCCALLEN R, ROSS J. The Aerodynamics of Heavy Vehicles II: Trucks, Buses, and Trans, Lecture Notes in Applied and Computational Mechanics [M]. Vol. 41, Springer-Verlag, 2009: 161.

[9] COOPER K. Truck Aerodynamics Reborn- Lessons from the Past [J]. SAE Paper # 2003-01-3376, 2003.

[10] GUR Y, MORMAN K, SINGH N. Analysis of Door and Glass Run Seal Systems for Aspiration [J]. SAE Paper# 971902, 1997.

[11] HARTLEY C, Simulating the Static and Dynamic Response of an Automotive Weatherstrip Component [J]. SAE Paper # 2011-01-1602, 2011.

[12] MARBJERG G. Noise From Electric Vehicles- A literature Survey [R]. 2013.

[13] IVERSEN L. Measurement of Noise from Electric Vehicles and Internal Combustion Engine Vehicles under Urban Driving Conditions [R/OL]. http://www. compett. org, 2015.

[14] LISSEL L. Pass-by Noise Contribution Analysis of Electric Vehicles [D]. KTH Engineering Sciences, Stockholm, Sweden, 2013.

第 **10** 章

电动汽车的外噪声以及低速警告声的设计与开发

纯电动汽车和混合动力电动汽车可以减少对环境的噪声污染，但同时也会降低行人知晓是否有汽车在其身边的能力，特别是当行人是盲人或有视觉与听觉障碍的人时，因此它们会对行人的安全构成威胁。特别值得关注的是，当电动汽车以及混合动力电动汽车以最低速行驶时使用电机系统进行驱动，而这时轮胎噪声与风噪声都不是主要噪声源。在城市运行的情况下低速运行时，电动汽车或混合动力汽车的车辆噪声大大地减小了。增加了对于那些依靠发动机噪声探测车辆与他们之间的距离、相对位置以及车辆行驶行为的人们所面临的安全风险。

10.1 电动汽车与传统汽车的外噪声

在低速时，混合动力与纯电动汽车所产生的声音小于传统内燃机汽车所产生的声音，而在高速时，轮胎噪声与风噪声是车辆噪声输出的主要贡献者，所以在高速行驶时，由混合动力汽车、电动汽车以及传统内燃机汽车所辐射的声音是类似的。因为这个声学上的差别，行人或骑自行车的人可能不知道在他们附近有混合动力与纯电动汽车的存在。所以电动汽车与混合动力电动汽车所涉及的事故率要比传统汽车的事故率高，混合动力电动汽车所涉及的与行人之间发生事故的可能性比传统内燃机汽车高出两倍，这些车辆与行人发生碰撞的条件主要是车辆进行减速、停车、倒车、进入或离开停车场时发生的，而在这种情况下混合动力电动汽车与传统汽车的最大的差别就是由车辆产生的噪声。美国政府机构采用 24297 辆混合动力汽车与100 万辆传统发动机车辆，共 16 个州的数据，选择了 186 次混合动力车辆、5699 次内燃机车辆与行人的碰撞事故，选择了 116 次混合动力汽车、3052 次内热机车辆与骑自行车人的碰撞事故作为研究对象。这个事故率对于自行车而言是 1.57，这就是说，混合动力或电动汽车比传统内燃汽车涉及与行人的碰撞的可能性的 1.57 倍，对行人则是 1.35 倍。盲人团体认为车辆变得越来越安静而且对行人构成了不安全的因素，因为对于盲人来讲他们需要判断交通流动的唯一信息就是交通的声音。特别是当电动汽车与混合动力汽车大量生产投入市场时，这个关注变成了担心与忧虑。因为盲人使用声音来判定车辆的位置与速度以避免危险情况出现。试验证明，传统发动机的噪声的消失可能极大地影响盲人对确定车辆是否接近他们的判断能力。

为了保护这些人的安全，各国都立法要求电动汽车主机厂设计安装外警告声音系统，向附近的行人提供车辆运行位置、速度的提醒声音信息。美国为了减少行人的碰撞风险，特别是那些盲人以及有眼疾的行人的碰撞风险，并满足 2010 年颁布的加强行人安全的法案中的强制性要求，在 2016 年 11 月 10 日签署了最终版本的《混合动力与纯电动汽车的最低声音要求》。日本在 2010 年发布了关于电动汽车警告声音的指导规则。联合国也发布了类似的规则。中国也发布了关于电动汽车在低速时的警告声国家标准。

10.2　电动汽车低速警告声的设计与开发

一种解决方式就是电动汽车或混合动力车辆以传统车辆的发动机发出噪声的同样方式发出一种人造的合适的警告声。这种警告声应该是什么样的呢？这种警告声应该提供至少等价于由传统内燃机车辆所辐射的声音，盲人或听力或视力受损人对声音的偏爱使得当混合动力与电动汽车接近他们时他们能够感知到车辆，而且这种警告声对于所有的行人来说是直观的。另外，可利用声学心理学模型以及人的主观评价试验来开发警告声的可探测性、覆盖效应与传统车辆一样的声音可认知性以及其他警告声的选项。

人们对车辆警告声音的认知包括两个方面：一个是人们可以认知从车辆发出的声音，另一个是从声音中认知到车辆的运行条件（定置、运行速度和运行方向等）。行人可以根据这些声音的认知而采取适当的行动来避免碰撞的风险。研究结果表明，那些包含了宽带声分量以及单音分量的声音更有可能被认知为车辆。那些仅仅包含了高频分量的声音具有一种合成的特点，那些包含了低频单频与宽带分量的声音更像内燃机车辆发出的声音，具有强单频分量的声音是更可探测的。

最直接的方法就是模拟内燃机车辆的噪声。这样就要求对传统车辆辐射的声音进行测量与分析，分析出传统车辆辐射声音的声学特点、统计特点和声学心理学特点，在此基础上提出声音可探测性的声学参数要求、可认知性要求以及警告声的最低要求。这种概念是建立在这样的假设上：在低速运行时传统内燃机车辆辐射一个可接受的噪声，电动汽车的警告声基于实际车辆的频谱特性的统计平均。警告声的可辨认性比其可探测性更复杂。大多数声音，包括那些由内燃机车辆辐射的那种复杂的声音，除了影响人们感知的响度与频谱分布之外还有许多特性，例如提升时间、滞后时间、重复率、音调与响度的波动，以及声的各种分量之间的相位关系。要确定混合动力电动汽车或纯电动汽车的最低警告声，需要对内燃机汽车在低速运行时辐射的噪声进行测量，然后对这些噪声进行统计分析，找出现实世界内燃机汽车噪声的频谱特性，然后确定电动汽车的最小警告声。

既然是人造警告声音，那么就可以设计它，就应该以最小的成本去实现一个优化的车辆存在的警告声音，这包括声音的特性（大小、声音的频率谱、声特点等）以及声源的构架（有几个声源，声源放到什么位置上等），盲人听到警告声能否认为是车辆发出的声音（识别度），要考虑警告声音的接受者对警告声愉悦的感受、他们的听力敏感性、声学心理学、年龄等因素，还有声音的方向性和环境噪声的覆盖效应。同时还要考虑不能使警告声成为新的环境噪声污染源，更不能成为车内噪声的新声源。

关键频率区域是将声学心理学原理应用到一个特定环境条件下而确定的一组 1/3 倍频程频带。确定这组关键频带的目的就是确保从一个车辆发出的警告声对于一个行人来说在一个合理的距离内是可以探测到的。因为环境噪声覆盖效应以及行人的潜在的失聪，如果警告声的信号在一个很宽泛的频率范围内包含可探测的声学分量，那么警告声的探测机会将被最大化。

人对声音的位置的确定是通过头脑的多重的神经生理学的过程来处理耳朵听到的声音信号，来确定声音的位置，而且每一个神经生理学过程都有它们自己最有效的频率范围。高于 1600Hz 的声音，由人耳廓特性引起的耳间水平的差别变成主要的方向性提示信号。声源与行人之间的频率与角度方向性之间的组合会造成方向性提示信号的抵消。因此，只有当警告声包含了多重可听信号的高频分量时，行人才最有可能准确地定义声源的位置。

人们对不同频率的响度的相对感知敏感性是随着不同的响度而变化的。

总的 A 记权警告声的水平、频谱内容、1/3 倍频程频带和心理声学证明：在强信号强度下与相对低的环境噪声下，行人更容易探测到在 1600 ~ 5000Hz 之间的频率分量的警告声，而低于 315Hz 的频率分量的警告声则容易被城市环境的周边噪声所覆盖。事实是：许多人都是高频失聪，所以 300 ~ 5000Hz 的声音是对探测声音最有用的频段。非常高频的声音（大于 5000Hz）虽然没有被覆盖，但年龄比较大的人听不到，而且警告声的装置是放在前横梁上，在格栅的后面，因此高频声音的辐射并不是很有效。因此警告声应该合理地定为 315 ~ 5000Hz 的 1/3 倍频程之内。

表 10.2.1 代表了电动汽车在不同运行中的警告声的最低总噪声。

表 10.2.1　车辆运行的最低总噪声

车辆运行状态	最低总噪声/dB（A）
9.6km/h	61.1
16km/h	63.6
24km/h	68.1
32km/h	70.2
加速	66.7
起动	70.7
怠速	55.2

混合动力电动汽车或纯电动汽车发出的警告声大小必须与所估计的传统内燃机汽车所发出的声音至少一样。从安全的角度来讲，表 10.2.2 代表了一个确定混合动力与电动汽车需要发射的声音大小，使一位行人能够在一个需要的安全的距离之内探测到车辆的存在的保守方法。

　　这些警告声的频谱的最小值见表 10.2.2。

表 10.2.2　A 记权 1/3 倍频程声频谱　　　　［单位：dB（A）］

1/3 倍频程 带宽中心频率/Hz	9.6km/h	16km/h	24km/h	32km/h	加速	起动	怠速
100～20k	61.1	63.6	68.1	70.2	66.7	70.7	55.2
315	43.9	46.9	50.2	52.5	49.8	44.2	37.3
400	46.5	48.7	53	54.1	51.4	46.6	39
500	47.9	51.2	55.6	57.1	53.4	51.8	42.1
630	49	52.5	56.9	59.1	54.6	52.4	42.3
800	51.1	54.6	59.5	62.3	55.1	55.2	43.2
1k	51.4	55.2	60.2	63.2	55.6	57.8	44.9
1.25k	52.2	54.6	59.6	62.2	57.2	60.5	46.3
1.6k	52	54.3	58.8	61.3	57	61.1	45.4
2k	50.3	52	56.1	57.9	55.7	60.5	44.6
2.5k	49.1	50.3	53.9	54.9	55.1	61.1	43.8
3.15k	48.6	49.2	52.4	52.1	54.9	61.6	44.1
4k	46.9	47.5	50.5	49.5	53.2	60.9	42.4
5k	44.1	45	47.7	46.4	50.8	59.2	40.3

　　传统内燃机汽车的声音在所有频率中都有声能量分量（例如 100～20kHz）。但是声学心理学的模型证明：在 1/3 倍频程中，从 1600Hz 到 5000Hz 范围的声学能量分量中对人们探测声音是贡献最大的，而 315Hz 到 1600Hz 的声音能量分量则贡献为附加的探测与声调的信息。事实上内燃机车辆所发出的声音的频段要比表 10.2.2 中频率范围要大得多，而这些频段外的声音也可能对车辆的探测是有贡献的。这里所提出的最低 1/3 倍频程频带要求代表了一个合理的方法并确保混搭与电动汽车至少跟内燃机车辆一样是可以探测的。表 10.2.2 列出的声音规范是可以探测和认知的，而且不会产生环境噪声污染。如果混合动力电动汽车的警告声满足表 10.2.2 中的声学要求，那么这些车辆将把混合动力电动汽车与行人之间碰撞风险减少到与内燃机车辆与行人之间的碰撞的同样的风险水平。满足表 10.2.2 的要求的警告声将与传统车辆一样是可探测的，行人能够对车辆的存在进行判断并作出反应，从而避免与车辆发生碰撞。

　　美国的警告声法规中没有要求这些警告声是如何由电子装置产生的，因此如果主机厂希望满足由法规规定的最低的声水平要求，不管是车辆的动力总成，还是其他车辆的部件，这种制造上的灵活性是没有任何限制的。

10.3 设计实例

日产开发了用于大批量生产的电动汽车的警告声系统，如图 10.3.1 所示。这个警告声系统是为了考虑三个方面的关切，即行人的可探测性、驾驶人与附近的安静环境。

日产的设计规则如下：

1）警告声是可以被认可为车辆的声音。

2）警告声的声调与车速成正比。

3）与传统内燃机车辆的声音大小相类似。

4）声音有未来的品牌形象。

5）在各种环境背景声音下，行人都可以很容易地听到，但要为驾驶人与邻居保持一个安静的环境。

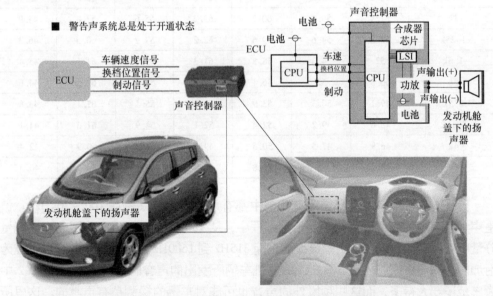

图 10.3.1　日产混合动力/电动汽车声警告系统硬件与软件

日产警告声根据人耳的结构特点，人的听力的敏感性与年龄的关系，以及环境噪声的特点，设计了一个警告声声功率谱。这个频率谱的特点是有"两峰一谷"的特点。如图 10.3.2 所示，600Hz 的峰值是为了年龄大的人就可能失聪的特点而设计，2.5kHz 是人耳频率结构最敏感的频率而设置，而 1kHz 的峰值是为环境噪声而设计的峰谷值，因为他们在繁忙的十字路口测得的噪声频率谱说明在 1kHz 上有一个峰值。

对于警告声时间域的声学特性，因为调制的声音相对于没有调制的声音更容易

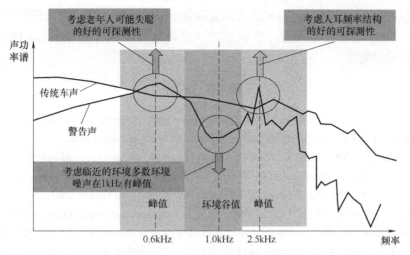

图 10.3.2　日产电动汽车警告声声学特点

被探测到，在声音时域上的特点是声调与车速成正比。行人可以根据声调与速度的变化探测到车辆接近行人的加速或减速的行进特性。

　　日产使用 SAE 2889-1 的加速噪声（车辆中心线距离测量点 7.5m）的测量方法来确定警告声的音量的大小。他们使用 7 辆不同的在市场上销售的车辆，5 辆传统燃油车辆，1 辆混合动力汽车，1 辆纯电动汽车，10km/h 速度下测量通过噪声。比较结果如图 10.3.3 所示。我们看到即便是传统燃油车辆 1.8L 的噪声也比混合动力与纯电动汽车的通告噪声要高许多。因此他们决定警告声应该获得等价于日产传统燃油车辆 1.8L 在 10km/h 速度时声音的音量。实际数值为 55dB（A）。

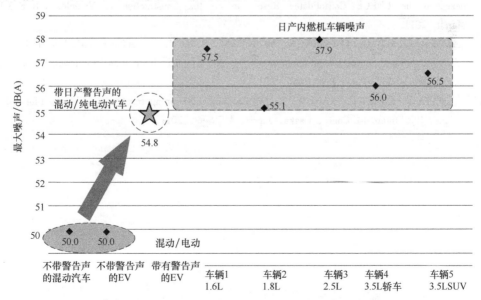

图 10.3.3　在车速为 10km/h 时通过噪声音量比较结果

这些设计方案需要在听力实验室以及现实世界中进行主观评价试验，试验人是视力受损的人。这些试验确认了具有这些声学特性的警告声比内燃机车辆有相同的或更好的可探测性。

参 考 文 献

[1] GARAY VEGA L, HASTINGS A, POLLARD, J K, et al. Quieter cars and the safety of blind pedestrians: Phase I [R]. NHTSA Technical Report DOT HS 811304, 2010.

[2] HASTINGS A, POLLARD J K, GARAY VEGA, L, et al. Quieter Cars and the Safety of Blind Pedestrians, Phase 2: Development of Potential Specifications for Vehicle Countermeasure Sounds, Final Report [R]. NHTSA Technical Report DOT-VNTSC-NHTSA-11-04, 2011.

[3] WU J, AUSTIN R, CHEN C L. Incidence Rates of Pedestrian and Bicyclist Crashes by Hybrid Electric Passenger Vehicles: An Update [R]. NHTSA Technical Report DOT-HS 811 526, 2011.

[4] HANNA R. Incidence of pedestrian and bicyclist crashes by hybrid electric passenger vehicles [R]. NHTSA Technical Report DOT HS 811204, Sept. 2009.

[5] GOODES P. Investigation into the Detection of a Quiet Vehicle by the Blind Community and The Application of an External Noise Emitting System [J]. SAE Paper # 2009-01-2189, 2009.

[6] 中华人民共和国国家标准（征求意见稿）：电动汽车低速行驶提示音技术要求，2016.

[7] US DOT and NHTSA, Federal Motor Vehicle Safety Standards; Minimum Sound Requirements for Hybrid and Electric Vehicles, 49 CFR Part 571 and 585, RIN 2127-AK93, Nov. 10, 2016. www. gpo. gov/fdsys/search/home. action.

[8] Guideline on Measures against the Quietness of Hybrid Vehicles, etc. , Japan, September 2010.

[9] World Forum for Harmonization of Vehicle Regulation of the United Nations Economic Commission for Europe (UNECE) Guidelines Covering Alert Sounds for Electric and Hybrid-Electric Vehicle as Annexed to the UNECE Consolidated Resolution on the Construction of Vehicles (R. E. 3), March, 2011.

[10] AUWERAER H V D, JANSSENS K, SABBATINI, S, et al. Designing Electric Vehicle Exterior Sound and Sound Source Design for Increased safety [C]. 15th International Conference on Experimental Mechanics, Paper Ref: 2656, 2012.

[11] TABATA T, KONET H, KANUMA T. Development of Nissan approaching vehicle sound for pedestrians [C]. Internoise Conf. , Osaka, Japan, 4-7 Sept. 2011.

第 11 章
电动汽车控制系统的 NVH 策略

无论是纯电动汽车，还是混合动力汽车，或是增程式电动汽车，都有它们独特的控制器。这些控制器根据车辆运行状态和各系统的状态，使车辆能够在最安全、最经济的状态下稳健、准确地执行驾驶人操作车辆的指令与使用车辆的运行意图。车辆的控制器是在驾驶人不知情的情况下，根据设计开发人员设计的一系列设计规则，并根据这些规则形成控制指令，通过软件或硬件的形式在车辆运行时执行这些指令，确保车辆能够按照驾驶人的指令与意图进行运行。

电机与传统发动机相比，是一种更简单的动力机器，它只是一种旋转机械（传统发动机是从直线往复运动到旋转运动），可以通过电流与电压进行控制。随着电子控制器的技术发展，这为控制电动汽车的电动机/发电机的 NVH 提供了一个商业机会与应用窗口。

控制器可以用来进行车辆 NVH 方面的应用，利用控制策略减少车辆的 NVH 问题。许多车辆的 NVH 问题都可以通过控制器进行控制，是一种主动 NVH 控制。与主动 NVH 控制不同的地方是，许多 NVH 控制方法不需要物理的执行器去产生反向的振动与噪声去抵消产生的振动与控制，而是利用电磁原理或其他物理原理去控制噪声与振动，或选取最优的 NVH 运行点的方式减少振动与噪声，这些 NVH 控制方法是不需要额外的、物理部件或系统，因此这种减振减噪方法是一种低成本的具有自适应性的 NVH 控制方法。

11.1 电机的实时振动消除控制策略

对于增程式或纯电动汽车，电机提供变速器连接到驱动轴，或直接安装到车轮上。这种简单的驱动方式从设计制造的角度来讲是一个优点，从系统的动力反应速度来讲也是一个优点，但从 NVH 角度来讲可能成为一个缺点。如果电机本身的振动没有控制好，就可能直接传给驱动系统，甚至放大电机的振动。因此对电机的振动控制可以是一个更经济甚至是更紧迫的任务。

因为定子是开槽的，定子与转子之间的气隙是不均匀的，加上转子的偏心率、电磁的不均匀性等因素，感应电机的输出转矩是波动的，这是电机的振动与噪声源之一。这些感应电机的输出转矩波动会引起电机轴的低频转速波动，引起车辆的振动，其高频转矩波动可能引起电机轴与壳体的振动，推动其周边的空气产生波动而辐射出噪声。

控制电动转矩波动的一个重要步骤是建立实时电机转矩波动估计模型，然后根据该模式建立控制系统，提供控制策略，从而控制电机的转矩波动。

$$T_e = \frac{3}{2}\frac{p}{2}\{\lambda_m I_{q(0)} + (L_{d(0)} - L_{q(h)})I_{d(0)}I_{q(0)}\} + \frac{3}{2}\frac{p}{2}\{(L_{d(0)} - L_{q(0)})(I_{d(0)}I_{q(h)} +$$

$$I_{d(h)}I_{q(0)} + I_{d(h)}I_{q(h)}) + (L_{d(h)} - L_{q(h)})(I_{d(0)}I_{q(h)} + I_{d(h)}I_{q(0)} + I_{d(h)}I_{q(h)})\}$$

$$= T_{e(0)} + T_{e(h)}$$

式中，$T_{e(0)}$ 是直流转矩分量；$T_{e(h)}$ 是产生电机振动的转矩波动的谐波分量。

NVH 控制策略就是要有效地消除这个产生电机振动的转矩波动谐波分量。转矩波动模型对根据转矩命令执行的电机的转矩波动进行实时估计，其结果如图 11.1.1 所示。

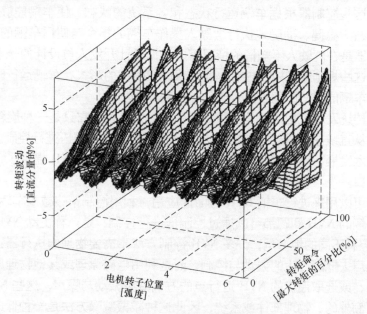

图 11.1.1　转矩波动模型的输出

从图 11.1.1 中我们可以看到，在每个电机转子的位置上，转矩波动不同。另外，电机转速都相当快。如果根据计算结果后输入反向的控制电流来抵消转矩波动谐波分量，有一个时间滞后，因此需要对这个时间滞后进行补偿，这就是电机转子位置补偿器。

$$\theta_{r\_修改} = \theta_r + \frac{\mathrm{d}\theta_r}{\mathrm{d}t}(t_1 - t_0)$$

式中，θ_r 是测量的转子位置；$\theta_{r\_修改}$ 是补偿的转子位置；t_1 是发出补偿信号时的时间；t_0 是模型输入或测量时的时间。

从电机轴到车轮的驱动线的频率特性也要考虑，这样控制器对转矩波动的消除效果会更有效，频率补偿器为：

$$T_{补偿} = \alpha T_{波动} + \beta$$

式中，α 是幅值的修正系数；β 是相位修正值；$T_{波动}$ 是转矩波动模型的输出。

这种振动实时消除控制策略的效果是非常明显的，如图 11.1.2 所示，根据试验结果，转矩的波动可以消除 80%，转速波动可以减少 70%，振动加速度可以有效地减小 90% 以上。

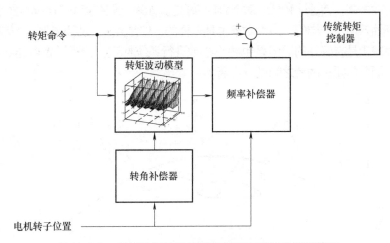

图 11.1.2　使用转矩波动模型的振动实时消除控制策略

11.2　发动机运行点的 NVH 控制策略

对于混合动力或增程式电动汽车，都是使用发动机发电，对动力电池进行充电，增加续驶里程，减少客户对电动汽车的续驶里程的焦虑。这些发动机通常是减小了排量和缸数减少了的发动机，例如 1.5T 的三缸机。非专业的驾乘人员理所当然地认为缸数减少、排量减小后，发动机的噪声会相应地减小。其实恰恰相反，混合动力或增程式电动汽车在某些运行状态的噪声比传统发动机的噪声更高，原因并不是因为小排量、少缸数的发动机本身比传统的发动机噪声高，而是电动汽车的发动机在发电时的工况的转速要比传统发动机在同样整车工况下的转速要高。例如，在驻车时，传统发动机的怠速转速都比较低（600 ~ 750r/min），而电动汽车在驻车发电时发动机的转速都比较高（1000 ~ 2000r/min）。

发动机用来发电，对动力电池进行充电。那么发动机的噪声将会成为电动汽车（混合动力和增程式）的主要噪声源。我们除了可以对发动机进行 NVH 标定以减小发动机本体辐射的噪声外，还有可以采用一些 NVH 优化措施。发动机的噪声与发动机的转速成正比的。根据试验数据统计的经验公式，在满载情况下发动机转速在直到 2400r/min 每增加

10倍，发动机的总噪声增加24dB。在高于2400r/min后，转速每增加10倍，发动机总噪声增加40dB。根据经验公式，以2000r/min为基础，如果将发动机转速从2000r/min降低到1900 r/min，发动机辐射的总噪声（1m处测定的）可以减少1.1dB(A)。根据这个原理在选择发动机发电的工作转速时尽可能地选择比较低的发动机转速作为工作点。例如，我们可以选择发动机在最佳经济性的点上运行，如图11.2.1中的点a。但在这个运行点上，发动机并不在最大功率点上，可能导致发动机排量选择偏大，但好处是有很大的富余功率可以使用。另一个运行点选择是点b。在发动机在运行点b上有非常接近最大的发动机功率，可以满足车辆的加速与爬坡的功率需要。点a与点b相比，从NVH角度上来看，点a的效率高，转速比较低，对NVH有好处。如果我们在点b与点c进行比较，两者之间的燃油效率是一样的，最大功率也是一样的，但是点c与点b相比，转速比较低，因此对噪声减少是有好处的。但是也要小心地进行系统标定，转矩增大可能导致发动机振动增加，因此需要在两者之间进行平衡。

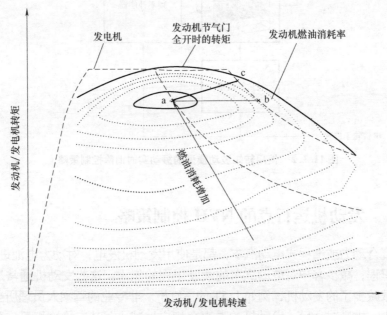

图11.2.1　发动机运行点的选择

11.3　空调系统的热舒适性优化与节能控制策略

纯电动汽车或增程式电动汽车是使用电池的能量驱动空调暖风系统，所使用的电池能量很大。这将使电动汽车的续驶里程减少50%～60%，增加了客户对电动汽车的续驶里程的焦虑，同时也降低了电动汽车的经济效率。根据美国能源部国家再生能源实验室的数据，在−6℃环境中最大暖通模式运行下，电动汽车的续驶里程减少59.3%，在35℃环境中最大冷却模式运行下，电动汽车的续驶里程减少53.7%。

他们采用减少热荷载的方法，以减少用于空调暖通的能量，增加电动汽车续驶里程。这些措施都是硬件方面的应用，例如增加顶篷的隔热、反射太阳光、加遮光措施、加热转向盘、座椅与地板以及分区域空气管路等。从控制与软件方面的改进是设计高效率的算法对电动汽车的空调系统进行控制，达到节省能量并保持客户的热舒适性感觉。其优化目标是满足热舒适性与安全标准的同时使用最少的能源消耗。这种优化目标是通过一种简化的可预测的控制模型来实现的。

可预测型的控制模型是通过车辆的热平衡方程建立热平衡预测模型，汽车热平衡的项包括太阳热辐射、车身热传递、空气的吹入与流出、空气的流速等，如图11.3.1所示。

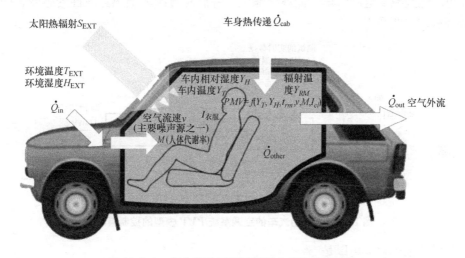

图11.3.1　车内的热平衡及驾乘人员的热舒适性

HVAC系统的主要目的是为驾乘人员提供热舒适性，也就是在寒冷或炎热天气环境下通过消耗一定的能量为驾乘人员提供在车中的热舒适性感受。那么如何使用最少的能量获得最大的驾乘人员的热舒适性感受呢？使用最少能量驱动的空调系统，特别是使用最少能量驱动的风扇（鼓风机/空压机）系统，在某种意义上来讲也是最安静的空调系统。

根据国标GB/T 18049—2000，ISO 7730：1994，热舒适性可以通过预计平均热感觉指数（PMV）与预计不满意者的百分数（PPD）两个参数进行数学描述。这两个热舒适性与许多环境与个人的特性相关，从心理学的角度来讲，当环境与人体之间达到热平衡时人体就会获得热舒适性的感觉。因此可以根据这些环境参数与个人参数建立预测性的人们的热舒适性模型，并对这些参数建立控制策略，以达到驾乘人员的热舒适性的感觉。在达到驾乘人员的热舒适性的同时，也可以达到优化HVAC的NVH性能的目的。

预计平均热感觉指数（PMV）是一个多参数的函数（4个环境变量：温度Y_T，相对湿度Y_H，平均辐射温度t_{rm}，空气速度v；两个个人变量：代谢率M，服装热阻I_{cl}）：

$$PMV = f(Y_T, Y_H, t_{rm}, v, M, I_{cl})$$

计算预计平均热感觉指数（PMV）需要有温度 Y_T，相对湿度 Y_H，平均辐射温度 t_{rm}，空气速度 v（假定人体代谢率与服装热阻是不变的）。我们需要建立一个数学 PMV 的数学模型，对空调系统的参数：温度 Y_T，相对湿度 Y_H，空气速度 v 进行优化，使驾乘人员有热舒适性的感受，同时又使优化空调系统达到这个热舒适性指标所用的能量最小，从而达到优化 NVH 性能的目标。

Freire 等提出了建筑房间的空调控制策略，如图 11.3.2 所示，通过满足预计平均热感觉指数（PMV），并最小化空调系统的能量的方法到达满足预计平均热感觉指数（PMV）的目的。根据这些空调控制原理，将这个空调控制原理用于电动汽车，同样可以达到减少电动汽车空调系统能量，并满足驾乘人员热舒适性的感受，而且最低能量的空调系统。

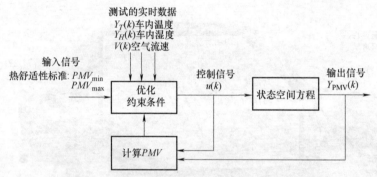

图 11.3.2　电动汽车的空调系统 PMV 模型的控制策略

热舒适性的目标可以是

$$-0.5 \leqslant PMV \leqslant +0.5$$

也可以更严格一些，取决于车辆空调系统性能的市场因素、车辆的品牌定义和 PALS 的目标设定。PMV 是车内温度（冷凝器的温度）、相对湿度、空气流动速度（鼓风机的转速）和空调系统所使用能量等参数的非线性函数。控制信号 $u(k)$ 是系统的能量的表达。我们的优化目标是满足 PMV 目标、空调系统最小使用能量。因此热舒适性函数的优化是一个非线性的问题，基于这个非线性函数的控制策略当然也是非线性的，需要使用二次线性规划算法进行求解。这个控制策略就是：在每一个采样时刻，最优化的控制信号使空调系统的能量消耗最小化，同时使 PMV 保持在我们设定的目标值之内。

根据这个空调系统的控制策略，我们可以对车内的温度、相对湿度和空气流动速度进行了控制，特别是对空调系统的能量进行了控制。最小能量、最优化空气流动速度，在某种程度上可以直接或间接地影响或减少空调系统的噪声与振动。

11.4　增程式电动汽车的发动机起停 NVH 控制策略

混合动力电动汽车的发动机的起停动作都是自动完成的。发动机的起动时与停机过程中都会产生很高的噪声与振动，引起整车的 NVH 问题，有些起动与停机的振动过程会在驾驶人座椅导轨上产生很高的振动峰值，这将直接影响车辆的运行舒适性。特别是，这些起停动作都不是驾驶人操作的，也不是驾驶人所期望出现的，因此其振动与噪声都可能是令人讨厌的。

为了分析与评价发动机起动/停机引起的驾驶人座椅的振动，可以使用振动剂量值（Vibration Dose Value，*VDV*）：

$$VDV = \sqrt[4]{\int_{t_s}^{t_e} a^4(t)\,\mathrm{d}t}$$

式中，*a* 是测量座椅导轨加速度（包括低于 30Hz 频率分量）；t_s 与 t_e 是发动机起动瞬态开始与结束的时间。

VDV 是一个数值，值越大振动越大。如果考虑到频率分量的信息，可以使用能量谱密度（Energy Spectral Density，*ESD*）的方法：

$$ESD = \frac{G_s(\omega)}{\Delta f}\Delta T$$

式中，$G_s(\omega)$ 是自功率谱；Δf 是频率分辨率；ΔT 是计算 *ESD* 的时间区间。图 11.4.1 为车辆座椅在发动机起动时的能量谱密度函数。发动机在起动阶段噪声与振动通常是宽频带的激励。这种噪声发生在发动机噪声超过起动机的起动转速时。

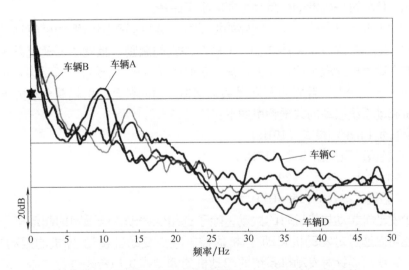

图 11.4.1　座椅振动在发动机起动时的能量谱密度函数比较

从图 11.4.1 中可以看到，车辆在发动机起动时，5 ~ 10Hz 时是很敏感的，而这个频率域恰好是人体对振动最敏感的频率段。因此我们需要对起动振动的问题进行研究并提出工程解决方法。

发动机停机时，因为没有发动机的燃烧噪声与振动，应该比发动机起动的噪声与振动低一些。但是停机振动会通过一些系统的共振频率，也是需要关注。所以我们关注停机的能量谱密度曲线，如图 11.4.2 所示。

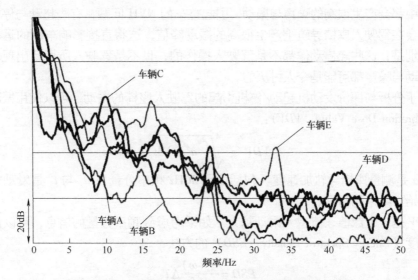

图 11.4.2　座椅振动在发动机停机时的能量谱密度曲线

从图 11.4.2 我们可以看到，车辆 C、D 在 10Hz 有一个峰值，其中车辆 C 在停机时也有 10Hz 的峰值，车辆 E 在 17Hz 也有一个峰值。如果跟发动机起动时的座椅加速度相比，停机过程的发动机激励力要减少了许多。

混合动力电动汽车的发动机起停的振动的主要原因是因为发动机起动过程是经常出现的，发动机的转矩突然增加，形成脉冲式的激励，激发了发动机系统的共振频率。混合动力电动汽车的在动力系统的新部件（电机/发动机、行星齿轮机构、壳体等）也为这些令人不舒服的振动提供了互相作用的机会。引起混合动力电动汽车的发动机起动系统振动的共振频率如下：

1）悸动（Jerk）模式（10Hz）。

2）扭转振动阻尼器模式（17Hz）。

3）轮胎模式-非对称（29Hz）。

4）轮胎模式-对称（35.6Hz）。

减少发动机起动与停机时的振动，除了选用低振动，低噪声的起动机与相关系统外，还可以通过对发动机起动/停机的控制减少发动机起动/停机的振动与噪声。振动控制系统可以针对发动机系统的起动机的悸动模式与转矩进行控制，从而达到减少发动机系统起停的振动的目的。

在起动过程中，发动机振动由扭转振动阻尼器模式引起，发动机的点火阶次与它的共振频率耦合。所以可以用起动转矩控制的方式来使在扭转振动阻尼器模式的扭转角度最小，控制方式是控制电机 1 的附加转矩。悸动模式是指发动机起停时，由发动机转矩的快速增加或快速减少而产生的突然的加速度或加速度。控制原理就是使目前的车辆速度与电机 2 的转速之间的差别最小化，如图 11.4.3 所示。

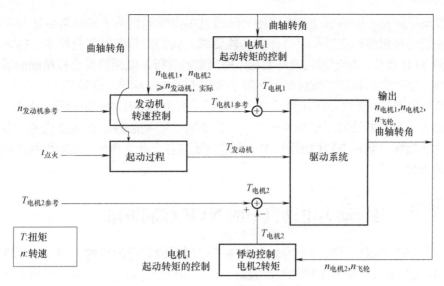

图 11.4.3　发动机起停振动控制

从图 11.4.4 中我们可以看到：没有使用振动控制时，最大的振动发生在开始起动时刻，使用主动控制后，发动机振动减少得非常明显，起动开始阶段与燃烧阶段的振动几乎是相同的。

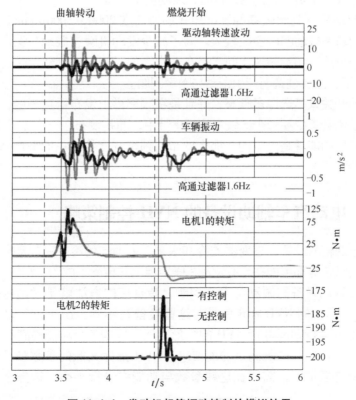

图 11.4.4　发动机起停振动控制的模拟结果

发动机起停阶段的振动与噪声还可以通过标定发动机系统的参数到达减少的目的。在发动机起停标定过程中有许多功能要求。我们推荐在标定目标中，加入起停过程的 NVH 指标。标定过程最好要在半消声室内进行，以便获得比较精确的噪声测量数据。发动机的标定参数包括但不限于喷油正时与喷油量、凸轮相位、点火正时、加速踏板位置、小进气管体积趋于减少对加速踏板位置变化的相应时间。丰田 THS Ⅱ 混合动力汽车的振动减少措施为进气门关闭正时、控制活塞上止点位置等。在所有标定功能指标（包括 NVH 指标）中，可能需要在各个功能指标中权衡那些满足所有指标的参数。

11.5 混合动力电动汽车的 NVH 控制策略

控制策略不仅仅是在设计的名义条件下达到车辆运行的目的，同时也需要将系统 NVH 的控制策略融入车辆的控制策略中。在混合动力电动汽车的控制框架中，与车辆 NVH 相关的部分有：制动、牵引电机/发电机、电源电子、空调系统控制；动力电池、变速器的控制策略。

为了保证混合动力电动汽车相对于传统车辆的安静性，同时也是为改进混合动力电动汽车的燃油经济性，丰田混合动力电动汽车 THS Ⅱ 的发动机的控制策略是在车辆停车时，或在小负荷、低速运行时，发动机不工作。

发动机起动后达到比较高的发电模式的转速在 2000 ~ 3000r/min。在这个过程中，发动机的瞬态振动响应会比较大。为了减少发动机瞬态振动与噪声，发动机起动时应该逐渐增速到额定转速，而不是在非常短的时间内达到额定转速，使发动机的瞬态 NVH 不会出现过调而产生振动与噪声问题。

逆变器的开关频率选择多频率，并且是在频率谱上发布得宽一些，这样振动与噪声的能量就不会集中在一个比较窄的频率带中，而是发布在一个比较宽的频带中。如果振动与噪声的能量是固定的，那么发布的频率宽度将使总的噪声降低，单频的噪声幅值也会降低。

11.6 电动汽车辅助设备的 NVH 控制策略

电动汽车的辅助设备、逆变器的冷却水泵、电池包的冷却、起动机的冷却和载货汽车的制动气泵等都可能在没有发动机噪声覆盖的情况下成为一种或多种噪声源。

对于这些辅助设备的振动与噪声控制，最直接的方法就是对这些辅助设备进行 NVH 标定。所谓的 NVH 标定就是对这些设备在不同工况下进行功能标定，同时在每个工况的运行期间进行 NVH 的测量。然后根据各个功能的满足情况与 NVH 数据进行比较，选出那些既满足功能要求，NVH 指标又低的参数与运行工况作为实际工况。有许多情况，需要在这些参数与功能中进行平衡，选择出最优的参数与工况。

丰田 THS Ⅱ 电动汽车的逆变器冷却水泵的 NVH 设计开发中采取了多重设计措施：平衡驱动轴的动平衡、改变轴承结构、改变电机结构、增加泵的橡胶悬置系统、优化泵的支撑系统的高度。冷却水泵的噪声得到了极大的减少（图 11.6.1）。在没有采取减振措施之前在 300Hz 左右有一个很大的单频峰值，这个单频噪声是令人讨厌的。采用减噪措施后这个峰值减少了近 20dB，有效地改善了噪声的音品质问题。

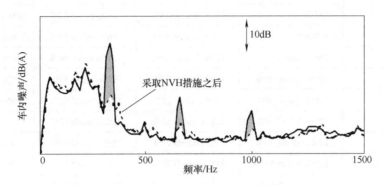

图 11.6.1　丰田 THS Ⅱ 混合动力电动汽车的逆变器冷却水泵的噪声改进

电池冷却风扇的噪声根据不同的类型的电池、不同电池包的安装、不同电池包的冷却方式、冷却介质、风扇安装位置等设计因素，其控制策略有所不同，需要对不同问题制订不同的控制策略。中国第一汽车集团对于某混合动力电动汽车的电池冷却系统的设计与冷却风扇速度的控制策略的设计开发还是很有启发意义的。他们的冷却风扇转速的 NVH 控制策略的设计开发是从冷却系统的进气系统的设计方案开始，表 11.6.1 所列为四种设计方案。

表 11.6.1　电池冷却管路设计方案

管路设计方案	对应的声学措施	
1	原管路设计方案	原设计
2	原管路 + 盖	加进口盖
3	原管路 + 优化声学棉	四片声学棉
4	优化管路	进口盖 + 四片声学棉

根据这四个设计方案，主观评价人员坐在后座上，在不同车辆速度下进行主观评价，获得噪声可以忽略的车速与占空比数据，为标定冷却风扇的转速提供控制策略。

从表 11.6.2 中我们可以看到，车速越高，覆盖噪声越大，冷却风扇的噪声与占空比都可以适当地提高而不会产生可以听得到的噪声。进气系统的声学设计以及优化，使冷却系统的进口处噪声降低，因此可以适当地提高冷却风扇的转速而不会在后座上产生可以听得到的噪声。根据这些主观评价，制订了最大风扇转速控制策略（图 11.6.2）。

表 11.6.2　后座上进口噪声刚好听不到时的最大风扇转速、占空比

车速/(km/h)	可接受的最大风扇转速与占空比			
	方案 1	方案 2	方案 3	方案 4
0	980r/min@30%	1175r/min@35%	1370r/min@40%	1565r/min@45%
10	1175r/min@35%	1370r/min@40%	1565r/min@45%	1760r/min@50%
20	1370r/min@40%	1565r/min@45%	1760r/min@50%	1958r/min@55%
30	1370r/min@40%	1760r/min@50%	1760r/min@50%	2155r/min@60%
40	1565r/min@45%	1565r/min@45%	1760r/min@50%	2353r/min@65%
50	1565r/min@45%	1760r/min@50%	1958r/min@55%	2353r/min@65%
60	1565r/min@45%	1958r/min@55%	2155r/min@60%	2550r/min@70%
70	1760r/min@50%	2155r/min@60%	2353r/min@65%	2745r/min@75%
80	1760r/min@50%	2353r/min@65%	2550r/min@70%	2940r/min@80%
90	1958r/min@55%	2550r/min@70%	2745r/min@75%	3170r/min@85%
100	2155r/min@60%	2745r/min@75%	2940r/min@80%	3400r/min@90%

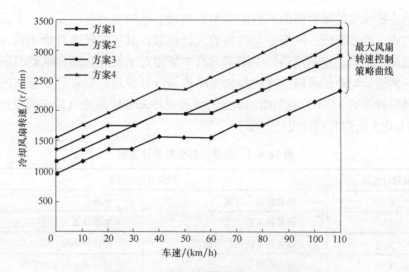

图 11.6.2　冷却风扇最大转速控制策略

从图 11.6.2 中我们可以看到，原设计中的进气管路的最大风扇转速最低，也就是说，风扇的噪声如果大于这个转速，则在后座上就会产生可以听到的噪声，而声学性能最好的方案 4，风扇在 110km/h 时的最大风扇转速要比原始进气管路所限制的最大转速高 1000r/min 以上。以上这些转速控制策略可以加到对应的电池管理系统中。电池管理系统从 CAN 总线中读取转速信息，根据这个控制策略计算占空比。然后这个占空比输入到冷却风扇实现风扇转速控制。最终的 NVH 结果是坐在后座上的乘客听不到冷却系统噪声。

参 考 文 献

[1] YOO T, PARK H, KANG, G, et al. Development of Vibration Suppression Control Strategy for Motor System of Eco-Friendly Vehicles [J]. SAE Paper # 2014-01-1874, 2014.

[2] KICKLING R, KAMAL M. Engine Noise, Excitation, Vibration and Radiation [M]. Plenum Press, 1982: 390-399.

[3] NAJMABADI A, XU W, DEGNER M. A Sensitivity Analysis on Fifth and the Seventh Harmonic Current Injection for Sixth Order Torque Ripple Reduction [C]. IEEE International Electric Machines and Drives Conference (IEMDC), 2017.

[4] EHSANI M, GAO Y, EMADI A. Modern Electric Hybrid Electric and Fuel Cell Vehicles: Fundamentals, Theory, and Design, 2nd Edition [M]. CRC Press, 2015.

[5] FUHS A. Hybrid Vehicles and The Future of Personal Transportation [M]. CRC Press, 2009.

[6] BAGHERI F, FAYAZBAKHSH M, BAHARAMI. Investigation of Optimum Refrigerant Charge and Fans Speed for a Vehicle Air Conditioning System [J]. Journal of Thermal Science and Engineering Applications, 9, 2009.

[7] RUGH J, JEFFERS M. Electric Drive Vehicle Climate Control Load Reduction [R/OL]. https://www.energy.gov/sites/prod/files/2015/07/f24/vss097_rugh_2015_o.pdf.

[8] BUSL M. Design of an Energy-Efficient Climate Control Algorithm for Electric Cars [D]. Lund University, Lund, 2011.

[9] FREIRE R, OLIVEIRA G, MENDES N. Thermal Comfort Based Predictive Controllers for Building Heating Systems [C]. 16th Triennial World Congress, 2005.

[10] FREIRE R, OLIVEIRA G, MENDES N. Predictive Controllers for Thermal Comfort Optimization and Energy Savings [J]. Energy and Buildings, 2008 (40): 1353-1365.

[11] LI X, LI L, SUN Y H, et al. Optimization of Control Strategy for Engine Start-Stop in Plug-in Series Hybrid Electric Vehicle [J]. SAE Paper# 2010-01-2214, 2010.

[12] WELLMAN T, GOVINDSWAMY K. Influence of Automatic Engine Stop/Start System on Vehicle NVH and Launch Performance [J]. SAE Paper# 2015-01-2183, 2015.

[13] WELLMAN T, GOVINDSWAMY K, TOMAZIC D. Integration of Engine Start/Stop System with Emphasis on NVH and Launch Behavior [J]. SAE Paper# 2013-01-1899, 2013.

[14] EISELE G, WOLFF K, WITTLER M, et al. NVH of Hybrid Vehicles [C/OL]. https://www.semanticscholar.org/paper/NVH-of-Hybrid-Vehicles-Eisele-Wolff/4d39f031a543d8d7057cf445b6fc4b64b123a9ed?navId=extracted, 2010.

[15] KAWABATA N, KOMADA M, YOSHIOKA T, Noise and Vibration Reduction Technology in the Development of Hybrid Luxury Sedan with Series/Parallel Hybrid System [J]. SAE Paper# 2007-01-2232, 2007.

[16] CAO Y, WANG D. Resolution of HEV Battery Cooling System Inlet Noise Issue by Optimizing Duct Design and Fan Speed Control Strategy [J]. SAE Int. J. Eng, 11 (1), DOI: 10.4271/02-11-01-0005, 2018.

[17] BRANDL S, GRAF B, RUST A, et al. NVH of Hybrid Vehicles: -Key Challengers and Conceptual Approaches [C]. 2015.

[18] FINLEY W R. Noise in Induction Motors- Causes and Treatments [J]. IEEE Trans on Ind. Application, 1991, 27 (6): 1204-1213.

[19] GUO R, CAO C, MI Y. Experimental Research on Powertrain NVH of Ranger Extended Electric Vehicle [J]. SAE paper# 2015-01-0043.

[20] RUST A, GRAF B. NVH of Electric Vehicle with Ranger Extender [J]. SAE paper# 2010-01-1404.

第12章

电动汽车空调系统的
NVH 设计与开发

无论是纯电动汽车或混合动力汽车，还是增程式的，辅助设备的 NVH 问题都是需要关注的，尤其是纯电动汽车的辅助设备的噪声可能更突出，因为传统发动机的噪声覆盖效应的消失或减弱导致辅助设备的噪声突出而成为驾乘人员不满意的一个重要因素。

对于电动汽车，一个主要的挑战性问题就是要如何处理低覆盖噪声的 NVH 问题（图 12.1.1）。如果我们考虑一台传统发动机的怠速情况，由于发动机产生的驾驶舱内的噪声占据了主导地位。任何低于覆盖噪声的声音（例如冷却泵、真空泵、空气压缩机和电机等）都是人感受不到的。点画线是人的听力最低声音值。

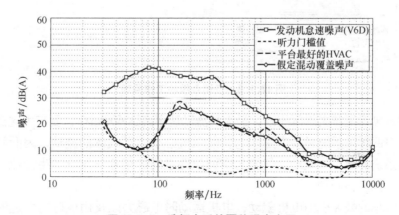

图 12.1.1 选择合适的覆盖噪声水平

电动汽车在怠速时没有传统发动机的噪声，也就是覆盖噪声低于人的最低听力声音值之下，这样就要求各种辅助设备的噪声比现在的噪声低 30dB。怠速是辅助设备 NVH 最困难的条件。但这不是唯一的条件，大多数的情况是车辆在运行时客户对辅助设备噪声的感受。因此我们需要根据各种不同工况来定义客户听到了什么噪声以及他们的感受。

空调系统的主要功能是保持驾驶人员在驾驶舱内感受的热舒适性，它的安全性功能是保持驾驶人员在特殊天气的情况下对外部的道路与环境有一个清楚的视觉。在实现这两个功能的同时，不能使用超过必需的能量，空调系统不能为了达到热舒适性而过度使用的能量；同理，空调系统也不能在满足安全性与舒适性的同时产生让驾乘人员感受到不舒适的噪声与振动。空调系统的设计应该是系统安全性功能、冷热舒适性功能、系统能量消耗量和系统 NVH 的优化过程以及妥协的设计结果。

空调系统的 NVH 特性与其工作原理息息相关，我们从空调系统的工作原理来看 NVH 问题的产生。空调系统的工作原理如图 12.1.2 所示。

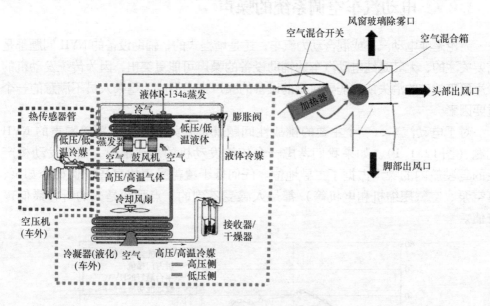

图 12.1.2　空调系统的工作原理

空调暖风系统产生气体流动，最大的流动速率高达 600kg/h，要产生这么大的质量气流，空调暖风系统必须产生压力，鼓风机必须驱动气体的流动，因而就产生了空调暖风系统的噪声与振动。气流与空调部件之间的相互作用会产生湍流，这些湍流也会产生噪声与振动。

电动汽车的鼓风机由电机驱动，电机运动时电磁力以及由电磁力引起的机械激励与电磁激励等都是周期性的，因此这些周期性的激励产生的电机振动与噪声也是周期性的。

如果驱动电机是直流电刷电机，其换向器可能会有一些微观误差，其表面也不是非常光滑。在鼓风机低速运行、空气流动比较慢的时候，会引起电机振动。

根据空调系统的功能与冷却加热工作原理，我们可以将空调系统的噪声源确定如下：驱动系统的机械振动引起的空气噪声源——空压机、冷却风扇和鼓风机。空调热风系统产生的空气流速可以达到 600kg/h，加上 HVAC 的压力与鼓风机的转速可以在驾驶舱内产生宽带噪声——空流噪声、管路噪声和制冷剂流动噪声。空气流与 HVAC 系统的部件之间的相互作用可以产生湍流。这些湍流可以在驾驶舱产生空气流噪声，例如控制空气出口的开关板两端的流体速度场的湍流是产生噪声的原因之一，如图 12.1.3 所示。

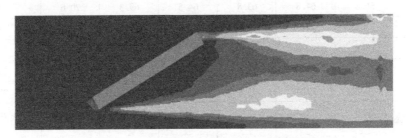

图 12.1.3　HVAC 出口的控制门两端的速度场

我们可以在每个空气出口上测量，将测量值与目标值相比较，可以获得各个空气出口对于驾驶人右耳噪声目标的贡献量。

振动源主要是压缩机激励、冷却风扇激励和鼓风机激励等旋转部件的机械激励。

12.2　空调系统噪声的对标与统计特性

由 HVAC 系统引起的驾驶舱噪声等 NVH 问题的对标，对我们了解与理解 HVAC 的噪声影响会有很好的帮助。目前还没有看到公开发表的电动汽车 HVAC 系统噪声的对标数据。但是传统车辆的 HVAC 噪声对标可以为我们提供一些参考，见表 12.2.1。尤其是当传统车辆的发动机关闭时，传统车辆在时速为 100km/h 时，传统车辆与电动汽车的风噪声是相同的，所以这个车速的 HVAC 的噪声对电动汽车的噪声还是有参考价值的。

从表 12.2.1 中我们可以看到当车辆处于驻车状态时，当鼓风机达到最大转速位置时在除雾状态下噪声是最高的。最好的设计与最差的设计噪声差别可以大到 17.4dB(A)。这个结论同样适合电动汽车。当车速达到 100km/h 时，HVAC 在内循环吹面模式下 HVAC 最大可以增加噪声平均增加 2.2dB(A)。对于驻车空调的噪声来讲，最安静的 HVAC 与最吵闹的 HVAC 之间相差到 18dB(A)！

表 12.2.1　传统车辆 HVAC 系统噪声对标数据　　　［单位：dB（A）］

车辆	发动机关闭 HVAC 鼓风机最大转速					AC 关闭 车速 /（km/h） 100	AC 开启 （内循环吹面全开） 车速/（km/h） 100
	面	面/脚	脚	脚/除雾	除雾	100	100
A	69.6	72.3	73.8	72.7	75.0	76.5	77.5
B	67.3	74.5	76.3	73.5	76.1	74.1	74.9
C	71.3	75.8	77.3	78.1	83.9	73.4	76.6
D	70.7	72.6	74.3	74.3	74.7	75.7	77.8
E	71.0	71.1	74.4	74.2	78.5	75.1	78.4
F	66.8	64.8	63.8	64.5	69.3	70.6	73.1
G	73.8	74.5	74.9	75.0	75.9	75.0	78.8
H	73.8	72.6	72.0	71.8	77.1	76.5	78.7
I	73.0	72.0	71.6	72.8	73.1	76.7	79.1
J	70.8	71.4	75.6	72.1	74.1	75.4	77.6
K	72.6	72.4	77.2	76.6	79.4	72.7	76.3
L	—						
M	76.1	78.7	79.3	79.0	79.6	75.1	
N	78.4	78.5	80.3	80.0	80.9	84.3	85.9
O	78.7	—				81.9	81.9
P	80.5	79.8	81.7	81.4	86.7	85.7	87.9
Q	80.5	79.8	78.0	78.1	80.7	84.1	85.5
R	80.1	79.9	79.9	81.9	85.0	84.2	86.3
S	81.9	79.6	82.0	80.1	80.4	83.9	87.1
T	79.3	79.0	78.7	80.0	83.0	82.3	84.6
U	76.3	79.1	77.9	76.6	81.2	—	—
平均值	74.6	75.2	76.2	75.9	78.7	78.1	80.4
标准方差	4.7	4.2	4.2	4.3	4.4	4.8	4.6
最好	66.8	64.8	63.8	64.5	69.3	70.6	73.1
最差	81.9	79.9	82.0	81.9	86.7	85.7	87.9

　　我们还要比较与对标这些车辆的 HVAC 的语言清晰度（表 12.2.2）。我们可以看到，从平均语言清晰度来看，鼓风机吹面/吹脚模式的语言清晰度最小，只有 24.1%。也就是说，在这种 HVAC 模式下，在车内乘员之间的语言交流都是有困难的，而且各个车辆的语言清晰度之间的差别非常大。也就是说，各个主机厂的 HVAC 之间的噪声设计水平相差非常大。这样的结果可能使客户在选购车辆时因为 HVAC 的好坏而作出不同的决定。

表 12.2.2　传统发动机 HVAC 系统语言清晰度 AI 对标数据

车辆	发动机关 HVAC 鼓风机最大转速					AC 关 车速 /(km/h) 100	AC 开 (内循环吹面全开) 车速/(km/h) 100
	面	面/脚	脚	脚/除雾	除雾		
A	44.4%	27.8%	23.0%	27.9%	20.8%	47.2%	27.7%
B	50.7%	22.2%	21.8%	34.0%	19.0%	55.8%	41.4%
C	44.9%	24.7%	24.7%	15.1%	14.0%	57.7%	34.6%
D	35.3%	29.1%	30.0%	29.8%	29.4%	43.5%	21.5%
E	32.1%	34.1%	88.4%	77.0%	63.8%	22.7%	21.5%
F	49.0%	58.6%	58.6%	72.6%	67.1%	36.8%	37.0%
G	25.9%	23.7%	23.7%	72.7%	56.3%	16.0%	15.8%
H	24.4%	28.7%	28.7%	77.1%	62.5%	18.7%	19.2%
I	34.1%	38.7%	38.7%	76.1%	53.1%	26.3%	25.4%
J	33.0%	32.0%	32.0%	65.8%	51.4%	21.7%	19.5%
K	32.3%	34.8%	34.8%	81.0%	73.5%	35.8%	34.3%
L	—			35.2%	23.0%	2.1%	—
M	19.3%	13.0%	13.0%	37.6%	30.5%	—	—
N	24.6%	24.1%	24.1%	43.7%	36.6%	16.0%	16.5%
O	26.8%	—	—	45.7%	36.9%	13.4%	26.4%
P	9.1%	14.5%	14.5%	33.8%	20.9%	1.4%	0.6%
Q	6.1%	8.6%	8.6%	46.0%	31.0%	3.9%	2.5%
R	5.5%	6.1%	6.1%	46.1%	34.1%	1.0%	0.4%
S	13.3%	18.2%	18.2%	47.0%	34.2%	0.8%	0.5%
T	17.6%	18.6%	18.6%	51.6%	39.4%	11.8%	13.0%
U	20.1%	1.4%	13.9%	50.1%	—	—	—
平均值	27.4%	24.2%	27.4%	50.8%	39.9%	22.8%	19.9%
标准方差	13.6%	13.1%	19.0%	19.3%	17.8%	18.6%	12.9%
最好	50.7%	58.6%	88.4%	81.0%	73.5%	57.7%	41.4%
最差	5.5%	1.4%	6.1%	15.1%	14.0%	0.8%	0.4%

　　这说明 HVAC 的 NVH 设计开发还有很大的改进空间。如果我们不关心 HVAC 的 NVH 设计开发,一定会导致客户对我们产品的不关心,这是我们不希望发生的事情。

12.3 空调系统噪声的特性

　　了解空调系统的噪声特性有助于确定噪声源以及在设计中如何减小空调噪声。

空调的低频噪声包括悸动声与隆隆声，主要的噪声源是风扇的不稳定性、管路中的流体噪声以及由于结构振动引起的噪声。风扇与泵类引起的轰鸣噪声频率等在 125 ~ 500Hz 的范围内。空调变风量调节单元的噪声是口哨声，频率在 500 ~ 2500Hz 的范围内。出风口噪声产生嘶嘶声，这些噪声是高频噪声（图 12.3.1）。

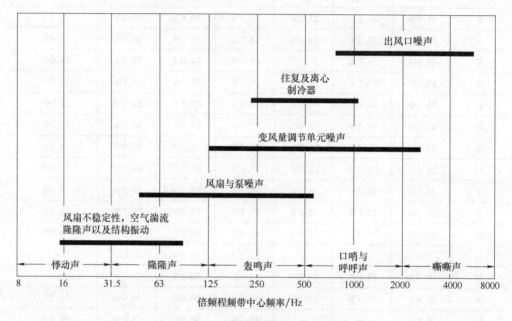

图 12.3.1　空调系统噪声的频率特点

空压机是 HVAC 的核心部件。它吸收来自吸入管线的冷却液蒸发气体，将这些气体压缩成高压超热气体。空压机的另一个功能就是通过旋转能量使冷却液产生流动。这些功能的完成伴随着噪声与振动的产生，成为一个重要的噪声与振动源。空压机噪声的特点是噪声的大小与其转速成正比。在转速为 3000r/min、2550r/min 时驱动电机的第一阶共振频率分别为 50Hz、42.5Hz，这些共振频率在辐射噪声上峰值，如图 12.3.2 所示。

鼓风机是驱动冷风与热风流动的动力源，而且有些鼓风机安装在驾驶舱内，因此我们需要理解鼓风机的噪声与振动特性。根据 25 辆不同品牌的车辆的对标与试验，鼓风机的噪声对标结果如图 12.3.3 所示。根据这些数据，我们可以看到鼓风机的噪声频率谱可以分为四个部分。第一部分即鼓风机噪声最大的部分就是从 0 到 1500Hz，这部分噪声基本保持不变。第二部分是从 1500 ~ 3000Hz，在这个频率段上，噪声呈现降低的趋势，15dB（A）/倍频程；第三部分为一常数噪声；第四部分有呈现降低趋势，10dB（A）/倍频程左右。最高噪声与最低噪声的差别达到 18dB（A）。由此可见，各个主机厂的鼓风机的噪声差别还是很大的。可以根据这些统计数据对鼓风机噪声进行 PALS 的 LACU 分类，为设计鼓风机的噪声制订设计与开发策略。

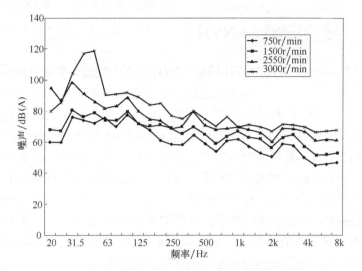

图 12.3.2　空压机噪声与转速的关系

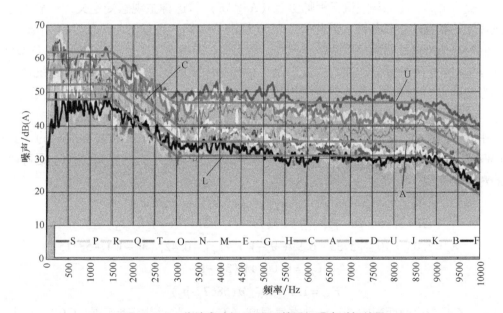

图 12.3.3　传统发动机 HVAC 鼓风机噪声对标结果

　　鼓风机噪声频率谱的特点是噪声的高噪声分量都在 0 ~ 3000Hz 之间。500Hz 以下的噪声峰值最高，对应于鼓风机的一阶共振频率，叶片通过频率（Blade Passing Frequency，BPF），3000 ~ 7000Hz 之间的噪声基本上没有什么峰值，曲线比较平。9000Hz 后噪声值开始下降。叶片通过频率可以通过下式计算：

$$BPF = \frac{风扇转速（r/min）\times 叶片个数}{60}（Hz）$$

12.4 冷热舒适性与 NVH

冷热舒适性本身并不存在 NVH 问题，NVH 存在于制造与实现过程中所涉及的机械与电子设备的运行。在没有传统发动机的噪声覆盖效果下，电动汽车空调系统的噪声比较突出，尽管在某些情况下空调系统的噪声的声强并不大，但它的频率单调性会令人讨厌。空调系统的主要功能是为驾驶人与乘客提供一个冷热舒适性的局部气候，使他们在行驶与驻车的时候对周边的局部环境感到舒适。冷热舒适性是人们对周边热环境的反应的满意的主观感受，在同一个热环境中不是每个人对热舒适性的感受都是一样的，我们需要有一个衡量人们对冷热舒适度的客观统一的评价标准。我们希望找到既影响冷热舒适性的参数又影响系统 NHV 的参数。这样我们就可以在保证空调系统主要功能的情况下，优化空调系统的设计，减少空调系统的 NVH 问题。因此我们首先来看看冷热舒适性问题的标准及其影响参数，在从中找到减少空调系统 NVH 问题的参数与设计与开发策略。

美国加热、冷却与空调工程师协会（ASRAE）将这种主观感受定义为：表达对热环境的满意的心理条件，因此 ISO 7730 标准将人们的心理学与热传递联系起来，人们对冷热舒适性的满意度都是一样的，然而他们的不满意度各有各的原因。Fanger 根据他对人们对冷热舒适性的感受以及各种相关因素的统计研究结果，通过统计学的方法建立一个"预计平均热感觉指数"（Predicted Mean Vote，PMV）经验方程：

$$PMV = (0.303e^{-2100M} + 0.028) \times [(M - W) - H - E_c - C_{res} - E_{res}]$$

式中，M 是人体新陈代谢率（W/m^2）；W 是人体所做的有效机械功消耗的热量（W/m^2）；H 是敏感性热损失；E_c 是皮肤上的通过蒸发而产生的热交换；C_{res} 是呼吸的对流热交换；E_{res} 是呼吸的蒸发热交换。

这些项都是人体与周边环境之间的热交换，可以计算如下：

$$H = 3.96 \times 10^{-8} f_{cl} [(t_{cl} + 273)^4 - (t_r + 273)^4] - f_{cl} h_c (t_{cl} - t_a)$$

$$E_c = 3.05 \times 10^{-3} [5733 - 6.99(M - W) - p_a] - 0.42[(M - W) - 58.15]$$

$$C_{res} = 0.0014M(34 - t_a)$$

$$E_{res} = 1.7 \times 10^{-5} M(5867 - p_a)$$

式中，f_{cl} 是衣表面面积因子；t_a 是空气温度（℃）；t_r 是平均辐射温度（℃）；p_a 是水蒸气分压力（Pa）；t_{cl} 是服装表面温度（℃）。

以上参数大多数都是人体的热传递性质相关的参数，其中与外界环境相关的项是空气温度与服装表面温度。但是这些参数还不是 NVH 的显函数，我们需要将它们进一步分解。

在计算 PMV 时，服装外面温度 t_{cl} 是未知，这个温度可以使用下式计算：

$$t_{cl} = 35.7 - 0.028(M - W) - I_{cl}\{3.96 \times 10^{-8} f_{cl} [(t_{cl} + 273)^4 - (t_r + 273)^4] - f_{cl} h_c (t_{cl} - t_a)\}$$

式中，

$$h_c = \begin{cases} 2.38\,(t_{cl}-t_a)^{0.25} & \text{当 } 2.38\,(t_{cl}-t_a)^{0.25} > 12.1\,\sqrt{v_{ar}} \\ 12.1\,\sqrt{v_{ar}} & \text{当 } 2.38\,(t_{cl}-t_a)^{0.25} < 12.1\,\sqrt{v_{ar}} \end{cases}$$

$$f_{cl} = \begin{cases} 1.00 + 1.290 I_{cl} & \text{当 } I_{cl} \leqslant 0.078 \text{m}^2 \cdot \text{℃/W} \\ 1.05 + 0.645 I_{cl} & \text{当 } I_{cl} > 0.078 \text{m}^2 \cdot \text{℃/W} \end{cases}$$

M 是新陈代谢率，从 $46 \sim 232\text{W/m}^2$（0.8met 到 4met）；

I_{cl} 是衣服隔热，从 $0 \sim 0.310\text{m}^2\text{℃/W}$（0clo 到 3clo）；

t_a 是空气温度，$10 \sim 30$℃；

t_r 是平均辐射温度，从 $10 \sim 40$℃；

v_{ar} 是相对空气流速，从 $0 \sim 1\text{m/s}$。

从上式我们可以看到：服装表面温度 t_{cl} 与 h_c 相关，而 h_c 则与相对空气速度 v_{ar} 相关，相对空气速度在汽车中是由鼓风机产生的，而鼓风机及其产生的空气流动则是汽车中空调系统的主要噪声源之一。我们知道空气的相对流速与鼓风机的转速是直接相关的，也是与鼓风机的噪声直接相关的，这样我们就将 PMV 与空调系统的 NVH 建立起直接的数学关系。

预计平均热感觉指数（PMV）将人的热舒适性分为 7 级，如图 12.4.1 所示。$+3$ 为热感觉的上限，-3 为冷感觉的下限，$PMV = 0$ 为热舒适性的适中的指标。

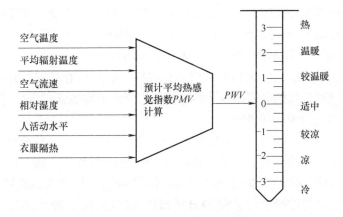

图 12.4.1　PMV 的热舒适性级别

PMV 为预计处于热环境中的群体对于热感觉投票的平均值。人们对热舒适性的感觉因人而异，个体的投票是分散在这个平均值周围的，因此需要有一群人在同一环境条件下对热舒适性的满意程度来评价人们的热舒适性，利用平均投票的数目预计有多少人感到不舒适（感觉温度过高或过低）。根据这些 PMV 计算结果，Fanger 又提出了预计不满意者的百分数（Predicted Percentage Dissatisfied，PPD）的经验计算公式：

$$PPD = 100 - 95e^{[-(0.03353PMV^4 + 0.2179PMV^2)]}$$

预计不满意者的百分数（*PPD*）指数用来预计在同一环境中一批人对热不满意度的人数与占总人数的百分比。

预计不满意者的百分数（*PPD*）与预计平均热感觉指数（*PMV*）之间的关系可用图 12.4.2 表示：

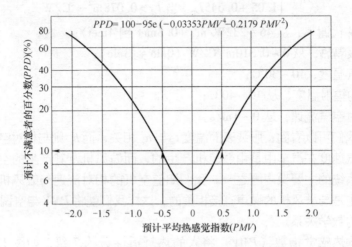

图 12.4.2　预计平均热感觉指数与预计不满意者的百分数之间的关系

对于民用建筑或公共建筑来讲，人们不可能在同一热环境都获得热舒适性。一般的热舒适性标准定为：预计平均热感觉指数（*PMV*）−0.5 到 +0.5 之间的预测不满意百分比为 10%。但是对于汽车这个特定的环境和特定的人员，如果车辆乘坐人员对热环境感到不舒适，那他们就对产品有抱怨，就会影响对车辆的满意度，因此在设计车辆空调时，我们必须要设计尽可能低的预计平均热感觉指数（*PPD*），尽可能地将 *PMV* 控制在 *PMV*＝0 附近。

空调系统的热舒适性与空调系统的 NVH 有着直接的关系。影响预计平均热感觉指数（*PMV*）的因素有许多，影响空调系统 NVH 的参数也有一些，其中空气流速就是一个。这些影响系数的交集就是将空调的冷热舒适性与空调系统的 NVH 联系起来，也是我们设计与控制空调系统 NVH 的理论基础与控制策略的基础。

鼓风机提供驾驶舱内的空气流动。鼓风机风扇的辐射噪声是空调暖风系统最大的噪声源，我们可以使用空调系统的物理与几何参数来表达鼓风机风扇噪声的经验公式，为我们控制空调系统的噪声提供一个控制变量。风扇的声功率水平（Sound Power Level，*SWL*）可以近似地表达为

$$SWL = K_W + 10\lg Q_n + 20\lg \Delta p_n + 10\lg \frac{\Phi}{\Phi_n}$$

式中，K_W 是考虑到风扇直径、叶片高度的声功率水平参考值；Q_n 是名义流速（m^3/s），Δp_n 是相关的名义压力升高（kPa），在风扇的叶片通过频率的倍频程带宽里我们需要加 2dB，因子 Φ 使用无量纲数字 δ 与 μ 来表达：

$$\Phi = \frac{\delta}{\sqrt{2\mu}}$$

$$\delta = \frac{Q}{(\pi D)^2 Nh}$$

$$\mu = \frac{\Delta p}{\rho (\pi DN)^2}$$

式中，Q 是流量（m^3/s）；Δp 是压力变化（Pa）；D 是风扇直径（m）；N 是转速（$1/s$）；ρ 是空气密度（kg/m^3）；h 是叶片高度（m）。

流速 Q 与转速 N 都是鼓风机产生噪声的主要参数。如果流量减少 20%，那么声功率会减少 1dB。如果名义压力升高降低 10%，那么声功率会减少 1dB。作为一个设计原则，我们应该尽可能地优化鼓风机的流量，在满足冷却要求的情况下，尽可能地减小鼓风机的流量与压力。

对于窄带噪声的预测，这个经验公式是使用通用的逻辑，可以表达为

$$SWL = K_W(f) + Pond_N(f)\,10\lg\!\left(\frac{N}{N_n}\right) + g_{BN}(\delta) + g_{BNF}(\delta)$$

参考功率频谱 $K_W(f)$ 与标定因子 $Pond_N(f)$ 取决于频率 f，而且与风扇几何尺寸（直径、叶片高度和叶片个数）有很大的关系。参考功率频谱 $K_W(f)$ 的值可通过测量获得：对应于风扇提供的性能最好的空气流动条件的优化点 δ_n 上测量的声功率水平 SWL。标定因子可以用下式计算：

$$Pond_N = \sum_{i=1}^{K} \frac{1}{K}\left\{\sum_{j=1}^{J_i}\frac{1}{J_i}\left[\frac{SWL(N_j,\delta_i) - SWL(X_i,\delta_i)}{\lg\!\left(\frac{N_j^{\delta_i}}{X_i^{\delta_i}}\right)}\right]\right\}$$

式中，δ_i 是风扇的不同运行点；N_j 是不同的转速。

为了获得这个公式中的数据，需要在每一个运行点至少测量两次，其中的一次的测量结果用来作为一个参考，以便计算声功率水平之差，然后除以转速比。宽带噪声与谐波噪声可以使用 $g_{BN}(\delta)$ 与 $g_{BNF}(\delta)$ 这两个函数进行调节，第一个函数用来提供更强的宽带噪声，而第二个函数提供叶片通过噪声的位置与幅值。在其他参数都不变的情况下，如果转速能够减少 10%，则可以减少 $1*Pond_N(f)$ dB。

从这些方程中我们可以看到，空气相对速度与预计平均热感觉指标直接相关，而且产生空气相对流动的鼓风机的转速直接与鼓风机的噪声相关联。这二者之间的关系建立起了鼓风机转速与人们冷热感觉之间的数学关系，我们可以计算出 PMV 与空气相对速度的关系（图 12.4.3）。

从图 12.4.3 中我们可以看到，对于不同的空气温度情况，空气相对速度使得人们对冷热舒适性的感觉是不一样的。根据热舒适性感觉的标准，当空气温度为 15℃时，不管空气相对速度多大，人们都会觉得不舒服。当空气温度为 22℃时，空气相对速度小于 0.35/s 时，人们都会觉得很舒服，当空气温度为 26℃时，空气相对速度在 0.5~0.8m/s 时，人们都会觉得很舒服。由此可见，我们可以适当地选择空气相

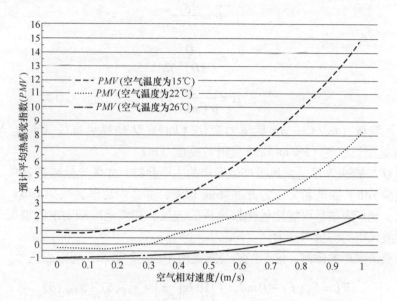

图 12.4.3 空气相对速度与预计平均热感觉指数之间的关系

对速度以获得人们对冷热舒适性的感觉，而且不致于产生太大的噪声。在这些条件下，我们可以估算该鼓风机在这些转速情况下的噪声水平。这些信息为我们对鼓风机进行控制时提供了平衡热舒适性与噪声之间设计选择参数的理论根据。

空调的空压机，管路中的气体与冷却液的流动，气流分配的风门等都可以产生振动与噪声，所以汽车的热舒适性往往伴随着噪声与振动。

12.5 空调系统的 NVH 设计

利用传统车辆 HVAC 的噪声对标数据，我们可以做出电动汽车 HVAC 的噪声PALS 参考目标。这些目标可以在车辆开发初期，根据市场调研的结果，公司对电动汽车的市场定位，确定 HVAC 的噪声 PALS 目标（表 12.5.1）。

表 12.5.1 HVAC 噪声 PALS 目标 ［单位：dB（A）］

	发动机关 HVAC 鼓风机最大转速					AC 开（内循环吹面全开）车速/(km/h)
	面	面/脚	脚	脚/除雾	除雾	100
L	66.8 ~ 69.6	64.8 ~ 71.4	63.8 ~ 72	64.5 ~ 72.1	69.3 ~ 74.1	73.1 ~ 76.3
A	69.6 ~ 73	71.4 ~ 74.5	72 ~ 76.3	72.1 ~ 74.3	74.1 ~ 78.5	76.3 ~ 78.7
C	73 ~ 78.7	74.5 ~ 79.1	76.3 ~ 79.3	74.3 ~ 78.7	78.5 ~ 81.2	78.7 ~ 85.9
U	78.7 ~ 81.9	79.1 ~ 79.9	79.3 ~ 82	78.7 ~ 81.9	81.2 ~ 86.7	85.5 ~ 87.9

对于鼓风机的噪声可以参考传统发动机的鼓风机的噪声，制订如下 PALS 噪声目标作为参考，如图 12.5.1 所示。

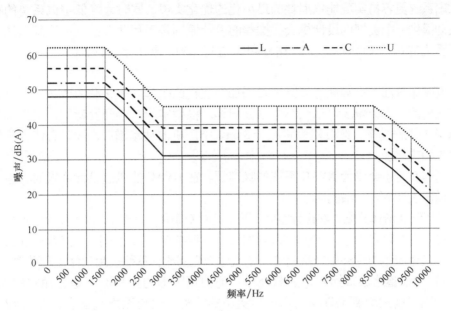

图 12.5.1　鼓风机的噪声 PALS 目标（参考）

空调暖风系统与部件的选择对于电动汽车与载货汽车是非常重要的。因为在特别热与特别冷的情况下，空调暖风系统的工作要消耗很大的电池能量，会影响电动汽车的续驶里程，引起驾驶人对续驶里程的担心。研究表明：在纯电动汽车上开空调可以减少一半的续驶里程。特别是在冬天，纯电动汽车的热量来源是来自是宝贵的电池组的能源，空压机也是用电池组驱动的，长时间运行会使电池能量消耗增大，减少续驶里程。因此对于驾驶人员冷热舒适性的能源消耗必须要进行严格的优化设计流程。设计空调暖风系统的第一个也是最重要的问题就是选择合适的系统与部件，在保证热舒适性的同时，优化并减少空调暖风系统的能量消耗。在一般情况下，优化空调暖风系统的能量消耗会导致更好的 NVH 性能，两者有一定的相关性。

冷却系统的框架设计对 NVH 是很重要的。电动汽车有 4 个系统需要冷却：驱动电机的冷却，电池系统的冷却，空调暖风系统的冷却（蒸发器/冷凝器/加热器），对于混合动力或增程式的电动汽车还有发动机系统的冷却。冷却风扇的选取可以设计使用一台冷却风扇负责冷却所有的系统。选择这种设计的好处是机械设计相对简单，成本低，占用设计空间小。缺点是对这台风扇的功率要求比较大，因为这台风扇的最大功率必须是按照四个系统同时都需要最大冷却要求时必须满足功率的要求。最大的缺点是：一旦这台风扇出现故障，电机与电池都不能冷却，控制系统关闭，整个车辆将无法运行，无法实现跛行回家。对于 NVH 来讲，这种框架在不能优化使用能量时，噪声与振动会增大，尤其是在驻车时，车辆没有其他运动，驾驶舱内没有其他噪声覆盖效应，冷却风扇的噪声占主导地位，噪声可能大到不可接受的水平。所以对于纯电动汽车，电机/电池系统采用独立的冷却系统，空调暖风系统采用独立的风扇系统更容易实现能量消耗的最小化的优化实现，同时为降低空调系统的噪声与振动提供一个良好的设计机会。推荐的设计原则是采用两个独立的冷却系统，每一个系统的风扇功率都不大，这样可以进行 NVH 的优化设计，缺点是系统有些复杂。

驾驶舱内部的冷却性能可以通过增加空压机的工作功率来获得改进。但是，增加空压机的功率会减少电动汽车的续驶里程。根据实际车辆开发特例，空压机每增加 20% 的工作功率，续驶里程将减少 3km。空压机的功率增加，同时会使空压机的噪声也相应增加。

风道有时也会成为 NVAC 系统的噪声源。在 HVAC 的风道设计开发时，也要考虑风道的设计 NVH 问题。

为了防止流体分离，在设计空间中流体的重新循环，风道的 NVH 设计原则如下：

1）管路表面应是平滑的，管路截面无几何突变，以避免流体与管路表面分离，同时要避免流体中管路中产生涡流，使气体产生回流，从而产生气体流动噪声。

2）如果管路必须拐弯，拐弯处尽可能使用圆形的拐弯而不是直角式的拐弯。因为圆形过度拐弯要比直角拐弯产生更小的湍流，气流噪声就会小，如图 12.5.2 所示。

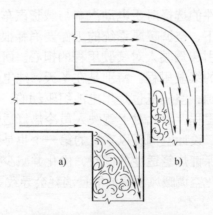

图 12.5.2　管路拐弯时的湍流

3）两段管路衔接时，两个衔接面一定要光滑，不要在这个衔接表面产生湍流。

4）在空调进口处加上吸声材料，可以减少空调系统的噪声。如图 12.5.3 所示，台架试验的结果表明从 2160～2300Hz，噪声减少 3dB（A），2860～5000Hz 噪声减少 2dB（A），而且消除了 2 阶 BPF 峰值。这个设计需要在整车上进行验证。吸声材料还可以放到主管道等处，也可以减少空调系统的噪声。放到主管道等系统时，应该注意到这些吸声材料尽可能不要处于流体流动的地方，因为这些材料是对流动有阻力的。

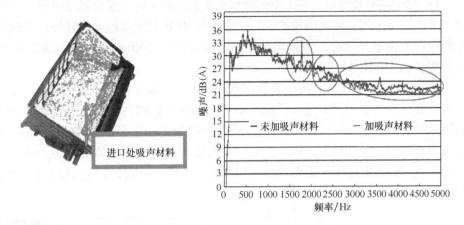

图 12.5.3 进气口加吸声材料的台架试验结果

5）整个空调系统的几何尺寸的选择以及优化对流体产生的噪声有很大的影响。这种几何尺寸对空调系统的噪声影响需要进行 CAE 分析，市场上比较通用的 CAE 分析软件是 SIMULIA 的 PowerFLOW。在设计阶段充分使用这个 CAE 工具，对不同的空调暖风系统的几何尺寸、风道、管路和流体流速等各种设计参数进行流体声学特性和流体计算设计（CFD）的 CAE 分析，对各种不同的设计方案进行声学与流体评价。

6）特斯拉 Model S 采用了一种创新空调暖风出风口。它放弃了传统的出风口设计，而采用了一种大的高宽比（ASPECT Ratio）的槽型出风口。这种大高宽比的出风槽共有两个 606 以及 608（图 12.5.4）。这两个出风槽出来的冷气/热气叫作"空气波"，每一个"空气波"形成一个不同角度的平面波，这两个平面"空气波"碰撞产生空气扰动，使调制后的空气能够更好地分布在驾驶舱空间内。这种设计的 NVH 好处是没有了传统的百叶窗式出风口，出风更平滑一些，空气扰动更少一些。当然，它的电噪声水平自然也会低一些。

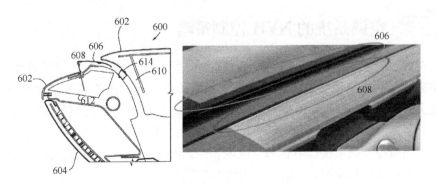

图 12.5.4 特斯拉 Model S 空调出风口

7）对于纯电动汽车，整个空调暖风系统的构架可以考虑设置在前舱。这种将空调暖风系统移出驾驶舱到前舱的设计，为改善 NVH 带来了极大的好处：空调暖风系统的噪声减少是宽带的，总噪声减少大约 4dB(A)（550kg/h 流速），流速小时噪声减少更多——6dB(A)（360kg/h 流速）。

8）鼓风机在大多数情况下安装在驾驶舱内，这本身就是一个噪声源。设计鼓风机首先要进行声学分析，选取那些对噪声与振动有影响的参数。鼓风机出口的形状对流体的瞬时速度分布以及瞬时压力波动影响都比较大，因此影响着鼓风机的噪声。在没有修改前，出口处有比较大的湍流，改变出口形状使流体更顺畅，可以改进出口处的湍流。我们从图 12.5.5 中可以看到，优化后的鼓风机出口形状可以减少 400～10000Hz 的噪声。

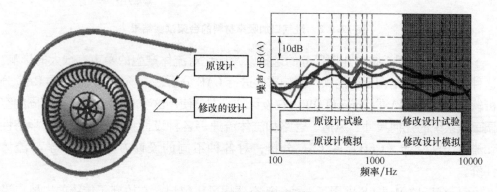

图 12.5.5　鼓风机的声学设计分析

9）压力降优化。完整系统的总压力降是车辆压力降与空调暖风系统压力降之和。空调暖风系统压力降是由于空气进气口、过滤器、混合器、热交换器和分布管路。鼓风机根据这个总压力降来调整它的转速。压力越高，鼓风机转速越高，噪声也就越大。为了减小空调暖风系统的气流噪声，我们需要优化空调暖风系统的压力降，要将每个系统的压力降进行最小化。

12.6　空调系统的 NVH 控制策略

最有效、能量效率最高、消耗能量最少的空调系统是最安静的空调系统。对电动汽车来说，空调暖风系统需要通过电池提供能量，而电池的能量密度又比较小，使用空调暖风系统会影响到电动汽车的续驶里程。因此各个系统节省能量是特别重要的，为了增加续驶里程以及降低车辆运行成本，需要在每一个设计环节，每一个部件中，节省每一克重量，节省每一度电。空调暖风系统尤其重要，因此应该通过控制器使能量的消耗最少。

空调系统的主要的控制功能还是要使乘客感到舒服。其控制系统有 4 个目标：

1）最大化安全性。

2）最大化舒适性。

3）最小化能量消耗。

4）优化部件的热工作点。

除此之外，因为电动汽车没有发动机的噪声覆盖，空调系统的噪声成为一个主要噪声源之一，当空调系统工作时，噪声也需要进行控制，NVH 成为第 5 个目标：

5）空调暖风系统噪声最小化（或满足系统噪声振动目标）。

这 5 个目标的实现并不都是一致的，它们有时是互相矛盾的。例如，减少能量消耗可以与满足低噪声的目标是一致的，但可能使温度的调节时间变长，或达不到温度调节的目标。空气的再循环可以减少所要求的热（冷）功率，但会导致雾更快地生成，使空气质量变坏。如果我们想尽快地将温度升高或降低，我们可以使用更大的功率，使温度调节时间增快，能量消耗却增大了，同时也使噪声与振动变大。对于风窗玻璃去雾，可以使驾驶人对外面观察得更加清楚，这是一个安全问题。为了安全，我们可以加大去雾的功率实现快速去雾，但这又与尽可能减少系统的能量消耗的目标，与低噪声的目标相矛盾。

有效的 HVAC 控制通常是最有效地改进电动汽车能量效率的一个选项，同时也是 HVAC 系统噪声与振动减少的一个重要手段，通常不需要进行任何硬件的改进，是一个非常好的减少 NVH 的策略。从控制上减少噪声与振动需要有策略，既可以减少 NVH，又要保证其他 4 种控制目标得到满足或处于可接受的区域。

人们的冷热舒适性是一个非常复杂的反应问题，涉及对于某一个条件的物理的、生物的、心理的响应，不是仅仅使用一个驾驶舱内的温度就可以描述与解决的问题。

对于冷舒适性而言，在实际设计与开发中首先要考虑的是控制驾驶舱内的温度。而人们所感到的心理冷舒适性是我们对我们空调暖风系统进行 NVH 控制时要进一步考虑的因素。有人研究了温度与人们对冷舒适性的感知的关系，也有人根据环境工效学标准分析了人们对环境温度与冷却介质的流体速度的不满意度关系，结果如图 12.6.1 所示。

从图 12.6.1 中我们可以看到，可以使用不同的平均相对空气速度使驾驶舱内温度达到了我们的冷却要求，当平均相对空气速度超过一定值以后，即使温度保持不变，人们会感到不舒服。特别是当冷却温度达到时，流体流量越大，人们的不满意度就越大。从温度控制来看，我们使用了过多的能量，在保持设定的温度时反而使驾驶人感到不舒服。或者说在保持设定温度时，我们可以选择比较慢的气体流速，既可以使驾驶人感到舒服，又可以节省能量，又可以减小流体噪声。这个原理可以作为我们空调暖风系统 NVH 的一个控制策略。实现这种原理的方法应该是有更多的控制变量，例如气体流速传感器等。

空调系统有许多种类的控制器。最传统、最简单的控制器只有一个控制变量，即驾驶舱内的温度。空调系统的控制器与控制策略都是主机厂的商业秘密，公开发表的内容只有一些学术研究或建筑方面的空调控制策略。但是建筑空调工况与汽车

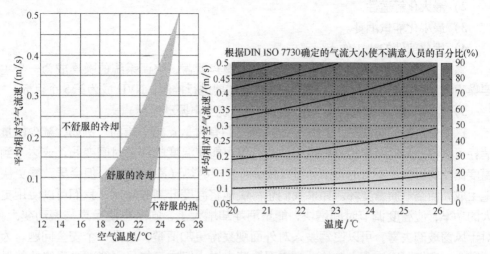

图 12.6.1   驾乘人员的冷舒适性、不满意度与流体平均流速的关系

的工况又有不同。汽车的特点是驾乘人员被限制在一个有限的空间，几乎没有什么行动，另外受外界温度的影响比较大，而且工况一般是瞬态工况多于稳态工况，所以一般建筑空调的控制策略只能作为汽车空调控制策略的参考。

空调暖风系统的目的是要给予驾驶人以热舒适性，而一维的温度指标不能最好地描述人的热舒适性。预计平均热感觉指数（PMV）指标能够很好地描述人体对热舒适性的感受。因此使用预计平均热感觉指数（PMV）指标能够更好地为驾驶人提供热舒适性的感受。预计平均热感觉指数的热舒适性指标受许多参数的影响，其中与空调系统 NVH 有关的影响人体热舒适性参数之一就是气体在驾驶舱中的流速。驾驶舱内产生气体流动的驱动就是鼓风机的转动。空调系统的主要声源就是鼓风机，而且鼓风机的转速基本上与鼓风机的噪声成正比。如果我们能够在控制系统的参数加上鼓风机的空气流速，那我们就可以将空调系统的热舒适性与空调系统的 NVH 联系起来。我们在控制驾驶舱内的热舒适性的同时也可以控制空调系统的噪声。一种空调系统的模糊控制的变量就是预计平均热感觉指数（PMV）。预计平均热感觉指数（PMV）的计算是比较复杂的，该控制器对其计算进行了简化，只用驾驶舱的空气流速与驾驶舱的温度为控制变量，其控制框图如图 12.6.2 所示。

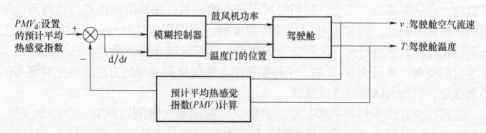

图 12.6.2   空调系统的 PMV 模糊控制

影响人体热舒适性的环境因素有空气温度、辐射温度、湿度和空气速度。此外，还有两个影响热舒适性的个人变量——衣服以及人的新陈代谢率。在汽车中，人的运动状况为静坐。汽车中的空气运动速度是由鼓风扇的转速推动空气的流动。当我们使用空气流速为控制变量时，其控制标准可以采用热舒适性的流速限制来实施对空气流速的控制。热舒适性标准要求的空气流速控制如图 12.6.3 所示。

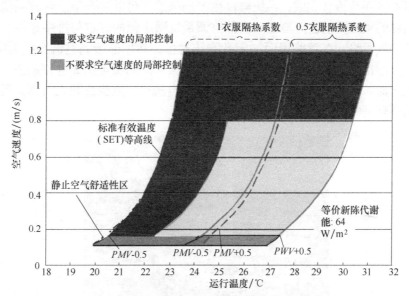

图 12.6.3　热舒适性可接受的运行温度与空气流速的范围（湿度比：0.01）

　　从图 12.6.3 可以看到，满足热舒适性的空气流速可变化的范围很大。例如在 22.5℃ 时，在要求空气速度局部控制区内，空气流速在 0.18 ~ 0.6m/s 的范围内都满足热舒适性 *PMV* 小于 0.5。这个热舒适性标准为我们的 NVH 控制策略提供了一个科学依据——满足热舒适性的同时，尽可能地使用低空气流速。空调系统 *PMV* 的模糊 NVH 控制如图 12.6.4 所示。

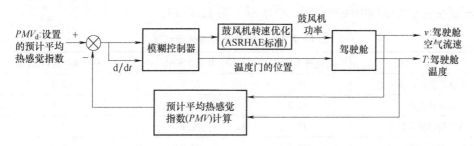

图 12.6.4　空调系统 *PMV* 的模糊 NVH 控制

　　低空气流速的 NVH 控制策略同样可以是低空调能量效率的控制策略，也是避免空调的使用使续驶里程减少的策略。一种在船舶中以 *PMV* 为基础的空调神经网络控制系统，可以将 *PMV* 控制在 0 附近，这种神经网络控制消耗的能量比传统的温度反馈控制可以节省 8.5%。在使用 PMV/PPD 的船舶驾驶舱中的空调控制器,可以节省 6℃的能量。

12.7 空调系统 NVH 的设计验证

当 HVAC 系统设计完成,系统样件生产出来后,可以在台架上对该系统的噪声以及各系统的噪声贡献进行验证。这种空调系统噪声源的确定与排序是很容易实现的。用纸壳做管路,在管路里面加闭孔泡沫衬里,然后连接到空调系统的噪声源,管路的另一端指向半消声室的消声墙,将这个噪声源的噪声引离空调系统。管路的截面要大于流体噪声源的开口。测量噪声的传声器一个放到驾驶人右耳,另一个放在空调的循环进气口处(图 12.7.1)。

图 12.7.1 HVAC 噪声源确认台架试验

试验时,先将所有的流体噪声源都引离空调系统,也就是最安静的情况,并以此作为比较的基础。然后每一次去掉一个噪声源管路,测量两处的噪声。最后一次测量是将所有的管路都去掉。鼓风机是电驱动的,为了保持噪声源的一致性,电机电压要在所有的试验中保持在同一个水平(表 12.7.1)。

表 12.7.1 空调系统台架试验结果

布 置	电机电压/V	电机电流/A	驾驶人右耳噪声高目标/dB(A)
所有的流体源都引离	12.5	22.7	+2.5
右边管路打开	12.5	22.9	+3.5
右边胸部管路打开	12.5	22.9	+4.5
左边胸部管路打开	12.5	22.9	+5.0
左边管路打开	12.5	22.9	+4.5
内循环进口管路打开	12.5	22.9	+7.5
所有管路打开	12.5	22.9	+9.0

根据这些试验结果，将每个管路的噪声减去第一个所有管路都引离的噪声结果，就可以获得各噪声源的排序（表 12.7.2）。

表 12.7.2　空调系统台架试验声源排序

声　源	台架试验噪声源排序	驾驶人右耳噪声差/dB(A)
内循环进口	1	5.0
左边胸部出口	2	2.5
右边胸部出口	3	2.0
左边出口	3	2.0
右边出口	4	1.0

从表 12.7.2 中可以看到，内循环进口处噪声最高，左边胸部出口次之。

因为声传播行为对噪声的影响是不可忽略的，仅仅根据这些噪声贡献来改进空调系统的噪声是不够的，仅仅根据子系统的声音传播行为改进该子系统是有误导性的，而且子系统的工作会根据空调系统的运行模式的改变而改变，例如鼓风机转速的改变会改变系统的传递函数的频率特性。宝马公司使用流体计算动力学（CFD）的模拟。他们的对整车空调系统的噪声模拟证明：鼓风机在不同工况下（高转速或低转速），空调系统的各个区域的声传递函数是不一样的。当鼓风机低速运转时，鼓风机其实是占主导地位的噪声源，而且是最大的噪声贡献，当鼓风机高速运转时，系统的声学行为就改变了，噪声源的排序在频率域上就不同了，同时子系统的声源对于驾驶人左耳的传递函数也改变了（图 12.7.2）。鼓风机低速时，声源 4 的传递函数在 500Hz 左右最大，鼓风机高速运转时，声源 2 的传递函数在 200Hz 左右最高，而声源 2 的传递函数幅值下降成为第二高。正确的方法就是利用声源的确定子系统声传递函数，对系统进行声源贡献分析，然后改进这些综合结果对空调系统进行减振设计。

空调暖风系统的噪声评价也可以在整车中进行。4 个传声器分别布置在驾驶人、副驾驶、后排两个成员的耳朵之处。鼓风扇的运行的 5 种工况分别为：除雾，除雾 + 脚，脚，脚 + 头，头。风速计放置在内循环进口处。鼓风扇的风量分别为：第 1 档：169.5m³/h，第 2 档：251.1m³/h，第 3 档：343.2m³/h，第 4 档：451.3m³/h。根据这些工况的噪声试验数据，我们可以评价空调系统的最大噪声工况和各个工况之间的噪声差别等数据，为我们改进空调系统的噪声提供更加具体的设计方向。

当产品的样车开发出来后，一般都需要对空调系统的冷却与加热功能在整车上进行标定试验，确定空调系统能够满足制冷与加热指标，还要到高原、高温和低温地区进行空调制冷与加热的功能验证。在这些验证中，除了评价驾驶舱的温度、驾驶舱的视觉安全、车辆系统的热管理指标以及空调系统的能量效率外，需要增加一维空调系统的评价指标——空调系统的噪声，并对这五个系统的指标进行标定。在满足其他指标的情况下，应该进一步优化系统的噪声性能。在这个标定中，冷却风扇的能量效率通常与其转速成比例，转速与噪声成正比例，因此，我们的优化目标就是在满足热管理目标的情况下，最小化冷却风扇/鼓风机风扇的转速。

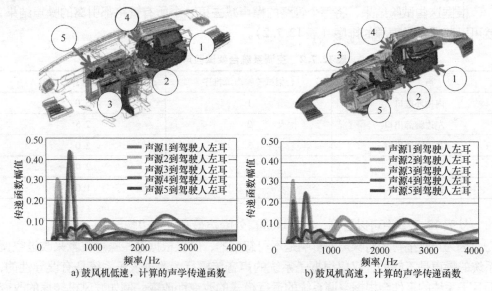

a) 鼓风机低速，计算的声学传递函数　　　　　b) 鼓风机高速，计算的声学传递函数

图 12. 7. 2　不同鼓风机转速声源与传递函数

基于 *PMV* 的空调控制算法可以将冷热舒适性的标准 $0.5 \leqslant PMV \leqslant 0.5$ 作为优化目标，优化的限制条件的所使用的能量为最少，使用非线性 *PMV* 模型对 *PMV* 进行预测，使用线形规划的方法进行计算与控制。这种 *PMV* 与最小消耗能量的优化算法的控制方法同时达到冷热舒适性与最大化空调系统的经济性，目前已经在建筑中实行，也应该成为一个很有前途的电动汽车空调系统的控制方法。

参 考 文 献

[1] HOLTON T, BULLOCK L, GILLIBRAND A. New NVH Challengers within Hybrid and Electric Vehicle Technologies [C]. 2011, 5th CTi Conference.

[2] METWALLY S, KHALIL M, ABOUEL- SEOUD S. Noise of Evaluation of Automotive A/C Compressor [J]. Int. J. of Energy and Environment, 2011, 2 (3): 505-514.

[3] PRASAD M. An Investigation and Bench Marking of Vehicle HVAC Cabin Noise [C]. 2008, 2008 SAE World Congress.

[4] BENNOUNA S. Aeroacoustic Prediction Methods of Automotive HVAC Noise [J]. 2015, SAE paper # 2015-01-2249.

[5] NORISADA K. HVAC Blower Aeroacoustic Predictions [J]. 2013, SAE paper# 2013-01-1001.

[6] MADANI V. Noise Sources Characterization of Automotive HVAC Systems [D]. 2002, McMaster University, Hamilton, Ontario.

[7] MADANI V. Noise Refinement Solutions for Vehicle HVAC Systems [C]. Noise and Vibration Conference, 2007.

[8] ASHRAE Application Handbook, 2003.

[9] SONG B, KWON J, KIM Y. Air Conditioning System Sizing for Pure Electric Vehicle [J]. World Electric Vehicle Journal, 7 pp WEVJ7-0409-0413, 2015.

［10］ Tesla Inc. Thermal System with High Aspect Ratio Vent［P］. Pub No.：US 2017/0253107 A1, 2017.

［11］ BENNOUNA S. Automotive HVAC Noise Reduction［J］. 2018, SAE paper# 2018-01-1519.

［12］ AISSSAOUI I. Flow-Induced Noise Optimization of SUV HVAC System using a Lattice Boltzmann Method［J］. 2015, SAE paper# 2015-01-2323.

［13］ LEE D. Prediction of Flow-Induced Noise of Automotive HVAC Systems［J］. 2011, SAE paper# 2011-01-0493.

［14］ BUSL M. Design of an Energy-Efficient Climate Control Algorithm for Electric Cars［D］. 2011, Lund University.

［15］ DIN EN ISO 7730, Ergonomics of the Thermal Environment-Analytical Determination and Interpretation of Thermal Comfort Using Calculation of PMV and PPD Indices and Local Thermal Comfort Criteria［S］. 2006.

［16］ LEGROS M. Acoustic Conception of an Automotive HVAC［J］. 2016, SAE Paper# 2016-01-1814.

［17］ FANGER P. Calculation of Thermal Comfort：Introduction of a Basic Comfort Equation［J］. ASHRAE Trans. , 1967, 73, pp 1114.1-1114.20.

［18］ FANGER P. Thermal Comfort［M］. 1972, Danish Technical Press.

［19］ ASHREA, ANSI/ASHREA Standard 55-2010［S］. 2010.

［20］ 中华人民共和国国家标准, 中等热环境 PMV 和 PPD 指数的测定及热舒适条件的规定［S］. GB/T 18049—2000.

［21］ NAJI S. Automotive HVAC NVH Quality：From Design to Vehicle Integration.

［22］ TIWARI A, ARORA M, KUMAR R, et al. Practical Approach for Vehicle HVAC Noise Reduction and Comfort Improvement［J］. 2011, SAE paper# 2011-01-1592.

［23］ BIERMANN J, NEUHIERL B, MANN A, et al. Acoustic Source Detection for Climate Systems via Computational Fluid Dynamics for Improved Cabin Comfort［C］. 2015.

［24］ ENE A, CATALINA T, VARTIRES A. Determination of Thermal and Acoustic Comfort inside a Vehicle's Cabin［C］. 2017, E3S of Conferences, 32, EENVIRO 2017. https：//doi. org/10. 1051/e3sconf/20183201002.

［25］ FARZANEH Y, TOOTOONCHI A. Intelligent Control of Thermal Comfort in Automobile［C］. 2008 IEEE Conference on Cybernetics and Intelligent Systems, pp 510-514.

［26］ FREIRE R. Predictive Controllers for thermal comfort optimization and energy savings［J］. Energy and Buildings, 2008, 40（7）：1353-1365.

［27］ LIU H, TU S. Energy Analysis of Neural Network Control Based on PMV in a Ship Air Conditioning System［C］. 2011 International Conference on Mechatronic Science, Electric Engineering and Computer（MEC）, 2011.

［28］ JANG M, KOH C, MOON I. Review of thermal comfort design based on PMV/PPD in cabins of Korean maritime patrol vessels［J］. Building and Environment, 2007, 42（1）：55-61.

［29］ FREIRE R. PMV-based Train Air-Conditioning Control System［J］. ASHRAE Transactions, 1995.

［30］ FARZANEH Y, TOOTOONCHI A. Controlling Automobile Thermal Comfort Using Optimized Fuzzy Controller［J］. Applied Thermal Engineering, 2008, 20, pp 1906-1917.

汽车技术创新与研发系列丛书

以人为本的智能汽车交互设计（HMI）

［瑞典］陈芳（Fang Chen）
［荷兰］雅克·特肯（Jacques Terken）　著

机械工业出版社

《以人为本的智能汽车交互设计（HMI）》共分 15 章，内容包含了汽车交互设计所需的认知心理学基础知识、汽车交互设计相关的理论、不同的设计流程（尤其是以人为本的设计流程）、各种设计方法、检测方法；讨论了多模态与语音、图形、触觉、AR 和 VR 等交互技术，以及智能技术在创建预测性界面方面的应用。此外，本书还讨论了不同自动驾驶水平中的人因问题，既探讨了在不同自动化级别上出现的挑战，又探讨了由于自动驾驶汽车将与其他道路使用者互动而引起的挑战，并对各种驾驶场景和可能发生的事件进行分类，以便设计如何向驾驶员提供智能帮助。为了提高汽车交互设计研究水平，本书还在最后的章节中专门讨论了驾驶模拟器的各种问题和实验方法学等基础知识。

本书的主要读者是汽车设计人员，高等院校汽车专业师生也可将本书作为教材或参考用书。

北京市版权局著作权合同登记　图字：01-2020-6762 号。

图书在版编目（CIP）数据

以人为本的智能汽车交互设计：HMI/（瑞典）陈芳，（荷）雅克·特肯
（Jacques Terken）著. —北京：机械工业出版社，2021.8（2024.3 重印）
（汽车技术创新与研发系列丛书）
ISBN 978-7-111-68718-4

Ⅰ.①以… Ⅱ.①陈… ②雅… Ⅲ.①汽车工程–人机界面–程序设计
Ⅳ.①U461②TP311.1

中国版本图书馆 CIP 数据核字（2021）第 140175 号

机械工业出版社（北京市百万庄大街 22 号　邮政编码 100037）
策划编辑：母云红　责任编辑：母云红　谢　元
责任校对：张莎莎　责任印制：邓　博
北京盛通数码印刷有限公司印刷
2024 年 3 月第 1 版第 3 次印刷
169mm×239mm · 15.75 印张 · 2 插页 · 295 千字
标准书号：ISBN 978-7-111-68718-4
定价：159.00 元

电话服务　　　　　　　　　　网络服务
客服电话：010-88361066　　机　工　官　网：www.cmpbook.com
　　　　　010-88379833　　机　工　官　博：weibo.com/cmp1952
　　　　　010-68326294　　金　书　网：www.golden-book.com
封底无防伪标均为盗版　机工教育服务网：www.cmpedu.com

序　PREFACE

　　陈芳教授是瑞典查尔姆斯理工大学原终身教授，曾担任清华大学博士生导师，是世界知名的人机交互界面（HMI）设计学者。雅克·特肯（Jacques Terken）博士是荷兰埃因霍芬工业大学工业设计系的副教授，也是 HMI 领域的专家。欣闻两位学者合著的新书即将出版并受陈芳教授之邀为此书作序，我深感荣幸。在通读书稿后，我由衷地感到这的确是一本好书！

　　当前全球汽车产业已进入产品价值被重新定义的全新阶段，用户体验成为决定产品成败的关键要素，如何让消费者感受到与众不同的体验成为汽车产品开发工作的重中之重。另一方面，智能汽车代表着汽车产业发展的必然方向和技术趋势，企业只有打造智能汽车产品才有望获得竞争优势，而用户体验更是智能汽车最核心的开发目标之一。

　　在我看来，所谓体验，其实就是用户基于产品和服务得到的综合感受。对于智能汽车来说，基于万物互联、大数据和人工智能，可以实现千车千面、千人千面以及常用常新、越用越好的差异化体验，从而呈现出远超传统汽车产品的竞争力。而智能汽车这种自我进化和升级的能力，无疑需要通过人与机器（汽车）的有效交互来实现和体现。从这个意义上讲，智能汽车时代的汽车人机交互设计将会面临全新的机遇和挑战。

　　HMI 是用户与汽车直接交互的触点，也是用户体验最为集中的载体。中国汽车企业在人机交互设计领域起步较晚、重视不足，导致车辆的人机交互设计存在诸多不足，用户感到体验不好，却又说不清、道不明的问题屡见不鲜。展望未来，汽车产品正因智能网联而被重新定义，汽车及相关企业将会越来越重视人机交互设计，以期让用户获得更加愉悦、便捷和舒适的体验，从而将产品的智能化潜力最大化。

　　事实上，随着车企对汽车智能化关注度的提升，人机交互设计也在中国汽车界掀起了热潮，甚至到了人人谈体验、论交互的程度。然而当前的现状是，大多数工程师还缺少人机交互设计领域的系统性专业知识，尤其是针对汽车 HMI 的相关训练。我们必须认识到，汽车与消费电子或互联网产品存在着明显的差异，简单照搬这些产品的 HMI 设计方法，既无法使车辆使用体验达到最佳，也会带来行车安全等方面的潜在风险。

　　值此之际，陈芳教授和雅克博士的这本新书可谓正当其时。本书从心理学的基本原理出发，阐述了复杂的 HMI 设计方法，并结合作者从业 30 余年的科研教学积累，系统、全面、完整地阐述了汽车人机交互设计方法学。特别值得一提的是，本书在讲述理论知识的同时，穿插引入了许多来自作者亲身实践的生动案例，这极大地提高了本书的可读性和趣味性。我相信阅读本书的读者将会与我有同感，本书绝非桌面研究成果的简单堆砌，而是两位专家基于经年累月的工程实践、科研积累与教学心得，用心梳理总结而成的系统性知识硕果。

　　本书深入浅出地讲述了汽车人机交互设计的方法和要点，系统构建了汽车人机交互设计的完整体系，可以让汽车产业的相关人员学习了解到先进的 HMI 设计理念、方法与实践。我相信，本书对于提高中国汽车人机交互设计水平将会大有裨益。

赵福全

世界汽车工程师学会联合会（FISITA）终身名誉主席

清华大学汽车产业与技术战略研究院院长

前 言 PREFACE

　　这些年来，有不少人问过我，为什么不写一本汽车交互设计方面的书，每当这个时候，我都会摇摇头，回答说："写书太辛苦了！"但是，被问得多了，就会时常有些冲动，在脑子里也开始构思这样一本书。因此，这本书其实在我的脑海里构思了很久，直到有一天，我和荷兰埃因霍芬工业大学的雅克·特肯（Jacques Terken）教授谈及此事，询问他对撰写这本书是否有兴趣，这是 2019 年的夏天，他刚刚退休。我万万没想到，第二天他居然拿出了书的大纲！这大概就是所谓的缘分，所谓的水到渠成吧。我们一起讨论了大纲，做了细节的修改，同时也做了分工。

　　雅克和我是多年的老朋友了，我们的学术观点比较一致，曾经研究的领域也有些相近，我们虽然在不同的国家，每年也见不了几面，但每次见面都有说不完的话、讨论不完的问题。我觉得，既然连书的大纲都有了，再退缩就没有理由了。于是我只好再次违背自己曾经发过的誓言——不再动笔写书。我与多次邀请我写书的机械工业出版社的编辑取得联系，告诉她我打算写书了，没想到，很快，出版合同就签了下来。

　　从完成写作大纲，到真正开始动笔，其间我几乎又度过了 4 个月的思考和心理准备期。这期间，雅克把他负责的书稿部分陆陆续续发给了我。当真正开始动笔时，我才发现，我想要写在这本书里的内容远远比大纲多得多。从 2016 年做华为顾问工作开始，我目睹了中国汽车交互设计人员在夹缝中求生存的艰苦——没有基础知识，没有系统教育，没有基础研究的支撑……还要面对其他相关人员的不理解。我很想让我们的这本书能给他们提供足够的基础知识、足够的理论和方法，让他们的手中有足够的"工具"去做他们需要完成的设计。因此，书中包含的内容在不断增加。我只希望，这本书能够给那些从事汽车交互设计的人员提供些许帮助。

陈　芳

目 录 CONTENTS

序

前言

第1章 绪论 ……………………………………………………………… 1

第2章 交互设计概论 …………………………………………………… 6

2.1 交互设计的误区和挑战 ………………………………………… 6

2.2 交互设计的定义 ………………………………………………… 8

2.3 以人为本的设计 ………………………………………………… 10

2.4 可用性的概念 …………………………………………………… 11

2.5 用户体验 ………………………………………………………… 13

2.6 提高可用性 ……………………………………………………… 16

2.7 了解你的用户 …………………………………………………… 20

2.8 发展历史简介 …………………………………………………… 21

第3章 基础认知心理学 ………………………………………………… 23

3.1 人的信息处理过程 ……………………………………………… 23

3.2 视觉 ……………………………………………………………… 26

3.3 听觉 ……………………………………………………………… 29

3.4 触觉 ……………………………………………………………… 31

3.5 注意力 …………………………………………………………… 33

3.6 关于记忆 ………………………………………………………… 37

3.7 心智模型 ………………………………………………………… 39

第4章 决策制定与情景意识 …………………………………………… 42

4.1 决策制定过程 …………………………………………………… 42

4.2 行动的选择 ……………………………………………………… 43

4.3 行为的SRK理论 ………………………………………………… 45

4.4 影响反应时间的因素 …………………………………………… 48

4.5 错误的分类 ……………………………………………………… 50

　4.6　情景意识 ………………………………………………………… 52

第5章　多模态交互 …………………………………………………… **55**

　5.1　多资源理论 ……………………………………………………… 55

　5.2　关于多模态交互 ………………………………………………… 56

　5.3　多任务间的转换 ………………………………………………… 57

　5.4　文字识别 ………………………………………………………… 59

　5.5　符号识别 ………………………………………………………… 60

　5.6　声音图标 ………………………………………………………… 62

　5.7　告警 ……………………………………………………………… 62

　5.8　语音感知 ………………………………………………………… 63

　5.9　手势交互 ………………………………………………………… 64

第6章　心理负荷 ……………………………………………………… **65**

　6.1　关于心理负荷 …………………………………………………… 65

　6.2　心理负荷和预留能力测量 ……………………………………… 66

　6.3　心理负荷的生理基础 …………………………………………… 67

　6.4　压力、唤醒和操作 ……………………………………………… 68

　6.5　心理负荷测评方法 ……………………………………………… 70

第7章　驾驶分神与疲劳 ……………………………………………… **72**

　7.1　驾驶分神的分类 ………………………………………………… 72

　7.2　分神对驾驶的影响 ……………………………………………… 73

　7.3　注意力资源分配与工作负荷 …………………………………… 76

　7.4　自动驾驶中的分神问题 ………………………………………… 77

　7.5　分神的监测 ……………………………………………………… 78

　7.6　关于驾驶疲劳 …………………………………………………… 80

　7.7　疲劳的产生 ……………………………………………………… 81

　7.8　疲劳对驾驶的影响 ……………………………………………… 83

　7.9　疲劳检测方法 …………………………………………………… 84

　7.10　疲劳的应对方法 ………………………………………………… 86

第8章　交互界面与用户体验 ………………………………………… **88**

　8.1　交互界面 ………………………………………………………… 88

　8.2　车载用户体验 …………………………………………………… 91

　8.3　实用主义和用户体验 …………………………………………… 91

　8.4　用户体验理论 …………………………………………………… 92

8.5 用户体验的影响因素和意义 ……………………………………… 96

8.6 用户体验的多样性 ………………………………………………… 97

8.7 用户体验多样性的四个来源 ……………………………………… 98

8.8 用户体验的暂时性 ………………………………………………… 99

8.9 情绪与驾驶 ………………………………………………………… 102

8.10 拟人论 …………………………………………………………… 103

第9章 交互设计理论 ……………………………………………………… 105

9.1 活动理论 …………………………………………………………… 106

9.2 分布式认知 ………………………………………………………… 107

9.3 生态界面设计 ……………………………………………………… 108

9.4 认知工作分析 ……………………………………………………… 110

9.5 层级设计理论 ……………………………………………………… 112

9.6 行为阶段理论 ……………………………………………………… 113

9.7 交互界面设计原则 ………………………………………………… 114

9.8 交互界面设计的八条黄金法则 …………………………………… 117

第10章 设计流程 ………………………………………………………… 120

10.1 设计过程概述 …………………………………………………… 120

10.2 线性设计流程 …………………………………………………… 122

10.3 V周期模型 ……………………………………………………… 123

10.4 敏捷开发方法 …………………………………………………… 123

10.5 以用户为中心的设计 …………………………………………… 124

10.6 组织设计过程 …………………………………………………… 128

10.7 以行动为中心的设计 …………………………………………… 129

10.8 以目标为导向的设计 …………………………………………… 130

10.9 理性设计和HCD ………………………………………………… 130

10.10 建立需求 ……………………………………………………… 131

10.11 需求数据采集方法 …………………………………………… 134

10.12 场景问题 ……………………………………………………… 135

10.13 任务分析 ……………………………………………………… 139

第11章 设计方法 ………………………………………………………… 143

11.1 构思和创新过程 ………………………………………………… 145

11.2 用户调研的五个关键要素 ……………………………………… 146

11.3 用户访谈 ………………………………………………………… 147

11.4　问卷调研 ……………………………………………… 150

11.5　用户观察 ……………………………………………… 152

11.6　根植理论 ……………………………………………… 154

11.7　凯莉方格技术 ………………………………………… 154

11.8　其他设计方法 ………………………………………… 157

11.9　指导设计的标准和指南 ……………………………… 159

第 12 章　设计与测评 ……………………………………… **160**

12.1　概念设计 ……………………………………………… 160

12.2　用户画像 ……………………………………………… 162

12.3　基于场景的设计 ……………………………………… 163

12.4　原型设计 ……………………………………………… 164

12.5　角色扮演原型 ………………………………………… 166

12.6　界面评估 ……………………………………………… 166

12.7　检查表 ………………………………………………… 167

12.8　启发式评估 …………………………………………… 168

12.9　界面调查 ……………………………………………… 169

12.10　系统可用性调查表 …………………………………… 170

12.11　认知走查 ……………………………………………… 171

12.12　自我评估模型 ………………………………………… 171

12.13　用户体验曲线 ………………………………………… 172

第 13 章　自动驾驶中的人因问题 ………………………… **174**

13.1　实现自动驾驶的目的 ………………………………… 175

13.2　辅助驾驶中的人因问题 ……………………………… 177

13.3　L1 级自动驾驶中的人因问题 ………………………… 177

13.4　L2 级自动驾驶中的人因问题 ………………………… 179

13.5　L3 级自动驾驶中的人因问题 ………………………… 181

13.6　L4 和 L5 级自动驾驶中的人因问题 ………………… 184

13.7　自动化中的人因 ……………………………………… 185

13.8　自动驾驶与信任 ……………………………………… 188

13.9　驾驶风格、晕车与舒适度 …………………………… 192

13.10　共享控制 ……………………………………………… 193

13.11　信息娱乐系统设计 …………………………………… 195

13.12　伦理问题研究 ………………………………………… 198

13.13　车外交互 ·· 199

第 14 章　驾驶模拟器的应用 ··· **203**

14.1　驾驶模拟器的用途及优缺点 ··· 203

14.2　驾驶模拟器实验数据采集 ·· 205

14.3　生理指标的测量 ··· 207

14.4　如何选择合适的驾驶模拟器 ··· 210

14.5　模拟器驾驶与实车道路驾驶结果对比 ······························ 211

14.6　场景制作 ··· 214

14.7　模拟器驾驶的心理因素 ··· 215

14.8　驾驶模拟器的数据处理问题 ··· 216

第 15 章　行为研究方法 ··· **218**

15.1　开展实验研究的步骤 ··· 218

15.2　研究假设的建立 ··· 220

15.3　实验中的各种变量 ·· 221

15.4　实验设计 ··· 223

15.5　交叉效应与偏差 ··· 224

参考文献 ··· **227**

第 **1** 章

绪　论

汽车作为代步工具已有 100 多年的历史，通过操纵转向盘和踏板来使汽车按驾驶员的意愿行驶，而这个过程主要依靠个人的驾驶技巧。传感器和计算机技术的飞速发展促使汽车设计工程师去探索如何让驾驶任务可以得到新技术的协助，甚至实现自动驾驶，这样做的最初尝试已经在 20 世纪 80 年代开始，当时的美国卡内基梅隆大学（CMU）在其中起着先锋作用。目前，自动技术已经取得了长足的发展且部分技术趋于成熟，以至于大部分汽车都有或多或少的辅助驾驶系统成为汽车的标准配置，例如自适应巡航控制（Adaptive Cruise Control，ACC）、车道保持辅助（Lane Keeping Assist，LKA）、碰撞预警等；同时，许多公司正在提供高级辅助驾驶解决方案，比如低级别的自动驾驶，并且正在对车辆做道路测试和实车驾驶测试；更高级别的自动驾驶也在研发中。

开发自动驾驶技术的主要出发点是交通安全。在中国，2017 年有超过 63000 人在交通事故中丧生。在欧洲，2017 年有 25000 人死于交通事故。在美国，2015 年的交通事故死亡人数是 55000。对交通事故原因的分析表明，绝大多数事故由人为错误引起（酒后驾车、超速行驶、误判、分心，这些是最主要的原因）。因此，人们普遍认为，如果能够更好地协助驾驶员，甚至完全让驾驶员脱离驾驶任务，让人走出人—车—路这个驾驶循环（out of the loop），则可以消除由于人为错误而引起的事故，从而大大减少事故死亡人数。促进汽车自动驾驶技术研究开发的其他出发点还包括便利性（自动化使人们能够在汽车行驶时从事其他活动）、舒适性（可以根据乘员的喜好自动化调节）、连接性（自动化、与互联网的连接可以更好地适应交通状况、各种道路环境）、可持续性（自动系统使行驶更平稳，避免不必要的加速和减速，减少能源消耗）和全社会人员参与的机动性（自动化将使传统上无法或不允许驾驶的人群能够便捷出行，例如醉酒的人、老年人、未成年人和视力障碍者）。

使汽车驾驶自动化是一个复杂的过程，不可能一蹴而就。车辆的控制部分可能相对容易，目前自动驾驶车辆可以在可控条件下和狭窄的区域中表现良好，但要处理现实世界的动态特性（交通状况、基础设施、其他道路使用者行为和天气状况等，这些会随时发生不可预测的变化的因素），则驾驶任务的复杂性将呈级数增大。为了规范大家的讨论，国际机动车工程师学会（Society of Automotive Engineers，SAE）在他们的标准报告 J3016 中提出了一种六级自动化分类法，该分类法已在全球范围内采用，并取代了其他分类法，例如 BASt（德国）和 NHTSA（美国）提出的分类法。图 1-1 是对 SAE 分类法从人因的角度进行的一个简单解读。

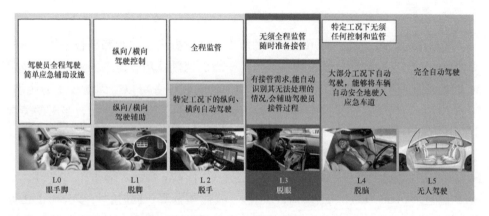

图 1-1　对 SAE 提出的六级自动驾驶分类法简单、直接的解读

> L0 级（用于分类完整性）为完全的手动驾驶。在这里存在一些简单应急辅助设施。驾驶员（持续）负责执行全部动态驾驶任务。

> L1 级以手动驾驶为主，但有一个辅助驾驶系统。横向与纵向控制都由驾驶员负责，其中典型的辅助驾驶系统，例如自适应巡航控制可在车辆横向或纵向运动控制中对相应部分的目标和事件具备自动探测与响应的能力。这些自动系统的开启和关闭也由驾驶员全权负责。

> L2 级为部分自动驾驶，比如至少有两个驾驶任务能够自动完成，最常见的是自适应巡航控制（纵向控制）和自动车道保持（横向控制）的组合。这种自动化水平的特征在于，尽管车辆可以在相对简单的交通状况下自动驾驶，例如在高速公路、不发生任何突发事件的正常条件下自动驾驶，但驾驶员仍然需要监视车辆的行为和交通状况，以便在系统无法处理的情况下随时重新接管驾驶任务。

> L3 级，即有条件自动驾驶，表示系统本身可以处理特定条件下的驾驶任务，例如高速公路上的正常情况。但是，与 L2 级不同，在 L2 级中，驾驶员需要识别哪些是系统无法处理的情况，而在 L3 级中，系统本身则能自动识别其无法处理的情况，在这种情况下，系统会要求驾驶员重新掌握驾驶控制权，同时也给予驾驶员一定的反应时间。因此，当车辆处于自动模式时，驾驶员不需要监视车

辆的行为和交通状况，并且可以从事与驾驶无关的活动，但需要保持一定的警觉性，对明显的外部刺激（例如救护车警笛等）进行适当的响应。自动系统能够识别动态驾驶任务中用户的接管能力，并在用户的接管能力即将不满足要求时，自动系统会在一定的时间内继续执行动态驾驶任务，以便用户正确接管驾驶任务；在发出接管请求后，如果用户未响应，自动系统则适时执行风险减缓策略；当用户请求自动驾驶系统退出时，系统会立即解除控制权。

➢ L4 级，即高级自动驾驶，与 L3 级相似，不同之处在于系统能够处理的路况更多，因此可以自动驾驶的场景也更多。同时，在驾驶员不响应系统请求、重新控制的情况下（例如，驾驶员心脏病突发），车辆自动驾驶系统能够执行将车辆安全地驶入应急车道，使其停顿并自动通知急救人员等一系列操作。在这个级别，驾驶员无须监管驾驶，因此当自动驾驶系统开启后，驾驶员的角色可以转变成乘客，他无须决定是否及如何实现最小风险状态，且无须判断是否达到最小风险状态。他可接受接管请求并执行动态驾驶任务接管，他也有权力请求自动驾驶系统退出而改成手动驾驶。

➢ L5 级，即全自动驾驶，表示车辆可以处理驾驶过程中可能遇到的各种路况。在这个水平的自动驾驶中，汽车甚至可以不装备转向盘和手动制动系统。不要求驾驶员对驾驶进行监控，也不存在任何情况下会要求驾驶员接管控制，因此没有必要要求"驾驶员"有驾驶资格，车辆甚至可以在无驾驶员的情况下行驶。

物联网（Internet of Things，IoT）技术的发展为辅助和自动驾驶进一步做出了贡献，它将车辆与其他车辆相连接（Vehicle to Vehicle，V2V）以及与基础设施相连接（Vehicle to Instruction，V2I），为交通管理和单个车辆驾驶带来很多好处。例如，通过物联网收集关于交通流量的大量数据成为可能，这些数据可用于为单个车辆提供导航指导，使交通管理人员能够在需要时动态打开和关闭车道，并为决策者提供有关的交通信息和车流密度。通过 V2V 连接，可以通知车辆前方道路和车辆即将发生的异常情况，并协调交叉路口的动态控制。V2V 在跟车随行上也起到重大作用。

这些技术的发展创造了广阔的设计空间，同时也提出了两个重要问题：1）哪些是可以满足社会和个人用户需求的技术？应该开发哪些辅助系统？其功能应该是什么？应该如何开发自动驾驶系统？2）如何设计和展示这些技术以使用户理解该技术、了解如何使用该技术且不会开始滥用或弃用该技术？如何设计能使用户获得最大价值？

这就需要用到以人为本的设计方法，该方法可确保在设计过程中考虑到用户的需求、偏好、能力和局限性，目的是将产品创新过程的结果通过交互设计，能够更好地满足用户的需求。在这里，"用户"一词包括客户、驾驶员，有时也包括其他的道路使用者。当人们开始应用相关的尤其是创新的技术时，如果不考虑用户的需求，则可能会导致意想不到的结果，甚至适得其反的效果。

一个具体的例子是特斯拉的自动驾驶系统（L2 级自动化水平：自适应巡航控制和自动车道保持的结合）。由于它是 L2 级系统，所以要求用户始终握住转向盘并监视车辆，以便在出现特殊情况时能够接管驾驶控制权。但人们常常对这个系统有误解，以为可以放松警惕，可以一边开车，一边做别的事情。我们在中国和荷兰对特斯拉驾驶员进行的访谈显示，大多数驾驶员在观察到该系统按预期运行后，实际上会将其视为 L3 级系统，并开始从事与驾驶无关的活动，例如发短信、在智能手机上玩游戏等。

另一个例子是，如果自动驾驶不能满足他们当前的需求（例如，在十字路口通行时能够变慢或快速抢在黄灯亮时通过，或显示出因为行人的意外出现而发生制动行为），人们可能会认为系统设计不好而关闭自动驾驶。

第三个例子是，人们可能不了解该系统的工作原理，例如，他们根本就不知道该系统是可用的。我们在荷兰最近的一项研究表明，很多人不知道他们的车辆有辅助驾驶系统。一个具体的案例是自适应巡航控制系统，它有两个版本：全速度范围和常规版本（仅在 30km/h 以上的速度下运行）。我们的一位熟人开了一辆安装有 ACC 的汽车，由于他发现 ACC 很方便，所以在外地出差租车时，要求提供具有 ACC 的租赁车。但是，在一次交通拥堵中，他发现，自己的汽车具有全速度范围的 ACC，但租赁的车的 ACC 在速度低于 30km/h 的交通拥堵中无法正常工作，造成了很多的不便和操作错误。难道我们应该期望此人在开始使用该系统之前要先详尽地阅读手册吗？这几乎是不可能的。ACC 的另一个例子是它的加速性能，通常被认为是缓慢的。我们的另一个熟人使用了他自己发现的方法来解决这一问题：将高速公路上的巡航速度设置为 180km/h，因为他发现加速度的大小取决于实际速度与目标速度之间的差：差距越大，加速性能就高。正如他所说，鉴于交通状况，汽车实际上不会以最高时速 180km/h 行驶，因为前方总是有以 120km/h 的速度行驶的汽车。但是，当他不得不下高速匝道，而出口没有其他车辆时，他发现这种方法会造成很大的风险。

这几个案例显示，人们在使用相关的新技术时，其使用方法可能与设计者期待的方法大相径庭。

关于自动驾驶技术可能无法满足人们的能力或偏好的其他示例将在本书的后续内容中进行讨论（特别是第 13 章）。由于辅助/自动驾驶所提供的功能将变得更加复杂，从以上案例推论，我们可以假设，设计者认为能满足用户喜好和能力的设计与人们实际对技术的理解和使用的差别会越来越大。由于技术发展迅速，在设计过程中似乎很难获得包含来自用户的信息和有关用户的知识，因为用户不具备所需的使用经验。

本书共分 15 章,内容包含了汽车交互设计所需的认知心理学基础知识、汽车交互设计相关的理论、不同的设计流程(尤其是以人为本的设计流程)、各种设计方法、检测方法;讨论了多模态与语音、图形、触觉、AR 和 VR 等交互技术,以及智能技术在创建预测性界面方面的应用。此外,本书还讨论了不同自动驾驶水平中的人因问题,既探讨了在不同自动化级别上出现的挑战,又探讨了由于自动驾驶汽车将与其他道路使用者互动而引起的挑战,并对各种驾驶场景和可能发生的事件进行分类,以便设计如何向驾驶员提供智能帮助。为了提高汽车交互设计研究水平,我们还在最后的章节中专门讨论了驾驶模拟器的各种问题和实验方法学等基础知识。

本书的主要读者是汽车设计人员,它也可以作为汽车学院师生的教材或参考书。它包含了交互设计的一些基础概念和理论;所用的例子和所选择的理论和交互设计方法,基本都是为汽车设计服务的。这是一本交互设计的基础教科书,对于那些需要深入了解汽车上的交互设计,尤其是涉及某个具体系统的设计,则需要设计者进一步参考其他文献和研究报告。

第**2**章

交互设计概论

汽车设计已有百年历史。在过去的几十年里，人们最注重的还是汽车技术的发展。但汽车上的交互设计并没有被提到很高的高度，因为相对于与电子有关的其他行业，汽车电子系统过于简单，所以对交互设计的挑战不是很强烈。但是随着汽车辅助驾驶系统的出现，以及从部分自动驾驶到全自动驾驶的发展过程中，技术上更趋于平台化，智能设计和交互设计的重要性就显得越来越突出，同时也产生了更多前所未有的新挑战。尤其是近十年来，汽车上的交互设计越来越引起人们的重视。

如何做好汽车上的交互设计始终是一个难题。一般来讲，我们把车载系统分成两部分，一部分是与汽车驾驶直接相关的，另一部分是与驾驶不直接相关的。与驾驶不直接相关的部分包括各类信息娱乐系统等。存在于两者之间的有车载导航系统和各种与地理位置相关联的功能系统，它们与驾驶操作本身没有关联，但汽车作为交通工具，现代人的驾驶已经越来越依赖电子导航系统。在未来的驾驶中，会有越来越多的信息娱乐系统引进车内。而汽车的个性化设计、智能化设计也是未来的发展方向和挑战。

相对于汽车自动驾驶的不同自动化程度，从汽车的技术性能来看，SAE 把自动驾驶分成 6 个水平（图 1-1）。但是对于交互设计而言，其实我们只关心两种状态：汽车在自动驾驶还是人在驾驶。从 L0 到 L2 是人在驾驶；L3 是汽车能够完成部分自动驾驶，但在许多路况下，还是以人驾驶为主；而在 L4 水平，则是汽车基本上能够完成各种路况下的自动驾驶，但人可以主动接管驾驶；而 L5 基本就是无人驾驶，汽车可以完成几乎所有的驾驶任务。由此可见，在不同的自动化水平，人在整个驾驶过程中所起到的作用是不一样的，交互设计也会面临不同的问题。

2.1　交互设计的误区和挑战

交互设计常常被人误解为只是人机界面的设计，是艺术设计的一部分，所以很多人认为交互设计的重点是美感，是让人的五官感觉愉快、舒服。因此，很多院校把交互设计放在了美术或设计学院。很多企业把交互设计按照人的五感来分类：听觉、视觉、嗅觉、肢体感觉（振动）；又或者把交互设计和交互技术混为一谈，认为交互设计就是语音技术，是手势输入技术，等等。其实，交互设计是基于对人的认知心理学和生理学等的深入理解而发展起来的一门综合性很强的应用学科。它既要求交互设计工程师对相关领域的技术有深刻的理解，又要求有心理学、美学乃至社会科学的知识，是一门综合性很强的学科。

交互设计工程师需要对人有深入的了解，了解人的需求，了解技术的可能性，以及可能的应用环境，通过对人的充分了解和对技术的充分认知，并应用这些知识做进一步设计。因此，本书将从几个方面展开深入探讨，包括认知心理学、基础生理学、研究人的需求的方法学、设计方法学以及对不同系统设计的评估方法和标准等。

汽车交互设计是一个快速发展的学科，而其面临的挑战和需要解决的问题仿佛越来越多。现在的人们每天都会与很多需要交互的产品打交道，比方说手机、电脑、厨房里的各种家用电器、电视机、空调，等等，需要人和机器交互的产品数不胜数。在这些产品的设计过程中，如果系统地研究了用户的需求，那么这些产品在使用起来就会觉得很方便、很顺手，也很舒心。有很多产品，如果你感觉不好用、不知道该怎么用，那么这些产品往往没有考虑人的因素及人在使用产品时的操作特点。让产品好用、使用起来更加方便简单，让用户满意，这就是交互设计工程师的目的。当然，不是每一个产品的设计都要求使用简单方便，有些产品恰恰适当的使用难度会给人带来挑战，从而其结果反倒会给人以成就感。一些高端的、昂贵的产品，往往不能是使用方便简单的，就好比"傻瓜"相机和单反相机一样。

随着电子和互联网技术的发展及智能技术的提高，汽车上增加了越来越多的功能，人机交互也变得越来越复杂。汽车交互设计的要求就不能仅仅是简单好用，还要考虑安全问题——汽车驾驶的安全性永远是放在第一位的。此处所说的安全，不仅仅是针对驾驶员和车内乘客而言，还有其他道路使用者。因此，要给车内的系统做交互设计所面临的挑战要比一般电子产品难度更大。

目前，在世界范围内如此关注车内交互设计也只是近十年的事情。记得若干年前我⊖买了一辆不错的德国车，在我拥有这辆车的两年时间里，我不知道如何打开车的顶灯，做了各种尝试后就放弃了。后来我去一位住在巴黎的朋友家做客，发现他的车与我的车是同一款，他在开车送我去机场的路上，打开了顶灯查

⊖　这里指第一作者陈芳。后文如无特殊说明，第一人称均指作者陈芳。

看地图（当时 GPS 还不流行），这让我很兴奋，我问他是怎么打开的，他得意地告诉我：要把手放在左侧下方靠近前车门轴的地方，那里有一个键，是用来控制各种灯的，把这个旋转钮拉出来，车顶灯就开了！作为设计者，把所有控制灯的功能都放在一起，这个想法似乎很好，但作为用户，实在没有办法去想象车顶灯的开关会在那里，更不知道那个旋转钮可以向外拉。我朋友告诉我，很多人都不知道这个诀窍。后来，为了证明我不是最愚蠢的那个人，我有意做了一番调查，发现不管是教授还是博士，开这款车的人，几乎都不知道如何打开顶灯，有趣的是，每个人的车辆使用手册都放在车的杂物箱里，却没有人去翻看一下，因为没有人会为了打开顶灯这件小事，去花半个小时查看说明书。

不要以为这是一个过去的故事，现在车载系统越来越复杂，不少老驾驶员都会对很多系统束手无策。记得在汽车人机交互领域世界知名专家埃里克·霍奈格（Eric Hollnagol）教授曾经向我讲过这样一个故事，这是他的亲身经历。有一次，在法国的高速公路上开车回家，他新买的汽车忽然跳出一条警告信息，大意是"你的汽车发动机有问题！"。他一看，觉得这个问题很严重，就把车开进了最近的一个高速公路休息区的加油站。他去问加油站的工作人员如何处理这个问题，这个工作人员看上去像是一个经验丰富的人，他说："如果是以前的老式汽车，我可以帮你查出问题并修理故障，但现在的汽车都是电子装备，我也弄不明白。"在教授的请求下，这位工作人员跟到车边，对教授说："你把车起动了看看。"等教授再次起动汽车时，那个警告提示消失了。他在忐忑不安中开车走完了剩下的路。

上面的两个故事都与车内交互设计有关。设计一个与人有交互的产品，首先需要考虑以下四个问题：1）这个产品的用户是谁？2）这些用户将如何使用它？3）他们会在什么样的环境、场合下使用它？4）用户在使用这些产品时会有什么行为？用户界面的设计、输入和输出的方式需要与这些行为相吻合。对于交互设计者，我们常常需要问自己一个重要的问题：我的设计如何能够优化用户与产品在其特定的系统、环境下的交互，以使产品或者系统以有效、有用、可用和愉快的方式支持用户的活动？[1]因为在很多时候，用户会用他们本能的、想当然的方式去操作系统，用户使用系统的过程很可能与设计者想象或者希望的很不一样，因此，每一个设计者都需要考虑用户的特点，他们擅长什么？他们的短板是什么？如何通过我们的设计能够让他们更好地达到他们的目的？

2.2 交互设计的定义

如何定义交互设计？夏普（Sharp）等[1]给出的定义是"Designing interactive

products to support the way people communicate and interact in their everyday and working lives"，即 "交互设计就是为用户创造与系统交流、对话的空间，增进他们在工作和日常生活中使用产品的体验，在提高工作效率的同时，还能增强愉悦感和满足感。"

交互设计（Interaction Design）在汽车领域通常被称为 HMI（Human-Machine Interface，即人机界面；或者 Human-Machine Interaction，即人机交互）。交互设计是一个包含很多领域的一门综合性很强的学科，其中有三个领域常常和交互设计概念混合了，一个是人机工效学（ergonomics），另一个是人因（Human Factors，HF）工程学，还有一个是人与计算机的交互（Human-Computer Interaction，HCI）。应该说，交互设计包含了以上这些学科，这些学科比交互设计有更加悠久的历史，是交互设计的基础。但交互设计不等同于以上的任何一个学科，它还包含了普通心理学、认知心理学、工程学、计算机科学、软件工程学、社会科学、信息科学、人体生理学、声学、美学、生物力学等。在设计方面，它包括了图像设计、产品设计、艺术设计、工业设计、信息工程，甚至影视设计、传媒、市场营销等。没有一个人是能够懂得这么多领域的，因此，交互设计往往是由一个团队来完成的，对于汽车尤其如此。这个交互设计团队也需要各方面的人才组成，而不应该是单一的专业背景（图 2-1）。

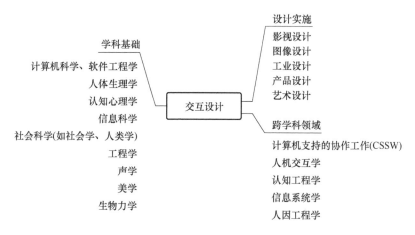

图 2-1　交互设计需要一个综合团队来完成

世界上没有一个交互设计团队是能够包含以上所有学科背景的，这也就意味着，不同产品的交互设计，对团队成员知识背景的组成会有所不同。有很多时候，为了完成一个特殊的项目，会组成各种临时团队。这样做的好处是，不同背景的人员在一起工作往往能擦出意想不到的火花、产生更多的创新产品和设计理念。

　　自动驾驶系统是复杂的系统，涉及许多不同的技术，比如机械和电子技术。这些系统的设计汇集了许多不同的学科和专业，每个专业都有自己的设计方法。在最高层次上，我们可以区分机械工程和软件工程（计算机科学和电子工程）。这两个学科都有自己的开发方法，指导开发人员交付技术上合理的产品。但是交互设计的基本原则是，开发技术上合理的产品的过程需要考虑消费者的观点、他们的需求，或者更广泛地考虑人类的观点，以便达到个人用户和社会都满意的结果。在这里，我们将研究技术学科的方法论，总结以人为本的设计的动机和特征，并考虑如何将以人为本的设计方法与技术设计方法结合或协调起来。

2.3　以人为本的设计

　　以人为本的设计，与以技术为中心的设计有根本上的不同。直到 20 世纪 80 年代，对于消费品而言，产品的形式与功能之间存在着相对直接的关系。大多数产品都包含一些按钮或类似的控件，通过操纵控件来找出如何使用可用功能是一个相对简单的事情。较复杂的系统通常用于专业人员或用于非常专业的业余爱好者，例如照相机，并且使用这些系统通常需要或多或少地进行明确的培训和实践。如果是针对广大消费者的复杂系统（例如车辆），则法律会规定人们获得使用该系统的许可证的资格要求，其中也涉及明确的培训和考核规范。然而，在 20 世纪 80 年代末，个人计算机开始进入大众的家中，非专业人员可以使用个人计算机。同时，电子工程学的发展使得扩展汽车收音机等设备的功能成为可能。对于这些新设备，其形式与功能之间的关系不再简单明了。通常，这些系统的控件很少，而单个控件将提供对许多功能的控制。另一方面，更多的人不愿意花费很多时间进行操作学习和培训。这使开发人员认识到，他们必须努力设计易于使用的用户界面，否则，这些产品和功能会被放弃。这导致了可用性概念框架和以用户为中心的设计方法的发展。

　　谈到以人为本的设计（human-centered design），自然就需要了解这种设计与其他设计之间的不同之处，什么是可用性？什么是用户体验？顾名思义，以人为本的设计，就是把人放在设计的中心。在这里，"人"主要指的是用户。这一概念可以与以往的以技术为中心的设计做个比较。以技术为中心的设计更多地考虑技术所能完成的功能和这些功能需要表达的形式，表达的方式是让用户了解该技术所处的使用状态。以人为本的设计，则是首先考虑人的需求，再去寻找可以满足人的需求的技术，人与系统的交互会更多地考虑人的感知、认知能力和人的真实需求。

　　采用以人为本的设计有多方面的优势：1) 能够提高生产力；2) 增加产品

的可用性和用户体验；3）减少培训和售后服务的费用；4）减少工作压力和不舒适感；5）提高市场竞争力；6）对产品的可持续性发展有益。以人为本的设计理论和方法，是本书的核心理念，在后续章节都会围绕这一主题展开。

在进一步开展相关讨论之前，需要先分清以下基本概念：

IxD：interaction design，交互设计

UI：user interface，用户界面

UX：user experience，用户体验

这些概念常常被人混合使用，或者混淆使用。其实，它们之间是有明确区分的。交互设计是指设计工程师所从事的设计工作，他根据用户的需求，采用不同的理论，结合不同的技术来设计产品；设计出来的产品呈现在用户面前的是用户界面。用户通过这个界面与系统交互，来完成用户需要完成的任务。而用户在操作界面完成任务的过程中产生的感觉，就是用户体验。图 2-2 展示了上述关系。

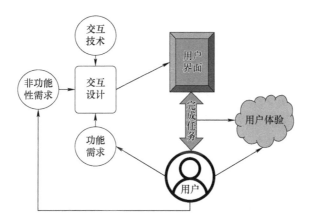

图 2-2　交互设计、用户界面和用户体验之间的关系

2.4　可用性的概念

汽车上的交互设计可以分出 4 个层级，如图 2-3 所示。首先是功能。车载交互系统是为了帮助用户完成他需要完成的任务，比如听音乐、与外界交流、帮助查看路况等，因此，每个设计的功能性都很强。在汽车还需要驾驶员去负责驾驶的今天，满足功能需求是第一位的。当汽车技术逐步向自动驾驶迈进时，会出现更多的纯粹为满足驾驶员感官需求的设计，那么其功能和可用性就会没有现在这么重要。第二层是安全。对于汽车设计而言，安全的考虑总是放在最重要的位置，有没有可能为了满足某些体验，而放弃驾驶安全？在汽车还要以人驾驶为主

的今天是不可想象的，等汽车更加自动化以后，安全的问题就完全由自动驾驶系统承担，那么在交互设计过程中，可能就不会考虑驾驶安全是否存在什么潜在的风险；但其他方面的安全性考虑还是会有，比如信息安全。第三层是可用性。第四层是用户体验。关于这两方面，会在后面的章节中详细介绍。

图 2-3　汽车交互设计的层级

ISO 9241-11 把可用性定义为"特定用户可以在特定使用环境下使用产品达到有效、高效和满意的特定目标的程度"。

图 2-4 表达了可用性的概念。关于此定义，需要注意几点：首先，该定义的目的是提供一种测量可用性的方法，即不需要专家或专业人士对全局进行判断，不考虑给定的产品是否易于使用，而是从实际使用上衡量其可用性。其次，它涉及指定的用户、指定的目标和指定的使用上下文。换句话说，其可用性仅对具有某些特征的人群有效，当他们在特定条件下，出于特定目的使用产品时，也有可能会抱怨某种产品不易使用；但如果这些条件不适用，那么抱怨可用性差的问题就不重要

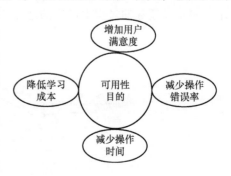

图 2-4　关于可用性

了。人群的相关特征通常涉及诸如背景知识和沟通技巧（语言熟练程度）之类的问题。如果一个系统是为某方面的专业人士设计的，非专业人士认为这个系统不好用，那么这个抱怨没有意义。同样，如果一个系统是给健全人使用的，而一个盲人说这个系统不好用，也是没有意义的。第三是有效性、效率和满意度。这些概念将在下面进一步阐述。

有效性考量的是产品设计是否能够达到其设定目标。例如火车站的自动售票机，用户是否可以完成订购他所需的车票的任务？如果用户在订购过程中不知道如何操作，或订购了错误的车票，则说明机器是无效的。效率考量的是完成任务所需要付出的努力。可以根据时间（例如"用户订购车票需要多长时间"）来衡量工作量；或者在其他情况下，可以根据执行特定任务所花费的心力来衡量工作量，例如，用户需要多长时间集中注意力才能完美地执行特定的任务；或完成特定任务所需的人数。有效性和效率都可以客观地衡量，而不必依赖主观判断。例如，为了提高有效性，可能会安排 50 名参与者进行测试，这些参与者执行了许

多任务，我们可以计算成功完成任务的百分比。为了提高效率，可以再次由相同的参与者对改进了的设备进行测试，并且对于成功完成的任务，可以计算完成任务所花费的时间。此外，在此类测试中，通常会分析所出现的错误，以识别需要解决的可用性瓶颈。可用性的定义不仅仅依赖可以客观度量的标准，还包括一个主观成分，即使用的满意度。满意度通常是通过让测试参与者填写调查表或进行访谈来测评的。此外，用于测量满意度的调查表通常与用于有用性和可用性的调查表相结合，例如系统可用性调查表（SUS）（详见第 11 章）。这使开发人员或测试人员可以将有关可用性的客观数据与用户的主观意见进行比较。

可用性的其他定义还包括其他元素。例如，尼尔森（Nielsen）[2]建议包括诸如学习能力和记忆力等方面。可学习性与第一次接触时的易用性有关，可记忆性与人们在不使用系统一段时间后回忆起的与系统交互的知识有关。换句话说，尽管 ISO 定义未明确提及人们与系统交互的知识会随时间而变化，但尼尔森的定义明确承认人们知识变化与重复使用的相关性。但是，由于 ISO 定义已成为公认的标准，所以这里使用 ISO 9241-11 的标准定义。

2.5　用户体验

尽管可用性主要涉及用户的认知能力和局限性，但在 20 世纪 90 年代后半叶，产品和系统开发人员开始认识到与产品和系统的交互不仅是了解如何使用系统，还涉及人的全部情感，包括情绪、信念、期望和以往的经历等。信念是产品使用动机理论的重要组成部分，关于这部分，计划行为理论（theory of planned behavior）[3]是典型的代表。计划行为理论是由艾克·阿杰肯（Icek Ajzen）在 1991 年提出的，他认为人的行为受以下五个要素的影响。

1）态度（attitude），是指个人对该项行为所持有的正面或负面的感觉，即指个人对某个特定行为的评估，经过概念化之后所形成的态度，所以态度的组成成分经常被视为个人对此行为结果的信念。

2）主观规范（subjective norm），是指个人对于是否采取某项特定行为所感受到的社会压力，亦即对个人的行为决策具有影响力的个人或团体对于此人是否采取某项特定行为所发挥的影响作用。

3）知觉行为控制（perceived behavioral control），是反映个人过去的经验和预期的阻碍，当个人认为自己所掌握的资源与机会越多、所预期的阻碍越少时，对行为的知觉及行为的控制就越强。而其影响的方式有两种，一是对因某种动机而产生的行为的意义进行理解；二是其亦能直接对行为做出预测。

4）行为意向（Behavior Intention），是指个人对于采取某项特定行为的主观判定的概率，它反映了个人对于采取某项特定行为的意愿。

　　5）行为（behavior），是指个人实际采取行动的行为。

　　与此同时，在与产品/系统交互的情感方面，先前的经验以及期望成了用户体验组成的重点。ISO 9241-210 将用户体验定义为"由于使用或预期使用产品、系统或服务而引起的个人感知和响应"。图 2-5 显示了计划行为理论框架。

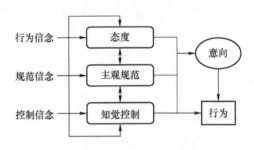

图 2-5　计划行为理论框架

　　哈森扎哈（Hassenzahl）[4] 的用户体验框架包括了有用性、可用性和乐趣。首先，产品或系统应该对人们有用，其中"有用"可以理解为"允许人们从事有意义的活动"。有意义的活动被认为是与人类基本需求有关的活动，例如著名的马斯洛需求层次理论[5]。马斯洛理论把人的需要分成生理需要、安全需要、社交需要、尊重和自我实现五类，依次由较低层次到较高层次排列。在自我实现层级，还有个学习成长、审美和超越自我的过程。其次，产品应该易于使用。第三，与产品或系统的交互也应在情感上令人满意或愉悦，或者至少不应在情感上引起干扰（令人沮丧、烦人等）。如果产品或系统提供有意义的功能、易于使用并提供令人满意的情感体验，那么可以说该产品或系统可以提供良好的用户体验。

　　从 ISO 定义可以看出，用户体验不仅取决于实际使用过程中所发生的情况，用户的期望也起着重要的作用。具有相同目标特征的产品或系统可能会因用户的期望值高低而产生完全不同的体验。期望的产生可能来自广告、使用同一公司先前产品的经验、舆论界的评论、朋友/亲戚之间的个人交流等。因此，广告不要过分夸大产品或系统所带来的好处，否则用户可能会对实际体验感到失望。

　　到目前为止，用户体验的定义还不太明确，似乎很多因素都被囊括其中，比如记忆也有助于用户体验。如果人与产品或系统的交互会随着时间而变化，那么我们可能会问，瞬间的交互如何确定总体用户体验？整体体验是所有瞬间体验中的平均值，还是有更加复杂的关系？由诺贝尔经济学奖得主、心理学家丹尼尔·卡尼曼（Daniel Kahneman）[6] 提出的峰终定律（peak-end rule）从某种程度上讲，解答了这个问题。峰终定律指出，记忆的体验主要由高峰经历（积极或消极）

以及实际互动的最后时刻的经历决定。比如，你在使用你的车载系统一整年的经验，敌不过一次交通事故在你的心里留下的印记。因此，应尽量避免过度的负面经验，因为它们会严重影响整体的用户体验，一次糟糕的体验可能会取代 100 次好的体验。此外，设计人员应特别注意交互过程的最后部分，因为这也可能是决定整体用户体验的重要因素。

用户体验希望达到的目标，依据不同的产品会有些不同，但大体来说包含以下的描述性词汇。

1）期望达到的目标：

舒适的	有帮助的	有趣的	令人愉悦的	具有驱动力的
兴奋的	优胜的	有挑战的	惊喜的	符合认知的
巩固社交的	有报酬的	支持创造性的	情感满足的	娱乐的

2）不期待达到的目标

无聊的		令人失望的	泄气的	过于呵护的	使人感到罪恶的
使人感到愚蠢的	厌烦的	娇媚的	幼稚的	花里胡哨的	

从这些词汇中可以看出，好的用户体验是指用户在使用产品后产生的比较积极的感觉，这个感觉会因人而异，不同的人因为文化背景不同、教育程度不一、过往的经验和需求不同、期望值不同等，都会对同样的产品在使用过程中产生不同的用户体验。从这里也能看出，用户体验会伴随对产品的认知、理解以及不断的使用而发生变化。因此，我们会说，我们没有办法设计用户体验，而是通过产品、期望能给用户很好的体验。关于用户体验问题，我们还将在第 8 章进行详细的探讨。

既然这样，那么我们回头来考虑什么是交互设计。从图 2-2 中可以看出，交互设计是考虑用户需求而对用户界面做设计的过程，也就是说，通过交互设计，产生用户界面，而用户通过与用户界面的交互，来形成用户体验。换句话讲，交互设计就是帮助技术产品与用户进行对话，或者正如诺曼（Norman）在《日常事物设计》（*Design of Everyday Things*）一书中所提到的，"设计实际上是一种沟通的行为，设计师要对与之沟通的人要有深入的了解"[7]。

那么，设计要考虑哪些因素呢？图 2-6 对此做了一个注解。如果我们用中间这个三角形代表一个产品，那么交互设计要考虑的直接因素就是谁是用户？用户与产品在什么地方发生交互？用户会用什么样的动作与产品发生交互？

著名的德国工业设计师和学者迪特·拉姆斯提出过关于设计的 10 个原则，这些原则对交互设计也同等重要⊖。任何一个好的设计都会具备以下这些特征。

⊖　来源于 https://hackernoon.com/dieter-rams-10-principles-of-good-design-e7790cc983e9。

图 2-6　交互设计要考虑的因素

1）创新性，它不仅让我们对产品有更加深入的理解，还能让用户有与以往不同的体验。

2）实用性和持久性。任何产品对于用户都需要有它的实用价值。好的设计经得起趋势变化，因为它涵盖了总是与用户息息相关的普遍话题。精心设计的产品在我们对事物和自我认知中都会发挥重要的作用。

3）美观性、易理解性、简约、诚实和注重细节。产品需要纯粹，好的设计是尽可能少的设计，只留下它必要的功能，没有"累赘"就可以，低调而精致，有吸引力，哪怕只有 10% 的细节不够完美，都会影响整体感觉。同时，用户可以直接看出其使用方法，而无须进一步的学习。

2.6　提高可用性

第 3 章中我们将详细讨论人的认知能力和局限性。由于通常很难将这些科学见解转化为方便的设计工具，尼尔森（Nielsen）、诺曼（Norman）和施耐德曼（Schneidermann）等理论家为此提供了指导设计的可用性原则或规则。诺曼（Norman）在 *The Design of Everyday Things*（中文版译为《设计心理学》）[8] 中提出了三个必须满足的原则：映射（mapping）、操作提示（affordance）和约束（constrain），以实现良好的可用性。

1）映射，是关于界面中元素的形式与其功能之间关系的。为了实现某个特定目标，用户应该能够清楚如何操作。例如，如果三个照明灯的开关彼此相邻，则在照明灯的物理布置和开关之间应该有清晰的映射关系，以便清楚地知道哪个开关控制哪个灯。

2）操作提示，在这里它是关于控件的物理特征的，这个特征的形状本身就展示了某些动作的操作方法。例如，一个按钮的形状让人们看见就知道是用于按下的，而旋钮则要求旋转；车门的把手就是提示人们开车门时手操作的位置。

3）约束，指限制了人们可以或期望与系统交互的方式。物理约束限制了人们与对象之间的物理交互。例如，典型的照明灯开关只能置于两种不同的状态——"开"或"关"。因为它始终处于两种状态之一，所以只能进行一种动作。文化约束是习得的惯例，会影响人们对与系统进行交互的认知。例如，交通灯中"绿色"通常表示"可以通行"，而"红色"通常表示"停止"。同样，习得的文化约束可能会获得类似操作提示能力的特征。例如，由于触摸屏上的图标不是物理元素，没有用于按压的内在承受能力，即便如此，由于人们已经学会了这种关联，所以感觉图标也是可按压的元素。

可能有人会说，这些原则在使用之初时会帮助用户根据界面提供的信息来生成有关如何与系统交互的假设。如果违反了原则，用户将发现他必须学习并记住与系统交互的方式。这种额外的学习需要付出努力，并降低系统的易用性。此外，很明显，产生正确假设的能力还取决于用户的背景知识。从来没有触摸屏经验的人可能不会想到可以通过单击图标来激活触摸屏上相应的功能。对于具有类似使用经验的人员而言，这就很简单，该人员只需要弄清楚需要单击哪个图标去激活哪个应用程序就可以了。因此，易用性在很大程度上取决于用户的背景知识。所以，可用性和易用性会因人而异。

除了这些一般原则外，理论家还提出了各种用于交互设计的规则或准则（例如，施耐德曼的八个黄金法则⊖和尼尔森的十个设计启发法）。有关上述方面，我们在后面的方法论中还会有详细的解释。这些规则或准则最显著的几个要点是：

1）可见性：系统应始终在合理的时间内通过适当的反馈使用户了解发生的情况。例如，应该清楚系统处于哪种模式，以避免模式混淆。同样应该清楚的是，如果无法立即显示响应，则需显示系统正在执行某个特定的动作以及完成该动作所需要的时间。

2）用户控制和自由：用户应该掌控交互，可以预测每次操作后系统产生的变化，而不是被动地被系统要求各种操作。

3）一致性和标准：不应该使用不同的词语来描述同一件事情、同一个情况或动作。系统的运作也需要遵守一些公认的约定、各种设计指南和标准。

4）使用的灵活性和效率：应该提供快捷方式（快捷键），以使熟练用户可

⊖ 来源于 https://www.jianshu.com/p/354e4f94bced？utm_campaign＝maleskine&utm_content＝note&utm_medium＝seo_notes&utm_source＝recommendation。

以加快交互速度，而不会使新手用户的界面复杂化。换句话说，熟练用户有设置快捷方式的可能性。新手用户对有效性感兴趣，而对于经验丰富的用户来说，效率更重要。

值得一提的是，这些启发式条例或规则是在 20 世纪 90 年代提出的，当时电子技术的发展已极大地增加了系统的功能性，设计需要使用户能够处理数量众多的可用功能。随着智能系统的出现，这些系统不仅对用户的操作做出反应，而且还可以根据用户的行为特点自动进行一定的操作。尽管如此，上述原理和启发式方法对于保证良好的可用性还是同样有效的，目前还没有研究明确地反对这些条例。目前会影响易用性的一个关键条例是透明度：智能系统的动作应该透明；否则，对用户而言，智能系统就好像是一个"黑盒子"。有人可能会反驳说，从对自动驾驶系统（如特斯拉自动驾驶仪）的用户调查和观察中可以明显看出，驾驶员在观察到该系统在 10~30min 按预期运行后，就不太在乎去了解系统的作用和原理了。但是，随着越来越多的公司提供实现有一定自主权的自动驾驶系统，来自不同制造商的系统之间将出现差异，因此，驾驶员需要学会预测特定系统在给定情况下将做什么。自适应巡航控制就是一个例子，它以两种不同的形式出现：一种是仅在 30km/h 以上的速度下运行，另一种是全速度范围可用。可以假定，当以低于 30km/h 的速度在交通拥堵的道路上行驶时，用户希望能知道汽车具有哪种类型的自适应巡航控制系统。当然，标准化是一条路，但是制造商还会利用可能的设计空间来使自己研发的系统与竞争对手区分开来。这种产品的差异化就使得系统性能特征的透明性成为智能系统易于使用的一个重要需求。不幸的是，目前还没有关于如何构建智能系统透明性的简单答案，如何巧妙地向用户解释系统正在做什么或将要做什么以及在什么情况下要提供一个"解释界面"。

如前所述，用户体验的概念包含有用性、可用性和愉悦性，因此，交互设计人员在设计过程中需要同时考虑这三个设计目标。关于有用性或实用性，对于汽车的交互设计，最根本的问题是系统是否将有助于实现自动驾驶系统的主要目标。这些目标包括以下几个。

1）安全性：该系统是否有助于减少驾驶员、乘员和其他道路使用者的事故和伤亡人数？

2）交通流/效率：系统是否有助于提高通行速度并减少交通拥堵？

3）可持续性：该系统是否有助于减少能源消耗和排放（对于整个生产链和产品生命周期而言）？

4）便利性：该系统是否通过减少学习驾驶和驾驶的工作量而有助于使驾驶员的生活或工作更轻松？

5）舒适度：该系统是否有助于减轻驾驶员、乘员以及其他道路使用者的心理负担（认知和情感）？

6）生产率：该系统是否有助于提高驾驶员、乘员的时间利用率，以进行与驾驶无关的活动？

7）大众的机动性：该系统是否有助于使传统上被排除在驾驶之外的人（如未成年人和老年人、残障人士以及在酒精和毒品影响下的人）可以使用汽车？

8）道德：系统是否满足驾驶员、乘员的道德标准（或社会的道德标准）？

许多系统设计可以针对这些目标中的一个或多个。但是，不幸的是，一个目标的实现有时可能与其他目标的实现发生冲突。例如，从技术上来说，允许驾驶员从事与驾驶无关的活动，从而提高系统的生产率，但是如果该系统不能完美运行，则可能会降低安全性；要求驾驶员监视系统以便能够在系统故障的情况下进行干预，可能会提高安全性（这个问题我们会在后续章节中做更详细的讨论），但会影响生产率。在这种情况下，优先考虑哪个目标？不同目标的优先级如何？安全性是重中之重，但这个因素可能会对用户体验产生不利影响。

此外，某些目标可能在大环境层面上应用更多，而另一些目标在个人层面上应用更多。交通流/效率当然适用于集体级别，尽管最终因交通拥堵而影响个人效率，而舒适度和生产率则更适用于个人级别。同样，社会目标与个人目标之间有可能存在冲突，这也被称为"社会困境"。例如，某些违反绿色环保建议的驾驶方式可能会提高单个驾驶员的心理舒适度，但可能与提高安全性或交通流/效率的社会目标相抵触。在这种情况下，社会目标会胜过个人目标，这会对用户体验产生不利影响。

我们可以通过应用上述设计原理和启发式方法，以及在整个设计过程中进行连续测试来实现可用性。由于设计原理和启发式方法还很抽象，所以设计者需要更具体的指南和标准，包括界面设计和评估界面设计对实现自动驾驶系统目标的测评方法。准则和标准将在后续章节讨论。

应该提到的是，愉悦性可能会受到文化差异的影响。特别是，文化间的审美偏好可能会有所不同。在欧洲被认为是美丽的东西（例如简约设计）在中国最初可能被认为没有吸引力。可是，随着全球化的进展，中国人对北欧的简约、精美的设计风格也越来越欣赏。

最后，应该指出的是，虽然产品的有用性、易用性和愉悦性都会影响用户体验，但是易用性的贡献是不对称的：尽管不好用的产品可能会从负面影响用户体验，但良好的可用性就不一定会产生正面的影响；相反，良好的可用性通常被认为是理所当然的。尽管如此，可用性仍应受到重视，从而避免较差的可用性。为获得良好的用户体验而进行的设计无疑还需要注意界面设计的美感，从而获得令人愉悦的体验。

2.7 了解你的用户

了解你的用户是交互设计的一个重要环节。了解用户包括了解他的生活、工作、专业、所处环境、人际关系等，只有这样，才可能设计出一款能够满足其需求的产品。在了解用户这一过程中，了解一个用户群体和了解用户个体是不一样的。用户个体千差万别，从对个体的深入了解可以认识到，如果一个产品适合某个人使用，不一定能够满足一个群体的使用。人的个体差异除了每个人的个性不同以外，年龄、性别、受教育背景、工作性质、文化背景、生活经历、社会地位、家庭状况、个人爱好等，都会构成个体差异。对于一些特殊的系统，比如语音交互系统，个体的语言能力及口音等会对交互产生影响。我们都希望能够让更多的人使用我们设计的产品、能够使这款产品满足更多用户的需求。在这种情况下，了解个体差异就非常重要。还有一些产品，可能由多人操作，那么对这个共同群体的了解也非常重要。

年龄与性别的差异是两个最基本的差异。不同年龄的人，有些能力是不一样的，比如设计开发儿童用的产品肯定不能以成年人的生理、心理和认知能力为依据；同样，为年轻人设计的产品，不适合老年人使用，因为他们在反应时间、视力、听力、肌肉力量等方面均普遍存在差异。各个国家都把获取驾照的年龄确定在 18 岁，但是很多研究表明，18~25 岁之间的青年心智还不够成熟，在驾驶时应对道路环境的能力还不稳定，因此，他们出现交通事故的概率比其他年龄组高。同时，他们的兴趣爱好也和 25 岁以上的成年人不同，他们可能更追求新颖和刺激。同样，随着老龄化社会的来临，很多西方国家都在研究老龄驾驶员的特点，希望能够通过交互设计来延长他们的驾龄，同时提高他们的驾驶安全性。

在很多方面，性别的差异也是显而易见的。不过，在驾驶任务中，这种差异不明显。但是，在信息娱乐系统或者一些非功能性产品（如化妆镜）的使用上，有可能会产生差异。有人研究过 20 世纪 70 年代欧洲某款车为什么在欧洲销售得很好，却在美国市场状况不佳，最后得出的结论是因为驾驶座位的上方、遮阳板的背面没有安装小镜子！美国的女性在早上开车上班时，可能因为来不及化妆，需要在车上完成这个工作，而有没有镜子就会成为她们买不买这款车的一个决定因素之一！

用户的教育背景和工作性质对汽车交互设计是有很大影响的。有工程背景的人可能希望系统提供更多的交互逻辑解释，而有艺术、文化背景的人，可能更受主观感觉的影响。

好的设计归根结底是对人的深入了解。对用户的理解，主要从以下方面入手。

1）了解用户的优点和不足。这里主要强调的是他们能力上的优点和不足，什么是他们习惯的、擅长的，什么是他们不擅长的、不会操作的，等等。关于这一点，我们在人的认知心理学部分还会做一些详细的介绍。

2）通过设计帮助人们以习惯的方式做事。这一点很重要，如果一个设计是试图改变人们目前习惯的做事方式、强调他们去学习一种全新的操作方法，那会让用户不接受和抵触。很多年前，人们对键盘的字母排列顺序做了很多研究，认为现有的排列方式并不是最佳设计，但这个研究成果并没有被推广，其原因就是，人们早已习惯了目前的键盘字母排列，不接受新的排列模式。

3）通过设计能够提供更好的用户体验。这不仅仅是把各种用户需要的功能罗列、堆砌在那里，而是通过对用户深入的了解，掌握用户操作特点，在设计中，能够更好地引导用户去操作相关的功能，让用户觉得产品就是为他而设计的。

4）满足用户的需求。如果可能，甚至让用户参与设计。有理论认为，最了解自己的是本人。因此，让用户参与设计会让产品更能满足用户的需求。这个想法在实际操作中是有困难的，尤其是对企业而言。不过，通过用户参与早期设计，可以让设计者更深入地了解用户需求，也是一个很有效的方法。

5）使用久经考验的以用户为中心的方法。

2.8 发展历史简介

前面提到过，汽车的交互设计常常与人机工效学（ergonomics）、人因工程（human factors Engineering）和交互设计（interaction design）相关联。

波兰学者沃伊切赫·雅斯特泽博夫斯基（Wojciech Jastrzebowski）在 1857 年首先创造了"ergonomics"一词。该词源于希腊语 ergon（工作）和 nomoi（自然法则），指对产品进行优化设计使之更符合用户习惯的技术。18 世纪初期，工业生产在很大程度上仍然依赖于人力/动力，为了提高工人的生产率，人们不断提出符合人体工程学的理念。通过改善工作流程来提高工人效率的方法以实现科学管理，很受欢迎。但从严格的意义上来讲，这个时期的设计还是一种"让人去适应工作"的设计，这不是现代的"ergonomics"的理念。现代的理念是我们要设计工作去满足人的特点和需求。这个理念的雏形产生于第二次世界大战。当时有大量的现代武器投入战争，人们很快发现，很多战士不是被敌人打死的，而是被自己的武器所伤，因为武器的设计不符合人体力学和人体测量学、人体生理学等。由此，人们开展了大量的对人的研究。目前，人机工效学依然侧重于人体力学和人体测量学及人的生理学、环境生理学等对人的工作影响的研究。这部分在汽车的设计上是很重要的一部分，包括汽车座椅、安全带、转向盘、空调、车内声音、灯光、物理按键的布局等的研究。

而人因工程是更多地基于人的认知心理学发展起来的一门学科。这个学科的兴起，是因为大型工业的发展出现了很多复杂的系统，这些系统操作和关联的复杂性超出了人的认知心理范畴，例如大型的工业控制室的出现。人因工程的研究使得人们开始广泛地了解人的行为与认知的特征和局限性。

交互设计则是当计算机得到普及、电子系统在快速发展的条件下应运而生的。交互设计从某种程度上讲，包含了人机工效学和人因工程的部分内容。

基础认知心理学

前面提到，交互设计的重要基础之一是认知心理学，而这一点，被很多从事交互设计工作的人所忽视，甚至把交互设计等同于美学。因此，很多交互设计师没有深厚的认知心理学基础，他们只凭想象和直觉来设计。这是很可悲的事情，因为这样的设计可能会犯一些很粗浅的错误；同时，他们也很难理解为什么有的设计好、有的设计不好。

谈到认知心理学，必须提到克里斯托弗·威肯斯（Christopher D. Wickens）和他的《工程心理学与人的行为》（*Engineering Psychology and Human Perform-ance*）[9]。该书阐述了与设计相关联的认知心理学的基础。克里斯托弗·威肯斯是美国著名的认知工程心理学家，是这个领域"教父级"的人物，他的《工程心理学与人的行为》一书最早出版于 1992 年，到 2013 年，已经出版了第 4 版，是所有从事人因工程工作的人员必读的一本基础教科书。对于有志于从事交互设计研究的人，强烈推荐学习这本书。这里，我们只把一些重要和常用的，以及与汽车交互设计有密切关联的知识做一个简单的概述。以下内容主要参考该书的2013 年版，在这本书中，引用了大量的汽车驾驶案例，因此比较适合从事汽车交互设计的人员阅读。本章下面的内容，如果不做特别说明，均参考了该书。

3.1　人的信息处理过程

在我们进一步了解认知心理学前，我们先来了解人的信息处理过程（infor-mation processing），图 3-1 对人的信息处理过程做了一个模型化的表述。

该模型描述了一系列不同的信息处理阶段，它用四个步骤来描述人类执行任务时信息流的特征：感官记忆、感知、工作记忆（包括思想和决策）及响应（激活和执行）。这个模型展示的是比较常规的过程。首先由我们的感官（视觉、听觉、触觉等）获取来自外部环境的信息，然后将其保持在短期感官记忆存储中，短暂停留不超过 1s。例如，当汽车驶向十字路口，驾驶员在接近十字路口

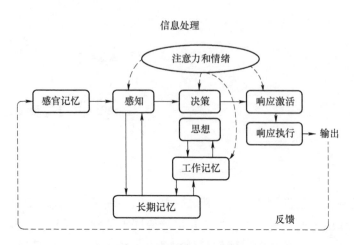

图 3-1　人的信息处理过程模型

时看到了交通信号灯、经过的车辆和其他道路使用者，并可能听到来自车内音响系统的声音和乘客的谈话。但是感官获取到的信息不等于感知（perception），在大量的感官信息中，只有一小部分数量的信息可以被感知到（例如，感知到交通灯光已经变黄）。感知的过程涉及确定感知信号或事件的含义，而这些含义又受过去的经验和注意力的影响。如图 3-1 所示，过去的经验存储在我们对事实、图像以及对世界如何理解的长期记忆中。这个长期记忆来自于多年学习成果的长期积累。感知之后，我们的信息处理通常遵循以下两种方式之一运行。在最底层，感知（理解）信息后，一种情况是会立即触发选择一种响应。例如驾驶员看见了黄色交通信号灯，他可以选择踩加速踏板或踩制动踏板，这个决定基于多种因素，比如驾驶员认为黄灯时间已经很久，会立刻变成红灯，如果他踩加速踏板加速，很可能会遇到红灯，因此，他选择踩制动踏板，这个决定必须迅速做出。然后，在响应选择之后，下一个步骤就是执行响应阶段。由此可见，我们的序列反应，不仅涉及肌肉，还涉及大脑对肌肉的控制。但是，感知获得的信息和理解后，并不总是会立即引起反应。驾驶员可以使用工作记忆来暂时保留获得的灯光（黄色）状态，同时扫描前方道路和交叉路口中其他信息（例如，接近的车辆或其他的道路使用者），对下一步需要采取的行动做一个综合判断。实际上，在许多情况下，最终的行动可能根本没有遵循人们之前的感知。比如，当你参加学术研讨会时，可能会听到某位学者在讲解一个重要的理论，这时你选择不做笔记（没有执行操作），而是去思考、去融合其他相关知识。也就是说，使用工作记忆来将该信息存储到长期记忆中，以备将来在相关场合使用。因此，工作记忆的功能不仅是存储信息，还包括认知过程。

　　在这一点上，我们注意到，感知和工作记忆的过程并不是两个彼此不同、清楚分开的盒子，它们之间的边界是模糊不清的。因此，从感官记忆到工作记忆这个阶段经常被描述为"认知阶段"，是对通过感官获得的外在信息的理解过程。这个过程可以很快，像上面讲到的对交通信号灯的理解和做出反应一样迅速；有时这个过程会很缓慢，比如上面讲到的在学术研讨会上。

在这四个步骤及记忆模型中，还有两个至关重要的元素：反馈和注意力（和情绪）。首先，在许多（但不是全部）信息处理任务中，响应的执行过程会改变原本的内外环境，因此就形成了一种新的状态，这个变化会被感官感知，如图 3-1 中的反馈环，人在执行操作后，会产生新的状态。比如，在高速公路上，驾驶员为了换道而开始加速，其感官也同时开始捕捉新的信息，例如，突然发现左车道上自己的侧后方有其他车辆也在加速，驾驶员可能需要对这一点做进一步的判断和响应：或进一步加速并完成换道；或者减速，等其他车辆超过后再重新加速。其次，注意力是帮助大部分信息处理的重要工具，在这里它起着以下两个作用[10]。第一，注意力充当了信息过滤器。从感官获取信息到感知的过程中，注意力会选择某些元素做进一步处理，但同时会阻止其他认为没有关联的信息进入感知过程，因此感知输出小于感官输入。继续上面的例子，驾驶员在十字路口将注意力集中在交通信号灯上，而忽略了车内乘客和他的交流。第二，注意力充当提供动力的燃料，信息处理中各个阶段所需的心理资源或精力由注意力来提供。有些阶段需要更多资源，或者某些任务中对人的脑力资源的需求胜于其他任务。例如，在大雾中感知交通信号灯相比起晴朗、漆黑的夜晚将需要更多努力，但是，我们注意力资源的供应是有限的，如果一项任务所需的总体资源超过了人的能力所能提供的，就会造成任务执行中的失败。

虽然图 3-1 提供了一个有用的概念化框架来理解信息处理过程，但别从字面上去理解它。神经心理学研究发现，尽管有些操作与某些特定的大脑结构有所关联，但这种关联在现阶段的研究中并不清晰；同时，这些阶段也不是严格按顺序进行的。毕竟，一项任务可能是出于某种灵感、思想或做某事的意图而发起的，它源于长期记忆，流向工作记忆，然后响应，而可能没有感知输入。但是，这个信息处理模型在做任务分析、原理描述、解决方案推荐，包括工程心理学理论研究，都会起到很好的作用。

既然有了这个信息处理模型，那么随后的认知心理学的介绍就按照这个模型的顺序来展开吧。首先是对人的感官的认识。我们的身体有几个主要的器官是用来接受外界信息的：眼睛（视觉）、耳朵（听觉）是其中最主要的两个器官，其次是鼻子（嗅觉）、嘴巴（味觉），还有身体的皮肤，尤其是手（触觉）。在汽车上，嗅觉和味觉不是重要的信息交互器官，因此，我们会重点介绍视觉、听觉和触觉。

3.2　视觉

对于驾驶员来说，视觉是他获取车内、车外信息最重要的器官。目前几乎80%的与驾驶相关的信息都是通过视觉获得的，因此，对驾驶员视觉的研究有很多。图3-2显示了眼睛的结构。

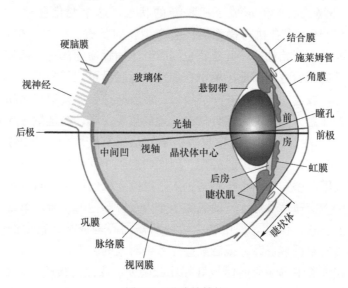

图 3-2　眼睛的结构

整个眼球是被包裹在一层巩膜之内，这层巩膜就如摄像机的黑箱，分为前、后两段。眼球前段是聚光的部分，由眼角膜、瞳孔、睫状肌、晶状体等组成。它们的功能是调节和聚合外界射入的光线，根据发光体的距离和光线的强弱进行调整，让光线穿过眼角膜，经由瞳孔及晶状体，将光线聚合在眼球的视网膜上。瞳孔是一个可透光的开口，能因进入光度的强弱而调节其圆周的大小。在暗黑中，瞳孔的直径会扩大，可让更多的光线进入；而在光线充足的情况，瞳孔的直径会收缩，让入眼的光线不致太多。在瞳孔和晶状体两者配合之下，眼球可接收强、弱、远、近各种不同的光线来源。而眼球内睫状肌的伸拉作用可使晶状体变形，因而调节屈光度，使光线能聚焦到视网膜上而形成影像。人眼的瞳孔变化可能不是很明显，但如果我们观察猫的眼睛就会发现，在强光下它的瞳孔会缩成一条线，而在黑暗中它的瞳孔会变得大而圆。

后段的视网膜由两种感光细胞所组成，这两种细胞因其形状而命名为视杆细胞和视锥细胞。它们的作用是将晶状体聚焦而成的光能转变成神经冲动，并由神经细胞送往脑部。感觉光线明暗的视杆细胞和感觉色彩的视锥细胞在视网膜表面并不是均匀分布的，在感知中起重要作用的视锥细胞大部分集中在视网膜中的一小片称为黄斑的部位（即图 3-2 中中间凹的位置）。因此，我们在观看景物和阅读时，注意力只是集中在视野范围一半不到的区域。黄斑是感光细胞最密集、视觉敏锐度最高的位置。当我们要看清一件物体时，我们会转动眼球，直至影像聚焦在黄斑上。离黄斑越远，视锥细胞越少，占绝大部分面积的视网膜上布满的主要是视杆细胞，如果影像聚焦在黄斑以外的地方，我们可以看见一件物体的存在，但未必知道这件物体是什么[⊖]。视锥细胞能辨别的颜色有红、绿、蓝，这三种颜色也叫三原色，我们看到不同的颜色都是由这三种颜色组合的，而视杆细胞只对亮度敏感。

　　位于眼球后极部向鼻侧约 3mm 处有一直径约 1.5mm 的圆盘状结构（图 3-2 中视神经的位置），称为视神经盘（简称视盘）。此处无色素层和视细胞层，无感光作用，视野检查时为生理盲点，故有人称视盘为盲斑或眼盲部。图 3-3 是有名的测量这个盲斑存在的方法，当你关注它时，你会发现上面有一个黑点，这个黑点还在不断地跳动！

图 3-3　你视线中黑点的位置就是盲斑的位置

　　眼睛辨别物体的能力又叫作视力，视力分为静视力和动视力[11]。静视力即驾驶员静止时的视力，动视力是汽车运动过程中驾驶员的视力。视力正常的人在观察远处物体时，动视力随速度的增大而迅速降低，如车速为 60km/h 时，可看清 240m 处的交通标志；车速为 80km/h 时，只能看清 160m 处的交通标志（当然，这与交通标志的大小也有关系）。视力还与亮度有关，亮度下降，视力下降；特别要指出的是，黄昏时的光线对驾驶员的观察能力最不利。此外，视力从暗到

⊖　来源于 https://baike.baidu.com/item/%E8%A7%86%E8%A7%89%E6%84%9F%E7%9F%A5/1473317?fr=aladdin。

亮或从亮到暗都有一个适应过程，其间会产生视觉障碍。这些知识，对设计交通指示信息非常重要。如果重要的信息希望驾驶员能够从更远的距离看见，就要根据道路限速情况来设计。

相对于观察车外的信息，观察车内的信息会有些不同。在驾驶过程中，不管车速如何，人与车内显示系统的相对速度是静止的，距离也是相对恒定的。可能的影响因素是由于汽车的高速运动而产生的一些振动造成视线模糊，但这一点的影响应该不明显。另一个因素是在手动驾驶时，人的视线不能离开前方路面太久（2s 是公认的安全时限），因此，能观看的信息会受到限制（NHTSA 2010-0053）。

视野是指两眼注视某一目标，注视点两侧可以看到的范围（图 3-4 为静止状态下的视野）。视野的大小与车速有关，随着车速的增大，驾驶员的视野明显变窄。如车速为 40km/h 时，视野为 90°~100°；车速为 80km/h 时，视野为 60°。这里说的是中心视野（Focus View），当然，还有一个常用的视野名词叫外围视野（peripheral view），俗称余光。在驾驶时，余光会起到很重要的作用，很多交通信息都是通过余光获取的。现在有一个概念叫有用视野（Useful Field of View，UFOV）[12]。有用视野的定义是在不同的注视中心之间眼睛连续运动的间隔直径用于定义有用视野[9]。UFOV 是以视角来测量的，在这个视角范围内，存在的目标都可以观看到。在这个区域内，人只要看一眼就能从中提取信息。UFOV 已被证明与车辆碰撞风险、障碍物碰撞和跌倒倾向相关。

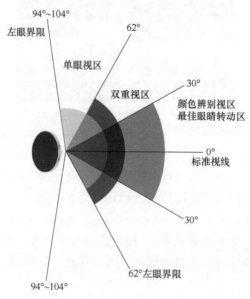

图 3-4　视野

人对不同颜色的辨认和感觉叫色感。人对不同的颜色有不同的反应，比如，红色光易见性高，刺激性强，使人产生警觉；黄色光亮度最高，反射光强度最大，易唤起人们的注意；绿色光比较柔和，给人以平静、安全感。因此，交通工程中将红色光作为禁行信号，黄色光作为警告信号，绿色光作为通行信号。由于上述在交通上对颜色的定义如此深入人心，所以在车载系统的设计上，人们也用同样的颜色来表达相同的意义。

3.3 听觉

广义而言，"听觉"具有两个层次的含义 ⊖。第一个层次是指对声音的感知，即感觉神经对声音的接受能力，这种能力先天具有，主要与听觉系统发育是否完整和健全，即听觉系统及相关结构在组织学、解剖学以及生理学上是否正常发育有关。第二个层次是指对声音的认知，即对声音的理解能力，这是在第一个层次的基础之上，经过各级听觉神经的加工处理以及听觉中枢水平的综合作用产生的，其中包括理解、记忆等复杂的心理过程，因此，需要后天学习才能获得。

从生理学上讲，声音通过外耳道、鼓膜、中耳部分的听骨链、咽鼓管及内耳部分的内外淋巴液将声波机械性地传导至位于耳蜗内的、特殊的听觉细胞。听觉细胞接收到声波引起的机械振动（图 3-5），并将其转换为载有声音信息的神经冲动，以神经冲动的不同频率和组合形式对声音信息进行编码，经各级神经元的再编码，传送至听觉中枢，便产生了听觉。人的听觉会随着年龄的变化而产生变化，因为耳蜗内的神经对不同频率的声波的敏感程度会因为年龄的不同而有所不同。图 3-6 显示了听觉形成的过程。

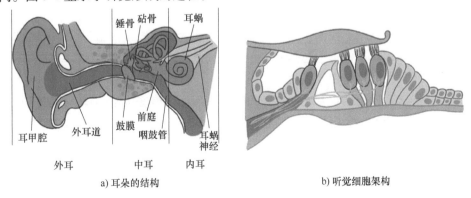

a) 耳朵的结构　　　　　　　　　　　　　　b) 听觉细胞架构

图 3-5　耳朵结构图

⊖　来源于 https://www.sohu.com/a/333095952_133460。

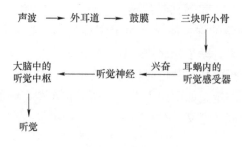

图 3-6　听觉形成的过程

　　对于交互设计者而言，我们更感兴趣的是对声音的认知。听觉对声音的认识是有一定规律的[一]。首先是耳朵听神经接收到声波的机械振动，从而判断出声音的有无。接着是引起听觉注意。一般说来，对听者有意义的内容容易引起听觉注意。例如，在非常吵闹的鸡尾酒宴会上，如果有人提到你的名字，也许声音并不大，但你却会不由自主地竖起耳朵，这就是"鸡尾酒会效果"（Cocktail Party Effects）。我们的听觉还可以辨别声音来源的方向，任何声音在传到两侧耳朵时，因为两耳间的距离和头部的阻隔，到达两侧耳朵声音的强度和时间会有细微的差别：听觉时间差异（Interaural Time Difference，ITD）和听觉强度差异（Interaural Intensity Difference，IID）。人的大脑正是通过分析这种区别来判断声音来源的方向（图3-7），同时也会根据经验来判断声音的距离。当然，人的耳朵对方位和距离的判断有一些不足，这就是著名的前后混淆：声音从正前方和正后方抵达两只耳朵的强度和时间是一致的，因此，人分不清楚声音是来自正前方还是正后方。

　　听觉识别是辨别声音异同的一种能力，它是感官和大脑分析综合作用的结果。我们听音乐，就是听觉识别的一个最好的例证。我们可以通过声音的频率、波峰、音色等来区别、判断声音，感受声音中包含的内容、情绪等。音色是指不同声音的频率表现在波形上总是具有与众不同的特性。不同的物体振动都有不同的特点。不同的发声体由于其材料、结构不同，发出声音的音色也不同。例如钢琴、小提琴和人发出的声音不一样，每一个人发出的声音也不一样。因此，可以把音色理解为声音的特征[二]。而听觉记忆则是在辨别声音的基础上，把声音信号存储在大脑中。

　　人们在听到声音后出现的一种自我调节反应叫作听觉反馈，例如，在嘈杂的环境中提高嗓门说话，或者在学习模仿发音时，不断通过听觉反馈自我调

　　[一]　来源于 https://www.sohu.com/a/243463145_769471。

　　[二]　来源于 https://baike.baidu.com/item/%E9%9F%B3%E8%89%B2/412380? fr=aladdin。

节，直到准确无误地发音为止。听觉反馈很重要，我们常常看到这样的现象：如果你戴着耳机听音乐，一边听，一边跟着唱，你自以为唱得不错，但别人听到的却是你走调的歌声，这就是缺乏听觉反馈造成的。人对声音还有一个能力，就是声音适应：当人们初次暴露在一个高噪声环境里，会觉得不舒服，但时间久了，就会相对不敏感。但是暴露在一定强度的噪声中，时间久了会对身体造成伤害。

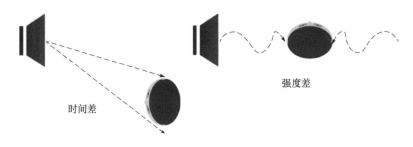

图 3-7　人对声音的定位示意图

人对声音方位的判断能力已经越来越多地被开发和应用，成为交互设计中的一个重要部分。在汽车上，让警告声音产生的方位与紧急事件发生的方位相同就是一个明显的应用案例[13-16]。声音警告信息结合方位信息会让驾驶员更好地对警告做出恰当的反应。

3.4　触觉

皮肤接触机械刺激产生感觉，称为触觉。皮肤表面散布着触点，触点的大小不尽相同，分布不规则，一般情况下指腹最多，头部、背部和小腿最少，所以指腹的触觉最灵敏，而小腿和背部的触觉则比较迟钝。若用细针轻触皮肤表面，只有当某些特殊的点被触及时，才能引起触觉⊖。图 3-8 显示了人的皮肤上的感觉神经。这些感觉神经能感受疼痛、温度、接触及振动等以及某些复杂的感觉，使皮肤成为体表的一个保护性感觉器官，但感觉功能的专一性较差。

人手部的触觉是一个非常重要的功能，很多时候，即便不用眼睛看，以手触摸，我们也能够很准确地感知外界的环境，尤其是能够感觉到我们触摸到的是什么物质及其表面的质感。对盲人而言，触觉成为他替代视觉来感知环境的重要功能。人的手区别于动物，就在于它的敏感和灵活。在汽车上，绝大部分的操作、信息的输入在语音交互还没有完全普及之前，都是靠手来完成的。由于驾驶员的

⊖　来源于 https://baike.baidu.com/item/%E8%A7%A6%E8%A7%89。

视觉需要最大限度地专注于车外的信息捕捉，所以车内信息输入系统的设计，就希望在手操作时可以尽可能少地依赖眼睛的辅助，所谓能够达到"盲操作"就是这个道理。汽车上很多按键的设计，也是为了方面驾驶员可以"盲操作"：不用眼睛看，只需手摸就能够完成信息的输入。

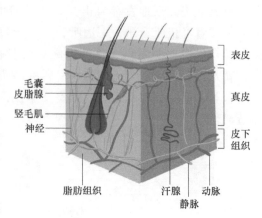

图 3-8　皮肤上的触觉神经

　　其实，人手部的操控是来自大脑的指令作用在手部的肌肉上的，而皮肤上的触觉神经则是感知操作的过程而及时给大脑收集反馈信息，这样就产生了一个回路。同样的动作不断地重复，会使得这个回路更加通畅、更加快速，最终形成反射弧，对大脑的高层次活动的依赖也降低了。这就是为什么一个熟练的驾驶员对汽车的操控会快速、准确、自然，不需要过多的思考。对触觉的开发和应用有很多其他案例，比如触摸屏，如图 3-9 所示。

　　在人的大脑皮层，有两部分是最为发达的，一部分来自嘴部，另一部分来自手部，相对应于人的语言能力和手部的操作能力。图 3-10 形象地比喻了人脑各种感觉对应人体器官程度的不同。

图 3-9　触觉的应用：触摸屏

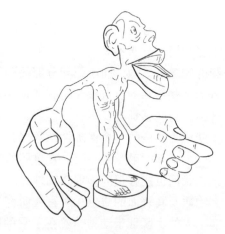

图 3-10　人脑各种感觉对应
人体器官程度的不同

3.5　注意力

在安全驾驶中，驾驶员的注意力是非常关键的一个因素。来自美国的一份调查表明，每年有 40000 人丧生于交通事故，其中有一半以上是由于分心[17]造成的。在驾驶过程中，驾驶员必须将注意力集中在道路上和车辆内，从中选择并关注与安全性最相关的事物。环境的某些诱因可以吸引注意力并将其有效地引导至需要关注的正确的对象上，例如警告灯或交通标志。另一方面，环境中的其他诱因也可能无意间吸引我们的注意力，并将其引导至不需要的、不相关的事物上，从而妨碍我们将注意力集中在驾驶任务上，例如，后座争吵的孩子、路边的广告牌等。驾驶员还必须在各种信息源之间分配注意力。例如，驾驶员从导航显示上注意到前方需要转弯时，必须了解沿道路转弯的相关地标，同时还要监视交通情况，并保持以一定的速度行驶在车道线内。在长途驾驶时，驾驶员必须长时间保持注意力和警觉性，尤其是当出现驾驶疲劳时，保持注意力更是一件困难的事情。在汽车交互设计中，对驾驶员注意力特点的认知，是非常基础的知识。

注意力又细分成不同种类。如果我们用类似舞台上的追光柱来形容人的注意力，那么选择性注意力（selective attention）贯穿了整个驾驶过程，就好像在驾驶过程中追光柱不停地晃动，照亮车内车外不同的需要引起注意的地方。而集中注意力（focused attention）则表明了追光柱的大小。当追光柱缩小并集中到某个点上时，就可以避免其他周边的不重要的信息的干扰。而分化注意力（divided attention）则正好相反，它把追光柱分成了若干根，同时照在了不同的地方。还有一个概念是持续性注意力（sustained attention），顾名思义，它就好比是提供追光柱的电池，维持了追光柱的亮度和持久性。从图 3-1 人的信息处理过程模型中我们知道，注意力影响到信息处理的很多环节，因此，下面就针对不同的环节，来讨论关于注意力的问题。

1. 选择性视觉注意力（selective visual attention）

（1）选择性视觉注意力参与的任务

在视觉能够达到的区域内，选择性视觉注意力可以参与以下六种不同的任务[9]。

1）在视觉区域内来回扫描寻找相关的信息，比如，驾驶员不停地观看汽车的正前方、侧方、后视镜、仪表板和中控屏等。

2）视线在特定路径上来回扫描，监督控制，以确保某些动态变量控制在一定范围。如果不在一定范围，驾驶员就会进行某种形式的手动控制以使其恢复原状，例如，驾驶中的车道线保持，这项任务是高度目标导向的。

3）关注，包括监视，特别是对某些意外事件的响应（此类任务不包括需要在监督控制下的任务。）

4）搜索特定的通常是预定义的目标。比如，一边驾驶一边在指定的位置寻找需要接的人。

5）阅读。

6）确认已采取了某些控制措施，例如处理反馈。

许多任务显然是上述某些任务的混合。例如，遵循说明操作设备时，阅读图表或地图通常涉及搜索和阅读的某种组合。

（2）关注区域和信息捕获努力度

在提及视觉注意力时，需要引入一个新的概念：关注区域（Area of Interest，AOI）。AOI 是指外在的一个物理区域，在这个区域里，人们能够找到与相应任务相关联的信息。随着眼动追踪技术的发展，人们对视觉注意力的研究也越来越深入。眼睛的扫描看似很容易，其实也是有能量消耗的。一个人的视觉注意力从一个 AOI 转移到另一个 AOI 是需要付出努力和消耗能量的。有付出，就必定会有疲劳。两个 AOI 之间的距离决定了付出努力的多少，这个付出也称为信息捕获努力度（Information Access Effort，IAE）。

眼球中的中间凹（图 3-2）能看见的视角是 0°～4°（眼球不动）。如果 AOI 小于 4°，那么 IAE 最小。当两个 AOI 的视角大于 4°、小于 30°，且处在眼球的视线范围，也就是，人可以通过转动眼球就可以清晰地看见时，IAE 会大于眼球中间凹时的 IAE。但如果 AOI 大于 30°，就需要辅助头部的转动；如果大于 90°，则需要辅助身体的转动才能看得清。由此可见，两个 AOI 距离越远，视觉扫描需要消耗的能量就越大。驾驶员在捕捉道路信息的同时，还需要了解中控屏和仪表板的信息。由于道路上的 AOI 和仪表板上的 AOI 距离几乎在视角 30°之内，所以驾驶员只需要转动眼球就可以看到；而中控屏上的 AOI，需要辅助头部的转动，中控屏越大，道路上的 AOI 与中控屏不同区域的 AOI 距离越远，头部转动的幅度就会越大，甚至可能还需要辅助身体的转动。因此，从道路到中控屏视觉的扫描和信息捕获消耗的能量也更多，视线在两者之间移动需要的时间也更长。抬头显示（Head-up Display，HUD）的优势就是缩短道路 AOI 与中控屏 AOI 的距离。

（3）吸引视觉注意力和改变盲点

吸引视觉注意力（或者说抓住视线）有 4 个因素[9]：1）显著性（salience）：指 AOI 的背景或环境，相对于其他 AOI 脱颖而出的程度，它自身的大小、颜色、强度或对比度等。2）努力需求（effort）：即 IAE。3）期望值（expectation）：人们倾向于更多地关注那些有很多动作的地方。4）价值（value）：它表示信息的有用性和重要性，即 AOI 与任务的相关性，以任务的相对重要性加权。

既然有吸引视觉的可能性，就会有应该引起视觉注意但却因为各种原因而错过的可能性，这就是所谓的改变盲点（change blindness）[9]。改变盲点用于描述那些环境发生变化却没有被发现的情况，例如眨眼，这一点在驾驶员执行驾驶任务时经常会发生。交通事故的产生往往是因为驾驶员有改变盲点，没有注意到道路上的相关信息，导致错误的操作。

（4）视觉搜索（visual search）

通过视觉的选择性注意力去寻找我们的目标就是视觉搜索。一般来说，被搜索的对象、目标物都是事前预定的。人类视觉的这种搜索功能是我们日常生活不可或缺的，在 20 世纪末及 21 世纪初对此做过大量研究，尤其是在驾驶领域[18]。视觉搜索通常是通过眼睛移动在搜索区域内或多或少系统地进行的。UFOV 的大小会影响视觉搜索的效果。一般来讲，经验丰富的驾驶员的 UFOV 会比新手驾驶员大[19]。这也从另外一个角度证明，UFOV 是可以训练的。

提到视觉搜索，就会涉及搜索效率和速度问题。其中的影响因素我们在这里不一一细述。有一个众所周知的因素，会直接影响搜索效率，那就是被搜索目标的布局和展示方式。一般来讲，把相关的和类似的信息集中，会提高视觉搜索效率。图 3-11 是一个典型的案例，图 3-11a 把类似的信息集中在一起，进行了分组，而图 3-11b 则是分散了。从中可以看出，视觉搜索图 3-11a 要比图 3-11b 更容易。

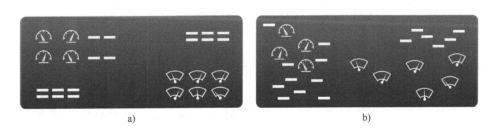

a)　　　　　　　　　　　　　　　b)

图 3-11　信息展示的布局与视觉搜索的关系

2. 并行且分化的注意力（parallel processing and divided attention）

我们的视野所及通常都是很复杂的，包含了很多元素，当我们需要从这些多元世界中找出感兴趣的信息时，我们的视觉通常会有两个并行的过程：自动把外部环境中相似的内容分组，同时用选择性注意力把我们要关注的信息从中找出来，而这个过程是会占用工作记忆资源的[9]。这两个过程是并行的。因此，在展示信息时，相关信息有机组合对更有效的视觉搜索是很重要的。

关于视觉注意力有两个理论，一个是基于空间的理论（space-based attention theory）[20]，另一个是基于目标物的理论（object-based attention）[21]。基于空间的理论把人的视觉比喻成从眼睛里发出的一道光柱，它照到哪里，人的视线就在哪里。汽车的抬头显示就是期望把重要的信息放在眼睛最容易看到的地方。但是这个理论不足以解释所有现象，因此就有了基于目标物的理论。人们的眼睛会去注意那些从周边环境中比较能凸显出来的物体，或者相对于周边环境正在运动的物体，或者是人们熟悉的物体。

我们常说："耳听为虚，眼见为实"。可实际上，在视觉显示中，我们可以有多种方式和手段去操控和"欺骗"视觉，在这里，我们就不再一一展开。运用好这些技巧，对视觉显示的设计非常重要。

3. 听觉注意力（auditory attention）

听觉与视觉有很大的不同，表现在以下三方面：1）听觉是全方位的，声音可以从任何一个角度传入耳朵，它没有类似视觉的扫描作用；2）听觉是全时段的，它不像眼睛，眼睛闭上就看不见东西了，而耳朵不会关闭；3）听觉输入是瞬时的，一句话、一个声音，随着时间来，也随着时间走，是留不住的，不像视觉，可以保留。虽然环境的声音都会通过耳朵被我们的感官接收，但我们不可能把所有的声音都"听进去"。对声音的感知受两种注意力的支配：一个是分化注意力，比如一个人同时听不同的声音；另一个是选择性注意力，比如我们把注意力集中在某个声音上。试想，如果我们同时听两个人讲话，还希望同时能够抓住他们讲话的重点，这会是一件很难的事情，但如果这两个人一个在你的左边，另一个在你的右边，而且一个是男的，另一个是女的，这样，你能从两个人的声音中捕捉到重要信息就会比这两个人都是男的且站在一起要容易得多[22]。

如果同时有多种不同的声音，那么我们的声音注意力会在几种声音间调换。没有意义的声音，会被当成背景音，在听觉感官中停留大约 3~6s。这时人会产生一种感觉，觉得听到了另外一个声音的最后几个字。不过，不被注意的声音不一定就被遗忘，它有可能直接与人的长期记忆产生关系，并被分析。当这种不被注意的声音出现多了，达到了某个具有意义的水平，就会被关注。

前面讲过，人们一般通过几个不同的声音元素来区别（识别）声音，包括音节、音高、音色空间位置和时机[23]。这些特性为声音的交互设计提供了很好的依据。当有两个不同音节的声音同时出现时，这两个声音在音高和音节频率上有些区别，如果这种区别足够大，我们就能听出是两个不同的声音。如果改变两个声音的音节频率，也会听成是两个声音[9]。

视觉也好，听觉也罢，如果设计者并不希望用户同时处理两个或两个以上的信息，那么，除了主要的信息，其他的都可以看成是干扰。当然，在人们的生活中，都不会是单一模态的接受信息，听觉和视觉会常常一起工作。比如驾驶时，驾驶员的眼睛看着道路的前方，而电子地图却用语言给以道路提示。这种多模态的交互，我们会在后面的章节中做详细的讨论。

3.6 关于记忆

如图 3-1 所示，人的记忆可以分为工作记忆和长期记忆。工作记忆是一种比较活跃的记忆，具有临时性，用来存储新的信息，它对注意力有很高要求。它就像一个工作台一样，对感官获取的信息进行检查、评估、对比和转换。这部分记忆就如同人的自我觉知一样，大脑中活跃的部分都在这里，它也是把获得的信息进行"编码"，然后存储到长期记忆的过程。这一过程就是学习的过程。长期记忆就是我们长时间存储关于这个世界的现象和我们如何做事的知识[9]。

我们的记忆过程，可以很形象地比喻为三个阶段：1）编码（encoding）；2）存储（storage）；3）提取（retrieval），如图 3-12 所示。

编码过程又可以分成学习和训练的过程。由此可见，如果我们需要让用户有效地记住信息，那么就需要在设计中考虑用户学习和训练过程的有效性。

对于信息存储的方式，工作记忆和长期记忆是不同的，工作记忆是以语言和空间的立体方式存储的，而长期记忆则是以陈述性和过程性

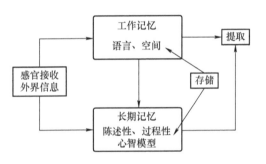

图 3-12 记忆的过程

记忆方式存储。陈述性记忆是指记住了信息的内容或者知识的关键点，即对信息做了总结和概念化；过程性记忆就是记住事件发生的时间顺序，或者是片段性的，或者是形成不同的心智模型（mental model）。对此可以有一个有趣的比喻。比如一对夫妻吵架，男方觉得女方不理解自己，在很多问题上都与他持不同的意见，但是，他举不出例子，他只是对以往的吵架结果做了总结，这就是陈述性记忆；而女方则不然，她会指出某年某月某天在什么情况下，男方做了什么、说了什么而伤害了她，这里女方用的是过程性记忆。

信息提取的过程，顾名思义，就是把信息从记忆中提取出来的过程。当然，这中间就会发生几种不同的结果：提取不出来，那就是忘记了；或者提取错误，我们把信息记混了。

在工作记忆中，语言信息以文字和语音方式存储[24-26]，因此，相关的信息也可以用语言的方式提取出来。空间信息是以声音空间定位和图像的方式存储，这是两种信息"编码"模式，也可以看成是两个子系统（图 3-13）。工作记忆的

第三种能力是中心处理模式，我们暂时称之为中央执行官，它用来控制工作记忆的运行、任务的执行、注意力在不同子系统中的分配，以及决策的执行等。这里需要了解两点，一是工作记忆的能力是有局限性的，很多人会去测一个人一次能记住多少数字、多少文字等。这些就是为了了解工作记忆的边界。这个边界会受不同因素的影响，比如疲劳，同时也与年龄、训练有关。由于信息是以不同方式进行编码存储，所以它在编码存储过程中也会受到环境因素的干扰，尤其是相似的信息模式对编码过程干扰更大。

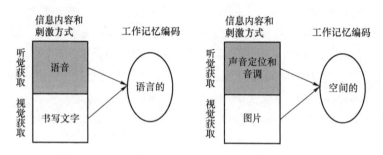

图 3-13　信息内容、刺激方式与中央处理或认知之间的最佳匹配模式

巴德利（Baddeley）认为中央执行官扮演了四个角色：1）临时保存和操纵存储在长期存储器中的信息；2）改变检索长期记忆的策略；3）协调多项任务的绩效；4）有选择地对刺激做出反应。其中，前两个与记忆直接相关；第三个可以被认为是间接相关的，例如在对两个数字进行心算时，一个人必须在工作内存中保存数值，同时还要执行乘法运算。

以上内容为后面要谈论的关于如何设计界面、让信息的展示与工作记忆的编码方式吻合奠定了理论基础。这就是著名的 SCR 兼容性原理[9]，该原理规定了显示格式与工作记忆代码的最佳关联。在 SCR 中，S（刺激）表示显示方式（听觉和视觉），C（中央处理）表示两种可能的中央处理代码（语言和空间），R 表示两种可能的响应方式（手动和声音）。图 3-13 显示了信息内容、刺激方式与中央处理或认知之间的最佳匹配模式。

环境中的任何信息（刺激方式）都可以分成两种编码形式进入记忆中：语言或者空间。而展示的模态也是两种：视觉或者听觉。这样就产生了四种可能的方式：文字信息用视觉表达就是书写方式，用听觉表达就是语言；而空间信息以视觉表达就是图画，而空间信息用听觉表达就是具有方位和音高信息的声音。比如，地图要比文字说明能更好地描述一个地理空间的位置。同时，一个需要记住文字的信息，用语音表达会比用书写表达让人更加容易记忆，这是因为，声音保留在听觉感官上的时间有 3~4s，这种回声记忆的时间要比视觉保留时间长。短的口头材料在短时间内可以更好地通过听觉而非视觉手段呈现[27]。这个原理对于设计者有非常重要的实用价值。当一个简短的文字信息需要传达给驾驶员时，最佳的方法是通过语音，这样信息不会在听觉感官在信息接收时就丢失了。但如果是比较长的信息，那么还是以文字书写的方式能停留的时间长一些，或者是重复语音信息。

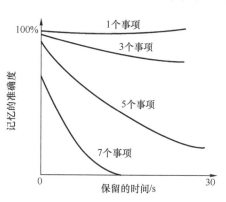

图 3-14　记忆的准确度和保留的时间与同时需要记忆的事项数之间的关系

有很多实验都在探索人的工作记忆到底有多长时间、其能力有多大。具体研究过程这里就不一一介绍，不过，其结论可以从图 3-14 看到。一件事物被留在工作记忆里的时间最长不超过 20s。同时，需要记住的事项越多，这个时间就越短。

图 3-14 展示了人的工作记忆的能力。人能同时记忆多少事项与每个事项占用的时间也有关联。比如对数字的记忆，中文对数字的发音要比西方语言短。有实验表明，用中文念了 9 个数字，可能用英文才念了 6 个。同一个项目，时间用得越长，能记住的事项数就越少。很多人都知道"7±2"这个记忆定律，不过，也许应该改成"5±2"。也就是，在设计中千万不要要求用户同时记住超过 5 个数字或者字母的内容。当然这种能力因人而异。

这里提到了"事项"，那么我们就需要了解什么是"事项"。比如，5 个毫不关联的数字、字母或者文字，我们可以把它们看成是 5 个事项。要想扩大记忆的容量，我们会把这些数字或者字母进行分组。比如，我们的手机号码有 11 个数字，我们常常会把它以 3 个或 4 个数字分成一组，这样就容易记忆了。瑞典车牌号的设置也是一个典型应用，它一般由 3 个字母和 3 个数字组成，比如MUM226，这样就变成了两组，每组 3 个"事项"。我们在表述信息时，也需要考虑如何能够更好地帮助用户对信息进行分组，方便记忆。

3.7　心智模型

心智模型是用户对系统理解的一种反映，它反射出用户对于某种刺激所作出的反应。心智模型是外部世界的某些方面在人的心理形成的内部认知构造，它能够帮助人们做出预测。心智模型是用户通过对系统的理解自发创建的，涉及无意识和有意识的过程，当然，它也可以通过反复使用或者培训建立起来[28]。心智模型常常用来解释一些技术的使用，尤其是当新技术或者产品第一次出现时。人的心智模型是通过不断的实践建立起来的。

心智模型的形成是一个通过对外界物理系统认知经验积累的过程，有深层与浅层模型之分。心智模型可能是不完整的，也可能是不正确的。有时候，人们可以对一个系统形成多个心智模型。比如汽车驾驶员对汽车不同的部件、系统产生多个心智模型。有经验的驾驶员可能会比较自如地在不同的心智模型中切换。当然，人们也有很大可能产生错误的心智模型。盲人摸象的故事正好反映了心智模型形成的过程（图3-15）：六个盲人分别摸了大象的六个不同部位，因此，他们对大象长什么样得出了六个不同的结论。

我们会经历这样的场景：在炎热的夏天，我们刚回到家，希望家里的温度尽快降下来，我们会把空调的温度先设置很低，以为这样温度就会降得快些；还有，当我们在等电梯时，会忍不住按两次电梯键，甚至连续按多次，以为这样电梯门就会关得快些、电梯会下降得快些。可见，人们用错误的心智模型指导操作是非常普遍的事情。对大多数人来说，一般都不了解一项技术是如何工作的，因此可以通过设计来引导用户建立正确的心智模型。但是，人一般都有惰性，不会花太多时间去学习一项新技术，因此，在交互设计上，可以通过简单的说明书设计或者透明的设计[⊖]来引导用户建立正确的心智模型是很有必要的。

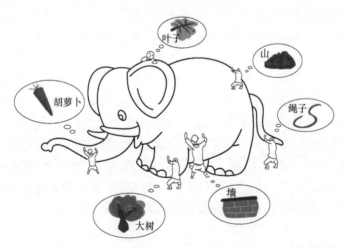

图 3-15　盲人摸象

心智模型的概念对于交互设计者而言是很重要的，它可以解释为什么有的设计用户操作很容易，而有的设计用户操作起来总会出错（图3-16）。设计者对被

⊖　透明的设计英文为 transparency design，即设计的内容让用户容易理解。

设计的系统应该如何操作有一个心智模型，他会按照这个模型来设计产品。而用户对于系统该如何操作，也有自己的心智模型。这两个心智模型越相似，产品就会越好用；相反，如果这两个心智模型差得越远，这个产品就越不好用。这也就是为什么我们在设计产品以前，要做用户研究，去了解用户的心智模型是怎样的。

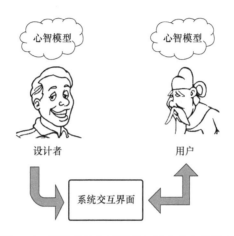

图 3-16 设计者的心智模型与用户的心智模型

研究用户的心智模型，也就是研究用户解决问题的方式和操作习惯。有时候，我们为了方便，把设计者或者其同事当作用户来研究，理由是"他们也开车，他们也是驾驶员啊"，但是从图 3-16 中我们知道为什么他们不能代表用户。

第 **4** 章

决策制定与情景意识

我们每天都要做各种各样的决策，比如早起穿什么衣服比较合适、这一天要去的场合、要参加的会议的规格和要求，还有考虑天气状况、环境等。这些日常决策可能对人一天的生活影响不大，但有些决策却可能附带生命的危险，危及自己和他人。

在驾驶过程中，人们会或多或少、有意无意地违反交通规则，很多时候这种行为没有给自己和他人带来危险，但有的时候，可能仅仅是一时的不慎，就会导致无法挽回的结果。若干年前，我在瑞典北部生活，听说过这样一个悲剧故事。瑞典北部的冬天，河水都冻成了厚厚的冰，人们可以在上面滑冰，有不少汽车贪图捷径，不愿绕过河流，而是直接从冰面上开过去，所以结冻的河面上常常可以看到很多车辙。有一位父亲带着两个女儿开车回家，和很多人一样，他也从冰河上开过，结果冰面碎裂，汽车掉进冰河里，车上三人全部遇难。家里剩下两位成员，儿子无法承受这个悲剧，自杀身亡，母亲最终精神分裂。全世界每年发生100多万起大型交通事故，每年死于交通事故的人数在各种致死因素中排在前 10 位。而每一起交通事故的背后都有当事人做出的一系列决策和执行过程。有时候，如果我们把单个决策拿出来看，感觉可能是正确的，或者并不存在多么严重的错误，但多种因素叠加起来，就产生了不可挽回的后果。而汽车交互设计的一个重要目的，就是帮助驾驶员做出正确的决策。因此，我们需要对决策过程有所了解。

对于驾驶员而言，在驾驶过程中的很多决策都取决于他对当时交通情景的感知，情景意识对驾驶员的行为决策起到决定性的作用。本章就系统地讲解一下决策制定与情景意识。

4.1 决策制定过程

决策实际上是对所获取信息的一个回应过程，在决策过程中，会出现以下的特征[9]。1）不确定性：任何决策几乎都包含不同程度的不确定性。这个不确定性导致了决策后产生的结果可能不是预期的，有时甚至是不愉快的，会让后果的承担者付出代价。这种状况，我们称之为风险。2）时间性。时间在决策的过程中承担了两个重要的角色：一是在某个时间点我们必须做出决定，比如驾驶时我们要选择走哪条路；二是时间压力，也就是在有限的时间范围内，必须做出决定和执行这个决定。比如在绿灯变黄灯时，是踩加速踏板加速冲过红绿灯还是减速停车？这个决定和决定后的执行动作必须在黄灯变成红灯前完成。3）熟悉或者经验（familiarity and expertise）。我们的决策会随着经验的积累而产生变化。一个有经验的驾驶员在应对不同的交通状况时，他能够很从容地、几乎是本能地做出最正确的决定；相反，新手因为经验不足，无法快速做出正确的决定，这就是为什么我们称新手驾驶员为"马路杀手"。

前面说过，决策过程是在工作记忆中完成的，是工作记忆基本功能的重要组成部分。当需要做出决策时，人们需要做的第一件事情，就是从环境中寻找相关的线索。但很多时候，这些线索可能很混乱、很模糊，含有很多的不确定性，甚至会被错误地理解。在这个过程中，选择性注意力起到关键作用，它依据以往的经验和知识（存储在长期记忆中的，通过学习获得的），对感官获取的线索进行筛选。筛选出的信息通过进一步的处理，使我们对现在的状况产生情景意识（感知、理解、预测），有了情景意识，决策者就可以做进一步假设：如果我做出这样的决定，会产生什么样的后果？目前，这方面设计的典型案例就是电子导航：在电子地图上显示出前方路段堵车，很多时候堵车原因不明，通过堵车路段需要多长时间也只是一个预测；同时，系统可能会建议改变行车线路，并告知驾驶员改变路线可能产生的后果。这样，驾驶员就可以做出决定。改变路线可能节省时间，但可能需要多开很长一段路。用户就需要权衡，节省时间和多行驶路程，哪个更加合算？

当然，决策的过程并不总是一次性的，它在更多时候是多轮迭代的过程。一个决策的假设，可能会让驾驶员去搜寻更多的或者其他的线索来帮助做决策。例如上面的案例，也许驾驶员在这次旅行中有几个不同的目的地，因此，与其按照导航的建议改变线路，不如更改目的地，然后再看线路规划，从一整天的时间计划上做出新的调整是不是更加合理？

4.2 行动的选择

一旦做出一个决定，那么就涉及如何采取行动。有时候，相应的行动可以有多个选择。不同的选择，产生的结果也可能不同，不确定性越大，风险也就越大。有两个因素会影响行动的选择，一个是可能性，另一个是价值。

在制定决策之后，下一步就是行动了。很多时候，执行同一个决策可以有几个不同的行动可以选择，那么我们是如何选择行动的呢？举个例子，我决定更换一部手机，因为目前这部手机已经用了两年，摔过几次，有些不好用了。当这个决定做出以后，我就面临着不同的行动选择：买哪个品牌的手机？什么价位？到哪里去买？等等。

我们在选择一个行动时，也同样面临两种情况，一个是结果的确定性，另一个是结果的不确定性。我们在选择行动时，都会有一个共同目标，那就是让利益最大化。行动的结果是能让我们最满意，这就需要我们对各种可能的影响因素做综合考虑，为它们的重要性评分，然后进行权重计算。图 4-1 展示了我们如何权衡选择。

		属性		
重要性参数		价格 1	质量性能担保 4	其他
物品	A	3	1	
	B	2	4	

物品A：3×1+1×4=7
物品B：2×1+4×4=18

图 4-1　在结果确定的条件下
选择权重的计算方法

如图 4-1 所示，如果我们就两个物体做选择，比如两款不同的手机，在考虑买哪款手机时，在重要性方面评分，1 分为低，4 分为高；所需要权衡的因素包括价格和质量性能担保。在购买手机时，如果价格不是很重要的考虑因素，给出权重分为 1；质量性能担保很重要，给出权重分为 4。对于不同的产品，考虑的因素占比如表格中的数字，这样计算下来（图 4-1 下方的计算过程）手机 B 的得分高，所以最后选择手机 B。这样的选择过程，我们也叫作补偿性选择[9]。

在很多情况下，我们在做出选择之前，是不确定选择后的结果会是什么，这就是在不确定条件下的行为选择。图 4-2 说明了这种选择的方法。

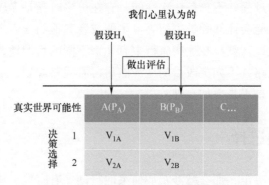

图 4-2　在不确定条件下的选择模式

在图 4-2 中，对于不同的外部世界的状况，我们依据各种信息和经验，给出假设 H_A 或者 H_B，H_A 产生出来的可能的结果是 $A(P_A)$，H_B 产生出来的可能的结果是 $B(P_B)$。对于不同的行动，可以做的选择分别有两个：1 或者 2。如果在相信 H_A 的情况下选择行动 1，可能产生的价值是 V_{1A}；选择行动 2，得到的价值是 V_{2A}，我们在选择时，就会分别考虑不同情况下做出不同的选择后产生的价值，然后争取价值最大化。限于篇幅，这里只能很粗浅地介绍一下关于决策的过程和行动的选择模型。如果需要进一步学习，请阅读相关书籍和文献。

4.3　行为的 SRK 理论

谈到行动的选择，免不了要谈到选择的难度和反应时间。在这里介绍一下拉斯马森（Rasmussen）的 SRK 行为分类系统[29]。这个基于技能-规则-知识的行为模型（Skill-Rule-Knowledge Behavioral Model，以下简称 SRK）把人的工作根据认知参与的复杂程度，分成三种不同的水平（图 4-3）。

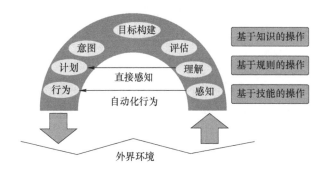

图 4-3　SRK 模型对应的认知阶段

1）基于技能（Skill-based Behavior, SBB）的操作：也就是非常熟练的、几乎是潜意识的操作，不需要经过大脑的复杂思维过程，有时也叫本能的操作。这种操作往往是经过长时间训练产生的。人的很多操作都在这个范畴，比如吃饭、穿衣、走路，等等。驾驶员熟练的驾驶技巧也属于此类操作。驾驶技术的本能程度，眼睛、手脚间的配合默契度，往往与驾驶员所驾驶的里程数有关，也就是熟练程度有关。有些按键能够达到盲操作，也属于此类操作。

2）基于规则（Rule-based Behavior, RBB）的操作：了解各种规则，当事情发生时，按照各种规则来操作，比如保持车道线、遵守交通法律，就属于此类操作。

3）基于知识（Knowledge-based Behavior, KBB）的操作：也就是问题相对

比较复杂，解决的过程需要大量的知识、分析和判断。图 4-1 和图 4-2 展示的行为选择模式，就是基于知识的操作。

从人的信息处理流程上看，图 4-3 展示了不同的操作水平相对应的不同的认知阶段。

对于使用者而言，SBB 最简单，对人的认知压力最小，同时，在操作时的反应时间也是最短的。对于 RBB，操作人员只需要熟悉各种规则即可，通过学习和训练，RBB 相对也比较简单，一般熟练后都可以完成。而 KBB 则相对比较复杂。对于驾驶而言，SBB 相对应的是驾驶操作，比如换档、踩加速踏板或制动踏板控制转向盘等。通过驾驶训练和长期的驾驶经验，人们在开车时已经不需要太多的思考就能够完成这些驾驶操作了。对于驾驶员而言，RBB 就是遵守交通规则的驾驶，而 KBB 就相对要复杂多了，制订出行计划、设计交通路线等都属于此类操作。换句话讲，我们也可以从时间上去界定这三者的区别：SBB 发生在开车的几毫秒到几秒时间内，而 RBB 是几秒到几十秒范围内，而 KBB 则是几十秒以后发生的事情。SRK 理论与驾驶任务之间的关系，可以从图 4-4 看出。对于图 4-4 各项任务的详细说明，在第 12 章将展开介绍。

操作水平		战略任务	战术任务	操作任务
	KBB	在陌生区域驾驶	控制车辆滑行	新手第一次驾驶
	RBB	熟悉道路间选择	超过其他车辆	驾驶不熟悉的车辆
	SBB	日常通勤路线	熟悉的交通路口	熟悉的车辆和环境

图 4-4　SRK 理论与驾驶任务的层级结构

图 4-4 是对于执行驾驶任务本身的一种分析方法，其横向部分对驾驶任务层级做了分类，而纵向部分是利用 SRK 理论对任务的执行水平做了分类。这样分析的好处在于，帮助我们了解如何设计才能帮助驾驶员更好地完成驾驶任务。

如果我们把 SRK 语言代入信息处理过程，我们就可以看到以下区别（图 4-5）[30]，而这个区别预示了设计中应该有的层级。

从图 4-3 和图 4-5 可以看出，SBB 的信息处理过程最简单、最直接，而 KBB 最复杂。从用户的反应时间上也同样很容易看出，SBB 反应时间最短，而 KBB 反应时间最长。金（Kim）[30]还用了一个在交通密集的情况下驾驶员做换道操作时的案例来做进一步的说明（图 4-6）。

在繁忙拥挤的道路上换道，是驾驶员常做的动作，对于不同经验的驾驶员，会有不同的操作过程。对于一个驾驶新手，或者没有能够获取足够信息的情况下（比如夜晚、在不熟悉的环境下，或者视野被部分遮挡时），驾驶员的操作就

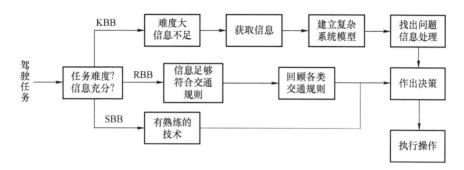

图 4-5　SRK 的不同操作水平对应于信息处理过程的不同

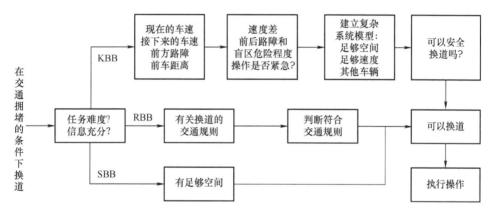

图 4-6　SRK 行为分类模式在驾驶员换道操作上信息处理过程的详细分析

在 KBB 水平上。他需要知道现在的车速、即将进入的道路的限速、车间距离、前方是否有障碍物等。同时，他还需要分析更多的信息，比如与前车的速度差、障碍物的危险程度、前后方的车辆、换道的危险程度、是否需要立刻换道和盲区是否有车辆，等等。然后，再看目前的车速适不适合换道、其他车辆的速度如何，通过这些信息分析，再决定是否换道。而对于相对熟练的驾驶员来说，他只要考虑车速够不够、空间够不够、旁边有没有车就行。而对于老驾驶员而言，他只考虑是否安全就可以了。

在 SRK 理论的基础上，我们一般会遵循图 4-7 所示的设计原则来思考如何设计。

交互设计的目的是给用户提供帮助他们做出决策的信息，信息展示的方式和方法原则上是使得他们在决策过程中，不超过任务要求和个人的认知水平；同时，操作水平越低越好。换句话讲，如果我们的设计能够让驾驶员只需要一个简单的操作（SBB 水平）就可以完成，那么就最好不要给他过多的信息，让他需要

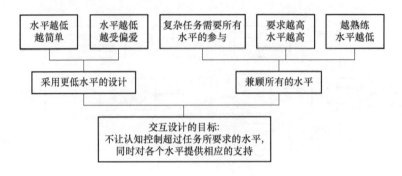

图 4-7　基于 SRK 理论的设计原则

不断分析和判断再去操作（KBB 水平）。这个设计原则对汽车上的 HMI 设计有很好的指导意义。例如"打开车窗"这个功能，目前大家都习惯于按动驾驶员左手门边的按钮，达到了 SBB 的操作水平；但如果换成语音操作，驾驶员就需要记住指令，就把原本 SBB 的操作水平变成了 KBB 水平了。

4.4　影响反应时间的因素

我们会把反应时间（Reaction Time，RT）分为简单反应时间和选择反应时间。简单反应时间指的是当给出一个简单刺激时人的反应时间。在我们的生活中，这种情况一般是很少存在的，它更多发生在实验室，也是我们研究反应时间的一个最基础的步骤。

实验室研究证明，人对声音刺激的简单反应时间是 30~50ms，而对视觉刺激的反应时间是 130~170ms[31]。所以，不同的模态，RT 是不同的。考虑到声音的传播不受方位限制，来自不同方位的声音刺激人的反应速度都是相同的，而视觉刺激与刺激产生的方位密切相关，必须在人的视野中才可能接收到，因此，在现实世界中，警报常常采用声音来告警。

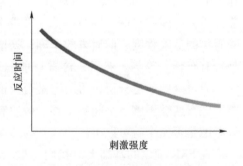

图 4-8　反应时间与刺激强度的关系

注：本图从参考文献［9］中的图 9.1 演化而来。

RT 不仅与刺激的模态有关，还与刺激的强度相关，刺激越强，反应速度越快[32]，如图 4-8 所示。

由此可见，对 RT 的第一个影响因素是产生刺激的模态，第二个影响因素是刺激强度，第三个影响因素则是暂时的不确定性：受试者不清楚下一个必要的刺激会在什么时间发生。两个刺激信号之间的时间间隔叫作刺激间隔（Warning Interval，WI）。如果这个 WI 是一个恒定值，比如 0.5s，那么受试者就可以预测下一个刺激发生的时间，这样，RT 甚至可以缩短到 0s。但如果这个 WI 是变化的、不确定的，那么 RT 就会延长。研究表明，在 WI 不确定的情况下，如果平均 WI 的时间相对短，则 RT 要长；如果平均 WI 相对比较长，则 RT 会相对短些[32]。如果 WI 过短，会造成受试者没有足够的准备时间，这个特点在交通设计上有很好的应用。在绿灯变红灯前有一个黄灯的过渡过程，就是给了驾驶员一个充分的心理准备时间。所以黄灯闪亮的时间不宜太短，更不能取消，当然也不宜过长。第四个影响因素是人的期待。正如前面的案例，当 WI 相对比较长时，人们就在期待下一个刺激的产生，这也就是为什么 RT 会短的原因。

　　上面讲的是简单 RT，前面说过，这种状态一般只在实验室里发生，现实世界常常是多个刺激同时发生，而人们需要有选择地对多个刺激中的某个刺激产生反应，这样就有了选择反应时间。关于选择反应时间，有一个希克-海曼定律（Hick-Hyman Law）。在认知心理学领域，可以把发现的某项规律称为定律的只有几个，而希克-海曼定律就是其中之一，它是两位科学家希克（Hick）[33] 和海曼（Hyman）[34] 同时发现的。他们指出，人对信号的反应时间有可能随着出现信号刺激数目的增加而呈增长趋势。例如在选择反应时间测定中，若可能出现的刺激数目少，RT 就短；反之，则 RT 增长。希克和海曼用实验证明，人对信号刺激的反应时间与刺激的平均信息量（$\log_2 N$）之间呈线性关系，其中 N 是可供选择的数目，希克-海曼定律可以用下面的公式来描述：

$$选择反应时间 = a + b\log_2 N$$

　　由公式可见，选择反应时间和可选择的数目成正比，但同时，选择反应时间与人的期望值有很大关系。比如，我们习惯在一个特定的地方看见某信号时就开车右转弯，因此，每当这个信号出现时，驾驶员的右转弯速度会很快。但如果因为右边修路，给出的信号是让驾驶员左转弯，他的反应时间会慢些。

　　反应速度的快慢与反应行动的准确性存在反向关系，一般来讲，反应速度越快，可能反应行动的准确性就会越差，这种速度-准确度-操作特征（Speed-Accuracy Operating Characteristic，SAOC）可以用图 4-9 表述[35]。

　　图 4-9 显示了一个很有意思的问题，那就是我们要求的反应准确度达到什么水平是最有价值的水平？如果在任何时候都一味地要求 100% 准确度，那就意味

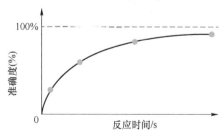

图 4-9　反应时间和准确度之间的关系

着人的反应时间需要延长很多，这样操作效率就会下降。为了提高操作效率，就需要牺牲一定的准确度。然而对于具体的操作，这个最佳值究竟如何设置，会因操作的性质而定，也就是依据该操作对错误的承受率而定。

有很多因素会影响反应速度，比如，重复刺激可以加快反应速度；反应操作需要两只手分别完成，也会比只需一只手就能应付两个刺激要快。当然，训练也能加快反应速度。还有两个重要因素，一个是刺激和反应模态相匹配（Stimulus-response Compatibility），关于这一点将在多模态交互中详细论述；另一个因素是空间布局的相互匹配，关于这一点最好的案例就是汽车车门上对车窗的控制键排列，如图 4-10 所示，乘用车驾驶员左侧门上的四个键分别控制车上的四个车窗，其排列的空间布局与车窗的空间布局相对应。

有时候会出现这样的问题：有一系列的刺激，一个接一个出现，要求对每个都需要作出反应，这时就会出现心理不应期（Psychological Refractory Period，PRP），比如两个刺激之间的时间间隔（Interstimulus Interval，ISI）小于 1/4s，受试者对第二个刺激的反应就会延迟[9]。PRP 的存在证明了信息处理过程单一通道理论（Single-channel theory）。图 4-11 展示了这一理论：S_1 是第一个刺激，S_2 是第二个刺激，对第一个刺激的反应 R_1 的反应时间是 RT_1，对第二个刺激的反应 R_2 的反应时间是 RT_2，RT_2 相比如果没有 S_1 情况下的反应时间要长，这个长出的时间（等待时间）就是 PRP。

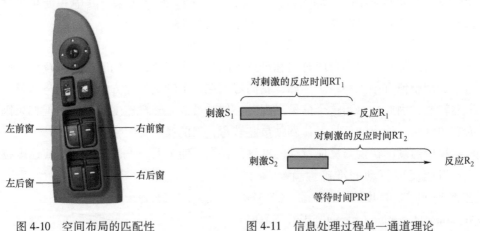

图 4-10　空间布局的匹配性　　　　图 4-11　信息处理过程单一通道理论

4.5　错误的分类

人是很容易犯错误的，目前 90% 以上的交通事故都是人为因素造成的。在一次用户调研中，有一位老驾驶员曾这样说，如果道路上的每个人都遵守交通法规，那么就不会有这么多的交通事故。这里，我们不对交通事故做具体探讨，而是回到认知心理学上来做分析。人的错误一般分成两类，一类是错误，另一类是误操作。错误是指未能够形成正确的意图，而误操作是指意图是正确的，但在操作上出了错误。从信息处理流程方面进行分析，这两种错误有很大的不同（图 4-12）。

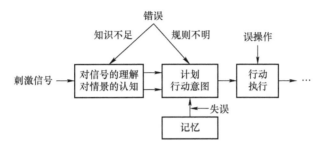

图 4-12 两种不同的错误在信息处理流程中的关系

4.3 节中提到对人类行为分类的 SRK 系统，从图 4-3 可以看出，基于知识的操作产生的错误往往发生在决策的早期。由于没有得到正确的情景意识信息，所以制订了错误的行动计划。导致这种错误的因素有很多，比如信息不全、信息表达的方式错误、用户错误理解了信息，或者知识不够，又或者对劳动记忆的负荷太大，等等。而基于规则的操作产生的错误就不同了，这是在已经制订了正确的行动计划的前提条件下产生的错误。基于规则的操作一般会遵循这样的逻辑："如果……，那就……" 比如，如果十字路口的红灯亮了，那就要把车停下来。基于规则的操作会发生错误的原因可能是因为环境改变与设想的不同，原先很好用的规则不好用了，或者规则本身出现了问题。比如，驾驶员都清楚，在绿灯变红灯之间有一段黄灯时间，很多人会在黄灯变红灯之前通过交通路口，但是，对黄灯时间长短的判断就会出现问题。为了了解黄灯时间应该是多长这个问题，我查阅了资料，发现居然没有很明确的规定，而且还有一段很有趣的历史（见页下注网址），大家可以当故事看看⊖。因为闯黄灯没有估计好时间变成了闯红灯的也大有人在。

误操作的发生一般是因为在执行一系列操作时出现了偏差，或者因为注意力不够集中，还有可能是正确操作的按键与其他按键有些相似、两个按键离得太近而造成误操作等。

我们常说，人是会犯错误的，所以任何一个需要人去操作的系统都存在可信

⊖ 来源于 http://www.myzaker.com/article/5de918467f780b093600000d/。

度的问题。在这里，我们讨论的错误特指因人操作的失误造成的错误，而不是因为系统质量问题造成的错误。如果我们把每一个操作单元看成是一个系统中的一个元件，可信度为 0.9，是指人在操作 100 次时，会出现 10 次错误，那么这些元件之间是串联的关系还是并联的关系，对可信度的影响是不同的。串联关系是指其中一个元件的操作完成后，再开始另外一个元件的操作，第一个元件的输出，是另外一个元件的输入。当两个元件之间是串联关系，而每个元件的可信度是 0.9 时，这个系统的可信度就是 $0.9 \times 0.9 = 0.81$。当两个元件之间是并联关系时，只有当两个元件同时出错，系统才会出错，也就是说，这个系统的错误率变成了 $0.1 \times 0.1 = 0.01$，所以系统的可信度就成了 0.99。我们在操作系统的过程中难免发生各种错误，所谓容错设计或者冗余设计，就是要避免这种串联关系的影响。

4.6　情景意识

1. 情景意识的定义

情景意识（Situation Awareness，SA）一般是针对一个具体的目的、一个特殊的物体或一个特定的功能，甚至特定的工作而言的，情景意识就是让当事人意识到在他的周围正在发生的事情，理解相关信息的意义，以及该信息对未来意味着什么[36]。情景意识这一概念最早产生于军事活动，最初的定义原文如下[37]：

"The perception of the elements in the environment within a volume of time and space, the comprehension of their meaning, and the projection of their status in the near future"（在一定的时间和空间内，对环境元素的感知、对其意义的理解及对其在不久的将来的预测）。

SA 几乎是每项决策制订时所必须的条件。SA 与决策制定的关系可以用图 4-13 来表示。

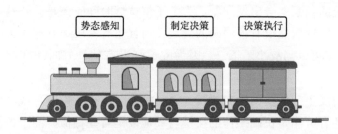

图 4-13　情景意识与决策制定的关系

2. 情景意识的三个阶段

SA 分成三个阶段：阶段 1，对当前情景元素的感知；阶段 2，对当前情景元素的理解；阶段 3，对未来状态的预测。

（1）阶段 1：对当前情景元素的感知

这些元素包括了当前的内外环境状态、属性、动态变化等。构成情景元素的内容对不同工作、不同功能、不同目的而言，是不同的。比如，一个驾驶员在高速公路上行驶，他需要知道道路的限速、前后车的相对位置、距离下一个出口还有多远等；在十字路口，驾驶员需要知道红灯还有多长时间变成绿灯、还有没有行人过马路、侧面道路上的车辆是不是停了下来、有没有电动自行车会闯红灯等。这些相关信息可以通过视觉、听觉、触觉、嗅觉等感官获取，可以是单一的感官系统，也可以是来自多个感官的综合。在很多领域，在不同情况下，常常是因为构成 SA 的元素没有被完全感知到而造成各类事故。导致交通事故的绝大部分原因就是驾驶员分神，或者道路交通过于复杂，驾驶员没有及时捕捉到关键信息，从而做出了错误的判断。恩兹利（Endsley）的研究证明，战斗机飞行员的 SA 错误中 76% 发生在阶段 1[36]。

（2）阶段 2：对当前情景元素的理解

阶段 2 是把从阶段 1 所获得的信息进行整合，然后与目的进行比较，从而构建对目前状态的认知。比如，当一辆车在高速公路上行驶，驾驶员发现前方车辆制动尾灯亮了，而他左侧道路后方有一辆车与他的距离正在缩短。根据上述迹象，他产生了这样一个判断：前方车辆正在减速，而左侧车辆正在加速。有研究表明，战斗机飞行员的 SA 错误中 19% 发生在阶段 2[36]。

（3）阶段 3：对未来状态的预测

当人们在第 3 阶段对未来进行预测时，就需要人们对所从事的工作有很好的知识和经验。一个有经验的人会用很多精力去预测未来，这样，他们就能对自己下一步的行动做出正确的判断。比如一个老驾驶员对交通状况的判断能很好地帮助他驾驶和应对道路上发生的各种突发事件，而刚获得驾驶执照的新手往往容易出现判断错误，其中很大的原因是预测没有做好。如前面的案例，有经验的驾驶员就能够很准确地判断出，如果自己不减速，就可能撞到前面的车辆；如果他想换道，就可能和左侧的车辆发生冲突。

（4）影响情景意识的因素

影响 SA 的因素很多，首先是时间性。时间在 SA 中起到很大作用，它包括时间本身及与时间相关的各种元素。最典型的问题是"我们还剩下多少时间？"这个世界是随着时间的流逝而在不断地发生变化，在这个动态情况下，SA 也是一个动态的过程。对于汽车驾驶安全而言，在正确的时间点，获得关键的信息，做出正确的判断和采取正确的行动，是重中之重。第二个因素是感知和注意力。构成 SA 阶段 1 的各种情景元素、各种特征可能是散布在不同的信息状态和提示片段里，这些信息可能被我们的感官接收到了，但由于我们的注意力分配问题，很多信息并没有被感知，而错漏掉的信息就会使得我们的 SA 不够完整和准确。第三个因素是工作记忆和长期记忆。SA 中的阶段 2 和阶段 3 是发生在工作记忆里的，同时长期记忆为理解和预测提供了以往的知识和经验储存。第四个因素是心智模型。心智模型帮助一个人去判定什么信息是重要的，同时也帮助人们理解信息的含义和对未来做预测。如果一个人对眼前的事情还没有建立相关的心智模型，他也可以通过各种分析和知识做出 SA，但这个过程会比较慢，也很费脑力。

人的信息获取动力一般有两种不同的机制，一个是直接的感官刺激，另一个是有目的的搜寻。如告警声音或正在闪烁的灯光，这些比较强烈的外部环境信息会很快地被人的注意力捕捉到。但在很多时候，人们会根据自己的目标，有意识地选择信息。确立正确的目标至关重要，目标的确立会引导人们选择一个正确的心智模型，这个正确的心智模型能够主导你的注意力放到捕捉和处理相关的正确的信息上，并对理解这些信息和产生对未来的预测起到关键的作用。同样，人的期待也和目标一样，会引导人们去获取他所期待的信息，从而也主导理解和预测的过程。因此，期待的建立对 SA 也有很大作用。

在驾驶过程中，驾驶员需要关注的内容较多，比如驾驶的路线位置、道路曲率、附近交通和行人的位置、油量、速度等。这类信息的产生有些是大脑有意识的活动，有些是处在下意识的状态。驾驶过程中，认知处理可能涉及三个层次来维护驾驶员的 SA 水平：1）自动、专心的过程是在下意识状态下发生的，对认知资源几乎没有要求；2）基于识别的决策流程可能在短时间（不到 1s）内有意识地进行，并且对认知资源的需求很少；3）有意识、有控制的决策对认知资源有较高要求。这一理论（自动化、识别启动和受控制三个级别）与恩兹利（Endsley）[38] 提出的 SA 的三个级别（感知、理解和预测）有些区别。但是，实际上感知情景的要素（恩兹利的 1 级 SA）可能非常重要，在大多数情况下，我们都是在下意识下自动执行的，而理解和预测（第 2 级和第 3 级）更可能使用基于识别和控制的流程。

第 **5** 章

多模态交互

多任务会造成驾驶员心理超负荷，导致分神而造成交通事故。什么是多任务？比如，有一个学生一边走路，一边玩手机，在过马路时，他用眼睛快速地瞟了一眼周围，没有发现有什么危险；与此同时，有一个驾驶员在开车的过程中，一边开车，一边在挑选他想听的音乐，虽然他的眼睛时不时地看着前方的路面，但他的注意力主要还是放在选择音乐上。不幸的是，这两个人正巧在同一个路口相遇了，接下来会发生什么？

5.1 多资源理论

在研究多任务时，我们常常会把人在多任务状态中对某个单一任务的操作情况与只有单一任务时的操作情况相对比，如果操作能力下降了，就称之为双任务下降。比如上面的案例，驾驶员在双任务中（开车和查找音乐）开车的操作能力就会比只专注开车时的操作能力降低了许多。在研究多任务时，我们最常考虑的心理学因素是分散注意力，它会影响信息处理过程中的几个环节。在研究多任务操作时，有四个因素会影响注意力分散问题：1）因任务难度的不同，用户在完成任务时付出的努力不同；2）任务间对多种资源需求的相似度；3）信息以及双任务间匹配的相似性、多任务中的每个任务对资源的需求（也就是心理负荷）及资源在不同任务中的分配；4）任务本身的多重性。

在多资源理论中，资源需求、资源分布和资源结构这三者间存在一定的关系。如果一项任务对资源的需求多，那么剩下的资源用于另外一个任务就会少。不过，这也与资源的构成有关，例如，如果两个任务中，一个是要求视觉资源，另外一个是要求听觉资源，那么相互干预的影响就会小些。

对于一个刚学会开车的新手驾驶员而言，他在开车时是不敢打电话或者做其他事情的。在这个时候，他对心理资源的需求是最大限度的。当他开了几年车后，从新手变成了熟手，尤其是在一条他非常熟悉的道路上开车时，对道路上可能发生的事情已经有了很好的应对能力，这时他对心理资源的需求相对于刚开始开车时就会降低很多，另外，他也会在开车过程中做一些其他事情。当然，如果他到了一个自己不熟悉的地区开车，他用在驾驶上的心理资源还是要大些，这种情况我们称之为数据限制[39]。

在前面提到心理资源需求时，我们所基于的是同一种心理资源。但实际上，我们有多种不同的心理资源，比如听觉和视觉。如果同时并行的两个任务都要求同一种心理资源，那么资源在两个任务间的分配就是个问题。比如，开车时要求驾驶员的视觉以注视道路为重点，而同时另一个任务是读一封邮件，这两个任务都要求视觉资源。但如果他在开车的同时听新闻广播，那么这两个任务需求的就是不同的心理资源，一个是听觉，另一个是视觉，这两种资源之间的干扰会比较小。因此，资源的多重性对资源的分配很重要。

还有一点，感知过程中对资源的需求和在执行过程中对资源的需求处在两个不同的阶段，因此它们在争夺资源上一般也不会相互干扰（图5-1）[9]。

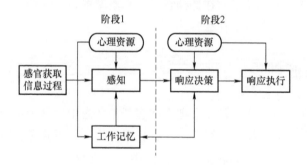

图 5-1 感知阶段和执行阶段对心理资源的需求

5.2 关于多模态交互

目前，有一个非常时髦的名词叫"多模态交互"，其实，多模态交互就是在交互的过程中，在感知阶段采用了多资源（常见的有听觉和视觉），在执行阶段会考虑采用不同的方式（语言或者是手动）。这就出现了新问题：如何设计这种多模态交互？什么信息适合用什么模态？什么操作适合用什么方式？

如果我们把人的大脑比喻成一台大功率的计算机，那么它在做信息处理的过程中，把不同的信息用不同的代码进行了处理。有两种代码，一种是模拟的/空间的代码（Analog/Spatial Processing Code）；另一种是类别的/符号的代码（categorical/symbolic processing code）。模拟的代码最典型的是经典的圆盘手表或者传统的圆盘速度显示仪，符号的代码最典型的就是语言和文字。这两种代码的区别很重要，空间信息（比如空间位置、开关车窗、控制转向盘等）的执行最好的模式是手动操作，比如用手来指出空间的位置、用手去按相关的按钮开启车窗、用手来控制转向盘等；如果是符号信息，比如一封文字邮件，还是用语音把它读出来更容易。如果我们在同一个时间内要做不同的事情，采用不同模态比采用单一模态效率要高。比如，开车时对人的视觉要求会较高，驾驶员的视觉应该主要关注在道路上，但如果这个时候出现一封邮件需要他阅读，驾驶和阅读都需要他的视觉注意力，为了保证驾驶安全，他就不得不放慢阅读速度，因为这两个任务都在占用他的视觉资源。但如果这封邮件是用语音的方式读给他听，那么就不会对他开车造成太多影响。

图 5-2 展示了多资源模型。外部世界的信息可以分为空间信息和符号（语言）信息。人类主要通过自己的视觉和听觉以两种模态来获取外部世界的信息。在信息处理的过程中，从感知到工作记忆，再到响应执行。在这里，外部信息由两种代码（Spatial&Verbal）进入信息处理系统。在执行时，空间信息是手动执行的，而符号信息就靠语音来执行了。这是最好的信息处理模式。

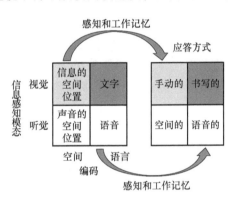

图 5-2　多资源模型

5.3　多任务间的转换

驾驶员在开车时，常常还会同时操作其他任务，尤其是操作信息娱乐系统。在未来的汽车更加趋于自动驾驶的大背景下，信息娱乐系统在车上的设计就显得越来越重要，所谓把汽车当成是人们除了家、办公室之外的第三空间的理念也越来越被人们所接受。不过，在未来很长一段时间内，手动驾驶依然是驾驶员需要操作的任务。因此，我们仍需要了解当我们从一个任务转换到另一个任务时，我们在认知心理上到底发生了什么。

我们用 OT（ongoing task）表示正在操作的任务，比如驾驶员正在开车，这时候有个电话打了进来，这个电话就是一个干扰任务（Interrupted Task，IT），这一过程可以用图 5-3 来表示。用户从 OT 转到 IT 任务的过程中，有一个转换时间 S1，当完成 IT 后，再回到 OT 任何，又有一个转换时间 S2。在任务转换过程中，存在以下现象[9]：1）任务转换是有代价的，比如 S1 和 S2 就是其中的代价。S1 和 S2 的长短，取决于任务的复杂性，任务越复杂，这个时间就会越长；

2）时间的长短还取决于交互设计的好坏，如果设计明确指出如何操作，这个转换时间就会短些；3）两个任务之间的切换频率越高，这个时间也会越长。

图 5-3　多任务转换示意图

注：本图从参考文献［9］中的图 10.6 演化而来。

OT 和 IT 之间的关系受以下五个因素的影响。1）驾驶员对任务的心理投入程度和专注性。比如驾驶员正在驶入一个不熟悉的、各类交通参与者混杂的道路，或者一侧有悬崖的山路，这时候，任何 IT 都很难把他的注意力从驾驶中移开。2）模态。关于这个问题，前面已经提到。如果 IT 所需要的心理资源模态和 OT 相同，例如都需要占用驾驶员的视觉注意力，那么驾驶员从 OT 中分神到 IT 的多少、时间长短就会因情形而异；同样，如果 IT 需求的模态和 OT 不同，那就容易操作些。3）动态。驾驶员在手动驾驶时，投入的动作会依据车辆的状态、道路的情况而有所不同。例如如果道路颠簸、情况不稳定，那么驾驶员就不能分心到 IT 中去。4）优先性。在驾驶员的任务中，驾驶安全永远是第一优先的任务，所以如果 IT 的出现会影响驾驶安全，驾驶员也会谨慎对待 IT。5）目标性。如果 OT 的目标已经完成，那么 IT 的介入影响就会小。

多任务干扰问题还受到其他因素的影响。一个因素是干扰任务的相似性，两个任务的相似性越高，干扰也就越大。比如采用不同的声音提示不同的内容，但如果这两个声音区别不大，人能够分辨出差异的难度就会增加，这两个声音间的干扰也会增加。用图标提示也存在同样的问题。另一个因素就是熟练程度的差别。

多模态交互随着计算机运算能力的提高和人工智能（AI）的发展而成为人机交互研究的一个活跃领域。这种不同形式的输入组合（例如语音、手势、触摸、凝视等）被称为多模态交互模式，其目标是向用户提供与计算机进行交互的多种选择方式，以支持用户的自然选择。相比于传统的单一界面，多模态界面可以被定义为多个输入模态和输出模态的组合，这些组合可以分为以下五种基本类型[40]。

1）互补型：当用两个或多个输入模态联合发布同一个命令时，它们便会相得益彰。例如手势与语音的结合，用户手指地图的某个位置说"我们去这里吧"。

2）重复型：当两个或多个输入模态同时发送同一个信息时，它们的输入模态是冗余的，比如告警信息同时用灯光、声音发出。这种多重信息发送的方式可以帮助用户解决识别错误的问题，并强化系统需要执行的操作。

3）等价型：当用户具有使用多个模态的选择时，两个或多个输入模态是等价的。例如，用语音或者手动输入相同的信息时，它们的效果是一样的。

4）专业型：当某个模态总是用于一个特定的任务时，它就成了专业的模态，因为它是比较合适该任务的，或者说对于该任务来说它是当仁不让的。例如，汽车转向盘的控制很难用语音来完成，用手直接操作最容易。从多资源模型理论来看，某种模态对某个类型信息的输入会比其他模态更合适。

5）并发型：当两个或多个以上的输入模态在同一时间发出不同的命令时，它们是并行发送的。例如，用户在虚拟环境用手势来导航，与此同时，使用语音命令在该环境中询问关于对象的问题。

5.4　文字识别

中文的文字识别过程与英文不同。汉字是表意文字，有二维图形特征，与大部分的拼音文字有很大区别。汉字的识别受到几个因素的影响：字频（某个字出现的频率）、笔画、组成部分、字体、字号；还有其他因素，诸如汉字辨认中的笔画类型效应、框架结构效应、视角大小等。汉字的识别是一项专门的技术，这里不做详细介绍。不过，有两个概念易读性和可读性还是需要知道的。《视觉显示终端工作站的人机工程导则》（ANSI/HFS100-1988）指出：易读性主要受被试空间视觉能力的影响，提高明度和颜色对比、加大目标、增加目标内部的间隙有助于提高易读性；可读性是人在阅读理解的过程中识别字或一组字的能力。因此，可读性通常指连续性文本的可读性，测量指标为阅读速度、对写错的单字的识别。

英文文字是拼音文字，其识别过程需要单个字母的识别，比如对于"work"这个单词，先从字母的特征开始分析，从而识别字母；再从每个字母分析，从其组合中识别单个单词。中文字中所蕴含的信息量和英文单词不同，因此，一般来讲，中文字更加简洁。如果一篇文章同时使用英文和中文书写，那么中文篇幅要远远小于英文篇幅。而且，中文字的不同组成部分也在一定程度上提示了文字本身代表的内容，因此，即便是有些不认识的字，通过对文字组成部分的分析，也可以猜测出字的大致含义。而英文就很少有这种可能。

在日常生活中，单纯地阅读单个汉字、词和句子的现象比较少，大部分情况我们是以文本为单位进行阅读的，特别是当前随着智能手机、平板电脑等小型终端设备的兴起，文本阅读已不再受到时间、地点、阅读载体的限制。文本的特征及其易读性会大大影响用户的阅读效果及他们对移动设备的满意度[41]。当然，任何一种文字读者都可以根据上下文来猜测中间文字的含义以提高阅读速度。

汉字的识别还有一些英文不具备的特征；汉字字形中，横竖撇捺点折，横笔画的数量最多；遮住汉字字形的横笔画比遮住竖笔画更容易识读，这是因为，竖笔画是整个字形的主笔画，将主笔画删除，整个字形变得难于识读。如图 5-4 所示，a 图去除了文字中的横笔画，b 图去除了文字中的竖笔画，a 图中的文字比 b 图中的文字更加容易识别。

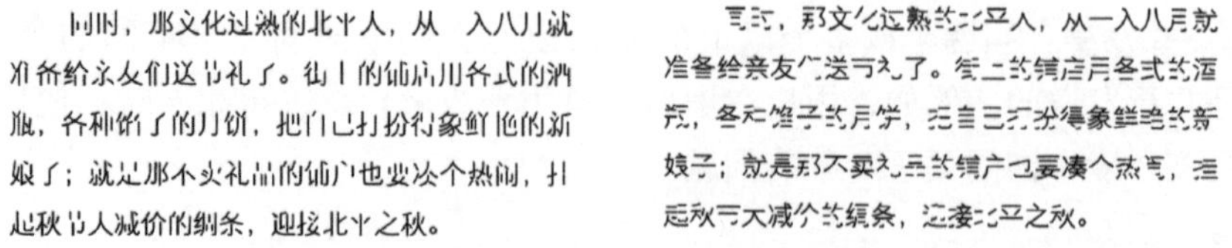

a)

b)

图 5-4　遮住汉字横竖笔画其识别难易程度不同

另外，遮住汉字上半部分比遮住汉字下半部分更难识读。这与汉字的字形结构有关，以"入""八"两字为例，字形的特征部分居于上部，遮住特征部分，无法判断完整的字形是怎样的。这也与书写习惯有关，汉字大部分笔画都是从上往下书写的，笔画在书写过程中，大脑形成完整笔画的样子，即补充下半部分笔画的样子，对于会书写汉字的人来说，习惯于由上半部分笔画想象整个笔画的样子。如图 5-5 所示，a 图去除了文字中的上半部分，b 图去除了字中的下半部分，b 图中的文字比 a 图中的文字更加容易识别。

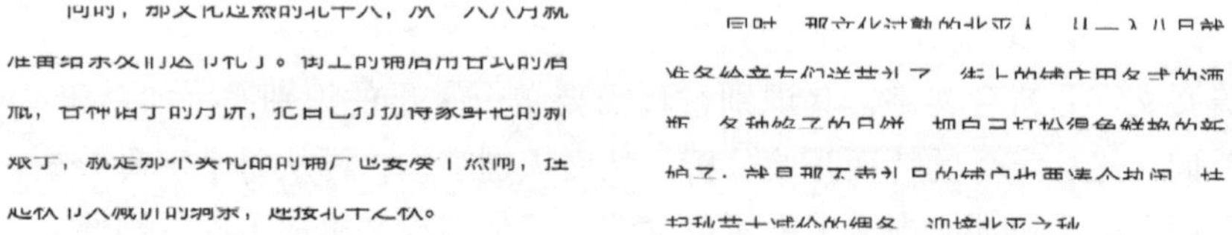

a)

b)

图 5-5　遮住汉字上半部分和下半部分其识别难易程度不同

5.5　符号识别

人对图像与符号的识别速度是很快的，人们常说一张图胜过千言万语，因此，在我们的生活中，我们常常看到用图标来表达一个物体、一种概念，甚至某种功能，前提条件是借助我们以往的经验和知识，能够一眼就认出这个图标所代表的含义。每个图标都有各自的意义，如图 5-6 所示，这些图标即便没有文字说明，大多数人都能明白其所代表的含义。图标设计的一个重要因素是它代表的意义非常清晰，不可以和其他图标近似，意义更不能含糊不清。可是不幸的是，有很多图标，尤其是车载图标却不是这样，如图 5-7 所示。目前车载图标越来越多，而能够被驾驶员识别的图标却并不多。既然图标的使用是为了取代文字，让用户更快地捕捉到所代表的信息，那么就不应该指望用户通过学习来记忆这些图标。因此，图标的设计有两个关键的因素，一个是语义距离（semantic distance），即图标与所代表的含义的相似性，比如图 5-6 中的男女洗手间和电梯等；另一个是熟悉度，也就是这个图标是不是大家都认识，例如图 5-6 中的禁止吸烟图标。

公共厕所	电梯	餐饮	购物车	无线网络
可回收	不可回收	服务、咨询	禁止吸烟	禁止游泳
道路施工	注意行人	注意非机动车	事故多发路段	向右急转弯

图 5-6　生活中常用的图标

图 5-7　车载用图标

车载图标之所以比较难以识别，是因为这些图标所代表的含义不是普通人在日常生活中能够看到和识别的。随着辅助安全系统的开发和自动驾驶技术的发展，越来越多的图标会被引入。为了培养用户对图标的识别、加强用户对图标的认知而不额外增加用户的工作记忆压力，人们往往会在图标下方标注几个中文文字以做说明，如图5-6所示，这样对于熟悉图标的人，他能够很快识别，对于不熟悉图标的人，可以借助文字理解。

5.6　声音图标

正如文字可以通过声音的方式（语音）来表示，图标也有其对应的声音图标，各类预警、告警声音就是典型的例子。这种代表不同含义的声音分为两种，一种是合成音（earcon），另一种是自然音（auditoryicon）。合成音不是自然界的声音，是合成的声音，代表的含义相对抽象，其意义是后天赋予的，是通过学习产生的。随着电子科技的发展，这种声音图像也越来越受到重视。比如不同的手机品牌会设计自己的开机声音、来电提醒声音，使得人们一听到这个声音就知道是什么品牌的手机、现在来的是电话还是短信等。在汽车设计上，也开始越来越注重这种声音的设计，比如开车门的声音、车载系统开启的声音等。当然，还可以赋予特定的声音特定的含义，不过这个含义仍需要通过后天的学习来获得。与文字图标一样，声音图标也存在语义距离和相似度这两个重要的设计因素。自然音来自自然界，不需要特别学习就能够识别，比如雨滴的声音、流水的声音。在我们的日常生活中，这种声音为我们构成了对周边环境的认知。

5.7　告警

告警的设计主要可分为视觉、听觉和触觉三部分。最常用的是视觉和听觉告警。一个告警一般会含有四个部分：信号词、危害性、性质说明和后果说明。而告警的设计需要包含四个要素：被注意到、被读到、让人明白和意义明确。这四要素对于具有告警意义的说明书或产品危害告警而言尤其重要。

被注意到，主要是让人的选择性注意力能关注到。从这个角度讲，听觉告警比视觉告警有很大的优势，这一点在前面关于注意力的章节中有详细介绍。被读到，也就是说所用来告警的文字、图标必须能够让人清晰地识别；同样，告警声音也需要从背景声音中凸显出来。让人明白，主要指的是所用语言是大众常用的、可以接受的和看得明白的语言。意义明确，这一点很重要，语言的表述方式对用户的感觉是不一样的。比如，一个工作岗位要求工人要戴手套和口罩，如果这个告警的书写用规劝的语气（如"如果不戴手套和口罩会有危险"）和用命令的口吻（如"你必须戴手套和口罩"），对用户的感觉是不一样的。

5.8　语音感知

这里我们不细谈语音感知中关于音素、音节、单字等方面的知识。中文的语音感知和英文有很大不同。感知语音学是研究语言感知的学科。语音由说话人说出，成为言语波，通过空气传到听话人耳中，经过听觉机制、神经系统理解语音含义。广义地说，上述全过程都是言语的感知过程。听觉的研究属于生理学方面，神经系统的研究属于感知方面。语言的感知与语言学、语音学有密切关系，因此成为一门独特的学科⊖。语言是人类最自然的交互方式。计算机发明之后让机器能够"听懂"人类的语言、理解语言含义并能做出正确回答，就成为人们追求的目标。这个过程主要采用了三种技术，即自动语音识别（Automatic Speech Recognition，ASR）、自然语言处理（Natural Language Processing，NLP）和语音合成（Speech Synthesis，SS）。语音识别技术的目的是让机器能听懂人类的语音，这也是目前快速发展的一个学科，是汽车语音交互的一个重要组成部分。

人类在语音感知的过程中，和文字语言一样，同时采取由下至上的方法（识别文字和语音的元素）和由上至下的模式（通过应用场景和上下文来"猜测"可能的文字或语音）。在自然语言处理方面，由上至下的模式对语言的理解是很重要的一环。

在人与人语言交流的过程中，除了语言、语音本身传达的信息之外，还有其他因素对语言交流起到很大作用：1）口腔的运动。对于听力有问题的人，唇读起到很大作用。其实对于正常人来讲，唇读对语音的理解也起到很大作用，它丰富了我们所听到的语言，通过生活中与人面对面交流的不断实践，它已经成为我们"听"话的一部分。试想，当你在看电视剧时，配音演员的声音与演员的口型没有对上，你会觉得很不舒服，甚至会干扰你对听到内容的理解。2）非语言的暗示。这些包括了我们讲话时的手势、身体姿势及面部表情等。3）歧义性。这里是指在两个人或多个人交流时，听者的面部呈现出困惑和不解的表情，使得演讲者适当地调整自己的讲话，或者对让人困惑的内容做进一步解释。4）对交流的内容有共同的背景知识。

⊖　来源于 https：//baike. baidu. com/item/% E6% 84% 9F% E7% 9F% A5% E8% AF% AD% E9% 9F% B3% E5%AD%A6/8546451。

5.9 手势交互

手势交互是指用户直接使用手部动作与机器进行的交互，一般需要手势识别、运动跟踪、体势识别、脸部表情识别等计算机技术的支持[42]。手部姿势或称手势，指仅用手部完成的操作。包括手势在内的人体肢体运动是一种源自人与人之间的自然互动的非语言沟通形式[43]。人的肢体语言可分为先天姿势与后天姿势（Microsoft，2013）⊖两类，先天姿势是基于自身日常活动所赋予姿势的意义，后天姿势是基于工作环境赋予姿势的意义。

我们的手势有一些基本动作，包括握拳、打开手掌、五指伸开、伸出食指和L形手势等（图 5-8）。这些是比较自然的手势，目前多家机构在不断开发各类手势，这些手势的意义往往由开发者根据任务情景需要重新定义，形成自己的手势语言。在具体使用时，这些手势语言需要给出指导与说明，而使用者必须学习和记忆。

在手势设计过程中，最大的挑战应该是如何使用户快速建立手势-功能连接，并尽可能降低用户的记忆负荷。因此，手势交互要被广泛应用的前提条件

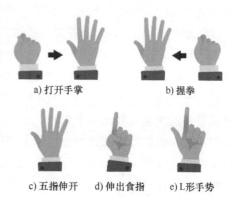

图 5-8　手势基本动作

可能是将手势语言标准化及找到自然的手势语言以方便记忆。用户的经验（包括对物理规律的感知、已有人机界面模式的使用经验）、社会文化习俗、反馈方式等，均会影响个体的动作使用与习得。

肢体动作稍纵即逝，不留下任何可见痕迹。因此，需要对用户提供必要的反馈，告知其肢体输入是否已正确输入及成功识别。目前这类反馈主要来自视、听通道，尤其是视觉通道。对于驾驶员而言，视觉超负荷是最大的问题，引入手势交互是希望能够减少驾驶员的视觉负荷，因此，如果将手势交互引入车内交互，反馈设计是一大挑战。体感交互的可靠性是另一个问题。不同于传统的交互方式，在体感交互中用户可能会在无意间做出某个动作，却可能触发某个并非期待中的功能。这将导致用户无法理解系统的当前状态或操作与结果之间的关联，使得用户对系统的控制感下降甚至丧失。

⊖　来源于 http://go.microsoft.com/fwlink/？LinkID=247735。

第 6 章

心 理 负 荷

在这里，我们有时候说工作负荷，有时候说心理负荷，其实都是一个含义，英文都用 workload 表达。只不过为了区别体力劳动负荷，我们特别给出心理负荷这一名词，因为对于在计算机前工作的人员及驾驶员，体力劳动负荷不是主要问题，甚至不是问题，主要问题来自心理负荷。心理负荷可能是人因研究工作中最常遇见的问题，也是研究最多的问题之一。在研究人的操作行为并为他们做设计时，常常涉及很多问题：这个操作员到底有多忙？他的任务有多复杂？是否还有能力再做些其他工作？操作员是否能应对突发事件？他在执行任务中的感觉如何？等等。心理负荷指的是人的操作对人的大脑中信息处理资源需求的程度。我们大脑中提供信息处理的资源是有限的，超出了它的能力，就会出现超负荷。本章将详细讲解心理负荷有关问题。

6.1　关于心理负荷

心理负荷直接影响人的操作能力。图 6-1 很好地展示了任务需求与心理负荷的关系。

在图 6-1 中，横轴代表了操作任务对心理资源的需求，纵轴代表了人的大脑可以提供的心理资源。图中的一条横虚线指出了人能提供的心理资源极限。抛物线左边代表了任务对资源需求的程度，当任务的需求小于人能提供的心理资源最大值时，人的任务操作绩效是最好的，能够满足任务绩

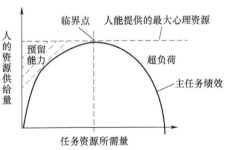

图 6-1　任务需求和心理负荷的关系

效要求，同时还有预留的能力去操作其他功能。临界点是指任务对资源的需求正好是人能提供的最大心理资源。一旦任务对资源的需求超过了人的能力，也就是

位于抛物线的右边，这就是超负荷状态，任务操作的绩效就会下降，同时人也没有多余的资源去完成其他任务。

对于一个熟练的驾驶员来说，高速公路驾驶是他驾轻就熟的场景，正常驾驶任务对他心理资源的需求处在图6-1的左侧，他还有多余的心理资源去完成其他任务，比如打电话，多余资源的多少取决于当时道路和交通的复杂程度和他驾驶的熟练程度。如果遇到前方出现事故或者道路施工，他需要变道或者驶出高速公路，这些场景依旧需要他全力以赴，那么他的驾驶任务对他心理负荷的需求就达到了临界点，这个时候，即便有来电，他可能也不会接听。如果此时道路上出现突发事件，驾驶任务对驾驶员的资源需求进入了图6-1的右侧，而这时驾驶员恰好正在接听电话，原本他就没有任何剩余的资源去完成驾驶任务，而接听电话这个任务又占用了一部分心理资源，那么他对车辆控制的操作就会下降，有可能发生追尾事故。

6.2　心理负荷和预留能力测量

研究心理负荷的人员都会对心理负荷的测量感兴趣。心理负荷测量方法有直接测量法和间接测量法，常用的有三种：任务操作的行为测量、次任务测量和主观量表。

（1）行为测量

这是一种直接的测量方法，测量操作者对任务的操作状况，包括操作活动本身的正确性、准确性、有效性、完成任务的时间、反应速度、操作频率及错误率等。从图6-1可以看出，如果工作的强度和难度小于用户能提供的心理资源，那么操作就会趋于完美；反之，则操作就会下降。

（2）次任务测量

这里测量的是图6-1中的预留能力。如果一个人的任务对心理资源的需求小于他能提供的心理资源，那么他就有能力同时完成另一个任务，这个任务叫作次任务。对驾驶员而言，我们把与驾驶汽车直接相关的任务（控制转向盘、踩加速踏板、制动、驾驶安全辅助信息获取等）叫作主任务，其他任务（如调整车内温度、收听音乐等）叫作次任务。我们通常会通过对次任务的操作测量来间接推断主任务的负荷。次任务做得好，说明主任务的负荷小。这种实验安排是很常见的，例如我们在驾驶模拟器上设计一段不同复杂程度的道路让驾驶员驾驶，同时让他读出在其他屏幕上显示的信息，信息读取的速度、正确率等会被用来衡量驾驶员主任务的负荷程度。不过需要注意的是，在做实验安排时千万不要让受试者本末倒置，即不要让驾驶员忽略驾驶，而把注意力放在信息读取上。

（3）主观量表

一般来说，在采用了以上两种方法测量心理负荷时，都还会与主观量表相结合。主观量表，顾名思义，就是用来测量心理负荷的一系列问卷表。有很多现成的量表已经开发并获得广泛认可和应用。建议研究人员除非万不得已，不要自己去设计这些主观量表，而是尽可能地采用现成的方法。最常用的是 NASA-TLX（task load index）[44]，从 NASA-TLX 演化出了专门为测量驾驶员心理负荷的方法叫 DALI[45]。

6.3　心理负荷的生理基础

任何心理活动都有其生理基础。英国著名生理学和神经系统科学家查尔斯·斯科特·谢灵顿爵士（Sir Charles Sherrington⊖）早在 1890 年就提出心理负荷的基础是大脑活动[46]。谢灵顿爵士在 1932 年获得诺贝尔生理学或医学奖。他认为，血液通过主动脉流入大脑，为大脑的活动提供需要的氧气。人的认知活动在大脑的某部分发生，那部分大脑的氧消耗就会增加，因此血液供给也会增加。这一理论几乎是神经生理学的基础，但直到 100 年后，当正电子发射计算机断层扫描（Positron Emission Tomography，PET）技术和脑功能磁共振成像（Functional Magnetic Resonance Imaging，FMRI）技术开发出来，这一理论才得到证实。大量的通过 FMRI 技术得出的研究成果揭示了许多认知活动在大脑中的反应。不过 PET 和 FMRI 的相关设备太过昂贵，也不方便用于研究各种驾驶操作过程中的认知活动在大脑中的反应，因此，无法用来测量在不同操作中的心理负荷。这里介绍一些其他的可操作技术和应用这些技术来研究人的大脑活动产生的一些结果。

脑电图（EEG）通过放置在受试者头皮上的电极记录大脑的电活动。已发现不同脑电频率下的频谱功率频段对增加的工作记忆（WM）负荷和对注意力资源的变动比较敏感。脑电图可用于在操作环境中可靠地评估心理负荷吗？答案是肯定的，但是会有些困难。其中一个问题是脑电图可能会受到眼球运动的干扰，并且在这种环境下出现肌肉运动投影。目前已经有很多算法能从有干扰的电波中分析出有效数据，因此，EEG 在实验室的使用已经日渐成熟。

事件相关电位（ERP）代表了大脑的神经对特定的感觉、运动和认知事件的反应。ERP 是通过脑电图中锁定到特定的刺激或响应事件时间段的平均脑电图分析出来的。目前 ERP 在认知神经科学家所采用的工具中占有某种独特的位置，

⊖　来源于 https://baike.baidu.com/item/%E6%9F%A5%E5%B0%94%E6%96%AF%C2%B7%E6%96%AF%E7%A7%91%E7%89%B9%C2%B7%E8%B0%A2%E7%81%B5%E9%A1%BF/451704?fr=aladdin。

因为它提供了唯一一种具有高时间分辨率的神经影像技术，时间精准性能达到毫秒级。ERP 不同于 PET 和 fMRI 等技术，后者因为追踪脑血流动，所以速度较慢。研究人员经常使用 ERP 的毫秒级精度来检查对应时段与认知过程相关的神经机制。例如，通过记录 ERP 的时间信息，找到了关键有效的证据，表明刺激后约 100ms 注意力调节神经就被激活了[47]。

心率变异性对不同难度的操作比较敏感。巴克斯（Backs）等[48]测量了从容易到困难的弯道上模拟驾驶过程中的三种不同的心率，发现它们受弯道曲线半径的影响不同。他们因此得出的结论是，驾驶的感知需求可以区别出中央神经活动和周边神经活动的不同。

研究人员观察到瞳孔直径与大量不同资源的认知活动的心理需求密切且比较准确地相关。瞳孔测量可能是高度敏感的，尽管还无法诊断工作负荷需求的类型。它综合反映了在信息处理系统中的心理需求。然而在测量瞳孔直径时，必须监视环境照明的变化，因为它们会影响瞳孔直径。另外，瞳孔直径与自主神经系统相关联，因此该测量容易受到情绪变化的影响。

6.4　压力、唤醒和操作

我们在生活中的不同时刻都承受着不同的压力。压力通常视为一种情绪被唤醒状态，这种状态可能会影响人的操作和行为，严重的话，可能会破坏行为并对健康产生负面影响。然而，压力也并不总是负面的，它可以作为激励人操作的动力。区分在不同压力条件下究竟是削弱/加强了人的认知能力还是行动能力，是压力研究的众多挑战之一。

很多领域都在研究压力，例如生物学、医学、心理学和社会学等。不同学科对压力有不同的定义，研究的内容也不尽相同。在工程心理学中，一般会着眼于对比有无压力的行为表现来进行分析。压力可能来自环境的影响（例如噪声、振动、热量、照明、速度）、心理因素（包括焦虑、疲劳、沮丧和愤怒等），以及诸如严厉处罚之类的组织因素。图 6-2 是有关压力与信息处理过程关系的示意图。从该图可以看出，压力对信息处理过程的影响是多方面的。

压力一般会产生三种结果：1）情感体验，压力会让人感觉兴奋或者沮丧；2）交感神经兴奋，可以观察到心率加快、皮肤变红等反应；3）影响人的信息处理能力，信息处理变得更快或者更慢。具体如何影响，取决于压力源的性质。比如信息显示屏幕的振动会影响视觉精确度，而噪声会影响听觉的灵敏度。

压力和心理负荷常常被混淆。压力一般是造成问题的原因，而心理负荷是由压力带来的结果。我们常常听人说"压力山大"，其实想要表述的是心理负荷

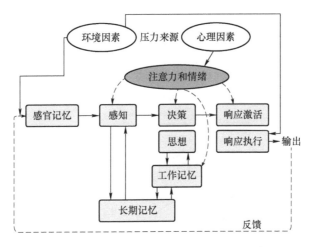

图 6-2 有关压力与信息处理过程关系的示意图

很大。

唤醒是指个人的活动水平反映在一般行为上的状态，例如清醒或睡眠，或处于某种主观体验，例如机敏或嗜睡。这种变化还伴随着大脑活动的系统性变化和周围神经系统的变化，特别是自主神经中交感神经部分系统的活动。

简单的测量压力源产生的压力的客观方法，就是测量唤醒水平，比如心率、瞳孔直径或儿茶酚胺在血液或尿液中的水平等指标。通过脑电图也可以相对容易地获得唤醒的大脑指标。

耶克斯·道森在 1908 年发表了耶克斯·道森定律（Yerkes Dodson 's Law），如图 6-3 所示。

我们可以看到，图中曲线是倒 U 形的。当人的唤醒水平处在左侧的爬坡阶段时，压力的增加可以增加唤醒水平，从而使人的操作行为能力增加。例如，高速公路为什么不能像飞机跑道那样建成笔直的呢？这样不是可以缩短距离吗？

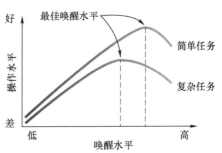

图 6-3 耶克斯·道森定律

这是因为，适当的上下坡和弯道可以增加驾驶员的紧张度和驾驶压力，从而增加他们的唤醒水平。如果高速公路像飞机跑道那样笔直平坦，驾驶员就会因为驾驶难度小、压力小、唤醒水平低而容易犯困。但是，当压力达到最高水平，如果继续增加压力，人的操作水平就会下降。复杂任务产生的压力会大于简单任务，因此它达到高峰的时间也早一些。

6.5 心理负荷测评方法

在工作中有多方面的因素会对人的心理负荷（Mental Work Load，MWL）产生影响。图6-4对此做了总结。

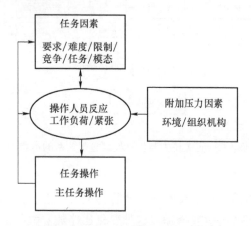

图6-4 工作中造成心理负荷的因素

测评心理负荷是很多研究中非常重要的一环。而对心理负荷的测评方法研究由来已久，表6-1对这些方法做了总结。

表6-1 心理负荷测评方法汇总

方法名称	说　明	优　势	缺　点
驾驶主任务操作测量	需要在驾驶模拟器上完成	测量方法直接而有效；可以和其他方法相结合，比如次级任务操作和生理-心理指标的测量	有时很难建立操作水平和心理负荷水平之间的量化关系；如果单独测量操作中的某个参数，会不准确
驾驶次级任务测量	需要在驾驶模拟器上完成	对心理负荷变化比较敏感	此方法对心理负荷的测评比较粗略；次级任务会干扰主任务，因此次级任务的设计要非常谨慎
生理测量	心率、ECG、EEG、眼动等测量仪	对工作负荷敏感，但同时测量了主次任务共同产生的心理负荷；是连续测量的数据，可以在实车驾驶中使用	数据容易被其他因素干扰；测量过程复杂，数据分析也复杂，因为测量电极要接触到人的身体而产生新的干扰

（续）

方法名称	说　　明	优　　势	缺　　点
NASA-TLX	主观量表，可以与其他测量方法结合使用	方便、快捷，是最常用的方法；单一维度	数据分析尤其是定义权重比较困难
SWAT	主观量表，可以与其他测量方法结合使用	方便、快捷、多维度	数据分析复杂，很多人建议还是使用 NASA-TLX 更好

注：Subjective Workload Assessment Technique，SWAT，即主观工作量评估技术。

心理负荷的测评是一个复杂的过程，因此，一般情况下表 6-1 中前 4 种方法会同时使用。如图 6-1 所示，如果主任务的心理负荷小，也就是道路驾驶场景简单，驾驶员可以轻松驾驶车辆，那么他就有多余的能力去完成次任务。因此，次任务的测评能反映主任务的心理负荷程度。

第 **7** 章

驾驶分神与疲劳

驾驶中的分神与疲劳是一个由来已久的研究课题，尤其是驾驶疲劳，在此领域发表的文章几乎可以追溯到 20 世纪 70 年代。而对驾驶分神的研究，是在 20 世纪 90 年代初受到广泛关注的，那时手机已经开始普及，人们开始一边开车一边打电话，随之而产生的交通事故也开始时有报道。

7.1　驾驶分神的分类

驾驶分神是指驾驶员的注意力从安全驾驶活动转移到其他竞争性活动上，这在辅助驾驶条件下很容易发生。与分神相关的概念还有注意力不足和注意力不集中。驾驶员的分神行为是由于思考其他事情，同时驾驶员并未疲劳，称为注意力不集中。注意力不足则是指"没有足够的注意力来保持安全驾驶"[17,49]，分神是注意力不足够造成的。

一般来说，分神有四种基本类型：视觉分神、听觉分神、操作性分神和认知分神。对于驾驶员，这四种分神的具体定义如下。

1）视觉分神：驾驶员视觉注意力在交通情境之外的客体或信息上，例如，眼睛的视线远离道路。

2）听觉分神：语音播报或音乐等听觉刺激导致驾驶员注意力离开驾驶任务。

3）操作性分神：驾驶员进行了驾驶之外的物理操作，例如手动调整收音机音量或选择歌曲等。

4）认知分神：对话或其他信息导致驾驶员注意力离开驾驶任务，例如大脑在思考其他问题

分神对驾驶的影响不仅取决于分神的类型，还取决于任务的频率和持续时间，也就是说，即使一项任务的分神程度不强，但频繁或长时间从事该任务的驾驶员也可能将造成事故的危险性增加到与较少执行更为困难的次任务相当的水平。

造成驾驶员分神的原因可以从不同角度来分类：内因（思想分神）和外

因（自身以外的因素）、技术性的（操作某个车内设备）和非技术性的（比如吃东西）、自己的原因（比如想给别人打电话）和他人的原因（朋友打来电话）及车内的原因和车外的原因。表 7-1 对于常见的车内分神动作做了一个总结（来自 European Commission Report：Driver Distraction 2018 年的数据）。欧洲道路安全研究院（European Road Safety Observatory，ERSO，2018）[50] 的研究表明，平均而言，有 20%~30%的时间驾驶员是在做与驾驶无关的分神事情，而其中约 1/3 来自车外，约 1/5 来自使用手机等设备。对于商用车驾驶员而言，约 70%的事故是由分神造成的。

表 7-1　常见的车内分神动作

分神动作	交通相关	自发参与	技术相关	车内	分神类型	参与比例
接打电话	否	是	是	是	听觉-认知	48%
乘客交谈	否	是/否	否	是	视觉-听觉-认知	40%~81%
听歌	否	是	是	是	听觉-认知（一定程度）	95%
发短信	否	是	是	是	视觉-认知-操作	12%~26%
调整收音机	否	是	是	是	视觉-认知-操作	65%~95%
输入目的地	是	是	是	是	视觉-认知-操作	12%
查看导航信息	是	是	是	是	视觉-听觉-认知	25%
处理车内告警	是	否	是	是	视觉-听觉-认知	8%
查看广告	否	否	否	否	视觉-认知	2%
吃、喝	否	是	否	是	视觉-操作	49%~81%
发呆	否	是/否	否	是/否	认知	2%~7%

年龄对于分神行为有着较强的影响，年轻驾驶员相较于中老年驾驶员更容易分神。表 7-1 还显示了驾驶员常做的分神操作以及对应的操作及分神分类和参与比例。据 2014 年中国交通运输部的统计，全国约 47.2%的单一交通事故是由驾驶员驾驶分神引起的，达 309.9 万起；约 38.0%的一般交通事故由驾驶员驾驶分神引起。

7.2　分神对驾驶的影响

分神对驾驶影响程度受以下因素的影响：驾驶员年龄、疲劳程度、驾驶经验、个性，甚至与前排乘客也有关联。无论造成分神的原因是什么，其造成的不利影响包括驾驶速度较慢、跟车距离更近、保持路线能力变差、更多驾驶操作错误和更窄的视觉焦点等。图 7-1 显示了驾驶分神产生的因素和相关影响。

研究表明，视觉加手动操作的分神任务（如手写输入一串数字）带来的事故风险最高。然而使用手机的风险程度研究结果则存在分歧，自然驾驶研究接听

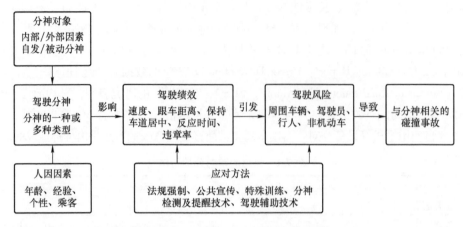

图 7-1　驾驶分神产生的因素和相关影响

电话的风险比实验研究的结果要低很多，这可能是由于在实际情况下驾驶员会采用注意力需求更低的方式使用手机。表 7-2 列举了常见分神行为的风险因素评估[51]，其中风险指数是参与对应分神行为发生事故的概率与不参与任何次任务发生事故的概率之比。

表 7-2　常见分神行为的风险因素评估

类　别	分　神　行　为	风险指数
车内设备	其他车内设备（如使用中控屏）	4.6
	调节空调	2.3
	调节收音机	1.9
与手机相关	拨号（手持操作）	12.2
	伸手拿别的物体	9.1
	打字输入	6.1
	伸手拿手机	4.8
	浏览手机	2.7
	打电话	2.2
其他	阅读或填写	9.9
	长时间注视车外某乘客	7.1
	吃东西	1.8
	喝饮料（非酒精）	1.8
	个人护理（如整理头发）	1.4
	随音乐晃动	1.0

研究表明，一般而言，视觉分神导致的驾驶风险最大[52]。这是因为，驾驶主要是一个视觉任务，而视觉分神会使驾驶员将视线从前方道路移开，会导致较大且频繁的车道偏离、突然的转向，以及对前车制动来不及反应。

认知分神则主要导致驾驶员对交通信息及道路环境的不敏感，带来"看到但没注意到"的结果。研究结果表明，认知分神会导致平均 130ms 的反应时间延长[53]，此外，认知分神还会导致对周边视野信息的提取能力下降。

对于听觉分神，接听电话或者与乘客交谈至少会导致行驶速度降低、跟车距离增大、反应时间延长及车道保持绩效降低。

在三种分神中，视觉分神与驾驶操作直接相关。驾驶员的视线离开前方道路时间超过 2.0s 会明显增加碰撞风险。当驾驶员在 6s 的时间内视线离开前方道路时间总长超过 2.0s 时，相对于正常驾驶，也会使不安全事件发生的风险大大增加。各类分神对驾驶操作的影响总结如下。

1）与使用不同设备相关的各种视觉手动操作任务（如发短信、输入数字、输入目的地、操作音乐设备等）会导致驾驶能力降低，即更频繁且更长时间视线远离道路会错过观察道路、横向位置控制能力下降、反应时间延长，以及与其他道路使用者发生冲突的可能性增加。

2）使用手机和免提对话设备似乎对驾驶产生与各种视觉、手动操作类似的任务绩效的负面影响。

3）与乘客交谈似乎对驾驶任务的影响较小，因为乘客可以协助驾驶员完成驾驶任务，并调整讲话的速度和交流内容的复杂性应对不断变化的驾驶任务需求。

4）开车时进食和饮水会导致车辆横向位置控制偏差更大、速度降低以及更多的剐蹭风险。

5）路边广告可能会影响驾驶行为。已经发现的影响是速度降低、横向位置控制变化更大。广告会吸引驾驶员的视觉注意力、延长反应时间，并导致更多驾驶操作错误。位于视野中央或路边广告牌对于驾驶员而言尤其分神。

不过，研究分神对驾驶的影响主要来自实验室，这就存在如下一些问题。

1）分神对驾驶能力的影响主要是通过实验研究得到的，尤其是驾驶模拟器实验，这些研究得出的结论与实际情况不一定完全相同。

2）驾驶操作与驾驶事故风险之间的关系并不总是直接相关的。几乎没有数据同时记录驾驶行为以及它对事故风险的影响。

3）研究驾驶能力的指标基本都是变量控制（速度、横向位置、跟随距离）以及对环境刺激/提示（视觉行为、反应时间、错误、与其他道路使用者的冲突）的感知和反应能力。

7.3　注意力资源分配与工作负荷

为了进一步介绍分神的产生机制，需要具体讨论一下注意力资源分配问题。人的注意力资源是有限的。当人处于多任务操作时，会分散注意力。根据威肯斯（Wickens）多资源理论[10]，次任务对于主任务的干扰由次任务的难度或任务的资源需求决定。当多任务所需的注意力资源需求总量超过了人的注意力资源限制时，任务之间就会产生竞争，导致所有或某些任务的绩效下降。处于同一知觉通道的任务之间的竞争更为激烈（图5-2展示了威肯斯多资源模型结构），这就是在分神影响中，视觉-操作性分神对驾驶绩效影响最大的原因（驾驶任务对视觉注意力资源的需求几乎占据了90%以上）。由于目前车内降噪能力很强，所以在驾驶时驾驶员获取道路信息的手段主要靠视觉。而驾驶操作也是以手动操作为主。任何车内的次任务如果是视觉-手动组合的操作，就会产生与驾驶主任务争夺注意力资源的现象。与此同时，如果次任务是听觉-语音组合的操作，与驾驶主任务争夺注意力资源的现象就比较少，因此产生的干扰也会小。当然，目前语音技术不成熟、错误率高，同时声音信息不可停留等多种原因，造成很多听觉-语音组合操作还常常伴随视觉的显现，这样一来，其操作优势就大打折扣。

除了直接竞争注意力资源外，多任务对绩效的影响还体现在任务切换中的转换代价及转换时间上。当驾驶员从主驾驶任务转移到次任务的操作后，对主任务的状态理解中断（情景意识下降），导致从次任务转换回主任务时需要消耗更多的注意力资源，从而使反应时间延长，出现更多的操作失误。

但在驾驶主任务中也会存在不同的子任务，而灵活地重新调整注意力也是有益的。例如，驾驶员正在查看盲区准备变道，前车突然制动，为了避免碰撞，驾驶员会将注意力从变道任务中转移回来，在这种情况下，将注意力重新分配到更为关键的事件上是必要的。

注意力资源是有限的，因此当其他任务的认知负荷过高时，可能会使驾驶员错误地分配注意力，使得驾驶任务因注意力不足而导致分神[54]。同时，在一次驾驶任务过程中，注意力的需求也并非是平稳一致的，在部分情境中（如在不熟悉的路段转弯）驾驶任务的工作负荷会很高，而此时如果有其他任务干扰注意力，则可能导致驾驶任务操作失误。

工作负荷来自多方面的共同影响，如任务的时间需求、活动的数量及活动的复杂度。总的来说，基础驾驶任务（例如控制车辆、扫视危险、规划线路等）会给驾驶员带来不同的工作负荷，工作负荷也会随着驾驶条件（例如道路复杂程度、天气、交通流量等）、驾驶员的状态（疲劳、警惕等）而增减。工作负荷非常复杂且难以及时检测，驾驶员在处理多个需要相同资源的任务（例如收听广播的同时听到告警声）时，会因在任务之间切换而降低驾驶操作。

驾驶任务和场景因素都会影响驾驶员对目标和驾驶操作的认知，这种认知会影响驾驶员根据自己的能力、可用资源制定决策或工作负荷分配策略。请注意，驾驶员对某些任务的应对方式可能是在无意识中发生的，特别是对于高频出现的行为，如保持车速或车道，这种"自动"行为通常只需要占用驾驶员很少的注意力资源（类似 SBB 行为）。工作负荷也会引起驾驶员的主观感觉和生理变化，如心率增加、瞳孔扩大。驾驶员通过分配资源的方式来满足跨任务的工作负荷要求，这会反映到驾驶操作上，并影响驾驶员对工作负荷的认知结果，进而直接影响驾驶操作。

由于影响工作负荷的因素非常复杂，很难实时监测与驾驶相关的工作负荷或驾驶员处理其他任务的能力。驾驶员自身具有一定程度的适应能力，并能够承受较高的工作负荷（例如减慢车速、增加与前车的距离），为了应对高负荷驾驶情况，驾驶员可能采取跳过或无视那些与驾驶无关的任务，直到驾驶结束或安全停车。

除了驾驶员对工作负荷的主动管理以外，也可以通过辅助系统减少驾驶员的基础驾驶任务的工作负荷。但是系统仅限于特定情况下有效，例如，在陌生区域驾驶时使用导航系统可以有效减少驾驶员的工作负荷，但是当导航系统中的信息过期或不准确时，反而会导致驾驶员混乱和工作负荷增加。驾驶员在行驶状态下操作导航系统，驾驶主任务的注意力会被分散。

7.4 自动驾驶中的分神问题

不论是 L2 还是 L3 水平的自动驾驶汽车，驾驶员仍需要参与对应的驾驶任务。自动驾驶在减轻驾驶员驾驶操作工作的同时，也将驾驶员的工作负荷降低到非常危险的低水平，正如耶克斯·道森定律所揭示的（图 6-3）。当长时间使用自动驾驶功能时，驾驶员的唤醒水平会下降，导致在需要驾驶员紧急操作的情景下，驾驶员反应不及时而造成事故发生。这一观点得到了研究的证实[55]。研究结果表明，驾驶员无法应对由于自动驾驶系统失败导致突然提高的工作负荷，特别是当驾驶员在执行次任务时，更容易引发事故。

当驾驶 L3 水平的自动驾驶汽车时，驾驶员不需要监管道路情况，这变相鼓励了驾驶员参与一些非驾驶的次任务中，例如使用手机聊天等。驾驶员此时已经不处于驾驶闭环之中，即 out-of-the loop，对应的分神行为会降低驾驶员的情境意识，从而减弱驾驶员的驾驶能力。当驾驶员的情境意识过低时，系统突然提出的任务和操作要求将使驾驶员陷入迷茫[56]，此外还会导致驾驶员对当前自动驾驶状态的不确定，由此会引发三个主要问题：1）系统判断失败时驾驶员无法及时接管驾驶或产生错误操作；2）驾驶员接管的时间过长和决策能力下降，需要先理解当前情境，才能做出应对措施使事故风险降低；3）由于突然而来的接管驾驶操作要求而对系统不再信任，自动驾驶体验感变差[57]。

在 L2 和 L3 水平的自动驾驶中，当出现车辆解决不了的状态时，车辆就会要求驾驶员接管驾驶。我们绘制了一个接管反应时间的预测模型（图 7-2），能对自动驾驶的分神提醒进行设计指导。"接管反应时间加操作时间小于总预留接管时间"的判断是模型的核心。但其中接管反应时间需要根据驾驶员当前状态与目标状态之间的调整过程进行预测。而目标状态是根据具体的驾驶场景进行设定的，需要对每个场景进行分析。因此，这个分析的维度包括：1）感官状态，如眼睛注视方向；2）操作状态，如手和脚应处的位置；3）认知状态，如清醒/困倦程度等。对于模型中提到的各个阶段，其实是对自动驾驶接管流程的一个梳理，其中每个阶段的定义如下：

提出接管需求：系统发出对应的接管提醒。

开始执行：驾驶员开始采取接管行为（如手放在转向盘上、脚放在踏板上）。

完成接管操作：驾驶员完成对应的制动或转向操作。

系统极限：超过对应时间，系统无法再控制车辆。

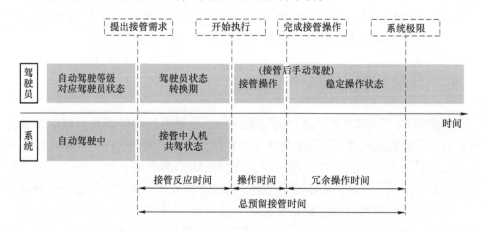

图 7-2 接管反应时间的预测模型

7.5 分神的监测

分神的监测与疲劳的监测方法相似，一般都是通过摄像头和眼动来监测的，但对应的监测指标则有所不同。首先，视觉分神的监测有一个 2s 的原则：视线离开路面持续超过 2s，会对驾驶安全造成极大的风险。但是，这不是一个确定的临界值；驾驶任务很复杂，并且受周围环境、交通流和许多其他因素（比如光照和能见度等）的影响。而同时，超过 2s 的视线转移往往会伴随着转头动作，否则驾驶员会感觉不舒服。因此，头部的转向也已证明是视觉分神的可靠指标。

1. 眼动监测

用于视觉分神的眼动参数主要是偏离道路注视频率及注视时间，而获得方式可以是用头戴式眼镜或者面向驾驶员的摄像头采集。当视线偏离前方道路时，就是驾驶员的视觉分神，而如果视线偏离前方道路的时间超过 2s，则可以判定当前驾驶员出现具有驾驶风险的分神。此外，还可以采用眨眼频率、瞳孔直径大小、持续注视某个目标物的注视时间等参数来评估任务的认知负荷大小[58]。其中随着驾驶主任务的负荷提高，眨眼频率会增加，瞳孔会扩大，注视前方时间显著增长，当对应情况出现时，说明驾驶员注意力高度集中在驾驶任务上。当驾驶任务负荷很高时，就应避免有其他次任务操作。

闭眼的参数与疲劳类似，为闭眼率（PERCLOS）。当驾驶员的眼睑闭合盖住了超过 80% 的瞳孔大小时，认为驾驶员产生了疲劳或分神。尽管闭眼率一般用来作为疲劳的监测指标，但闭眼率的提高也意味着认知负荷的提高[58]。

2. 脑电监测

EEG 通常作为脑电监测的途径，其中一般通过监测四种波形来判断驾驶员的分神情况：β 波（大脑在执行任务时产生）、α 波（大脑在休息时产生）、θ 波（大脑在疲劳时产生）及 δ 波（大脑在睡眠状态时产生）。研究表明，当认知负荷提高时，β 波成分增加；当疲劳水平提高时，α、β、θ 波减少，δ 波成分增加[59]。但由于脑电监测设备复杂，不适合实时监测，所以主要用于模拟器实验研究。

3. 皮肤电反应

之所以将皮肤电反应（Galvanic Skin Response，GSR 或 Electrodermal Activity，EDA）作为分神和认知负荷的检测指标，是因为当人产生紧张等情绪时，皮肤会由于出汗导致电阻减小，皮肤电流增大[60]。研究表明，当交通拥堵、道路复杂或者出现紧急事件时，GSR 会显著增大；而当驾驶任务单调，驾驶员出现分神或疲乏时，GSR 会相对降低[61]。

4. 检测响应任务

检测响应任务（Detection Response Task，DRT）是利用反应正确率及反应时间来衡量疲劳分神与认知负荷的一种检测方式。一般 DRT 的设计需要驾驶员根据随机出现的刺激进行对应反应，包括视觉刺激（如在视角周边出现闪烁光点）

和触觉刺激（如设备的振动）。被试者在检测到刺激后需要按特定按键。DRT 的具体操作可以参考 ISO 17488：2016。

DRT 可以通过与正常状态下的指标进行对比，判断当前驾驶员的警觉状态；同时，也可以通过对比有次任务和没有次任务情况下，驾驶员的按键击中率和反应时间来判断次任务负荷是否过高。DRT 的设备简单、装配方便，可以用于自然驾驶研究或后装监测系统。

7.6 关于驾驶疲劳

驾驶疲劳是一个老课题，也是一个不好解决的难题，这是因为：

1）疲劳的到来不好预测。

2）疲劳程度不易提前检测到。

3）疲劳对驾驶的影响因人而异。

4）没有很好的疲劳唤醒的方法。

在交互设计中，我们非常希望能够做到通过各种技术（主要是眼动跟踪技术和车辆行为监督）来确定驾驶员是否有一定程度的疲劳。疲劳的结果可能是应对道路突发事件能力的下降，使得驾驶行为具有潜在的危险性。汽车在检测到上述现象之后，采取一些措施，推送一系列可能的缓解疲劳的方法。在这里，我们将从疲劳的定义、疲劳产生的原因、疲劳对驾驶的影响、疲劳的检测等方面，系统地综述现有的驾驶疲劳研究结果，将疲劳相关因素与应对方法进行汇总整合。

疲劳的定义：目前对疲劳的定义非常混乱[62]，因此很多不同的问题都被混在一起，在测量和相关研究的对比方面就比较困难。造成"疲劳"的因素有很多，如果不厘清这些因素，会对后续的讨论带来影响，比如劳累、困倦、紧张、焦虑、职业怠倦症或者无聊、厌倦，"疲劳"这个词在很多时候变成了囊括很多相关现象的一头"大象"[63]。

疲劳并不仅仅是一种主观感觉，它有其生理心理基础。对是否疲劳的判断一般会从三方面着手：从生理学、心理学和主观感觉及行为上测量。一般说来，单一方面的测量有失其准确性。比如，就驾驶行为而言，有的驾驶员甚至在连续驾驶了 11h 后，主观反应已经很疲劳了，但在驾驶行为上依旧测不出疲劳来[64]。而用认知任务来测量时，可能 5min 后，就可以测到认知能力的变化[65]。同时，心理学研究也表明，人的行为动机会影响测量结果。

我们引用菲利普斯（Phillips）在 2015 年提出的最新疲劳定义：疲劳是劳累引起的次佳心理生理状况，其程度和影响维度特征取决于运动的形式、力度和背景[62]。劳累无法直接描述，一般都是通过个体表现出来的症状描述的，比如休息和睡眠历史、昼夜节律效应、跨越工作和家庭生活的社会心理因素、个性、饮食、健康和其他个人状态，以及环境条件等。疲劳状况会导致个人能力分布的策略或自身能力资源使用发生变化，从而降低心理或身体活动水平。

该定义说明，疲劳是相对于最佳主观或客观状态而言的变化程度，其中最佳状态是指健康个体在完全恢复、休息的状态下，或一组完全康复、休息和健康个体的平均值。其次，从心理和生理方面有着对应的疲劳维度特征。举例来说，心理方面有认知、习惯、情感、自我调节的能力和嗜睡等指标。生理方面有各类生化指标，如心电图、皮肤电反应、脑电图等。当然也可以从外部观察到疲劳，例如面部表情及各种眼部的变化。该定义还表明，疲劳还可以通过运动行为进行判断，通过策略性变化和绩效结果来表达。

疲劳是一个动态的和多维度的概念。其中关于疲劳和困倦的关系值得单独提出来。睡眠可以缓解疲劳，但犯困不一定都与疲劳相关联。比如驾驶员犯困可能与开车的时间有关，例如深夜、凌晨或者饭后开车；也可能是因为汽车在行驶过程中的刺激单调及心血管共振[66]。

困倦融入疲劳的概念，这一点很重要。首先，嗜睡的心理、生理状态与疲劳的心理、生理状态有部分重叠。嗜睡状态的感知（感觉到有睡眠需求）是疲劳状况体验维度的一个子维度。认知、疲劳的适应性、情感性和自我调节性维度也将具有与嗜睡有关的维度。

其次，用稳态和昼夜节律因素来描述睡眠对驾驶造成的影响，同时这也是导致驾驶员疲劳的原因[67]。从某种意义上来说，疲劳可能是由于驾驶员为了努力保持清醒而引起的。除了其他任何形式的劳累外，疲劳还归因于保持清醒和努力在嗜睡状态下保持正常驾驶的努力[68]。重要的是，疲劳会因为运动强度、"工作时间"而有所不同，但也会因"努力保持精力旺盛"而在"一天中的时间"而有所不同[69]。

7.7　疲劳的产生

对于汽车驾驶员和乘坐汽车的人来说，几乎都有这样的体会：坐在一个匀速前行的交通工具（例如汽车、飞机、火车、轮船等）里很容易犯困。医学界有这样的观点：这是由于汽车运动的节律与人体血液循环产生某种共鸣而导致的。尽管有多种因素会影响人的疲劳，但有三种因素是最关键的：睡眠、连续警醒时间及昼夜节律。我们可以假设人的大脑前叶发出的信号可以调节昼夜节律，而运动打乱了这一节律[70]，它造成了节律的变化。神经学的研究也已经证明了这一点。这可能是造成驾驶疲劳的主要原因。而疲劳本身会影响一个人对自己疲劳程度的判断。

疲劳是一种心理、生理状态，它在还没有进入困倦状态时早就发生了。疲劳对人的很多能力都有负面影响，比如人的反应时间、注意力集中的能力，以及对路况的正确判断等。除情绪等无法预测的心理因素外，造成疲劳的两大主要因素是内部生理因素及与任务相关的因素[71]。

生理原因包括：

1）疲劳敏感性的个体差异，可能与睡眠障碍及其他医学状况或生理变异性有关。

2）昼夜节律，以清晨（例如凌晨4：00—7：00）为最高风险时间。

3）最近一段时间的睡眠时间，包括主要睡眠时间和小睡时间。

4）睡眠惯性和保持清醒、唤醒习惯。

5）自上次主要睡眠后醒来的时间，特别是在16h以上且独立于工作或特定的工作活动。

6）总体健康状况和最近的行为，即饮食和运动。

7）咖啡因摄入量。

8）处方药和非处方药的使用。

9）光线的明亮和暗淡。

10）汽车运动的节律与人体血液循环产生某种共鸣。

与任务相关的因素主要是操作任务时间、任务的复杂程度以及任务的单调性。与任务相关的因素对驾驶安全的影响程度与驾驶任务本身的状态有关。

工作时长（Hours of Service，HOS）对疲劳有直接影响的因素在很多国家引起广泛重视，不同国家对此都制定了不同的管理细则。商用车驾驶员的驾驶时间规定包含许多与驾驶员时间表有关的特定规定，其中包括最少每日下班时间、最多每日驾驶时间、最长上班时间（对于货车驾驶员而言这是对总工作时间的限制）、计划的定期性、每周最长工作时间、两个任务之间的休息时间，以及驾车所需的休息时间和货车内卧铺的使用（包括"睡眠"需求）。通过筛选，排除具有与警觉性相关疾病（例如心脏病）达到临床水平、阻塞性睡眠呼吸暂停（Obstructive Sleep Apnoea，OSA）和酒精/毒品滥用的驾驶员。驾驶员酒精和药物测试进一步支持驾驶员的警觉性指标等。表7-3给出了驾驶疲劳因素及工作时长指标[72]。

有研究报道，长途商用车驾驶员平均每天开车时间在14h以上，每晚只有5~6.5h的睡眠时间，而普通人一般都需要7~8h的睡眠。因为缺乏睡眠而导致的驾驶过程中的困倦是70%交通事故发生的原因。一个驾驶员保持17h的清醒驾驶，对驾驶能力的影响相当于血液中含有0.05mg/ml酒精的状态；而如果24h不睡眠的驾驶，则相当于血液中含有0.1mg/ml酒精的状态[73]。

表 7-3　驾驶疲劳因素及工作时长指标

驾驶疲劳因素	工作时长指标
个体疲劳易受性差异、节律状态、最近睡眠情况、连续清醒时长、总体身体健康状况、咖啡因摄入量、药物服用状况、酒精摄入情况、光照情况、已工作时长、任务复杂度、任务单调性、外界环境及温度、声音与噪声、社交活动等	每日最短休息时长、每次最长驾驶时长、每日最长工作时长、每周最长工作时长、稳定工作排班、停靠休息安排

同时，职业驾驶员失眠现象也很普遍。而在各类不同的失眠中有一种症状叫作阻塞性睡眠呼吸暂停，有这种失眠症的人，其驾驶事故发生率比普通人多20%~70%。此外，有研究表明，由于困倦而导致驾驶能力下降的情况对不同年龄的人而言也有所不同，年轻人（20~25 岁）由于困倦可以使驾驶反应时间延长 90%，而老年人（52~60 岁）却没有什么影响[74]。

除了由于高任务负荷带来的疲劳外，随着自动驾驶水平的提高，驾驶员角色和任务发生转变，与任务相关的疲劳还有可能是由于任务的单调及负荷过低导致的被动疲劳（passive fatigue）[68]。研究表明，在自动驾驶条件下，驾驶员更容易陷入疲劳状态[55]。任务的单调性、无任务参与则成为引发被动疲劳的主要原因。驾驶员的任务过于单调、负荷过低，将导致非资源或体力消耗的疲劳发生。被动疲劳会导致驾驶员的警觉水平下降，以致遗漏系统的警告，或在警告后采取错误的接管方式等后果。

7.8　疲劳对驾驶的影响

多项研究[65,74]表明，疲劳以特定方式影响驾驶行为，通常连续行驶两三小时后，驾驶员会疲劳并且转向盘控制能力下降。广泛证实的疲劳影响包括：

1）反应时间更长：疲劳会增加紧急情况下的反应时间。

2）警惕性降低：睡眠不足时，受试者在基于注意力的任务上表现较差，例如疲劳的驾驶员会更慢地注意到即将到来的危险，如道路施工或前方路障等。

3）信息处理能力减少：疲劳会同时降低信息处理能力和短期记忆的准确性，例如疲劳的驾驶员可能不记得前几分钟的驾驶情况。

需要特别指出的是，在疲劳与困倦的分类中有一种困倦叫微睡眠（micro-sleeps），是一种只有入睡几秒钟的睡眠，这种情况尤其危险，因为驾驶员根本意识不到自己犯困，或者入睡了，而这几秒足以造成驾驶事故。在货车交通事故中，疲劳的影响则更为突出。图 7-3 总结了造成商用车事故的原因[75]。

有研究分析了对 963 例货车事故的调研，发现以下因素是造成事故的

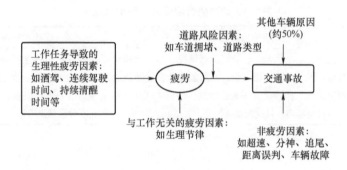

图 7-3　商用车事故原因

原因[72]：

1）货车驾驶员身体衰竭——驾驶能力丧失（包括边开车边睡觉）：占 6.3%。

2）货车驾驶员识别失败：占 15.5%。

3）货车驾驶员决策错误：占 20.8%。

4）货车驾驶员驾驶操作（响应执行）错误：占 5.0%。

5）货车车辆故障：占 10.1%。

6）影响货车的环境/道路故障：占 1.3%。

7）其他因素：占 45.4%。

7.9　疲劳检测方法

在疲劳的定义中，我们提到疲劳的检测一般分为生理、心理和行为三方面。而由于疲劳定义的复杂性，疲劳的检测通常与困倦的检测结果有密切相关性。困倦的检测方法主要包括自评量表法和客观测量法。

1. 自评量表法

自评量表包括以下三种。

（1）卡罗琳斯卡困倦量表（Karolinska Sleepiness Scale，KSS，2011）

KSS 是一种旨在评估一个人在给定的时间点感到困倦的程度。这是一种自我评价的措施并且要求被试者在测试前 5min 内对自己的感觉进行评分。以 9 分制进行测试，范围从 1 "非常警觉" 到 9 "非常困倦、瞌睡挣扎"，KSS 通常用于研究追踪参与者在一段时间内的嗜睡状况。

（2）斯坦福嗜睡量表（Stanford Sleepiness Scale，SSS，1992）

SSS 是与卡罗林斯卡非常相似的嗜睡量表，因为它也可以测量给定时间点的嗜睡/警觉性及时长。SSS 使用 7 分量表来评估嗜睡程度，范围从 1 "感到活跃、充满活力、机敏或清醒"到 7 "不再瞌睡挣扎，很快就会发作；像在做梦一样"。SSS 还包括人们实际入睡时的等级，在这方面 SSS 比 KSS 更进一步，它的最高评分描述的状态比 KSS 的最高评分更接近睡眠。

（3）失眠自评量表（self-report Epworth Sleepiness Scale，ESS，2008）

ESS 自评量表共有 8 个问题，要求被试者在进行 8 种不同活动时，以 4 分制（0~3 分）评估他们平时困倦或入睡的程度。问卷的回答时间不超过 3min。量表涉及的活动大多数人尽管不一定每天都参加，但至少偶尔会参加。ESS 评分（8 个项目的总和，0~3 分）的范围为 0~24。ESS 评分越高，个人在日常生活中的平均睡眠倾向（ASP）或他们白天的平均嗜睡程度就越高，一般超过 10 分，则认为被试者有较高的睡眠倾向。

2. 客观测量法

困倦的客观测量法主要是各种脑电波的测量。最常用的客观测量法有脑电图（测量大脑活动）、精神运动警惕性测试（PVT）及眼电图（测量眼球运动）。脑电图和眼电图是实验室和自然驾驶研究的常用困倦客观测量方法。在疲劳的检测方面，测量疲劳最精确的方法是对大脑活动进行直接监控，这种测量方法又叫作侵入式法。但是在该方法中，必须将大脑信号连接到传感器的电极上才能接收，显然，以当前的技术水平，侵入式的疲劳测量在实际车辆上没有可实施性。

除了监测大脑活动，疲劳最明显的症状出现在眼睛。研究表明，视觉刺激与其反应之间的时间差是确定觉察活动的主要方法之一。用来测量这个延迟时间差的任务通常称为心理运动警戒任务（Psychomotor Vigilance Task，PVT）。这个时间差显示了人对视觉刺激的反应速度。研究表明，在一定的时间段内，这个时间差和眼睑闭合百分比之间有密切的关系。眼睑闭合百分比随着时间推移的变化合称为闭眼率（PERCLOS）。因此，闭眼率是目前疲劳测量的主要指标之一，一般当闭眼率大于 80% 时，认为被试者已进入疲劳状态。

此外，对疲劳的检测也可以针对闭眼周期的长短来判断。研究表明，一个闭眼周期一般分为三个阶段：闭眼中、闭眼及睁眼，其中闭眼速度（约 350mm/s）要比睁眼速度（约 150mm/s）慢[76]。正常情况下，一次完整的闭眼周期一般在 200ms 以内；而当人进入疲倦状态时，闭眼周期会延长到 300~600ms；而困倦状态下闭眼周期则会延长到 600ms 以上（图 7-4）。值得注意的是，这些参照数值为平均数值，闭眼周期的个体差异较大，对应的检测阈值需要每个人进行校正。

另一个与闭眼相关的检测指标是哈格特（Hargutt）[77]提出的困倦四阶段算法。该算法将疲劳分为清醒阶段（眼睛睁开，闭眼周期短，闭眼频率低）、警戒下降阶段（眼睛睁开，闭眼周期短，但闭眼频率很高）、困倦阶段（眼睛半闭，闭眼周期长，闭眼频率高）及微睡眠阶段（眼睛几乎闭上，非常长的闭眼周期，

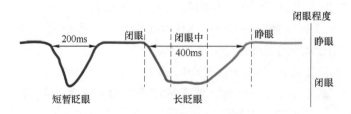

图 7-4　闭眼周期示意图

微睡眠）。

　　疲劳检测还可以通过驾驶员的呼吸行为进行检测（The Thoracic Effort Drowsiness Detection，TEDD），当驾驶员疲劳时，会有连续打哈欠等行为，同时呼吸频率会变缓，呼吸幅度降低。类似闭眼检测，TEDD 也需要针对每个个体进行标线校正。

7.10　疲劳的应对方法

　　无论目前有多少车内驾驶员监控设备（以便尽早发现驾驶员是否处在驾驶疲劳状态或者困倦状态）和车外检测设备（以便了解驾驶员是否有非安全的驾驶行为，甚至在路的两边设置振动来震醒困倦中的驾驶员），这些措施都只是在即将发生危险时可能给驾驶员以一些提示和帮助，并不能真正改善疲劳驾驶。在驾驶员进入疲劳状态之前，研究验证有效的可以避免疲劳驾驶的方法主要有：

　　1）睡好，少吃，避免长途驾驶，每隔 2h 休息一次。

　　2）把车开到停车区，小睡 20min，或下车活动活动。

　　3）驾驶座椅温度调低，车内空气流通较好。

　　4）不断变换行驶速度。

　　5）唱歌或者听收音机来保持清醒状态。

　　6）洗把脸。

　　7）避免服用含酒精的食品饮料和可能引起瞌睡的药物。

　　8）直立的驾驶姿势，让腿部弯曲 45°。

　　而对于如何应对驾驶员已出现的驾驶疲劳，到目前为止主要方法有：

　　1）提醒驾驶员需要休息。

　　2）听收音机、打开车窗、与乘客讲话。

　　3）停车休息，打个盹。

　　4）最有效的办法是转向盘的振动。因为轻度睡眠是最常发生的事情，这种情况下，驾驶员因为对车辆的控制出现问题而极容易发生换道，而由换道告警产生的转向盘的振动能够有效防止交通事故和唤醒驾驶员。

　　图 7-5 总结了疲劳相关的研究结果。

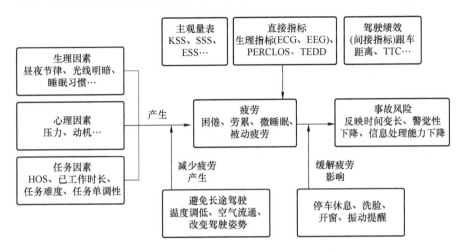

图 7-5　疲劳研究总结

　　疲劳和分神可以认为是两个不同的概念，但因为它们都会降低驾驶员的机敏性，所以经常将它们用同样的方法放在一起研究。我们将疲劳/分神检测方法划分为三类：1）基于生物电信号的方法，例如 EEG 和 ECG；2）基于转向盘转向运动的检测方法；3）基于对驾驶员面部的监控。这些方法可以从不同角度研究疲劳抑制能力、分心检测能力，及其准确性、简便性和检测速度（表 7-4）。

表 7-4　疲劳与分神检测方法对比

检测方法	基于生物电信号的方法	基于转向盘转向运动的检测方法	基于对驾驶员面部的监控
疲劳检测	是	是	是
分神检测	不	是	是
精准性	非常准	比较准	一般
简便性	难	一般	容易
检测速度	非常快	慢	快

第 **8** 章

交互界面与用户体验

交互界面和用户体验是两个完全不同的概念。交互界面是设计师设计出来的，帮助用户与系统对话，是用来完成用户需要完成任务的工具；而用户体验则是用户在使用交互界面来完成相关任务时产生的感觉。因此，同一个界面用户体验会是千差万别的，不同的人可以有不同的体验。本章将详细探讨用户界面的设计和用户体验的产生。

8.1 交互界面

目前用于描述交互界面的词语有很多，比如图形的、指令性的、语音的、多媒体的、看不见的、环境的、情感的、移动的、智能的、适应性的、聪明的、有形的、非接触的和自然的，等等。有些描述是注重功能性的，而有些描述则更多地考虑交互风格。针对不同的交互设计，其输入和输出的设备也不同。有关上述诸方面的书籍很多，这里不一一详细论述，只选择一些在汽车中常用的界面做一些介绍。

最常见的汽车交互界面是图形用户界面（Graphical User Interface，GUI），其中关键部分是 WIMP（window、icon、manus、pointer），但在图像方面会有更加复杂的二维（2D）甚至三维（3D）动态图形，并可能伴随声音效果。这里重点讲解菜单和图标的设计，因为在目前日益复杂的车内信息娱乐系统设计中，这两项应用广泛；此外简单介绍一下直接交互界面。

图 8-1　车载常用的可扩展菜单

1. 菜单界面

菜单界面有多种样式：平面列表、下拉列表、弹出列表、上下文列表和扩展列表（例如滚动和级联）等。可扩展的菜单（图 8-1）与单个平面菜单相比，可以在单个屏幕上显示更多选项，使得搜寻更加灵活，允许在同一窗口中选择多个选项，因此最受欢迎的是级联菜单界面。缺点是它们需要精确的鼠标或者点击控制，可能会导致点击或者选择错误的选项。另外，什么是最佳名称/标签/词组，从而能让用户在点击后能找到他想寻找的功能，这是目前最大的难题。同时，不同的内容在列表中的位置设计也至关重要。

2. 图标

图标设计在汽车中广泛使用，可惜的是，与汽车和驾驶相关的图标在汽车中显示出来的就有将近 80 多个，而且还都是有行业或者国际标准的（图 8-2 展示了部分图标）。图标之所以被广泛使用是基于大家公认的假定：图标比命令更易于学习和记住！应用它们也可以让设计更为紧凑，并在屏幕上可变换放置。现在图标的应用已渗透到每个界面。可实际上，即便是汽车设计专家，也不能够识别全部的车载图标。

图 8-2　部分车载图标

图标设计的表现形式与其代表的基础参考内容之间的映射可以是多方面，比如相似性（例如代表目标文件的文件图片）、类比（例如用来表示"剪裁"的剪刀的图片）、任意（例如使用 × 表示"删除"）。而其中最有效的图标是相似的图标，可惜，许多汽车功能很难用一种相似的图标来表述。因此，文字与图标结合的方式会减少用户的困惑。

3. 直接交互界面（direct-manipulation interfaces）

对于一些比较有热情的、积极的用户，他们对一个让他们兴奋的界面常常会用这样的语言来描述[78]：

他们精通界面操作。

他们对需要完成的任务有足够的知识。

通过现有的技巧，能够很容易地掌握高端复杂的操作。

对保持精通界面的能力有足够的信心。

享受界面操作的过程。

急切地想把这个界面推荐给其他人。

很想进一步深入挖掘界面的强有力的功能。

这样的界面称为直接交互界面。这种界面往往是所有操作都是可见的，可以快速操作，同时可以随时逆转（纠错），只用点击，而不再使用指令输入。这类直接操作界面常见于游戏类界面、虚拟现实和增强现实界面。这种直接操控界面的操作方式隐喻着我们在真实世界中的操控方式。汽车的驾驶就是典型的直接操控：转向盘的控制与车辆行驶的方向直接关联；踩加速踏板和制动踏板的力度与速度直接关联。对于直接操控界面，一般会遵循以下三个原则：

1）伴随着连续的动作，把有意义的和感兴趣的对象和连续的动作用视觉隐喻表示出来。

2）有直接的物理按键或者虚拟键，有实质感，而不是给以指令。

3）快速的、连续的、可逆转的动作，而这些动作的效果可以立刻被展示出来。

直接交互界面设计的关键点是采用用户在日常生活中熟悉的隐喻，这就使得用户不需要花费太多的学习代价。直接操控界面有以下好处：

1）新手可以很快学会基本操作，有时候只需要有经验的人给他展示一次就能学会。

2）专业人员能够很快掌握绝大部分功能的操作，甚至可以定义新的功能。

3）知识渊博的用户即使不是经常使用，也可以保留操作概念。

4）不需要操作错误信息。

5）用户可以立刻看到他们的操作能不能达到目的，如果不能，他们会直接改变操作方向。

6）用户一般不会感到焦虑，因为界面直观而容易理解，同时操作可以随时修正。

7）用户对界面的操作有自信，因为他们会觉得自己掌控一切，同时也能预见每个操作会产生什么样的后果。

当然，这种界面的设计也有一些难点。首先是它对图像处理的能力、连续图像变化的视觉效果，另外这种界面会占用比较大的屏幕面积。其次，选择熟悉隐喻的表达方式也是一个挑战，如果采用图标，就又意味着对图标的理解问题。

8.2　车载用户体验

第 2 章概括性地提到了一些用户体验的概念。体验被定义为"操作的过程、对事物的看法以及发生事情的过程（The process of doing and seeing things and of having things happen to you，Merriam-Webster 词典）"。用户体验（UX）则是与人们对技术的体验有关。用户体验可以定义为"由于使用或预期使用产品、系统或服务而导致的个人感知和响应"。

除了安全，驾驶员和乘客的用户体验逐渐受到汽车企业的重视，这已经成为汽车制造商竞争优势的体现。这意味着，除了性能和外观之外，汽车制造商现在还需要努力改善和提高用户使用汽车产生的体验。汽车行业的特点之一是变化缓慢、发展周期长达数年。这意味着，尽管用户体验在其他技术领域可能已经取得了显著进步，但在汽车行业用户体验仍处于起步阶段。另外，传统的用于 HMI 研究的方法可能不适用于用户体验研究，因为用户体验研究需要从整体、上下文和人种学等方面考虑。目前一个中心问题是，许多声称是汽车用户体验的工作实际上并没有解决汽车体验的重要问题，而是更多地强调一些新功能的引入，没有考虑时间、背景和情感这些问题。这可能是由于以下事实：许多声称是用户体验的研究与用户体验理论几乎没有联系，甚至毫无关系，而是使用了传统上用于汽车研究的其他领域的方法，其结果并不以一种整体的方式来处理经验，而是只专注于某些预先选定的经验方面。

8.3　实用主义和用户体验

自 20 世纪 90 年代中期诺曼（Norman）[79] 将用户体验引入人机交互（HCI）领域以来，"用户体验"一词就越来越受欢迎。有关该主题的文献也越来越多（在 2015 ACM CHI 国际会议上，在 936 篇文章中有 715 篇提到了"用户体验"一词）。

对体验的研究是杜威（Dewey）实用主义的核心，实用主义的哲学立场为现代用户体验研究的认识论提供了基础。杜威在其开创性的作品《作为经验的艺术》（*Art as Experience*）[80]中反对当时的主流观念，即艺术的价值完全取决于艺术品（例如绘画）的最终目的。杜威的原话是这样说的：

"An experience is a product, one might almost say bi-product, of continuous and cumulative interaction of an organic self with the world. There is no other foundation upon which esthetic theory and criticism can build."

中文意思是"经验是有机自我与世界持续不断互动累积的产物，人们甚至可以说是双重产物。美学理论与批判的构建除此之外是没有其他基础的。"

麦卡锡（McCarthy）和赖特（Wright）在人机交互的背景之下考察了杜威的研究，并指出"作为关注者感觉到的由自我与客体之间产生的经验，是人的行为以及他们使用的材料和工具之间的关系所构成的。它包括人所做的事情和系统对人做的事情、人的奋斗和渴望及他们的感受，包括恐惧、信仰、希望、享受和幻想，记录着生活和各类活动的经验。"换句话说，经验是每个人的情感，是个人的、主观的和独特的[81]。确实，我们人类体验着我们在这个世界上的生活。经验是通过自我、人工产物和环境之间的辩证关系形成的。即使其他所有变量保持不变，不同的人也会有截然不同的体验。人类的经验不能用先验的真理和基本的绝对值来描述，而且经验具有暂时性、概率性，它还依赖于不断变化的、不确定的因素和特征。这些见解对用户体验研究和设计的方式产生了巨大影响[82]。

8.4 用户体验理论

1. 需求理论

人类需求理论已被用来总结和概括成驱动人类行为的动机。了解用户的需求可以深入了解用户可能希望获得的体验。需求体现为一种假设，即所有人类都在为"确定体验的基本素质"而努力[83]。因此，如果可以定义、捕捉和设计人的需求，则所得到的体验将有更大的机会为用户积极接受，而用户的目标是最大限度地满足自己的需求。

人类需求模型中最流行的早期例子是马斯洛的需求层次结构，这一层次结构最初被学术界和工业界所接受。但马斯洛的模型被批评为缺乏必要的体验基础来支持其主张并验证其准确性[84]。

更现代的人类需求理论是自决理论（SDT）[85]。该理论假设人类存在三个主要需求，而要使一个人快乐就必须满足所有这些需求。它们是自主性、能力和亲和力。自主性抓住了人类自由做出决定和决定自己未来的需求。能力描述了任何人都需要变得有用并能够运用自己的技能来应对所出现的挑战。而亲和力则描述了人们需要社交并与其他亲近的人保持联系的需要。

用户需求为用户体验设计提供了很多有价值的概念，它们用于一种聚焦机制，可以使设计人员寻找能够满足其中一项或多项需求的设计解决方案。要说明的是这些需求非常抽象，因此在许多情况下不能充分指导设计。马克尼夫（Max-Neef）引入了需求满足的概念[86]，强调的是一个满足人类需求的特定方式。例如，可以通过学习如何冲泡手工咖啡来满足自己的能力需求，也可以通过打排球来满足这种需求。这些活动都可以满足能力的需求，但是它们之间没有其他共同点。

2. 唐纳德·诺曼的情感三层次

用户体验研究有大量的理论。有一些理论专注于体验的某些方面，而情感就是其中之一。唐纳德·诺曼（Donald Norman）在其 2004 年出版的书中介绍了情感设计的框架[87]。该框架描述了情感三层次，如图 8-3 所示。

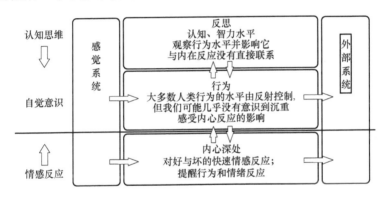

图 8-3　唐纳德·诺曼（Donald Norman）的情感三层次

情感反应（图 8-3）是指当用户第一次与产品互动时发生的内心深处的感觉。在此层级人们开始构建对产品的第一印象，与产品之间的交互会产生直接的情感，并形成用户体验。例如，用户首次与正在考虑购买的汽车进行交互时会带来内在的印象，比如汽车的气味、颜色、内部座椅的感觉以及与汽车交互界面首次交互会影响用户对该车的印象。留下好的印象会给用户体验增色。这部分需求容易设计，但第一印象很快就被行为层次的体验（自觉意识，图 8-3）所取代。

情感设计框架中的第二层次是行为主导的，与产品进行交互可以通过使用产品的经验以及产品的功能和可用性在用户的内在印象上建立基础、增加用户体验。以汽车为例，行为水平的体验就是驾驶汽车，从而感觉到汽车的性能以及汽车人机交互的功能。使用导航功能容易吗？可以轻松连接智能手机吗？高级驾驶辅助系统（ADAS）在使用中如何表现？对这类问题的回答以及产品在不同使用场景中的行为方式，为用户提供了使用产品的体验。行为层面的设计比第一印象在设计上会给人更持久的感受。每次使用时，根据产品在不同情况下的行为，产品的用户体验被进一步塑造。

诺曼情感设计框架的第三个层次是设计的反思层次或认知思维。在此层级上，产品通过使用达到与用户的理想、价值观和信念相对应的有意义的体验，从而与用户形成了更牢固、更持久的联系。对于具有环保意识的车主，他们会对汽车的节能减排有要求，或在制造汽车时大量使用可再生材料更喜欢。相反，对于有成就的商人，某类汽车的某些特征可以成为成功的象征。

3. 帕特里克·乔丹的四种身心愉悦理论

帕特里克·乔丹（Patrick Jordan）[88]在1996年就提出了这一观点，他认为快乐包括生理、心理、社会和思想几个方面。

1）生理愉悦与产品的互动是否令人满意有关。使用的材料感觉良好吗？它们提供豪华还是廉价的感觉？控件的操纵方式是否感觉良好？是否没有尖锐的边缘？

2）心理愉悦与互动是否令人兴奋有关。对于自动驾驶系统而言，如果交互包括新颖的交互技术，可能产生心理愉悦的效果。与心理愉悦有关的其他决定因素还包括有惊喜、鼓励探索。此外，新颖性的影响是相对短暂的，人们很快就习惯了该界面的新颖功能，并认为它不再令人兴奋，而如果这种感觉过去以后，人们还能感觉这个是"必不可少的"，那么这一设计就有了新的意义。

3）社会愉悦与增进同他人的沟通有关。在自动驾驶系统背景下，增强与其他车辆驾驶员之间联系的功能为实现这个目的提供了机会，随着自动驾驶的逐步实现，很多社交媒体、帮助社交的程序都受到驾驶员的欢迎。

4）思想愉悦与支持人们的理想有关。例如，使用某些有助于减少能源消耗的材料、技术或应用，可能有助于实现个人的可持续发展目标。

特定的应用可能涉及不同类型的乐趣。例如，一个允许人们对比燃料使用量的应用程序，或更准确地说，是将其生态驾驶风格与该应用程序的其他用户进行比较，可能会在思想层面增强他们对可持续性发展这个理想的努力，在社会层面上将他们的分数与其他人的分数进行比较，以及在心理层面上让他们发现自己的分数优于其他人的分数从而感到兴奋。

4. 产品体验框架

描述用户体验的另一个理论是德斯梅特（Desmet）和赫科特（Hekkert）[89]的产品体验框架。这个框架关注的是产品使用体验，研究人员把产品体验分成三个层次：审美愉悦、意义归属和情感反应。

"产品具有使我们产生一种或多种愉悦感觉的能力和方式"，它带来审美体验。换句话说，这种体验水平对应于我们的感官感知到的刺激，类似于四种愉悦感框架中的生理愉悦感。汽车HMI的第一印象就属于这种体验水平。

意义的归属包含的体验主要通过认知过程对产品的各个方面中代表的符号价值的记忆和联想。乔丹的心理愉悦程度和诺曼的行为和反思设计水平也代表了这种体验。比如，这辆车是你和你女朋友第一次结缘的地方，那么你与这辆车相关联的记忆赋予了汽车新的意义。

情感体验包括与产品本身或产品使用产生的情感。其中情绪是由刺激对人的内在感觉产生共鸣的过程引起的。例如，如果车主的兴趣是拥有出行自由，则可能对汽车进行正面评价；但是如果与车主的节俭感不匹配，则可能对汽车进行负面评价。

5. Be-Do 体验模型

受活动理论的启发，哈森扎赫（Hassenzahl）引入了一种经验模型，该模型把用户的目的分成三个层级：第一个是与操作技术相关联的目的，称为 motor-goal；第二个是与用户活动相关联的目的，称为 do-goal；第三个是与用户的行为动机、情感和意义相关联的目的，称为 be-goal。这三个层级也描述为回答"为什么"？例如，我开车的目的是去上班，这就是我做这件事的原因，也就是 be-goal；我使用转向盘和踏板来操纵汽车，这就是 do-goal；我用我的手臂、手、腿和脚操纵汽车，这就是 motor-goal。根据作者的说法："（这三个层次的区别）是解决与技术交互不同层次的概念工具"[90]。Be-Do 体验模型通过在经验框架中使用活动理论来拓宽设计师的范围，敦促设计人员不仅要考虑用户与技术的交互方式，还要考虑用户为什么要这样做。例如，虽然很少有人因为想开车而开车，但他们却因为自己想到某个地方去而开车，设计师很容易忘记这些原因，尤其是在关注设计细节时会提出这些疑问。

6. 体验的四条线路

麦卡锡与赖特认为必须对体验进行整体和具体的应用场景研究，而不应该从其使用环境和背景中剥离出来[81]。他们介绍了四条体验线路，以此作为重点，是用户体验的重要组成部分，当然，这并不意味着就忽略其他组成部分。

第一条体验线路是感官线，它与人的感觉相关，就像诺曼[87]内心深处的感觉和乔丹[88]的生理愉悦感一样。第二条体验线路是情感线，强调情感在塑造体验中的重要性。麦卡锡和赖特着重强调情感线和感官线之间不可否认的关系，这可以通过有兴趣购买新车而拜访 4S 店的体验来举例说明。首次进入一辆新车展厅时会受到强烈的感官刺激：明亮的展室灯光、新车的气味，以及现代的内饰和组合仪表板激发出情感，这些情感构成了与汽车的首次互动体验，并设定了对未来体验的期望。第三条体验线路是体验的组成部分。在这部分中，作者非常重视体验的发展方式，并随着其各部分之间的交互关系而发展。类似于乐团演奏的音乐，不只是参与其中单个乐器的总和，还依赖于各演奏家之间的巧妙合作，体验也是一样，其组成部分之间的关系对交互体验也有很大贡献。让我们以一辆敞篷车穿越森林的驾驶体验为例：空旷的道路可让您畅行无阻，阳光直射高大的树木，微风将森林的气味传递给驾驶员，这进一步增强了驾驶乐趣。同时，其他的体验也能影响当下的情绪。例如，汽车可以保留任何辅助信息，以最大限度地减少干扰，并让驾驶员沉浸在当下。对于这些部分来说，整体体验是不可分割的，同时，元素和元素之间的关系构成驾车穿越林间小路的体验。第四条体验线路是体验的时空线。这种体验线关系到用户体验对时间和空间感知的影响。"所有情境都取决于它们所产生的时间和空间的质量"[81]，这四条体验线路框架指出了体验对时间和事物影响的重要性以及体验产生的具体地点。例如，当人们在等待某件事时，时间似乎流逝了，也许还记得那堂课似乎只持续了几分钟。也许激动人心的驾驶体验会影响时间和空间，使时间飞逝，距离似乎比实际短。

8.5   用户体验的影响因素和意义

卡拉帕诺斯（Karapanos）并没有提出用户体验本身的理论框架，而是选择将重点放在引起体验多样性的四个显著因素上，强调体验独特的个人化和个性化[91]。这些因素是个体、产品、时间和情景。

个体因素描述了个体特征对产品用户体验非常显著的影响。例如，一个人的成长经历和以前的汽车经历可能会引导此人对未来的汽车经历产生积极的倾向。在汽车修理工家庭中长大的年轻人可能对汽车感到亲切、舒服，而从未见过汽车发动机的年轻人就不会有这种感觉。

产品是影响用户体验的另一个显著因素。例如，汽车的功能以及外观和内部的设计可以极大地影响汽车的用户体验。运动型的汽车会使用户期望并期待运动型驾驶体验，而豪华轿车将激发人们对平稳、舒适的期望。

时间对体验有重大影响。随着时间的流逝，体验不断发展和变化。例如，最初保留有对汽车中的自动泊车系统不信任的用户可能会随着时间的流逝和在对系统进行测试之后改变他们的看法，从而改变他们对汽车的未来体验，因而随着时间的变化对自动化的信任逐渐建立起来[92]。

最后，情景因素对体验也会产生巨大影响，类似于使用环境对可用性的影响。在拥堵的高速公路上驾驶可能会极大地改变汽车的使用体验，因为一些辅助系统能够帮助驾驶员减轻堵车焦虑，这样的功能对用户而言变得越来越重要。例如，他们能否在缓慢通过繁忙的交通路段时打电话、听音乐或保持与外界的联系？汽车的噪声隔离和网络连接选项是否达到标准？春季开车到农村地区，汽车是否具有巨大的天窗以增强对大自然的享受？是否有导航选项使用户在寻找目的地时感到安全？这些示例表明，这种使用场景改变了用户的车内装配系统优先级的选择，可能原先并不重要的设计忽然变得很重要，从而改变了驾乘汽车的潜在体验。

上一节我们介绍了 7 种用户体验理论，这里我们对这些理论做一个对比总结，见表 8-1。

表 8-1　各种用户体验理论之间的对比

作　者	体验模型	体验因素		
		初始	使用中	使用后
诺曼（Norman）	情感设计	内心深处的感觉	行为	反思
乔丹（Jordan）	身心愉悦设计	生理愉悦	心理愉悦	社会和/或理想愉悦
德斯梅特和赫科特（Desmet & Hekkert）	产品体验	审美愉悦	意义归属	情感体验
哈森扎赫（Hassenzahl）	Be-Do 体验模型	肢体运动	做什么（Do）	是什么（Be）
麦卡锡和赖特（McCarthy & Wright）	体验线路	感官线	情感线时空线	各情绪组成部分

由表 8-1 可以看出，这些理论有其共性，它们从不同角度来分析用户体验。上面详细介绍的用户体验模型和框架根据时间可以把它们分为以下三个阶段。

1）初始体验：这些要素描述了与产品之间的首次交互所产生的第一印象和体验。构成产品的材料、产品可能拥有的用户界面元素等将极大地影响这种初始体验。

2）使用体验：这些要素包括产品的可用性以及因使用产品而产生的其他体验。

3）通过使用获得的体验：这些要素包括通过使用产品而产生的部分经验，包括对产品的价值和含义的认知。例如，汽车通过允许到达偏远地区而为拥有者提供自由和独立性，并非源于对汽车的体验，而是通过使用汽车而获得的宝贵体验。

8.6　用户体验的多样性

在交互设计领域，多样性是其特点之一。并非所有用户都喜欢同样的设计。在不同情况下，有些领域只要是相同的事物不同的产品质量就足够了[93]；但在其他领域强调的是同质性。例如，在生理心理学领域，感知同质性原则指出，不同的参与者会或多或少同意相同的感知判断，例如一张图片包含了多少干扰或模糊信息、触觉操作中可能包含多少摩擦阻力或惯性。这个感知同质性的假设使得研究的数据可以通过统计的方式呈现出来。

在设计领域，情况会不一样。克赛克斯扎特米哈依（Csikszentmihalyi）和罗奇勃格·希尔顿（Rochberg-Halton）[94]做了一个调研，他们要求每个受访者选择自己房屋中的与个人相关的物体，并描述它们与众不同的原因。研究发现，这些物品的价值不在于某些客观定义的质量，例如人们一致欣赏的美学元素，而是要理解人们对这些物品所附加的个人含义，以及这些物品如何参与他们的社会生活和创造的自我认同感。这些结果表明，尽管我们可能都同意感性判断，比如对给定产品的颜色做相比，对它的美丽做出的共同判断。较高级别的判断可能会产生更加重要的效果。霍夫施泰德（Hofstede）[95]提出，人类的感知可能存在三个不同的层面：1）某些感知可能是个人独有的，由于其自身的关系对个体具有重要意义；2）其他可能具有共同的对特定的社会或文化有重要意义的群组成员会产生共同的判断；3）普遍的、在先天或基础层面上的判断，与人的共性有关。

卡拉帕诺斯（Karapanos）[96]的研究指出，多样性在整体评价判断的形成上有两个不同阶段（图8-4）。第一阶段是感知多样性，它主要是根据产品功能形成的对产品质量的感知（例如新颖、易于使用）过程。不同的个体可以推断出相同产品的给定质量的不同水平，比如在新颖性上意见不一。第二阶段是评估多样性，它主要是根据产品质量的感知对产品进行整体评估（例如优劣）的过程。比如，即使在对产品的质量感知没有分歧的情况下，不同的个体也可能形成不同的评估判断。两者都可能将其视为一种新颖且难以使用的产品，但他们在每种质量的相对重要性上意见不一致。

图 8-4　对哈森扎赫（Hassenzahl）[97]的框架进行了修改，
重点强调两种不同的评估过程

8.7　用户体验多样性的四个来源

如图8-5所示，用户体验的多样性有四个来源。

首先是个人因素，例如人的价值观的差异[98]，它改变了人们对交互产品不同质量的重视程度[99]。有些人可能更喜欢俏皮刺激性的产品，而另一些人则可

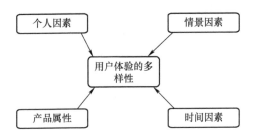

图 8-5　用户体验多样性的四个来源

能看重朴素和保守的产品。

第二是产品属性问题[100]，尽管有趣的互动对于计算机游戏的成功至关重要，但这种性质的设计不能用在专业软件上。

第三，即使对于同一产品，个人使用产品的方式因情景而异，这影响了他们对不同属性的重视程度[101]，例如，人在调试手机上可用的铃声所产生的用户体验与拨打紧急电话所产生的用户体验是不同的。

第四方面是经验的时间变化，这是迄今为止被大部分人忽略的方面。当个人使用产品时，他们对产品质量的看法将会伴随多种原因而发生改变[96,102-104]。例如，通过一段时间的使用，人们习惯了该产品，这就改变了他们对该产品可用性的认识；同时也没有了当初的那种兴奋感。更有趣的是，在不同的使用阶段，它们显然会赋予不同的产品性质不同的权重。在与产品的首次互动中，他们可能专注于产品的可用性和刺激性。在使用了一段时间后，他们可能会不再关注它的可用性、功能的新颖性，而关注产品的其他方面，对他人的认同期望也变得更加重要。

所有这些因素，包括个人、产品、情景和时间，都会改变对交互产品有令人满意的体验的判断。

8.8　用户体验的暂时性

有许多框架理论描述用户体验是如何在不同的环境中形成的，比如福里兹（Forlizzi）和巴塔比（Battarbee）[105]描述了经验是如何从无意识中超越而进入认知状态，最终成为"体验"，甚至令人难忘的体验，还可以在社交互动中传达。巴塔比（Battarbee）和科斯基宁（Koskinen）[106]阐述了当人们参与社交互动时提升或降低体验的社会机制。麦卡锡和赖特（McCarthy and Wright）[81]通过分解法来描述体验是如何从最初的感觉中逐步从预期到反思和重述等六个过程发展起来的。这些框架有的通过微观角度，即如何形成、修改和存储经验，有的提出了许多宏观的时间问题。例如，在无意识和认知经历之间如何分配或保持稳定？随着时间的推移，用户的熟悉程度在增加，用户体验会减少吗？是什么促使体验提升并在社交环境中进行交流的？做这些事的潜在动机是如何随着时间而改变的？

还原主义（Reductionist approaches）的用户体验方法带来了许多新的衡量指标和结构模型。哈森扎赫（Hassenzahl）[107]将此区分为两种品质：务实和愉悦。他认为，务实的品质是指产品用来实现某个行为目标（即有用性和便于使用等）；相反，愉悦品质是指用户的自我性，它与刺激，即产品本身产生的刺激并促进个人成长的能力，也即产品表现出的满足自我表达需要的能力相关。特拉克廷斯凯（Tractinsky）和兹米瑞（Zmiri）[108]提出了三种不同的产品品质属性：可用性、美学和象征性。

一个有趣的问题涉及如何将这些品质与感知结合起来形成对该产品的总体评价。哈森扎赫（Hassenzahl）[107]提出了两种截然不同的产品整体品质判断：美与善。他发现，善良主要是从实用方面（即实用性和可用性）考虑；相反，美是一个社会化的问题，很大程度上受认同感的影响，即产品满足自我表达需要的能力。同样，特拉克廷斯凯和兹米瑞（Tractinsky and Zmiri）[108]在令人满意的体验和愉悦的体验之间做出了区分。他们发现，对可用性的感知是更好的预测指标，而不是令人愉悦的体验；而对产品美学的感知则是更好的预测指标，而不是令人满意的体验。但是，随着时间的流逝，这种关系会是稳定的吗？这一点很多学者没有给出答案。

总而言之，在产品使用过程中有三个阶段，即定位、合并和识别。这些阶段反映了产品的不同品质，使得该产品具有不同的时间模式[109]。体验的时间性有三个主要组成部分，即熟悉程度、功能依赖性和情感依恋。体验的暂时性由三个主要因素组成（熟悉程度、功能依赖性和情感依恋），所有这些因素都会导致用户体验经历三个阶段：定向、合并和识别。用户在每个阶段所赞赏产品的品质有所不同，如图 8-6 所示。

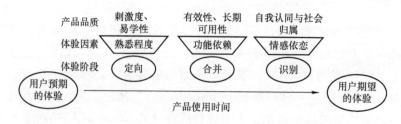

图 8-6 用户体验各因素形成了其发展的三个阶段

预期，即在任何实际使用经验产生之前，预期值会导致可能形成经验的行为，例如期望产品能提供一个好的体验，或者害怕产品会产生不好的体验。虽然许多不同的体验可以在一个时间单位（例如一天）中共存，但是不同体验的分布随时间变化，反映了产品在使用中不同阶段的过渡。

定向，是指用户的最初体验。这个体验主要发生在接触产品的第一周时间。这是一种当我们遇到某些新颖的特征时感到兴奋或沮丧的体验，也与产品设计的学习性好坏有关。

合并，是指产品如何在我们的日常生活中变得有意义。在这里，长期可用性变得更加重要，而不是最初的易学性。产品的实用性成为影响我们整体评估判断的主要因素。

最后，当我们接受了产品，在我们的日程生活中它参与了我们的社交活动，传达了我们部分的自我认同，使得我们与他人区分开来，或者产生一种社区归属感。这个阶段称为可识别性。图 8-7 展示了三个因素随产品使用时间的变化过程[109]。

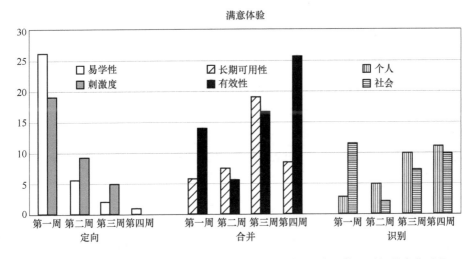

图 8-7　用户体验中的三个因素（定向、合并、识别）随产品使用时间的变化过程

从图 8-7 可以看出，易学性和刺激性对用户体验的贡献只能维持一周的时间，随后就逐渐下降，取而代之的是可用性和有用性。同时，在产品使用的第一周，社会认同性比个人意愿起到的作用要大。

同样，从图 8-8 中能反映出影响用户不满意的因素。从图 8-8 中可以看出，在接触产品的第一周，产品的可学习性占负面体验的主要部分；随着时间的推移，产品的长期可用性对用户体验就起到越来越多的作用。

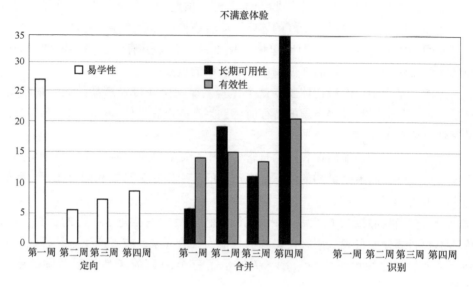

图 8-8　影响用户不满意的因素

8.9　情绪与驾驶

当你收到一个坏消息时，你会有什么样的反应？焦虑，伤心，愤怒或者无视。这些负面情绪会对你产生多长时间的影响？几个小时，一天？你会不会期望有交互设计能够顾及你的情绪？现在不少多媒体交互系统都提供可以让人表述自己情绪的表情包，这就是很典型的情感交互的一部分。

很多人都具备这样的能力，能够很快地从对方的脸部表情、肢体语言和语音语气中发现对方的情绪状态是愤怒、欢喜、悲伤还是漠然。同时，也能够回应一个比较恰到好处的、相对应的情绪和语言的措辞。但是，人工智能发展到今天，我们设计的系统还是远远不能够像人一样去回应用户的情绪。目前有很多研究正在探讨是否某些情绪会产生某些特定的行为模式。例如，愤怒是否会让人更加专注？兴奋是否会让人做一些危险的动作？与此同时，系统又应该以什么样的态度来应对用户的情绪？我们设计的界面是不是要努力让用户总是处在一种高兴的状态？

情绪和驾驶已成为引起研究人员关注多年的话题[110]，众所周知，"路怒症"正在威胁交通安全。情绪化的驾驶员可能无法在正确的时间关注重要的信息。有许多研究表明，驾驶员的情绪对其驾驶行为有一定影响。愤怒的驾驶员通常会有一些危险的驾驶行为，这不仅会影响驾驶员本人，还会影响其他道路使用者，并可能导致严重的交通事故。用人工智能技术进行情感检测已经足够准确[111]。因此，在车辆内部开发一些能够应对驾驶员情绪，尤其是"路怒症"的交互式系统已经成为一个热门话题。

有研究表明，愤怒会使人做出没有理性的决定。生气的驾驶员可能没有意识到自己的驾驶风险[112]，并可能带有"控制的错觉"，更有可能以冒险和激进的方式驾驶[113]，他们倾向于违反交通规则。当驾驶员生气时，某些特定的驾驶行为可以识别出来[112,114,115]，比如增加加速度和超速。他们可能以最高速度行驶、猛踩加速踏板、增加转向盘的使用频次；他们增加了总体驾驶错误，并增加了车道偏差，降低了安全级别（冒险和激进的倾向）；他们不断鸣笛，大吼大叫，并表现出敌对的姿态，尾随其他车辆，或做出有危害的动作，甚至由于无法口头交流而最终离开汽车进行言语攻击或身体暴力。

目前，能够在汽车内感应和判断驾驶员情绪的装置多采用多参数、多传感器的方式。通过脸部表情分析，对应于相关的生理数据、驾驶行为变化等参数来综合判断驾驶员的情绪。通过人脸分析判断人的情绪状态在人工智能领域和机器人领域都有非常好的成果。但是设计相关的系统去应对驾驶员不同的情绪，却不是简单的事情。有些车载系统为了能够控制驾驶员的情绪，使用了不同的调节情绪的方法，例如更改显示器的颜色、音乐的风格等。利塞提（Lisetti）和内索兹（Nasoz）[116]的研究建议，情感智能汽车界面系统可以通过提高对驾驶员的了解来增强驾驶的安全性。可以使用人工智能算法来分析驾驶员的心理数据，并设计具有不同策略的干预界面，例如打开收音机、打开车窗或播放音乐，这也是大部分驾驶员采用的方案。但是因为驾驶员的车辆驾驶数据有限，而此类研究多是在实验室内完成的，其效果如何尚存疑问。或许使用更加主动的交互会是更好的解决方案，比如汽车系统主动与驾驶员对话、某些安全辅助系统自动辅助驾驶员操控汽车等，这方面还需要大量的研究。

8.10　拟人论

当我们提到情感交互，就很容易陷入一种"拟人论"（anthropomorphism）的设计，也就是将类似人的特质赋予无生命的物体（例如汽车、计算机）。广告中经常出现这种现象，如跳舞的黄油、饮料、谷物早餐等。这类设计越来越多地在人机交互中大量应用，它能使用户体验更加愉悦、更有动力，让人感到轻松自在，减轻焦虑。汽车中典型的案例是蔚来汽车的 Nomi 设计，如图 8-9 所示。

在语音交互中，这种设计更是比比皆是。这里我们来对比一下两种欢迎词的设计："嗨，小明，欢迎您再来，上次我们做到哪里了？哦，对了，正在查询一

家川菜馆。""查到了川菜馆。"前者非
常拟人化，而后者准确无误地告诉你
你正在与一个系统对话。这里我们遇
到了一个很有趣的问题：用户到底是
喜欢拟人化的系统表情与对白，还是
更加直截了当、不带情绪的答复？这
个问题的解答对语音交互的设计尤为
重要。一个过于拟人化的设计会让用

图 8-9　汽车上的拟人化设计

户错误地以为系统的智商可以与人媲美，尤其是声音中夹带出的对年龄和性别的
猜测。结合 8.9 节中提到的关于体验的时效性问题，这种拟人化的设计给用户的
体验感能维持多久？如何设计才能保证它的用户体验伴随使用的时间而加强？

第 9 章

交互设计理论

除了前面章节中提到的各种认知心理学的理论，还有很多其他理论对交互设计有很好的指导意义。很多工程师在做交互设计时，只是凭感觉和经验来设计，忽略了或者不了解其实有很多理论会对他们的设计工作有很大帮助。理论的作用有两点：一是解释现象，二是预测未来。我们常常遇到这样的状况，有些设计感觉很好，但说不出为什么好，也没有办法举一反三；同时，当人们遇到一个新的设计难题时，会去查看别人是如何设计的（所谓对标分析），却不了解该如何评价他人的设计，发现其优点，去除其缺点。出现这样的现象，都是因为没有理论做支撑。

设计理论可以分成许多类别，表 9-1 给出了一个帮助设计人员寻找合适理论的路径[78]。

表 9-1　设计理论的分类

理 论 类 型	描　　述
描述性理论	用统一的名称和语言描述用户界面及其使用
解释性理论	系统性地解释事件和原因之间的因果关系
规定性的理论	给设计人员以设计指南，帮助他们做出设计决策
预测性的理论	促进对比并给出未来可能发生的状况
人的运动能力	对人的肌肉运动能力的解释和预测，例如肌肉反应速度、点击、画线等各种运动的能力
人的感知能力	视觉、听觉、嗅觉、触觉等人类信息感知系统的能力
人的认知能力	人解决问题的能力、长短期记忆等

任何一个理论，只要能帮助设计人员解释他的设计原理并预测设计结果，就是一个有用的理论。下面我们对几个常用的理论做一个简单介绍，想要深入了解这些理论，还需要进一步阅读相关文献。

9.1　活动理论

活动理论是一种基于人类学/人类意识的社会学理论。活动的基本构成是主体（一个人或一个群体）、客体（一个激发活动的目标）和它们之间有目的的互动[117]。活动理论主张人的活动是将主体与客体联系起来的活动，活动的过程会保持主体和客体的特性，并影响主体和客体的发展。该理论侧重于相互作用的人与产品在环境中相互之间的关系[118]。活动理论不是要研究孤立的个体，而是要对使用产品中的活动的结构及过程进行分析，以了解个人和它们之间所产生的社会实体。维果茨基（Vygotsky）[119]关于"思想"与社会之间关系的理论讲明主体本质上是社会性的，"思想"被嵌入在人类与世界之间的互动中。也就是说，人类在社会环境中的行为[118]产生了意识。活动理论搭建了理解人类文化、人类工作整体的非常普遍的哲学框架，对工作方式、组织发展和设计[120]都有指导意义。

活动理论的概念发展有着悠久的历史。从 20 世纪二三十年代，人们对活动理论的认识可以索本求源到康德（Kant）、费希特（Fichte）和黑格尔（Hegel）的哲学争论中，以及马克思和恩格斯的辩证唯物主义、费尔巴哈（Feuerbach）的唯物主义、维果茨基（Vygotsky）[121]的苏联文化历史心理学等。维果茨基（Vygotsky）[121]的理论反映了一种与辩证法一致的思想——唯物主义的"社会存在决定意识"，即人类的思想不会独立存在但具有社会性质，因为我们的行为不断受到文化、环境、语言或与我们互动的周围世界的影响。主体和客体是在文化中发展起来的，人的实体本质上是社会的。维果茨基建议，有必要通过文化和社会的视角来了解现象的发展过程，了解意识和思想的本质[119,122]。列昂季耶夫（Leontiev）专注于思想的发展，并引入"活动"概念作为分析工具，了解基本的主客互动[123]。一个"活动"是支撑个体在一个特定环境下的活动有意义的最小基本单位[120]。活动的层次结构提供了世界上多个行为层面的互动（图 9-1）。

一个活动与另一个活动的不同，根源在于活动的对象或"动机"[123]。人类的活动都是针对与各种需求相关的对象。例如，出于安全考虑，驾驶员以安全的方式（活动）进行驾驶操作（动机）。在以不同对象为特征的活动中，活动过程中进行转换可能会导致冲突或矛盾加剧[124]。一个活动一般会由一系列的操作步骤组合产生。人们主动采取行动以实现目标，而目标则直接引导操作，而任何操作都是在特定的条件下展开的。

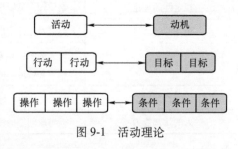

图 9-1　活动理论

例如，驾驶员想要避免在高速公路换道时与左侧后方的车辆发生冲突，他需要采取必要的措施来改变车速或者换道的时间。然后每个动作过程可分解为一系列较低级别的步骤，即操作。例如，驾驶员先观察车内后视镜和车外左侧后视镜，观察左侧车道上有没有车辆、距离如何，然后决定是否开始换道。当决定换道时，他会先打左转向灯，然后开始加速，转动转向盘换道。因此，一个有意义的动作（换道）带来了一系列操作。这里要指出的是，活动的组成部分不是固定的，它们可以随着条件的变化而变化[124]，那就是上下文的更改可以重新分配活动的组成部分。还以上面换道为例，如果驾驶员在观察左侧车道时发现正有一辆车在加速超车，他可能会先等左侧的车辆超过了本车后，再开始其他一系列操作。

维果茨基（Vygotsky）和列昂季耶夫（Leontiev）的研究形成了一个新的观点，即活动不被视为线性运动的集合，但应通过动态镜头，从文化和历史的发展中进行分析。这些研究主要集中在主客互动框架下的个人在社会环境中的活动。其范围通过三元模型（即主体-客体-社区）进一步扩展到了集体活动[125,126]，它使用"社区"及其概念与主体和客体的关系来说明个体与群体之间的关系（例如社会规范、文化、规则和惯例）以及团体与组织之间的关系（例如分工）。通常，关于集体活动的研究会进一步丰富理论的内容和范围。

活动理论应用到交互设计上还是 20 世纪 90 年代的事情。在这之前人们发现，以信息处理理论（第 3 章所述）为主导的认知心理学已经无法满足越来越复杂的交互设计需求。在分析人的行为、动机、人与系统的交互时，不能把个体的认知心理学从整个社会大环境中分离出来。采用活动理论来考虑所有从动机到操作活动的各个方面，以解决组织变革中的问题和完成系统设计应该更加合适。使用活动理论来理解操作、动作和活动，从整体角度确定操作的方式，考虑活动的物理和社会条件，将其融入系统设计当中。任何产品都不是孤立存在的，它不过是完成一些活动的媒介，而活动的意义与它发生的环境需要同时进行分析，从而更深入地了解产品在人机交互中的作用。产品可以影响我们与世界的互动方式，也可能代表我们如何理解世界。具有文化特色的产品可能会变成人类的一部分[127,128]，或"是不可分割的人类功能的组成部分"[126]。

9.2 分布式认知

分布式认知理论主要研究人与其使用的物品以及使用环境上下文之间的关系。这一理论不仅考虑人的认知特点，还要考虑其使用物品和工作的环境在人的内心和外在的表现。它认为，认知活动不仅发生在人的大脑，信息还会通过不同的媒介进行加工和传递，这些媒介包括计算机、各类显示系统、纸张、书籍甚至别人的大脑，如图 9-2 所示。

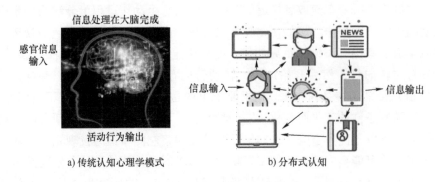

a) 传统认知心理学模式   b) 分布式认知

图 9-2 传统认知心理学模式与分布式认知比较

从图 9-2 可以看出，传统认知心理学只考虑认知活动发生在个体的大脑中，而分布式认知心理学采用比较宏观的视角，认为计算机、各类可以存储信息的系统，包括书本甚至其他人的大脑，都承担了部分信息处理工作。人的大脑不再需要独立完成所有的工作。比如，我们可以把很多信息存储在电脑中，甚至在电脑中进行整合，当我们需要时，就可以提取出来。许多工作一个人无法独立完成，因此信息处理的过程就会发生在合作中的不同人中以及他们使用的各类设备中。例如，飞行员在飞行时，机长、副驾驶和地面调度员需要不停地对话才能完成飞行任务。

当一项任务需要多方人员共同完成时，问题的解决方案就分布在这些人和他们工作的环境和系统中。他们/它们之间存在语言或者非语言的交流，这样的交流存在一定的规则。他们/它们之间存在一定的合作机制和交流模式，同时解决问题的知识会共同存在于他们/它们中间，并且有调取相关知识的方式。

随着计算机和各类计算系统的发展，尤其是人工智能的发展，以前只发生在人的大脑中的认知活动，会被延展到这些计算系统中，手机就是一个典型的例子。我们的生活已经越来越依赖手机，它几乎成了我们的另外一半大脑。朋友的电话号码、地址，我们日常生活工作的记录、各类信息的查找，甚至包括账目支付等，都离不开这些系统。因此，在系统设计时，我们需要考虑信息如何在这些人-机-环境中分布、相互之间如何交流，以最优化的方式最有效率地完成任务。

9.3 生态界面设计

生态界面设计的产生源于以用户为中心的设计方法中存在的不足之处，以下罗列一些典型的不足之处。1）"用户"对产品经验方面的局限性。大部分用户可能都只是了解产品的某些方面，而不一定有全面的认识，同时还与个人的偏好有直接的关联。2）用户对相关技术的知识非常有限，比如大部分驾驶员可能都不清楚辅助安全系统是如何工作的。3）用户个人对产品的期望值。他们在不了解产品能力的情况下，会对产品产生不切实际的期望，而这个期望往往在设计中是很难实现的。4）用户如果参与设计，他们对设计过程能够产生什么样的贡献？以用户为中心的设计强调用户参与设计，而这一点其实很难实现，尤其是汽车这样庞大而复杂的产品，因此，用户对设计的贡献其实是很有限的。5）用户与设计者之间所能达成的共识。设计者是为用户提供他们需要的产品，还是让设计者去引导用户的喜好？6）用户之间的差异很大，这一点是众所周知的，那么在以用户为中心的设计中，我们如何选择"用户"代表呢？

同时，以用户为中心的设计还存在其他问题，比如，如何区分用户想要的和真正需要的？用户不一定能够很清楚这其间的区别。同时，快速迭代可能会造成设计仓促而没有深思熟虑。而可用性测试中发现的问题如果能在产品设计早期经过深入分析，也许可以完全避免。我们对用户的了解还是很有限的，因为用户与用户之间差异很大，他们掌握技术的能力、熟练程度等方面都有很大差别。用户也会因为生活方式的不同、教育背景的不同而对产品的态度有很大不同。因此，当我们在做设计时，要避免一些误区：以用户为中心的设计并不等于用户要什么就给他什么，也不一定是在每个特定的时刻，他要什么信息就提供什么信息。我们设计的系统既不能帮助用户做决策，也不能帮助用户做所有的事情。汽车驾驶是一项复杂的任务，汽车结构复杂，驾驶环境复杂，道路条件复杂，道路使用者的行为复杂，用户很难在这些复杂的环境中真正理解他们自己的需要是什么。

生态界面设计理论主要适用于复杂环境下的系统设计，它对设计的指导意义更多地体现在分析问题和提出解决问题的思路方面。它与以用户为中心的设计最大的区别是，它在分析用户需求之前先分析产品使用的环境，从环境出发去理解人的需求。设计者不了解产品使用环境，就无法真正理解用户需求。对于设计而言，需要了解三个限制条件：活动限制、功能限制和信息限制。对这三者理解最深的不是普通的用户，而是专家，专家能够看见更大的画面，看见更多的事物之间的规律和模式。因此，分析问题的步骤应该是，首先分析环境，再去分析人在此环境状态下做什么、如何做，以及他们知道什么。

我们可以把交通道路上发生的事件分成三类：熟悉的事件；不熟悉，但可以理解和预测的事件；既不熟悉，又无法预测的事件。生态界面的设计就是试图去帮助用户应对这三类事件。图 9-3 给出了生态界面设计的思想框架。

从图 9-3 可以看出，一个交互界面的主要任务是帮助用户或者人类操作者完成任务，在界面和要完成的任务之间，设计者需要思考的问题是，如何把复杂的

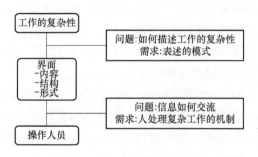

图 9-3　生态界面设计的思想框架

任务描述出来？设计者需要找到表述这个复杂任务的模式。而界面与操作者之间的交互，要回答的主要问题是如何与用户对话？而要想很好地促成这样的对话，就需要找到人在完成这样任务的心智模型和他的机理模型。

9.4　认知工作分析

人的行为与他所处的环境和所使用的技术密不可分，系统和环境对人的认知心理产生很大影响，这就是心理学中的生态学。从人类-环境系统的角度出发，结合动作产生的上下文来分析问题，就是生态界面设计的核心。在人机交互领域的界面设计中，生态学方法对系统导向理论的发展具有重大影响，在复杂的社会技术系统中为操作者提供支持[29,129]的设计必须从环境和技术的局限性、人的能力的局限性等角度出发思考问题。

生态界面设计（Ecological Interface Design，EID）的框架采用了抽象层次结构（Abstraction Hierarchy，AH）的概念。这个概念由拉斯马森（Rasmussen）[129]提出。AH采用了一种系统的方法来表示在每个层级上与目标相关的领域约束，这些层级包括：

1）功能目的，即系统的总体目的、系统的意义，也即为什么要有这个系统？这个系统的主要目的是什么？

2）抽象功能，带有标志性的水平，也即过程的因果结构，包括质量、能量、信息或价值流。

3）一般功能，反应行为结构的系统流程，例如基本功能、能量的流动和存储。

4）物理功能，与交互元件有关的状态和特性，组件及其之间的关系。

5）物理形式，组件的位置和外观等，以及这些级别相互之间的关系[129]。

使用AH的优势在于，它可以提供目标导向的问题空间描述、功能关系和领域约束，这样就能很好地分析复杂的信息[127,130]，通过一定的心理关联性来丰富问题解决方案。将 AH 用作 EID 的基础对创建表示形式以帮助分析问题和提出解决方案有很大帮助。在 AH 分析中，上述五个抽象概念和系统层级分解空间结构及关系如图 9-4 所示[131]。

抽象层次	整体系统	子系统	功能单位	组合件	单元
功能目的	整个系统的目的				
抽象功能			为什么(why) ⇧		
一般功能			是什么(what) ⇩		
物理功能			如何做(how)		
物理形式					每个单元物质的形式

图 9-4　五个抽象概念和系统层级分解空间结构及关系

这个抽象层次结构分析一般很难操作，分析人员需要经过专业培训。不过，对于复杂的系统，这个分析方法经常被提及。萨蒙（Salmon）等采用这个方法对英国维多利亚道路运输系统做过一个分析[132]。这个分析几乎适合任何道路运输系统。因为任何道路运输系统的根本目的都是为了安全、高效、无障碍和便利。图 9-5 给出了这个大系统分析的目标框架。

抽象层次	整体系统(道路运输系统)	子系统(驾驶员-车辆-道路系统)	单元
功能目的	安全、高效、无障碍和便利 ⇨		为什么(why) ⇧
抽象功能	为道路使用者降低风险,提高安全,增加满意度	⇲	是什么(what) ⇧
一般功能	安全,有效,交通流 ⇲	辅助道路使用者的行为,有效地保护使用者 ⇲	如何做(how)
物理功能	道路运输系统的能力和局限性		驾驶员的能力和局限性,车辆的能力
物理形式			车辆组成单元

图 9-5　交通运输系统的认知工作分析框架

这一分析有 6 个步骤：1）确定分析的目标；2）确定项目的局限性；3）确定项目的边界；4）确定各种自然的局限性；5）了解各种可能的信息来源；6）构建 CWA 并进行迭代。

综合各类用于生态界面的理论和设计方法，它们之间的关系可以用图 9-6 来概括。

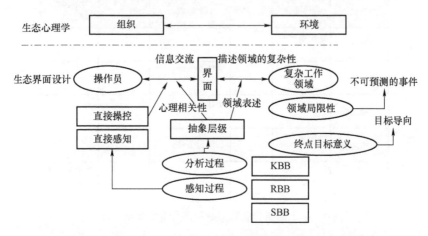

图 9-6　与生态界面设计相关联的各类理论、方法及其之间的关系

生态界面设计理论对汽车系统的设计起到越来越重要的作用。由于篇幅有限，我们在这里仅对生态界面设计做了一个非常初级的介绍，这些内容远不足以使设计人员学会如何运用这些知识来开展设计工作，只是开拓一下眼界而已。

9.5　层级设计理论

层级设计理论是一个描述性的理论，它指导人们如何一级一级地进行设计，让设计过程层次分明[133]。

第一级概念层级：其中有两个心智模型起到作用，一个是设计师认为的用户如何操作系统的模型，另一个是用户实际可能的操作模型。这里决定了界面概念和交互框架，包括界面图像的像素和所采用的计算机程序。

第二级语义层级：这里决定用户输入的语义和系统输出的语义。

第三级合成层级：设计传达用户动作的语义和如何组合成计算机句子以执行某些任务。

第四级词汇层级：依赖于处理设备对用户指令做出精确的运算。

这一理论源于计算机图像设计，是一种自上而下的设计过程，能够与软件构架相配合，产生有用的模块化设计。这里需要强调的是，第一级的决策会影响到后面层级的操作。比如，如果系统的输出是用户熟悉的语言和图像，而需要用户输入的内容也是采用用户熟悉的语言，这样能够大大减少用户的学习成本和提高系统的可用性，同时也能提高用户体验。

这种自上而下的思维模式对复杂系统的设计也是非常有用的，这里的关键是把复杂问题进行分解，例如，人的身体可以分解成神经、肌肉、骨骼、呼吸、循环、消化、生殖等系统，进一步还可以再分为器官组织和细胞等。任何复杂的系统都可以做这种分解，不过分解的方法可以有多种，而设计师的工作就是选择一种可理解的和可记忆的分解方法。

同样，设计师也需要把用户的行为分解成多个小的行动单位，就好像一栋大厦是由一砖一瓦、一根钢筋、一块玻璃等这些基础建筑材料搭建而成的一样。设计师的工作就是如何能够找到这些基本元素，然后通过一系列的操作，搭建出复杂的系统。对于用户而言，简单的系统都是受欢迎的，因此，设计师的另外一个挑战就是，如何能够通过简化步骤来把复杂系统简单化。

9.6　行为阶段理论

行为阶段理论是一个解释性的理论，是由诺曼（Norman）在 2013 年提出的[7]。他把人的操作分成 7 个阶段：1）形成目标；2）形成意向；3）确定动作；4）执行动作；5）感知系统状态；6）理解系统状态；7）产出评估。从诺曼（Norman）的 7 阶段理论可以衍生出一个好的设计需要满足 4 个原则：

1）系统状态和各种可能的动作都应是直接可见的。

2）概念模型和系统语言/图标的一致性很重要。

3）用户界面需要能够很好地反映各行为阶段之间的关系。

4）用户需要获得连续性的反馈。

这一理论同时还指出了用户可能出错的 4 个关键点：

1）用户可能产生不恰当的行动目标。

2）可能因为用户界面设计采用了不熟悉或者不一致的图标、文字，导致用户对界面信息有错误的理解和从中找不到合适的操作。

3）用户可能不知道如何确定他的动作和如何执行这个动作。

4）由于设计问题，用户对反馈信息理解错误。

行动阶段理论是交互设计中一个常用理论，它不仅可以是设计师依据的理论，也可以成为专家评测一个系统设计好坏的理论依据。一致性是交互设计中一个非常重要的原则。一致性体现在多方面，比如颜色、布局、图标、字体、字号、按键大小，等等。例如，"删除"一词，在同一个系统中，可能出现不同的称呼：删除、移除、毁掉、抹除等。有些人认为，我做出设计的变化是为了有更加个性化的设计，其实，如果一个设计不能满足可用性需求，用户体验自然就会减分。而一致性是保证可用性的重要组成部分。

一致性的设计有多种层面，除了上文提到的颜色、布局等外，还包括交互方式等，这方面的一致性能够让用户更好地理解交互界面。而不一致的设计，比如虚拟键的位置和颜色的使用，可以使用户的反应速度下降 5% ~ 10%，而功能名词使用的不一致性能影响 20% ~ 25% 的反应速度。由此可见，一致性是非常重要的设计关键点，可以培养用户的操作习惯。

除此之外，外在的因素，比如人的情绪因素、生理因素和社会环境因素都会对交互产生影响，因此，在设计时这些因素必须加以考虑。

还有一个理论叫动态理论，它提出了设计中要考虑的 5 个属性[78]：

1）相对的优势：更快，更安全，更少错误，或者更便宜。

2）兼容性：符合用户需求，与现有的价值观一致。

3）尝试能力：具有实验和创新的能力。

4）观察性：创新部分是可视的、可被察觉的。

5）简洁性：容易学习和使用。

这些属性指出了交互设计不能够只关注人与系统交互的本身。如果我们把仅局限于人与系统的交互称为微观交互，那么动态理论就指出了还需要考虑全局性的宏观交互，例如，针对特殊人群，需要突出某些交互特征，让用户可以看到他的交互历史，甚至要考虑用户培训问题和设计奖励机制等。

动态理论关注人的行为的长期效果和变化，包括健康和教育；还会关注和培养用户对产品的忠诚度和承诺。例如，鼓励用户成为会员，并在消费水平到达一定程度后给予奖励等。宏观交互理论还会研究用户界面使用可能产生的社会影响，正面的影响有促进交流、对安全和健康的关注；负面的影响比如用户关注到一些设计者没有想到的问题、个人隐私，甚至造成个人利益受到网络攻击等。

9.7　交互界面设计原则

设计原则往往指的是那些比较基础的、应用范围广、持续时间长的一些规律；而设计指南一般是那些比较实用的实践规律的总结，往往适用于比较特定的需求。这里我们推荐几个比较常见的原则。

1. 了解用户的操作熟练水平

每个设计师都会被提醒，要了解你的用户。可是，又有几个设计师真正了解用户呢？这真是一个说起来简单做起来难的事情。成功的设计师都会清楚地知道，用户是会学习的，懂得采用不同的方法解决问题；不同的用户有不同的喜好。

我们从什么角度去了解用户呢？对于我们潜在的用户，首先需要了解的是他们的基本信息：年龄、性别、身体能力、认知能力、教育背景、文化背景、所受的训练、动机、目的和个性等。类似汽车这样的产品，设计师都会试图锁定某个特定的人群，但很多时候会事与愿违。因此，如果可能，对用户的了解应该是多维度的，同时也是一个连续不断的过程，因为用户也是在不断变化的。一般情况下，我们会把用户分成以下三类。

（1）新手或者是第一次使用者

新手和第一次使用者是有区别的。比如刚获取驾驶执照的新手驾驶员，他们对汽车驾驶和车舱内的用户界面都不熟悉；而第一次使用者可以是熟练的驾驶员，对汽车驾驶很熟悉，但对这款车的特殊界面是第一次使用。为避免各种不确定因素，设计师应该尽量采用他们熟悉的对话方式、熟悉的操作设计，同时，尽可能简化操作步骤，使得新手和第一次使用者能够在不用学习的情况下完成一些简单的任务，从而不会让他们焦虑，让他们建立自信。系统给予的反馈信息也应该是正面的、鼓励的、直接的、明确的。一旦他们的操作发生错误，需要明确指出如何改正错误。对于汽车上的设计，这一条对那些不常用的功能设计也同样有效。即使用户既不是新手也不是第一次使用该功能，但因为这个特殊功能是第一次使用，所以也同样是第一次使用者。

（2）有一些经验的使用者

其实大部分用户都是有一些经验的使用者。他们对任务具备一定的知识，对界面也有一些概念，也操作过几次，但他们最大的问题是记不住菜单的结构和某个特殊操作所在的位置以及操作顺序。因此，菜单的结构、词语的一致性，以及采用可识别的设计而不是强调用户记住指令变得很重要。对这类用户，适时给予符合上下文的提示，会给他们很大的帮助。

（3）经验丰富的常用者

对于这些人，他们的要求是快速的操作和快速的反应。他们不需要过多的反馈，同时更喜欢有快捷键。

对于设计师而言，只为一类用户设计是相对容易的，但满足多种用户的需求却是最常见的，这就需要有多层级的设计，在引入人工智能后，系统可以学习使用者的特点、兴趣和操作方式，这为设计提供了新的可能。

2. 任务分析

任务分析是让设计师对将要设计的任务有一个深入了解的过程。关于如何做任务分析，在方法学章节里（10.13 节）会有详细的讲解。任务分析的一个重要目的是找到任务构成的基本元素，一个恰当的元素非常重要。一个大任务可以分解成多个子任务，并分成多个层级。比如，"播放音乐"这个任务，可以分解成几个并行的子任务，如"从已保存的列表中播放"或者通过不同的播放器播放。如果是"从已保存的列表中播放"，下一个层级的任务就是"查找想听的音乐"。这里又可以有几个并行的操作，比如"输入歌曲名称""输入歌手姓名""从列表中查看"等。从这里还可以看出，任务分析的结果与技术现状是直接关联的。目前人们需要选择不同的播放器或者音乐来源，也许在不久的将来系统更加智能，这一步就可以去除，直接进入"选择播放曲目"。

在分析任务时，要分析哪些任务（功能）是常用的、哪些是不常用的。常用功能最好能有专门的按键，如果没有物理按键，虚拟按键也最好是一键直达；对于不常用的功能，也尽量在一级菜单上能够找到；对于非常少用的功能，也最好能提供查询线径。

对于汽车上的设计，什么功能放在哪级菜单、哪些需要物理按键、哪些可用虚拟按键，并没有形成统一的格式和标准，不同车企都有自己的考虑。有报道称，2019 年年底，德国一位驾驶员在使用触摸屏调整风窗玻璃雨刮器的速度时导致碰撞事故，他需要负全部责任。这个案例说明，交互设计不好用会使驾驶员面临不必要的风险。

3. 选择交互模式

任务分析的另外一个目的是知道用户会有什么操作，这时，我们就可以决定采用什么交互模式。一般来说，有五大类交互模式：直接操纵、菜单选择、表格填写、命令语言和自然语言。

目前大部分页面设计都是采取直接操纵的方式，用不同的图标来表示要操纵的内容，例如，一个电话的符号代表你只要触摸这个符号，就可以开启打电话的模式。表 9-2 对比了不同交互模式的优缺点。

表 9-2　不同交互模式的优缺点对比

优　点	缺　点
直接操纵	
视觉表述	程序编写有些难度
容易学习	需要视觉注意力
容易记住	
避免错误	
鼓励探索	
用户满足	
菜单选择	
缩短学习时间	可能会产生过多的菜单

（续）

优　点	缺　点
减少按键	对经常使用的用户操作会慢
结构性的决策过程	占用屏幕空间
允许使用对话管理工具	要求快速反应
出现错误容易更正	
表格填写	
简化数据输入	占用屏幕空间
可用方便管理	
可用使用表格管理工具	
命令语言	
能力强	需要学习过程和记忆过程
轻松编写脚本和保留历史记录	容易出错
自然语言	
减轻学习语法的负担	需要澄清对话框
	可能不显示上下文
	可能需要更多击键
	不可预测的

注：资料来源于 Shneiderman，Ben，et al.，2018。

9.8　交互界面设计的八条黄金法则

经过 30 多年的实践，人们总结出了八条交互界面设计的黄金法则，适用于大部分交互界面的设计[78]。这里需要说明的是，对于具体的应用设计，还是需要做一些特殊考虑。这八条黄金法则如下。

1）力求一致性。在类似情况下应要求一致的操作顺序；在提示、菜单和帮助屏幕中应使用相同的术语，并且颜色、布局、文字使用、字号、字形等都需要保持一致性，诸如要求确认、删除命令或不回显密码之类的异常，应该是可理解的并且数量尽可能少。

2）寻求通用性。确认用户需求，同时界面的设计要有一定的可塑性，以便能促进内容转换。需要适应不同的用户群，用户群的背景会因为性别不同、教育背景不同、掌握技术不同、对系统的熟悉程度不同而有很大区别。对于初级用户，系统可能需要提供更多的解释，让用户了解原因；而对熟练用户，系统则需要提供快捷键或者简洁的操作。

3）提供信息反馈。对于用户的每一步操作，系统需要给予反馈。对于常用操作和小操作，反馈可以因情况而定；但对于不常用的和大操作，反馈必须清晰。视觉反馈可以清晰地展示操作带来的变化。

4）设计产生闭合效果的对话框。对于系列操作，需要很好地组织成有明显的起始、中间和结尾的过程；而信息反馈的设计要让用户有一种满意的、圆满的感觉，让他们感觉此时可以放松了，可以开始准备下一个系列的操作。

5）防止出错。交互设计界面应该能够防止用户各种可能的使用错误，比如，把不合适的操作尽可能屏蔽掉，让颜色变灰等。如果用户出现了错误的操作，则系统应该提供合理的、建设性的和明确的帮助改正错误的方法。例如，在操作过程中，用户按错了一个按键，系统不应该直接退回到原始状态，而应该允许返回一步去更正错误，然后继续操作。

6）允许轻松逆转动作。尽可能允许用户可以逆转前一个动作。这一点很重要，这使得用户在使用界面时，没有焦虑感，尤其是在操作不熟悉的功能时。这个逆转可以是某个字母的输入、一组数据的输入，也可以是一组动作等。

7）让用户保持控制权。有经验的用户都希望自己在自动系统面前仍拥有控制权，而不是被控制，他们不希望任何让自己惊讶的事情发生、找不到自己需要的信息，或者不能达到自己的目的。

8）减轻工作记忆负荷。人类的工作记忆能力是有局限的。他们不喜欢页面需要他们记住某些信息，然后把这些信息用在另外一个页面上。

这里我们进一步解释一下关于防止出错的问题。这一点在设计上非常重要。用户操作错误是不可避免的，改正这一错误的方法就是操作错误反馈信息设计。错误信息反馈语言不可以用模糊不清甚至敌对的语气，也不仅仅是状态的报告，而是要告诉用户错在哪里、该如何做才能够更改错误。在第4.5节中，我们提到了错误的分类和造成的原因。当然，最好的防止出错的办法就是不给使用者出错的可能，比如，输入键的布局设计合理、足够大、操作方式符合用户的心智模型，使得用户甚至可以盲操作而不会混淆；提供尽可能少的选择，减少出错的可能性。

另一点需要进一步解释的是如何在自动化系统中确保人的主动控制性的问题。在谈论这个问题之前，我们可以把人类操作的优势与自动化系统的优势做一个对比，见表9-3。

表9-3 人与自动化系统的优势对比

人类的优势	自动化系统的优势
• 通过听觉、视觉、触觉而产生的感知	• 能够感知超出人类感官能力以外的刺激
• 可以从杂音中分辨出熟悉的信号	• 对预期的事件做出一致性的响应
• 借鉴经验和适应环境	• 精准而详细地找回信息
• 如果原始操作出错，可以选择替代操作	• 利用设计流程输出数据

（续）

人类的优势	自动化系统的优势
• 对不可预测的情况，也能做出正确的动作	• 重复性的动作操作非常可靠
• 利用原则去解决各种问题	• 可以同时操作多个动作
• 做出基于价值的主观判断	• 长时间保持相同的操作能力
• 发展新的解决方案	
• 利用外环境的信息	
• 从他人处获得帮助	

　　随着人工智能的发展，越来越多的自动化系统正在取代人工操作。各种规范性、有时间压力、可重复的操作都可能逐步被自动化系统取代。正如自动驾驶，只要道路上的情景是可以被感知和预测的，自动驾驶系统就有可能通过其智能系统发现规律而实现自动驾驶。其实目前最大的困难是不可能完全预先了解各种道路使用者的意愿和预测其行动轨迹，因此，驾驶员的监察者角色还将保留很长时间，因为我们真实的世界是一个开放的世界，许多不可预测的事件会随时发生。

第 **10** 章

设 计 流 程

设计是一项复杂的活动，处于科学与工艺之间。这项工作的目的是通过工具和设计方法来支持以体验为中心的设计过程，这些方式和方法将帮助设计师改善设计体验。尽管设计研究具有确定的科学传统，但很少有研究人员对设计过程进行描述。这可以归因于以下事实：设计是非线性活动，而且必须重新配置才能适应各种设计问题的组成步骤。这一点，可能是很多交互设计师比较头疼的问题，人们都希望有一个固定的方法、固定的流程来遵循，可惜，这一点很难办到。

设计问题已被描述为"顽皮"的问题（wicked problem）[134]，这也是设计研究与其他科学之间的主要区别，也是设计过程模型稀缺的主要原因。"顽皮"的问题是指"由于不完整、矛盾和不断变化的需求而无法解决的问题"。任何一个设计，都是一个创新的过程，无论有多少理论、原则，它都有一定的不确定性。一个成功的设计师必须能够了解他的用户，同时对各种技术的可能性有充分的认知，对美学也有很好的感知。因此，设计不是一种状态，而是一个过程，所以它是动态的，而不是静态的；设计过程没有等级，所以不会只是自下而上或者自上而下的，它可以是各种组合。在设计的过程中还会不断发现新的目标。

10.1 设计过程概述

琼斯（Jones）提出了一种设计过程模型[135]，该模型有意做得比较抽象，以描述设计活动，同时仍允许采用迭代方法来使设计师解决各种设计问题。琼斯（Jones）的设计过程包括发散（divergence）、转化（transformation）和融合（convergence）阶段。该过程模型具有启发性，可进行调整以适合每个设计问题的独特情况。

发散（divergence）"是指扩大设计情景的边界，以便有足够大和足够多的成果空间来寻求解决方案。"[135]。该过程阶段的主要目标是使设计人员加深对设计问题的理解，并将这种理解转化为可在过程后期使用的需求。通常，在此阶段采用用户研究的各种方法，例如人种学观察法（ethnographic observations）[136]和访谈。琼斯（Jones）指出，"发散性工作需要腿部动作，而不是坐在扶手椅里猜测。"也就是说，设计师必须走出办公室，实地考察，尝试通过观察深入理解人们及其行为的环境，并从中理解用户的恐惧、愿望和动机，以便更加深入地了解用户，而不是坐在办公室里猜测用户。

转换（transformation）是设计过程中生成想法的阶段。设计师通过使用他们的设计技巧和一系列设计方法，"决定要强调什么，而忽略什么"，将可能的复杂需求转换为设计。通过构思，创建可能的设计解决方案，迭代并变成原型。

融合（convergence）是设计过程的阶段，其中各种可能的解决方案通过严格的评估过程缩减为最终的设计结果。转换阶段产生的原型和想法将根据差异阶段的要求以及设计师的直觉和敏感性进行测试。诸如清单、排名和权重之类的评估方法可帮助设计人员进行评估并做出决策。

我们可以在其他几篇学术著作中找到与琼斯（Jones）相似的设计过程模型。贝尼昂（Benyon）[137]在他的著作《交互系统设计》（*Designing Interactive Systems*）中"设计交互系统的技术"部分，对设计顺序有如下描述：理解，包括用户研究方法，例如访谈和观察；设想和设计，其中包括设计方法和评估。夏普、罗杰斯和普里斯（Sharp、Rogers 和 Preece）[1]将交互设计过程概述为涉及四个基本活动的过程：1）建立需求；2）设计多个可替代方案；3）原型设计；4）评估。贾维斯（Jarvis）等[138]给出了设计过程的注释，其中有明确的步骤来收集需求，然后在迭代中进行构思和评估，并越来越关注细节。综合上述模型可以概括为分析、综合、评估的三步模型，见表 10-1。

表 10-1 交互设计流程

分　　析	综　　合	评　　估
定义设计的问题空间	产生设计理念	对应需求进行评估
收集用户需求	制作原型	选择最终设计概念

分析是设计过程的初始阶段。在此阶段，设计团队通常必须通过收集设计需求来定义设计问题。一个好的分析阶段总结了主要需求，这些需求将指导综合和评估的后续阶段，同时平衡不同利益相关者的利益关系。具体要求可以作为综合阶段的指南，在该阶段设计人员可以将需求用作灵感，甚至可以将其用作不同构思方法中的材料，并且需求可以作为评估的基准，从而可以选择最能满足需求的设计。

综合是产生想法的阶段，需求和其他用户数据通过创意过程转化为设计想法。构思方法可通过在设计的创作过程中实现各种设想来帮助设计师产生构思。

评估是在分析阶段使用设置的需求对潜在的设计解决方案进行相互评估。

这三个阶段中的每个阶段都依赖于其他阶段的输入或输出。这意味着分析的生成为综合和评估输入了需求，综合生成在评估中输入了设计，并且评估可能会突出需要对综合甚至分析进行进一步的迭代。这三个阶段是相互联系的，没有严格的界定，而是暗示了总体过程。

10.2　线性设计流程

线性设计流程，也即瀑布模型，是机械工程和软件工程学科以往经常采用的设计流程，如图 10-1 所示。

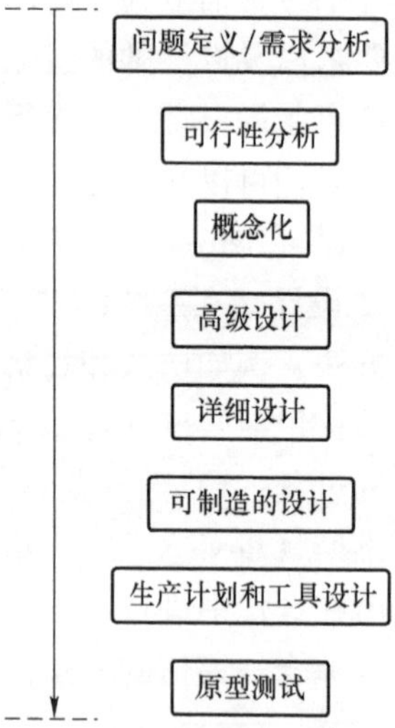

这个流程的不同阶段所要解决的问题如下：

1）在问题定义/需求分析阶段，确定需求，包括系统必须执行的功能及硬件、软件参数。需求通常还涉及验证标准。在此阶段要考虑用户需求。需求可能来自客户/项目所有者、先前的项目（并非每次都从头开始设计复杂的系统）以及市场部门。

2）在可行性分析阶段，进行分析以确定是否可以在设定的成本限制内，在适当的时候使用可用技术来确定项目需求。

3）在概念化阶段，会产生潜在的解决方案。在此阶段使用的典型方法是集思广益，并生成结构化的形态分析图。

4）在高级设计阶段，将进一步阐述最有前途的

图 10-1　线性设计流程

想法，这些想法代表了系统将要做什么以及如何实现。最后，做出决定，为下一阶段选择解决方案。

5）在详细设计阶段，通过详细描述、技术图样、模型等进一步详细说明上一阶段得出的解决方案，从而为制造提供基础。

6）可制造的设计阶段的目的是收集信息，以确保可以在设定的限制（时间、成本、可靠性等）内制造系统。

7）在生产计划和工具设计阶段，选择生产过程，并设计系统生产所需的工具。

8）在原型测试阶段，对原型进行测试，以评估系统是否满足通过项目的不同阶段定义的要求。一旦原型满足要求，就可以开始生产过程。

10.3　V 周期模型

鉴于自动驾驶系统是由多个子系统组成的复杂系统，有时会应用 V 模型或 V 周期，如图 10-2 所示。德国提出了不同版本的 V 模型（V-model），大约在同一时间在美国也提出了类似的模型。

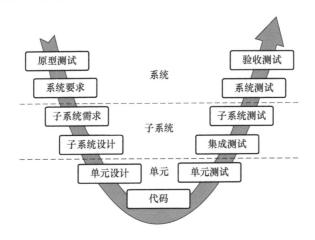

图 10-2　V 周期模型

V 周期模型在整个设计过程中更加明确地关注设计与测试/验证活动的集成。尽管如此，V 周期模型还是在设计过程中采用了线性方法，因为测试是在需求收集和设计完成之后完成的，子系统的测试/验证是在单元级别完成之后，再进行系统的测试/验证。此外，大多数测试都是技术性的：该测试旨在验证系统是否满足内部要求和约束。验证，即测试系统是否满足客户需求，是通过最终验收测试完成的。显然，在此阶段，根据验收测试的结果进行设计更改为时已晚。通过在仿真和基于模型的开发领域中的发展，已经有可能偏离严格的线性特征，这使得在详细阐述组件子系统之前已经可以验证高级设计，从而导致重复，甚至出现三个 V 周期模型[一]，大部分关键测试纯粹是出于技术目的。

10.4　敏捷开发方法

在线性设计方法学中，人们对需求文档、规范和软件文档给予了极大关注，而在最近的软件领域中，重点转向了实际的软件生产，以实现灵活性/敏捷性和

㊀　来源于 https://insights.sei.cmu.edu/sei_blog/2013/11/using-v-models-for-testing.html。

更高的软件生产速度。通常，把一个较大的项目分为多个较小的项目，每个项目都在短时间内执行（冲刺）完成。每个冲刺/迭代都涉及计划、分析、设计、测试和文档编制，并得出可用的结果（功能或原型）。冲刺由软件开发人员、产品经理和业务分析师组成的小型且位于同一地点的团队执行，通常团队成员少于十人。在同一地点工作，可以使团队成员之间进行激烈的碰撞交流。在敏捷方法中，用所谓的用户故事代替用户需求，这些用户故事明确了用户的需求或要求、用户希望或为什么是这些需求等，以及如果满足用户的需求，会产生什么价值。换句话说，用户故事不能代替需求，而仅仅是需求的一种。在项目过程中，仍需要制订技术要求。最后，对用户故事进行优先级排序，从而保证每次优先解决的是优先级较高的用户需求。敏捷方法特别适合于 Web 和 App 开发，因此，能很好地应用在车载信息娱乐系统的开发中。图 10-3 展示了交互设计采用敏捷开发方法的过程。

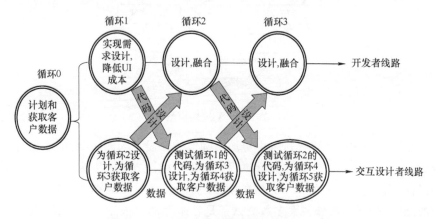

图 10-3　交互设计采用敏捷开发方法的过程

敏捷开发不同于常规的开发模式，常规开发模式只有循环 0 和循环 1。这里大量的用户需求调研会在产品开发前提前展开，而敏捷开发的过程也是交互设计与系统设计同步开发、融合的过程。用户需求研究、用户测试也在技术的开发、产品设计过程中不断完善，这样就确保了设计出来的产品能够极大程度地满足用户需求。

10.5　以用户为中心的设计

在 20 世纪 90 年代建立了以用户为中心的设计方法，以确保在设计过程中更加明确地关注用户界面的可用性。它不是只在线性设计过程的最后阶段进行验收时才测试，而是建立以用户为中心的设计流程，在设计过程中获得更多的有关用户的信息。图 10-4 展示了以用户为中心的设计流程与设计过程中采用的不同方法。

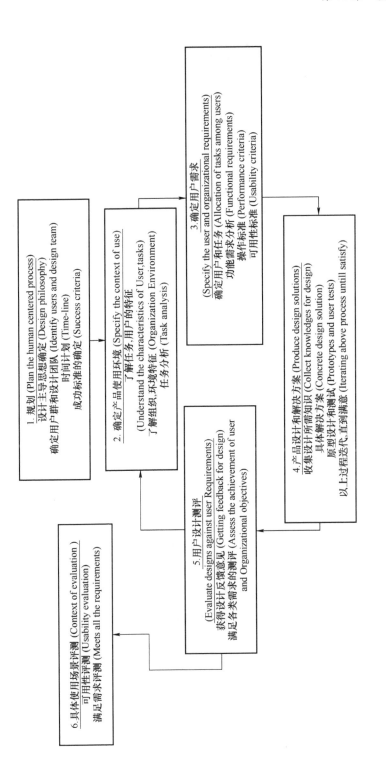

1. 规划 (Plan the human centered process)
设计主导思想确定 (Design philosophy)
确定用户群和设计团队 (Identify users and design team)
时间计划 (Time-line)
成功标准的确定 (Success criteria)

2. 确定产品使用环境 (Specify the context of use)
了解任务,用户的特征
(Understand the characteristics of User,tasks)
了解组织,环境特征 (Organization Environment)
任务分析 (Task analysis)

3. 确定用户需求
(Specify the user and organizational requirements)
确定用户和任务 (Allocation of tasks among users)
功能需求分析 (Functional requirements)
操作标准 (Performance criteria)
可用性标准 (Usability criteria)

4. 产品设计和解决方案 (Produce design solutions)
收集设计所需知识 (Collect knowledges for design)
具体解决方案 (Concrete design solution)
原型设计和测试 (Prototypes and user tests)
以上过程迭代,直到满意 (Iterating above process untill satisfy)

5. 用户设计测评
(Evaluate designs against user Requirements)
获得设计反馈意见 (Getting feedback for design)
满足各类需求的测评 (Assess the achievement of user
and Organizational objectives)

6. 具体使用场景评测 (Context of evaluation)
可用性评测 (Usability evaluation)
满足需求评测 (Meets all the requirements)

图 10-4 以用户为中心的设计流程与设计过程中采用的不同方法

下面我们对每个阶段的工作内容做详细说明。

1）需求收集阶段明确涉及从当前系统的用户和将要设计的系统的潜在用户中收集需求，并收集有关用户如何与现有系统交互的信息，以识别可用性瓶颈，例如查出典型错误等。

2）在设计阶段，潜在用户就可能接触概念界面设计，并要求其使用纸质原型或其他低保真原型执行典型任务，以便观察他们的行为，并征集他们的理解和意见，以便识别可能的操作瓶颈。

3）设计过程是迭代的，而不是线性的，因此，在后面的迭代中需要考虑来自用户的反馈。迭代过程将持续进行，直到满足预设的质量标准（要求）为止。

4）此外，需求收集阶段也是迭代过程的一部分，如图 10-4 所示，因此，无须在设计过程开始之前就一劳永逸地确定需求，而是可以在过程的后期进行扩展和修订，包括测试用户的反馈。

在不同阶段应用的典型方法如下。

分析（或需求收集）阶段旨在收集与设计相关的信息用来支持以后的设计决策。从系统的角度来看，系统使用的前后环境涵盖了影响系统与产品交互的所有内容，即用户以及物质环境、组织管理、社会环境和技术环境上下文等。由于此阶段是关于收集有关人员、任务/活动以及物质环境、组织管理、社会环境和技术环境信息的，所以它也被贝尼昂（Benyon）[137]称为 PACT 分析（People Activities Context Technology 分析）。关于如何做需求分析，10.10 节中将有详细探讨。

设计阶段包括涉及设计活动和收集有关设计建议反馈活动的整个周期。在每次迭代中，都会考虑设计一些表达用户需求的表现形式，这些表现形式可以为将想法呈现给潜在用户收集反馈提供基础。在早期的迭代中，表现形式是全局的和粗略的（纸质原型）。随着项目的开展，从模型到仿真，再到具有操作功能的工作系统，表现形式的真实性不断提高。一般规则始终是花费适当的精力来设计与该阶段所寻求反馈相称的表现形式。表 10-2 总结了在实际项目设计的不同阶段用户反馈目标，迭代中的不同概念表现形式，用于不同的反馈目的。

表 10-2　设计不同阶段用户的反馈目标

设计的不同阶段	希望获得的用户反馈
纸质原型	用户是否了解如何与系统进行交互？
初级样机	用户是否了解如何与系统进行交互？
驾驶模拟器测试	系统如何使用户能够在使用场景中执行预期的任务？
实车测试	系统如何使用户能够在使用场景中执行预期的任务？

在理想条件下，可以从设计团队和公司外部的潜在用户收集反馈。但是出于保密考虑，通常禁止在设计过程的早期阶段向外部人员咨询。因此，某些公司会使用所谓的用户代表，即期望能够代表潜在用户的公司内部员工，或者是因为他们在日常生活中有过类似的活动，或者因为他们经常接触实际用户，因此期望他们能够有良好的潜在最终用户的同理心。这样的用户代表可以在设计过程的早期阶段提供反馈，而不是采用外部潜在的最终用户。最后，可以与用户代表、用户研究团队或管理层共同召集设计研讨会议。不过，需要清晰了解的是，所谓用户代表并不能代表真正的用户。

随着设计项目的开展，反馈的性质也有所不同。在早期阶段，反馈通常是主观的和定性的，例如，让测试参与者在操作过程中把他们的思考大声说出来，并在测试后进行访谈。在后续阶段，尽管仍可以收集定性的主观反馈，但反馈也可能变得更加客观，例如，收集性能指标（例如"系统能使驾驶员充分恢复控制的速度有多快？"）和定量的主观反馈，让测试用户填写可用性调查表等。

如上所述，最初以用户为中心的设计方法旨在确保系统的良好可用性。后来，当该领域逐渐着重于更广泛的用户体验时，以用户为中心的设计方法也扩大了范围，将有用性和愉悦性作为设计目标。对有用性，开发了一些方法来收集潜在用户对系统潜在有用性的反馈（例如"这个概念对人们有意义吗？"）。由于设计人员已经很难想象新概念是否对人们有意义，所以就开发了一些方法来帮助人们通过使上下文的相关元素物理化并与他们当前的经历相关联来思考未来。基本假设是，通过使当前和将来的情况更加具象，参与者可以更轻松地被带入未来场景而思考未来。此外，诸如原型和模型之类的初始设计不仅旨在找出潜在用户是否能够理解界面逻辑，而且还可以帮助潜在用户理解该概念并考虑这种概念是否对他们有意义。换句话说，设计活动侧重于系统的全局观，尤其是早期迭代中回答"What"，而在后期迭代中则关注界面的更详细方面（了解"How"）。

为了方便从潜在用户那里收集有关某个概念设计是否有用，可以将潜在最终用户的参与范围限制在所谓的"创新者"和"早期采用者"，即对新技术持开放态度的人。罗杰斯（Rogers）的创新扩散理论（Rogers' innovation diffusion theory）[139] 介绍了"创新者"和"早期采用者"的概念。这个概念的中心原理是用户群不是同质的，但是对新技术持开放态度的用户将是第一个获得此类技术的新使用人，他们通过媒体和个人交流将这些技术介绍给社会并传播新技术的使用经验。这可以说服早期的大多数人也考虑购买和使用这些新技术，随后大多数人也会考虑使用。就自动驾驶系统和电动汽车而言，可以将特斯拉的早期拥有者视为"创新者"和"早期采用者"。当前，自动驾驶和电动汽车正进入"早期"阶段。与"创新者"和"早期采用者"讨论新概念比与广大用户讨论更有意义。

为了评估产品整体的用户体验，而不仅仅是可用性，已有了各类问卷调查表。不过对应特定系统是否对人们的日常生活有用这个问题，只有通过研究较长时间的使用才能回答。在将系统实际引入市场之前，很难进行这样的纵向研究。在某些领域，已经采用了所谓"技术探针"的方法。"技术探针"是功能齐全的原型，可供选定的测试对象/信息提供者使用一两个星期。显然，这比半小时的短期用户测试能产生更多相关的反馈。然而，在自动驾驶系统的背景下，这种"技术探针"的生产是具有挑战性和昂贵的。尽管如此，采用小样本给选定用户使用一段时间，在不同的道路和场景下试驾，仍可以为自动驾驶系统的开发人员提供非常有用的信息。

总而言之，以用户为中心的设计理念已从对可用性的关注演变为对更广泛的用户体验的关注。以用户为中心的设计过程的目的是确保在设计过程的所有阶段具有指导设计决策的作用。当然，这并不能免除设计师使用自己的直觉和发展自己的愿景的责任，因为我们不可能在整个设计过程中验证所有详细的设计决策。但是，以用户为中心的设计过程的目的是在设计师的愿景与潜在用户的意见之间找到适当的平衡。因此，以用户为中心的设计理念的根本目标是树立以用户为导向的态度，从而使设计师感到有必要在整个设计过程中与潜在用户同理，并跳出自己的狭隘意识而带入用户的意识，从潜在用户的角度以崭新的眼光看他们的设计方案。

10.6   组织设计过程

如上所述，以用户为中心的设计过程需要以用户为中心的态度。由于以用户为中心的设计过程的目标是确保设计过程能产生易于使用且在体验上令人满意的有意义的产品，所以面向用户的不限于人机界面设计部门，而是以用户为中心的设计过程要求整个公司都致力于提高产品用户体验而共同奋斗的目标。为了指导公司安排设计过程，使其以最佳方式组织相关人员工作以实现此目标，从软件工程成熟度模型的启发中，提出了可用性/用户体验成熟度模型（ISO 18529、15504）。表 10-3 总结了以公司为主体的可用性/用户体验成熟度模型。

在 X 级，公司上下都没有意识到在设计过程中需要关注用户。在 A 级，人们已经意识到了这一点，但是采用以用户为中心的设计方法和过程仍然是临时性的，还没有很好地建立起系统，即在设计过程中应该收集并考虑用户需求。在 B 级，可能有一个部门在乎用户需求（主要是关于可用性的需求）和人机界面，但是公司的其他部门认为该部门不是必需的。在 C 级，人因专家可以作为顾问参与设计过程的所有阶段，不仅涉及可用性和 HMI 设计，还涉及实用性。在 D 级，其他部门深信 HMI 部门的价值，并且将设计过程组织为迭代过程，以使反馈能够影响进一步的设计过程。在 E 级，以人为中心的设计过程被制度化，并且建立了质量控制机制，以不断提供反馈并指导组织过程。总而言之，可用性/用户体验成熟度模型表达了这样一种观点，即面向用户的取向不仅与人机界面部门有关，而且以人为本的态度应被参与设计过程的所有人员所接受并采用。

表 10-3　以公司为主体的可用性/用户体验成熟度模型

级　别	状　态	说　明
级别 X	无意识	未认识到面向用户的需求。用户满意度方面的问题还没有引起公司内部的关注
级别 A	意识到	用户满意度问题导致公司内部担忧，并认识到面向用户的需求。这导致了收集用户需求并将其包含在系统实践中
级别 B	在考虑	被认为具有接受以人为中心的方法和人机交互培训的员工，并且意识到以人为中心不仅涉及界面，而且还涉及整个系统
级别 C	实施	已实施以人为本的流程。技术人员参与设计过程的所有阶段
级别 D	集成	人为因素部门或 HMI 部门成功与公司中的其他部门进行了交互。在各个阶段进行评估都是及时的。建立了迭代的设计过程，以便评估的反馈可能会在以后影响设计决策
级别 E	制度化	人们认识到以人为本的技能在集成设计过程中的关键作用。设置设计和制造过程，使公司转变为学习型组织：在组织中实施质量保证方法以改善其自身的过程

10.7　以行动为中心的设计

以行动为中心的设计（Activity Centered Design，ACD）是诺曼（Norman）提出来的，它来源于 UCD、分布式认知和计算机支持的协同工作（Computer Supported Collaborative Work，CSCW），但更多的是根植于行为理论（ActivityTheory）。很多人都在使用 ACD 这一名词，并且用了很多年，但它并没有形成自己完整的理论和实践体系。ACD 的中心内容是，"在了解你的用户时，要结合了解他在做什么，而不是把他与他正在做的事情分割开来。"[140]

有不少学者认为，ACD 还只是理论，用到日常设计实践中并不合适。它还存在许多问题，比如尽管 ACD 方法强调了使用情景的重要性，但如何在设计中考虑使用情景并没有给出明确的指南，虽然它也指出每个设计者都应首先问的问题：为什么用户要执行这个行动、任务、动作或者操作，即用户的目标是什么？但依旧缺乏完整的方法论。

10.8　以目标为导向的设计

以目标为导向的设计（Goal Directed Design，GDD）是阿兰·库珀（Alan Cooper）1983—2000 年研究开发的一种设计流程[141]。这是一个纯粹从实践出发的设计经验，没有很强的理论基础。它包含了以下四个主要部分。

1）设计原则：原则是来自最佳的实践经验，因此，作为设计者，应该首先知道这些，以免走弯路。

2）模式：这里的模式是指好的 UI 模式样板，或者交互模式样板，通过模仿和学习这些模式可以减少犯错的可能。

3）流程：这里包含了计划、运作过程、分析和建模等，也包括如何做需求分析。GDD 的流程和 UCD 的很相似。

4）实践：在设计过程中，各部门之间的协调和交流过程非常重要。

10.9　理性设计和 HCD

这里"理性设计"是指通过技术变革产生出新的划时代的技术，或者在原有技术的基础上通过不同的组合和变更，使得技术有了大的突破，这种突破可能提供了实现其他功能及不同应用的可能，新的技术带来了新的设计。这种"理性设计"有可能解决用户原有的某种需求，或者给用户看到了新的可能。这种设计不一定是以需求为导向的，它不一定会改变产品的意义。比如，电视机、电冰箱、洗衣机等，直到现在仍然是家庭常用电器，但是它们的设计、可提供的功能，与一二十年前的同类产品已经有了很大差别。造成这些改变的是技术的不断变革、伴随技术变革带来的新功能的可能性，而新功能的引入又让用户感受到新需求的必要性。

新技术的引入也逐渐地改变了产品的意义。现在的智能网联汽车与 20 年前的汽车，虽然依旧还是代步工具，在大部分情况下还是以手动驾驶为主，但它已经给驾驶员带来了很多不一样的可能性和体验，汽车已经变得更加安全，汽车已经可以有部分自动驾驶功能，驾驶员的驾驶任务比以前更容易些，车载导航系统也更加智能。这些变化来自于各类车载传感器的、各种算法的完善和车载芯片的开发。而这些技术的发展对现在和未来的交通状况变化也会起到很大作用。反过来，这种变化离不开智能网联技术的发展，而智能网联技术的发展并不仅仅体现在汽车行业，还体现在每个人的生活，乃至社会管理、社会文化的变革，智慧城市、智能家居就是其中最大的产物。因此，它又推动了汽车技术和设计的发展。

"理性设计"与以人为本的设计（HCD）是一种什么样的关系呢？图 10-5 对此做了一个很好的注解。

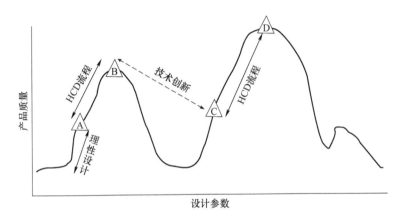

图 10-5　"理性设计"与 HCD 的关系

如果以设计参数为横坐标、产品质量为纵坐标，那么最开始的设计一般是以理性为主，也就是围绕技术创新而产生的设计，或者是以新的方式综合不同的技术而产生的新的设计。但这个设计一般并不能够达到最佳的质量或者用户体验，它只是爬上了一半的坡，到达"A"的位置。为了进一步提高产品质量和用户体验，就需要引入 HCD 机制，通过以用户为中心的创新设计而到达一个新的高度"B"。为进一步改进产品，通过技术变革，各类设计参数都发生了很大变化，甚至产品的性质都会发生本质性的改变，使得产品到达"C"点，也就是另外一个高坡的中段。在这里，又为产品提供了新的上升空间，而要想达到新的高度，又需要 HCD 设计流程的引入，这样就可以把产品提升到另外一个制高点"D"。

从图 10-5 可以看出，由技术变革引发的创新和通过 HCD 提升产品质量，这两者之间不是矛盾的关系，是相互提升的关系。

10.10　建立需求

建立设计需求是交互设计的一个关键步骤。需求研究是为了发现需要解决的问题的空间和确定需要设计的内容。对于交互设计而言，需求调研包括了解产品的用户、用户的能力，即将设计的产品如何能够帮助用户，用户需要完成的任务是什么，要达到的目标是什么，在什么样的环境下操作，有什么样的条件限制，等等。需求的建立是确保设计的产品正确性的保证。

图 10-6 很形象地展示了需求研究的重要性。一个交互设计从需求到产品，会经过许多工序、不同人员的参与，如果不能深入地研究设计需求，同时让所有的参与方达成共识，那么，最终的产品可能会与用户需要的产品南辕北辙。

图 10-6　各方参与人员对需求不明确会导致最终产品与用户需求南辕北辙

需求就是一种对需要设计的产品各项特殊性能的描述，说明这个产品是用来做什么的和用户会如何使用这个产品。比如，车载导航系统是用来帮助驾驶员在驾驶过程中提示驾驶员如何选择驾驶线路。那么，我们就需要了解在驾驶过程中驾驶员关心的是什么？他需要了解到达目的地的距离、时间、路况、自主选择线路的可能性、及时提醒变道或者进入转弯；如果有堵车现象，可否重新做路线规划？用户的这些需求就要在导航系统的设计中体现出来。同时，随着车载技术的发展，用户的需求会发生变化，比如，当进入 L3 水平的自动驾驶时，用户可能希望导航地图能够展示哪些路段可以符合自动驾驶条件；或者当驾驶员设置了自动驾驶时，地图展示的方式要不要与手动驾驶时不同？

一个产品的设计需求涉及很多维度，比如，使用产品的用户，产品被用户使用的用户界面，用户在使用产品时采取的行动，产品包含的相关数据、控制系统、使用环境，等等。需求研究中，很重要的一点是对用户本身的了解。这不仅包括直接用户，还包括所有相关的利益团体，也就是"stakeholder"群。他们都是谁？他们的国籍、教育背景、对新技术的态度等。任何一个系统的使用，都包含从新手到专家的不同熟练人群，以及他们使用产品的频率，他们只是偶尔使用产品，还是频繁使用？对于新手，系统可能要承担教育用户的责任，包括给予提示、明确约束、反馈清晰等；而对于专家用户，他希望产品能够更加灵活，同时他们有更多的权限或者权力；对于频繁使用者，他们需要有操作捷径；而对于不常使用产品的用户，他们可能需要更加清晰的操作引导或者菜单路径。同时，新手可能会变成专家；而同一个系统，有些功能会被经常使用，而有些功能可能只会被偶尔使用。

对于用户，采用不同的方法来收集有关用户特征中与设计相关的信息，以支持以后的设计决策。这涉及人的感知和认知能力及其局限性，例如，可能预期的潜在用户的技术专长，用户群体中是否可能存在视觉或听觉障碍，他们的学习和记忆能力以及他们的身体能力及其局限性（包括灵活性）、力量及肢体活动范围。由于这些特征中的许多指标都显示出与年龄的相关性，所以还需要确定用户群体的典型年龄分布以及性别分布。但是，应该注意的是，这些相关性可能是有局限的。例如，虽然通常认为老年人对现代技术的了解可能有限，但这种观念未必正确。对用户能力的研究包括身体上的物理能力、人的运动能力、认知能力。比如人体测量学，测量人体能够承担的劳动负荷等。人对速度、声音、色彩的感知等，都可能是需要了解的，需求调研的细节内容与具体的设计相关联。

关于技术使用的物质环境、组织管理系统、社会环境和技术环境，也是需求研究的范畴。例如，收集何时何地使用该系统？是否应有白天和黑夜的单独模式？是否有组织支持？当用户无法使系统正常运行时，是否有服务系统介入帮助解决问题？周围是否有其他人（同事、家人）会影响用户的意见？系统需要与之交互的周边技术是什么？最后，还需要确定系统应支持的典型任务或活动。此类信息可能来自对现有系统的分析或对未来系统的概念描述。这些问题的回答引入了其他利益相关者的存在，因此就有了利益相关者分析。这个利益相关者群体是那些涉及所有受系统影响的人。

如上所述，需求收集阶段是迭代设计过程的一部分，也是使得项目成功的重要组成部分。关于需求分析，在本章的后面还会有更加详细的阐述。在最初的用户需求研究中，人们会采用用户画像和故事板的方式把获得的用户需求形象地描述出来，让这个交互设计团队的不同成员都有一个共同的理解和交流目标。关于如何制作用户画像和故事板，在第 11 章会有详细的描述。有关用户画像所代表的用户和故事板所描述的场景或情节所代表的活动以及上下文的其他方面的信息，可以在设计过程中获得更多信息而加以完善或修改。

我们可以把所需收集的需求分成三大类：功能需求、非功能需求和用户体验需求。功能需求，顾名思义就是用户需要满足的功能。这部分需求容易了解，而且也比较直观。非功能需求指管理交互式系统操作的总体需求，不受特定条件（硬件、软件及其系统性能、可靠性等）的约束，如上面所提到的物质环境、组织管理、社会环境和技术环境。用户体验需求这里特指非功能需求中有关用户界面和交互系统部分。需求分多个维度，表10-4给予了一个总括[1]。

表10-4　需求的种类和包含的内容

需求的种类	包含的内容
用户	产品的使用目的、产品的相关利益团体
设计项目的局限性	规定的约束、交流用语和专业词汇、相关的实事与假设
功能需求	工作范围、商业数据模式和数据库、产品范围、功能的详细需求
非功能性需求	视觉与触觉需求、可用性需求、操作需求、工作环境需求、修理和保养需求、保密需求、文化需求、合规需求
项目相关需求	启动项目、现成的解决方案、新问题、任务、迁移到新产品中的问题、风险分析、预算和花费、用户说明书和培训、解决方案

10.11　需求数据采集方法

需求数据的采集方法有很多种，最常见的还是文献研究、用户访谈、焦点小组讨论、问卷调研和现场观察等方法。这些方法如何操作，在第11章将有详细描述。在这里需要强调的是，需求调研的对象不仅仅是产品的最终用户，而是整个利益相关方。比如，当我们为驾驶舱的中控屏做设计时，我们为设计需求而调研的利益相关方包括：

1）驾驶员：他们是这个产品最终服务的对象，驾驶员的功能需求、他们的工作环境、他们执行任务的状态、操作对安全的影响、对可用性和用户体验的要求，都是建立设计需求必须研究的内容。

2）服务供应商：目前车载信息娱乐系统是来自不同的服务供应商通过互联网提供的。那么这些服务供应商的特点、提供服务的内容、他们的用户界面、技术特点、使用生态等，也构成了设计前需要详细研究的内容。

3）交互技术供应商：他们提供了实现多模态交互的各项技术，这些技术的可行性、功能特点和技术局限性等构成了设计需求的一部分。

4）软件平台设计人员：软件平台的技术可能性和局限性会影响驾驶员的用户体验。

5）车载主动安全技术人员：这些技术的使用方法和局限性同样会影响信息娱乐系统的设计。

6）造型设计人员：造型设计决定了中控屏的大小、各类控件的位置、汽车内外饰的风格特点，因此中控屏的设计也需要考虑在风格上的一致性。

7）公司主管人员：中控屏设计中涉及的许多非功能性需求，都可能对设计带来限制。

以上这一长串的名单也许还没有完全囊括所有的利益相关团体，同时，也不是每个中控屏的功能设计都需要考虑以上所有人群。考虑多少，因设计的内容而定。但有一点是可以确定的，那就是设计需求研究要专注于所有利益相关方的需求，而在调研中，对涉及的每个利益相关方，需要调研多个代表。使用多种数据采集技术，而不只是一种。需要提醒的是，利益相关方对设计的需求会是不一样的，甚至有可能是相互矛盾的，因此，协调他们之间的需求，直到达成共识，也是需求调研的一项重要工作。

方法只是工具，而调研的内容才是主要的。需求调研是一个迭代的过程，也就是说，它可以是在产品设计之前，也可以是发生在产品开发过程中，不同的设计环节，采用的方法和调研的内容都会有所不同。

除了本节开始提到的几种常规方法外，也可以使用低保真原型和任务分析等工具支持数据采集流程。任务分析方法可以让我们更深入地了解一个任务的操作过程。而用低保真原型同用户交流，可以在设计初期更加深入地理解用户需求、操作特点、可用性设计要点，在低保真原型上的迭代，可以缩短整体设计时间、减少错误、降低设计成本。一旦到了高保真原型阶段或者样品产生阶段，大部分设计研发费用已经用完，再做修改就不容易了。

10.12　场景问题

在我们开始任务分析之前，先解释两个基本概念：use case（使用案例）和scenario（行动方案）。这两个概念在中文中常常混用，都叫作场景。目前，很多车企都在设法建立场景库，但如果这两个概念没有区分清楚，那么场景库就可能有些混乱。

1. 使用案例

使用案例，英文为 use case，也关注用户目标，但是它的重点是用户与系统的交互，而不是用户的任务本身。它最初来自《面向实体的软件工程》（*Object-Oriented Software Engineering*）一书[142]。尽管它特别关注用户和软件系统之间的交互，但主要是从用户的角度出发，而不是系统的角度。使用案例关注的是功能需求和交互，可以分两种，一种是研究任务在人和系统之间的分配，主要描述人的意向和系统的回应。它并不关注人与系统之间是如何交互的。这样的使用案例，也叫根本用户场景（essential use case）[1]。我们以一个大家都比较熟悉的案例加以说明：某人要去他国旅行，需要申请签证，表 10-5

描述了这个使用案例。

表 10-5　申请签证（从用户意向和系统回应角度分析）

用 户 意 向	系 统 回 应
找到签证需求信息	目的地国家名称
提出需求信息	获得所需签证的信息
获得关于签证信息的个人资料	提供不同形式的申请表格
选择合适的表格	提供选择信息

另一种使用案例是从用户的目的出发的。还是上面这个签证申请为例。

1）系统要求给出前往国家的名称。

2）用户提供了名称。

3）系统查找确认名称的有效性。

4）系统询问用户他所属国的名称。

5）用户提供了相关的名称。

6）系统查询该国居民是否需要前往国的签证。

7）系统提供签证需求。

对于用例分析，一个关键点就是在分析时不应该基于某种技术的存在和该技术限制的操作方式，它应该与技术本身无关，这样分析出来的用例才不会变成某项技术的专属或者某项技术的因变量。

2. 行动方案

行动方案，英文为 scenario，是一种叙述或者描述[143]。它描述了允许探索和讨论上下文、需求以及需求故事中人的活动或任务。它没有明确地描述软件或完成任务的其他技术支持。换句话说，行动方案描述了一个人在完成某个任务时的需求和过程中的上下文，但与特定的技术不直接挂钩。它的作用是让所有利益相关团体成员明白要设计什么、是干什么用的。这个描述有时候就像讲故事一样，很容易让人理解。

行动方案中呈现的信息的详细程度各不相同，并且没有关于应该包含多少或多详细的具体指导。通常情况下，行动方案是在研讨会或面试会议中产生的，以帮助解释或讨论用户目标的某些方面。它可以用来想象设备的潜在用途以及捕获现有行为。它并不打算捕获全部需求，而是一个非常个性化的描述，只提供一个透视图而已。

为了更好地理解行动方案，举一个例子：某人最近需要购买一辆车，做决定的过程是怎样的呢？

先去看汽车杂志，或者上网浏览一下相关论坛，这样心里就有了一些倾向。然后去观察道路上行驶的车辆，了解它们在驾驶中的表现，或者跟拥有这款车的车主聊聊他的体验。如果这些还不够，还会到 4S 店去感受一下这辆车，感觉一下它的味道，触摸一下它的车身、内饰，并做个试驾。这样就可以下决心了。

3. 使用案例、行动方案与场景

使用案例和行动方案之间的关系，可以用图 10-7 来描述。从图中可以看出，对于一个使用案例可以有多个行动方案。

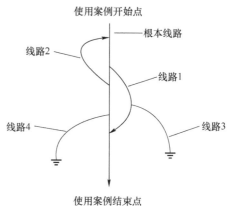

图 10-7　使用案例和行动方案之间的关系

做汽车的交互设计，都会考虑不同的用户场景。这些用户场景，在很大程度上也是一种用户需求的描述。从以上分析可以看出，中文中所提到的汽车驾驶场景，或者说在很多场合和文献中提到的场景，可能既不是使用案例，也不是行动方案，而是两者在不同程度上的组合。

从驾驶员的角度去定义场景，或许我们可以把场景分成两大类：一类是与汽车驾驶相关的场景，另一类是与驾驶本身不直接相关的场景。在与汽车驾驶相关的场景中，驾驶员需要完成的任务都是与驾驶相关的，英文也常称之为"primary task"（首要任务）。在与驾驶本身不直接相关的场景中，驾驶员需要完成的任务都是与驾驶不直接相关的，比如听音乐、开空调等，这些英文也常称之为"secondary task"（次级任务）。

科伯恩（Cockburn）[144]建议场景使用案例（use cases）应该是以人的目的为主，构建一系列目标和子目标的树状结构。主目标就是每个场景（使用案例）的基础。它不包含任何可能的用户界面或技术决策。基本用例侧重于用户意图或者需求，而不是交互细节；着重于简化，而不是阐述。之后，用户界面设计人员可以利用这些基本用例作为输入来创建用户界面，而不受任何隐藏的决策的约束。这些目标和子目标的分析与任务分析有些相似（关于任务分析，我们会在10.13 节中做详细阐述）。

与汽车驾驶相关的场景分析，我们可以在这里举一个例子。如图 10-8 所示，以"设置自动驾驶"为一个使用案例。我们可以从这个主目标中按照驾驶员的需求分解出 5 个子目标，通过完成这 5 个子目标，就可以完成主目标。

对于任何一个与汽车驾驶相关的场景，都可能受到不同的外部环境的影响，

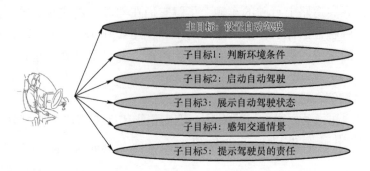

图 10-8 与汽车驾驶相关的场景用例分析

这些外部环境就构成了影响这些与汽车驾驶相关的场景的参数。这些外部环境参数⊖包括静态要素、动态要素，交通参与者要素、气象要素等。这些要素的具体内容见表 10-6。对于中间的每个细项，可能还有更多的参数需要考虑。如此一来，对于每个子目标，不同的环境参数对它的影响就会有所不同。需要说明的是，驾驶场景并不能穷举。

表 10-6 驾驶外部环境要素

外部环境要素	驾驶任务信息	感知识别类、路线规划类、人机交互类、联网通信类驾驶任务信息
静态环境要素	障碍物	正障碍、负障碍
	周围景观	花草树木、建筑
	交通设施	道路辅助设施、道路交通标线、道路交通标志
	道路	桥涵、匝道、交叉口、路表、路段
动态环境要素	动态指示设施	交通信号灯、可变交通标志、交通警察
	通信环境信息	信号强度、电磁干扰、信号延迟
交通参与者要素	其他车辆	机动车、非机动车
	行人	步行行人、跑步行人、残疾人
	动物	猫、狗等
气象要素	环境温度信息	—
	光照条件信息	光线强度、光线角度
	天气情况信息	雨、雪、雾、霾、风、冰雹

对与汽车驾驶不相关的场景，我们也可以在这里举一个例子。如图 10-9 所示，以"在开车的路上开电话会议"为一个使用案例。同样，我们可以从这个

⊖ 来源于《中国自动驾驶仿真蓝皮书》2020。

主目标中，按照驾驶员的需求分解出 6 个子目标，通过完成这 6 个子目标，就可以完成主目标。

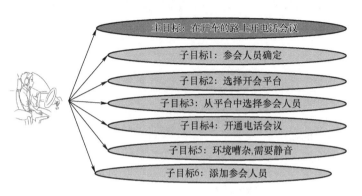

图 10-9　与汽车驾驶不相关的场景用例分析

同样，与汽车驾驶不相关的场景也有自己的外部环境要素，也同样可分为静态要素、动态要素，交通参与者要素、天气要素和光照要素等。只不过，它的静态要素不是道路设施，而是互联网信号等；动态要素可能是手动驾驶/自动驾驶、道路复杂性；参与者要素可能是与其他人员的互动、个人日常安排等。

10.13　任务分析

一般说来，任务分析包含任务确认、收集任务数据、分析数据以便更加深入地了解任务，然后对任务进行描述。有人通过文献统计发现，有 100 多种不同的任务分析方法。大部分任务分析都是为了更好地了解用户需求，从而能够为交互设计做准备。任务分析就是把任务（或者用户产品使用场景）按照用户需要操作（物理操作）的方式不断分解，用户可以通过这些分解步骤来完成任务。根据任务分析所服务的目的不同，所采用的分析方法和分析过程也会有很大差别。如果是为书写产品说明书做任务分析，那就要严格复现产品的操作步骤。如果是在产品设计初期，那么就可以通过任务分析方法，寻找到最佳的设计方案和它们背后的信息框架。从某种意义上讲，这与 10.12 节中的场景分析过程中，把主目标分解成子目标的过程有些类似，只不过场景分析中的子目标是完成主目标的必要目标，但它们相互之间是相对独立的，同时，它也只有一个层级，而任务分析是动作分解，可以是多个层级，而相互之间是有关联的。表 10-7 总结了不同任务分析方法的优缺点[131]。

表 10-7　不同任务分析方法的优缺点

方　法	优　点	缺　点
分层任务分析法（Hierarchical Task Analysis，HTA）	1）其产出可以给许多人因工程做输入；2）该方法是在各领域广泛应用的方法；3）对完成任务的活动有非常详细的分析	1）主要提供的是描述性的数据；2）没有任务操作中认知心理方面的数据；3）对于复杂的任务，分析过程会耗时耗力
目标、操作、方法和选择规则法（Goals，Operators，Methods and Selection Rules，GOMS）	1）对任务的活动做了详细的等级分析；2）主要应用于人与计算机的交互设计（HCI）中	1）对 HCI 以外，没有应用的价值；2）分析过程会耗时耗力
语言原型分析法（Verbal Protocol Analysis，VPA）	1）数据来源丰富；2）从文字描述中可以窥见认知心理过程；3）容易使用	1）数据分析比较复杂；2）不容易用语音描述认知过程；3）在操作中穿插语言不自然
任务分解法	1）方法灵活，允许多种分析方法；2）可以涉及界面设计的多方面，比如操作错误、可用性、交互时间等	操作有些复杂，费时间
子目标模板法	产生的数据非常有用	该技术的效度（validation）还需要被进一步验证
表格任务分析法	1）方法灵活，可以按照需求进行分析；2）应用范围广	比较费时间，因此应用少

在这些方法中，我们重点介绍一下 HTA 方法。HTA 方法是所有任务分析方法中最常用的方法，其用途非常广，包括界面设计与测评、培训、功能分布、工作描述、劳动组织、说明书设计、错误预测和劳动负荷等。它的操作可以分为以下步骤。

第一步，定义任务。对要分析的任务要有明确的定义，同时，也要明确任务分析的目的。

第二步，数据收集。这些数据是为任务分析服务的，其数据包括完成任务所需的技术、人、机、团队之间的交互，以及任务的局限性等。数据收集的方法不外乎观察、访谈、认知走访等。

第三步，确定任务的目标。任务的总目标需要在第一时间确定。比如，在高速公路驾驶时开启自动驾驶模式。

第四步，确定任务的子目标。通过这些子目标的操作，可以完成总目标。一般来讲，这个子目标有四五个，但并没有详细的规定。

第五步，对子目标进一步分解。这个分解过程可以是一步或者几步，直到达到可物理操作的水平。

第六步，规划分析。当我们完成所有子目标和分解工作时，就可以开始规划不同步骤之间的关系。不同步骤之间的关系可以是多种类的，见表 10-8[131]。

对比场景分析方法可以看出，任务分析中第三步和第四步与场景分析中确定主目标和子目标很类似。这里需要强调的是，场景分析尽量不受现有技术的影响，而任务分析是要考虑交互的过程和选用的交互技术的。

表 10-8 任务分析中步骤规划的种类

规　划	案　例
直线关系	操作步骤 1，然后步骤 2，再操作步骤 3
非直线关系	操作步骤 1、2、3，任何顺序都可以
同时进行	操作步骤 1，然后 2 和 3 同时进行
分支关系	操作步骤 1，如果 X 出现，就可以操作 2，然后 3。如果 X 没有出现，就终止操作
循环方式	操作步骤 1，然后步骤 2，再操作步骤 3，如此重复，直到 X 出现
选择方式	操作步骤 1，然后步骤 2，或者步骤 3

图 10-10 展示了 HTA 任务分析的一个案例。这个案例描述了在车内播放音乐这一任务的任务分析图解。任务分析的结果也常会用表格的方式来表述，见表 10-9。

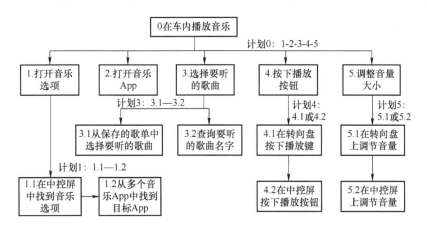

图 10-10 任务分析的关联图表述方式

这里需要说明的是，任务分析结果不是唯一的，可以有多种分析方法。如果是对现有产品进行分析，那么操作步骤就需要严格反映出设计的操作步骤。如果是为设计而做的任务分析，可以出现多种步骤分解图。通过这个分解图，我们可以不断优化、简化设计和操作步骤。

表 10-9　在车内播放音乐 HTA 任务分析表格表达方式

计　划	步　骤
计划 0	在车内播放音乐。操作步骤：按顺序操作计划 1、计划 2、计划 3、计划 4、计划 5
计划 1	打开音乐选项。操作步骤：按顺序，先操作 1.1，然后操作 1.2 1.1　在中控屏中找到音乐选项 1.2　从多个音乐 App 中找到目标 App
计划 2	打开音乐 App
计划 3	选择要听的歌曲。操作步骤：按顺序，先操作 3.1，然后操作 3.2 3.1　从保存的歌单中选择要听的歌曲 3.2　查询要听的歌曲名字
计划 4	按下播放按钮。操作步骤：操作 4.1 或者 4.2 4.1　在转向盘上按下播放键 4.2　在中控屏按下播放按钮
计划 5	调整音量大小。操作步骤：操作 5.1 或者 5.2 5.1　在转向盘上调节音量 5.2　在中控屏上调节音量

第 **11** 章

设 计 方 法

经过几十年的积累，已经有了很多方法可以用在交互设计中，关键问题是如何选择合适的方法以及如何使用这些方法。可以从不同角度对方法进行分类：有为获得用户需求的调研方法，有为验证设计的设计测评方法，有实验室研究方法，有在真实用车场合下操作的方法；有静态的方法，也有动态的方法。有关方法的文献也很多，这里仅介绍一些常用的方法。

这里需要强调的是，任何方法都有其优点和不足。例如，在将某种新技术引入社会之前，通常可以通过用户调研、焦点小组访谈和驾驶模拟器的实验来进行用户调研。这种方法一方面使研究开发人员可以在技术推出之前就已经收集了用户意见，并利用这些意见指导技术开发；另一方面，这种调研方法也有缺点，特别是，调研通常是对没有技术经验的人进行的，因此，他们的反馈信息有用的可能不多。在驾驶模拟器中进行实验时，场景通常是人为设置的，安全性不是问题，实验持续的时间通常很短，因此，无法提供有关在现实生活中如何使用、滥用或放弃使用该技术的相关信息。对于该技术在车辆上使用的安全性问题，则需要更长时间进行研究。理想情况下，应该在户外进行更长时间的实验，不是由训练有素的测试人员，而是由"普通用户"（通常是志愿者）进行。因此，令人欣慰的是，许多主机厂已经开始进行更大范围的现场测试以收集数据，这些研究不仅涉及技术性能，还涉及用户体验。但是，只有在技术已经足够先进的情况下才能进行此类测试。由于从用户为中心的设计角度出发，我们希望在设计过程的早期就能够收集到有关未来用户体验的意见，这些意见可用于指导技术发展，所以需要平衡做出选择。这种平衡应基于对不同方法优缺点的分析。表 11-1 显示了一些不同方法的优缺点，可以供选择方法时做参考。

表 11-1 中的描述非常笼统，因为它们是从具体的研究问题中抽象出来的。例如，如果在自动驾驶还没有实现之前，有兴趣了解公众对自动驾驶的看法，而又不必了解技术的本质，那么进行问卷调研是一种合适的方法。但是，一旦将自

动驾驶技术引入社会，人们可能会质疑调研出来的公众意见是否仍然有意义。在以往的调研中发现，很多人对自动驾驶是否值得信任感到担忧。但是，一旦将自动驾驶技术引入社会，人们很可能会从早期使用者和媒体那里获得有关自动驾驶技术性能的更多信息，这将影响他们的意见。另外，调研如果是针对早期使用者，而不是针对公众，那么可能会提供更多值得信任的信息。总之，建议应验证被调研者是基于哪种技术信息来回答问题的。如果只有非常简洁的信息，则可能有充分的理由要谨慎对待调研结果的有效性。关于驾驶模拟器实验，将在第 14 章做详细讲述。

总的来说，不同的方法有各自的优点和不足。本章还会介绍除表 11-1 所列以外更多的方法。方法是一种工具，如何使用这些工具取决于需要解答的问题和条件，以及操作人员的经验。

表 11-1　不同方法的优缺点

方 法	优 点	缺 点	备 注
查阅文献	效率高，以相对少的时间能获得大量的信息	获得的信息可能无法直接应用到设计项目中	这是任何项目开始时不可或缺的步骤
问卷调研	了解用户的意愿，可以在短时间内获得大量的数据	由于普通人并不了解技术的特性，所以可用的内容有限	如果被调研的人群对自动驾驶没有经验，所得结果可能意义不大
焦点访谈	用于技术应用的可能优缺点研究	所得结果只能看作是一种假设，需要进一步通过其他方法进行验证	需要帮助受访者去想象未来
驾驶模拟器实验	对于自动驾驶水平（L1—L3）的研究非常重要	是人为设计的场景，因此会有些不真实	模拟器驾驶时间最好不要超过 0.5h。模拟器的仿真度对结果有影响
在测试场的实车测试	是收集驾驶体验数据的好方法	驾驶场景与真实路况依旧存在差别	须用不同材料模拟道路场景
实际道路测试	是非常好的方法，可用以积累长期使用数据	对技术要求比较高	获得许可和注意安全

11.1　构思和创新过程

设计是一个创新的过程，在创新的初始阶段，人们会先用一种集思广益的方法，不断收集各种创新设计的想法，然后收缩到一个比较明确的方向，在这个方向上，再不断地收集各种创新的想法，然后再提炼到一个设计当中。图 11-1 显示了设计问题的解决方案是如何产生的，这是一个不断扩充和浓缩的过程。在第一阶段（迭代#1），所有参与设计的专家们都把他们的想法拿出来讨论，在这个扩充阶段，工作的目的是收集更多的设计构想。在这个过程中，需要尽量避免过早的统一思想和倾向，或寻找相似的构想，否则就会产生设计构想单一而不具备全局观的结果。这个创新的构思过程能够让设计者不断探索他们自身的局限、边界和假设，以及重新思考和组织他们对设计问题的理解。在这个阶段，一般会采用多种方法，比如文献资料的查询、"头脑风暴"、专家访谈等。当收集到足够的方案后，设计者们再根据需要解决的问题的性质、上下文的关系、技术的局限性、时间和人员的局限性等客观条件对方案进行筛选、整合和提炼。由此产生出方向比较明确的设计概念。这就进入了第二阶段（迭代#2）。在这一阶段，第二次扩充开始，这时收集的方案具备了一定的方向性，会更加具体，为下一步原型设计做准备，因此，收集的内容也会与第一阶段有所不同。在这里，提炼过程产生的结果是纸质设计原型或者各类低保真原型。这个原型一般会进行用户测试，找出设计的不足之处，再不断尝试不同的设计方案去完善设计。如此类推，这就是构思和创新的过程。

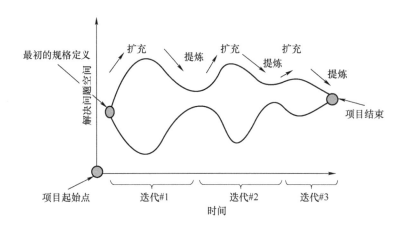

图 11-1　设计构思和创新的过程

11.2　用户调研的五个关键要素

对于交互设计者而言，很多人把重点放在如何设计出更加炫酷的画面上，以为这就是提高用户体验的方法，实际上，形式总是服务于内容，因此，确立要设计的内容是什么，才是设计的关键要素。而交互设计的根本是促进系统与用户之间的交流，提供用户达成目的路径，从而满足用户的需求。因此，用户调研是交互设计方法学中的重中之重。可惜，有些交互设计者却从来没有与真正的用户接触过，并不真正了解用户需求，只是通过间接的手段、其他机构做的研究报告，或者是供应商粗糙的调研和一些模棱两可的判断，以及通过模仿对标车的设计，来确定自己的交互设计方案。有些设计者自己甚至都没有开过车！交互设计是具有强烈科学背景的艺术，通过自身的直观感受，敏锐地捕捉到用户的真实需求，才是做好交互设计的关键。

要想获得真实的用户需求，就需要有好的方法去做用户调研。在选择采用哪种方法之前，有五个关键要素需要考虑。

1）确立调研的目的。任何用户调研都有其不同的目的，只有明确调研的目的，才有可能选择和设计一个合适的调研方法。调研的目的可以是多种多样的。比如，你想了解已经上市的汽车哪些部分的交互是用户喜欢的、常用的，哪些是不喜欢的、根本不用的。也许你想了解，用户在使用导航时是以视觉为主，还是以听觉为主；是喜欢 2D 地图还是 3D 地图；用户在什么情况下喜欢用语音系统；甚至可以是某些特定的交互模式，或者信息呈现的位置、方式等。也可以研究驾驶员非常希望在开车时使用哪些新技术。不同的目的，所采用的调研方法不同、调研对象不同，所采集的数据也不同。

2）确立调研的对象。明确了要调研的问题，才可能确立调研的对象。有时调研对象是非常明确的，比如，你需要了解针对某款车有多少年驾龄的人群的驾驶经验；有时用户人群会比较小，但有时用户人群会非常大。但无论如何，任何一个调研者都无法对定义的人群中的每个人进行研究，因此，他就必须做出选择，这个被选出来的被调研人群，就是"样本人群"。样本人群的选择会直接影响调研结果。因此，为了调研的结果没有某种特定的偏差，从严格意义上讲，随机取样是最佳办法。所谓随机取样，理论上讲，就是全部用户人群中的每个人都有同等的机会成为样本人群中的一员。但在实际操作中，是很难做到这一点的，因此，在大多数情况下，都是采用"方便"的方法或者"自愿"的方法来获得样本人群。例如，在实际操作时，把需要样本人群的消息和人群的条件放到大多数人都能看到的地方，那些条件合适的人中就会有人自愿报名加入样本人群。从另外一个角度讲，作为调研者，不可以凭借个人的喜好来选择样本人群。随机取样是调研数据可以用统计学的方法来分析的重要先决条件。

3）调研者与被调研者的关系。调研者和被调研者之间保持清晰的职业关系非常重要，不应该夹杂任何个人感情或者其他目的和因素，这样才有可能保证数据的公允性。如何能够做到这一点，不同国家有不同做法，在美国和英国，调研者常常会同被调研者签署一份协议；在北欧，不需要这样的文字协议，但会有口头说明。但无论如何，调研者需要向被调研者明确调研的目的和数据的使用方法，同时也要确保被调研者有完全的自由，被调研者随时可以中断调研过程。在调研工作开始之前达成共识非常重要，调研者需要知道自己采集到的数据可以用在需要用的地方，而被调研者也需要知道他所提供的数据没有被用到他不希望用到的地方。这种相互的尊重对调研非常重要。

4）多方位的调研（Triangulation）。所谓多方位的调研，就是在做用户调研时，不能采用单一的方法。多方位调研有四种方式：①多方位数据来源，也就是数据不能只来自一个数据源，应该从不同的源头去搜寻数据，在不同的时间点采集数据，在不同的地点从不同的人群中获取数据；②不同的研究人员参与数据的采集工作；③采用多种理论来指导数据的采集和分析工作；④采用多种方法来收集数据。通过多方位的调研来找到其中的共同点或者相似的结果，这才能证明结果的可靠性。

5）预实验。在以上几点确认以后，还需要在小范围内尝试数据采集工作，以便检查是否有遗漏的地方，或者在实操过程中可能产生的问题；同时应给予工作人员在方法上的培训。

对于数据收集的工具，这里不做详细讲解。不过，在采用录音或者录像设备时，一定要征询被调研者的同意，并承诺数据的用途，尤其不能将数据用在任何可能对被调研者造成负面影响的目的上。

11.3 用户访谈

1. 用户访谈的种类

访谈是一种常用的用户研究方法，通常用于交互设计的需求调研和分析阶段。在许多用户体验研究中用到访谈，设计团队可以从中获得宝贵的用户体验描述。出于同样的原因，访谈有不同类型，主要区别在于访谈过程中引入的预定计划和结构。1）非结构化访谈，在访谈开始前不会预先做许多框架，唯一的指导因素是访谈的总体主题。然后，访谈者可以通过提出的问题自由引导受访者寻求有意义的话题。非结构化访谈可能会基于个人的回答而产生截然不同的结果，因此，在数据分析中，想要得出某种概括性结论或者模式性答案会比较困难。

2）半结构化访谈，通过引入感兴趣的主题和必须提出的特定问题，为访谈过程增加了更多结构。访谈者仍然可以偏离采访主题，而追求可能出现的有趣话题。

3）结构化访谈，具有最多的范围和规范，会提出许多特定的问题，并且在制订计划后就不能以任何方式更改提问的问题。

2. 用户访谈注意事项

很多人都在使用用户访谈这一方法，但是，不得不说，却未必能真正了解和正确使用。方塔纳（Fontana）和弗雷（Frey）在他们的文章中把访谈（interview）称为一种科学艺术[145]，因为无论我们多么慎重地组织我们的语言，语言本身都包含了很多的不确定性和言不尽意的状况，所以访谈本身不仅仅是一种工具，更是一种社会艺术、社交艺术，它要求访谈者和受访者处在平等地位。这就涉及两个问题，一个是访谈者如何提出问题、如何引导受访者，两者之间如何互动；另一个问题是，受访者如何理解访谈者提出的问题，而访谈者又是如何去理解受访者的回答。在访谈过程中，两者之间不仅有文字语言，还有肢体语言、语气、面部表情，这些都会附加在文字语言中，赋予文字语言不同的理解。因此，在做访谈时有一些注意事项如下。

1）不要提供过长的问题解释，最好准备相对标准的解释文字。

2）尽量不要偏离问题的主导内容、不改变访谈的顺序。

3）不要让别人来打断访谈过程，加入其他内容主题，不允许其他人来解读对问题的回答。

4）不要对回答给出建议，或者对回答案的正确与错误、同意与反对提出自己的想法，要尽可能地保持中立。

5）不要提供对提出的问题的进一步解读，如果受访者不理解你的问题，你只能不断地重复你的问题。

6）在访谈过程中，最好保持温和的态度，其间最好不要做诸如玩手机这样无关的事情，否则受访者会认为你其实并不在意他的想法。

在做访谈时，还有一些注意事项，这些注意事项对于从事非结构性访谈工作尤其重要：

1）访谈环境的设立与可达性：不是所有的访谈都需要在实验室或者办公室内完成，有的访谈需要在受访者熟悉的环境中进行，比如驾驶员正在开车中。那么，驾驶员要允许你坐在前排乘客位置，一边伴随他开车，一边访谈。

2）了解受访者的文化和语言：这是敏感和困难的问题，如果你要问一些与技术相关的问题，但受访者不懂这些专业词汇，你就需要用受访者能理解的方式表达出来，这样也能让受访者有亲近感和认同感。尤其要注意什么话可以说、什么话不可以说，不可以触碰他们敏感的底线。

3）如何介绍你自己：如何介绍自己，相当于在受访者心目中建立一个自己的形象以及你与他的关系，这会对访谈结果产生不可估量的影响。你介绍你自己是高校在校生？公司领导？还是一个女人面对另外一个女人？亦或你把自己放在接受教育的位置？

4）获取信任：并不是每次访谈都需要获取受访者的信任，但在相当多的访谈中，信任是非常重要的基石。有了信任，受访者就会主动说出自己真实的想法。

3. 用户访谈方式

访谈提问的方式主要有以下三种：

1）闭环问题，也就是用户只需要回答"是"或者"不是"就可以了。例如，"这个系统对你有用吗？"

2）开放性问题，这些问题的提出是为了了解一些背后的原因，例如，"你认为这个系统的可用性有哪些？"

3）提示性问题，这类问题一般会紧随前一个问题提出，例如，"为什么你认为这个系统不可用？"

访谈开始最主要的是让双方放松、自然。一般来说，最好从一个题目开始，慢慢地、自然地引入到另外一个题目。访谈不一定是一对一的，也可以是小组访谈。小组访谈大多是非结构化访谈，给小组成员一定的发挥空间和灵活性，从中可以发现更多的观念和问题。但小组访谈也有弊端，小组成员的性格、社会地位不同，由此会产生有一个或几个人主导小组讨论，使得其他人的观念不受重视，甚至没有机会提出来；同时，也很容易偏离主题，被带到某些受访者感兴趣的方向。因此，访谈者的组织引导工作就很重要。

另外，访谈数据的记录常常会采用录音、录像的方式，辅助以访谈者当时的笔记。在数据分析时，一般需要三个人独立地听/看访谈资料，对受访者的语言进行解读和标注，然后三个人相互对照，才能补充完成语音、视频数据分析问题。

4. 用户访谈的优缺点

用户访谈的优点：

1）可以获得比较多的用户信息。

2）在获取大量数据的同时，可以感觉轻松和灵活。

3）访谈者可以控制访谈的进度和方向。

4）如果事前准备充分，数据可以有统计学上的价值。

用户访谈的缺点：

1）比较耗费时间，因此，很难做到获得大量的数据。

2）数据的可信度和有效度很难论证。

3）数据可能会夹带访谈者和被访者的个人倾向。

4）数据分析过程费时费力。

5）需要访谈者有足够的技巧，访谈者的访谈水平决定了数据的质量。

11.4 问卷调研

问卷调研是一种收集统计数据和用户意见的成熟技术，类似于用户访谈，也可以有封闭或开放的问题。调研人员需要尽努力地使用技巧以确保能清楚地表达需要提问的问题，并能够有效地分析收集的数据。问卷可以单独使用，也可以与其他方法结合使用以阐明或加深被调研人的理解。使用的方法和需要提问的问题取决于调研目的、具体情况及用户背景等。问卷中提出的问题与结构化访谈中使用的问题可以相似。问卷调研的优势之一是可以将其大量分发，这样可以获得大量的具有普遍观点性的数据。

问卷的设计一般会有一些比较固定的格式，比如，问题开始会询问被调研人的背景资料（如性别、年龄、家庭状态、教育背景、文化背景等）和用户体验的详细信息（如驾龄、驾驶技术水平、对不同技术的使用经验等）。以下是对问卷设计的一般建议：

1）使问题的表述清楚明确。

2）如果可能，应提出封闭的问题并提供一系列答案供被调研人选择。

3）考虑包括"无意见"选项。

4）考虑问题的排序。问题的答案可能会受问题顺序的影响。一般性问题应先于具体问题。

5）避免复杂的多个问题在一段文字中提出。最好一句话只问一个问题。

6）如果使用数字来量化答案，应确保范围合适且不重叠。

7）确保数字标尺的顺序是直观且一致的，并小心使用负数。例如，以1表示程度低，而5表示程度高这样的比例来询问用户的观点时，应该所有的问题保持一致，不要有的问题是1到5，有的问题是1到7；同时，也最好都是1表述程度低，5表示程度高。但有时为了避免用户不认真看题目，有些调研人员会故意在中间把数字的意义倒转过来，这也是可以的。

8）当大多数问题是用肯定的陈述语气表述，而少数问题用否定的陈述语气表述时，就可能会出现用户错误理解问题的错误。但是，也有一些研究者认为更改问题的方向有助于检查用户的意图。

9）避免使用专业术语。

10）可以考虑是否需要针对不同人群使用不同版本的问卷。

11）要提供有关如何填写问卷的明确说明。

12）问卷可以通过认真斟酌措辞和良好的排版使信息清晰。

13）必须在使用留白和保持问卷尽可能紧凑之间取得平衡。

14）较长的问卷会花费更多时间答卷，这样会使很多人拒绝答卷，或者后面的问题不认真回答。

表 11-2 给出了一个设计问卷调研的一般模式和举例[131]。

表 11-2　设计问卷调研的一般模式和举例

问 题 种 类	问 题 举 例
多选题	你平均每周开车时间有多长？ 1. 1~2 小时，2. 3~4 小时，3. 5~6 小时，4. 大于 6 小时
数字衡量	我觉得这个系统太过复杂 1. 非常赞同（5），2. 赞同（3），3. 不赞同（1）
双双对比	任务 A 和任务 B，哪个让你感觉心理负荷更大？
连续衡量	你认为这个系统的可用性如何？（任意打分） 1.（非常糟糕），…，10.（非常有用）
开放式问题	你对这个系统的可用性有什么想法？
封闭式问题	以下哪类错误你常遇到？ 1. 找不到位置，2. 理解错误，3. 按错键
过滤式问题	在操作这个系统时，你遇到过困难吗？ 是的，不是（如果回答"是的"，请继续回答问题 11）

使用问卷调研时有两个重要问题需要提前考虑：一是需要了解发出多少问卷才算达到足够的样本量？二是合理的答复率是多少？对于大型调研，需要使用抽样技术选择潜在的受访者。确保返回率是问卷调研中一个众所周知的问题，一般都接受 40% 的返回率，但通常实际情况要低得多。鼓励用户填写问卷的一些方法包括：对问卷进行精心设计，以使参与者不会感到无聊并放弃；提供一个简短的概述说明，并告诉受访者如果他们没有时间回答整个问卷，则只填写简短的版本也可以，这样可以确保获得有用的返回率；如果是邮寄的、打印好的问卷，则要同时附上包括已付邮资的回邮信封，以供退回；解释为什么需要填写问卷并确保匿名；后续通过信件、电话或电子邮件与受访者取得联系；提供激励措施，例如付款鼓励，或者赠送小礼物。

如今在线调研问卷变得越来越普遍，因为它可以快速、轻松地吸引大量人群的注意力。线上问卷有两种类型：电子邮件和基于网页的问卷。电子邮件的主要优点是可以定位特定用户。但是，电子邮件调研问卷通常仅限于文本，而线上调研问卷则更为灵活，可以包括复选框、下拉菜单和弹出菜单、辅助屏幕，甚至图形。线上问卷还可以提供实时的数据验证。

问卷调研的优点有：

1）通过比较灵活的方式获得大量用户的数据。

2）如果问卷设计得好，数据分析会很快捷。

3）不需要复杂的资源，问卷设计出来后，可以通过多渠道传递出去。

4）很多问卷设计是现成的，比如 QUIS、SUMI、SUS 等，这些现成的问卷可以很好地帮助进行横向和纵向对比。

5）容易管理和操作。

不过，问卷调查也有很多局限性，比如：

1）问卷设计和做小型测试来验证问卷设计的好坏是其中比较难的步骤。

2）数据的可靠性和有效度依旧很难验证。

3）问卷的回答率一般会比较低（通常 10% 左右）。

4）不能保证回答问题的人是认真思考并回答问题的。

5）可获得的数据有限，同时也有可能产生偏差。

图 11-2 总结了问卷调查的操作流程[131]。

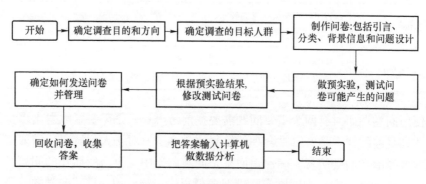

图 11-2　问卷调查的操作流程

11.5　用户观察

在准备用户观察研究之前，首先要确定的是研究的目的是什么，与设计用户访谈和问卷一样，只有目的明确，才能够进一步确定需要观察的内容。比如，在设计新车型之前，我们需要了解这个新车型对标车的某些设计、用户操作的状态及其优缺点。同时，我们也需要了解本公司其他车型的用户体验，了解哪些是优点需要继承，哪些是缺点需要改进。在这个阶段，采用用户观察法是必不可少的。如果是在产品开发的过程中，对不同原型车型的用户使用测评，也会用到用户观察法，其目的可能是看用户需求是否满足，产品可用性是不是足够好，这样的观察目的，就与需求调研有很大不同。

用户观察可以在任何时间、任何地点进行，有时候不需要做详细的规划和计划。这种方法也叫"quick and dirty"法。这个时候，手边有纸有笔，可以一边看，一边问。不过，大部分正规的用户观察调研一般会发生在两个地方：实验室或者应用现场。

对于汽车设计而言，实验室观察一般会发生在使用驾驶模拟器实验中，关于如何使用驾驶模拟器研究用户体验的问题，会在第 14 章、第 15 章中做详细介绍。这里主要介绍在应用现场的观察研究。对汽车设计而言，这种观察通常发生在驾驶舱内，观察员坐在前排乘客位置，通常还会放置摄像机记录驾驶员的操作过程和道路状况，驾驶员在真实的道路上开车，观察员一边观察，一边会询问各种问题。

在做用户观察时，录音、录像是不可或缺的。面对这些设备，用户可能在一开始会感到有些不自然，但过不了多久，他们就会忘记设备的存在。当然，研究人员需要向用户保证，这些录音和录像不会用在研究本身以外的地方。

还有一种观察方法是观察者直接参与被观察人员的工作中。这种方法往往会要求观察者近距离与被观察人员一同工作，对被观察人员的工作有比较深入的了解。而观察的过程也是在参与被观察人员的工作中一边观察一边询问。这里我们总结出做用户观察研究需要考虑的问题：

1）用户：谁是我们需要观察的用户？他具备什么样的特征？他们对于产品的使用扮演什么角色？

2）时间：他通常在什么时间使用设备？这个设备的使用与其他设备是否有关联？

3）场合：他在什么场合下使用设备？这个场合有什么物理特征？对使用产生什么影响？

4）任务：他用这个设备做什么？这其中会发生什么？他会说些什么、做些什么？

当然，对应汽车驾驶的研究，有一种常用的方法是在车内车外安装多个摄像头，在比较长的一段时间内，自动记录驾驶员的活动，事后再进行详细分析。图 11-3 给出了常用的用户观察法的操作流程[131]。

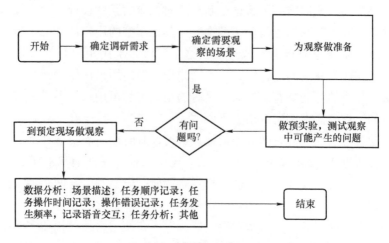

图 11-3　用户观察操作流程

11.6　根植理论

根植理论（grounded theory）是用来对定性数据进行分析的理论，通过观察、访谈、问卷等方法采集到的用户数据，用该理论指导归类，找出一些内在的关系，并根据各类相关原理，还原出真实的世界。

根植理论通常从组织信息到基本描述开始（对不同的信息进行编码），然后通过数据形成的类别进入概念排序，最后是理论化以制订一套对命题的解释[146,147]。首先，我们对所获得的定性数据（主要来自观察和访谈）做详细的逐条分类编码，即确定概念、属性和数据的维度，同时进行轴向编码（即通过链接和相关概念进行编码），这是用作产生初级类别到逐级类别之间关系的基础，并形成高级分类和理论。在这样的过程中，比较分析是至关重要的，因为它使分析师能够辨别模式的出现和动态演化[147]。因为以上分析在很大程度上依赖于主观判断，所以主观性可能会成为对根植理论基础质量的潜在威胁。但对于定性数据，完全的客观性是不可能的。因此，这类分析会依赖分析师的先验知识和他的敏感性，这些知识也可以成为有用的信息，而不仅仅是指导分析[148]。相对于客观性而言，其灵敏度显示了能够获取数据中细微差别和线索的能力[146]，它可以帮助分析人员逐渐理解数据中真正的含义。

11.7　凯利方格技术

凯利方格技术（Repertory Grid Technique，RGT）是最古老和最受欢迎的属性启发技术之一。它源自凯利（Kelly）的个人建构理论（Personal Construct Theory，PCT）[149,150]，根据凯利（Kelly）的说法，每个人都有自己独特的世界观，这是由内在的异同决定的。该方法自从产生以来，被广泛使用。它可以用来研究人的心理的真实想法，也可以用来做产品的对比。凯利方格技术是一种基于访谈的分析方法，用来对比使用者对类似产品、系统或设备的想法或看法。凯利方格分析可以在设计周期的早期使用，以便了解用户如何洞察产品中的问题，并指出用户对产品的要求和设计偏好，或者根据用户态度来评估现有的产品设计。凯利方格技术的工作原理是向人们展示事物的三个元素，然后要求参与者将这三个元素分成两组，在三个展示的元素中找出哪两个最相似，最后要求参与者命名这种相似性，以及相似性的反义词。该方法用途广泛，凯利方格的输出可以是定性或定量的数据。

　　为了引出每个人对某个产品元素的特质描述，凯利方格技术采用了一种称为三合会（triading）的技术，向参与者展示三种产品，要求"辨认出两种产品相同且将它们与第三种区别开来"[151]。比如，我们拿 3 款不同的汽车做对比，用户可能会把其中 A 车和 B 车放在一起，认为它们区别于 C 车的特点是高科技感。当这种双极构造概念产生后，研究人员可能会进一步探究参与者的真实想法，以便更进一步构建产品特质结构[151]并做详细说明。这是为了试图了解是什么促使参与者给出某个特定的陈述，在假定的均值-末端链[152]中向造成这种概念的刺激因素更抽象地深层发展。例如，我们会问，为什么他们认为 A 车和 B 车有高科技感而 C 车没有？

　　在研究的实际操作中，研究人员通常会要求参与者给出他们提及的概念是正面还是负面的，并随后探查这个概念对于参与者的重要性，例如，"为什么表现力对您很重要？"我们会采用一种负梯形图来了解组成给定概念的较低层次的属性；在类似金字塔形的层级中，研究人员要求参与者详细说明给定产品的表征概念和各自的属性，例如，"是什么使该产品使用更加方便？"我们对所有可能的产品组合重复此过程直到没有新的属性出现，然后制作成特定的属性列表。该属性可能用来区分一组产品的个人用途，然后用于制订评级量表，这个量表通常是依据语义差异来制订的[153]，并且每个参与者都根据自己引出的属性集对产品进行评分。随后使用探索性技术，例如主成分分析（Principal Components Analysis，PCA）或多维标度（Multi-Dimensional Scaling，MDS）做进一步分析[153]。

　　随着近年来对用户体验的重视[4]，凯利方格技术在 HCI 领域变得很流行。哈森扎赫（Hassenzahl）和韦斯勒（Wessler）[154]使用凯利方格技术评估两个并行的设计并分析了网站的感知特征。法门（Fallman）和沃特沃思（Waterworth）[155]用该方法评价了用户使用移动技术设备的体验。赫特朱姆（Hertzum）[156]使用该方法研究了设计师和用户之间对三种不同文化背景的看法的差异。

以下是凯利方格技术的操作步骤[131]：

第一步，确定需要对比的产品或者设备。如果分析是基于一个早期的设计概念，可以用该方法比较许多不同的概念设计。如果是对现有产品或设备的评价，则各项目应该具有某种共同特征。在此阶段需要把所有项目放在一起，以便弄清项目之间的关系，这一点是很有用的。例如分析对比可穿戴设备，这些设备包括不同的腕表、各类头戴式显示器等，在项目开始前，我们需要把这些产品放在一起，找到描述这些产品特点的方法。

第二步，对参与者做出说明，包括他们要做的事情；要求参与者在所对比的产品中选出一个，并说明为什么选该产品。

第三步，确定描述结构。使用被分析的对象（或它们的照片），分析员应该向参与者展示每一个产品，并附上简短说明。然后应该鼓励参与者判断两项特征中哪个最相似，然后描述第三项的不同之处。参与者提供他们选择的理由是至关重要的，分析员和参与者同意一个简短的词或短语。这种选择和词语就构成了对比的结构。我们往往会拿多个同类产品做比较。因此，这样对所有产品做随机的3个组合，直到没有进一步的产品描述被发现为止。

第四步，产生网格表。将所对比的产品放在表格的第一行，下面是对这个产品的描述词语。通过这个表格，我们可以找到用来描述这类产品有意义的词汇。

第五步，让参与者对每个词语提出反义词。表 11-3 是车载收音机的描述词和对应的反义词[131]。

表 11-3　车载收音机的描述词和对应的反义词

描　述　词	反　义　词
模式相关	功能分离
按键操作	旋转键操作
模糊标签	清晰标签
容易控制	繁琐控制
糟糕的功能分类	良好的功能分类
良好的照明	糟糕的照明

第六步，建立关联性。把每个产品用每一组词做对比（表 11-3），让参与者选择。比如，这个收音机是模糊标签还是清晰标签？如果同意描述词，参与者只需要回答"是"或者"不是"；如果回答"是"，打分为"1"，回答"不是"，打分为"0"。如果不同意描述词，那就是同意反义词了。

第七步，确认第六步的操作没有错漏。

第八步，把做对比的所有产品中每项描述词的得分做一个比较。首先要确定一个临界值。如果某项得分超过这个临界值，就是 1 分，低于这个临界值，就是 0 分。例如，有 10 个人参与评分，如果确定 6 为临界值，那么，如果有 7 个人给模糊标签打 1 分，那么这个词的得分就是 1 分，而如果只有 5 个人给它打 1 分，它的总分数是 0 分。

第九步，确定真实的描述词。把所有产品或者设备在每一项描述词的得分（1 分或者 0 分）列在一个表里，然后做分析。如果某些词有 1/2 的产品都得 1 分，说明这个词对产品的描述是合适的，否则，是不合适的。

接下来的步骤就可以根据需求进一步发挥了。

这个方法的主要特点是找到正确描述产品特征的关键描述词。

11.8 其他设计方法

1. 概念画像

概念画像（Concept Portraits，CP）[157] 方法是一种分析复杂而有深度的问题的概念的方法，这些概念通常具有不同的含义，会产生不同的理解。概念画像方法能在设计过程的早期阶段为设计团队更好地共享这些概念。概念画像方法最适合设计过程的分析阶段，但是与许多其他分析方法不同，CP 不是用来收集用户数据，而是用来在设计团队内部对需求问题的困难性形成共识的。

概念画像基于一种消遣游戏，玩家被要求在不同的概念之间建立单词联系。举个例子，"如果（概念）是一个活动，它会是什么？"图 11-4 说明了概念画像方法包括的步骤。

图 11-4　概念画像方法的步骤

简而言之，设计团队从一个概念开始，然后他们通过回答给定概念的六个问题来建立联系。这些问题可以包括给定的概念与地点（如国家、公共空间）、动物、名人、物体等之间的联系。设计团队必须在开始之前准备好问题，并且必须快速回答问题，无须过多思考。当每个人都完成了各自的联想后，成员们轮流鼓励团队中的其他人做出自己的选择。最后，设计师可以利用卡片方法通过实例对概念画像的结果进行定性分析。

2. 未来工作坊

未来工作坊（future workshop）是以一种综合方法用于为未来世界构思设计。该方法的工作原理是将设计师的注意力从可能阻碍创造力的当前问题转移到为未来问题设想解决方案上。对未来的关注还能帮助设计人员克服现有技术和技术配置可能造成的局限性。该方法包括以下几个阶段：首先，设计团队定义一个设计问题；然后团队被置于一个假想的未来世界中，在这个未来世界中，设计空间与现实存在很大差异。设计人员以未来的一些特征为灵感，针对他们发现的问题生成设计解决方案，最后制订实现这些解决方案的计划[157]。

未来工作坊方法可以向未来世界添加预先制作的场景。场景详细描述用户将在未来进行的一系列活动。举例来说，如果未来是一个乌托邦式的世界，有远程传送存在，那么这个场景将详细描述一位瑞典用户每天早上做好工作准备，然后远程传送到他在巴西公司的办公室。场景帮助设计师想象人们在未来会如何操作和体验这个事件，同时也展示可能的用户需求和对系统的愿望[157-159]。

3. 卡片方法

卡片方法是一种可以帮助设计团队通过结构化的查找过程来组织复杂数据的技术。根据汉宁顿（Hannington）[160]的理论，卡片方法涉及以下步骤：进入卡片方法小组中的每个人都会得到空白的便签和笔，然后要求设计人员写出尽可能多的问题/见解/数据片段或意见，参与者将所有便签贴在白板上并轮流发言，以解释他们的每张便签。然后小组讨论注释，并将它们四处移动以形成相似注释的组群，从而创建相似性图。卡片方法适用于研究和设计工作，应用广泛，是一个集思广益的过程。它也可用来定性分析复杂的数据集以找到相似概念的模式。图 11-5 是这个方法的一个实例。

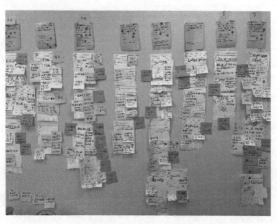

图 11-5　卡片方法实例

11.9   指导设计的标准和指南

尽管以用户为中心的设计方法强调了让用户参与设计过程以收集有关设计建议反馈的重要性，但并非所有设计建议都需要用户进行详细评估。根据国际标准组织（ISO）、国际机动车工程师协会（SAE）、美国国家公路交通安全管理局（NHTSA）和日本汽车标准组织（JASO）发布的标准，可以采用其他方式进行基础设计决策。以上这些组织和一些世界级的著名企业（如谷歌和微软）也发布了有各类设计指南。这些标准和指南为汽车系统及相关 HMI 的设计以及评估这些系统提供了指导。它们都是基于大量研究工作和设计实践的总结，因此，在设计之初，设计师们应该先参考这些标准和指南，以避免设计出现低级错误。

虽然可以认为与人类的信息处理能力和局限性有关的标准和准则是具有普遍性的，似乎不需要为不同的国家和地区制定单独的准则，但不同国家仍然存在文化差异，尤其是如果设计师应用的功能利用了潜在的文化习俗。因此，并不能假设可以将标准从一种文化转换为另一种文化使用，换句话说，应谨慎应用标准并进行批判性思考，以识别文化差异带来的元素。

第 12 章

设计与测评

在前面的章节，我们介绍了设计理论、设计流程和不同的设计方法。这里我们就将介绍如何进行设计与测评。在设计之初，我们需要先建立设计需求，一旦建立了一组需求，设计活动就开始了。一般说来，设计有两种类型：概念设计和实体设计。前者是建立概念模型，该模型用来展示满足产品的需求，以及这些需求将如何表现；而后者与设计的细节有关，比如屏幕和菜单结构、图标和图形等。在以人为本的设计过程中，我们会反复进行设计—用户评估—重新设计的迭代循环，直到用户满意。

为了让用户有效地评估交互式产品的设计，设计师必须为他们的想法制作一些交互原型。在开发的早期阶段，这些交互原型可能由纸和纸板制成，方便不断地探讨和测试，随着设计工作不断进行、各种想法的设计变得逐步完善，原型被不断打磨，最终形成类似于最终产品的软件、金属或塑料等实体产品。

设计一般有两种截然不同的情况：一种是从零开始，另一种是对现有产品进行改进。很多设计工作属于后者，即在原有产品的基础上，改进一些功能，添加一些功能，或者减少一些内容等。它可能不需要广泛的调研、大量的原型制作或用户评估。本章会一步一步讲解设计的过程。

12.1 概念设计

概念设计是将用户需求转换成一个概念模型。将一组需求数据转换成产品设计并不容易，概念模型一般需要展示即将设计的产品是用来做什么的、它应该如何表现、各种设计想法如何集成在一起、各种用户任务如何整合在最终的产品上。概念模型用户是能够理解的，它也包含了设计师希望用户的使用体验是什么样的。概念设计的主要指导原则如下[1]。

1）保持开放的心态，但不要忘记用户和他们的背景。

2）尽可能多地与其他人讨论想法。

3）使用低保真原型来快速获得反馈意见。

4）迭代，迭代，再迭代。

5）考虑不同的选择，从不同的角度反复思考，有助于扩展解决方案空间。

在概念模型生成阶段，有三个问题需要解答：哪种交互模式最能支持用户活动？是否有合适的界面隐喻（interface metaphor）帮助用户理解产品？产品会遵循哪种交互范式（Interaction Paradigm）？

1. 交互模式

哪种交互模式最适合设计中的产品取决于用户在使用它时将参与的活动。这些信息是通过用户需求研究确定的。交互模式指的是用户在与设备交互时的操作方式。伴随着技术的发展，可以采用的交互模式会越来越多，而多模态交互也越来越受人们的青睐，尤其是在汽车上，传统的菜单方式会被一键直达的方式所取代，语音交互和手势交互技术的应用也会越来越普及。

2. 界面隐喻

界面隐喻的目的是将熟悉的知识结合起来，以一种有助于用户理解系统的方式学习新知识。选择合适的隐喻，以及结合新的和熟悉的概念需要谨慎，它需要基于对用户及其环境的合理理解。例如，设计一个教育系统来教 6 岁的孩子数学。你可以把一位老师站在黑板前的教室用作教育场景，但这样会让孩子们觉得很枯燥。但是如果你考虑到系统的用户是孩子，什么事情可能更能吸引他们呢？你有可能选择一个让孩子们想起某事的隐喻，比如他们喜欢的球类运动、马戏团、游戏室等。伴随着智能手机的功能越来越强，考虑到人们已经在手机上越来越多地采用这类设计，在车载系统中，为了减少学习成本，人们会更多地借用手机上采用过的这类隐喻。

在选择不同的界面隐喻时，我们常常会问以下几个问题：

1）这个界面隐喻提供了解决问题的构架吗？

2）所选择的界面隐喻对用户来说与要解决的问题有关联性吗？

3）这个隐喻容易表达吗？

4）你的用户能理解这个隐喻吗？

5）这个隐喻的可扩展性如何？

3. 交互范式

交互范式最常见的是类似个人电脑中采用的窗口、图标、菜单和点击方式。当然，伴随着技术的发展，越来越多的其他范式也逐渐进入人们的视野，比如可穿戴式设备与车机的结合、全息影像的引入，都会对人机交互带来全新的体验，同时也给设计师带来完全不一样的挑战。

在概念设计阶段，有三个重要问题需要解答：

1）产品需要实现哪些功能？了解产品需要完成的任务是产生概念设计的基础，但对需要完成功能的深入理解也是非常重要的。例如，驾驶员在旅途中需要接打电话，要完成这一任务，汽车的交互界面就必须能够提供几个功能：接收电话的功能、拨号的功能、记忆电话号码的功能等；同时还需要了解这些功能中哪些是由人操作的、哪些是由系统自动操作的。

2）各功能间是如何关联的？有些功能可能是暂时相关的，例如，一个功能必须在另一个功能之前执行，或者两个功能可以并行执行。它们也可能通过许多可能的分类联系在一起。任务之间的关系可能会受限于在哪些设备中使用。

3）哪些信息在什么场合下必须提供？执行该任务需要什么数据？系统如何转换这些数据？比如驾驶员要听音乐，我们需要给他提供可选择的音乐目录。

12.2　用户画像

目前，用户画像在很多车企普遍使用，主要是用来说明用户人群的特征。用户画像信息大部分由企业市场部门收集。特别是，如果已经进行了详尽的用户研究，则可以以详尽的文档形式提供有关用户的信息。由于用户研究通常表明用户群体不是同质的、群体内存在个体差异，所以用户画像为捕获群体内不同细分人群之间主要差异提供了一种手段。很多交互设计师反映，企业现有的用户画像对交互设计没有起到多大帮助。下面先介绍用于交互设计的用户画像所包含的元素，这样我们就可以清楚地看到如何用用户画像帮助交互设计。

最初，用户画像是关于虚拟用户的简介，该用户有名字有性别，甚至通过肖像照片来体现；有时会用简短的故事讲述他典型的一天，常常会是一种叙事形式，讲述其重要的人物特征、目的、动机、兴趣和喜好。用户画像的目的不是获得用户准确的信息，而更多的是要引起用户的共鸣。但是，通过构造几个用户画像（通常认为进一步指导设计比较恰当的不同用户画像的数目是2~4个），可以对特征、动机、偏好和态度以及这些在人群中的变化方式具有足够的敏感性。有一点需要强调的是，这几个用户画像可能代表不同的用户人群的不同特点，因此，在概念设计时会产生不同的设计方案来满足不同人群的需求。理想情况下，用户画像是基于广泛的用户研究而获得的，但是如果缺乏进行此类广泛研究的资源，则用户画像可能是基于有限的用户研究的数据，甚至是受到一些真实用户的启发。最重要的是，用户画像的价值在于帮助设计团队在整个设计过程中始终专注于用户。图12-1显示了一个用户画像一般需要包含的内容。

用户画像提供了一种在进行用户研究的团队与设计团队之间传达相关用户特征的方法。但是，通过将画像打印为可以张贴在设计室墙上的海报，可以确保画

"我喜欢自己开车上下班，当我自己在车里时，我感觉可以放松一些，在紧张的工作中有一个喘气的地方。"

⬤ 个人状况
➤ 个人：唐晶，男，45 岁
➤ 工作：公司高管
➤ 家庭：已婚，两个儿子(6/4)

⬤ 性格

⬤ 用车目的　　**担心的问题**
➤ 上下班　　　　➤ 交通堵塞
➤ 客户拜访　　　➤ 对客户照顾不周
➤ 接送孩子　　　➤ 不能及时赶到孩子学校
➤ 周末出游　　　➤ 行李舱空间不够

⬤ 消费观
➤ 有时理性，有时冲动
➤ 理性时会仔细分析质量、功能、性价比，这些都很重要
➤ 冲动时看到自己喜欢的就一定要买下来，有时会高消费

⬤ 购车考虑
➤ 价格，品牌，舒适，空间

⬤ 用车习惯
➤ 喜欢开快车
➤ 不会违反交通规则
➤ 在路上会考虑礼让
➤ 如果他人违反交规，他会容易愤怒

⬤ 个人简历
➤ 他毕业于中国名牌大学的计算机工程系，硕士学历。妻子是大学同学。家庭收入中等偏上。在工作之余，他喜欢浏览关于新科技发展方面的书籍，愿意尝试新事物。周末一般都和家人在一起。如果有空闲时间，会读一些科幻小说。

图 12-1　用户画像一般需要包含的内容

像始终存在，从而帮助设计团队将注意力集中在用户身上。此外，设计师可以识别用户，以便他们可以扮演用户并向用户询问："您会怎么想……""在这种情况下，您会怎么做？"，从而使画像提供了在设计过程中进行反思的工具。

最后，用户画像构建本身可能已经成为反思的工具。如果将用户画像由用户研究团队准备好交付给设计团队，则将错过设计师反思的机会。因此，当公司组织用户研讨会时，用户研究团队和交互设计团队应参加此研讨会，以交流用户信息，然后团队共同构建用户画像。

12.3　基于场景的设计

基于场景的设计对于汽车交互设计是常用方法，它首先采用一系列用户场景，画出用户旅程图和故事板。该方法主要是用来对用户需求的进一步梳理和确认，同时也是产生最初设计概念的方法，因此，它作为整体设计的基础，会体现技术实现的可能性，也是用来让设计团队中来自不同背景的成员间方便交流和达成共识的最佳工具。

通过故事板的方式描述用车场景是系统或设备设计中一种灵活的方法，它帮助设计师和设计团队提出、评估和修改设计概念。戈（Go）和卡罗尔（Carroll）认为[161]，场景是一种包含参与者、环境、目标和目的、行动和事件的顺序以及一些在整个设计周期内用于开发和展示新设计系统所假设的未来的上下文描述。它使用故事板来描述有关设备/系统的未来运行，包括提出一个设计概念，

以及使用什么、何时、为什么等内容。一旦一个场景被创建，新的设计想法和提议可以添加到故事板中，设计也会因此而被修改。这里面包含了以下几个步骤。

第一步，场景确认。对每一个场景的描述要完整，要包含场景创建的目的、客观环境和行为，同时最好还包含输入系统、交互界面和输出信息、用户特点、场景发生的上下文，以及中间参与人员的各种目标、行为及产出。其描述方法也可以采用表格的方式。场景的产生往往来自用户调研。

第二步，生成故事板。故事板也就是把上面分析的场景内容通过讲故事的形式把内容串联起来。故事板生成的过程，也是设计概念形成的过程和低保真原型的生成过程。通过把一个场景分解成多个细小的步骤，有助于帮助设计人员更加详细地考虑设计细节。图 12-2 给出了一个典型的故事板，描绘了一个民营企业老板在日常工作日中上下班通勤、接待客户、酒局应酬的完整旅程。

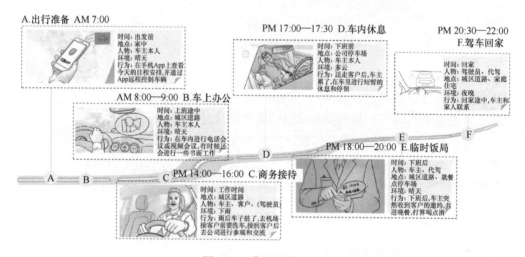

图 12-2　典型的故事板

12.4　原型设计

制作原型的目的是为了测试各种设计理念和设计思路。原型的制作过程可以让设计团队的成员看到设计的细节以及设计问题是如何解决的。原型的制作还有一个重要用途，就是从用户那里获取反馈数据，同时也验证技术的可行性。原型有低保真和高保真之分，因此，在开发迭代的不同阶段，不同的人使用不同类型的原型。一般说来，在设计过程的早期使用低保真原型（如基于纸上手绘出来的设计原型），在设计过程的中晚期使用高保真原型（如有限的软件实现）。图 12-3展示了车载交互系统设计过程中不同水平原型的制作和用途。

在低保真原型设计初期，人们常常采用设计纸质原型的方式来测试不同的设计概念。纸质原型，顾名思义，就是在纸上手画表现设计的概念，同时操作键、操作步骤和每一步操作后的显示、系统的改变，都可以通过在纸上粘贴各种图画的方式将所设计系统的交互方式和结果展示给测试者。

纸质原型相对于其他低保真原型来说有很多优势，首先就是它具有方便性、灵活性且成本低廉，人们在测试和设计讨论中，可以不断改进设计。通过纸质原型用户测试，可以更好地捕捉和体现用户需求，以确保后期的设计不会出现大的错误。

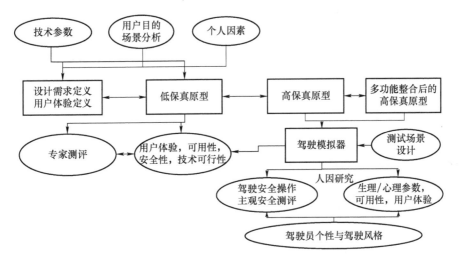

图 12-3 车载交互系统设计过程中不同水平原型的制作和用途

高保真原型使用的材料看起来更像最终产品，因此，可能采用各种设计工具。

两类原型各有优缺点[162]，表 12-1 对此做了总结。

表 12-1 低保真原型和高保真原型的优缺点对比

原型种类	优 点	缺 点
低保真原型	开发成本低，速度快可进行多种设计概念测评 方便设计各方间的对话 可以测评不同层级的交互 可以测试市场需求	错误不易检测出来 缺乏对编码有意义的细节 对可用性和用户体验的评估有局限性
高保真原型	功能完整 交互完整 交互路径清晰 与最终产品很相似 可进行可用性和用户体验测试	开发费用高，时间长 不易用来研究用户需求

马克·雷廷（Marc Rettig）[163]认为更多的精力应该用在低保真原型上，因为高保真原型有很多不足，建造它们花费的时间太长，评审人员和测试员倾向于评论界面设计部分，而不会过多地计较内容，而开发人员也不愿意改变他们花了很长时间（几周甚至几个月）精心完成的设计。一个软件原型可能会设定过高的期望。在一个高保真的原型中，只要有一个错误，测试就会停止。

12.5　角色扮演原型

角色扮演（wizard of Oz，即绿野仙踪）是一种低保真原型，在某项技术成功开发之前，先行模拟该技术的使用，以研究相关用户体验，为技术开发提供进一步的用户需求输入。最常使用角色扮演的是语音交互设计。当语音交互技术尚未完善之时，人们已经在研究其可能的应用。在这些研究中，人们把应该由语音识别系统完成的工作让后台的某个人来完成，用这个人的听觉和反馈代表即将设计的系统的反馈，包括声音反馈在内的方式都是事先设计好的。

相对于交互界面的设计过程中，在正式开始编写程序代码之前，也常常会用此方法来检测设计的可用性、用户体验和设计需求。具体的应用方法也是让人在计算机后台依据用户的输入，给出事先准备好的输出反馈，此操作方法的一个关键点是用户不知情，即用户不知道后台操作的不是系统，而是人。

12.6　界面评估

针对不同的设计阶段、不同的产品，我们有不同的界面评估方法，它们各自的评估目的也不尽相同，包括可用性、用户满意度、错误操作、界面布局、标签使用及所使用的控件和显示。其结果的输出可用于迭代设计来改进有问题的界面，提高可用性、用户满意度和减少用户错误，从而提高的交互设计体验。

根据 ISO 13407 的要求，界面用户评估在产品的生命周期不同阶段起到不同的作用，在设计阶段可用来评估设计概念，在运营阶段可用来评估对绩效的影响。不同的方法有各自的优缺点。表 12-2 对一些主观评估方法做了一个总结[131]。在接下来的章节中，我们对每个方法都做简单介绍。如果需要深入了解方法的使用细节，建议阅读相关文献资料。

表 12-2　交互界面的主观评估方法对比

方法名称	说　明	优　点	缺　点
检查表（check lists）	由交互设计专家操作的主观评估	对人的操作和认知过程进行评估，直接测量，容易操作	忽略了使用环境的上下文，数据比较主观
启发式评估（heuristic evaluation）	由交互设计专家操作的专家主观评估	常用，容易操作，其结果可以被直接使用	没有统计学上的有效度，非结构化，数据比较主观
界面调查（interface survey）	由交互设计专家操作的专家主观评估	基于各类标准和设计指南，容易操作，比较面面俱到	需要可用的、性能相对完整的操作系统，比较耗费时间
系统可用性调查表（SUS）	由用户操作的评估	常用，被普遍接受的方法，可用来对比不同的界面	输出的内容有限
认知走查	由交互设计专家操作的专家主观评估	常规方法，容易操作，其结果对设计有直接意义	需要可用的、性能相对完整的被测系统
自我评估模型	由用户操作的评估	简单、直观的用户体验评估模型	没有反馈具体设计问题
用户体验曲线	由用户操作的评估	伴随用户对系统使用一段时间，自己记录出现的问题和感受	需要一段时间去完成

12.7　检查表

　　检查表操作简单，容易完成，成本低。检查表方法最关键的是构建检查表。表的内容依据检查的界面特点和检查的内容而定，因此，这个方法很灵活。表 12-3 展示了一个典型的视觉界面交互设计检查表。这里需要说明的是，表中的内容和评估的原则依据用户体验需求和各类标准、设计指南而定，因此表 12-3 的内容不能当作这类检查表的制订依据。

表 12-3　一个典型的视觉界面交互设计检查表

检查项目	A	M	S	N	说　明
每个页面是否都有清晰的标题或描述，使用户明白该页面的主题内容？				√	有些屏幕没有标题

（续）

检查项目	A	M	S	N	说　明
重要信息是否在页面上清晰可见？（采用了不同的颜色、亮度或其他标注）			√		
当用户在屏幕上输入信息时，是否清楚：信息应该如何输入？输入的信息展示在哪里？应该以什么格式输入？				√	
当用户在屏幕上输入错误信息时，系统会给予提示吗？用户是否能更改信息？			√		
信息在屏幕上的组织是否符合逻辑？（例如同类型的 App 放在一个页面上，或者相关联的功能按合理的逻辑摆放）			√		
不同类型的信息是否在屏幕上清晰地分开？信息显示的位置是否随意跳动？				√	不同的信息经常被分成列表
页面上的信息量是否过大？用户是否找不到需要的信息？			√		
重要信息和屏幕背景颜色对比清晰吗？				√	
颜色的使用合理吗？能使显示更清楚吗？			√		
页面看起来整洁吗？		√			
图标和图示（例如图形和图表）画得清楚吗？有注释吗？				√	

　　注：其中，A 代表 Always（总是）；M 代表 most of the time（大部分时间）；S 代表 some of the time（有时）；N 代表 never（没有）。

12. 8　启发式评估

　　启发式评估方法的使用要求评估人员先确定要评估的界面，同时决定哪些任务能通过该界面完成。在确定任务以后，评估人员在界面上逐一操作每项任务，记录下操作的过程和产生的效果，同时对界面就相关的内容做出评估。启发式评估的内容可以自行决定，也可以采用施耐德曼的八个黄金法则和尼尔森（Nielsen）的十个设计启发法[2]。关于这些方法，我们在第 2 章有详细介绍；另外，也很容易从互联网上查到相关内容，在此就不再赘述。

　　需要强调的是，不是每个界面的交互设计都要用上述方法去评估，评估者只需要选择比较相关的内容做评估即可，比如，最常用的一条要求是"易学性"。现在的人们大多不会花大量时间去学习如何操作系统，因此，"易学性"就显得非常重要。同样，一致性、容错性也是大部分系统在设计中需要满足的要求。

　　启发式评估方法是由可用性设计专家或专业评估人员来完成的。在评估过程中，评估人员需要在系统中操作一系列任务，在每项任务的操作过程中，要做比较详细的记录。同时，应该列出详细的评估指标。比如，一个车载系统的易学性是指，用户看见界面就能够准确操作一个常见功能，而不会有不确定的感觉，或者找不到该功能；或者当指导人员向他们说明如何操作以后，他们就再也不会忘记。由此可见，对于启发式评估中的每项内容，评估人员都需要提前对它们进行内容分解并细分到操作层面上，以方便评估人员对它们进行评估。当评估人员完成了一系列的操作任务后，依据记录，再回头对每一项操作做一个总结。

　　评估的结果可以用文字的方式表述。表述的内容依测试的目的而定。比如，有一款车，在样本车制作完成后，需要对它的可用性做出评估，以便设计人员可用作最后的改进，那么，这样的评估报告就需要详细，不能在报告中仅仅写"易学性差，一致性性有问题，容错性不够好"这么简单的内容。比如对某汽车音乐播放系统的评估报告如下：

　　　　在转向盘上控制音量的按钮非常好用。

　　　　在转向盘上通过上下旋转的按钮来挑选歌单非常好用。

　　　　需要在几个不同的播放软件中选择，比较麻烦。

　　　　不同播放软件的界面不一致，体验不好。

12.9　界面调查

　　界面调查方法是依据界面的不同物理性能进行分类研究的，用于指出界面或概念设计的不足之处。汽车交互界面分为以下类别，当然，伴随着车内越来越多的屏幕、新的交互理念引入汽车设计，这种分类方法会发生改变。

　　1）控制，这里还可以再细分为按键、拨杆、转向盘、踏板等。

　　2）显示，这里还可以再细分为中控屏、仪表板、后视镜、抬头显示等。

　　3）驾驶员监测系统。

　　4）环境方面。

　　1. 控制

　　控制调查是用来评估一个特定的控制和显示界面。分析师首先记录所有界面控制和显示的参数，然后创建一个列表，其中包含说明每个控件的使用、位置、控制类型以及任何其他相关细节，如移动（如向上/向下、旋转、左至右等）。

　　2. 显示

　　每个显示都应该以相同的方式进行调查，例如显示类型、显示内容、位置等。该清单分类是有层次的，其中包括系统、子系统和子系统参数，这样便于相关任务的执行。如果需要（取决于分析的范围），相关标准和设计指南也可以用来作为检查的标准。

3. 驾驶员监测系统

视线测量是对驾驶员视线进行分析，包括距离、角度和眼睛移动的方式、眼睛注视的位置和代表的意义。

4. 环境方面

环境调查衡量的是环境状态，例如噪声、照明、温度和湿度等。

12.10 系统可用性调查表

系统可用性调查表（SUS）提供了一个非常快速和简单使用的问卷调查设计，用于评估特定设备或产品的可用性。SUS 由 10 个可用性陈述组成⊖，按照从1（非常同意陈述）到 5（非常不同意陈述）打分。答案被编码，可用性总分可以导出，其结果可用来分析产品或设备的可用性，甚至可以用来评价不同页面的设计。它不会提出具体的改进意见，但常常可以用来评价一个设计的可用性是不是足够好。该方法是由真实的用户参与的。具体操作步骤如下：

步骤 1，为正在分析的设备创建详尽的任务列表。首先，分析师应该为需要测评的产品或设备开发一个详尽的任务清单，包括与设备操作有关的每一个可能的动作。由于分析时间的限制，任务清单应该尽可能囊括设备的全部功能。可以通过 HTA 任务分析方法来达到此目的。

步骤 2，用户操作。真实用户按照任务清单完成所有任务的操作。

步骤 3，完成 SUS 问卷。一旦用户完成了一定的任务清单，就应该给他们SUS 问卷调查表并指导他们完成，然后根据他们的意见对设备进行分析。

步骤 4，计算分析设备的 SUS 分数。如果完成 SUS 问卷，其得分将自动计算出来，以得出可用性得分。为 SUS 问卷评分是一个非常简单的过程。调查表中的每一项得分为 1~5。项目评分计算如下：SUS 的 10 个问题排列顺序不能改变，其中奇数项得分是问卷表得分减 1，偶数项得分为 5 减去相应的分数，所有 10 项分数按上面的方式处理后的总和再乘以 2.5。最终得出的数字代表了设备的可用性得分，其范围为 0~100。如果我们预先设定一个系统可接受的可用性得分是 60分，那么如果用户打分在这个分数之下，则表示该设计的可用性不够好。另外，我们也可以对不同产品的可用性进行横向对比。

⊖ 来源于 https://www.wjx.cn/jq/87357662.aspx。

12.11 认知走查

认知走查是设计师用来检测系统的一种非常简单的方法。这项工作是由交互设计专家完成的。首先确认系统一系列能够执行的任务，然后分析师逐一执行操作任务，一般情况下，应该由至少三名分析师分别或一起完成。这项分析工作的第一步是确认该系统的用户、用户特征、用户的能力及其目的，以及要完成的任务等；第二步是分析师一步一步操作相关任务，在操作的同时把真实的使用环境的特点带入到操作当中。在操作过程中的每一步，他们都需要回答以下三个问题：

1）正确的操作是不是能很清晰地展示给用户？

2）用户是不是能够注意到正确操作的可能性？

3）用户是不是能够正确地获取反馈信息？

当走查分析工作结束后，分析师应该给出以下答案：

4）确认查找出来的问题，找到出现这些问题的原因。

5）提出修改意见及可能产生的其他问题。

这里提到的各类设计测试方法，都是为了一个共同的目的，即提高产品的可用性和用户体验。因此，在准备工作方面，它们都有一些共性，见表 12-4。

表 12-4 可用性测评准备工作的三个原则

原　　则	说　　明
定义任务、用户、交互系统	任务指用户需要在被测系统中完成的任务；用户指该系统可能的用户群及其特点，不同的影响特征需要考虑到，比如年龄、性别、教育背景、操作特点及其操作心智模型等；交互系统指被测试的系统
定义使用环境及上下文	一个系统的可用性不可能孤立于它所使用的环境上下文而独立存在，环境上下文决定了其可用性的测评标准。比如车载系统的测试，要考虑驾驶过程中驾驶员的视线不能长时间离开前方路面；高速公路驾驶和在市区混合道路驾驶的不同点等
定义系统可用性测评指标	在测评系统之前，测评内容和系统需要达到的可用性标准指标需要提前确定

12.12 自我评估模型

自我评估模型（Self-assessment Manikin，SAM）是布拉德利（Bradley）和郎（Lang）[164] 开发的一种图形化情绪评估方法，用来评估操作过程中的情绪变化和感觉，常用在语音交互系统的用户体验评估上，也可以用来对其他相对复杂系统的操控体验做评估。SAM 以面部表情和身体变化形象性地描述人的情感变化来测量人对各种刺激的情感反应。该方法包括三行量表，每一行评估不同的情感属性：自我价值、唤醒力和支配力，如图 12-4 所示。

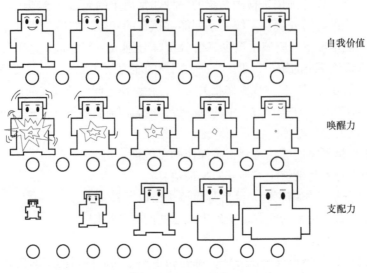

图 12-4　自我评估模型

自我评估模型评价一个人的情绪是正面还是负面的。该测评由用户完成，一般情况下，当用户完成系列操作、回答完各类测评表后，就可以使用 SAM 来测评其整体体验感。SAM 第一行是评价自我价值，也就是在操作过程中，用户能够感觉到自我在系统面前有价值感、成就感，或是觉得自己在系统面前毫无价值；第二行测评的是唤醒力，也就是说，当用户在操作过程中，是感觉越来越高兴、越来越兴奋，还是感觉无聊、提不起精神；第三行测评的是系统的支配力，它衡量操作过程中是否感觉受到控制或者照顾。

SAM 已在许多研究中得到广泛使用[165,166]，这是一个相对简单的用户体验评测系统。

12.13　用户体验曲线

用户体验曲线[167]是一种用户测评方法，旨在随着时间的推移测量用户体验的变化。其具体操作方法是让用户在他们自己的日常工作生活情况下，使用产品一段时间，每天记录让他产生好的体验和不好体验的问题点，然后绘制一条曲线，以表示用户使用产品所获得的正面和负面体验。该方法非常简单，只需要为用户提供纸和笔，并绘制时间线，如图 12-5 所示。正面的体验将标注为曲线上方的点，负面的体验将标注为曲线下方的点。用户可以评估一种体验的重要性，并相应地将其标注在纸上，然后用线连接所有点，从而产生用户体验曲线。曲线可提供有关用户随时间变化的体验信息，而无须在用户体验与产品互动时不断跟踪用户。

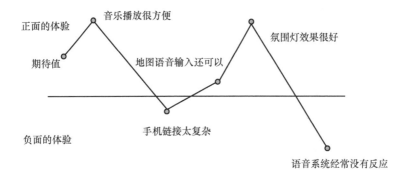

图 12-5　用户体验曲线

　　这里提到的评估方法都是静态方法，对于汽车驾驶舱内的交互界面而言，这些方法大都没有考虑驾驶场景和驾驶员主任务。关于车载系统的动态测评方法将在第 15 章详细介绍。

第 13 章

自动驾驶中的人因问题

　　为了讨论自动驾驶的人为因素（俗称人因），我们首先将驾驶任务依据其活动的组成部分分成三个层级，以了解自动化如何影响驾驶中涉及的不同活动。在图 4-4 中展示了 SRK 理论与驾驶任务三个层级的对应关系。最高层为战略层面，涉及出行目的地、路线（是否走快速路线、风景优美的路线等）和到达所需时间这些计划性的决策。中间为战术层面，涉及执行总体计划所需的过程，例如车间距的保持、超车、左右转弯等在详细执行过程中的决策。第三层级为操作层面，涉及执行总体计划和相关操作所需的实际操作，这些操作通过操纵转向盘、踩踏板等可用控件来执行。在此过程中还包括环境因素的不断输入和操作后效果的不断反馈：驾驶员需要根据车辆相对于其他车辆的位置和环境来观察驾驶的现状，以便能够在操作时进行细微的调整并预测即将发生的操作动作。

　　对于自动驾驶汽车，SAE 提出了自动化级别划分。在这里，为了进一步说明三个层级划分的意义，我们再次从人因的角度解读自动驾驶分类标准。

　　L0 级是为了实现分类的完整性，它表示没有任何任务是自动执行的，驾驶员需要完成驾驶中涉及的所有任务。

　　L1 级自动驾驶中，只有一项任务是自动化的，这通常是在操作控制级别上的速度控制，例如定速巡航控制或自适应巡航控制。

　　L2 级自动驾驶，在操作级别中能自动执行多项功能。L2 级自动驾驶的典型代表是通过 ACC 进行纵向控制和自动车道保持进行横向控制的组合。另外，有些系统还允许驾驶员启动诸如自动变道的功能，其操作过程是，驾驶员做出决定并向系统发出指令，启动自动换道，然后系统自动执行换道。这是战术层面的自动化。L1 和 L2 也叫辅助驾驶，因为驾驶员依旧对驾驶负全部责任，而在操作级别上的功能自动化只是对驾驶任务提供帮助。这也意味着，驾驶员需要不断监控系统，以便在需要时按照自己的期望进行调整。

　　L3 级才是真正自动驾驶的开始，系统可以自行负责驾驶任务。L3、L4 和 L5 级之间的区别主要在于系统可以处理的道路环境情况的程度。在 L3 级，自动驾驶系统能够在相对简单的路况下（例如高速公路上的正常驾驶）运行，但是在更复杂的道路情况（例如城市交通）和异常情况（例如高速公路修路或事故现场）下却表现不佳。如果发生此类复杂的异常路况，系统将发出接管请求（Take over Request，TOR），要求驾驶员重新掌握对汽车驾驶的控制权。重要的是，在 L3 和更高级别上，自动驾驶系统能够执行战略层面和战术层面的控制。也就是说，系统能够决定何时、何种场景做变道操作，并自行启动车道变更。此外，该系统还能够监视本车辆相对于其他车辆和环境的驾驶状况，从而使驾驶员不同承担监控任务。

在 L4 级时，系统能够处理的路况相对于 L3 要复杂许多，甚至可以应对大部分意外状况。不过，当系统遇到限制时，依然会发出 TOR 要求驾驶员重新获得控制权。L4 级的另一个特征是，如果驾驶员未对 TOR 做出响应（例如在疲劳和昏睡状态或身体感到不适时），则系统能够将车辆自动驾驶到安全位置，例如紧急车道，并使车辆停顿并采取一系列措施以保证安全。

与 L3 级和 L4 级相比，L5 级自动系统的功能得到了进一步扩展，能够处理可能发生的所有复杂路况，即使没有驾驶员，系统也可以自动操纵车辆。因此，L5 级也被称为全自动或无人驾驶。

13.1　实现自动驾驶的目的

有这样一个故事。有个大臣对国王说："我有一个办法，能让人们的出行速度提高几十倍。从阿姆斯特丹到巴黎有 500 英里，坐马车一天最多走 100 英里，所以需要 5 天时间。但如果有个交通工具能够每小时走 100 英里，那只需要 5 小时就能到达。"国王高兴地说："这太好了！赶紧投资建设这样的系统！"这个大臣继续说："但是，这个系统的代价是每年全世界要死 100 多万人，还有几千万人受伤！"你觉得这个国王会投资建设这样的系统吗？瑞典是第一个向全世界公布要建设一个交通事故零死亡的国家。沃尔沃也提出，如果一个人早上离开家去上班，却在路上死于车轮之下，这样的现实是不能接受的。随着医疗技术的进步，越来越多的致命疾病被攻克，人类的平均寿命也在延长，交通事故已经变成造成死亡的重要原因之一。根据世界卫生组织的报告，在工业发达国家，道路交通事故造成的伤害在死亡原因中排名第八位。因此，消除交通事故给人类带来的伤害就成了全人类共同努力的目标。

2016 年，全球有 140 万人死于道路交通事故。此外，对事故原因的分析表明，有 70%～90% 的交通事故是由于人为错误（违规、分神、疲劳、酒驾等）造成的。人们相信，自动驾驶技术能够把人从驾驶任务中解脱出来，因此，能够大大降低交通事故率和死亡率。驾驶自动化包含多项技术的创新，例如动力转向、巡航控制、电子稳定控制、防抱死制动系统、主动悬架和自动紧急制动等，这些技术的实用化是制造商发明新系统、提供新功能的驱动力，它们能提高驾驶安全性、增强用户的驾驶体验，制造商因此获得竞争优势。被动和主动安全已成为汽车开发和制造的重要组成部分，各地政府机构也一直在积极发布有关车辆安全要求的法规。传感器和计算机技术的发展使驾驶自动化成为可能，这已被视为下一步工作的重点。由于驾驶完全自动化（L5级）不能一夜之间变成现实，所以先将较低级别的自动化系统引入市场，以便部分自动化能对交通安全产生有益影响是明智之举，这也为自动驾驶测试提供了平台，使自动化技术得到进一步发展。

但是安全并不是自动驾驶的唯一目的，其他目的还包括可持续性、高效率、便利性、舒适性、高生产率和全民移动性。

可持续性：因为自动驾驶系统在操作控制方面比手动驾驶更胜一筹，并且可以避免高速公路交通中常见的速度变化和紧急制动，在速度控制上可以做得更好。另外，自动驾驶系统使交通系统总体运行平稳，有助于减少能源消耗。

提高交通效率：与"可持续性"中提到的原因相同，自动驾驶系统有可能减轻交通拥堵，车辆能够以较短的车间距和较窄的道路需求行驶，这使得单位面积的通行效率增加，提高了道路总体通行能力。应当指出的是，为了实现上述目标，车辆不仅应实现驾驶自动化，而且还应进行车联网（V2X）。在城市交通中，自动驾驶和车联网可以协调交通流，从而提高通行效率。

便利性：因为自动驾驶系统一旦能够自主完成驾驶任务，便允许人们在车辆行驶中从事其他活动，把汽车变成另外一个移动办公室的概念就可以实现。

舒适性：在操作控制和与其他车辆的交互方面，自动驾驶系统可以更好地适应人们的需求和喜好，从而提高驾乘舒适性。同样，了解了系统在严格的测试条件下仍然能够很好地运行，并且有助于防止事故的发生，可能会提高驾乘人员的心理舒适性。

提高工作效率：由于驾驶任务由自动驾驶系统来完成，用户能够利用这段时间从事与工作或日常生活有关的活动。例如，人们可以在路上准备要召开的会议或在上班途中处理电子邮件等。

方便出行：无人驾驶汽车使当前依靠他人出行的人们有可能变得独立，从而实现全民移动性。这尤其涉及无论出于何种原因（未成年人和老年人、有身体或知觉障碍或有暂时性障碍的人）不允许驾驶的人，或者是依赖公共交通的人。这样的出行能够更加定制化。

但是，事情可能不是这么简单和理想。人们会质疑，自动驾驶技术是否会为人们全盘接受？该技术是否会按照制造商的预期采用？如果答案是否定的，上述目的可能不会实现。因此，要观察自动驾驶以及逐步引入自动驾驶是否确实能达到人们的期望，则需要考虑人的因素。以下各节对此问题的讨论可能会为技术开发提供建议和指导方针。

13.2 辅助驾驶中的人因问题

如 13.1 节所述，对自动驾驶中人为因素的研究最好以不同级别的自动驾驶来区别对待。在 L1 和 2 级，驾驶员的驾驶任务可以由一个或几个系统辅助完成，但驾驶员仍对总体驾驶任务的正确执行负责。这些系统被称为辅助驾驶系统。在 L4 和 5 级，系统负责完成驾驶任务中的所有子任务，并且系统还负责总体驾驶任务的正确执行。这两个级别称为自动驾驶。L3 是辅助驾驶到自动驾驶的过渡：对于部分驾驶任务，驾驶员可以完全手动（L0）或辅助驾驶（L1 或 L2），并根据情况允许在级别之间进行切换。驾驶员可能会打开自动驾驶模式，并可能开始从事其他活动。典型的场景是，驾驶员从家中离开，在混合道路或者城市道路上使用 L0、L1 或 L2 级驾驶系统，在进入高速公路后打开自动驾驶模式（L3 级），然后当离开高速公路开车穿过市区或郊区前往办公室时，将模式再次设置为手动或辅助驾驶。

为了更充分地理解这其中的人因问题，相对不同的等级，我们会分别考虑辅助驾驶与自动驾驶中的人因问题。在所有情况下，可用性和用户体验等相关元素也在考虑之列。可用性与人类的认知过程有关，例如感知、理解和注意力。这里有几个典型问题：驾驶员是否了解系统的功能？如何使系统为他们做特定的事情？系统提供的信息是否在适当的时间传达给他们？用户体验与人类的情感有关，例如，人们是否欣赏系统的功能以及与系统交互的方式？用户体验还涉及系统的感知有用性，例如，人们是否认为该系统为他们增加了价值？在后面的章节中我们会分别讨论与辅助驾驶和自动驾驶相关的人因问题。

13.3 L1 级自动驾驶中的人因问题

在 L1 级，驾驶员负责驾驶任务，但是会有某个系统辅助操作某个子任务。原则上，这可以是任何子任务，例如保持车道或停车，但实际上，最常见的是通过定速巡航或更高级的自适应巡航进行速度控制。定速巡航系统允许驾驶员将速度设置为固定值，驾驶员可以逐步增加或降低速度（步长通常为 2km/h）。关闭定速巡航的操作可以通过按"取消"按钮或脚踩制动踏板来实现。关闭后，可以通过按"继续"（Resume）按钮来恢复定速巡航。驾驶员可以通过踩下加速踏板来临时提高速度，松开加速踏板后速度将返回到预设速度。自适应巡航控制系统还有一个控件是使驾驶员能够设置与领先车辆的间距（通常分为三档：长、中、短）。有的系统还允许驾驶员设置速度的上限，即使驾驶员通过踩加速踏板增加车速，也不会超过限制速度。除了转向盘上的控件或转向盘后方的操纵杆中的控件（不同车型会有些不同）之外，仪表板上的图标还向驾驶员传达有关系统状态的信息，如图 13-1 所示，一般情况，绿色表示该功能开启，而白色表示该功能可用。

a) 定速巡航标准图标　　b) 自适应巡航标准图标

图 13-1　仪表板上的巡航控制图标

该设计的可用性问题是驾驶员对系统是否理解。驾驶员需要建立一个关于系统如何工作以及系统如何允许驾驶员控制（定速/自适应）巡航系统的心智模型。此外，这种理解需要能引导出功能的操作模式，以便驾驶员不必付出过多的学习成本（心理负荷）就能自如地设置最高限速和与前车的距离。在操作过程中，驾驶员的眼睛只需对系统瞥上一眼，即可引导与系统的交互操作。转向盘上的按钮看起来比转向盘后面的操纵杆设计更方便"扫一眼"。标准化设计有助于养成驾驶员盲操作的习惯，同时也可避免习惯于一个特定版本的操作，在遇到另一种系统设计时可能会遇到操作困难。标准化允许将心智模型从一种车辆（或品牌）转移到另一种车辆（或品牌）。

关于自适应巡航的控制，用户还需要知道系统是在全速度范围工作还是仅在30km/h 以上的行车速度下工作。如果不知道该技术限制，可能会导致在交通拥堵时期望使用 ACC 而带来令人不快的意外。有用户曾表示，在堵车状态下使用ACC 可用来缓解交通焦虑。此外，用户需要了解系统如何根据前车的存在或不存在来调节速度。特别是在交通流缓慢的情况下，驾驶员可能想换道并接管驾驶。如果此时左车道被占用，系统将减速以适应领先车辆的速度，这时的车速可能与驾驶员预期的车速不同。一旦左车道有空隙，驾驶员开始改变车道，在这种情况下，因为前面没有领先车辆，会导致本车自动加速，驾驶员应了解系统的这种加速行为，而不会因此产生不良的用户体验。

从经验的角度来看，已获得系统正确心智模型的用户通常会觉得定速巡航控制或自适应巡航控制非常舒适。定速或自适应巡航控制减少了将加速踏板长时间保持在固定位置的体力劳动，并减少了为避免违反速度限制而不得不频繁查看车速表的精神努力，但由于驾驶员仍然必须自己掌控转向盘，并保持参与驾驶任务，所以不会降低注意力。而且，系统的自动操作可以随时被驾驶员否决，因此，实际上控制权是由驾驶员委派给系统的，而不是由系统接管的，驾驶员始终感觉处于控制驾驶的状态。

巡航的控制可能导致行为适应，这通常是指某种技术引起的不良行为。如果驾驶员接近缓慢行驶的前车并想要超车，而此时左车道上没有空间，他可以在超车之前保持设定的速度，并可能与前车保持很小的车间距。但是，因为设定的限速，驾驶员可能在超车时车辆变成保持速度而不是加速，并因此需要较长的超车时间。这些行为可能会使其他驾驶员或其他道路使用者感觉不舒服，甚至恼火，同时，这也不是驾驶员在超车时应有的心智模型。

13.4　L2 级自动驾驶中的人因问题

在 L2 级，自动系统能处理至少两个子任务。最典型的是将自适应巡航用于纵向控制，而车道线自动保持系统用于横向控制，因此，在正常巡航模式下，操作控制能由系统自动执行。这种情况通常称为"眼睛在路上，手脚可以脱离控制系统"。只要驾驶员对保持在同一车道的车辆驾驶状态感到满意，他就不必亲自去执行任何车辆驾驶任务，但是他不能完全脱离对汽车自动驾驶的监督。如果系统的自动驾驶操作未达到预期的功能，或者驾驶员想要执行诸如换道等操作，则需要进行自动驾驶干预。干预可以在操作控制级别上进行，比如当车辆没有行驶在正确的车道上（可能因为车道线的标识不清楚时），驾驶员通过操纵转向盘进行校正；或者可以在战术控制级别上进行，比如驾驶员想要执行换道，他可以亲自操纵转向灯，并完成换道操作，或者由系统来完成换道操作。关于后者，换道的执行是否需要战术（只给出换道指令）或操作控制（图 4-4），取决于换道操作的自动化技术水平。

对于 L2 级自动驾驶，驾驶员依旧对驾驶操作负全部责任，并且驾驶员需要始终监控系统性能，注视道路上发生的事情并在必要时进行干预。对于驾驶员来说，L2 级的价值在于系统能在正常操作下接管操作控制，减轻了驾驶员的心理负荷。然而，由于驾驶员的驾驶任务变成了监视警觉任务，所以需要驾驶员在不主动参与驾驶任务的情况下始终监视系统性能的操作，这会引起严重的认知问题。图 13-2 显示了人对信号检测率和操作反应时间随任务监督时间变化的曲线。左侧纵坐标显示信号检测率。从曲线 a 可以看出，在 30min 内信号检测率会从 100% 下降到 40% 以下。图右侧纵坐标显示发现信号的平均反应时间，从曲线 b

可以看出，在30min内，反应时间会显著上升。图13-2提示我们，当驾驶员的角色从操控驾驶任务转变成监视警觉任务时，随着时间的延长，他们对车辆和道路上出现异常的发现率会下降，对异常路况的反应时间会变长。

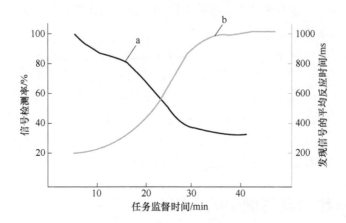

图 13-2　信号检测率和操作反应时间随任务监督时间的变化

注：来源于 R. Parasuraman. https://www. slideserve. com/tamatha/cognitive-engineering-psyc-530-vigilance。

耶克斯-多德森（Yerkes-Dodson）定律⊖能解释这种现象，该定律描述了警觉（arousal）水平（或者动机）与操作效果之间的关系（图13-3）。从"低"到"中"的警觉范围内，驾驶员的警觉性与操作水平是正向关系，警觉性取决于驾驶员积极参与驾驶任务的程度。当驾驶员没有积极参与驾驶任务，不必一直调整车辆的位置，而只需监视车辆运动，这会降低唤醒感，因此，驾驶员很难保持警觉。其结果是，驾驶员的监视能力下降，以及在需要接管驾驶任务时，他没有能力按照要求的反应时间接管。这导致人因专家认为，L2级的自动化不是推荐的自动驾驶形式。

就用户体验而言，L2级自动驾驶系统（例如特斯拉的自动驾驶系统Autopilot）的用户常会直观地理解这个水平的自动驾驶为真正的自动驾驶。最初，他们会监视自动驾驶系统一段时间（例如10min）。在此期间，他们会做两个观察。首先，他们会发现监视任务很无聊；其次，他们注意到系统运行正常，这使他们很容易对系统建立起高度信任（"过度信任"），并且开始将该系统视为不需要监管的L3级自动驾驶系统。因此，他们觉得自己可以从事其他与驾驶无关的活动，例如在手机上发短信、观看视频或玩游戏[168,169]。这种状态非常危险，因为自动驾驶系统一旦需要驾驶员接管，一般预留给驾驶员的反应时间很

⊖　来源于 https://psychology. wikia. org/wiki/Yerkes-Dodson_Law。

短。为了避免这种状况，制造商开发了迫使驾驶员将手放在转向盘上的系统，比如转向盘上的传感器检测驾驶员是否握住转向盘，当未检测到手在转向盘上时，系统会提示驾驶员握住转向盘。但是，有些驾驶员想出了应付该提示系统的对策，他可以通过轻敲转向盘上的重物来欺骗系统，使其相信自己的手确实在转向盘上，从而可以继续从事与驾驶无关的活动而不被系统提示。

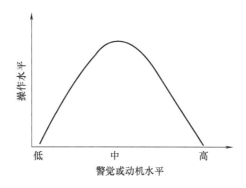

图 13-3　耶克斯-多德森定律：警觉水平与操作效果之间的关系

　　鉴于 L2 级自动驾驶出现的问题是因为自动系统接管了操作控制，而驾驶员因为不用积极参与驾驶活动会造成警觉性下降，同时系统又会随时要求驾驶员能够接管驾驶，所以操作控制的责任必须保留在驾驶员手中，自动驾驶系统定义为只是协助驾驶员，这样的设计才合理；同时这也促成了各类警告辅助系统，例如车道偏离警告系统、前碰撞警告系统等。L2 级还有另一个问题是驾驶员对自动驾驶系统的过度信任。为避免这个问题，系统设计会通过引入与正常驾驶性能有所偏差的驾驶，来试图抵消用户的过度信任。从用户角度来看，这不是一个有吸引力的发展方向。

13.5　L3 级自动驾驶中的人因问题

　　从理论上讲，L3 级自动驾驶系统能够执行构成驾驶任务的所有子任务，因此驾驶员不再需要监视系统。但是，它只能在某些特定的道路条件下完成自动驾驶。通常，这样的道路条件涉及不太复杂的路况，例如高速公路上的正常交通。如果不满足这些常规条件，比如，修路或事故导致高速公路道路变窄、改道，或者在有行人和非机动车的城市或乡村道路条件下，系统将在进入其边界前会要求驾驶员再次接管驾驶。由于 L3 级自动驾驶是可能进入市场的第一种自动驾驶形式，接管问题在研究中引起了相当多的关注。该研究需要回答的问题有：人的接管行动需要多长时间？接管请求应如何设计以确保驾驶员进行准确和及时的接管？驾驶员的接管反应是一系列的过程，这个过程的顺序如图 13-4 所示。

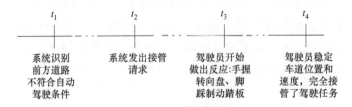

图 13-4　接管顺序

在 t_1 阶段，系统识别出前方条件，判断不适合自动驾驶，驾驶员需要接管控制。在 t_2 阶段，系统发出接管请求（TOR）。在 t_3 阶段，驾驶员的第一反应一般是手握转向盘、脚踩制动踏板等，驾驶员的第一反应操作往往不一定是正确的，但因为此操作，自动化装置自动关闭。在 t_4 阶段，驾驶员已经稳定地控制了车辆，车在车道上的位置和速度都达到正确水平。图 13-4 中的点画线表示 t_i 和 t_i+1 之间的间隔具有可变的持续时间。现在有几个问题设计师需要回答：TOR 应该何时发布基于何因素？间隔 t_2—t_3 和 t_3—t_4 的典型持续时间是多少？在这些间隔中发生了什么？决定这些间隔持续时间的因素是什么？设计如何帮助确保这些过程有效地运行？在回答这些问题时，需要区分两种情况。一种情况是事先知道需要发出接管请求的地方，因此只需要决定发出 TOR 的时间即可。例如，导航系统确认车辆将到达下高速路的匝道口，或者当系统通过 V2X 而提前获知即将驶入施工工地、修路场地导致道路变窄。这些都是预期的接管。另一种情况是发生意外导致系统不知道如何处理，因此要求驾驶员接管控制。例如，如果事故突然发生在离车辆很近的地方，或者传感器突然出现故障。

（1）预期接管

首先，系统需要确定何时发出接管请求。预期接管发生在系统已知即将发生的路况，自动驾驶系统无法处理，则会提前发出 TOR，以便驾驶员有充分的时间中断正在进行的与驾驶无关的活动，并开始关注交通状况。驾驶员从非驾驶活动转换到驾驶状态的过程所需的时间取决于驾驶员所沉浸的非驾驶相关任务的性质和状态。当驾驶员沉迷于玩游戏甚至睡觉时，非驾驶与驾驶活动之间切换可能比在沉浸式活动（例如听音乐或发短信）中花费更多的时间。此外，对 TOR 信号的感知敏感性取决于驾驶员对非驾驶相关活动的沉浸度，因此，在 TOR 信号的显著性设计上要与沉浸式非驾驶相关的活动相匹配，既要让驾驶员能够及时感知到 TOR 信号，又要在沉浸式活动较少的情况下，不要显得过于嘈杂。当不能够正确判断驾驶员状态时，TOR 信号的发出时间可能会比驾驶员需要重新获得控制权的时间长，以弥补非驾驶活动沉浸的情况。同样，可以将 TOR 的显著性设置为在沉浸式非驾驶相关活动中也能成功吸引驾驶员的注意力。

从设计的角度看，接管请求的主要目的是使驾驶员将其注意力从非驾驶相关的活动转移到驾驶任务上。因此，TOR 应该是多模态的，至少视觉告警信号应该与听觉告警信号相结合。另外，座椅的振动会增加触觉信号。如果系统能感知有关驾驶员从事活动的信息，比如知道其正在与智能手机进行交互，则可以通过智能手机发出视觉和触觉信号。此外，TOR 可从单一模态信号逐渐增加模态，这样，那些没有沉迷于非驾驶相关活动的驾驶员可能已经注意到了相关信号，这个信号就不会对他们产生不愉快的干扰[170]，而更深地沉浸于非驾驶活动的驾驶员可能只有在 TOR 变得非常引人注目时才注意到它。在这种情况下，驾驶员应该有机会确认 TOR 已经被其注意到，例如通过按下按钮或将手放在转向盘上，以便可以在信号变得过强之前停止信号。重要的是，这种确认不应视为实际的接管行为，因为此时驾驶员还没有准备好接管驾驶。为了从实际的重新获得控制中清楚地区分握住转向盘的动作，也许需要通过明确的刻意动作（例如按下转向盘上的两个按钮）来建立接管动作。

发出 TOR 后，驾驶员开始准备在 t_3 阶段接管驾驶任务。t_2—t_3 间隔中的过程包括打断与驾驶无关的活动、将注意力转向交通状况、识别正在发生的事情、收集有关周围交通状况的信息（情景意识建立），以及为采取行动做好准备等控制权接到手后准备采取行动。实验结果表明，t_2—t_3 间隔的持续时间差异很大，有些实验显示持续时间短至 $1 \sim 1.5s$，但是大多数实验显示，持续时间在 $4 \sim 8s$[171-174]。这与一般的观察结果是一致的，即当一个人从事另一项活动并且不希望被刺激时，简单的反应时间通常在 $700 \sim 1000ms$；如果是对复杂的任务，这个反应时间可能会大大增加，如果反应的操作很复杂，涉及重构情景感知，则反应时间可能会进一步增加。从这里可以看出，在自动驾驶中，为驾驶员提供良好的道路状况情景感知会变得尤其重要[175]。

当驾驶员准备好接管控制权时，系统需要驾驶员的明确确认，例如，通过按下转向盘上的两个按钮。从那一刻起，驾驶员控制转向盘的运动可以导致横向位置发生变化、加速踏板的变化可以导致速度发生变化。假设驾驶员已经建立了情景感知能力，他应该能够分辨出正确的驾驶动作是什么，例如，留在同一车道上并减速，或者准备换道。通常，对于此类反应，需要在反应速度和准确性之间进行权衡：更快的反应通常比较不准确，而更准确的反应则较慢。在接管控制的情况下，不太准确的反应通常意味着纵向和横向控制不太适合当时的场景[176]。实验表明，就纵向和横向控制而言，要完全稳定车辆，可能需要 $30s$[177]。为了获得适当和准确的行动，专业的控制人员通常经过严格的培训避免在紧急情况下匆忙做出反应。普通驾驶员如果知道他们有足够的时间来重新获得控制权，通过训练，他们也可以有意识地抑制快速反应的趋势，从而提高反应的准确性。

（2）意外接管

当系统无法提前告知驾驶员需要接管控制，而是在发现某种突发情况，需要驾驶员立刻接管时，情况就大不相同了。这里出现了一个悖论：自动驾驶系统能够快速做出正确的反应，但此时发生的路况自动驾驶系统无法应对，而人能够快速做出反应，但正确率往往不足。在正常情况下自动驾驶是合理的，因为自动化系统的反应时间比人的反应时间短，而正是因为人的能力不足以应对道路上的意外情况，才需要引入自动驾驶。诸如防抱死制动系统（ABS）和电子稳定控制系统（ESC）等，能在驾驶员快速做出反应时为驾驶员提供帮助，并确保驾驶员在做突然的规避动作过程中改善车辆的操纵性。但是，在某些情况下，驾驶员可能没有时间从非驾驶相关的活动切换为驾驶活动。目前针对此情况提出了两种解决方案。第一是技术解决方案。例如自动紧急制动系统（AEBS）将自动进行紧急制动，以避免撞上障碍物。如果时间预算不足，AEBS 紧急制动车辆可能是最好的办法。第二种解决方案采用交互设计方法，其原理是：如果人们在心理上提前做好了采取行动的准备，他们反应就会更快、更准确。在交互界面设计时，即便是在自动驾驶状态，系统也应该向驾驶员准确地展示目前的驾驶状态，让驾驶员对当前的驾驶状况有一个良好的感知。同时，当驾驶员专注于与非驾驶相关的活动时，也提醒他时常检查一下驾驶显示，在路况需要时能切换到监视驾驶任务，为随时接管驾驶任务做好准备。该方案的关键点是自动驾驶系统对自身的能力和道路状态有正确的判断。对于交互设计解决方案，有一个关键点是加强情景意识的显示，对路况的判断力由人来完成。这里一个特点是充分展示本车周边环境的信息。当驾驶员仍在从事与非驾驶相关的活动时，周围的显示屏可以提供有关周围车辆的信息，因此，如果驾驶员需要接管控制，则他已经具有基本的情景意识。显然，由于人类驾驶员在意外事件中的反应速度相对较慢，所以此类显示器无法提供真正的紧急情况下的解决方案，AEBS 仍然是最后的选择。但是，为减少意外接管情况而采取的任何措施，都应引起高度重视。

13.6　L4 和 L5 级自动驾驶中的人因问题

L4 与 L3 类似，所以 L3 中存在的问题，在 L4 也存在。它们之间有两点不同。一是如果驾驶员由于突发身体状况（如心脏病发作）而没有响应接管请求，L4 级系统应该能够继续保持安全驾驶。在这种情况下，系统能够引导车辆停到一个安全位置，例如，停在紧急出口，并呼叫紧急救援人员。二是 L4 系统能够处理的路况情况进一步增加，因此需要驾驶员接管驾驶任务的概率较低。

这些变化带来的人因问题有两方面。首先，用户需要相信系统能够应对绝大部分路况。第二，需要驾驶员接管控制的情况大幅减少，这会影响用户的期望值，特别是在意外接管方面。例如，在 L3 级，每次出行系统会有至少一次不执行如预期的自动驾驶要求，以便调整驾驶员对系统的信任水平（关于信任问题，将在下面的章节中介绍）；而在 L4 级，可能每三次出行系统会有一次不执行如预期的自动驾驶要求；这会进一步减少驾驶员准备接管驾驶的行为，也将进一步弱化驾驶员意外接管驾驶的心理准备。当然，驾驶员是否准备好从系统接管驾驶权及将驾驶权移交给系统，也取决于系统偏离最佳性能的严重程度。较小的偏差可能会被忽略或遗忘，较大的偏差可能会降低驾驶员使用自动驾驶系统的意愿。

在 L5 级，自动驾驶系统的技术能力已大幅提升，预计它将能够完成所有路况下的自动驾驶，以至于没有转向盘和踏板等传统的车辆控制配置。接下来，我们将讨论与这种自动驾驶形式相关的四个主题：信任、舒适、控制和道德。

13.7　自动化中的人因

自动化在英文中的定义⊖是"它是一种操作或者控制的技术、方法和系统。电子产品的高度自动化意味着把人的干预降到最低"。随着计算机科学的快速发展，我们生活中有越来越多的系统开始实现自动化。著名的摩尔定律（Moore's Law）指出：当价格不变时，集成电路上可容纳的元器件的数目每隔约 18~24 个月便会增加一倍，性能也将提升一倍。因此，自动化是必然的。多个因素促进了自动化的发展。自动化能够降低劳动力成本，增加工作效率，改变安全状况并增加产品的竞争力等。自动化也给我们的生活带来了巨大的好处，比如降低了劳动负荷（体力的和脑力的），帮助我们在复杂环境中进行信息处理和决策，从而增加生命安全性。当然，自动化是否真的能减轻劳动负荷和增加安全性能，取决于设计水平和对人的深入了解。

1. 自动化的意义

1）对那些人类无法胜任的任务，自动化就成为必然的选择。例如需要操作者快速、大量的计算，快速、复杂的操作，以及高温、低温、污染等对人来说条件恶劣甚至危险的工作，这些必须依赖自动化系统完成。目前有很多特种工程车辆在封闭危险的工况环境中进行完全自动化的、无人操作的工作就是典型的例子。

2）那些人的操作能力有局限性的工作也必须依靠自动化系统来完成。例如特殊环境下的飞行操作、雷达观察和预警，复杂的医学分析和诊断，船舶驾驶和

⊖　来源于 English dictionary. www. dictionary. com/browse/automation。

核电站控制等，这些工作会对人类操作者会带来极大的脑力负荷，同时也容易因为操作失误而发生重大事故。

3）为人类的操作提供辅助作用。由于人工作记忆能力的局限性，自动化系统可以帮助人们采集需要的信息，分析和判断信息的意义，给操作者做决策提供所需要的帮助。例如有人工智能的自动医疗系统能提醒大夫有哪些项目需要检测化验、标出超出正常数值范围的项目和可能的诊断结果，甚至给出治疗用药建议。目前，很多大型系统都离不开这样的自动辅助系统，但最终的决定权还在人类操作者。

4）满足市场经济的需求。很多时候，由自动系统完成一些重复的工作比使用人力成本要低很多，同时工作完成的质量还高很多。例如，目前越来越多的工厂采用机器人来代替人工。

5）提高产品的产量和质量。很多时候，影响产品产量和质量的因素是人力不足或者人的能力有限，比如操作精准度、速度、力量，甚至操作角度等，采用自动化能够提高产品的产量和质量。

自动化就只有好处没有坏处吗？其实，已经有越来越多的事故案例证明，在自动化设计过程中要考虑人的因素，有些著名的飞行事故分析结果揭示了自动化带来的新问题。

2. 自动化过程中的步骤

自动化过程一般分为以下几个步骤。

1）第一步，自动获取信息。此步骤相当于人类信息处理过程的第一步（图3-1）感官信息输入和选择性注意力部分。以汽车驾驶为例，在目前全手动驾驶时，汽车行驶过程中，车内、车外的信息完全依靠人的眼睛和耳朵来获取，往往会因为分神、疲劳等各种原因没有及时获取一些关键信息而造成交通事故。目前的辅助驾驶系统就是在车上装配各种传感器，帮助人类采集车内、车外的信息。

2）第二步，信息分析。该过程类似人类信息处理过程中的工作记忆部分。这一步设计的关键点是如何把采集到的信息表达给用户，是以工程师的思维方式、不同传感器的信息逐一详细地展示给用户，还是对信息做进一步的综合和分析，把有用的信息以用户理解的方式表达出来？我们常常讲，交互设计的一个重要目标就是把正确的信息在合适的时间点用正确的方式表达给用户，为了达成目标，对用户的了解至关重要。

3）第三步，做出决策和选择行动。在这里，行动的选择往往是由人来完成的。当系统通过数据分析，结合相关的知识做出决策时，一般会以几种方式让人做出选择：①只有一个可能，人可以选择这个可能，也可以忽略这个可能；②不能忽略，但可以在一定期限内否决；③既不能忽略，也不能否决，要求更高级别的自动化。

4）第四步，执行决策，也就是自动化系统代替人类去执行操作。

3. 自动化与自动驾驶中的人机交互

有三个问题是任何一个自动化系统在与人的交互中都会面对的：1）功能分配，即描述什么任务是人可以完成的，什么任务是系统可以完成的；2）权力分工；3）责任分工。权力分工和责任分工决定哪部分功能的操作是由自动化系统完成的，哪部分功能的操作是由人完成的。越来越多的自动化和越来越复杂的自动化系统会给人带来各种问题，其中一个问题就是可观察性：自动化的操作基于大量的算法，这些算法非专业人士看不懂，也不理解，因此，就不容易判断系统决策是如何产生的，也无从对决策做出反应。这会导致两个截然不同的结果，一个是过度信任，认为只要是系统做出的决策就是对的；另一个是惊讶和疑惑："系统为什么会这样做？"这就涉及对交互设计的挑战，即如何与用户沟通自动化的不同过程和阶段；否则，自动化系统和人类就不是"一个团队"的成员，人们就会问"它在干什么？""为什么这样做？"如果自动化系统的信息处理和决策过程与人没有交流，人就会处在黑暗中，摸不着头脑。因此，自动化系统的反馈设计非常重要。目前，汽车的自动化设计存在同样的问题，如图 13-5 所示。

系统判断	符合自动驾驶条件	不符合自动驾驶条件
驾驶员判断 符合自动驾驶条件	汽车自动驾驶 A	汽车要求驾驶员接管驾驶(被动接管) B
不符合自动驾驶条件	驾驶员主动接管驾驶 C	驾驶员驾驶 D

图 13-5　汽车自动驾驶系统与驾驶员的关系

在没有达到完全自动驾驶之前，人与自动驾驶系统的关系也同样面临三个问题：功能分配、权力分工、责任分工。自动驾驶系统会对各类路况做出判断，判断的结果是 1）符合自动驾驶条件，或者 2）不符合自动驾驶条件（如图 13-5 中的横向）。驾驶员也会同样做出判断（如图 13-5 中的纵向）。对于符合自动驾驶条件的场景，功能分配上是以自动驾驶为主导，而不符合自动驾驶条件的场景，则是以人驾驶为主导。从图 13-5 可以看出，A 区域和 D 区域，系统判断与驾驶员判断相同，因此，不会产生矛盾。而在 B 区域和 C 区域，两者的判断有所不同。同样，权力分工和责任分工问题也将伴随而来（但并不是一对一的）。在目前自动驾驶 L2 和 L3 水平，自动驾驶启动时，自动驾驶系统有控制汽车自动驾驶的权力，但责任还在驾驶员，因此驾驶员必须全程或部分监管驾驶。这一点明显体现在图 13-5 中的 C 区域。在 C 区域，当驾驶员认为不符合自动驾驶条件时，会主动接管驾驶，因此，产生的后果可能是没有充分利用自动驾驶的优势和价值，但不会有交通事故风险。而在 B 区域，功能分配就出现了矛盾，这也就出现了 13.5 节中谈到的被动接管驾驶问题。

13.8　自动驾驶与信任

在自动化的人机交互中，没有哪个问题比"信任"更重要了。关于这方面的研究早在 1980 年就开始了[178]，其中提出了两个概念：自满或过度信任和"狼来了"（Cry Wolf Effect）或不信任[179]。关于自动化的信任问题有海量的研究报告，值得一提的是李（Lee）和西伊（See）提出了信任模型[180]，马德海文（Madhavan）和威格曼（Wiegmann）[181]对比了人与人之间的信任和人与机器之间的信任，发现有不少共同点，也有很多不同点。汉考克（Hancock）[182]对人与机器人之间的信任问题做了很好的综述。不过，这里有两个问题需要区别清楚，一个是对自动化的信任，另一个是对自动化的依赖，前者是心理问题，后者是行动问题。对两者的测评方法是不同的。不过，这两者之间是有关联的，但又不是一对一的关系。我们可能因为各种主观、客观的原因对自动化有些依赖，但我们可能会保持警觉，并不完全信任它，对系统给予的告警和信息提示有一定的批评和保留意见。目前的驾驶辅助系统因为不完善，用户与它的关系仍处于这一层面。另外，我们可能很信任某个系统，但还是喜欢自己去操作，因为操作带来了乐趣和享受。未来的高度自动驾驶系统很可能就会引发这种关系。

有几个因素会影响信任问题。如果自动过程的算法比较复杂，用户不理解它们做出决策的逻辑与过程，信息不透明，让人感觉自动系统就是一个"黑盒子"，这会让用户很容易产生不信任。另一个因素是可信度。因为任何系统都不能保证始终 100% 的正确，因此，出现任何错误或产生与用户期待的不一样的结果，都会对信任产生影响。衡量系统能力与驾驶员实际信任水平的关系，成为人机信任领域的核心问题之一。关于信任与不信任的关系，可以用图 13-6 来说明。研究者一般通过以系统能力为横轴、信任水平为纵轴的二维坐标系来描述信任与系统能力之间的关系。从信任角度看，图中的斜线反映了在特定情境下基于该系统的能力的人应当具备的客观信任水平，而信任水平反映在实际人机交互中人对系统的主观信任水平。

我们可通过衡量主观信任与客观信任水平间的相对关系，来评估当前的信任状态是否适当[180]。二者的相对关系主要有适当信任、信任不足和过度信任三种。适当信任（appropriate trust）也称校准信任（calibrated trust），指驾驶员的主观

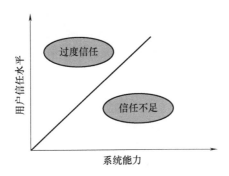

图 13-6　用户主观信任与系统性能可信度之间的关系

信任水平与系统的客观信任水平相一致，如图 13-6 的中的斜线。信任不足（under-trust）指驾驶员主观信任水平低于系统的客观信任水平（图 13-6 右下方区域）。信任不足往往是驾驶员低估了自动驾驶系统的能力，从而忽视系统提供的有效建议，出现驾驶员不使用自动化系统功能的现象（disuse）。过度信任（over-trust）指驾驶员的主观信任水平高于系统的客观信任水平（图 13-6 左上方区域）。过度信任往往是驾驶员高估了自动驾驶系统的能力，从而不会及时对当前车况和路况进行监控，出现驾驶员对自动化功能的滥用现象（misuse）。

　　人在操作一个可信度很高的系统时，通过长时间尝试而对系统操作很满意，人对系统的信任水平就落在了图 13-6 的左上方，产生过度信任。当第一次错误发生，用户对系统的信任水平立刻就会跌到图 13-6 的右下方。人们对这"第一次出错"的反应常常是感到非常吃惊、非常意外的，而且常常会造成事故[183]。此后，再重新建立信任就不容易了，人们总是抱有"被骗一次，就不能被骗第二次""不可以在同一个地方跌倒两次"的想法。因此，使人对系统建立正确的信任水平是非常重要的。过度信任会产生自满行为，也就是，当自动系统开始工作时，操作人员就不会再去关注系统的操作状态，这样，他就失去了相关的情景意识。而当系统出现错误时，他的第一反应是惊讶，然后当他开始接管操作时，很可能会出现错误的操作。过度信任还会造成另外一个问题，那就是自动偏差（automation bias）。在过度信任状态，用户认为自动系统做的一切都是正确的，因此，当自动系统发出指令时，用户就会无条件地接受而不再自己去做判断。这就存在一个风险：如果自动系统发出错误的指令，用户还是无条件执行，就可能发生事故。随之而来的还有另外一个问题，即由于过度信任自动系统，人的手动操作技能就会下降，对以前驾轻就熟的技能开始感到陌生，这种现象有一个名称叫"走出熟悉圈"（Out of the Loop Unfamiliarity，OOTLUF）。在航空系统，为了避免飞行员尤其是战斗机飞行员产生 OOTLUF 现象，系统会时常强怕飞行员手动驾驶。对于未来越来越自动化的汽车而言，我们是不是也需要考虑这一问题呢？

从信任的影响因素来看，霍夫（Hoff）与巴希尔（Bashir）[184]的三层模型最具代表性。该模型通过总结对自动化信任的研究，提出信任可分为倾向性信任（dispositional trust）、情境性信任（situational trust）和习得性信任（learned trust）三种（图 13-7）。

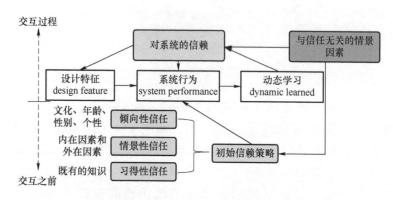

图 13-7 霍夫与巴希尔[184]的信任模型

倾向性信任，反映操作人员自身对自动化系统的信任倾向。它受操作人员个人特征的影响，包括文化水平、年龄、性别和个性等因素，是个人对局势的总体信任。它代表着这样一个事实，即有些人可能对自己所处的环境抱积极的信念，而另一些人则可能持怀疑态度，并对其环境抱有基本的不信任态度。

情境性信任，反映操作人员因特定情境所产生的信任。它受两个因素影响，一个是外在因素，另一个是内在因素。外在因素主要涉及系统的复杂性和任务的难度。如果认为任务比较困难，人们将不太相信自动化系统可以处理任务。同样，感知到的风险和收益在确定情境信任中也发挥着作用。就驾驶而言，人们可能会认为驾驶是一项艰巨的任务，尤其是在可能发生的各种特殊情况时，因此需要一个复杂的系统来判断道路和驾驶员的状态。内在因素主要涉及自动驾驶技术上的专业知识，而这种专业知识往往只有少数人拥有。因此，缺乏对自动驾驶的专业知识可能有两种影响（这取决于人们的倾向性信任）：他们要么对技术的力量抱有天真的信念，认为自动驾驶很好，能解决各种自己解决不了的问题；要么对技术抱有怀疑的态度，认为驾驶任务太复杂，以至于无法成功实现自动化。

习得性信任，反映操作人员在使用系统过程中基于系统表现所产生的信任。它受自动化系统特征的影响，包括系统可靠性和系统错误等因素。某个人可能已经拥有自动驾驶系统相关知识，这些知识会影响他对自动驾驶任务可以成功的期望（最初的学习信任）。同样，品牌声誉也会促成习得性信任（"某品牌永远不会将有缺陷的技术推向市场"）。第二个影响是动态学习信任，它来自自动驾驶系统的实践经验。动态学习信任基于系统的性能本身（就系统执行任务的可靠性、可预测性和可依赖性等方面而言）。根据该模型，系统性能可能会受到设计功能的影响，例如，系统的透明性和易用性以及其交互风格会影响人们是否感觉到他们理解某些事情发生的原因，以及人们对该过程的控制程度，例如，他们是否认为他们可以在需要时进行干预。

总而言之，对自动驾驶的信任会受到各类因素的影响（在实际体验自动驾驶系统之前）：个人特征（文化水平、年龄、性别、个性）、关于自动驾驶任务难度的假设、所需的系统复杂性、驾驶员对自动驾驶系统的一般知识及其实践成功的知识、实际使用中的经验（系统的可靠性、可依赖性等），以及驾驶员对系统的理解（人们是否了解某些自动驾驶操作会发生的原因）。调查结果表明，大多数人对自动驾驶汽车的可能性持不信任态度，并对是否可以建立故障规避（failsave）系统表示怀疑。他们忽略或不知道工程师们在技术开发上已经取得的成功，他们认为驾驶任务是如此复杂，以至于不认为驾驶可以成功地自动化。在某种程度上，他们可能会拒绝自动驾驶。另一方面，来自自动驾驶系统用户的观察表明，这些人大多数认为系统是能够规避故障的。如上所述，L2 级自动驾驶系统的用户实际上将它们视为 L3 级系统，因此，他们忽略了监视系统性能并开始从事与驾驶无关的任务活动，即这些人对自动化系统产生了过度信任。

只有在适当的信任状态下，驾驶员才能适当监控和使用自动系统，充分发挥系统能力，并避免意外发生。因此，驾驶员对自动驾驶系统保持适当的信任水平极为重要。然而，由于信任主要反映驾驶员对系统能力的态度，难免会出现驾驶员对系统能力的评估不准确、信任水平不恰当问题。

从设计的角度来看，如何为人们提供适当的信任级别是问题的核心。霍夫和巴希尔的模型表明，可以增强人们对自动驾驶系统的信任的因素可能主要是系统的易用性和透明性以及其交互方式。因此，为了做好与信任相关的设计，需要考虑如何通过设计影响系统的易用性和透明性，以及应该采用哪种交互方式。许多人不喜欢阅读产品使用手册，而是想通过自己不断的试错来探索如何使用系统，因此对设计者来说，只能将产品使用手册作为最后的选择。对于汽车系统，这不会有什么不同。我⊖在荷兰进行的一项最新研究表明，许多租车驾驶员并不了解辅助系统如何使用，例如车道偏离告警、自适应巡航控制（与巡航控制相对）和距离警告，而对手册的简要了解其实就可以显示这些系统如何实用，但他们没有人会这样做。这给设计人员建立自动驾驶汽车的用户界面带来了挑战，设计人

⊖　此处指本书的第二作者雅克·特肯。

员需要做到用户无须查阅使用手册即可实现易用性和透明性。

有两方面可以影响人们对自动驾驶系统的信任，这涉及透明性和车与人的沟通交互方式。

一方面，从观察人们对与自己具有某些相似性的媒介有更多的信任开始，研究人员探索了拟人化的用法。拟人化是用一种叫作类似人类的代理（agent）"角色"进行设计，使其在外观或行为上都变得更像人，这使人们更容易将某些情感值（例如"友好""智能""合作"）赋予该系统，以增加对系统的信任。目前有不少项目都在做这类尝试，比如汽车前脸设计得更像人在微笑，或者车灯更像眼睛。这样的设计越来越多地出现在各类车展的概念车上。在车内，使用合成的面孔或程式化的面部元素来探索拟人化的信息显示方法，更是被很多车企采纳。

另一个相关的研发包括所谓的"解释界面"（Explanation Interfaces）[185]。解释界面向驾驶员说明系统为何执行某些操作。这种设计使得既智能又与驾驶员友好的对话不仅涉及交换信息，还适应驾驶员的需求并在需要时提供附加信息。"解释界面"阐明了为什么要执行某些操作，以便为驾驶员提供了解发生了什么以及为什么发生（表 13-1）。这样一来，系统的操作就变得更加透明。此外，可以通过语言或语音方式来做出解释，从而符合拟人化原则。

表 13-1　解释界面的对话消息

情　　景	语　音　信　息
自动驾驶为自行车让路	我正在给自行车让路
自动驾驶正在交通路口等待通行	我正在等待通行
自动驾驶在鹅卵石道路上减慢速度	我们在有行人的鹅卵石路上，必须慢些
自动驾驶在黄灯时停下来	交通灯正在变红
自动驾驶正在换道让别人超车	我让比我快的人超过我
自动驾驶在匝道旁等待	我需要等其他车通过才能进入高速公路

13.9　驾驶风格、晕车与舒适度

不同的人有不同的驾驶风格，有些人喜欢冷静、谨慎的驾驶风格，有些人喜欢运动、冒险的驾驶风格。这就提出了自动驾驶汽车应该如何驾驶的问题。更具运动性、冒险性的驾驶风格表现如下：在交通信号灯处进行剧烈制动或加速，在交叉路口更加急躁，违反速度限制，以相对较高的速度通过弯道等。由于安全性是技术开发人员考虑的重中之重，所以他们可能会期望自动驾驶汽车配备冷静、谨慎驾驶风格的自动驾驶系统。不过这种驾驶风格是否为偏爱运动性驾驶风格的驾驶员接受？

　　为确定人们对自动驾驶汽车驾驶风格的偏好而进行的实验表明，运动型驾驶员和冷静型驾驶员都比谨慎性驾驶风格的人更喜欢谨慎性的驾驶风格[186]。正如其中一个实验的参与者之一所言，他从不希望"成为像我这样驾驶的人驾驶的车辆上的乘客"。这一观点对于那些想通过人工智能系统的自学习使得汽车自动驾驶风格接近驾驶员本人风格的做法无疑提出了巨大的质疑。显然，冷静的驾驶风格可以减少身体消耗，从而增加身体舒适感，并减少晕车的发生。另外，如果驾驶员想要进行与驾驶无关的活动，那么冷静的驾驶风格也很方便。同时，冷静的驾驶风格能给人一种安全感。

　　这就引出了另一个相关话题：身体舒适度。制造商已经开发了诸如"魔术车身控制"（magic body control，奔驰汽车开发）之类的主动悬架系统，以减少可能引起不适的垂直加速度。此外，"魔术车身控制"包括曲线倾斜功能以减少横向力。然而，即使在这样的系统中，身体的纵向和某些横向位移仍然存在，这可能引起身体不适并最终使乘员晕车，尤其是在运动性驾驶风格更强的情况下。人们已经发现，晕车是自动驾驶汽车的一种风险，因为驾驶员可能想从事与驾驶无关的活动，例如与智能手机互动、观看视频或阅读，所有这些都涉及将视线移开道路，从而增加了晕车的可能性。

13. 10　共享控制

　　如上所述，在 L5 级水平，自动驾驶系统负责驾驶任务的所有方面，即自动驾驶系统负责所有的战术决策（执行机动）和操作任务（纵向和横向控制，如图 4-4 所示）。战略决策（选择目的地、路线类型和所需到达时间、确定巡航速度）仍由驾驶员负责。自动驾驶汽车不再包含转向盘、踏板，如前所述，大多数交通事故是由人为错误引起的，通过使驾驶员脱离驾驶任务，工程师们认为可以避免这些交通事故。

　　从用户的角度来看，这可能是一个值得用户称赞的技术进步。假设自动驾驶车辆采用谨慎性驾驶风格并且不会违反交通规则，则在几种情况下自动驾驶汽车的行为可能导致低效的通行，这与用户的期望是偏离的。谨慎行为的特点是安全而不是冒险，这意味着，自动驾驶汽车将比手动驾驶汽车保持更长的车和行人之间的距离。这将影响他们在十字路口、会车或者从匝道进入高速公路时的行为。在十字路口，自动驾驶汽车可能要等很长时间才能通过。在高速公路上超车时，自动驾驶汽车可能要等很长时间才更换车道，因为它认为左车道的间隙尺寸不安全，所以必须减速，这使得与左车道的交通合并变得更加困难。同样，据报道，自动驾驶汽车在繁忙的较宽阔的人行横道上等待的时间过长。

此外，始终遵守交通规则可能会导致不灵活、不礼貌及行为低效。图 13-8 和图 13-9 显示了两种情况，其中手动驾驶员可能表现出礼貌的行为以适应其他道路使用者。在图 13-8 中，R 车道上的车正在等待交通信号灯。一旦交通信号灯变成绿色，交通流就会再次开始移动。现在，在对面的车道 L 上，车辆 A 要向左转进入停车场，它必须等到道路畅通才可以。在自动驾驶状态，一旦车辆 C 向前行驶，车辆 B 就会跟着前行。但如果是手动驾驶，车辆 B 的驾驶员可能会采取礼貌谦让的对策，以便让车辆 A 进入停车场，然后再向前行驶。同样，如果车辆 A 要离开停车场，可能也会观察到类似的状态：如果路上的车辆是自动驾驶汽车，车辆 A 将很难离开停车场；但如果是手动驾驶汽车，则不然。

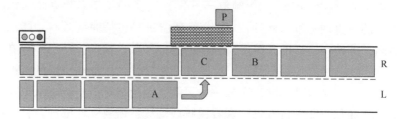

图 13-8　从相反的方向给予车辆通行权

在图 13-9 中，骑自行车的人 A 和车辆 B 接近交叉路口，而车辆 B 拥有通行权。但是车辆 B 的驾驶员可以决定让路给骑车人，这样骑车人就不必刹车并等到车辆 B 通过。类似的情况还有驾驶员让在人行道上等候的行人先过马路。

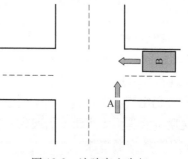

以上两种情况，如果自动驾驶汽车都遵守交通规则，就不会让想要进入停车场的车辆或骑车人先行。更笼统地说，这些情况需要基于对交通状况的深刻理解后做出判断，这超出了自动驾驶系统的能力，根据德赖弗

图 13-9　让骑车人先行

斯（Dreyfus）和德赖弗斯技能获取模型[187]，自动驾驶的能力或可达到熟练程度，但不是专家水平（表 13-2）。为了以专业知识水平进行操作，需要在决策循环中包含人为的判断力。

这就引来自动驾驶汽车用户希望有机会干预并参与决策的愿望。一种可能性是在操作控制级别进行干预，以便驾驶员可以在进入交叉路口时控制踏板、使用转向盘，踩制动踏板或换道。但是由于最好不要在操作层面上打扰用户，所以可以为用户提供一种在战术层面上进行干预的方式。例如，用户可以从中控屏上显示的菜单中选择一个选项，以告诉系统何时进入十字路口、何时移动或何时制动，并使用转向灯启动换道。但是，用户此时可能参与了与驾驶无关的活动，因此可能需要告知用户存在干预的机会。同时，由于交通状况变化很快，因此用户参与决策的机会窗口有时间限制。

表 13-2　德赖弗斯技能获取模型

熟练程度	知识水平	工作状态	自动系统	处理复杂事务的能力	环境感知
新手	仅限于书本的知识水平	不满意	需要详细指点	没有	孤立看待每个操作
初级	对实践中的一些关键知识有所了解	可以按标准完成一些任务	某些步骤可以独立判断，但依旧需要全盘指点	可以解决部分问题	可以看到动作之间的联系
具备能力	有足够的实践知识	可以达成目标	可以通过自己的判断，完成大部分任务	通过分析和计划，可以应对	可以看见系列动作背后的长远目标
熟练	具有领域内的深度知识	形成了劳动规范	对自己的工作负全部责任	可以全面掌控	有全局观
专家	具有权威的知识	完美	产生自己独到的见解	从本能到理智，全盘掌控	有全局观，同时还有更新的观点

总而言之，在 L5 级，人们可能希望有关的交换设计使用户能够参与驾驶决策并在战术控制级别进行干预，同时将操作控制权留给系统。如果用户不参与，则可能会导致效率低下、僵化和迟钝。进一步的研究应该告诉我们，实际上有多少用户希望拥有这种功能，以及应该如何设计实现用户与系统交互的界面。

13.11　信息娱乐系统设计

在汽车发展的早期，驾驶员所能得到的信息除了速度和剩余燃料之外就没有其他的了，而且这些信息的设计也相对简单。然而，随着电气/电子工程和信息技术的进步，汽车上添加了越来越多的新系统。驾驶员和系统之间的信息交换也越来越复杂。此外，技术进步也提供了更多机会通过配置信息娱乐系统使驾驶体验更加愉快。信息和娱乐系统的集合通常简称为车载信息娱乐系统（IVIS）。与IVIS 的交互通常发生在驾驶员从事驾驶任务时，且 IVIS 用户界面的设计不再简单。在本节中，我们将考虑一些基本的 IVIS 交互设计。

在 20 世纪 90 年代早期，由于技术进步和工程师的创造力，一个典型的汽车收音机能包含 90 多种功能。一家汽车收音机制造商开始想了解这些功能中有多少是驾驶员实际使用的，于是他想出了一个绝妙的主意——直接问顾客就可以了。结果是，大多数顾客只使用了 5~10 个可用的功能。这不仅意味着工程师开发了很多无用的功能，也意味着顾客为他们从未使用过的功能付费。此外，过多的功能使用户界面过于复杂。考虑到汽车收音机上有限的显示空间和驾驶员有限的交互时间，驾驶员只会使用那些重要的、相对容易学习和记忆的功能。通过以用户为中心的设计方法可以避免这种设计供应和客户需求之间的不匹配。虽然 IVIS 的本意是让驾驶体验更愉快，但这种不匹配可能会带来负面的用户体验。因此，以用户为中心的设计过程应该是全面的，不应该仅仅专注于使交互变得更简单，而应该致力于建立一个积极的、令人满意的用户体验。

在设计车载信息娱乐系统时，有两个主要问题：1）显示器和控制器所放置的位置；2）人们如何与系统交互。设计决策可以有两个指导原则：位置的决定可以依据缩小视线距离原则；交互设计可以遵循减少时间原则。减小距离原则认为，对驾驶任务至关重要的功能应尽可能靠近主视线（代表驾驶员在监视车前交通时的注视方向）。减少时间原则认为，交互的设计应该使视线离开道路的时间尽可能短。

减小距离原则导致的功能分布、控制/显示与驾驶相关的任务（driving-related tasks，DRT）系统是相关的，因此，DRT 系统的交互界面基本都布置在仪表板或转向盘上，其他控制/显示放在中心控制台和中控屏上。然而，由于 DRT 系统的数量迅速增加、ADAS 的出现，越来越多的信息显示放在仪表板上的趋势也越来越明显。

关于减少时间原则指导用户界面设计，由于时间的限制，驾驶员查看显示屏和执行操作的时间是有限的，为了减少与车内系统交互的时间和频次，特别是对于与驾驶无关的任务（non-driving-related tasks，NDRT）系统交互时可能出现的潜在干扰（驾驶分神），当应用传统的界面技术，包括视觉显示和按钮（虚拟的）和小键盘时，主要挑战是设计显示和动作序列，使所需要的动作数量最少、显示不过于复杂。设计过程需要先做任务分析。

新的交互技术已经出现，使设计者能够采取不同的方法来实现减小距离和减少时间原则。HUD 提供了进一步减小与主视线距离的可能性。触摸界面可以向驾驶员提供触觉反馈，加速交互，减轻驾驶员必须通过眼睛来协调动作的视觉压力。宝马汽车上的 iDrive 旋转按钮就是一个例子。在这个方向上的进一步发展是形状变化的界面，其中界面的形状可以动态地改变，以适应交互需要。形状变化界面的基本理念是，驾驶员可以通过手感知不同的形状，以获取系统状态信息，从而实现不需要视觉的交互。基于手势的交互可以通过半空中的手势实现无触摸交互，也可以实现基于语音的不需要手动操作的交互。从原则上讲，以上交互技术非常适合实现减少视线离开道路时间的原则。

大多数新颖的交互技术的挑战之一是，它们很容易导致开发人员对驾驶员的能力做出过高的估计，从而对驾驶员的能力提出了超过实际的要求。例如，对于HUD，制造商可能会倾向于在显示屏上放太多信息，从而导致驾驶员分心。对于触觉反馈，太多不同的前馈/反馈模式可能很难让驾驶员学习或区分反馈所代表的意义。同样的道理也适用于基于手势的交互：太多不同的手势对驾驶员来说可能很难学习，而且由于驾驶员在做手势时没有前馈/反馈，所以很难确定实现手势交互所需的准确性。关于基于语音的交互，理想情况下，驾驶员可以使用自然语言，并与系统进行自然对话。然而，自然语言需要时间，用户倾向于减少话语的长度而采用指令性的语音，这要求驾驶员在认为方便的指令和系统能够理解的指令之间进行匹配。此外，语音界面需要良好的对话设计来处理自然的语言现象和可能产生的误解。

实现减少时间原则的另一种方法是创建预测性界面，它的目标是通过尝试预测用户在每一刻想要实现什么来削减交互次数。这可以使系统减少选项的数量，从而使驾驶员更容易选择一个选项。显然，这需要良好的预测能力，否则驾驶员要寻找的选项可能不在预测的可能性中而无法实现，互动只会变得复杂和令人沮丧。人工智能/机器学习技术是设计这种界面的工具包的必要部分。

如前所述，减小距离原则指导功能的分布，如 DRT 功能布置在仪表板、转向盘内或转向盘后，而其他功能布置在中控屏上。然而，控件定位的另一个与使用相关的考虑因素是使用频率。首先，即使是那些与驾驶任务没有直接关系，但经常使用的功能，也应该根据减小距离原则进行设计，以减少视线离开道路的时间。其次，考虑到拉斯马森的"技能-规则-知识"（SBB-RBB-KBB，图 4-3）框架，可以推断，随着时间的推移，驾驶员可以对经常使用的功能产生盲操作。

软件和显示技术的发展为设计的灵活性创造了巨大的机会和空间。传统的车内用户界面，包括硬按钮，其形状和功能在汽车的整个使用寿命中都是固定的。随着汽车智能网络技术的开发，触摸屏（包括软按钮）、新的软件版本可以更新和下载，在汽车的生命周期中，每一个新版本功能界面的布局和功能本身都可以更改和扩展。此外，这些新的设计允许用户自定义功能。这种发展通常被称为数字座舱。

设计的灵活性显然提供了优势。此外，随着越来越多的 ADAS/ADS 功能引入汽车，展示空间可以很容易地扩展以适应新的功能。然而，从以用户为中心的设计角度来看，数字座舱创造了机遇也带来了挑战。首先，制造商可能很难抵御功能主义的诱惑，即创造不反映用户需求的需求。由于技术上的可能性为制造商和供应商创造了机会，他们能够实现作为独特卖点进行销售的功能，因此，从以用户为中心的角度来看，设计应考虑哪些功能能为用户创造真正的价值。其次，对于触摸屏的应用，我们需要慎重考虑，因为与触摸屏的交互通常需要手眼协调，这与减小距离和减少时间的原则相违背。通过引入预测界面和传感技术，当手指靠近屏幕时，可以增加触摸屏上的图标和软按钮的大小，从而减轻这种不良后果，但眼睛仍然需要离开道路。

总之，现在比以往任何时候都更需要以用户为中心的设计方法来约束设计，这样的技术才能转化为用户真正的价值。

13.12 伦理问题研究

自动驾驶系统是以人工智能为基础的，它必须与其他道路使用者协调。由于它们是在高度动态的环境中运行，并且需要在几分之一秒内做出决定，所以自动化故障或错误判断可能会带来致命的后果。因此，驾驶自动化也具有道德后果。帕特里克·林（Patrick Lin）和诺厄·古多尔（Noah Goodall）首先介绍了驾驶自动化在道德方面的考虑[188]。林从伦理道德方面讨论了所谓的有轨电车问题㊀，如图 13-10 所示。有轨电车问题假设，在前方的两路轨道上，一路轨道上躺着 5 个人，另一路轨道上只有 1 个人，此时有轨电车该如何选择？从实际交通情况来看，会出现这样一种场景：无人驾驶汽车正朝着一群过马路的行人驶去，无法避免撞上那群行人，除非做出回避动作，但这很可能会导致自己撞上障碍物，由此可能会导致车上乘员死亡，此时自动驾驶汽车应该怎么做？或者更具体地说，应该如何设计决策算法？

尽管调查结果通常表明，人们认为车辆应将伤亡总数降至最低，并因此进行回避操作，但冒着车内乘员死亡的风险，制造商不太可能实施此类算法。首先，客户恐怕不愿购买可能决定冒险置自己于死亡的车辆。其次，制造商指出以下事实：他们正在采取各种被动和主动安全措施，以最大限度地降低其他道路使用者或乘员死亡的风险。因此，有轨电车问题很可能只是学术问题，而不是将来可能成为现实的问题。但这并不意味着不会发生事故。需要注意的是，电车问题涉及两个方案之间的合理选择，而不是技术问题。以传感器故障为例，在传感器发生故障的情况下，车辆甚至可能无法感知行人，从而导致事故，并可能造成致命的后果。但是在"有轨电车"情况下，决策算法不起作用。

㊀ 来源于 Lin P. 'The ethics of autonomous cars'. The Atlantic. (188) http://www.theatlantic.com/technology/archive/2013/10/the-ethics-of-autonomous-cars/280360/. Accessed 24. 03. 2014.

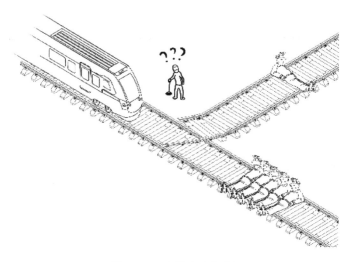

图 13-10　有轨电车问题

　　前文已经提到过其他具有伦理意义的行为。如上所述，由于自动驾驶汽车始终遵守交通规则，所以其驾驶风格可能不仅具有谨慎性，而且具有刚性。就其本身而言，谨慎性驾驶风格是好的选择，因为相比冒险性的驾驶风格，它更安全。但是，这可能会使乘员和其后方车辆内的乘员产生烦恼。此外，始终遵守交通规则可能会导致行为钝化，并且可能导致不适应行为，因为其他车辆可能会在超出限速 10km/h 范围内驾驶。自动驾驶汽车的设计是否应该考虑此类驾驶的特殊状态？是否应该为驾驶员提供某些违反交通规则的可能性，让他根据自己的喜好调整系统并自行做出选择？显然，这引出了一个问题：如果发生了某些事故，谁来负责？针对这一问题的一般设计规则可能是，用户可以根据自己的喜好调整系统，以使系统仍能充分发挥性能并保持安全性。

13.13　车外交互

　　由于自动驾驶汽车会在其他车辆、非机动车、行人等所处的空间四处移动，所以它与其他道路使用者之间的关系也需要研究。特别是在自动化程度更高的情况下，没有驾驶员来控制或监视车辆并负责决定如何与其他道路使用者交互，这就带来了一系列特殊的挑战。应对这些挑战的大部分工作都集中在自动驾驶汽车与其他道路使用者之间的交互上。

　　首先，我们谈谈行人从自动驾驶汽车前过马路是否安全这个问题。对于手动驾驶的车辆，驾驶员和行人之间需要有交流，一般使用两种信息交流方式，如图

13-11 所示。双方通过视觉可以交流一些隐性的信息，比如感知行人和车辆的运动，包括速度和距离。在车辆方面，其信息还包括汽车的品牌和型号，甚至驾驶员的特征，例如年龄和性别，以及他的注意力状态和观看方向。在行人方面，其信息也包括诸如年龄、性别、注意力状态和观看方向等。交换信息的手段有鸣汽车喇叭、车灯闪烁以及驾驶员和行人的手势和视线对视。此外，图 13-11 还指出，随着车辆和行人之间的距离缩小，决策中使用的信息种类也会发生变化。当然，可能还有其他条件，例如有信号灯或无信号灯时行人过马路、周围的交通情况、街道中间的环岛等都可能会影响决策，但基本问题仍然是驾驶员和行人必须协调他们之间的信息交流并采取相应的行动。

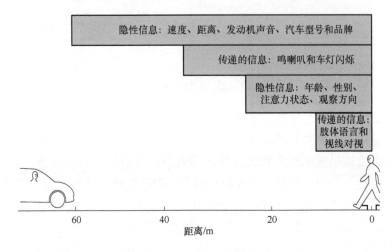

图 13-11　车辆与行人的交互

一般认为，显性信息在驾驶员和行人之间的协调中起着重要作用：驾驶员和行人都根据自己的目标及隐性信息来决定是否做出避让动作。对方给予的提示，以及通过显性沟通（尤其是通过目光交流）提供的提示，可验证对方的行为是否与交流的信息一致。如果驾驶员和行人之间的显性信息交换起着重要作用，那么自动驾驶汽车在道路上的出现就引发了这样一个问题：由于缺少驾驶员影响协调过程，是否应设计补偿手段来弥补无人驾驶情况下的这种交流？

本书作者对行人与车辆相互交流问题做了深入的研究，发现大多数决策和协调都基于隐性信息，即车辆和行人的行为[189]。只有在双方距离很短时，驾驶员和行人之间才能通过目光交流进行显性交互，并且主要是为了解决"死锁"问题，即双方都在等待对方采取行动。在其他情况下，彼此的隐性交流所提供的信息可以起到更重要的作用，例如直接感知到的或从头部朝向推断出：行人想知道驾驶员是否意识到他的存在，而驾驶员想知道行人是否注意到正在驶来的车辆。

尽管如此，即使明确的信息在决策和协调中起着很小的作用，行人与自动驾驶汽车之间的协调仍可能会受益于通过车辆外部的人机界面（eHMI）从车辆向行人发出明确的信息。

车外交互的概念已经提出。有些在汽车的车窗上做文字显示向行人提供邀请或指示，例如"可通过/不可通过"，或在道路上投影虚拟人行横道（奔驰）。也有使用更抽象的视觉信号，以提供有关车辆意图或者情绪的信息，比如微笑的汽车（图13-12）。还有一些使用拟人化信号，把车的前脸设计得像人的面部，而前面的两个前照灯好似人的眼睛，可以转动。用户评估表明，这些概念对行人从驶近车辆前方过马路的决定影响不大。该决定似乎更多地取决于接近车辆的实际行为，比如发现车辆正在减速，就表示车辆是打算礼让行人的。另一方面，大多数评估表明，人们因外部人机界面的存在而对自动驾驶汽车会更有信心。

图 13-12　车外交互案例：微笑的汽车——让行人先行通过

注：资料来源于 https://www.popsci.com/people-want-to-interact-even-with-an-autonomous-car/。

另一个问题是，自动驾驶汽车是否应该向周围发出信号，说明自己正在自动驾驶。有些公司选择通过在车顶上清晰可见的传感器来清晰地显示车辆的状态，还有些公司则特意使自动驾驶汽车与其他汽车没有区别，以便让其他道路使用者将其视为普通汽车。

是否需要明确标记自动驾驶汽车的考虑因素之一是"霸凌"问题。已经有人提出，人们一旦知道车辆是被设计为安全性最大化并因此具有谨慎性驾驶风格的自动驾驶汽车，就可能会利用这一点。例如，手动驾驶汽车的驾驶员可能会决定在交叉路口不准予自动驾驶汽车通行权，因为他们知道自动驾驶汽车将轻易放弃通行权；即使行人没有通行权，他们也可能会过马路，因为他们知道自动驾驶汽车会停下来。目前尚不清楚这是否会真的发生，以及哪些因素将决定这种现象，但确实能观察到这种现象。此外，是否会发生"霸凌"问题还取决于人们如何适应新技术，这方面的结果很难从调研和模拟器实验中获得。只有在将新技术广泛引入社会后，才能调查人们如何适应新技术以及是否发生"霸凌"行为。因此，现在判断车外交互和是否将车辆明确标记为自动驾驶汽车还为时尚早。

最后，将车辆明确标记为自动驾驶在行人与车辆交互之外的其他领域也可能是有益的。已经有研究提出，自动驾驶汽车在意外发生时采取的制动方式，导致手动驾驶汽车与领先的自动驾驶汽车追尾碰撞事故数量增加。明确标记为自动驾驶的车辆可能会警告其他车辆，应该为发生这种意外行为做好准备。

第 **14** 章

驾驶模拟器的应用

驾驶模拟器是研究汽车交互设计时不可或缺的工具，它的种类多种多样，简单的可以是一台计算机外加游戏用的转向盘，复杂的可以是高仿真的、多维动态的巨型驾驶模拟器。不同车企、研究机构和学校根据自己需求的不同，也根据汽车技术的发展，不断开发和安装新的驾驶模拟器。而相对应驾驶模拟器的种类，需要采用驾驶模拟器做研究的问题更是无穷无尽。使用驾驶模拟器会面临各种挑战。在本章如此小的篇幅里，我们只能蜻蜓点水一般提及一些基本问题，有关驾驶模拟器的技术问题不在本书的编写范围之内。这里特别感谢由费希尔（Fisher）、凯尔德（Caird）、里佐（Rizzo）和李（Lee）编写的著作《工程、医学和心理学驾驶模拟手册》（*Handbook of Driving Simulation for Engineering，Medicine and Psychology*）[190]。本章的内容主要参考该书。

驾驶模拟器的用途非常广，可用于新驾驶员的培训，交通事故受害者的心理康复、技能重建，还可用于一些疾病的诊疗，比如帕金森综合征和长期失眠症，当然，它更是广泛用于汽车设计和相关问题的研究。在这里，我们着重介绍驾驶模拟器在汽车交互设计和研究上的应用。

相比于在真实道路上的实车驾驶，采用驾驶模拟器的优势有：它可以模拟各类道路场景、各种交通冲突、各种环境变化，可以测试各种不同的自动/辅助技术、各种交互设计。其最大的目的是观察驾驶员在这些环境下完成特定任务的操作，同时可以对驾驶员的驾驶行为和任务操作行为做详细的观察和定量的记录。另外，同等条件下还可以多次重复实验。

14.1 驾驶模拟器的用途及优缺点

1. 驾驶模拟器的用途

驾驶模拟器的用途很多，这里我们做一个粗略总结。

1）进行各种培训并对培训的结果做出评估，对需要获得驾驶执照的人进行部分考试。培训或许是驾驶模拟器使用最广、使用人数最多的用途。使用各类模拟器做培训，不仅仅在汽车行业，在水、陆、空三大领域及很多需要训练复杂系统操作的行业都有广泛应用，这方面还有很大的潜力有待发掘。

2）对交通安全、交通事故、交通控制系统进行研究和评估；在道路建设前的研发和设计阶段，可以用模拟器进行研究和测试，这样可以避免建设后期才发现问题，以减少投资成本；在交通安全宣传教育工作中，使用驾驶模拟器可以使人们身临其境，真实体会事故过程，从而增强教育效果。

3）对车辆设计进行评估；对新的汽车技术和设备做测评；对驾驶能力障碍做系统的研究。这是目前驾驶模拟器一个较大的应用，但它对驾驶模拟器的技术水平有比较高的要求。

4）了解人类驾驶控制能力的局限性。这方面的应用将是本章的主要内容。

5）游戏。与汽车驾驶相关的游戏数不胜数，有些游戏还被反过来用于驾驶中的人因研究。

6）展示新技术。现在车载技术应用越来越多，有时候即使汽车设计专业人员都不一定十分清楚这些新功能是如何使用的，因此，利用驾驶模拟器制作展示厅，向公众介绍、推广新设计、新技术，会起到很好的效果。

7）研究各种药物对人的控制能力、分析能力、注意力和疲劳的作用。

2. 使用驾驶模拟器的优势

相比实车测试，使用驾驶模拟器有以下的优势。

1）可以把驾驶员放在各种极端场景下，而不用担心驾驶员会受到伤害。比如交通事故场景、药物作用、疲劳、执行各类分神操作、极端天气和新技术使用等具有危险性的场景，在这样的场景下，观察、测试驾驶员的反应和新的设计系统如何能够帮助到驾驶员。如果使用实车做实验，是很难模拟这些场景的。更何况把驾驶员放置到极端场景中，从伦理的角度讲，也是不被允许的。

2）许多影响驾驶的混杂因素可以通过实验设计逐步理清，比如交通状况、光照条件、行人的影响、意外事件的发生等。在实验室中，特殊事件、场景及不同的影响因素可以得到严格控制并反复实验，操作灵活，成本低；同时，对驾驶员的行为能做出精准的定量记录。

3）可以进行认知心理学的基础研究，比如反应速度、对复杂系统的认知、多模态交互等。一些简单的驾驶模拟器也可以用于很多研究工作。驾驶员在模拟器上的情绪反应与真实驾驶有可比性，因此，也可以用于情感研究。

3. 使用驾驶模拟器的不足

不过，相对实车测试，使用驾驶模拟器也有许多不足之处，因此，它并不能完全取代实车驾驶测试。这些不足之处有：

1）在驾驶模拟器上模拟的交通事故场景对驾驶员的心理作用与在真实道路驾驶中被卷入交通事故是有巨大差别的。

2）在驾驶中遇到的各种混乱因素并不能完全真实地在模拟器中模拟，因此，在驾驶模拟器上的研究成果还需要在真实道路驾驶中做相应的验证。

3）驾驶模拟器并不能真正地模拟发生在真实道路上的所有场景，同时模拟的效果与真实场景仍有一定差别。

4）不同仿真度的模拟器可适用于不同的研究，在这里很难给出一个完整的答案。

5）人可以在真实道路上开 2h 不觉得疲劳，但在驾驶模拟器上，一般建议连续驾驶不超过 0.5h，一般在安排场景时，在驾驶模拟器上发生事件的密度会远远高于真实道路的驾驶。

6）受试者在驾驶模拟器上的驾驶行为和他在开自家车的驾驶行为会有一些差别。驾驶员的行为会受到实验室环境的影响。

7）利用驾驶模拟器培训新驾驶员开车技巧，不能够完全取代实车驾驶训练。

8）驾驶模拟器存在晕车现象，这是一个目前没有解决的难题，越是沉浸感强的模拟器，晕车现象越强烈。这种晕车反应在一定程度上会影响实验结果。

14.2 驾驶模拟器实验数据采集

从驾驶模拟器实验中采集什么数据完全取决于研究的目的，同时，它也与驾驶模拟器的技术水平有关。收集和分析数据的技巧，是很考验研究人员的知识水平和经验的，这里我们只能笼统地介绍一下各类可能的数据。驾驶模拟器中每个参数的具体定义，需要参考 SAE 的标准文件（J2944—201506：Recommended practice, operational definitions of driving performance measures and statistics）。该标准给出了有关在道路上行驶的汽车性能指标和统计数据的定义与指南。该指南对在 SAE 和 ISO 与汽车和驾驶相关的报告、期刊文章、论文、学术报告和演示文稿中，对相关参数的测量、计算和统计制定了标准，以便使各种实验结果有可比性。这里需要强调的是，各企业、各实验室在做汽车驾驶相关的研究时都会建立自己的驾驶模拟器。驾驶模拟器有的来自供应商，有的实验室自己开发硬/软件系统。不管来源如何，建议各项指标的定义一定要严格参考上述标准。在报告尤其是发表的学术文章中，一定要说明参数的定义是参照上述标准的。该标准中提供了道路车辆的横向和纵向定位，主要包括驾驶员/车辆反应有关的数据测量和统计。与眼动有关的度量和统计信息，请参考 SAE J2396（国际机动车工程师学会，2007）和 ISO 15007-1（国际标准组织，2002）。这里需要指出的是，各模拟器所输出的数据最好严格按照这个标准来定义它们的测量值，否则，得出的结论与同类研究可能没有可比性。

很多人关心，用驾驶模拟器做实验，我们需要测量哪些数据呢？表 14-1 给出了一个大的框架，相对于具体的实验，依据研究问题的不同，所测的数据也会有所不同。数据分析方法也各不相同。一般说来，每个驾驶模拟器能够输出的数据量很大，种类也很多。一般的做法是，如果不影响数据采集的速度，应尽可能多地收集原始数据，在数据分析阶段，再对数据做进一步处理。关于这方面，我们在随后的章节中会一一介绍。

表 14-1　驾驶模拟器常用数据列表

分　类	数据类型	变　量
驾驶模拟器数据	纵向	速度，速度变化，加速度，与前车的距离
	反应时间	感知-反应时间（Perception-Response Time，PRT），制动反应时间（Brake Response Time，BRT），接触反应时间（time to contact）
	碰撞	碰撞次数，碰撞状态，碰撞时间（TTC）
	横向控制	车道位置（Lateral Position，LP），车道位置标准差（Standard Deviation of LP，SDLP），车道偏离（Lane Exceedance，LANEX），过车道线时间（Time to Lane Crossing，TLC），单位时间内转向盘改变次数，改变角度和行驶距离（Reversal Rate，RR）
眼动数据	眼动测量	扫视，眼睛离开路面的时间（eye-off-road-time），注视（fixation），在固定区域内的注视时间比（Percent Dwell Time，PDT）
心理数据	主观量表	劳动负荷主观测量（NASA-TLX；Rating Scale Mental Effort，RSME），情景意识测量方法（Situation Awareness Global Assessment Technique，SAGAT；Driving Activity Load Index，DALI），自我测评表，5 大人格表
生理数据	生理测量指标	心率（Heart Rate，HR），心率变异性（HR Variability-HRV），呼吸，心电图，皮肤导电率，面部表情视频记录
车内任务操作	其他指标	操作错误率，安全性，操作线路，任务完成率，视频操作记录

这里需要说明的是，不是每个实验研究都需要测量表 14-1 中的所有参数，参数的选择取决于需要研究的问题。不过，表 14-1 中给出的参数都是最常见的。

对于驾驶模拟器实验，一般都要求选用多参数来测评，因为不同的驾驶员在应对不同的驾驶任务时，对驾驶采取的方法和策略是不同的。比如驾驶过程中接打电话这个众所周知的对驾驶安全有影响的行为，不同的人在打电话时的驾驶方式是不同的，有的可能放慢速度，有的可能让车尽量靠近车道线的右侧，有的把车开成了之字形，有的则压了左侧的车道线。甚至同一个人在不同的时间，开车的方式也可能不同。这就是为什么驾驶数据比较难以分析的原因。

14.3　生理指标的测量

生理指标是用来衡量心理活动和劳动负荷的自然指标，因为任何工作或活动，包括脑力劳动和心理活动，就有其生理活动的基础，会反映在不同的生理指标上。驾驶模拟器实验中生理指标的测量也就成了一个常规的测量指标[191]。

大量的研究表明，无论是体力劳动还是脑力劳动都会引起心率变化[192-194]；紧张会引起皮肤电[195]、血压[196]和呼吸[193,197]变化。心率变异性（HRV）[198]比心率本身对心理负荷的敏感性更高。脑电波可以记录与事件相关的大脑活动[199,200]，某些面部肌肉会因为外部影响产生反应而映射到面部表情上[201]。下面详细介绍不同生理指标的测量和评判。

1. 皮肤电反应

皮肤电活动（EDA）是皮肤测量常用参数。EDA 包括众所周知的皮肤电反应（GSR）、皮肤电势、外围自主神经表面电位等。皮肤电记录实际上是一种非常古老的生理方法，可以追溯到 19 世纪末至 20 世纪[195,202]。GSR 是由受自主神经系统影响的腺体活动产生的汗液造成的。大多数研究人员认为 GSR 是唤醒、压力-应变和情感的综合结果，是自主神经系统活动的表现。我们对 GSR 进行测量，是为了了解定向响应和适应习惯的程度，在研究中，它能用来估算任务中人的大脑的信息处理能力，并建立唤醒或了解压力水平，特别是在负面情绪方面的情况[195]。逐步增加的 GSR 反映了唤醒水平的提高，代表身体准备好开始行动了[202]。GSR 已用于监测任务的劳动负荷和精神紧张（情感）。GSR 易于测量，但并不总是易于解释。在驾驶模拟器上使用的主要缺点是需要在手掌（有时是脚掌）上固定电极，这会对驾驶带来影响。

2. 肌电图

肌电图（EMG）记录了肌肉收缩过程中发出的电信号，可用于检测肌肉活动。肌肉在收缩期间会诱发电位变化，但它需要先进的半导体技术才能从中提取出重要信息。电极信号有其他噪声时需要清理[203]。在过去的几十年里，先进的电子仪器和强大的分析方法使 EMG 可以应用在研究中。肌肉力量是由许多运动单元的活动组成的，它们各自的放电速率不同。表面电极用于收集皮肤下的不同单位电位电势的总和。肌电图平均信号幅度随着肌肉收缩而增加。不过，在运用这个参数时，需要能够准确定位需要测量的肌肉部位和活动。人在紧张时，肩部和颈部肌肉会收缩，因此，这些部位的肌电图经常被记录下来。

3. 心电图

心电图（ECG）可以通过连接到人体胸部的三个电极相对容易地测量心脏的活动。心脏的活动是由心脏窦动脉发出的自主节律，由交感神经和迷走神经活动系统共同调节完成。心脏的活动与体力劳动、生理需求及精神上的努力相关。在驾驶模拟器实验中，每个心跳之间的持续时间反映了脑力劳动的强度。心率是在固定的时间段内（通常为1min）心跳的次数。心跳的持续时间具有可变性，有不同的振荡模式。在可记录到的心电图中两个波峰间的时间差称为心率变异性（HRV）[199]，它反映了每次心跳之间的时间变化，也称为 R-R 间期或者心搏间期，如图 14-1 所示。任务期间当受试者不得不付出脑力劳动时会表现为 HR 和 HRV 降低，尤其是在 0.10Hz 频率下，通常比在休息情况下清晰，效果取决于脑力负荷的大小和类型[193,198]。

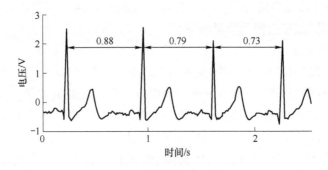

图 14-1　心率变异性测量

4. 血压

动态血压监测（ABPM）最初是为临床目的而开发的，可作为应变能力和劳动负荷相关的工作的动态评估指标[196]。ABPM 借助便携式记录仪可进行自动的、重复的、无创的记录动脉血压，包括收缩压、舒张压及动脉平均血压等。因此，在模拟器中使用 ABPM 是可行的，尤其是在驾驶任务研究中。

5. 呼吸

呼吸测量有两个参数：呼吸深度和频率[204]。呼吸深度通常用潮气量表示（即单次呼吸的空气排量）；呼吸频率即每分钟呼吸次数。每分钟排出的空气量是潮气量和呼吸频率的乘积，该数值通常与身体的代谢活动有关。由此演化出来的其他参数，包括呼吸周期各阶段的持续时间（吸气和呼气时间）、总循环时间、平均吸气率（潮气）和占空比时间等。测量气体交换包括计算体积或测量单位时间的氧耗及产生二氧化碳的量。这样就可以计算能量消耗[204]。不过，不是所有的参数都适用于驾驶模拟器研究使用。

6. 脑电图和事件相关电位

分析"原始"脑电图（EEG）或背景脑电图（即大约 1Hz 和 30Hz），能反应大脑的激活水平。与事件有关电位（ERP）是瞬态大脑电压振荡的序列，其与背景脑电图可区分开，是大脑响应特定的刺激的反应。脑电图和 ERP 是通过电极从头皮上记录下来的，由于电压低，测量程序必须将其放大 1000× 的数量级。如果脑电图是在驾驶模拟器中进行测量的，其环境最好能有电屏蔽以避免噪声过大；否则，需要数据过滤。即使在实验室条件下测量 EEG，也是对技术和设施的严苛考验。

通常将背景脑电图的内容细分为不同的波区：1~5Hz 是 δ 波，5~8Hz 是 θ 波，8~12Hz 是 α 波，12Hz 以上为 β 波。在驾驶模拟器实验中如果是以 β 活动为主导，受试者通常会处在清醒和警觉状态，而活动降至 α 则表明出现嗜睡感，持续再往 θ 区域下坠可能会进入睡眠状态。因此，脑电图被认为是监控操作人员在驾驶任务情况下警觉性和警惕状态的最佳指标[205]。

特定的 ERP，通常根据极性（P 或 N）和相对于特定刺激的等待时间（以 ms 为单位）来定义。它反映了大脑许多不同的感知、认知和运动过程，从而为在复杂的任务情况下人的大脑如何分解、加工信息提供了有用的信息[206]。ERP 用于研究大脑活动，比如在警惕性条件下操作人员的绩效、认知过程、心理负荷、疲劳等，有 40 多年的经验积累。

7. 眼睑活动

眼睑活动，尤其是眼睑缓慢闭合的程度，可用于检测困倦程度[205]。眼睑闭合或闭眼率[207,208]与视觉警惕性下降有关[209]。闭眼率通过对慢眼睑闭合进行视频评分来实现。

8. 眼动

眼动的研究对理解视觉信息获取越来越重要[210]。眼睛视觉扫视所停留的位置（即眼睛所看的位置）与正在被获取和处理的信息直接相关。这是因为，当大脑正在处理某个信息时，注视物体所花费的时间与该对象信息处理难度密切相关。注视的持续时间和注视的位置分析非常重要。在驾驶场景中，眼动已经是常规采集数据。

SAE（2000 年）和 ISO（2002 年）定义了驾驶研究中眼动的标准化术语。我们需要遵守这些定义。在大多数情况下，眼动基本上具有三种状态：注视、扫视和平稳的运动追踪。首先考虑静态情况。例如在红灯前停下时获取路标信息，眼睛只有注视和扫视。眼睛大部分时间处于注视状态，基本保持静止，并且这些注视中往往会夹杂快速的眼睛运动（扫视）。扫视时，视觉随机捕捉外界信息（有时称为 saccadic tracking，即跳跃跟踪），这时，视网膜上有模糊运动图像，如果这些图像人们没有意识到，就会被随后注视的视觉信息掩盖。因此，在这样的静态情况下，唯一有意义的信息是在注视期间捕捉到的。

我们对扫视的细节没有兴趣。扫视的时间基本取决于扫视的距离（较长的扫视距离需要更多时间）。但在有运动物体的情况下，运动追踪是眼睛运动的重要组成部分，观察者甚至会通过身体移动来关注环境中移动物体的位置。当驾驶员试图保持双眼关注某个移动的对象时，就会发生平稳追踪运动。这些运动比扫视运动要慢得多，更重要的是，在这种运动过程中传入的视觉信息不会受到抑制。对于驾驶员，在一定的距离范围外，在道路上的移动物体似乎是以接近直线方向的移动，当人的眼睛在追踪前方一个移动物体时，由于这个物体一直在正前方，因此眼睛没有动，这种情况常常被误认为是注视；但随着车辆接近时，移动物体会越来越多地偏离视觉中心。

14.4　如何选择合适的驾驶模拟器

驾驶模拟器千差万别，归结到本质上，是仿真度的问题。仿真度体现了与真实驾驶的差距，因此就产生了很多研究人员都会提出的问题：我的研究需要用什么样仿真度的驾驶模拟器？是仿真度越高就越好吗？众所周知，仿真度越高，驾驶模拟器的造价就越昂贵，同时每次使用的代价也很高。表 14-2 列出了驾驶模拟器按照仿真度进行的分类。

表 14-2　驾驶模拟器按照仿真度进行的分类

项　　目	低　保　真	中　度　保　真	高　保　真
基座	固定的	固定的或者有小幅度的运动	动态的基座
屏幕宽度	120°	150°	360°
信号易读性	不好	可以	好
夜晚可视性	不具备此能力	不好	可以

当然，以上分类并非绝对，目前驾驶模拟器可塑性很大，人们可能会把高清的显示器和非常简单的游戏用的模拟器连在一起。3D 虚拟驾驶模拟器也越来越受青睐。

因此，在选择模拟器之前，首先要考虑研究的问题是什么，什么因素会对结果产生影响。在选择模拟器时，重点考虑能模拟这些因素能够满足需要测试的功能和测量参数记录的模拟器，而忽略其他因素。比如，所设计的信息娱乐系统是否会产生足以威胁驾驶安全的驾驶分神？这类问题需要通过驾驶模拟器实验来验证：在驾驶模拟器中设置一定的驾驶场景，让驾驶员在不同的道路环境下使用信息娱乐系统完成一些特定的任务，同时测量他的驾驶行为、眼动数据和任务操作。这样的测试中，驾驶模拟器是否是动态的对测试结果不会产生本质性的影响。因此，可以选择相对简单的静态驾驶模拟器。需要指出的是，并非越高端的驾驶模拟器就能得出越好的数据。

当然，如果需要研究的问题涉及特殊的光照条件（比如夜晚、黎明或雾天）、高清晰显示屏、驾驶员对车辆动态驾驶的反应、视觉余光的感知等，就会对驾驶模拟器有一些特殊要求。目前，不同水平的自动驾驶技术正在不断发展，人在其中对不同的交互设计的操作行为也亟待研究。但在很多情况下，可供使用的驾驶模拟器有可能因为技术的局限性而达不到所需要的测试要求。

14.5　模拟器驾驶与实车道路驾驶结果对比

一个常见的问题是：从驾驶模拟器实验中得到的结果能在多大程度上反映真实道路的驾驶情况？这个问题又称作模拟验证。

我们可以从两个层面来考虑这种验证。一个层面是相对有效性，即测量到的变化趋势与真实道路驾驶的变化趋势是一致的。例如，当道路前方出现障碍物时，或者有车近距离超车，驾驶员在模拟器上的反应，有的是减速，有的是加速换道，这种反应与在真实道路上观察到的相一致。另一个层面是绝对有效性，即从驾驶模拟器上测得的数据与真实道路测得的数据是一致的。这两个有效性，对于不同的驾驶模拟器得出的结果是不同的，模拟器生产厂家本应该给出详细的说明，但实际情况远比预想的复杂，因此这往往依赖研究人员对此做出某些验证。也因为它的困难性，大部分研究人员都认为相对有效性的意义大于绝对有效性。因此，绝大部分使用驾驶模拟器进行的研究，考虑的都是数据的相对有效性。我们可以用图 14-2 来表示相对有效性和绝对有效性之间的关系。A 线代表绝对有效值，B 线和 C 线代表相对有效值，而 D 线则表示结果无效。

不少学者对驾驶模拟器数据与真实数据之间做过一些对比，但结果会因为模拟器技术本身的原因而产生不同的结果。在参考文献［190］中对此对比结果有一个简单的综述：结果表明，人们在驾驶模拟器上驾驶时的车速会大于在真实道路上驾驶时的车速；在驾驶模拟器上的横向控制效果没有在真实道路上好；在

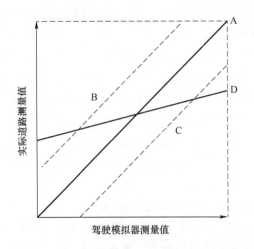

图 14-2　相对有效性和绝对有效性之间的关系

驾驶模拟器上受试者对危险驾驶的重视程度没有真实道路上高，因此，出现事故的频率远高于真实道路的驾驶。

　　科学家们对驾驶模拟器数据和真实驾驶数据的意义持不同态度，有的认可，有的反对。其中的影响因素很多，对比性的研究也不容易展开。虽然在驾驶模拟器上可以部分重构真实道路场景，但一般都简化了道路场景，而真实道路上，不确定的因素很多，不容易控制，有些驾驶数据也测量不到，因此，对比研究就有一定的困难。从已发表的文章中看，有的实验能得出很相似的结果，有的却不能。在阅读这类文章时，也许需要看详细的实验对比设计来判断相关的结果的意义。

　　瑞典科学家[211]采用视觉搜索和记忆负荷的任务对比了两种不同的驾驶模拟器，一个是高保真动态的，一个是低保真静态的。这两台模拟器除了动态部分以外，其他都相同，两台模拟器的软件构架也相同。他们发现，用两台模拟器得出的结果有很大部分是相似的，最多的不同是驾驶员在横向控制方面，似乎静态模拟器的驾驶横向控制要差些。

　　驾驶模拟器的结果有多少普遍适用的意义？这个问题与其他的关于实验室研究得出的结果对真实世界有多大指导意义是相同的问题。如果驾驶员需要完成的任务有可比性，交通环境与真实环境有可比性，所选择的受试者人群也有代表性，则得出的结果应该也有一定的可比性。对于这一点，也同样需要一分为二地看待。有个不容易解释的现象是，在众多关于开车接打电话的实验中，常常会出现撞车现象，而在真实世界中，几乎每个人都有一边开车一边接打电话的经历，但因此而发生交通事故的现象并不多见 。

那么我们是不是可以这样说，如果实验是在真实车辆、真实道路上进行的，它的价值就要比驾驶模拟器得出的数据更有意义呢？其实也不然，因为在实车驾驶中，道路上有许多不确定的因素，可能一个或几个不确定的因素直接影响到了数据，但这些因素并不是研究者感兴趣的，由此得出的结论也不一定比驾驶模拟器的数据更有意义。因此，数据背后的因果分析才是最重要的。表 14-3 总结了在驾驶模拟器实验中，对内部效度（internal validity）和外部效度（external validity）构成威胁的因素[190]。

表 14-3　在驾驶模拟器实验中对内部效度和外部效度构成威胁的因素

威 胁 因 素	描　　述	解 决 方 法
受试者选择	因为某些受试者个人健康因素，产生了反常的数据，掩盖了数据的真实效果（这是一个非常常见的问题）	在实验过程中，需要详细观察，一旦发现这种现象，就把该数据标注成无效数据进行移除。同时也可采用协变量分析方法移除数据。一般来说，在选择受试者时，应多选择几个受试者，以防这类事件的发生
结果的普遍意义	实验中选择的任务、用户的样本量、测试环境与研究者所感兴趣的有所不同	此问题在实验设计时要非常慎重地考虑，需要尽可能地一致，如果不能做到数量上的一致，那么至少要在性质上达到一致
因为驾驶模拟器的眩晕而中途退出实验	因为模拟器本身或者所测试任务的原因导致的眩晕，这是驾驶模拟器常见的问题	慎重选择受试者；同时尽量避免转弯动作，该动作容易产生眩晕
在实验过程中，没有对受试者、实验条件和测试事件进行随机安排	在测试中，自变量出现的顺序对不同的受试者必须是随机的，否则会产生系统偏差和可预见性问题	在实验过程中，一定要严格按照随机性原则安排实验，否则数据不可用
残留效应（carry-over effects）区间	如果一个受试者多次重复参与实验，那么他就有学习效应；实验条件的顺序会对结果产生不对称的影响或系统偏差	如果存在学习效应，就不能让该受试者参与重复实验，同时在实验设计中要考虑抵消这种效应的办法，消除顺序效果
每个测试单元中的受试者数量过少	过少的受试者数量会影响数据的稳定性	增加样本量，改变实验设计

从表 14-3 中可以看出，这些对结果构成威胁的因素，有很多都涉及研究方法和实验设计问题。这方面的问题，我们会在第 15 章讨论。

有不少研究对比实车驾驶与模拟器驾驶之间驾驶行为的变化（这样的实验不容易完成，因为驾驶模拟器很难模仿真实道路可能发生的任何随机事件），发现了一些规律。比如，对比驾驶速度以及对待道路上的障碍物的反应，发现它们之间相对有效性很好，也就是产生了类似的反应模式；但绝对有效性却很差。在模拟器上的驾驶速度可能会比实车驾驶慢，而对待道路障碍物的反应幅度（速度变化）会比实车驾驶激烈。研究经验指出，车道线的保持和车速数据与道路是直路还是弯路有很大关联。当车速低于 70km/h 时，驾驶模拟器数据与实车数据之间存在相对有效性；但当速度高于 70km/h 时，在驾驶模拟器上保持车道线有一定难度。

14.6　场景制作

场景制作就好像一部戏的编剧一样，它决定了受试者要在驾驶模拟器上做什么、怎么做及受什么因素影响等，我们需要通过它来达到预期的测试效果。在使用驾驶模拟器进行科学研究时，场景的制作尤其重要。有一点需要强调，采用驾驶模拟器是在可控制的条件下研究受试者的一些行为，它与实车驾驶有很大区别，因此并不是说，驾驶模拟器的场景越接近真实道路场景就越好。场景的设计与研究者需要研究的问题有很大关联。场景制作的关键点是突出所需要研究的关键因素，确保它们是可控制和可重复的。与此同时，那些真实道路上无关紧要的因素在场景制作时可以忽略。有些因素可能会对驾驶数据产生不必要的影响，比如弯曲或者上下坡路等，都需要慎重考虑。

有两个因素使得研究中的场景设计变得困难。一个因素是我们并不完全了解驾驶行为：人的驾驶行为非常复杂，在驾驶模拟器上很难完全重复道路驾驶。在驾驶场景中，除了本车，我们还会虚拟一些其他车辆和其他道路使用者，比如非机动车和行人。程序员规定了这些虚拟道路使用者固有的行为，其目的是为了制造驾驶环境和设定驾驶条件。比如设计行人突然间过马路，以测试驾驶员的反应速度，或者让前面的车辆忽然停车来看驾驶员的应对行为。不同的驾驶模拟器对这种道路动态场景的模拟程度、复杂程度会有不同，尤其是考虑到本车上各种辅助驾驶设施的能力或自动驾驶的能力，这更是一个复杂的问题。另一个困难因素是驾驶员驾驶行为的多样性。驾驶员的驾驶行为受多种因素影响，比如他们的情绪、对驾驶任务的紧张感、避免无聊的方式等，这使得他们在应对道路环境时会采取不同的方式。他们会不断调整车速、在车道线的位置、前车跟随距离，甚至冒险程度等。不仅个体差异很大，甚至同一个驾驶员的每次驾驶行为都会有所不同。驾驶模拟器的技术性能本身、其产生的场景动画效果，也会对驾驶行为产生影响。这使得每次驾驶模拟器实验都有其独特性。

任何一个驾驶场景都分为动态和静态两部分。静态指的是道路本身：城市主路、高速公路、混合道路、直路、弯路、路边的树木、建筑、路口，等等。动态部分就是在道路上行驶的各种虚拟车辆、动物、行人等及其行动方式。一般来说，一次驾驶模拟器实验不应该让受试者驾驶时间过长，以 30min 为宜。我们一般会在这 30min 里安排多次不同的事件发生，或者让类似的事件在看似不同的环境下重复发生；有时甚至模拟那些很容易造成交通事故的事件，因此，在驾驶模拟器上造成的交通事故会远远多于实车驾驶。对于动态场景的设计，最关键的一点是，实验员需要了解研究人员所期待研究的场景应该在怎样的道路上发生？周围的交通状况是怎样的？研究人员期待的驾驶员的操作会是什么？除了需要测试的反应，其他的干扰都尽量地减少。

　　驾驶模拟器用于科学研究已经有 50 多年的历史。曾经有人希望能把场景标准化，这样便于进行不同研究之间的比较。但这个尝试终究还是没有成功，其原因是人们需要用驾驶模拟器来研究的问题很多，对于不同的问题，需要有不同的场景设计和实验设计。因此，这里我们也不试图去做这样的无用功，而是更多地介绍原理和知识。另外，每个人的实践经验也是至关重要的。

14.7　模拟器驾驶的心理因素

　　在真实驾驶中有一个重要因素是驾驶模拟器难以模仿的，那就是人们出行的目的，在生活中，正常情况下人们不会为了开车而开车，每次出行都有其目的，而这些目的会影响驾驶员的心态，从而影响驾驶行为。比如，当一个父亲接到电话说自己的孩子因病住院了，他必须立刻赶往医院，此时他的驾驶心态与他每天开车上下班的心态会十分不同，他会因为惦念孩子而忽略道路上的一些危险因素，甚至发生闯红灯、超速等现象。而在这样心态下的驾驶行为，是在驾驶模拟器实验中很难模拟的。

　　正因为我们每次出行都有其目的，而在驾驶模拟器上又无法模拟，所以在对受试者进行实验前的引导时，引导方法、引导用语就非常重要。每个受试者来到实验室，他们都会想，这次实验的目的是什么？实验员对他们的期望又是什么？如果我们对受试者说"您在驾驶模拟器上开车要和您平常开车一样"，这样的引导就没有考虑驾驶员可能的出行心理问题。如果我们说"您在驾驶模拟器上开车就和您以往参加完一次宴会后的开车一样"，那么这种引导就是开始考虑出行目的对行为的影响。在驾驶模拟器实验中，在给以受试者旅行目的时要附有具体细节，否则可能没有效果。

　　我们常常会让受试者在驾驶模拟器操作中被迫完成一些次任务，这时就需要让驾驶员明确知道安全驾驶是首要任务，否则，他们会把主要精力放在完成次任务上。由此可见，如何对受试者做驾驶前的指导，需要精心设计。研究人员必须给予受试者明确指导和帮助，否则可能会由于驾驶数据不同而导致明显的错误。

有时为了增加受试者的参与度，我们会采用物质鼓励的方法来影响他们，这时这种鼓励方法的制订就要非常谨慎。比如上面的实验，如果鼓励方法规定次任务完成得越好，奖励就越多，那么受试者就会忽略驾驶安全而把完成次任务放到第一位。对违反交通法规的行为，比如超速行驶和其他违章行为的处罚规定，可以模拟真实道路驾驶时的状态进行交付。

14.8　驾驶模拟器的数据处理问题

一般驾驶模拟器都是以 30~240Hz 的速度输出几十个变量，因此，从驾驶模拟器实验中导出的数据必须经过简化处理成为有意义的信息，成为测评驾驶员行为的依据。数据简化是将原始数据转化为有意义的、可信赖的度量方法的过程，然后进行分析。因为每次实验的研究问题都是单独设计的，其因变量、场景等都不同，数据处理和简化的过程需要为每个研究量身定制。由于数据量大，常规的表格整理方式恐怕太过费时费力，因此常常需要设计一些简单的数据处理程序来辅助完成数据整理工作。不过，这个步骤要非常小心，因为它很容易造成错误。有时候，人的驾驶行为并没有按照预先设计的进行，在数据处理过程中，即使有预先设计好的程序，也需要仔细检查每一组数据的处理过程。

如何处理驾驶模拟器数据，需要在规划实验之初就开始着手考虑，而不是等到数据采集完成。因为在实验设计的过程中，要预留出数据处理需要的各种标注。这里会出现一些问题：我们可能不知道在实验过程中会发生什么、数据会是怎样的、数据如何处理、我们想从数据中找到什么答案。这就体现了预实验的重要性。做驾驶模拟器实验，一定要有预实验，而且要做完整的数据分析和整理过程，这个过程做得越好，后期实验中出现的问题就会越少，数据处理和分析也会越顺利。图 14-3 显示了数据处理与实验流程之间的关系[190]。

最初的数据处理、简化过程应以指导实验的研究问题和理论基础为原则。具体地说，变量及其定义需要清晰地描述，数据处理、简化过程是要能够捕捉到特定因变量的。数据简化过程的开发与实验设计、场景开发要同步进行。在场景开发完成正式实验开始之前，预实验是非常重要的一个环节。预实验不仅要验证实验步骤是否合理、操作过程中有什么注意事项，更要检测数据简化程序的设计是否正确，是否能够方便后期的数据分析过程。预实验做好了，能够为后期数据分析节省大量时间，也为可能的研究结果提供相关的信息。

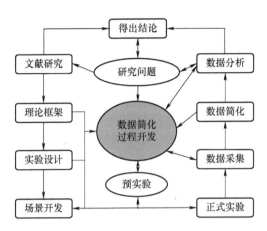

图 14-3　数据处理与实验流程之间的关系[190]

第 15 章

行为研究方法

我们常常需要做各种实验来研究驾驶员的行为、汽车新技术及交互新设计对驾驶员行为的影响，这些研究离不开驾驶模拟器的使用及实际道路上的汽车驾驶。行为研究方法学是一门复杂的学问，不是一个章节能够概括的。不过，好在这方面有不少文献可以学习参考，因此，本章只对常规研究方法论和实验设计原则做简单介绍，以避免大家在研究中犯比较低级的错误。这里谈到的实验研究方法学，不仅适用于驾驶模拟器实验，也适用于一般意义上的任何实验。由于篇幅有限，这里只介绍一些基本概念，需要深入学习的，可以阅读参考文献 [212]，以及更加专业的书籍 *Design and Analysis：A Researcher's Handbook* （4rd edit, Geoffrey Keppel and Thomas D. Wickens，2004）。

15.1 开展实验研究的步骤

开展实验研究一般都会采取以下步骤：

1）确定一个研究问题。

2）将研究问题转换为要检验的假设和可以用来证明假设的参数。

3）确定可量化的结果和论证假设是否成立的指标。

4）设计研究方案并制订研究步骤；确定研究中由实验者可以控制的自变量和变化范围。

5）确定要收集的因变量参数并采用适当的统计分析方法。

6）根据个体差异计算选择样本数量。

7）获取资源，建立研究环境（比如驾驶模拟器场景等），进行预实验。

8）开始正式实验；建立安全的数据库并收集数据。

9）进行描述性分析和正式的统计分析，验证假设的正确性。

10）做出报告并解释结果，建议未来的相关研究问题。

这是按时间顺序编写的常规步骤。这种顺序不是绝对的，因为特定的步骤取决于前一个步骤解决的问题和得出的结果，研究小组成员需要重新审查以前的一个或多个步骤，再决定下一个步骤。此外，这些步骤之间有紧密的联系。接下来我们将讨论这些步骤的细节。

一般来说，研究可以分为 3 类[212]，见表 15-1。

常见的对驾驶员的跟车观察是了解驾驶员行为的一种描述型方法。研究人员坐在驾驶员的旁边，一边观察驾驶员的驾驶活动，一边提出一些问题，以便能够深入了解驾驶员在一些行为中的心理活动。还有的方法是在车内车外装配几个摄像头，分别记录道路上的状况及驾驶员的驾驶行为、眼睛注视的位置、面部表情等。最著名的 100 辆车自然驾驶观察[213]就是这类研究，其结果发现，如果驾驶员在车内做一些其他活动，比如吃东西、打电话或听收音机，他的驾驶行为会发生某些变化。

但是，这个观察并不能解释为什么会这样，以及不同活动和驾驶行为内在的关系。相关性研究是为了建立起自变量和因变量之间的关系，比如，当因素 X 发生一定量的变化时，Y 就会发生某种数量的变化。例如上面的例子，大量的数据分析表明，当驾驶员的视线离开路面超过 2s 时，驾驶风险就会很大。而这个 2s 与具体做什么事情没有太大关系。眼睛离开前方路面的时间越长，这种驾驶风险就会越大。但是这种方法并不能对因果关系做出很好的解释，尤其是多因素之间的关系，比如不同道路状况、不同交通情况、人的疲劳因素、不同的车内任务等之间的内在因果关系。研究人员只是从数理统计上发现了相关因素。

表 15-1　研究的分类

研究类别	关注内容	典型描述	采用方法
描述型	描述一种情景或者一系列事件	X 正在发生	观察，实地考察，焦点小组，访谈
相关性型	确认不同变量之间的关系	X 与 Y 有关联	观察，实地考察，问卷调研
实验型	确认一种情景或一系列事件产生的原因	X 是造成 Y 的原因	控制条件下的实验

实验型研究工作就是为了解决上述遗留问题。如果我们不能找到因果关系，并能够科学地解释这种关系，我们就无法举一反三，对其他类似的场景做出预测。因此，本章的重点是如何做实验。

任何一个研究都是为了找到不同因素之间的因果关系，从而找到科学规律。一个正确的研究方法能够帮助人们找到真正的因果规律。研究方法可分成 3 大类：真实实验、准实验和非实验。如果一个研究可以使用随机分配来分配实验条件（关于这一点，后续会有详细介绍），这就是真实实验，这种实验一般都是在实验室中完成的。如果一个研究包含了多个不同的条件和不同的人群，而这些条件不能随机分配给每个受试者，这个研究就是准实验。这种实验一般用于各种自然组的研究，比如研究一个新的管理系统对公司人员工作效率的影响，在该研究中，我们对比新旧管理系统，在公司内部确定两个不同的部门，各自使用一种系统，来考察工作效率。最后，假如只是对某个组的某个行为做观察，这个就不是实验了。在本小节我们只讨论真实实验。

真实实验一般会符合以下的特征：

1）至少有一个假设，而实验的目的是论证该假设。

2）一般至少要有两个实验组（测试条件组和对照组）。

3）因变量是可测量的连续数据。

4）结果可以通过统计进行分析。

5）实验结果有可重复性，即如果采用不同的受试者人群，在不同的地点和时间，做相同的实验，就可以得出相同的结果。

15.2 研究假设的建立

在任何一个实验开始之前，我们首先要了解，我们需要研究的问题是什么？这个问题并不是随意提出的。首先要了解提出这个问题的背景和动机，回答该问题有什么意义。然后我们通过研究文献了解，这个问题是不是有人研究过？他们得出的结论能否满足需求？如果能，就没有必要再去研究一番，除非只是想验证其他人的结论是否正确。如果这个问题没有人研究过，那么也需要做背景文献阅读和查询，看是否已有相关阐述。

当研究问题确立以后，我们首先需要建立一系列假设。假设就是对要研究的问题做出精准的描述，而这个描述可以直接通过实验得到验证。一般说来，每个假设都应该在一次实验中就可以验证，因此，假设的建立要求十分精准，同时可以通过对实验数据的统计学分析而证明。

假设分为零假设和替代假设（null hypothesis and alternative hypothesis）。一般说来，每个实验至少有一个零假设（H_0）和一个替代假设（H_1）。典型的零假设描述是被测试的因素没有作用，而替代假设正好相反。而一个实验的目的就是通过数据的统计分析，驳斥或废除零假设，由此来支持替代假设。

为了进一步说明什么是零假设和替代假设，我们举一个例子。现在有人提出这样的论点：手机已经成为人们生活中不可或缺的物品，片刻不能离手，手机上有的功能，汽车上也应该有。那么问题来了，我们会问：这种功能放到汽车上安全吗？我们需要在驾驶模拟器上做实验来证实这个问题。我们用 A 来代表某功能，比如在开车时能够收发微信短消息，那么这个研究问题就变成：一边开车一边使用微信，会对驾驶产生安全隐患吗？这个短消息可以通过视觉阅读的方式呈现（A_1），也可以通过语音阅读（TTS）的方式呈现（A_2）。对汽车驾驶安全的测评一般会用行车速度控制、横向控制、视觉跟踪为测量指标（表 14-1）。比如可以做如下假设。

H_0：A_1 和 A_2 不会对驾驶安全造成影响，即不会对行车速度控制、横向控制、视觉跟踪等指标中的任何一个产生影响。

H_1：A_1 和 A_2 会对驾驶安全造成影响，即会对行车速度控制、横向控制、视觉跟踪等指标中的某一个产生影响。

实验的目的是去证实是 H_0 正确还是 H_1 正确。在每一个实验中，要有至少一对这样的假设。比如以上例子，还可以这样假设：

H_0：A_1 对驾驶造成影响与正常驾驶没有区别，即不会对行车速度控制、横向控制、视觉跟踪等指标中的任何一个产生影响。

H_1：A_1 对驾驶造成影响与正常驾驶有区别，即会对行车速度控制、横向控制、视觉跟踪等指标中的某一个产生影响。

一个好的假设一般需要满足以下条件：

1）描述非常准确、清晰。

2）聚焦的问题是可以通过本次实验证实的。

3）明确描述对照组和实验条件。

15.3　实验中的各种变量

1. 自变量

在实验设计中，自变量是指可以由实验者控制的变量，这些变量的变化与受试者无关，是在实验前提前设定的。自变量的另外一个含义是它们的变化不受其他任何因素的影响，否则就会造成困惑。如果在一个实验中我们要控制两个以上的自变量，为了方便称呼，我们把每个自变量称为一个因子。这里要强调的是，每个因子都是独立的，相互之间没有关联、影响或者制约。

对于每一个自变量，我们需要找到或者确定这个自变量的关键特征。一般说来，这个关键特征是可以用某种参数衡量的，而这个数值的变化会导致用户行为的变化。还是用上面的例子，我们需要通过实验来回答下面的问题。

案例 1

在开车时收发微信短消息会对驾驶产生安全隐患吗？

这个问题可以分解成以下 3 个问题：1）驾驶安全与信息的长短有关联吗？2）驾驶安全与信息的读取方式有关联吗？3）驾驶安全与道路交通的状态有关联吗？

这个问题有以下几个自变量其中与微信相关的变量是自变量 A 和自变量 B，与道路道场景相关的变量有自变量 C。

自变量 A，短信是以文字的方式发送过来，需要通过视觉读取，测量的参数是短信的长度，实验人员可以控制不同字数的短信来测量驾驶操作。可以设 3 个不同字数长短的短信。

自变量 B，短信是以语音的方式发送过来，需要通过听觉读取，测量的参数也同样是短信的长度，实验人员可以控制不同字数的短信来测量驾驶操作。可以是两三个不同字数的短信。

自变量 C，两种不同道路，一是高速公路，一是城市混合道路。

实验设计是这样的：让驾驶员在不同的道路上跟随前车驾驶，同时完成一系列次任务。驾驶员在相同的道路上要完成 6 次微信信息的读取，而为了考虑数据的稳定性，甚至相同字数长短、相同读取模式，但不同文字（为避免学习效果）可能需要重复两三次。

自变量有三种，一种是可量化的自变量，比如上面案例中的信息的字数；第二种是定性的自变量，比如上面案例中的听觉和视觉；第三种是分类性质的变量，该变量不受研究人员控制，比如受试者的性别、年龄、个性等。

2. 干扰变量

还有一种变量叫作干扰变量，干扰变量能影响实验结果，但不是研究人员感兴趣的变量。在实验过程中，需要小心控制干扰变量。控制的办法有 4 种：1）把干扰变量变成一个恒定的数值，比如把实验设置在相同的时间、同一个实验环境、同一个实验操作者和采用同样的实验程序等；2）设置平衡因素来抵消干扰变量的影响；3）在实验中把干扰变量变成一个自变量；4）随机设置。

3. 因变量

因变量也就是研究人员感兴趣的、可以测量的变量。因变量会因为自变量的变化而变化。在上面的案例中，研究人员关心的问题是驾驶安全，而测量驾驶安全的方法就是驾驶行为。因此，在这个实验里，我们就需要记录一系列的驾驶活动，比如速度保持情况、车间距离变化、车道线保持情况等（表 14-1 列出了常用的测量参数）。

4. 混淆因素

在这样的实验中，最需要引起注意的是混淆效果。当观察到的因变量和自变量之间的关联可以全部或部分归因于第三变量时，就会发生混淆。混淆因素必须与因变量和自变量都相关，但仅此一项并不能定义混淆因素。有三个标准可用来确定是否应将给定特征视为混淆因素：1）混淆因素必须与因变量相关联；2）因变量和混淆因素之间的关联在自变量的所有级别上必须相同；3）混淆因素不受自变量及因变量的影响。

还是以上面的例子来说明混淆因素。其实，可能影响驾驶安全的因素不止信息的长短、读取的方式、道路交通状态。其他很多因素也会对驾驶安全产生影响，比如驾驶员的年龄、视力、对短信息的熟悉程度、信息字体和字号大小、光照、对驾驶模拟器的熟练程度，等等。但这些因素都不是研究者感兴趣的，因此，它们就构成了混淆因素。在任何一个实验中，都会有这样的混淆因素，如果控制不好，就会直接对数据产生影响。因此，在实验中就需要控制好这些混淆因素。最好的控制方法就是随机安排。随机性包含了两个重要方面。一是受试者应该是无偏差地从所研究的人群中随机获得（随机取样）。也就是说，我们没有故意地、有意地、有指向性地选择受试者。而就实验安排本身而言，对于每个受试者，参与不同实验条件的顺序是随机的，一组受试者中每个人的顺序都不相同。换句话说，对于一个完全随机安排的实验，没有人，包括实验操作者，能够预测该受试者下个实验条件是什么。

15.4　实验设计

在做实验设计时，我们需要了解以下两个问题：

1）在实验中，我们有多少个自变量？

2）每一个自变量有几个变化数值？

图 15-1 显示了不同变量的实验设计。

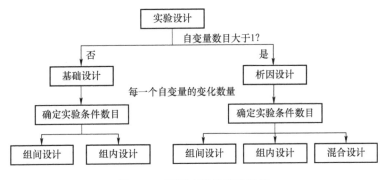

图 15-1　不同变量的实验设计

下面我们把案例 1 的问题改成案例 2。

案例 2

在高速公路上没有其他道路状况的条件下驾驶过程中，视觉文字信息是否会对驾驶员的驾驶行为产生影响？

在这里，我们只有一个自变量，那就是视觉信息。视觉文字信息可以有长有短，因此，在设计实验时，我们可能选择 3 种不同长度的文字，比如 5 个字、10 个字、15 个字，这就是实验条件的数目。

在案例 1 中，有三个自变量：自变量 A、自变量 B 和自变量 C。自变量 A 的实验条件数目为 3，自变量 B 的实验条件数目为 3，自变量 C 的实验条件数目为 2。

实验设计可以分为两种：1）组间设计，即每组受试者只参加一种条件的实验。比如在案例 2 中，一组受试者在驾驶模拟器实验中只获得 5 个字的文字信息，而另一组只获得 10 个字的文字信息，如此类推；2）组内设计，即同一组受试者会参加所有条件的实验，比如案例 2 中，每个受试者都读到 3 种不同长短的文字信息。混合设计则是将上述两种实验设计混合安排。不同的实验设计各有优缺点，见表 15-2。

表 15-2　组间设计和组内设计的优缺点对比

	组 间 设 计	组 内 设 计
优点	清晰 避免学习效应 对混淆因素有很好的控制，比如过长时间的实验带来的疲劳	样本量小 个体间的差异得到很好的控制 容易获得显著性差异
缺点	样本量很大，需要很多的受试者个体差异对结果的影响很大 不容易得到统计学意义的显著差异	难以控制学习效应 容易产生疲劳，从而对实验结果产生影响

从表 15-2 可以看出，一个实验，除非学习效应较大，一般都会采用组内设计方式，因为它所需要的样本量少，而且容易获得显著性差异的结果。

15.5　交叉效应与偏差

当我们有多个因变量时，就需要考虑交叉效应。我们用案例 1 的简化版来说明该问题。

案例 3

在 80km/h 的道路上，视觉阅读文字信息对不同驾龄的驾驶员是否有不同的影响？

　　自变量 A：视觉文字数量，a1：5 个字，a2：15 个字。

　　自变量 B：驾驶员的驾龄，b1：小于 1 年，b2：大于 5 年。

　　因变量：驾驶速度保持。

　　在这里，我们可以有两个假设：

　　H_{0a}：驾驶速度保持不受视觉文字数量的影响。

　　H_{0b}：驾驶速度保持与驾龄没有关系。

　　我们用混合设计来做这个实验，因为同一个受试者不可能既是新驾驶员，又是老驾驶员，所以我们有两组受试者，一组的驾龄小于 1 年，一组的驾龄超过 5 年。这两组受试者分别在驾驶模拟器上驾驶并完成阅读文字信息任务，努力将车速保持在 80km/h。我们可能会得到图 15-2 所示数据中的一种。

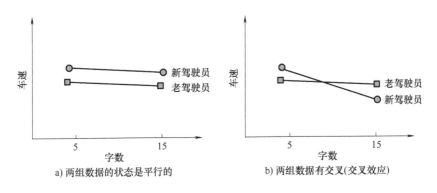

图 15-2　案例 3 实验所得数据

　　从图 15-2 中可以看出，如果数据呈现的是 a 图状态，即两组数据平行，则说明没有交叉效应，也就是说，读取信息的字数对驾驶速度的影响与驾龄无关。而如果数据呈现的是 b 图状态，则说明有交叉效应，也就是说，读取信息的字数对驾驶速度的影响与驾龄有关。任何实验一旦出现交叉效应，就必须针对每个条件单独考虑，而不能一概而论。因此，在有多个自变量的实验中，在数据分析时，首先考虑的是交叉效应。而自变量的数目越多，交叉效应就越复杂。

　　假设，我们有 3 个自变量 A、B、C，每个自变量都有两个参数条件，那么完整的实验设计就是 2×2×2＝6 次。

　　如果是组内设计，那么每个受试者就需要做 6 次实验。这时，一共交叉效应的可能如下：

$$A×B×C, \quad A×B, \quad A×C, \quad B×C$$

　　交叉效应的产生会使得数据分析相对复杂，因此，一般情况下，都不主张自变量多于 3 个。

对每一个因变量或每一个实验中获得的测量值，都由两部分组成：

测量或观察到的数值＝由于自变量的影响而产生的真实数值＋随机误差

这个随机误差在实验中是不可避免也是不可控制的，但它对真实数据的影响也是随机的，因此，可以通过统计学的方法去除这个随机错误，而找到真实数值。但有些误差是因为实验设计和安排的问题而造成的，就很难通过统计学的方法去除，这种误差我们称为系统偏差。下面我们简单讲述以下各类不同的系统偏差。

1）由测量仪器造成的系统偏差。即由于仪器测量的精度不够、不准确、没有被校正过等原因造成的系统偏差。

2）由实验顺序安排的不妥当造成的偏差。如果没有做到完全的随机安排，就可能产生偏差。比如，有时为了方便，在做驾驶模拟器实验时，大家都先从对照组做起，或者所有人都按照同样的路径规划、事件顺序做实验，这就会造成数据的系统偏差，因为我们不知道前一个场景会不会对后一个场景中驾驶员的行为产生影响。

3）由受试者带来的偏差。这也是一个严重的问题。比如我们所选择的受试者并不能代表所研究的人群。我们在做实验时，常常为了方便，在学校做实验常常以学生作为受试者，而在公司做实验以公司内部的同事作为受试者。这样的受试者并不能代表所研究的人群，也不满足随机取样的条件。

4）由实验人员造成的偏差。实验人员对实验结果的影响可以是多方面的，比如他对受试者的态度不同、实验引导词有差别、设备安装和调试不同等。因此，在实验中我们会强调，要由同一个实验人员去完成同一项工作；对受试者使用的引导词要写下来，在讲解时要保持一致。

5）环境因素造成的偏差。这个环境因素包括物理环境因素和社会环境因素。物理环境因素有温度、光照、噪声、振动等，而社会环境因素包括实验周围有什么人、这个人与受试者的关系等。

以上 5 种偏差在实验设计和操作过程中都需要严格控制。

参 考 文 献

［1］ SHARP H, ROGERS Y, PREECE J. Interaction Design-beyond human-computer interaction ［M］. 5th ed. New York: John Wily & Sons Inc., 2019.

［2］ NIELSEN J. Heuristic evaluation ［M］//NIELSEN J, MACK R L., Usability inspection. New York: John Wiley & Sons Inc., 1994.

［3］ AJZEN I. The theory of planned behavior ［J］. Organ Behav Hum Decis Process, 1991, 50 (2): 179-211.

［4］ HASSENZAHL M, TRACTINSKY N. User experience-a research agenda ［J］. Behav Inf Technol, 2006, 25 (2): 91-97.

［5］ MASLOW A H. A theory of human motivation ［M］. New York: Simon & Schuster Inc., 2013.

［6］ KAHNEMAN D, FREDRICKSON B L, SCHREIBER C A, et al. When more pain is preferred to less: Adding a better end ［J］. Psychol Sci, 1993, 4 (6): 401-405.

［7］ NORMAN D A. Design of Everyday Things ［M］. 2th ed. New York: Basic Books, 2013.

［8］ NORMAN D A. The Design of Everyday Things ［M］. New York: Basic Books, 1988.

［9］ WICKENS C D, HOLLANDS J G, BANBURRY S, et al. Engineering psychology and human Performance ［M］. 4th ed. Boston: Pearson, 2013.

［10］ WICKENS C D, McCarley J M. Applied Attention Theoryitle ［M］. Florida: CRC Press, 2008.

［11］ 汽车百科全书编纂委员会. 汽车百科全书 ［M］. 北京: 中国大百科全书出版社, 2010.

［12］ WOOD J M, OWSLEY C. Useful field of view test ［J］. Gerontology, 2014, 60 (4): 315-318.

［13］ CHEN F, QVINT G, JARLENGRIP J. Listen! There are other road users close to You-Improve the traffic awareness of truck drivers ［J］. Lecture Notes in Computer Science, 2007 (4555).

［14］ CHEN F, HAGERNÄSS J, LINDH M, et al. Listening to the traffic-introduce 3D-sounds into truck cockpit for traffic awareness ［J］. Applied Human Factors and Ergonomics, 2008.

［15］ WANG M J, LI Y, CHEN F. How can we design 3D auditory interfaces which enhance traffic safety for Chinese drivers ［COL］. Proc 4th Int Conf Automot User Interfaces Interact Veh Appl-AutomotiveUI'12 ［Internet］, 2012, (c): 77. http://dl.acm.org/citation.cfm? doid = 2390256.2390268.

［16］ WANG M, LYCKVI S L, HONG C, et al. Using advisory 3D sound cues to improve drivers' performance and situation awareness ［J］. Proc SIGCHI Conf Hum Factors Comput Syst, 2017.

［17］ LEE J D, YOUNG K, REGAN M A. Defining driver distraction ［M］//REGAN M A, LEE J

D, YOUNG K. Driver distraction: theory, effects and mitigation. Florida: CRC Press, 2009.

[18] HO G, SCIALFA C T, CAIRD J K, et al. Visual search for traffic sign: the effects of clutter, luminance and aging [J]. Hum Factors, 2001 (43): 194-207.

[19] OWSLEY C, BALL K, MCGWIN G, et al. Visual processing impairment and risk of motor vehicle crash among older adults [J]. J Am Med Assoc, 1998 (279): 1083-1088.

[20] POSNER M I. Orienting of attention [J]. Q J Exp Psychol, 1980 (32): 3-25.

[21] SCHOLL B J. Objects and attention: the state of the art [J]. Cognition. 2001 (80): 1-46.

[22] HUMES L E, LEE J, COUGHLIN M P. Auditory measures of selective and divided attention in young and older adults using single-talker competition [J]. J Acoust Soc Am, 2006 (120): 2926-2937.

[23] JONES D M. The cognitive psychology of auditory distraction: the 1997 BPS broadbent lecture [J]. Br J Psychol, 1999 (90): 167-187.

[24] BADDELEY A D. Working memory [M]//GAZZANIGA M S. The cognitive neuroscience. Cambridge, Mass.: MIT Press, 1995 (755-784).

[25] BADDELEY A D. Working memory [M]. Oxford: Clarendon Press, 1986.

[26] BADDELEY A D, HITCH G J, ALLEN R J. Working memory and binding in sentence recall [J]. Hournal Mem Lang, 2009 (61): 438-456.

[27] NILSSON L G, OHLSSON K, RONNBERG J. Capacity differences in processing and storage of auditory and visual input [M]. DORNICK S. Attention and performance Ⅵ. Hillsdale: Erlbaum, 1977.

[28] MORAY N. Mental models in theory and practice [M]//GOPHER D, KORIAT A. Attention and performance ⅩⅦ : cognitive regulation of performance. Cambridge, Mass. MIT Press, 1999: 223-258.

[29] RASMUSSEN J. Information processing and human-machine interaction: an approach to cognitive engineering [M]. New York: North Holland, 1986.

[30] KIM S H, SABANDO J F, KIM W H. An ecological interface design approach for developing integrated and advanced in-vehicle information system [J]. Indian J Sci Technol, 2016, 9 (16): 1-18.

[31] WOODWORTH R S, SCHLOSSBERG H. Experimental psychology [M]. New York: Holt, Rinehart & Winston, 1965.

[32] FITTS P M, POSNER M A. Human performance [M]. Pacific Palisades: Brooks Cole, 1967.

[33] HICK W E. On the rate of gain of information [J]. Q J Exp Psychol, 1952 (4): 11-26.

[34] HYMAN R. Stimulus information as a determinant of reaction time [J]. J Exp Psychol, 1953 (45): 423-32.

[35] PACHELLA R G. The interpretation of reaction time in information processing research [M]//

KANTOWITZ B H. Human information processing. Potomac: Erlbaum, 1974: 41-82.

[36] ENDSLEY M R. Toward a Theory of Situation Awareness in Dynamic Systems [J/OL]. Hum Factors J Hum Factors Ergon Soc [Internet], 1995, 37 (1): 32-64. http://openurl. ingen-ta. com/content/xref? genre = article&issn = 0018-7208&volume = 37&issue = 1&spage = 32.

[37] ENDSLEY M R. Design and evaluation of system awareness enhancement [C]//Hum Factors Ergon Soc Annu Meet. [S. l.: s. n.], 1988 (8): 97-101.

[38] ENDSLEY M R, KIRIS E O. The out-of-the-loop performance problem and level of control in automation [J/OL]. Hum Factors J Hum Factors Ergon Soc [Internet], 1995, 37 (2): 381-94. http://hfs. sagepub. com/cgi/doi/10. 1518/001872095779064555.

[39] NORMAN D A, BOBROW D G. On data-limited and resource-limited processing [J]. Cogn Psychol, 1975 (7): 44-60.

[40] 清华大学人工智能研究院. 人工智能之人机交互 [R] 北京: 清华大学, 2020.

[41] DARROCH I, GOODMAN J, BREWSTER S, et al. The effect of age and font size on reading text on handheld computers [J]. Lect Notes Comput Sci, 2005 (3585): 253-266.

[42] 庞小月, 郭睿桢, 姚乃埌, 等. 体感交互人因学研究回顾与展望 [J]. 应用心理学, 2014, 20 (3): 243-251.

[43] KORTUM P. HCI beyond the GUI: design for haptic, speech, olfactory, and other nontraditional interfaces [M]. San Mateo: Morgan Kaufmann, 2008.

[44] HART S G, STAVELAND L E. Development of NASA-TLX (task load index): results of empirical and theoretical research [M]//Hancock PA, Meshkati N. Human mental workload. Amsterdam: North Holland, 1988: 139-183.

[45] PAUZIE A. A method to assess the driver mental workload: the driving activity load index (DALI)[J/OL]. IET Intelligent Transport Systems, 2008, 2 (4): 315-322. https://digital-library. theiet. org/content/journals/10. 1049/iet-its_20080023.

[46] ROY C S, SHERRINGTON C S. On the regulation of the blood supply of the brain [J]. J Physiol, 1890 (11): 85-108.

[47] HILLYARD S A, VOGEL E K, LUCK S J. Sensory gain control (amplification) as a mechanism of selective attention: electrophysiological and neuroimaging evidence [J]. Philos Trans R Soc London-Series B Biol Sci, 1998 (353): 1257-1270.

[48] BACKS R W, LENNERMAN J, WETZEL J M, et al. Cardiac measures of driver workload during simulated driving with and without visual occlusion [J]. Hum Factors, 2003 (45): 525-538.

[49] REGAN M A, HALLETT C, GORDON C P. Driver distraction and driver inattention: definition, relationship and taxonomy [J]. Accid Anal Prev, 2011, 43 (5): 1771-1781.

[50] European Commission. Driver distraction [R]. Brussels: Ell, 2018.

[51] DINGUS T A, GUO F, LEE S, et al. Driver crash risk factors and prevalence evaluation using

naturalistic driving data [J]. Proceedings of the National Academy of Sciences, 2016: 2636-2641.

[52] Guidelines for reducing visual-manual driver distraction during interactions with integrated, in-vehicle, electronic devices: NHTSA-2010-0053 [S].

[53] HORREY W J, WICKENS C D. Examining the impact of cell phone conversations on driving using meta-analytic techniques [J]. Hum Factors, 2006, 48 (1): 196-205.

[54] ENGSTRÖM J, JOHANSSON E,? STLUND J. Effects of visual and cognitive load in real and simulated motorway driving [J]. Transp Res Part F Traffic Psychol Behav, 2008 (8): 97-120.

[55] NEUBAUER C, MATTHEWS G, LANGHEIM L, et al. Fatigue and voluntary utilization of automation in simulated driving [J]. Hum Factors, 2012, 54 (5): 734-746.

[56] HOLLNAGEL E, WOODS D D. Joint cognitive systems: foundations of cognitive systems engineering [M]. Florida: CRC Press, 2005.

[57] SCHROETER R, STEINBERGER F. Pokémon drive: towards increased situational awareness in semi-automated driving [C]//Proceedings of the 28th Australian Conference on Computer-Human Interaction. [S. l.: s. n.], 2016: 25-29.

[58] MARQUART G, CABRALL C, WINTER J. D. Review of eye-related measures of drivers' mental workload [C]//6th International Conference on Applied Human Factors and Ergonomics (AHFE). [S. l.: s. n.], 2015.

[59] GHARAGOZLOU G A, FNIASARI-NASLAJI A, AKBARINEJAD V. S Z. Evaluation of sperm characteristics in caspian stallions using computer-assisted sperm analysis [J]. J Equine Vet Sci, 2015, 34 (6): 505-509.

[60] SHARMA M, KACKER S, SHARMA M. A brief introduction and review on galvanic skin response [J]. Int J Med Res Prof, 2016 (2): 13-17.

[61] LARUE G S, RAKOTONIRAINY A, PETTITT A N. Driving performance impairments due to hypovigilance on monotonous roads [J]. Accid Anal Prev, 2011, 43 (6): 2037-2046.

[62] PHILLIPS R O. A review of definitions of fatigue-And a step towards a whole definition [J/OL]. Transp Res Part F Traffic Psychol Behav [Internet], 2015 (29): 48-56. http://dx.doi.org/10.1016/j.trf.2015.01.003.

[63] HANCOCK P A, DESMOND P A, MATTHEWS G. Conceptualizing and defining fatigue [M]//MATTHEWS G, DESMOND P, NEUBAUER C, et al. The handbook of operator fatigue. Farnham: Ashgate Publishing Ltd, 2012.

[64] HAMELIN P. Lorry drivers' time habits in work and their involvement in traffic accidents [J]. Ergonomics, 1987, 30 (9): 13-23.

[65] DINGES D F, KRIBBS N B. Rerforming while sleepy: effects of experimentally induced [M]. MONK T H. sleep, sleepiness and performance. Chichester: John Wiley & Sons, 1991.

［66］ CONNOR J. The role of driver sleepiness in car crashes: a systematic review of epidemiological studies ［M］//VERSTER J C, GEORGE C F P. Sleep, sleepiness and traffic safety. New York: Nova Science Publishers Inc., 2011.

［67］ BORBÉLY A A. A two-process model of sleep regulation ［J］. Hum Neurobiol, 1982 (1): 195-204.

［68］ MAY J F, BALDWIN C L. Driver fatigue: the importance of identifying causal factors of fatigue when considering detection and countermeasure technologies ［J］. Transp Res Part F Traffic Psychol Behav, 2009, 12 (3): 218-224.

［69］ TEPAS D I, PRICE J M. What is stress and what is fatigue ［M］//HANCOCK P A, DESMOND P A. Stress, workload and fatigue. New York: Lawrence, 2000.

［70］ GRAYBIEL A, KNEPTON J. Sopite syndrome: a sometimes sole manifestation of motion sickness ［J］. Aviat Sp Environ Med, 1976 (47): 873-882.

［71］ THIFFAULT P. Addressing human factors in the motor carrier industry in Canada ［Z］. 2011.

［72］ KNIPLING R R. Review of commercial driver fatigue research methodologies ［Z］. 2015.

［73］ WILLIAMSON A M, FEYER A M. Moderate sleep deprivation produces impairments in cognitive and motor performance equivalent to legally prescribed levels of alcohol intoxication ［J］. Occup Environ Med, 2000, 57 (10): 649-655.

［74］ PHILIP P, SAGASPE P, TAILLARD J, et al. Fatigue, sleepiness, and performance in simulated versus real driving conditions ［J］. Sleep, 2005, 28 (12): 1511-1516.

［75］ SHARWOOD L N, ELKINGTON J, STEVENSON M, et al. Investigating the role of fatigue, sleep and sleep disorders in commercial vehicle crashes: a systematic review ［J］. J Australas Coll Road Saf, 2011, 22 (3): 24-34.

［76］ JIN L, NIU Q, JIANG Y, et al. Driver sleepiness detection system based on eye movements variables ［J］. Adv Mech Eng, 2013 (5).

［77］ HARGUTT V. Das lidschluss verhalten als Indikator für Aufmerksamkeits-und Müdigkeitsprozesse bei Arbeitshandlungen ［Z］. 2003.

［78］ SHNEIDERMAN B, PLAISANT C, COHEN M, et al. Designing the User Interface-Strategies for Effective Human-Computer Interaction ［M］. New York: Pearson Education Inc., 2018.

［79］ NORMAN D, MILLER J, HENDERSON A. What you see, some of what's in the future, and how we go about doing it: HI at Apple Computer ［C］//Conference Companion on Human Factors in Computing Systems. New York: ACM, 1995.

［80］ DEWEY J. Art as experience ［M］. New York: Minton, Balch & Company, 1934.

［81］ McCARTHY J, WRIGHT P. Technology as experience ［M］. London: The MIT Press, 2004.

［82］ WAKKARY R. Experience in Interaction design: five propositions ［Z］. Workshop on Building a Unified Framework for the Practice of experience Design, 2009.

［83］ SHELDON K M, ELLIOT A J, KIM Y, et al. What is satisfying about satisfying events? testing 10 candidate psychological needs ［J］. J Pers Soc Psychol, 2001, 80 （2）: 325-339.

［84］ WAHBA M A, BRIDWELL L G. Maslow reconsidered: a review of research on the need hierarchy theory ［J］. Organ Behav Hum Perform, 1976, 15 （2）: 212-240.

［85］ RYAN R, DECI E. Intrinsic and Extrinsic Motivations: Classic Definitions and New Directions ［J］. Contemp Educ Psychol, 2000 （25）: 54-67.

［86］ EKINS P, MAX-NEEF M R. Development and human needs ［Z］., 1992.

［87］ NORMAN D A. Emotional design: why we love （or hate） everyday things ［M］. New York: Basic Civitas Books, 2004.

［88］ JORDAN P W. Designing pleasurable products: an introduction to the new human factors ［M］. Florida: CRC Press, 2002.

［89］ DESMET P, HEKKERT P. Framework of product experience ［J］. Int J Des, 2007, 1 （1）: 57-66.

［90］ HASSENZAHL M. Experience design: technology for all the right reasons ［J］. Synth Lect Human-Centered Informatics, 2010, 3 （1）: 1-95.

［91］ KARAPANOSE. Quantifying diversity in user experience ［Z］. 2010.

［92］ GKOUSKOS D, PETTERSSON I, KARLSSON M, et al. Exploring user experience in the wild: Facets of the modern car ［J］. Lecture Notes in Computer Science, 2015 （9188）.

［93］ COOPER A. The inmates Are running the asylum ［M］. Cambridge, Eng: Macmillan Publishing Co., Inc., 1999.

［94］ CSIKSZENTMIHALYI M, ROCHBERG-HALTON E. The meaning of things: domestic symbols and the self ［M］. Cambridge, Eng: Cambridge University Press, 1981.

［95］ HOFSTEDE G. culture's consequences: comparing values, behaviors, institutions, and organizations across nations ［M］. California: SAGE Publications Inc., 2001.

［96］ KARAPANOS E, WENSVEEN S, FRIEDERICHS B, et al. Do knobs have character?: exploring diversity in users' inferences ［C］//CHI 2008 Extended Abstracts on Human Factors in Computing Systems. Florence: ACM, 2008.

［97］ HASSENZAHL M. The thing and I: understanding the relationship between user and product ［J］. Funology, 2018 （2）: 301-313. https://link. springer. com/chapter/10. 1007/978-3-319-68213-6_19.

［98］ SCHWARTZ S. Universals in the content and structure of values: theoretical advances and empirical tests in 20 countries ［M］//SCHWARTZ S. Advances in experimental psychology. New York: Academic Press, 1992 （25）: 1-65.

［99］ KARAPANOS E, MARTENS J-B. Characterizing the diversity in users' perceptions ［M］. BARANAUSKAS C, ABASCAL J, BARBOSA S D J. Interact 2007 LNCS. Heidelberg: Springer, 2007: 515-518.

［100］ JORDAN P, PERSSON S. Exploring users' product constructs: how people think about different types of product ［J］. Int J Co-Creation Des Arts, 2007, 3 (1): 97-106.

［101］ HASSENZAHL M, ULLRICH D. To do or not to do: differences in user experience and retro-spective judgements depending on the presence or absence of instrumental goals ［J］. Interact Comput, 2007 (19): 429-437.

［102］ VON WILAMOWITZ M, HASSENZAHL M, PLATZ A. Dynamics of user experience: How the perceived quality of mobile phones changes over time ［C］//The 4th Nordic Conference on Human-Computer Interaction, Workshop User Experience-Towards a Unified View. ［S. l.: s. n.］, 2006: 74-78.

［103］ KARAPANOS E, ZIMMERMAN J, FORLIZZI J, et al. User experience over time: an ini-tial framework ［C］//CHI 2009: Proceedings of the 27th International Conference on Human Factors in Computing Systems. New York: ACM, 2009: 729-738.

［104］ FENKO A, SCHIFFERSTEIN H, HEKKERT P. Shifts in sensory dominance between various stages of user-product interactions ［J］. Appl Ergon, 2009, 41 (1): 34-40.

［105］ Forlizzi J, Battarbee K. Understanding experience in interactive systems. ［C］//Proceedings of the 2004 Conference on Designing Interactive Systems: Processes, Practices, Methods, and Techniques. ［S. l.: s. n.］, 2004: 261-268.

［106］ BATTARBEE K, KOSKINEN I. Co-experience: user experience as interaction ［J］. Co-De-sign, 2005, 1 (1): 5-18.

［107］ HASSENZAHL M. The interplay of beauty, goodness, and usability in interactive products ［J］. Human-Computer Interact, 2004, 19 (4): 319-349.

［108］ TRACTINSKY N, ZMIRI D. Exploring attributes of skins as potential antecedents of emotion in hci ［M］//FISHWICK P. Aesthetic computing. Cambridge Mass.: MIT Press, 2006.

［109］ KARAPANOS E. Modeling Users' Experience with Interactive Systems ［M］. Heidelberg: Springer; 2013.

［110］ HU T Y, XIE X, LI J. Negative or positive? the effect of emotion and mood on risky driving ［J］. Transp Res Part F Traffic Psychol Behav, 2013 (16): 29-40.

［111］ PARK B J, YOON C, JANG E H, et al. Physiological signals and recognition of negative emotions ［C］//2017 International Conference on Information and Communication Technology Convergence (ICTC), IEEE. ［S. l.: s. n.］, 2017: 1074-1076.

［112］ JEON M. Lessons from Emotional Driving Research ［C］//19th Triennnial Congress of the In-ternational Ergonomics Association. Melbourne: ［s. n. ］, 2015.

［113］ SHAMOA-NIR L, KOSLOWSKY M. Aggression on the road as a function of stress, coping strategies and driver style ［J］. Psychology, 2010, 1 (1): 35.

［114］ PÊCHER C, LEMERCIER C, CELLIER J M. The influence of emotions on driving behavior ［M］//Traffic psychology and driving behaviour, New York: Hindawi Publishers, 2009.

［115］ DEFFENBACHER J L. A review of interventions for the reduction of driving anger ［J］. Transp Res Part F Traffic Psychol Behav, 2016 (42): 411-421.

［116］ LISETTI CL, NASOZ F. Affective intelligent car interfaces with emotion recognition ［C］// Proceedings of 11th International Conference on Human Computer Interaction. Las Vegas：［s. n.］, 2005.

［117］ LEONT'EV A N. Activity consciousness and personality ［M］. Engelwood Cliffs NJ：Prentice-Hall Inc., 1978.

［118］ KAPTELININ V, NARDI B A. Acting with technology：activity theory and interaction design ［M］. Cambridge, Mass.：MIT Press, 2006.

［119］ VYGOTSKY L. Mind in society：the development of higher psychological processes. ［M］. Cambridge, Mass.：Harvard University Press, 1978.

［120］ KUUTTI K. Activity theory as a potential framework for human-computer interaction research ［M］//A N BONNIE. Context and consciousness：activity theory and human-computer interaction. Cambridge, Mass.：MIT Press, 1995：17-44.

［121］ VYGOTSKY L. Thinking and Speaking ［M］. Cambridge, Mass.：MIT Press, 1934.

［122］ VYGOTSKY L. Thought and language ［M］. Cambridge, Mass.：MIT Press, 1962.

［123］ LEONT'EV A N. Problems of the development of the mind ［M］. Moscow：Progress, 1981.

［124］ NARDI B A. Studying context：a comparison of activity theory, situated action models, and distributed cognition ［M］//A N Bonnie. Context and consciousness：Massachusetts Institute of Technology. Cambridge, Mass.：MIT Press, 1995.

［125］ ENGESTRÖM Y. Learning by expanding：an activity-theoretical approach to developmental research ［M］. Helsinki：Orienta-Konsultit Oy, 1987.

［126］ ENGESTRÖM Y. Activity theory and individual and social transformation ［M］. New York：Cambridge UP, 1999.

［127］ FLACH J M, VOORHORST F. What matters：putting common sense to work ［Z］. 2016.

［128］ PIRSIG R M. Zen and the art of motorcycle maintenance ［M］. New York：William Morrow and Company, 1974.

［129］ RASMUSSEN J, VICENTE K J. Ecological interface design：the oretical foundations ［J/OL］ IEEE Trans Syst Man Cybern Part A ［Internet］, 1992, 22 （4）：589-606. http：//ieeexplore.ieee.org/xpls/abs_all.jsp? arnumber＝156574.

［130］ VICENTE K J. Ecological interface design ［J］. Progress and Challenges, 2002, 44 （1）：62-78.

［131］ STANTON N A, SALMON P M, WALKER G H, et al. Human factors methods：a practical guide for engineering and design ［M］. Hampshire, Eng：Ashgate Publishing Ltd., 2005.

［132］ SALMON P M, REGAN M, LENNE M., et al. Work domain analysis and intelligent transport systems：implications for vehicle design ［Z］. 2006.

［133］ FOLEY J D, VAN DAM A, FEINER S K, et al. Computer graphics：principles and practice in C ［M］. 2th ed. Reading, Mass. Addison-Wesley, 1995.

［134］ RITTEL H W J, WEBBER M M. Dilemmas in a general theory of planning ［J］. Policy Sci.,

1973, 4（2）：155-169.

［135］JONES J C. Design methods［M］. London：Van Nostrand Reinhold，1992.

［136］CRABTREE A，ROUNCEFIELD M，TOLMIE P. Doing design ethnography［M］. London：Springer，2012.

［137］BENYOND. Designing interactive systems：a comprehensive guide to HCI and interaction design［M］. 2th ed. New York：Pearson Education Inc.，2010.

［138］JARVIS N，CAMERON D，BOUCHER A. Attention to detail：annotations of a design process［Z］. 2012.

［139］ROGERS E M. Diffusion of innovations［M］. New York：Free Press of Glencoe，1962.

［140］WILLIAMS A. User-centered design，activity-centered design，and goal-directed design［C/OL］. Proc 27th ACM Int Conf Des Commun-SIGDOC '09［Internet］，2009. http://portal. acm. org/citation. cfm? doid=1621995. 1621997.

［141］COOPER A，REIMANN R，DUBBERLY H. About face 2. 0：the essentials of interaction design［M］. New York：John Wiley & Sons Inc，2003.

［142］JACOBSON I，CHRISTERSON M，JONSSON P，et al. Object-oriented software engineering：a use case driven approach［Z］. 1992.

［143］CARROLL J M. Introduction to the special issue on scenario-based systems development［J］. Interact Comput，2000，13（1）：41-2.

［144］COCKBURN A. Structuring use cases with goals［J］. J Object Oriented Program，1997（97）.

［145］FONTANA A，FREY J. H. Interviewing：the art of science［M］//DENZIN NK，LINCOLN，YVONNA S. Collecting and interpreting qualitative materials. California：SAGE Publications Inc.，1998.

［146］CORBIN J，STRAUSS A. Basics of qualitative research［M］. 3rd ed. California：SAGE Publications Inc.，2008.

［147］PATTON M Q. Qualitative research & evaluation methods［M］. California：SAGE Publication Inc.，2002.

［148］DEY I. Grounding grounded theory：guidelines for qualitative inquiry［M］. New York：Academic Press，1999.

［149］KELLY G A. The psychology of personal constructs［Z］. 1955.

［150］KELLY G A. Clinical Psychology and Personality：The Selected Papers of George Kelly［Z］. 1969.

［151］FRANSELLA F，BELL R，BANNISTER D A. Manual for repertory grid technique［M］. New York：John Wiley & Sons Inc.，2003.

［152］GUTMAN J. A means-end chain model based on consumer categorization processes［J］. J Mark，1982：60-72.

［153］OSGOOD C，SUCI G，TANNENBAUM P. The measurement of meaning［M］. Champaign：University of Illinois Press，1957.

[154] HASSENZAHL M, PLATZ A, BURMESTER M, et al. Hedonic and ergonomic quality aspects determine a software's appeal [C]//CHI 2000: Proceedings of the SIGCHI Conference on Human Factors in Computing Systems. New York: ACM, 2000: 201-208.

[155] FALLMAN D, WATERWORTH J. Dealing with user experience and affective evaluation in HCI design: a repertory grid approach [C]//CHI 2005. New York: ACM, 2005: 2-7.

[156] HERTZUM M, CLEMMENSEN T, HORNBÆK K, et al. Usability constructs: a cross-cultural study of how users and developers experience their use of information systems [C]//HCII 2007 LNCS. Heidelberg: Springer, 2007 (4559).

[157] GKOUSKOS D. User experience insight steering experience design through meaningful incorporation [D]. Göteborg, Sweden: Chalmers University of Technology, 2016.

[158] NIELSEN K A, SVENSSON L. Action and interactive research: beyond practice and theory [Z]. 2006.

[159] CARROLL J. Five reasons for scenario-based design [C]//Proceedings of the 32nd Annual Hawaii International Conference on Systems Sciences. [S. l.]: IEEE, 1999: 11.

[160] HANNINGTON B, MARTIN B. Universal methods of design [M]. New York: Rockport Publishers, 2012.

[161] GO K, CARROLL J M. Scenario-based task analysis [M]//DIAPER D, STANTON, N. The handbook of task analysis for human-computer interaction. London: Lawrence Erlbaum Associates, 2003.

[162] RUDD J, STERN K R, ISENSEE S. Low vs. high-fidelity prototyping debate [J]. ACM Interactions Magazine, 1996 (1): 76-85.

[163] RETTIG M. Prototyping for tiny fingers [J]. Commun ACM, 1994, 37 (4): 21-27.

[164] BRADLEY M M, LANG P J. Measuring emotion: the self-assessment manikin and the semantic differential [J]. J Behav Ther Exp Psychiatry, 1994, 25 (1): 49-59.

[165] GRIMM M, KROSCHEL K. Evaluation of natural emotions using self assessment manikins [C]//Automatic Speech Recognition and Understanding, 2005 IEEE Workshop. [S. l.]: IEEE, 2005: 381-385.

[166] LARSSON P. Tools for designing emotional auditory driver-vehicle interfaces [J]. Audit Disp, 2010 (5954): 1-11.

[167] KUJALA S, ROTO V, VÄÄNÄNEN-VAINIO-MATTILA K, et al. UX CURVE: a method for evaluating long-term user experience [J]. Interact Comput, 2011, 23 (5): 473-483.

[168] LIN R, LIU N, MA L, et al. Exploring the self-regulation of secondary task engagement in the context of partially automated driving: A pilot study [J]. Transp Res Part F Traffic Psychol Behav, 2019 (64): 147-160.

[169] LIN R, MA L, ZHANG W. An interview study exploring Tesla drivers' behavioural adaptation [J]. Appl Ergon, 2018 (72): 37-47.

[170] NAUJOKS F, MAI C, NEUKUM A. The effect of urgency of take-over requests during highly

automated driving under distraction conditions [J]. Adv Hum Asp Transp, 2014 (7): 431-41.

[171] GOLD C, DAMBÖCK D, LORENZ L, et al. "Take over!" How long does it take to get the driver back into the loop? [C]//Proceedings of the Human Factors and Ergonomics Society Annual Meeting. Los Angeles, CA: SAGE Publication Inc., 2013, 57 (1): 1938-1942.

[172] ZEEB K, BUCHNER A, SCHRAUF M. What determines the take-over time? An integrated model approach of driver take-over after automated driving [J/OL]. Accid Anal Prev [Internet]. 2015 (78): 212-21. http://dx.doi.org/10.1016/j.aap.2015.02.023.

[173] KUEHN M, VOGELPOHL T, VOLLRATH M. Takeover times in highly automated driving (level 3) [C]//25th International Technical Conference on the Enhanced Safety of Vehicles (ESV) National Highway Traffic Safety Administration. [S. l. : s. n.], 2017.

[174] ZHANG B, DE WINTER J, VAROTTO S, et al. Determinants of take-over time from automated driving: a meta-analysis of 129 studies [J]. Transp Res part F traffic Psychol Behav, 2019 (64): 285-307.

[175] YOUNG M S, STANTON N A, HARRIS D. Driving automation: learning from aviation about design philosophies [J/OL]. Int J Veh Des [Internet], 2007, 45 (3): 323. http://www.inderscience.com/link.php? id=14908.

[176] WICKELGREN W A. Speed-accuracy tradeoff and information processing dynamics [J/OL]. Acta Psychologica, 1977, 41 (1): 67-85. https://www.sciencedirect.com/science/article/abs/pii/0001691877900129.

[177] MERAT N, JAMSON A H, LAI F C H, et al. Transition to manual: driver behaviour when resuming control from a highly automated vehicle [J/OL]. Transp Res Part F Traffic Psychol Behav [Internet], 2014, 27 (PB): 274-82. http://dx.doi.org/10.1016/j.trf.2014.09.005

[178] WIENER E L, CURRY R E. Flight deck automation: promise and problems [J]. Ergonomics, 1980 (23): 995-1012.

[179] PARASURAMAN R, MOLLOY R, SINGH I L. Performance consequences of automation-induced "complacency" [J]. Int J Aviat Psychol, 1993 (3): 1-23.

[180] LEE J D, SEE K A. Trust in automation: designing for appropriate reliance [J/OL]. Hum Factors [Internet], 2004, 46 (1): 50-80. http://www.ncbi.nlm.nih.gov/pubmed/15151155.

[181] MADHAVAN P, WIEGMANN D. Similarities and differences between human-human and human-automation trust: an integrateive review [J]. Theor issue Ergon Sci, 2007 (8): 270-301.

[182] HANCOCK P A, BILLINGS D R, SCHAEFER K E, et al. A meta-analysis of factors affecting trust in human-robot interaction [J]. Hum Factors, 2011 (53): 517-727.

[183] ROVIRA E, McGARRY K, PARASURAMAN R. Effects of imperfect automation on decision making in a simulated command and control task [J]. Hum Factors, 2007 (49): 76-87.

［184］ HOFF K A, BASHIR M. Trust in automation: Integrating empirical evidence on factors that influence trust ［J］. Hum Factors, 2015, 57（3）: 407-34.

［185］ RUIJTEN P A, TERKEN J, CHANDRAMOULI S N. Enhancing trust in autonomous vehicles through intelligent user interfaces that mimic human behavior ［J］. Multimodal Technol Interact, 2018, 2（4）: 62-72.

［186］ YUSOF N M, KARJANTO J, TERKEN J, et al. The exploration of autonomous vehicle driving styles: preferred longitudinal, lateral, and vertical accelerations ［C］//Proceedings of the 8th International Conference on Automotive User Interfaces and Interactive Vehicular Applications. ［S. l. : s. n. ］2016: 245-252.

［187］ DREYFUS S E, DREYFUS H L. A five-stage model of the mental activities involved in directed skill acquisition ［R］. California: California Univ Berkeley Operations Research Center, 1980.

［188］ GOODALL N J. Machine ethics and automated vehicles ［M］. Heidelberg: Springer, 2014.

［189］ DEY D, TERKEN J. Pedestrian interaction with vehicles: roles of explicit and implicit communication ［C］//Proceedings of the 9th International Conference on Automotive User Interfaces and Interactive Vehicular Applications. ［S. l.: s. n］, 2017: 109-113.

［190］ FISHER D L, RIZZO M, CAIRD J K, et al. Handbook of driving simulation for engineering, medicine and psychology ［M］. Florida CRC Press, 2011.

［191］ BROOKHUIS K A, DE WAARD D. Measuring physiology in simulators ［M］//FISHER D L, RIZZO M, CAIRD J K, et al. Handbook of driving simulation for engineering, medicine and psychology. Florida: CRC Press, 2011.

［192］ MULDER G. The concept and measurement of mental effort ［M］//HOCKEY G R J, GAILLARD A W K, COLES M G H. Energetics and human information processing. Dordrecht, the Netherlands: Martinus Nijhoff Publishers, 1986.

［193］ MULDER L J M. Measurement and analysis methods of heart rate and respiration for use in applied environments ［J］. Biol Psychol, 1992（34）: 205-236.

［194］ DE WAARD D, BROOKHUIS K A. Assessing driver status: a demonstration experiment on the road ［J］. Accid Anal Prev, 1991（23）: 297-307.

［195］ BOUCSEIN W. Electrodermal activity ［M］. New York: Plenum Press, 1992.

［196］ RAU R. Objective characteristics of jobs affect blood pressure at work, after work and at night ［M］//FAHRENBERG J, MYRTEK M. Progress in ambulatory assessment. Seattle: Hogrefe & Huber, 2001.

［197］ WIENTJES C J E. Respiration in psychophysiology: measurement issues and applications ［J］. Biol Psychol, 1992（34）: 179-203.

［198］ MULDER L J M, DE WAARD D, BROOKHUIS K A. Estimating mental effort using heart rate and heart rate variability ［M］//STANTON N, HEDGE A, HENDRICK H W, et al. Handbook of ergonomics and human factors methods. London: Taylor & Francis, 2004.

[199] KRAMER A F. Physiological metrics of mental workload: A review of recent progress [M]// DAMOS D L. Multiple-task performance. London: Taylor & Francis, 1991.

[200] KRAMER A F, BELOPOLSKY A. Assessing brain function and mental chronometry with event-related potentials (ERP) [M]//STANTON N, HEDGE A, HENDRICK H W, et al. Handbook of ergonomics and human factors methods. London: Taylor & Francis, 2004.

[201] JESSURUN M. Driving through a road environment [R]. Groningen, the Netherlands: University of Groningen, 1997.

[202] BOUCSEIN W. Electrodermal measurement [M]//STANTON A, HEDGE H W, HENDRICK K, et al. Handbook of ergonomics and human factors methods. London: Taylor & Francis, 2004.

[203] GOEBEl M. Electromyography (EMG) [M]//STANTON N, HEDGE A, HENDRICK H W, et al. Handbook of ergonomics and human factors methods. London: Taylor & Francis, 2004.

[204] WIENTJES C J E, GROSSMAN P. Measurement of respiration in applied human factors and ergonomics research [M]//STANTON N, HEDGE A, HENDRICK H W, et al. Handbook of ergonomics and human factors methods. London: Taylor & Francis, 2004.

[205] ÅKERSTEDT T. Ambulatory EEG methods and sleepiness [M]//STANTON N, HEDGE A, HENDRICK H W, et al. Handbook of ergonomics and human factors methods. London: Taylor & Francis, 2004.

[206] FABIANI M, GRATTON G, COLES M G H. Event-related brain potentials [M]//CACIOPPO J, TASSINARY L, BERTSON G. Handbook of psychophysiology. New York: Cambridge University Press, 2000.

[207] WIERWILLE W W, ELLSWORTH L A. Evaluation of driver drowsiness by trained raters [J]. Accid Anal Prev, 1994 (26): 571-581.

[208] WIERWILLE W W, ELLSWORTH L A, WREGGIT S S, et al. Research on vehicle-based driver status/performance monitoring: development, validation, and refinement of algorithms for detection of driver drowsiness [Z]. 1994.

[209] MALLIS M M, DINGES D F. Monitoring alertness by eyelid closure [M]//STANTON N, HEDGE A, HENDRICK H W, et al. Handbook of ergonomics and human factors methods. London: Taylor & Francis, 2004.

[210] FISHER D L, POLLATSEK A, HORREY W J. Eye behaviors: how driving aimulators can expand their role in science and engineering [M]//FISHER D L, RIZZO M, CAIRD J K, et al. Handbook of driving simulation for engineering, medicine and psychology. Florida: CRC Press, 2011.

[211] ENGSTROM J, JOHANSSON E, OSTLUND J, et al. Effects of visual and cognitive load in real and simulated motorway driving [J/OL]. Transp Res Part F Traffic Psychol Behav [Internet]. 2005 (5): 97-120. http://linkinghub.elsevier.com/retrieve/pii/S1369847805000185.

［212］ LAZAR J, FENG J H, HOCHHEISER H. Research methods ［M］. New York: John Wiley & Sons Inc., 2010.

［213］ NEALE V L, DINGUS T A, KLAUER S G, et al. An overview of the 100-car naturalistic study and findings ［J/OL］. Traffic Saf ［Internet］. 2005: 1-10. http://citeseerx. ist. psu. edu/viewdoc/download? doi=10.1.1.172.2366&rep=rep1&type=pdf.